程兆奇 著

南京大屠杀研究

——日本虚构派批判

上海交通大学出版社
SHANGHAI JIAO TONG UNIVERSITY PRESS

内容提要

日本南京大屠杀的虚构主张起于 20 世纪 70 年代初,以后一波强于一波,今天已泛滥成灾。日本自全世界最早研究南京大屠杀的洞富雄先生,到今天仍在艰难抵抗的笠原十九司先生等不少学者,为追求南京大屠杀的真相做出了不懈的努力,值得赞扬。但至今还没有人对日本虚构派的观点做全面的清理。作者长年关注日本的相关动态、研读日本的相关史料,久已计划并已着手彻底廓清日本虚构派布下的层层迷雾,本书为计划中的第一步成果。

图书在版编目(CIP)数据

南京大屠杀研究:日本虚构派批判/程兆奇著.—
上海:上海交通大学出版社,2017
ISBN 978 - 7 - 313 - 18362 - 0

Ⅰ.①南…　Ⅱ.①程…　Ⅲ.①南京大屠杀－研究
Ⅳ.①K265.607

中国版本图书馆 CIP 数据核字(2017)第 271020 号

南京大屠杀研究
——日本虚构派批判

著　　者:程兆奇

出版发行:上海交通大学出版社　　　　　　地　　址:上海市番禺路 951 号
邮政编码:200030　　　　　　　　　　　　电　　话:021 - 64071208
出 版 人:谈　毅
印　　制:江苏苏中印刷有限公司　　　　　经　　销:全国新华书店
开　　本:710 mm×1000 mm　1/ 16　　　　印　　张:35
字　　数:504 千字
版　　次:2017 年 12 月第 1 版　　　　　　印　　次:2017 年 12 月第 1 次印刷
书　　号:ISBN 978 - 7 - 313 - 18362 - 0/ K
定　　价:128.00 元

2016年11月20日，罗马尼亚布加勒斯特议会宫

程兆奇 上海交通大学教授，东京审判研究中心主任。长期从事日本侵华战争遗留问题和东京审判的研究。曾完成 "日本南京大屠杀史料研究" 等多项国家社科基金项目及教育部社科重大攻关项目 "东京审判若干重大问题研究"。目前正主持国家抗日战争研究专项工程 "日本战犯审判文献征集、整理与数据库建设" 项目和上海社科重大项目 "东京国际军事审判"。主持东京审判文献索引的编纂出版，主持国家 "十二五" 重点图书规划项目 "东京审判研究丛书" 的编辑出版。著有《日本现存南京大屠杀史料研究》《歧羊斋史论集》《东京审判——为了世界和平》等。曾获上海市哲学社会科学优秀成果一等奖等奖项。

东史郎先生作为日军进攻南京主力部队之一第十六师团的士兵进入南京，晚年不仅公开了自己记有日军残酷暴行的日记，而且多次到南京忏悔。

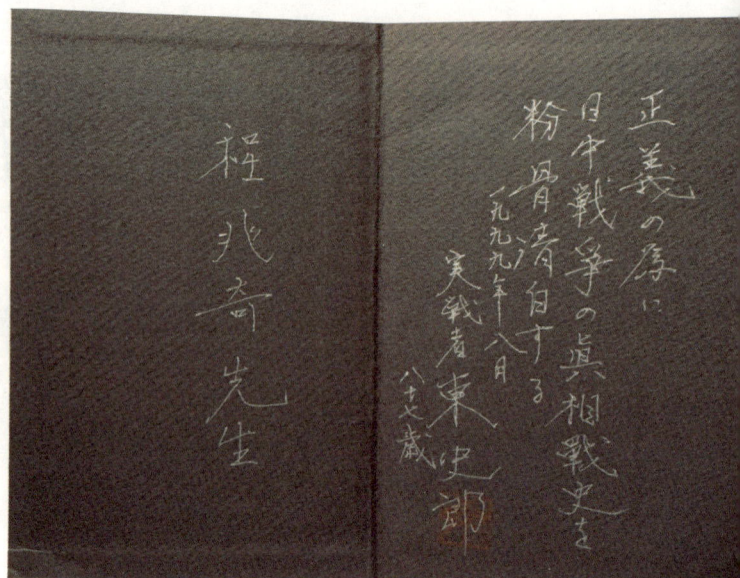

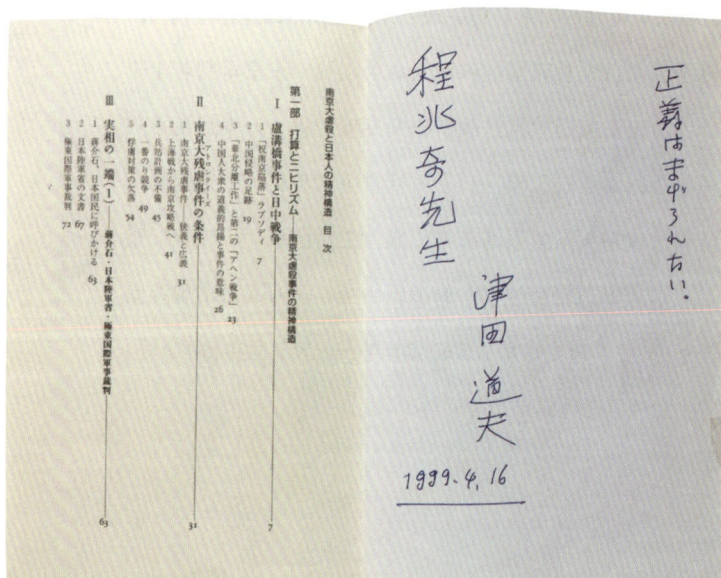

津田道夫先生不同意南京暴行——扩而大之整个战争——的责任只应由"一小撮军国主义者"承担而"日本大众"也是"受害者"的流行说法，他认为至少在战争初期日本大众是战争的推波助澜者，所以也有不可推卸的责任。上世纪九十年代，他曾到南京大屠杀纪念馆长跪痛哭。

日本虚构派论著书影
（部分）

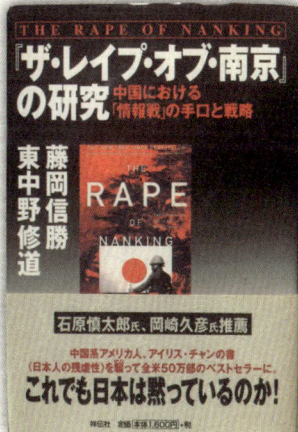

南京
大屠杀
（印章）

南京事件
「証拠写真」を検証する
東中野修道
小林進
福永慎次郎

合成、演出、ひそかな転載、キャプション改竄。
証拠として
通用する写真は
1枚もなかった。
「証拠写真」143枚の初の総括的検証

南京事件
国民党
極秘文書から
読み解く
東中野修道

極秘密文書
「国民党中央宣伝部国際宣伝処工作概要」
もとに検証、南京大虐殺の根拠を突き崩す
画期的研究成果！
南京大虐殺の源流は、
虚報とプロパガンダ本だった！

新
「南京大虐殺」の
まぼろし
鈴木明

創立20周年記念出版
「虐殺論争」に
終止符を打つ。
衝撃の発見！

「南京大虐殺」の
まぼろし
鈴木明

新版大宅ノンフィクション賞受賞！
昭和12年12月、日本軍は中国の首都・南京で
大虐殺を行なったという。なぜ、その事実が
日本国民に知らされなかったのか？「事件」
の真相は？　兵・将校・従軍記者…目撃者の
脳裏によって明らかにされた35年前の真実！

ISBN4-16-335106-1 C0095 P1200E　　定価1,200円
〔本体1,165円〕　　文藝春秋刊

THE RAPE OF NANKING
『ザ・レイプ・オブ・南京』
の研究
中国における
「情報戦」の手口と戦略
藤岡信勝
東中野修道

THE RAPE OF NANKING

石原慎太郎氏、岡崎久彦氏推薦
中国系アメリカ人、アイリス・チャンの書
（日本人の残虐性）を煽って全米50万部のベストセラーに。
これでも日本は黙っているのか！

祥伝社　定価〔本体1,600円〕・税

"南京虐殺"の
虚構
松井大将の日記をめぐって
田中正明

"南京大虐殺"はありえない！　渡部昇一

"南京大虐殺"はありえない！

「南京事件」発展史

日本近代史研究者 冨澤繁信

「南京事件」は時と場所を移して変貌し肥大化し、
反日プロパガンダの巨怪にまで「発展」した。
〈原初の南京事件〉〈ベイツ南京事件〉
〈東京裁判南京暴虐事件〉〈朝日新聞南京大虐殺事件〉
その始まりから今日に至るまでをデータベースを駆使して追究した
著者の「南京事件」研究の完結論考。

展転社／定価［本体2,000円＋税］

南京大虐殺の虚構を暴け

吉本 榮 著

「南京虐殺」の徹底検証

医学博士 東中野修道

「南京虐殺」、これでもあったといえるのか!!

関係各国の公文書や、外論文献、外国報道などのオリジナル記録に基づき、
史料批判を徹底して浮かび上がってきた「南京の真実」。
不毛の論争に終止符を打つ。

展転社／定価［本体1900円＋税］

南京事件の核心

日本近代史研究者 冨澤繁信

データベースによる事件の証明

「本書は、南京にいた人たちの当時の主張を、
いつ、どこで、何があったかを、
あらゆる角度から浮き彫りにした、唯一の書である。
このデータベースを素通しにして、南京の安全地帯
で虐殺があったと主張することはできなくなった」

日本・保守・学会会長・亜細亜大学特任教授 東中野修道

展転社／定価［本体3,500円＋税］

「南京虐殺」への大疑問

松村俊夫

大虐殺を唱える人々が
拠り所とする外国人が書いた資料を
読めば読むほど、疑問は深くなる。

展転社／定価［本体1900円＋税］

南京事件の総括

虐殺否定十五の論拠

田中正明 著

大井満
仕組まれた
"南京大虐殺"
攻略作戦の全貌とマスコミ報道の怖さ

正確な戦史の検証と
参戦者への取材で、
事件の虚構性とマスコミによる
世論誘導の実態を衝く。

展転社／定価［本体1,300円＋税］

文春新書 207

「南京事件」の探究
その実像をもとめて

北村 稔

日本近現代史をゆるがす
大論争に、歴史学の基本
に戻って、新たな展望を！

文春新書

定価（本体680円＋税）

日英バイリンガル

再審
「南京大虐殺」

世界に訴える日本の冤罪

竹本忠雄・大原康男

中国の〈南京大虐殺〉論を徹底批判！

● 南京にいた欧米人で「30万人虐殺」を主張した人は皆無。
● 日本軍にあった、「国際法遵守」「不法行為禁止」の命令。
● 大量殺戮の証拠とされる「埋葬記録」に水増し。

明成社／定価：本体1900円＋税

ISBN4-944219-05-9
C0021 ¥1900E

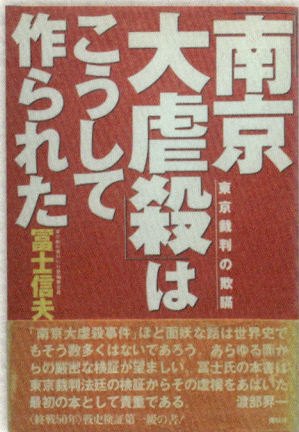

南京
大虐殺」は
こうして
作られた

東京裁判の欺瞞

冨士信夫

「南京大虐殺事件」ほど面妖な話は世界史で
もそう数多くはないであろう。あらゆる面か
らの厳密な検証が望ましい。冨士氏の本書は
東京裁判法廷の検証からその虚構をあばいた、
最初の本として貴重である。　渡部昇一
〈終戦50年〉戦史検証第一級の書！

阿羅健一

【再検証】
南京で本当は
何が起こった
のか

南京を知る者ほど東京事件を知らないというパラドックス！

南京攻略戦から70年目にして
ようやく見えてきた真実とは？

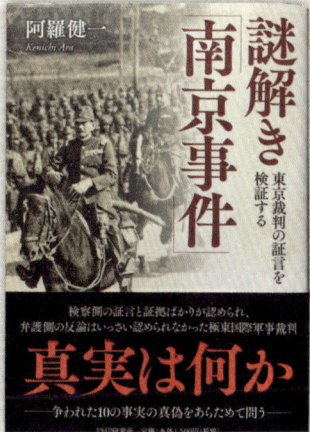

阿羅健一
Kenichi Ara

謎解き
「南京事件」

東京裁判の証言を
検証する

検察側の証言と証拠ばかりが認められ、
弁護側の反論はいっさい認められなかった極東国際軍事裁判

真実は何か

——争われた10の事実の真偽をあらためて問う——

PHP研究所　定価〔本体1,500円(税別)〕

私の中の日本軍　下

山本七平

戦争伝説の虚
像を刻きとり
軍隊神話の源
流を推究する

〔四六〕3632P・770A
〔文庫版税〕960円

私の中の日本軍　上

山本七平

戦争を知って
いるおとなと
知らない若者
たちのために

〔四六〕3646円・720A
〔文庫版税〕960円

日本「南京」学会編

南京「虐殺」研究
の最前線
平成十四年版

南京学会会長
東中野修道　編著

日本「南京」学会が平成十三年十月に創立されて以来、
私はつねに研究者の先生方の報告に驚嘆し、
感動を覚えている。
それらの貴重な研究成果がより多くの方々に流まれ、
歴史の真実が広く伝わることを願って止まない。

黄文雄

展転社　定価〔本体2,800円+税〕

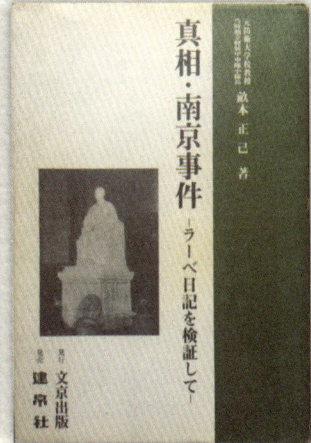

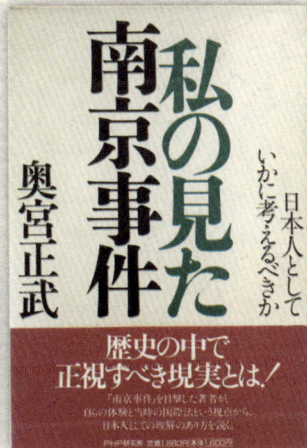

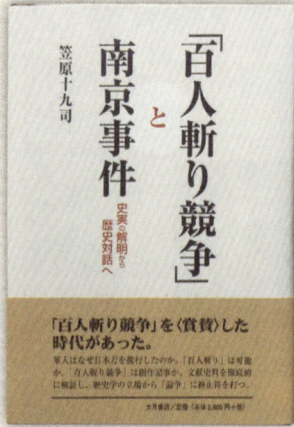

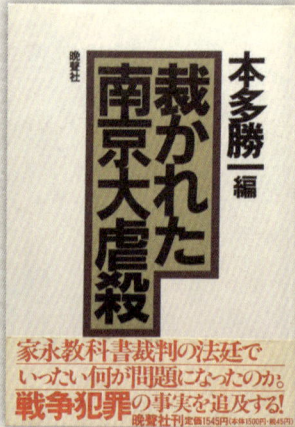

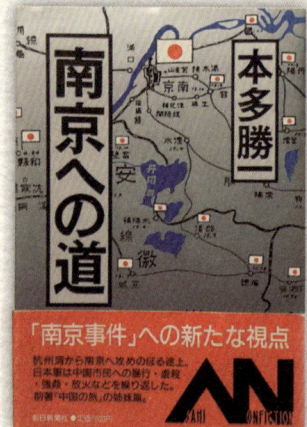

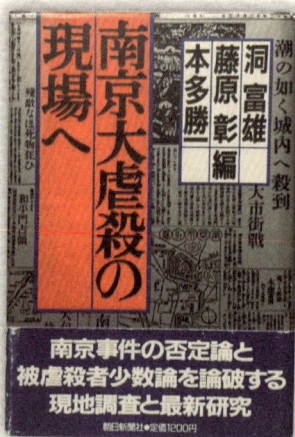

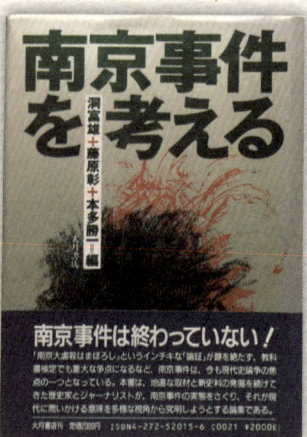

ザ・レイプ・オブ・南京を読む
巫召鴻 著
THE NEW YORK TIMES BESTSELLER
THE RAPE OF NANKING
IRIS CHANG
山田正行 解説

完全翻訳版『ザ・レイプ・オブ・南京』
読者のための案内書。
アイリス・チャンは何を訴えているのか？

南京事件をどうみるか
藤原 彰 編
日・中・米研究者による検証
青木書店

南京難民区の百日
――虐殺を見た外国人
笠原十九司

避難民救済に奔走した
宣教師たちは、
何を目撃したか。
南京虐殺の全体像に迫る
岩波書店

南京大虐殺の証明
洞富雄
南京大虐殺虚構説の虚構
朝日新聞社

体験者27人が語る
南京事件
虐殺の「その時」と
その後の人生
笠原十九司

中国民衆の一人ひとりにとって，
南京事件とは何だったのか――？

南京大虐殺否定論
13のウソ
南京事件調査研究会 編

裁判でも続々と
虐殺の事実が
認定されている
虐殺否定の
トリックが
この一冊でよくわかる

笠原十九司著
南京事件

徹底的な史料検証に
もとづく歴史叙述！

岩波新書／最新刊　定価〔本体640円＋税〕

南京大虐殺と
日本人の精神構造

祝　南京陥落

津田道夫

社会評論社

平凡社新書

南京事件論争史
日本人は史実をどう認識してきたか

笠原十九司
Kasahara Tokushi

明白な史実が
なぜ問題とされるのか。
否定派のトリックを衝く、
「論争」の全経過。

平凡社新書　定価｜本体740円〔税別〕

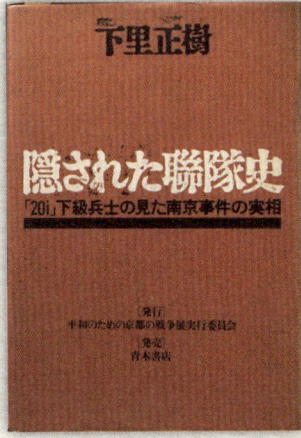

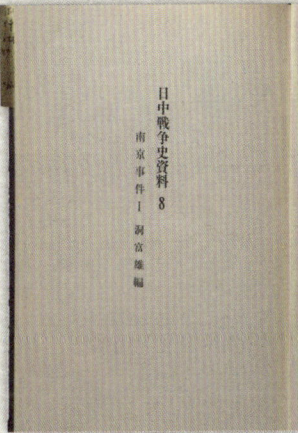

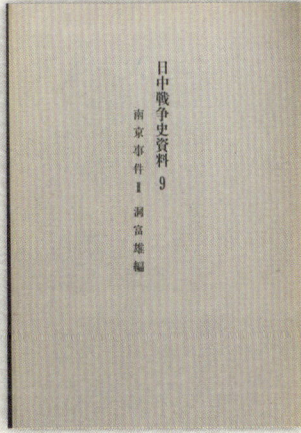

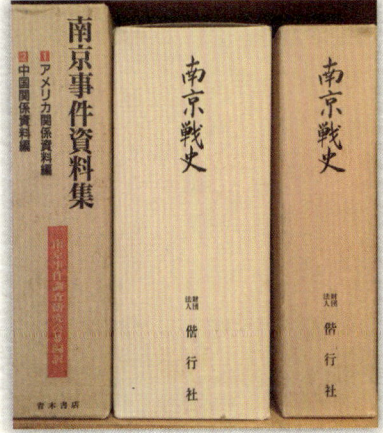

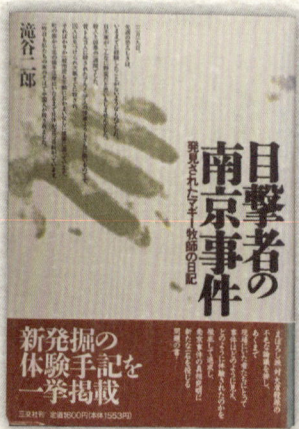

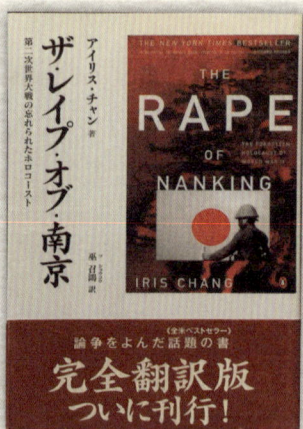

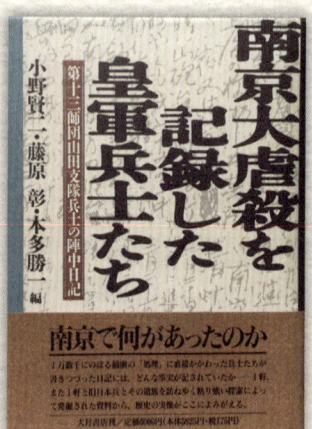

歴史学のなかの南京大虐殺

The Nanjing Massacre
History and Historiography

ジョシュア・A・フォーゲル 編
岡田良之助 訳

南京大虐殺論争を遡行に
アメリカ在住研究者が
このメガトーを挑戦する

記憶の戦争のメカニズムを解明する

定価(本体2500円+税)　柏書房

南京虐殺と戦争
曽根一夫

聞き書　南京事件
日本人の見た南京虐殺事件

阿羅健一

関係者が語る日本軍占領直後の南京城内！

昭和12年12月、日本軍に占領された中国の首都南京で何が起ったのか、三十万人あるいは数千人といわれる「南京虐殺」の現場はどうなっていたのか、当時現地にいた陸海軍人、新聞記者、カメラマン等生存者に直接インタビューを試みた「日本人の見た南京事件」50年後の証言

図書出版社　定価1500円

南京虐殺は「おこった」のか
高校歴史教科書への言語学的批判

クリストファ・バーナード　加地永都子──訳

歴史教科書論争への新しい視点

本質的な問題は、どう書かれているか、だ。「意味の文法」をツールに、南京虐殺・太平洋戦争開戦・降伏をめぐる全高校歴史教科書の文章を言語学的に分析し、その偏向性を立証する。画期的な批判。

筑摩書房　定価(本体2800円+税)

証言・南京大虐殺
戦争とはなにか

中国・南京市文史資料研究会編
加々美光行・姫田光義訳・解説

青木書店

松井石根大将の陣中日誌
田中

南京虐殺はあったか!?

南京攻略戦の軍司令官松井大将の日誌を発掘！ この克明な記録によって、南京虐殺の末相をより明らかにする。イデオロギー優先の「南京虐殺」論争に事実の一石を投じる注目の書！ 他に両将石との秘蔵会談録も収録。

芙蓉書房刊　定価2,800円

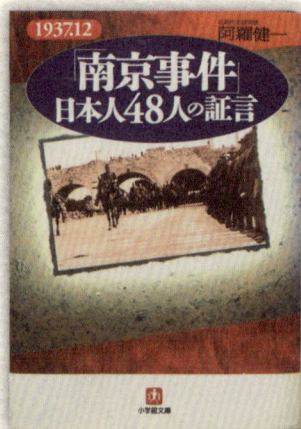

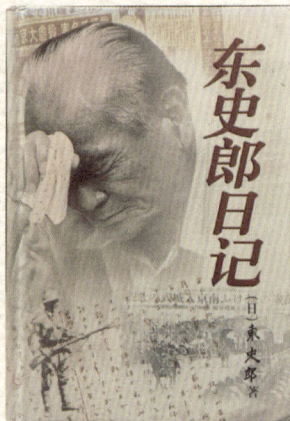

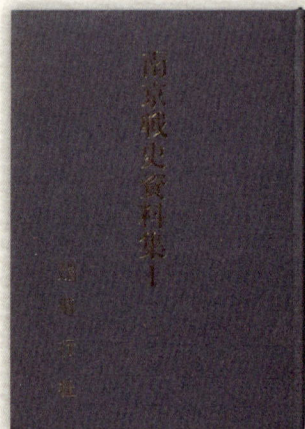

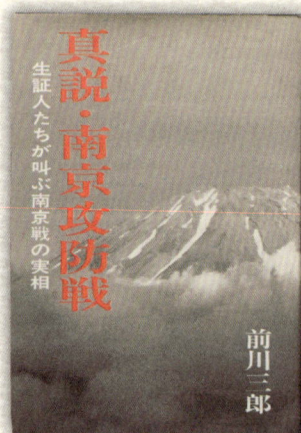

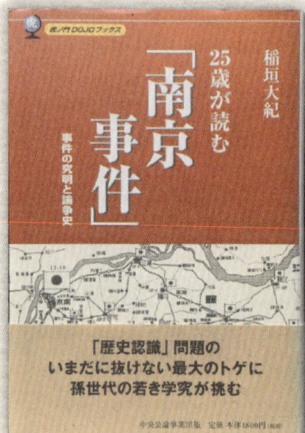

作者说明

一、对于刻意改动易生歧义的历史名词,一般仍袭旧称。如"中支那方面军",国内多改为"华中方面军",考虑到日本所称"中支"与我国的"华中"无论在传统所指自然区域还是 20 世纪 50 年代以后所指行政区划上都不尽相同或完全不同,而中支那方面军的活动范围始终未逾今天通常所指的华东以外,所以本书一仍日本旧称。

二、本书各篇成于不同时期,跨度超过十年,因此译名多不统一。如 George A.Fitch,稍早多译为费奇,近年多按现在流行的译法译为费吴生,本书在索引中以括注注明,不作统一。

三、本书的论述有个别处重复,因所论问题侧重不同而保留;但小川关治郎同题有两篇,本书删去其中一篇的重复部分。

四、对于僭称,一般以加引号表示不当("〞意即"所谓的"),而不另增字贬斥。如"满洲国",不作"伪满洲国";"汪政权",不作"汪伪政权"。

五、对于概括负面内容的名词,如"虚构派",一般不加引号,因虚构派不仅在日本约定俗成,而且是实指,加引号反易误解。

六、本书所引文献,有些原文做了特殊标记,如"△、○、□、◎",本书保持原样,一般会在第一次出现时说明。

序　一

程兆奇先生对南京大屠杀事件、战后审判研究颇深，著作丰厚，为人谦和且坚定。对我这个从事历史工作的新人来说，兆奇先生亦兄亦师。今年是南京大屠杀惨案发生 80 周年，兆奇先生的《南京大屠杀研究——日本虚构派批判》一书此时出版，值得庆贺，尤有意义。

1937 年冬天发生的南京大屠杀，是第二次世界大战史上的一个重要事件。唯其残忍与恶劣，战后的远东国际军事法庭在经过大量调查之后做了专案审理。作为二战东方主战场，中国以坚韧与英勇赢得了世界尊重，战后按照国际分工成立了南京审判战犯军事法庭，也重点对南京大屠杀进行了审理。从本质上说，南京审判与东京审判一样，都是基于正义建立的国际法庭，其判决都具有无可辩驳的权威性和正当性。

正义之神的形象是一手执天平，一手执利剑。或许是只执天平权衡正义还不够，一定要有利剑去保护正义。在过去的若干年里，南京大屠杀这段本有着充分证据和法理依据的历史却非常痛心地屡遭歪曲甚至篡改。面对此态，如程兆奇先生等研究者，以扎实的史料和稳健的学养，以义作剑耕耘史林守护着这段历史真相，为学之诚，令人感佩。

血与火的历史转瞬已是 80 年，但不管时间怎样流逝，真相永远都伫立那里，不模糊、不褪色，风霜雪雨中昭示着前事，警示着后人。诗人奥登曾说，奥斯维辛之后，写诗是野蛮的。这话透露着对人类文明的一种不信任。南京大屠杀的存在，又何尝不是具有这样的警醒作用。东京审判的判决书这样写道："其狂虐残暴的程度在人类历史上实属罕见，⋯⋯日军在凌辱、蹂蹣妇女后，还强逼翁奸其媳，父奸其女，子奸其母，僧奸少女，肆加羞辱"。如此毁灭人伦的行径已经远离人之为人的本质。

2015年10月，联合国教科文组织将《南京大屠杀档案》列入《世界记忆名录》，这意味着南京大屠杀作为一个国际事件，从档案的角度被正式确认为属于全人类的共同记忆。诚然，南京大屠杀的惨痛记忆是属于人类整体的创伤记忆，是人类文明进程中应该时刻加以反思的组成部分，应当对当今文明产生持久的冲击力，去促使所有人重新思考当时发生的一切，去促使人类加深彼此间的理解，形成对世界和平的热烈期望和对任何屠杀事件的全面排斥。

雅音不响必杂声鼓噪。时至今日，南京大屠杀历史尚待国际社会的进一步关注，南京大屠杀的历史真相还需要在批判反驳一些别有用心抑或滑稽可笑的言论中进一步澄清。藉此，希望有更多的有志之士、有识之士参与南京大屠杀历史的研究和传播，为研究的深入，为记忆的传承，为真相的传递贡献力量。借此机会，谨向程兆奇先生和多年来致力于南京大屠杀历史研究与传播的同道致敬。

张建军

侵华日军南京大屠杀遇难同胞纪念馆馆长
南京大屠杀史与国际和平研究院执行院长
2017年8月15日于南京江东门

序　二　在批判中攀登南京大屠杀研究的新高度

　　2017 年是抗日战争全面爆发和南京大屠杀暴行发生 80 周年。随着岁月的流逝,80 年前的抗战老兵与南京大屠杀的幸存者日渐减少。侵华日军南京大屠杀遇难同胞纪念馆登记在册的南京大屠杀幸存者仅存百人。然而,南京大屠杀的历史记忆仍在延续与不断加深。出版南京大屠杀研究的各类著作,是加深这种记忆的重要手段。在这个时间节点上,兆奇先生新著《南京大屠杀研究——日本虚构派批判》(以下简称《批判》)的问世,适逢其时,价值益显,可喜可贺。

　　我与兆奇先生相识于 2003 年初春,在南京师范大学南京大屠杀研究中心举办的"南京大屠杀研究沙龙"上。兆奇先生被特邀来沙龙作了精彩的学术演讲,给我留下至为深刻的印象。记忆中,我们之神交,甚至要早至 2000年,我曾就兆奇先生译著日本学者津田稻夫《南京大屠杀和日本人的精神构造》一书事,向他请教,并得其指点。早闻兆奇先生大名,相识恨晚,一见如故。十余年来,多所交往,屡读雄文,屡听宏论,受益匪浅。兆奇先生常口若悬河、侃侃而谈、出口成章,以在《历史研究》《近代史研究》等权威杂志上发表长篇论文而闻名于学术界。今有幸先读先生《批判》新著,殊觉欣慰。粗读之余,对此书、此议题,略有感悟,遂命笔如下。

　　自 20 世纪 80 年代起,经过学界的不断努力,南京大屠杀的资料集、图片集、学术专著的出版,犹如雨后春笋,不断涌现,势不可挡,成为出版界、学术界的一片茂盛园地。其中对南京大屠杀历史进行综合研究者,主要如:高兴祖著《日军侵华暴行——南京大屠杀》,编写组集体编写的《侵华日军南京大屠杀史稿》，(日)洞富雄著《南京大屠杀》，(日)笠原十九司著《南京事件》，孙宅巍主编《南京大屠杀》，陈安吉主编《侵华日军南京大屠杀史国际学术研讨会论文集》，孙宅巍、吴天威合著《南京大屠杀——事实及纪录》，刘惠恕编著《南京大屠杀新考》，朱成山主编《侵华日军南京大屠杀史最新研究成果交流会论文集》，朱成山著《为30万冤魂呐喊——朱成山研究南京大屠杀史文集》(上、下册)，孙宅巍著《澄清历史——南京大屠杀研究与思考》，高兴祖著《南京大屠杀与日本战争罪责——高兴祖文集》，张宪文主编《南京大屠杀全史》(上、中、下册)，张连红、孙宅巍主编《南京大屠杀研究：历史与言说》(上、下册)，张生等著《南京大屠杀史研究》(增订版上、下册)等。著作林林总总，作者涵盖海内外，各有视角，各显特点，各具优势。这些对南京大屠杀史综合研究的著作，多具有详尽史料，进行考证与论述，论从史出，言之有据，使得南京大屠杀的全貌，愈来愈清晰且翔实地呈现在世人的面前。

应当特别指出的是，《批判》一书，在研究南京大屠杀史的著作中，特点鲜明，独树一帜。正如书名所揭示，该书从对日本虚构派的批判入手，在批判中建构对南京大屠杀研究的新天地，把对南京大屠杀的研究提升到一个新的高度。兆奇先生在东瀛生活与学习多年，得天独厚，对日本虚构派否定南京大屠杀的伎俩和表演，了如指掌，洞若观火，弹无虚发。虚构派的言论既多且烂，不可胜数。如不身临其境、长期不懈，很难将其尽收囊中，更难于刨根究底、追根穷源。对此，兆奇先生不仅占尽地利先机，更由于他生性严谨，思维敏捷，刻苦用功，因而能够从容将虚构派的言论，一一收拢，分类梳理，逐一批驳，戳破谎言，重构南京大屠杀的真实历史。批判是一场战斗，是研究的重要模式。有说服力的批判，能够使学术研究的理论得到创新与升华。成功的批判更需要有过硬的学术功底。兆奇先生学术功底过硬；其批判的长短文字，犹如长枪短剑，极具杀伤力与震撼力。这使得他的新著，成为一部独具特色、带着浓重战斗色彩的学术专著，填补了南京大屠杀史研究的一项空白。

《批判》一书的问世，是时代的需要，也是时代的产儿。我们生活在一个以和平、发展为主旨，但又并不安宁、平静的时代。南京大屠杀暴行，是中国人民永世难忘的灾难与屈辱。30万死难同胞的呼叫声与喷洒涌动的鲜血，化作了历史的警钟。我们在长鸣的警钟声中，仿佛又听到那集体屠杀平民的机枪声与日本侵略军杀人取乐的狞笑声。这种充满恐怖与血腥的声音，既遥远又临近。在那场军国主义发动的野蛮战争中，人类的尊严和道义被疯狂践踏。军国主义的残暴、野蛮与疯狂，是一切战争暴行之源。南京大屠杀便是日本军国主义恶性膨胀的产物。

日本自19世纪60年代明治维新时起，开始走上军国主义道路，至第二次世界大战结束，日本无条件投降，方被迫终止。期间，经历了明治、大正、昭和三朝。一般说来，明治时代，军国主义开始起步，抱着对中国的领土野心，向中国勒索巨款，以充实海陆军的建设和建立新的工业基础。大正时代，军国主义的程度进一步发展，利用在中国已经攫取的特权，掠夺资源，剥削劳工，抢占市场。昭和时代，军国主义发展至登峰造极的地步，对中国的侵略也从发动局部战争而至全面战争，变中国部分地区为其殖民地。日本军国主义以无休止地对外扩张为其特点。扩张需要征服，征服离不开暴力。在日本军国主义的发展史上，侵略与暴力，从来就是同步进行的。他们侵略到哪里，就施暴到那里。在向南京攻击的过程中，也是从淞沪战场一直杀到了南京。所不同的是，在南京的屠杀最野蛮、最疯狂，规模也最大。

第二次世界大战结束后，日本军国主义已经覆灭。但是，树欲静而风不止。曾给中国和世界人民带来深重灾难的日本军国主义势力及其影响，远没有受到彻底的批判和清算。那帮右翼分子及官僚政客，他们人还在，所代表的右翼思潮还在，这就是复活军国主义的土壤。一旦条件成熟，军国主义的毒蕈就会破土而出。70多年来，国际上的政治形势并不平静。日本国内的极少数右翼分子和政客，一次又一次地在侵略中国与东亚以及南京大屠杀问题上，掀起翻案的逆流与浊浪，妄图为已经被扫进历史垃圾堆的军国主义招魂。他们时而采用修改教科书的办法，以毒害青少年一代，制造使军国主义死灰复燃的土壤；时而在国际有影响的杂志发表颠倒黑白的谈话，以混淆国际视听；时而由官僚政客利用自己的身份、地位发难，扩大翻案谬论的影响；时而披上学者的外衣，著书立说，貌似客观，以迷惑不明真相的人们；时而由政要率领，去供奉着甲级战犯的靖国神社参拜，公然挑战中国和亚洲被侵略国家人民的感情。此可谓前呼后应，互相配合，处心积虑，异曲同工。

历史的经验证明：战争狂人凡是要发动新的侵略战争，要施行新的战争暴行，总是要先制造舆论，先否定历史上的侵略与暴行。翻案意在复活。日本少数右翼分子否定南京大屠杀，就是否定整个侵华历史的突破口，其目的是要为复活军国主义制造舆论。从本质上说，这类翻案活动，是历史上日本军国主义对外侵略与施暴的继续与延伸；同时，又是日本军国主义势力妄图发动新一轮侵略、实施新一轮暴行的前奏。

怎样才能阻止日本右翼势力的翻案活动？怎样才能遏制日本军国主义重新复活的脚步？举行集会、发表声明、严正声讨，以打击右翼势力的嚣张气焰，固然需要，但从根本上来说，脚踏实地、逐一批驳、击破谎言，则更能够使得一切翻案谬论、复活军国主义的舆论，没有滋生的余地，没有欺骗善良人们的市场。兆奇先生的力著《批判》，正是在时代的召唤下，从根本上熄灭军国主义余烬的灭火剂、消毒剂。这就是《批判》一书在今天问世的最大价值。

80 年前发生的南京大屠杀，对于南京人民、中国人民和全世界华人来说，白骨尚在，记忆犹新。历史的警钟在人们的耳边长鸣。南京大屠杀的惨痛历史，呼唤人们百倍警惕，决不许历史的悲剧重演。历史的车轮滚滚向前，从南京大屠杀和抗日战争的历史中走过来的中国人民，决不允许日本军国主义卷土重来。极少数人复活日本军国主义的企图，是绝对不能得逞的。维护和平，反对战争，促进发展，是全世界人民的共同愿望和责任。前事不忘，后事之师。只有团结一致，以史为鉴，时刻警惕日本军国主义的复活，亚洲和世界的和平才能得到保障。

相信《批判》一书的问世，应是对历史警示的一个富有成果的回应，也是对蠢蠢欲动的日本复活军国主义势力的致命一击。这是一个良好的开端。

对虚构派各种奇谈怪论的批判，还要深入地进行下去。斗争尚未有尽期，需要学人继续将这一批判做深、做细、做实，可谓任重而道远也。谨以此与兆奇先生及学界同仁共勉。

张宪文

2017 年 9 月于南京

目 录

附录

专　论

谁在制造"谎言"
——日本《南京学会年报》辨析

一、右倾化背景下出笼的"学会"和年报

冷战结束后,特别是20世纪90年代中期以后,日本保守势力卷土重来,不仅政界左翼力量大为衰退(如社会党议席大幅度减少,不得不更改党名),长期以来右翼最难插足的教育界、学术界也受到了严重冲击。在全面右倾化的时潮中,自由主义史观研究会、新教科书编撰会等五花八门的团体应运而生。这些团体大量出版翻案文字,①频繁展开各种活动,要求"清算"历史旧账,要求"恢复"近世日本历史的所谓"名誉",成为右倾浪潮中一股特别汹涌的支脉,对日本社会整体的右转起了推波助澜的作用。

而在所有所谓被"诬毁"的案例中,南京大屠杀被认为是"冤情"特甚的一个。如《再审"南京大屠杀"》的副题即为"向世界倾诉日本的冤罪"。② 大井满说:南京大屠杀"是由活字制作出来的"。③ 吉本荣说:南京大屠杀"只是以谎言涂抹我国的止史"。④ 冨士信夫说:南京大屠杀"只是东京审判的虚构"。⑤

---

① 如新教科书编撰会主持出版的《国民的历史》《国民的道德》《国民的教育》等书,不仅售价极其低廉,而且大量赠送,其"淑世"之心固非普通求利者可比,也逸出了出版的常道。
② 竹本忠雄、大原康男著,日本会议国际广报委员会编集『再審「南京大虐殺」——世界に訴える日本の冤罪』,東京,明成社2000年11月25日第1版。
③ 大井満著『仕組まれた「南京大虐殺」——攻略作戦の全貌とマスコミ報道の怖さ』,東京,展転社1998年6月6日第3次印刷版,第323页。
④ 吉本榮著『南京大虐殺の虚構を砕け』,東京,新風書房1998年6月1日第1版,第4页。
⑤ 冨士信夫著『「南京大虐殺」はこうして作られた——東京裁判の欺瞞』,東京,展転社1998年11月23日第4版,第323页。

松村俊夫说：南京大屠杀"只是由没有信凭性的证言组成的谎言"。① 藤冈信胜说：南京大屠杀不过是"反日的""暗黑传说"。② 东中野修道声称："'南京屠杀'是由四、五等史料构成的，认定在南京'屠杀了几人'的记载一条都没有。不仅如此，'南京屠杀'只不过是全球（global）的共同幻想而已。"③北村稔强调："南京事件"与"国民党的国际宣传和对外战略"有"密切关系"。④铃木明不愿把话说得太明，但说经过他的努力，"已触到了'南京大屠杀'的真正意义上的核心"⑤——言下之意是指"编造"的真相。在这样的嚣嚣扰攘中，南京大屠杀已越出了史学界的"圈子"，成了大众刊物的经常性话题。

日本南京大屠杀"虚构"之议起自 20 世纪 70 年代初，⑥以后左右两方辩难不断，但在 90 年代中期以前，大屠杀派还是占了上风——虽然虚构派多次自称已经获胜，但只是到了晚近，虚构派的喧腾才在声势上胜出了一筹。这种转折除了大背景的影响，还由于：一、与大屠杀派洞富雄、⑦藤原彰⑧等在中日战争研究方面有深厚学养的前辈学者相比，早期虚构派主要是媒体从业员及亲身涉案者，前者如铃木明、⑨阿罗健一，⑩后者如田中正

---

① 松村俊夫著『「南京虐殺」への大疑問』，東京，展転社 1998 年 12 月 13 日第 1 版，第 375 页。
② 藤岡信勝、東中野修道著『ザ・レイプ・オブ・南京の研究——中国における「情報戦」の手口と戦略』，東京，祥傳社 1999 年 9 月 10 日第 1 版，第 3 页。
③ 東中野修道著『「南京虐殺」の徹底検証』，東京，展転社 2000 年 7 月 8 日第 4 次印刷版，第 362 页。
④ 北村稔著『「南京事件」の探究——その実像をもとめて』第一部「国民党国際宣傳処と戦時対外戦略」，東京，文藝春秋社 2001 年 11 月 20 日第 1 版，第 25－64 页。
⑤ 铃木明著『新「南京大虐殺」のまほろし』，東京，飛鳥新社 1999 年 6 月 3 日第 1 版，第 508 页。
⑥ 1971 年日本《朝日新闻》记者本多胜一获准来华，6 至 7 月份连续四十天，先后访问了广州、长沙、北京、沈阳、抚顺、鞍山、唐山、济南、南京、上海等日军当年占领过的地区，《朝日新闻》当年 8 月末至 12 月以《中国之旅》为题连载发表了本多此行的记录。由于本多胜一的严厉批判，加上《朝日新闻》的特别影响力，"南京大屠杀"成了日本大众不得不面对的一个现实。这个"现实"引起的是反省还是反感，非一言可以轻断。但它的影响本身使持反对所谓"东京审判史观"者不能自安，铃木明的『「南京大虐殺」のまほろし』(此文先刊于《诸君！》1972 年 4 月号，次年铃木的论集也以同题为名)成了否定南京大屠杀的第一声。"まほろし"长期与"虚幻""虚构"等同，成为虚构派的通名。但最近铃木面对无法否认的事实，说通行译法是误译，正确的译法应为"谜"。(『新「南京大虐殺」のまほろし』，第 31－32 页)
⑦ 洞富雄原为早稻田大学教授，著有『決定版・南京大虐殺』，東京，德間書店 1982 年 12 月 31 日第 1 版；『南京大虐殺の証明』，東京，朝日新聞社 1986 年 3 月 5 日第 1 版。编有洞富雄編『日中戦争史資料』8「南京事件」Ⅰ，東京，河出書房新社 1973 年 11 月 25 日第 1 版；9「南京事件」Ⅱ，東京，河出書房新社 1973 年 11 月 30 日第 1 版。
⑧ 藤原彰原为一桥大学教授，著有『南京大虐殺』，東京，岩波書店，岩波ブックネット No43，1985 年第 1 版。
⑨ 铃木明先在民营电台工作，《"南京大屠杀"之谜》"一炮打响"后成为自由职业者，著作见前注。
⑩ 阿罗健一曾在出版社从事企画工作，著有『聞き書　南京事件——日本人の見た南京虐殺事件』，東京，図書出版社，1987 年 8 月 15 日第 1 版。

明、①山本七平、②亩本正己③等，缺乏学界奥援，"公信力"不足；近年虚构派除了小林よしのり④等各色人等的加入，更多的活跃人物为学院中的"学者"，如东中野修道、⑤藤冈信胜、⑥渡部升一⑦以及最近崭露头角的北村稔。⑧ 二、部分研究者从原来的立场后退，使中间派和虚构派呈合流之势。如在中日战争史研究方面作过大量工作的秦郁彦，对中国的感情发生了由援护到抵触的变化。由于秦氏的事例相当典型，有必要略作介绍。秦氏是日本中间派的代表性人物，长期主张南京有四万人被杀，因此既不为中国学界和海外华人接受，⑨也曾遭受虚构派攻击。⑩ 但迄至 90 年代初，秦氏的学院式研究主要还是对动摇虚构派起作用，他的态度也不失严正，如在反对虚构派对数字的纠缠时，他说：

---

① 田中正明在"大亚细亚协会"时曾是松井石根的秘书，在事发前年曾随松井访问西南及南京等地，著有『「南京虐殺」の虚構——松井大将の日記をめぐって』，東京，日本教文社 1984 年 6 月 25 日第 1 版；田中正明著『南京事件の総括——虐殺否定十五の論拠』，東京，謙光社 1987 年 3 月 7 日第 1 版。

② 山本七平虽与"南京事件"无关，但也是战时日军的一员（曾任日军第一〇三师团炮兵少尉），著有『私の中の日本軍』上、下，東京，文藝春秋社 1975 年 11 月 30 日、12 月 15 日第 1 版。

③ 日军攻克南京时亩本正己为独立轻装甲车队的小队长，虽然曾在防卫大学教授战史，但其陆上自卫队将官的身份，毕竟不同于学院中的学者，著有『証言による南京戦史』1—11，東京，『偕行』1984 年 4 月号—1985 年 2 月号。

④ 小林よしのり为漫画家，近年一直通过漫画的形式否定南京大屠杀，也以议论的形式否定南京大屠杀，如『「個と公」論』，東京，幻冬舎 2000 年 5 月 5 日第 1 版。

⑤ 东中野修道为亚细亚大学教授，著有『「南京虐殺」の徹底検証』，東京，展転社 1998 年 8 月 15 日第 1 版。

⑥ 藤冈信胜为东京大学教授，著有否定侵略著作多种，关于南京大屠杀，与东中野修道合著有『ザ・レイプ・オブ・南京の研究——中国における「情報戦」の手口と戦略』。

⑦ 渡部升一为上智大学教授，著有大量否定侵略的著作，虽然没有南京大屠杀方面的专书，但因知名度高，在各种场合屡有表演，所以在虚构派中影响最大。

⑧ 北村稔为立命馆大学教授，著有『「南京事件」の探究——その実像をもとめて』，東京，文藝春秋社 2001 年 11 月 20 日第 1 版。将北村归于虚构派的根据是他近著的结论，他自己一定不承认为任何一派，因为在后记中他自称所持的是"邓小平以后中国作为重要行动准则的'实事求是'"（第 193 页），日本暂时也没有人指他为哪一派。最近日本有学者对其著之"政治"倾向进行了批判。（见山田要一著『歴史改ざんの新意匠——北村稔『「南京事件」の探究』の実像』，『人権と教育』341 号，東京，社会評論社 2002 年 5 月 20 日，第 139 - 149 页。）

⑨ 如 1997 年在普林斯顿大学召开的南京大屠杀讨论会上，秦郁彦的发言受到了与会华人的嘘声，"一时骚然"（笠原十九司著『プリンストン大学『南京 1937 年・国際シンポジウム』記録』，藤原彰编『南京事件どうみるか——日、中、米研究者による検証』，東京，青木書店 1998 年 7 月 25 日第 1 版，第 182 页）。国内学者多以为秦氏"实质上"否定南京大屠杀，如藉日本学者之口认为是"更巧妙的否定屠杀论"（孙宅巍主编《南京大屠杀》，北京，北京出版社 1997 年 5 月第 1 版，第 8 页）。吉田裕曾说："我和秦郁彦先生在中国的印象都不好"（石川水穂著『徹底検証『南京論点整理学』』，『諸君！』，東京，文藝春秋，2001 年 2 月号，第 147 页）。

⑩ 如田中正明批评秦氏"没有跨出东京审判史观一步，仅仅是数字上的不同，与屠杀派在本质上能说有什么区别？"（田中正明著『南京事件の総括——虐殺否定十五の論拠』，第 67 页。）

有人甚至篡改第一手资料，硬说"南京没有'大屠杀'"，有人只计较中国政府坚持的"三十万人""四十万人"的象征性数字。如果美国的反日团体说教科书中记载的原子弹爆炸死者数（实数至今仍不明确）"过多"或"虚构"而开始抗议，被害者会是什么感觉呢？数字上容或有各种议论，而在南京由日本军犯下的大量的屠杀和各种非法行为则是不可动摇的事实，笔者作为日本人的一员，对中国人民从内心表示道歉。①

以这样的立场为"更巧妙"的"否定"，未免诛之过深。但秦氏的立场今天较前确已后退，以下我们还会略作交代。

日本大屠杀派早在 1984 年就组成了自己的学术团体"南京事件调查会"，而虚构派长时间以来都是"散兵游勇"，直到 2000 年才纠合同志，打出旗号，组织了所谓"南京学会"。虚构派的主攻目标向来是大屠杀派，但党同伐异，与中间派也时相攻讦。此次南京学会却同时吸纳了中间派，是为虚构派策略的一大转变（说此事出自虚构派的主动，是由于南京学会的会长、副会长等中心人物都是虚构派）。最近南京学会推出了第一本"成果"：《日本南京学会年报——南京"屠杀"研究的最前线》（下简作《年报》）。《年报》由秦郁彦、原刚、富泽繁信、东中野修道等四篇论文、对南京特务机关成员丸山进的采访以及前言、后记组

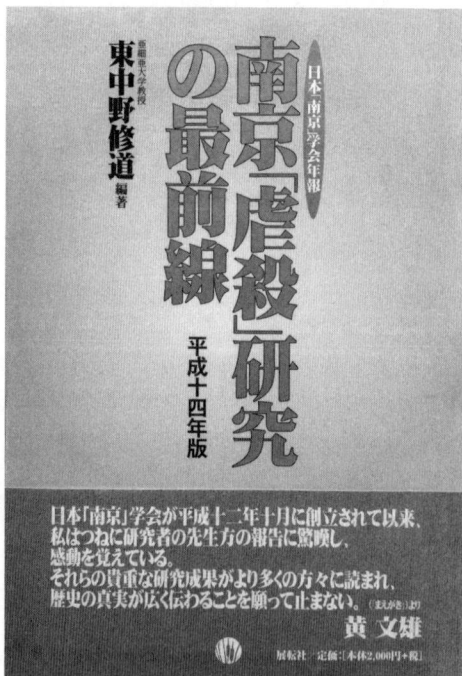

① 秦郁彦著『南京事件——虐殺の構造』，東京，中央公論新社 1999 年 8 月 20 日第 20 版，第 244 页。（此书初版于 1986 年 2 月 25 日，基本未改动。）

成。南京学会会长东中野修道在后记中说：现在所说的"南京大屠杀""与当时的实际情况之无论如何不能合致"，有如"现金和账簿数目不同一样"，因此，组织南京学会是"为了再一次一笔一笔慎重的清点账簿"，"这既非为了私利私欲，也非为了特定的历史观"，而是为了"追究、解明矛盾和疑问"。① 为其作序的黄文雄声称：

> 中国人"证言"所说的日本军的屠杀样式形形色色，但哪一样在日本史上都看不到，为什么？因为这完全是中国式屠杀法的复写。
>
> ……（日本）大屠杀派和无有派的对立，正确的表述不外是反日日本人的"煽动派"和"学研派"的对立。我赞成南京大屠杀是中国"情报战"［制造］的问题。这可以说是战后中国政府反日政策的最大成功（hit）作。他们反对日本人的"学术研究"，是因为这一成功作受到了挑战。②

除了黄序自诩"学研"，而对屠杀主张加以"煽动"的恶谥，南京学会衮衮诸公此次既没有像小林よしのり那样把粗话挂在嘴上，也没有一贯的恣肆，比如动辄要"剥"什么人的"画皮"，③甚至也没有在腰封、勒口、扉页上标明"胜利宣言"。④ 气急败坏往往是没有成算，胜券在握则大可摆出泰然自若的姿态，所以这种不同于以往的低调不知是否表现了一种自信？《年报》提出的质疑主要有以下几个方面：一、所谓被杀人数的疑问，与此关联又有南京的人口数、红卍字会／崇善堂的埋葬等问题；二、所谓国际法解释的疑问，其中包括战斗死亡、便衣兵等问题；三、所谓东京审判判决是否合法的疑

---

① 東中野修道編著『日本「南京」学会年報——南京「虐殺」研究の最前線』，東京，展転社 2002 年 9 月 16 日第 1 版，第 252 页。东中野在后记中说，此书为学会编辑，署个人之名纯只是从销路考虑。
② 東中野修道編著『日本「南京」学会年報——南京「虐殺」研究の最前線』，「前言」第 3 页。黄义雄为台湾旅日者，现为日本拓殖大学客员教授，"南京学会"副会长，热于攻击中国。
③ 如去年上半年东中野修道还号称剥下了贝茨的画皮。(東中野修道著『南京大学教授ベイツの「化けの皮」』，『諸君!』，東京，文藝春秋，2002 年第 4 期，第 150－163 页)
④ 以往几乎每一作品都会有如此的自夸，如渡部升一对田中正明《"南京屠杀"的证明》的吹捧："读了此书，今后如仍继续说南京大屠杀，就只能被打上反日鼓动的左翼烙印。"(『「南京虐殺」の虚構——松井大将の日記をめぐって』，腰封)

问;四、所谓事发当时有没有报道的疑问。这些疑问多为历年陈说,但在得出结论的路径和说法上确有不同于以往的"创辟"。虽然,形式上的花样翻新,一般不足以改变问题的实质,南京学会的老调重弹离他们否定南京大屠杀的预期其实也尚远,但经过修正的有些说法确实较能惑人耳目,所以,中国学界有必要予以回应。

二、"公正""数据库"的"欺瞒"①

富泽繁信《根据数据库(data base)解明"南京事件"②》在《年报》中篇幅最大,超过了其他三篇论文的总和。富泽先生号称近年已将早期南京大屠杀的所有文献输入了电脑,以事件为经,时间为纬,分门别类,为"南京事件"建立了一个"说明概念体系",作者说这一"体系"指的是:

> 说明概念的总体,覆盖所有应予说明的现象,其中没有间隙,说明概念的外延各各不相重复(overlap)。
>
> 作为说明概念,对所有事件采用作为基本元素五 W 一 H 的分类,即谁(Who・被害者)在何时(When)、何地(Where)、为何(Why)蒙受了什么(What)的伤害,是怎样(How・被害区分)受到伤害的。③

富泽先生以为,"因为抽取数据由机械完成,著者的主观影响的余地是没有的。"所以只要输入的原始文献不为"人的偏向趣味左右",可以建立"完全公正"的数据库(并称可以成为日本"南京事件研究的国民财产")。④ 而作者

---

① "欺瞒"二字是日本虚构派指责中国的常用词,如富士信夫否定南京大屠杀的专书,副标题就称"东京审判的欺瞒"(富士信夫著『「南京大虐殺」はこうして作られた——東京裁判の欺瞞』,東京,展転社1995 年 4 月 29 第 1 版)。

② 日本虚构派不承认南京大屠杀,所以称大屠杀必加引号,而一般使用中性化的"南京事件",近来更进一步对南京事件也加引号,如前引北村稔《"南京事件"的探究》,表明南京本无事件,事件亦为编造。

③ 東中野修道編『日本「南京」学会年報——南京「虐殺」研究の最前線』,第 64 - 65 页。

④ 東中野修道編『日本「南京」学会年報——南京「虐殺」研究の最前線』,第 71 - 72 页。

自陈"忠实于原文"是他的"信念",输入的原始文献自当不会为"偏向趣味左右",既如此,如文题所示"根据数据库"的此文,其得出的结论"完全公正"自可无庸置疑。

如果真是"忠实于原文"的"数据库",那将是一个新挑战。这一挑战不是指"南京学会"所推许的所谓"方法",因为排比史料是历史学的基本工作,输入电脑和抄于卡片并没有任何实质意义的区别,"数据库"较之于卡片箱——也是一种"数据库"——也没有任何"方法"上的新意。说富泽的工作也许是一个挑战,是指他号称将所有材料列出,与以往虚构派——不仅是虚构派——在史料中寻章摘句以傅会己说毕竟是很大的不同。然而,即使富泽的"数据库"是现存史料的完璧,能不能导向他所得出的结论,也是另一回事。因为史料之多少不能等同于结论之真否,一如史料不等于事实。我们说地毯式地穷尽所有史料对复圆历史本来面目具有重要意义,不是指每一条史料都是历史的一个局部,局部越多,便越接近整体。史料如能和史实划等号,历史学便失去了存在的必要。史料由于受到记述者识力、好恶以及视界局限等等主客观因素的影响,与史实之间总会有或大或小的距离。虽然,证明外在事象的难度不同于发覆心曲,南京大屠杀的复杂性主要并不表现于一般意义上的史料的曲折难解,但由于事涉敏感的民族情绪,记述者所抱持的价值、立场对记述对象的影响往往更强,所以,由此造成的史料的捍格抵牾也自有特殊的繁难,非经比勘、考辨、诠释等史学工夫也难以寻绎出合乎史实的脉络。

以上谈到富泽的"数据库"之所以加上"如果""也许""即使"的限制,并不是对作者已先存偏见,而是我对现有的相关史料,特别是日本的相关史料,本有大致的了解,对现有史料得不出颠覆性结论有一个基本的估计。也就是说,除了史料不等于史实这一层含义,富泽的"数据库"即便本身无可挑剔,也不可能导致对南京大屠杀的否定。换一句话也可以说,如果富泽的"数据库""完全公正",就不应该得出否定性的结论,否则它的"公正"性就将打个问号。对《根据数据库解明"南京事件"》匆览一过,发现富泽不仅在解释上问题严重,"数据库"本身也有随意抓证、缺乏"公正"性的问题。富泽文的问题是全面的,但其文长达一百余页,逐一辨正须另撰专文来完成,此处只能撷拾数例加以检讨。

(一) 所谓"清野作战"

富泽提出的第一个问题是"清野作战"。通过表一列具的拉贝(锐比,John H. D. Rabe)、德丁(窦奠安,F. Tillman Durdin)、阿其森(George Atchison Jr.)、魏特琳(华群,Minnie Vautrin)、阿本德(亚朋德,Hallet Abend)、斯梯尔(Archibad T. Steele)以及美国《生活》周刊、美领馆艾斯仳(Espy)报告、第二区长姜正云致贝茨(贝德士,M. S. Bates)信中的三十一条有关材料,富泽试图证明,中国军队为了防卫日军和不给日军留下一物而实行的"焦土政策",破坏巨大。从"清野作战"作为进入整个问题的入口,反映了富泽繁信的"苦心"。日本虚构派一直有一种心理,以为仅仅为日军洗刷还不够主动,在为日军撇清干系的同时还应抓住中方的把柄,这样,即使日军的责任无法推脱干净,各打五十大板也是减轻日军罪责的一种平衡。但拿出"清野作战"这种题目作文章,其实不可能讨到什么便宜。因为中国军队自毁家园只是日军逼迫的结果,而日军飞机大炮的轰击、随处的劫掠纵火更是导致"焦土"的重要方面,是稍有平心的人都会有的认识。富泽口称"完全公正"却看不到这一点,只能让人对他的诚意产生疑问。

但富泽的问题不仅仅在立论上。我们姑且不问坚壁清野有没有原因,日军的破坏能否从"焦土"中割舍,也就是说单将"清野作战"设项有没有道理。仅就"数据库"所列的三十一条材料看,富泽的手脚的确也很不干净。富泽所抽取的简短材料,从文脉上看,多为断章取义,没有"公正"可言。因为许多材料的上下文,同时都有限制性的记载,如第十一条引文称孝陵卫为中国军队焚烧,但原文的重点是说"接着被日本军队彻底烧毁";[1]如第二十四条引文称中国军队退却时广泛放火,但原文接着的一句同时说"美国人强调,由退却中的中国兵在城内放火、破坏、掠夺几乎没有。因此,日本军入城

---

① 南京师范大学南京大屠杀研究中心译《魏特琳日记》,南京,江苏人民出版社 2000 年 10 月第 1 版,第 216 页。

时，实际南京没有损伤。"①而更多的材料同时都有对日军暴行的记述和批判。在此仅举首尾两条为例。第二条（第一条记中国守军为防备日军进攻济南而炸毁铁路桥，与南京的"清野作战"无关）引文称中国军队大肆放火（德丁报道），的确，德丁对中国守军坚壁清野批评严厉，认为对阻击日军"毫无效果""完全没有军事上的意义"，但原文中也只是说在南京城外的坚壁清野"和日军造成的损失相匹敌"，而南京城内"日本军机终日在［安全区］周边地区的轰炸，使浑身负伤的伤员蜂拥而入［安全区］。南京陷入了令人惊愕的恐怖之中。"②第三十一条引文称东西门民居被焚毁（姜正云信），但姜正云原信不仅未说放火是中国军队所为，反而说到日本兵侵入住所，强要少女。③（此信写于 12 月 17 日，所记之事为"今日早晨"的来者所述，其时中国兵早已屡遭拉网式的酷烈搜捕，有幸逃脱者唯恐无处藏身，所以纵火者只能是日本兵。）

　　以上可见，"清野作战"即使不计设项的问题，"数据库"中的材料本身也根本靠不住。而富泽以此题开篇，目的还不仅限于指责中国军队的破坏，他并不以此为满足，他还有"画龙点睛"之笔：

　　　　由此可见，南京近郊的广阔的领域成了清野作战的对象，附近居民和民居已不存在。在这样的地域发生日本军大量屠杀、放火等的暴行是难以想象的。④

专为究诘中国军队而摘取的材料已遮掩不住日军的暴行，富泽竟敢作如此的推导，胆子未免太大！日军在这一地区的破坏和暴行的证据，无须另求，只要复按富泽所引三十一条材料，查一查这些材料左右相邻的段落，以至前言后语，便可索得。除了前引的几条，"数据库"所引第四、第五、第七、第八、

---

① 南京事件调查研究会编译『南京事件资料集』1『アメリカ関係資料編』，東京，青木書店 1992 年 10 月 15 日第 1 版，第 240 页。
② 南京事件调查研究会编译『南京事件资料集』1『アメリカ関係資料編』，第 432、433 页。
③ 南京事件调查研究会编译『南京事件资料集』1『アメリカ関係資料編』，第 138 页。
④ 東中野修道編著『日本「南京」学会年報——南京「虐殺」研究の最前線』，第 74 页。

谁在制造『谎言』

11

第九、第十一、第十二、第十三、第十五、第十六、第十七、第十八、第十九、第二十一、第二十二、第二十三、第二十四、第二十五、第二十七、第二十八条或在文献的同段、同页，或在日记的同日、邻日，也都能看到日军暴行的记载。如第四条出处的次节说到"日本军队为围攻中国军队而放火"；第八条同页说到两军"争夺战"造成的"废墟化"；第十九条同页说到"发生了近代史上最恶的大屠杀……被捕者全员被射杀，被疑为士兵者悉遭集体处决"；第二十一条次节说"日本军机对城中的轰炸无所不在"；第二十二条同页说日军为驱赶中国兵而放火；第二十三条同页说"日本重轰炸机三架，向由中山门进入的中国军队的长队列投下了炸弹"；第二十七条次节说"日军公然进行掠夺，不仅是商店，民居、医院、难民区都未能幸免于难"；[①]第六条所引魏特琳日记的前后两日都说到了日军对非军事目标的轰炸，"有一户人家母亲和女儿被当场炸死。当威尔逊发现那个已麻木的父亲时，他仍抱着他的孩子，小孩头的上半部被炸掉了"；第九条所引当日日记中记录了日军对南门附近的轰炸。[②]

从上引中我们可以看到，富泽的"清野作战"，几乎条条可当他所得出结论的反证，富泽却瞒天过海若此，实在让人吃惊。

(二) 南京人口有大致一致的记载么？

人数问题是南京大屠杀研究中讨论最多的问题。我曾经在《日军屠杀令研究》的最后一节中从数字改变不了性质、昔年掩埋的尸体在数十年中已风化陨灭、当时即有大量尸体被推入长江、传世的第一手材料极不完全等角度，说过屠杀人数只具有次要的意义。(后因考虑到这一问题在时下南京大屠杀研究中所处的中心位置，觉得在一篇不同题旨的论文中附带谈论不够慎重，所以在投出时删去了此节。[③])我这样说当然是考虑了解决这一问题所面临的客观限制，但这样说的出发点还在于：对这一问题的过分强调不

---

① 南京事件调查研究会编訳『南京事件资料集』1「アメリカ関係资料编」，第 392、387、553、461、536、402、468 页。

② 《魏特琳日记》，第 178、177 页。

③ 后作为《日军屠杀令研究》的跋语，收于程兆奇著《南京大屠杀研究》，上海辞书出版社 2002 年 12 月版，第 101 - 104 页。

利于研究的深入。日本虚构派长期在数字上作文章固属无谓纠缠,但多于或少于标志性数字改变不了屠杀的性质则确是毋庸置疑的。然而,这绝不是说被杀人数问题已无关轻重。[①] 不仅是被杀人数,探明日军攻占南京前后的人口问题对澄清历史真相也决非没有意义,虽然就目前的研究状况而言这种意义还只是缘助性的,还不可能起到"扭转乾坤"的作用。

人口问题在富泽文中占有重要地位,不仅第二节"人口问题"(标题,下同)、第三节"人口的集中"直接与之有关,第四节"安全区以外不见人影"隐含的其实也是人口问题。在分析富泽的"数据库"前,我们先来看看富泽文对人口问题的总结论。它说:

> 从中可以得出两个重要结论。一是二十五万的难民而有三十万市民被杀是无法想象的,第二,更为重要的是,关于人口减少的记录完全不存在,不要说三十万,连些微的屠杀也没有。[②]

富泽的这一结论在虚构派中由来已久,[③]实伏有重大"欺瞒",因为自南京大屠杀之议在日本复起后,[④]并没有一位屠杀派的专业学者讲过大量杀人限于市民,限于南京城内,如已故日本南京大屠杀研究第一人洞富雄说:"在南京城内外死亡军民不下二十万人。"[⑤]而今天虽在时间、范围、对象上仍有不同看法,但屠杀包括城内外,对象既包括"市民",也包括军人、农民则没有异议,而范围上的主流主张则是"当时南京市政府的管辖区域(南京城内、下关及郊外的浦口、孝陵卫、燕子矶、上新河、陵园)和近郊六县(江宁、句容、溧水、江浦、六合、高淳)",[⑥] 所以,我们不能不说富泽的结论无异于"栽赃",极不老实。

---

① 去年末在埼玉乡间和一位日本前辈学者交谈,他不仅对虚构派的数字"研究"嗤之以鼻,对屠杀派的有关工作也不以为然,这是我所遇到的最极端的意见,但他也不能不承认如果完全无视数字,会使大屠杀问题"空洞化"。
② 東中野修道編著『日本「南京」学会年報——南京「虐殺」研究の最前線』,第79頁。
③ 如田中正明的典型说法"一立升的瓶的酒,不论怎么装,不论多少满,一立升酒还是一立升。只有二十万的人,不能杀三十万人。"(田中正明著『南京事件の総括——虐殺否定十五の論拠』,第159页。)
④ 因东京审判时已有激烈的庭内之辩,所以70年代起的争论可作为再起。
⑤ 洞富雄『決定版・南京大虐殺』,東京,德間書店1982年12月31日第1版,第150页。
⑥ 「まぼろし派、中間派、大虐殺派三派合同大アンケート」,『諸君!』,東京,文藝春秋社2001年2月号,第195页。

13

富泽虚设一个靶子,"数据库"再有效也只是无的放矢。但对安全区的人口数怎么看? 安全区人口数能否代表整个南京的人口数? 现存记载的有关数据是否可靠? 却都还值得探讨。富泽文表二列举了七十条有关人口的数据,大致以 1938 年 1 月中旬为界,之前的数字以二十万居多,之后的数字以二十五万居多。(这一"增加",虚构派先已有人"考"出,以为是日军没有暴行的明证。[①])我们说人文学的证据不同于科学证据,往往并不能以多取胜,虽如此,较多的证据所显示的大势毕竟不容忽略。所以,对富泽文的数据我们仍有检查的必要。

在表二所列七十条材料中,"二十万"和"二十五万"共占了五十一条,占有压倒的多数。其中"二十万"有二十七条,我们且以富泽所划定的 1 月 14 日为界,此日(含此日)之前共占二十六条,之后仅一条,之前占了绝对多数;"二十五万"共占二十四条,1 月 14 日(不含此日)之前只有二条,其余悉为其后之日,前后日之间也极为悬殊。分际如此鲜明,应该是有说服力的证明了,然而,如果注意出处就会发现,富泽在取舍之际耍了花枪! 因为这些材料的出处大多相同,根本不具有"多数"的意义。如 1 月 14 日之前的二十六条"二十万"分别取自于徐淑希《南京安全区档案》(六条)、《拉贝日记》(十三条)、《魏特琳日记》(一条)以及威尔逊(Robert O. Wilson,二条)、麦卡伦(麦克林,James McCallum,一条)、斯梯尔(一条)、德丁(一条)、阿其森(一条)的书信和报道,而徐档与田伯烈(H. J. Timperley)《外人目睹中之日军暴行》一样,其素材都由事发时滞留南京的贝茨等人提供,拉贝、魏特琳、威尔逊、麦卡伦又与贝茨同为安全区国际委员会或国际红十字会南京委员会成员(贝茨是两会成员),将拉贝一人的十三条记载作为十三个证据固然荒唐,徐档等出于同源,也没有不一致的任何理由。所以这二十六条中的二十三条,严格来说只能算一个证据。"二十五万"的情况也大同小异。1 月 14 日之后分别取自于徐淑希《南京安全区档案》(十二条)、《拉贝日记》(二条)、《艾斯孤报告》(一条)、贝茨(六条)、费奇(费吴生,George A. Fitch,一条)、高思

---

① 见「「南京虐殺」の徹底検証」,第 232 - 235 页。对此我已有辩驳,详见"安全区人口'增加'了么?",《南京大屠杀札记》第十二节,上海,《史林》2003 年第 1 期,第 113 - 115 页。

(Clarence E. Gauss，一条），其中只有《艾斯忱报告》和高思不是直接出自安全区诸人之手，但阿利森（Allison John Moore）在《艾斯忱报告》前明确说明所据是留宁美国人的记录，我们虽不能具体指实是哪位（或许是数位），但不论贝茨、费奇，还是魏特琳、威尔逊等都与安全区有关，所以也可看作是安全区的记录。而高思作为美国外交官，所本大约也与留宁美国人有关。但因没有明言，出于谨慎我们姑且视其为单独来源。如此，"二十五万"也不过为二条例证。

现在我们再来看一下富泽"数据库"中"二十万""二十五万"以外的十九条还有哪些数字。除了 1937 年 9 月 22 日的"百万"与论题无关、11 月 30 日拉贝称"听王警察局长讲了正确的事"未及具体数字、12 月 10 日二条中一条称"非军事部门已疏散"未及具体数字、12 月 12 日"五分之四疏散"亦未及具体数字、12 月 15 日德丁所说"七十万"系德丁 86 年接受屠杀派采访时回忆不算事发时记录等五条，姑且不计，余下的十四条为：11 月 27 日阿其森记"四十万"，12 月 2 日斯梯尔记"百万之三分之一"，12 月 9 日威尔逊记"数十万"，12 月 10 日《华盛顿邮报》记"十万"，12 月 11 日阿本德记"三十万"，12 月 14 日斯梯尔记"十万"，12 月 15 日《纽约时报》记"三十万"，12 月 18 日德丁记"十万余"、斯梯尔记"十万"、《生活》记"十五万"、斯梯尔记"十万"，12 月 22 日德丁记"十万"，1938 年 1 月 19 日《拉贝日记》记"数十万"，2 月 15 日《Hankow herald》记"十五万"（原文为"至少十五万"）。

通过检查可以看到，富泽的"数据库"即使不计是否"公平"，在"技术"上也是相当粗糙的。如 11 月 27 日的"四十万"，原文为"三十至四十万"；如系于 12 月 14 日的斯氏所记，在原文中并未明言是当日，办木注明写作日，而发表则晚至次年 2 月 4 日，与所系之日完全无关；如系于 12 月 18 日的《生活》所记，本为 10—18（出刊日为次年 1 月 10 日）；如 12 月 18 日斯氏所记同一条重复出现了两次，等等。富泽"数据库"的非原则问题不是本文探讨的重点，但我们从中可以看到富泽粗枝大叶，却武断立论，的确很不严肃。

现在我们可以将上述数据略加清理，因斯梯尔 12 月 18 日重复，故尚余的有效记载共十三条，分别为"百万之三分之一"一条、"三十至四十万"一条、"三十万"二条、"十五万"二条、"十万"五条、"数十万"二条。其中"三十万"一为阿本德,一为《纽约时报》,而后者亦出阿氏之手,故实际只能算一条。"十万"五条中斯梯尔、德丁各有二条,只能各计一条,共为三条。所以如果严格甄别来源,富泽"数据库"所收七十条材料的实际情况应如下表:

富泽"数据库"实际情况表

数十万	百万之1/3	三—四十万	三十万	二十五万	二十万	十五万	十万
2例	1例	1例	1例	2例	4例	2例	3例

从以上对富泽"数据库"的梳理我们可以看到,当时对安全区的人口数并没有形成"共识",所谓"人口减少的记录完全不存在"的"压倒性证据""完全不存在"。如果我们把目光投向富泽"数据库"遗漏的事发当时的其他材料,不仅看到的同样是诸说并立,而且不同于上说的数字也不在少数,如1938年3月《敌军暴行记》所载《在黑地狱中的民众》中所说的"四十万人",[①]1937年11月23日南京市政府给国民政府军事委员会信中所说的"约五十万人",[②]1937年10月27日日本驻沪总领事致函外务大臣所说的"五十三万人"[③]等等。除了最后两条时期较早的说法出自官方之口(日本驻沪总领事函所说来自南京警察局的调查),包括富泽"数据库"中的所有数字都只由推测而来,因为当时没有也不可能有基于调查的全局性统计。这也是导致说法不一的主要原因。试图在这样纷纭的众说中随意取证,轻下断语,不可能得出符合实际的结论。

(三) 南京的人口都集中于安全区了么?

富泽文第三节"人口的集中"、第四节"安全区以外不见人影"是一体之两面。强调南京的人口全部集中于安全区,安全区外已无人迹,在日本虚构

---

① 侵华日军南京大屠杀史料编委会、南京图书馆编《侵华日军南京大屠杀史料》,南京,江苏古籍出版社1998年2月第1版第5次印刷版,第131页。

② 中国第二历史档案馆、南京市档案馆合编《侵华日军南京大屠杀档案》,南京,江苏古籍出版社1997年12月第3次印刷版,第915页。

③ 中央档案馆、中国第二历史档案馆、吉林省社会科学院合编《日本帝国主义侵华档案资料选编·南京大屠杀》,北京,中华书局1995年7月第1版,第14页。

派否定屠杀的理路中是一个要紧环节。因为世传安全区国际委员会和其成员个人的文献，没有留下安全区内大规模屠戮的记载，所以只要能证明安全区外是无人区，便可证明日军没有屠杀。这当然是对论题的偷换，因为如前已述，南京大屠杀所指之"南京"并不限于城内。但南京人口是否全部集中于安全区，或者说安全区外是否已"不见人影"，对认定日军在南京城内是否进行了屠杀仍有特别意义。

富泽文的表三所列材料全部来源于拉贝、史迈士（Lewis S. C. Smythe）等国际委员会成员和英、美使馆以及西方记者的记录，而表四所列材料全部来源于日方材料。这一来源的分别，恰好是当时实情的写照。因为当时国际委员会的留宁西方人士都集中于安全区内，日军的不断暴行、大量难民的日常救济已使他们疲于奔命，对安全区外根本无暇分心关注，而记者和使领馆人员又多远在上海或汉口，更不可能了解情况，所以西方人士并不具备"知情"的客观条件。西方人士虽然可以就难民集中到安全区作证，却无法对安全区外是否还有市民下判断。所以，富泽文的表三即便不是有意设下的圈套，也没有意义。

那么，表四所列材料能否证明安全区外已无人踪呢？我以为不能。理由还不在于史学证据的所谓"说有容易，说无难"的特点——一条有的证据即为绝对的有，再多的无只能是有限的无——而且，富泽的"数据库"并没有如自称的那样穷尽所有材料，不仅未能穷尽材料，对收什么，不收什么，也没有避免明显的偏向性选择。比如"至中央交通环岛为止既无火灾也无人影""南京城东部有广大的空地""一个居民的影子都没有，只有瘦狗""到中山北路为止，没有人影，连狗都没有一只，有如'死街'"等等都取自《南京战史资料集》，但此集中并非只有此类材料，也有完全相反的例证，比如佐佐木到一少将（第十六师团步兵第三十旅团旅团长）在 12 月 14 日日记中记城内扫荡说到"潜伏"的残兵时所说："对抵抗者、失去顺从态度者，不容宽赦的立即余戮，终日各处都听到枪声。"①因为第三十旅团是城内扫荡的主力部队

① 「佐佐木到一少将私記」，南京戦史編集委員会編『南京戦史資料集』，非卖品，東京，偕行社 1989 年 11 月 3 日第 1 版，第 379 页。

之一，旅团所辖第三十八联队恰又担任中山北路以东至中央路的三角地带的扫荡，佐佐木的记载有充分的可靠性，所以虽然当时类似的记载不在少数，有佐佐木的日记在，此处本不必另举他证。但富泽"数据库"的断章取义问题还是有必要指出。比如上引"至中央交通环岛为止既无火灾也无人影"出自第十六师团经理部金丸吉生的手记，但金丸的原记是这样的：

> （12月13日下午）我当时和大约一个小队的士兵一起由中山门经过中山东车（或为衍字，或表示是车行道——引者）路向中央环形交叉点进发，原定由此向北，通过中山北路往挹江门方向，因为越走枪声越盛，而且各处都有火灾，天色也渐渐黑暗，于是我们返回国民政府附近的大旅馆"南京饭店"（似为"中央饭店"——引者）宿营。这时，想去借白天在敌人中央医院看到的毛毯，但到了后让人不可思议的发现，大量躺着的中国军伤兵、毛毯都不见了。回到旅馆后在完全黑暗的走廊里用饭盒煮着饭，点着蜡烛睡觉。
>
> 至中央交通环岛为止既无火灾也无人影，比较而言是平静的，但民居中不要说家具，任何像样的物品都没有，架上有的东西全部被粉碎破坏，连驻足的地方都没有，几乎都是破木片，到处都是士兵和穿着便服的人的尸体。我对似乎是敌人官厅的房子加上了标识。然而，一通过中央交通环岛，便有火灾，路上散乱着兵器和军服等军用品，也看到了累累死尸。因为挹江门附近仍在战斗，附近又有火灾，所以就跨着尸体回来了。①

金丸所说的"战斗"，其实是日军第三十三联队（属于步兵第三十旅团）对放弃抵抗试图渡江逃生的中国军队的屠戮，这有第三十三联队自己留下的《南京附近战斗详报》可以为证，不过金丸的记载确是当日南京状况的写照。金

① 「金丸吉生軍曹手記」，南京戦史編集委員会編『南京戦史資料集』，第361-362頁。

丸所记的价值和疑问与本文论旨无关，可以不论，但富泽所引完全阉割了文意却是显然的事实。

表四所引不少材料，包括金丸所记，出自晚近追忆。虽然如前所说作为城内"扫荡"的日军主官之一，佐佐木的记录已足证富泽所刻意营造的"没有人影"为妄说，但我在此还是愿意援引一段仅仅早于富泽文一月出版的最近访谈，来证明"没有人影"说的站不住脚。担任中山北路以东扫荡的第三十八联队第三机关枪中队的安村纯一说：

南京陷落的次日也在城内进行了扫荡。行动以小部队进行，第三机关枪中队的全体都参加了。第二天仍有敌人，敌人仍拿着武器。主要是步枪吧。拿着枪的人躲着，出来的话就逮捕，交给俘房部队收容。俘房部队哪里都有，俘房都被集中起来。有十人就用绳子绑着，带到那里去。都送到后方部队去，实际怎么样没有听说。因为我们没有处理俘房。

扫荡每天都进行。（士兵还是平民）不知道。只要看到，不论男女都带走。女的也进行抵抗，很有抵抗力的。

处理（俘房）的部队是另外的，我没有看到过。带到城外去。之后由俘房部队处理，怎么样处理，我们无法想象。死还是活，大概不会是好结果吧。这些部队因为与我全然无关，所以死或者生……

我在战斗中只管攻击敌人，没有听说过俘房被大量处决。战后也没有听说过。南京大屠杀，那都是胡说。这是我认为的。三十万的人死了，岂有此理。

自己没有那样射杀过，用机关枪射，击毙的大约十人、二十人。不是普通的杀法。大概是把中国人集在一起，一下子开火。这样的事我没做过。这十人二十人聚在一起，在南京城内扫荡时射杀，这是有的。参谋本部发表的死者数是八万四千人，大概是搞错了吧。报告中有联队本部报告的重复的部分。报告说的死者数，我没有像要人相信的那样相信。（因由军发表）我当然也不否定。①

从安村的口述中我们可以看到，安全区外不仅不是"没有人影"，而是"每天"都不断有人被日军"射杀""逮捕"。如果照应前节南京人口数的问题，我们从安村的上述回忆中还可以分辨出安全区除了军人，也有平民——，虽然不必否认有女性军人，但女子的大多数应该是平民，②安村所谓"不知道"只是托词。

　　详引安村所述，是由于他对南京大屠杀持否定态度，强调是"胡说"，决不肯让日军无端的平添嫌疑，因此他的回忆在这一点上反而更加可靠。（第三十八联队第一、第三大队参加了这一区域的扫荡，日军每个大队共有四个步兵中队和一个机枪中队，一个炮小队，每个中队共有三个小队，每个小队又有六个分队，安村说的"小部队"当是小于中队的小队甚至更小规模的分队，也就是说当时在中山北路东北、玄武湖以西的不大的三角地带，有几十上百个"小部队"活动，安村所遇到的情况，如是一般情况，每个小部队都将大批的俘获者送交"俘房部队"，小批"十人、二十人"的俘获者或者移交，或者当场处决，单这一地区就有多少屈死的平民呢？）

　　对佐佐木等的记载，富泽视若无睹，不能不再次让人对富泽所谓"完全公正"表示怀疑。富泽文共分十一节，每节有列表一至数份，粗读一过，总的感觉是每一节、每张表都有上述的种种问题，限于篇幅，不再一一辨析。

三、经不起检验的"宝贵成果"

　　"宝贵成果"是黄序中语，从对《年报》最重要的富泽文的辨析中可以看

① 安村純一口述「兵士と思ったら、男も女も若いのはみんな引っ張った」、松岡環編著『南京戦——閉ざされた記憶を尋ねて』、東京、社会評論社 2002 年 8 月 15 日第 1 次印刷版、第 186 - 187 页。此书引起左右两翼的广泛评论。如阿羅健一『南京戦・元兵士 102 人の証言』のデタラメさ」（『正論』、東京、産経新聞社、2002 年 11 月号、第 96 - 102 页）、東中野修道『南京戦』元兵士——疑惑の『証言』」（『諸君！』、東京、文藝春秋社、2002 年 11 月号、第 162 - 173 页）对此书极尽周讷之能事。日本左翼也有批评，如小野賢二『南京戦』何が問題か」（『金曜日週刊』、東京、株式会社金曜日、2002 年 12 月 20 日、第 52 - 53 页）。当然也有日本学者给予了相当的肯定，如津田道夫虽以为是书"看不到本质的反省"，但同时更肯定此书有"宝贵的价值"（津田道夫著「歴史の真実——松岡環編著『南京戦——閉ざされた記憶を尋ねて』読む」、東京、『図書新聞』2002 年 10 月 12 日第 2 版）。

② 同为第三十八联队第三机枪中队的山田忠义也说："在城内到处都有尸体，女人的尸体也有很多。"「捕虜に食わす物がないので処分せざるをえ」、『南京戦——閉ざされた記憶を尋ねて』、第190 页。

到,这种自弹自赞与事实完全不符。那么,《年报》中其他部分情况如何? 是不是真有"宝贵"的发明呢? 以下我们来继续检讨。

东中野修道作为南京学会的会长,是近年虚构派中产出最多,最为活跃的一位,此次他提供的文章题为《为什么日本人东京审判前不知道南京大屠杀?》。就在《年报》出版稍前,我刚就此题作成一文,[①]两者的巧合可见这一问题至今仍有不容忽视的意义。"不知道"之说是 20 世纪 80 年代田中正明等人提出的老话题,也是日本各派多年来的一个重要争点,但今天与 80 年代在内涵上也有一些新变化。"南京大屠杀"作为一个概括的说法,包括杀人、掠夺、强奸、放火等暴行。80 年代田中正明等人提出的"不知道"即是一个全称判断。[②] 今天面对无法否认的事实,虚构派中有些人不能不做出战略调整,在对关键的、具有标志意义的"大屠杀"矢口否认的同时,不能不将较次要的罪行推出任斩。[③] 这种丢卒保车的策略,使一些可证日军暴行的事发当时的材料似乎有了一定的弹性。比如事发时任日本外务省东亚局长的石射猪太郎曾在《外交官的一生》中说:

> 跟随我军回到南京的福井领事的电信报告和随即上海领事发来的书面报告,让人慨叹。因为进入南京的日本军有对中国人掠夺、强奸、放火、屠杀的情报。[④]

这条回忆一直被作为日本高层在事发第一时间已经知情的证据。但石射在

① 《南京大屠杀是东京审判的编造么?》,北京,《近代史研究》2002 年第 6 期,第 1 - 57 页。
② 如田中正明称:"所谓日本军在南京干尽了非人道的坏事,屠杀包括妇女儿童在内的数十万中国人,而且放火、暴行、强奸、掠夺等的残虐行为在七周中持续不断,这样的'令人战栗的事实',日本国民就是通过这个东京审判第一次知道的(重点号为原文所有——引者)。"「『南京虐殺』の虚構──松井大将の日記をめぐって」,第 287 页。
③ 如虚构派的大井满,在《编造出来的南京大屠杀》中说:"当然,我并不是说日本军完全没有不法行为。七万人的军队什么都不发生,没有这样的道理,这是谁都会认为的常识。大西参谋给强奸兵重重的耳光,并抓至宪兵队,这样的事无疑在各个地方都有。"(『仕組まれた「南京大虐殺」──攻略作戦の全貌とマスコミ報道の怖さ』,第 297 页)而在《诸君!》前年 2 月号的问卷调查中,他在第一项被杀人数的选择答案中填了"12","12"是表明"无限地接近于 0"。(「まぼろし派、中間派、大虐殺派三派合同アンケート」,『諸君!』,東京,文藝春秋社,2001 年 2 月号,第 179 页)
④ 石射猪太郎著『外交官の一生──对中国外交の回想』,東京,太平出版社 1974 年 4 月 15 日第 4 次印刷版,第 267 页。

东京审判回答伊藤清律师有关石射庭证(第三二八七号)中所说"残暴"(Atrocities)的具体所指时,与上说稍有不同,称:

> 它包含了由进入南京的我军强奸、放火、掠夺那样的事。[①]

就大方向说,法庭答询反映的也是日军暴行,与回忆没有大的区别。但因为答询中没有"屠杀"二字,这一枝节的出入,被虚构派视为重大差别,因而大做文章,并自认为在"大屠杀"的关节点上因此而占了上风。如《再审"南京大屠杀"》便以此作为没有屠杀的证据。[②]

东中野文也是如此,它的"不知道"的范围也仅止于"大屠杀"。文章从战时新闻管制、日本人的记录、美国的报道、最早的英文"宣传品"、日本使馆收到的报告五个部分,分论所谓东京审判前——严格讲应该是事发当时——日本人"不知道"大屠杀。

(一) 战时日本没有新闻管制么?

东中野文首论战时新闻管制是基于日本屠杀派的如下观点,屠杀派认为,事发当时屠杀消息未能外传是由于日本的新闻管制。东中野针对石川达三《活着的士兵》的著名事例,[③]说石川本人"始终不相信"有过屠杀,他的根据是阿罗健一的《"南京事件"48位日本人的证言》。[④] 但人们不禁要问,

---

① 洞富雄编『日中戦争史资料』8「南京事件」Ⅰ,第221页。

② 日本会议国际広报委员会编『再审「南京大虐杀」——世界に诉える日本の冤罪』,東京,明成社2000年11月25日第2次印刷版,第64页。《再审"南京大屠杀"》与前述大井满等尚有不同,它不仅否定屠杀,也完全不承认日军有任何暴行。

③ 日本名作家石川达三在战争爆发后来中国,随军体验生活,在日军攻陷南京不久,毕一旬之力(1938年2月1日至10日)写了此书。此书原拟刊于1938年3月号的《中央公论》,因其中不乏日军掠夺、强奸、放火、杀人等内容,被以所谓"有反军的内容,不利于时局稳定"的名义禁止发表。不仅作品禁止发表,作者、编辑、发行人都以"将虚构作为事实,紊乱安宁秩序"为由,受到"违反新闻法"的起诉。石川被判禁锢四个月(缓期执行三年)。判决书中说:"记述皇军士兵对非战斗人员的杀戮、掠夺以及军规废弛的状况,紊乱安宁秩序。"

④ 阿罗健一编『「南京事件」日本人48人の证言』,東京,小学馆2002年1月1日第1版,第312页。此书为15年前出版的『聞き书 南京事件』(東京,図书出版社1987年8月15日第1版)的"文库本"(日本文库本略当于明信片大小,目的是便于携带,以便上下班途中、公私务间隙可见缝插针的阅读),编排作了调整,有个别删节,增加了樱井よしこ荐词,出版方的"写在文库化之际",阿罗重新撰写了后记。樱井称此书为"南京事件"的"第一级资料";阿罗的新旧后记的最大不同,是新后记强调了日军在南京只有对军人的"处刑",而没有对平民的犯罪。

石川既不相信屠杀,为什么要涉险写屠杀?如果纯属虚构,石川的一些描述,如下关屠杀,为什么和许多记载如出一辙?为什么东京审判时他又对《读卖新闻》讲述自己曾目击屠杀现场(1946 年 5 月 9 日)?若以前所谈为不实,为什么自己从未更正?为什么仅仅告诉了阿罗健一这样对南京屠杀持否定之议的人?为什么阿罗在石川生前秘而不宣?这些都是所谓"始终不相信"迈不过去的关坎。但即使石川的表示是一个真情,想把它和否认战时新闻管制挂上钩也做不到,因为不论"将虚构作为事实"是不是硬扣给《活着的士兵》的帽子,禁止出书,起诉人员,毕竟还有"反军""紊乱安宁秩序"等理由,还有更多的"违反新闻管制法"的事例。[①] 所以,东中野开篇首先举出这一事例讨不到任何的便宜。

自"九一八"事变以后,日本军政当局开始管制新闻,至"七七"事变,对消息的封锁已达到了相当严厉的程度。7 月 13 日内务省警保局下令,所有有关侵华日军的记事、照片除陆军省外一概不许发表。7 月 31 日"新闻纸法第二十七条"通过,规定陆军大臣、海军大臣、外务大臣有权禁止和限制有关军事、外交事项的发表。同日陆军省公布了相应的"省令第二十四号"及"新闻揭载禁止事项之标准"。而在这些"禁止事项"中,日军暴行是重要的内容。早在"新闻纸法第二十七条"通过的三天前,陆军省新闻班已实施了"新闻揭载事项许否判定要领",其中有关揭载"不许可"的内容就明确规定:"6. 有关支那兵或支那人逮捕、讯问等记事、照片中给人以虐待感的恐怖的东西;7. 惨虐的照片,但如果是关于支那兵的惨虐行为的记事则无碍。"[②]进攻南京前夕的 12 月 1 日,大本营规定:"宣传谋略及一般谍报由方面军司令部所属少将负责。但报道以'报道部发表'的形式,谋略将另做指示。"[③]稍后在"对外宣传"的"具体宣传纲要"中又规定:"应宣传帝国军队有纪律的行

---

① 如东京帝国大学教授矢内原忠雄,因内务省警保局审出他的「国家の理想」(『中央公論』1937 年 9 月号)有"反战"思想,续而审出再早出版的《民族与和平》(岩波书店 1936 年 6 月刊)有"反战"思想,不仅加以禁止,并要求文部省予以处罚,矢内原只能在 1937 年 12 月被迫辞去教职。

② 转引自山中恒著『戦時国家情報機構史』,东京,小学館 2001 年 1 月 1 日第 1 版,第 225 页。

③ 大陆指第九號,臼井勝美、稲葉正夫编集、解説《現代史資料》9《日中戦争》2,東京,みすず書房 1964年 9 月 30 日第 1 版,第 217 页。

动、武士道的态度以及在占领地的仁慈行为。"①

这是一个最基本的事实，但东中野却完全置之不顾。在石川之例后，东中野又以南京陷落时《东京朝日新闻》《东京日日新闻》《读卖新闻》、同盟社以及《福岛民报》《福冈日日新闻》等有不下二百名的记者随日军进入南京为例，证明没有新闻管制；而既没有新闻管制，众多记者又没有留下南京屠杀的报道，则可以证明南京没有屠杀。这种逻辑不能不让人诧异。有记者和无管制怎么能等同呢？管制是权力对新闻的内容加以限制——这里还不必说扭曲性的利用（如所谓"宣传""仁慈行为"），而不是取消或禁止新闻本身，如果是一概禁绝，何必还要规定"不许可"的"禁止事项"？所以，正是因为有了上述明确而严厉的管制，虽有二百名记者，不许可的内容还是不能报道。这是再浅显不过的道理，怎么能倒果为因呢？

然而，东中野虽然罔顾事实一至于此，虽然只字不提前述的战时制度性规定，但对规定终不能没有个说法。所以他又引《东京朝日新闻》上海支局次长桥本登美三郎（后为佐藤内阁时的官房长官）接受采访时所说："没有感到任何不自由。想到的，见到的，都说了，写了。"②然后说：

> 即使退一百步说，假定有新闻管制，……（大屠杀）有的话，在记者之间必然也会流传。并且，也不会永远藏在自己的心中，战后南京屠杀的证言必然也会由许多相关者传出。然而，南京陷落经过了半个世纪却只有像如下的证言。……③

东中野说的"如下的证言"，指《东京日日新闻》摄影记者金泽喜雄所说的对大屠杀"闻所未闻"。依东中野所说，亲历者所见都和金泽一样，因此他仅举金泽必是寓一叶知天下之意。去年我曾举过一例，说明东中野在光天化日

---

① 转引自『戦時国家情報機構史』，第283页。
② 阿羅健一编『「南京事件」日本人48人の証言』，第39页。
③ 東中野修道编著『日本「南京」学会年報——南京「虐殺」研究の最前線』，第175页。

之下混淆黑白，①当时出语虽重，其实尚存一念，并不敢完全断言出错的理由不是失误。后来清点东中野的代表作《"南京屠杀"的彻底检证》才发现，在疏失之外，东中野确实还有基本操守的问题。② 此处所谓"只有"可以说是新的一例，因为有许多证据可证进入南京的记者绝非"只有""闻所未闻"。时任《东京朝日新闻》记者今井正刚就曾亲睹下关江边的大量"处刑"；③同盟社记者新井正义、前田雄二、深泽干藏12月16日到17日"直接看到"在"下关往草鞋峡方向"大量"烧死的尸体"，在"原军政部院内，年轻军官以'训练新兵'为名，让新兵用枪刺刺杀中国俘虏"，在"军官学校院内，用手枪射杀俘虏"。④ 只要天良未泯，对所见的日军暴行，确实"不会永远藏在心中"，"战后南京屠杀的证言必然也会由许多相关者传出"。除了以后的回忆，事发当时的记录战后也不断涌现，我在前述拙文中已经详征，在此不赘。

此外，从每日新闻社、朝日新闻社等晚近出版的多种战时"不许可写真"集看，大量平常而无碍的内容被加盖上了"不许可"，足见当时的管制尺度之严。东中野的没有管制之说完全经不住事实的检验。

（二）为什么没有提到"屠杀"？

在否认了日本战时新闻管制后，东中野接着说明战时日本人的"不知道"。因为既无管制，又不知道，并无其事的结论就可顺势得出了。

在此章开始时我们谈到，今天虚构派已将"不知道"的防线退缩至仅指"屠杀"，东中野文的第二部分旨在证明事发当时日本的文献中"没有一人说及'屠杀'"。针对前述石射猪太郎提及屠杀的回忆，他引述石射的下述日记："上海来信送来了在南京我军暴行的详报。掠夺、强奸、惨不忍睹的状

---

① "支那方面舰队"军医长泰山弘道大佐的日记明明有下关和挹江门一带大量尸体的详细记载，东中野竟敢以没有"流放尸体"相蒙混，妄说泰山弘道日记中"完全没有触及这些尸体的存在"！（详见《南京大屠杀是东京审判的编造么?》，北京，《近代史研究》2002 年第 6 期，第 48 页）

② 《日本右翼南京大屠杀论著平议》之六，《南京大屠杀研究》，第 354－401 页。

③ 今井正刚著『南京城内の大量殺人』，猪瀬直樹監修、高梨正樹編『目撃者が語る日中戦争』，東京，新人物往来社 1989 年 11 月 10 日第 1 版，第 48－59 页。今井文初刊于『特集・文藝春秋』1956 年 12 月号。

④ 松本重治著『上海時代』，東京，中央公論社 1977 年 5 月 31 日第 1 版，第 675－676 页。

况。"①说明石射日记"原来没有'屠杀'二字",②因此实际并无屠杀。追溯原始,尽可能发掘较早的根据,对事象的认识是必要的。但这不是说不同可以等同于不实,早期可以简单地否定晚出。除非材料直接冲突,记述同一事物,详略不一,侧重有别,本是人人可遇的日常经验。一个匆忙的官员对每日行事略记纲要以备忘,晚年归耕后从容地对以往的经历详细铺陈,都是极自然的事,毫不奇怪。如果石射所记的前后不同,一定是后者之误,那从粗略比对中便可以看到,不仅"屠杀"二字回忆有而日记无,"放火"二字同样也是回忆有而日记无,是不是"放火"也不实呢? 如果放火也是个失实的误书,那回忆中石射说他得到的是"南京的福井领事的电信报告"和"上海领事发来的书面报告",而日记中只是寥寥"上海来信"几字,是不是回忆也不实呢? 如若也是,那"上海来信"是谁,又能是谁呢? ——任何具体的人在"原来没有"的尺度下不都只能被排斥在外么?

这种毫无道理的"原来没有",东中野信不信我们不必揣测,但把它视作一个准则,东中野自己也是根本无意遵守的。就在石川之例后,东中野紧接着又否定了法制史学者泷川政次郎在《裁判东京审判》中提到的事发时在北京听到的"屠杀传闻"。否定的办法非常简单,仅仅是凭畠中秀夫(阿罗健一)对泷川访谈的一面之词。畠中号称泷川对他说:"写过这样的事么? 记不清在北京知道南京大屠杀,如果写了的话,是我搞错了。"③此说十分可疑。《裁判东京审判》出版于1953年,而畠中的访谈在30余年后,耄耋之年对自己壮年时代写过的话已不复记忆,却能断定当年是记忆失误,不是很奇怪吗? 如果看看畠中的一贯表现,不能不让人对此语是否出自泷川之口表示怀疑。对此,东中野没有起码的存疑,也不顾自己刚刚立下的先尊后卑的准则,轻易地以不无疑问的晚年谈话否定严肃有据的早年记述,不能不让人感到东中野为符己说完全是不择手段的。

---

① 石射猪太郎著「石射猪太郎日記続」,『中央公論』,東京,中央公論社,1991年6月号,第271页。
② 東中野修道編著『日本「南京」学会年報——南京「虐殺」研究の最前線』,第179页。
③ 「聞き書き 昭和12年12月南京(続)」,東京,『じゅん刊世界と日本』1985年3月15日号(第447号),第15-16页。

东中野之说不能成立,还有动机的问题。就像无意之失也有理由一样,有意造假一定与动机有关。石川、泷川造假的动机是什么? 东中野说不出,我们也看不到。

此节的题旨是所谓"为什么没有提到'屠杀'",其根本不能成立,从以上已可看出。但为什么面对有关记载日本仍有人说"没有提到",我觉得还是有一议的必要。这一"必要"虽由虚构派引发,但针对的主要是有限承认屠杀、自以为秉持客观的中间派(日本又称中屠杀派、小屠杀派)。因为虚构派向来观念先行,在这一层面平心探讨已显得多余。日本中间派基本不承认东京审判和南京审判时公诉方提出的证据,尤其不承认中方的调查和证言,[①]这一点和虚构派同样。他们所认可和部分认可的根据主要是贝茨、拉贝、史迈士等当时在南京的"第三者"的记录。我们在上文中已经说过,留宁西方人多为安全区国际委员会或红十字会成员,为救济、守护安全区难民已竭尽了全力,加上安全区外极不安全,不可能再将目光投向南京城外,甚至安全区外,这是西人文献反映"屠杀"规模有限的主要理由。而日本记载中的屠杀记录,虚构派格于立场拒不承认不必意外,中间派以至于有些屠杀派为什么也视而不见呢? 我以为症结在于误将南京外围的屠杀当成了战斗。我曾将现存日军军方记载作过梳理,发现在南京周边的"战斗",双方伤亡极其悬殊,而且"毙敌"极多却没有俘虏,而这些"战斗"多为重武器无法施展的"白刃战""肉搏战"。所以我曾断言"战死"者只是放弃抵抗被屠杀的俘虏,所谓"战斗"只不过是为了邀功的饰词。[②] 认识到这一点,就很容易看到日本的战时文献实多屠杀记录,并非"没有提到'屠杀'"。

(三) 德丁等的记载是来自贝茨的"情报源"么?

西方人士的记载,屠杀规模都远小于战后审判的认定,虽如此,由于当时的记载十分有限,更由于其中的部分记载在第一时间即传遍了世界,所以

① 当时由于事出匆促,有些证言确有疑问,如为东京审判提供证词的鲁甦说"亲见敌人"屠杀及"断绝饮食,冻饿死"57 418 人,精确计出如此庞大的数字,从物理上说似不可能。
② 详见《日军屠杀令研究》,北京,《历史研究》2002 年第 6 期,第 68 - 79 页。

对日军暴行的认定还是有特殊价值。由于这一原因,长期以来虚构派挖空心思,一直试图推翻这些早期记载。近年更发展出一套说辞,称"南京大屠杀"是所谓中国政府"情报战"的"成果"。东中野修道步其后尘,在此文中以美国报刊、英文宣传品、安全区委员会给日本使馆报告三部分追究所谓"情报源"。东中野号称:斯梯尔、德丁等美国记者的报道,均由贝茨处批发而来,而非亲眼所见;田伯烈、徐淑希等人所编五种文献,也都源自贝茨、费奇等人;给日本使馆的报告是包括贝茨、费奇等的在宁西方人"个人恣意"的见解的"集约"。其中在当时即对世人发生影响的斯、田等的文字,都与贝茨有关,而贝茨是所谓"中华民国政府顾问",[①]不是人们想象的"中立的""史学教授和虔敬的传教士";他"编造"日军的暴行也是受国民党中宣部国际宣传处之托。所以没有任何公正性可言。

"顾问"问题我们将在下节讨论,在此先来检查一下贝茨等的所谓"情报源"。

东中野称斯梯尔等的报道出自贝茨之手,根据是所谓两位记者所记和贝茨报告的"酷似",以及德丁晚年所谈与早年记载的出入。东中野举出的例证如下(省略部分悉依原引)。斯梯尔说:

> 南京陷落的故事,是落入陷阱的中国军队无法用言语来形容的混乱和恐慌,以及其后征服军的恐怖统治的故事。数千人的生命牺牲了,其中多是无罪的人。……像屠杀羔羊一样。……以上的记述是基于留在包围中的南京的我自己和其他外国人的观察得出的。

德丁说:

> 杀人频繁发生,大规模的掠夺、对妇女的暴行、对非战斗人员的杀害,……南京已经化为了恐怖的城市。……恐惧和激动的跑动的人,无

---

① 東中野修道編著『日本「南京」学会年報——南京「虐殺」研究の最前線』,第191页。

论谁都立即枪杀。许多的杀人为外国人所目击。

贝茨说：

> 日本军在南京名誉扫地，逃过了受到中国人尊敬和外国人好评的机会。经过了两日，频繁的杀人，大规模的半组织的掠夺，包括对女性暴行的妨害家庭生活，前景完全被毁坏了。据在南京巡视的外国人的报道，许多非战斗员的尸体横躺在大街上。在南京的中心部，昨天统计，每一区划都有一具尸体。……恐惧和激动的跑动的人，在日暮时被大街小巷的巡逻队逮捕的人，无论谁都被立即枪杀。

这三段文字有相似之处么？当然是有的。但就像谁都不会否认东中野先生是否定南京大屠杀的虚构派干将一样，这不是谁从谁的"情报源"批发了什么消息，而是东中野先生本身就是虚构派的干将。如果谁说东中野是屠杀派或中间派，那他反倒是完全的隔膜，或误信了别有用心者的"情报源"。所以对同一事项记载的"酷似"一点都不可怪。然而，由于每个记述者所处的位置不同，视界的广狭不同，各自独立的记载毕竟也不可能如出一辙。如果不同的材料连枝节也"酷似"，我们当然也不能排除它们出自同源的可能性。

上引的三条记载是否"酷似"，无须逐一比对即可看出。虽然"酷似"本是形容性的词语，没有严格的界限，但我们还是可以说，上引记载如果算"酷似"，则是相似性很低的"酷似"。如果以复述的标准来要求，三条材料最多也只能算"稍似"。而这一"稍似"也是经过东中野精心剪裁而成的。上引三段记载，东中野都加了引号和省略号，看似很严格，其实还是颇有"遗漏"。如第三段本由不同的三部分组成，却只有一处加了省略号，如一些词句作了强化或弱化的处理，等等。但我不认为这仅仅是"粗糙"，东中野既想挑起"劫争"，自然有他的"精心"考虑。只是他所制造的"劫材"根本无法争胜。如果对照上引三段记载的原文，很容易看到三者的"非似"之处。如贝茨在上引之后，提到了四百名警察被日军捕走，"这些人的末日来临已一目了然"。① 斯梯尔的报道如果源自贝茨记述，这是不应放过的材料，因为对揭露日军暴行而言它是一个重要证据，可斯氏的报道却只字没有提及；德丁虽说到有人被捕走，而未说是警察。斯梯尔与德丁都记载了日军 15 日在江岸的处决，斯梯尔说有"三百中国人"，德丁说有"二百名男性"，② 而贝茨的记录则完全没有述及。诸如此类的反"酷似"之处，随手可以摘出数十例。这是斯、德所记不是出自贝茨之手的决定性证明。而斯、德所记同一事例的差异，更说明他们既非必须从"情报源"批发材料的有组织成员，也非遇事互相串通的同党，他们的记述本乎的完全是自己的观察（此事是他们坐美国军舰瓦釜号离开南京前的亲眼目睹）。这对所谓"情报源"也是有力的否定。东中野想在这种地方无事生非，完全是徒劳的。

（四）所谓中国"顾问"问题

如前所述，日本虚构派要推翻日军在南京所犯下的暴行，横亘在面前的最大障碍是事发当时西方人士的记录，所以长期以来他们一直在找寻突破口，以图一举推翻这些记载。贝茨的"顾问"之说，由东中野修道去年在《南京大学教授贝茨的"画皮"》一文中首次提出。而最早"发现""顾问"问题的是铃木明。铃木明在《新"南京大屠杀"之谜》中说，根据《曼彻斯卫报》所记田伯烈去世时的记事（1954 年 11 月 29 日），田伯烈不仅是"国民党中宣部顾问"，而且是"中国情报部顾问"。铃木提供线索后没有把话挑明，但言下之意十分明确。北村稔接过铃木的话引，写成了一本专书《南京事件的探究》。北村说，"中国情报部"应该还是"国民党中宣部"，田伯烈作为"国民党中宣部顾问"，他的《战争是什么？》（又称《外人目睹之日军暴行》《日军暴行纪实》）出自国民党中宣部国际宣传处的一手策划；当时擘画此事的是中宣部副部长董显光和国宣处处长曾虚白，而具体操纵其事的主要是曾虚白。北村因此得出结论说：田伯烈"不是燃烧着正义感的第三者，而只是效力于

① 洞富雄编『日中戦争史資料』9「南京事件」Ⅱ，第 24 页。
② 南京事件调查研究会编訳『南京事件資料集』1「アメリカ関係資料編」，第 466、418 页。

国民党外交战略的一个存在。"①东中野的"中华民国政府顾问"说与北村所说一脉相承。"顾问"问题提出后,国内外学界——包括日本屠杀派——都没有予以回应。虚构派十分得意,以为终于被他们抓住了把柄,因此在以后的文字中每每提及。

不必否认,"顾问"身份对"中立"会有影响,但这不等于说有了顾问身份就一定会罔顾事实,两者之间并不能划一个等号。所以,完全不必"羞与哙伍",以为真是落下了什么把柄。

曾虚白在《曾虚白自传》(下简作《自传》)中说:

> 我们商定这一时期的国际宣传不应中国人自己出面,我们要找了解我抗战真相与政策的国际友人做我们的代言人。田伯烈是一位理想的人选。因此,我们决定第一步,我们花钱请田伯烈本人及由其代约史迈士写两本日军在南京大屠杀的目睹实录印行问世。此后,他照办了;他的"日军暴行纪实"与史迈士的"南京战祸写真"两书,风行一时,成了畅销书,达成宣传目的。同时,我们又与田伯烈商定请他做我们国际宣传处不露面的主持人,以泛太平洋新闻社(Trans Pacific News Service)名义登记在美发稿。……②

这段话是北村等以为的"不打自招"。"花钱"云云,在今天这样的和平环境,确实容易留下不择手段的印象。但如果设身处地,中国当时面临的极其艰难的处境是不难体谅的。当时日本的侵攻仅受到了英、美等西方国家的象征性反对——口头谴责,日军的近代化优势又是得到最大发挥的时期,中国的抗战外无强援(苏联空军自愿队等毕竟规模有限),内乏有效的阻敌手段,国土每天都在沦丧,军民每天都在伤亡,这样的亡国灭种的紧迫危机,的确很难使人对抵抗的方式有所顾忌。然而,这并不是说当时中国的"宣传"已

---

① 『南京事件の探究——その実像をもとめて』,第44页。
② 《曾虚白自传》,台北,联经出版事业公司1988年3月第1版,第201页。

完全没有原则。对此,曾虚白在《抗战宣传追忆记》(下简作《追忆》)中其实已有明确的阐述:

> 我们的政策既立(指国际宣传——引者),目的已明。可是,用什么方法来推进我们的政策以达到我们的目的呢? 我们办理国际宣传,虽然在时间上比日本落后得多,可是日本在宣传上的失败的经验,供给了我们极可宝贵的参考,学得了宣传的正确技巧。我们知道宣传不是巧辩饰非,以虚伪骗人上当的诈术。有效的宣传是没有诈术的宣传;是幕后运用,潜移默化的工作;是以诚格人,以真取信的事业。……
>
> 上面说过,抗战初期,英美各国对我国抗战实力没有准确估计,对日本阴谋暴行也还没有适切的认识。我们虽然可以公开陈述,却无法令人轻易置信,唯有借助于代言人才能发生最大效果。可是我们理想中的代言人从什么地方去找呢? 可以用金钱雇佣的,决不是代言人,真的代言人,是格于诚而感于真的热心人士。既不能强迫他为报酬而工作,也不能强迫他去做他良心上认为不该做的事。我们要以以诚格人,以真取信的态度,使外人潜移默化而自动做我们的代言人。我们当时确实做到了这一点,这一方面固由于我们的努力,另一方面也得感谢我们的敌人给我们制造了许多宝贵的宣传机会。譬如说,南京的屠杀和种种惨无人道的暴行,使国际人士闻之,莫不发指。……我们不必渲染,不必夸张,只要把事实真相唤起英美人士的注意。……
>
> 英人田伯烈所著"外人目睹中之日军暴行"及美人范思伯所著"日本间谍"两书,我们取得了作者同意,由我们出版问世,耸动了国际间的听闻,使日本军阀的阴谋暴行,天下周知。①

曾虚白反复强调的是"以诚格人,以真取信"。有了"诚""信"这一基本原则,"巧辩饰非","骗人上当的诈术"当然是没有立足余地的。

---

① 《曾虚白自选集》,台北,黎明文化事业股份有限公司 1980 年 3 月第 1 版,第 295－297 页。

在曾虚白的这段回忆中,特别值得注意的是有关"金钱雇佣"的看法。我觉得这可以作为《自传》中"花钱"的一个重要脚注。由于《自传》和《追忆》都作于事发多年之后,记忆上不是没有误差,如国宣处组织的两书,虽都提到了田著,但用了两个不同的书名,而另一本书,《自传》说是史迈士的"南京战祸写真",《追忆》说是范思伯的"日本间谍"。尽管如此,在大关节目上,两者并无抵触。我认为《自传》中的"花钱"指的只是编撰、出版的费用,而非"收买"。这不仅从《追忆》所表示的"金钱雇佣""决不是代言人"的斩截态度可以看出,《自传》一而再发抒的"以真动人,以诚感人""不夸大,不掩饰,来揭示我抗战的真相"[①]也是明证。如果"花钱"指的是"收买",不仅不合《追忆》所述,也使《自传》本身不能自恰。

对于田伯烈、贝茨等早期记载日军暴行的西方人士,今天我们固然不必坚持强调是"中立"的"第三者",同时也应该意识到是不是"中立"的"第三者"并没有多少重要性。因为所谓"中立",所谓"第三者",纯只是从"利益"出发的思路和语式。[②] 利益可分成楚河汉界,各不相同。但支配人的行为的不仅是利益,在利益之外——或者说之上——更有道义。道义则不分彼此天下只有一个。非道义只是无道。所以,从道义的角度讲,既不能"中立",也没有"第三者"。田、贝等许许多多"格于诚而感于真的热心人士"确实不是也不必是"中立"的"第三者"。日本右翼对杉原千亩[③]津津乐道,不应该不知道这一点。将是不是"第三者"、有没有"顾问"身份等同于记载是否真实,或将其对是否真实的影响无限夸大,只能说明虚构派心中没有"道义"二字。

---

① 《曾虚白自传》,第 199 页。
② 虚构派对西方人士有关日军暴行的记录,每以"利益"的理由加以否定,如亩本正己说:拉贝所在的西门子公司在中国有很大的商业利益,所以"不能说拉贝作为第三国人是中立、公平的。"(亩本正己著『真相·南京事件——ラーベ日記を検証して』序章,東京,文京出版 1999 年 2 月 1 日第 2 版,第 5 页)。如松村俊夫说:"作为拉贝,因日本军占领南京而失去常年培育的生意场,若说对日本军没有憎恶,是不能让人相信的。至少感到凄凉,是无疑的。"(『「南京虐殺」への大疑問』,第 213 页)
③ 二战时日本驻立陶宛领事,出于保护犹太人免遭法西斯德国迫害的道义感,顶住日本外务省命令给犹太人发放了大量签证,以色列建国后曾授予其国家荣誉勋章,表彰其"人道主义功勋"。

四、一点余论

《年报》中另有秦郁彦和原刚两文，两文置于头、二篇的位置。秦、原两人不属于虚构派，两文也并不像富泽繁信的"数据库"那样"精心"构制（秦文只是在南京学会的一次演讲），《年报》如此安排，自然是出于东中野修道等的"统战"考虑。因此对于两文本身可以不论。但对秦郁彦——准确的应该说秦郁彦式——的立场怎么看，我觉得并非全无讨论的价值。所以，在结束本文之前再谈一点浅见。

人数问题可以说是南京大屠杀研究中的一个重要问题，同时也可以说只是"一个"问题。对人数问题过分强调，以人数压倒一切，不仅不利于全面认清历史真相，也有损于问题的严正性（是非问题流于算术问题），而且，将成败系于一身，"人数"确实难荷重负，因为这潜含了人数的多少可以决定事件的性质。20 世纪 90 年代中期以后，大屠杀派中有人以为秦郁彦对人数问题过分关注，予以了尖锐批评。① 细读秦氏的相关著述，的确可见秦氏对数字的热衷，而且，秦氏还多次说过"正确的数字只有上帝才知道"②——两种表现似相反实相成。但另一方面我们也应该看到，秦氏对《南京事件》迄今没有修改（至 1999 年第 20 次印刷本），这表明了他对前引"南京事件"的观点并未放弃。在各种场合，他对包括屠杀在内的日军暴行也从未否定。③ 因此，虽然我认为秦氏对材料认定的过于"矜持"限制了他的判断，但秦氏的

---

① 如笠原十九司说："然而，近来的秦氏却将南京事件的深刻意义相对化，对牺牲者数作过小的评价，尤其是今天更专意于确定困难的牺牲者数，给人以诸说并存、南京事件的实态不明的印象，让人感到已后退到和对犹太人的大屠杀持同样立场的历史修正主义者（revisonist）的立场。"笠原十九司著「プリンストン大学『南京 1937 年・国際シンポジウム』記録」，藤原彰編『南京事件どうみるか——日、中、米研究者による検証』，第 179–180 頁。

② 如「南京事件の真実」，『産経新聞』，東京，産経新聞社，1994 年 7 月 1 日。

③ 如去年在讨论 20 世纪战争犯罪时，秦氏说"日本作为加害者的事件，南京屠杀事件仍是象征性的存在（此处'象征性'同时含有代表性之意——引者）。"（秦郁彦・佐藤昌盛・常石敬一「戦争犯罪ワースト 20 を選んだ——いまなお続く『戦争と虐殺の世紀』を徹底検証」，『文藝春秋』，東京，文藝春秋社，2002 年 8 月号，第 160 頁）在与虚构派讨论时，虽然当年针对田中正明时的严正态度已经软化，但就对虚构派所持异议之点上并无变化，详见秦郁彦、東中野修道、松本健一「問題は捕虜処断をどう見るか」，『諸君！』，東京，文藝春秋社，2001 年第 2 期，第 128–144 頁。

表现在一定程度上也是南京大屠杀复杂性的折射。① 这样说并非是对秦氏个人的臧否，对个人的臧否非但无补于史实的澄清，只会助长意气之争。这样说也不是从"策略"出发为了争取中间派，因为学术的是非曲直无须倚多为胜。这样说也不仅是为了显示包容的襟怀。如何对待秦氏式的研究，或者说如何对待不同的见解，时至今日确已直接关系到研究的能否进一步深入。

南京大屠杀与一般学术课题的最大不同，在于事涉敏感的"民族感情"，所以不仅"价值中立"没有立足之地，②对于相争的两方来说，往往只能"先立其大"。这是在"大是大非"面前的一种"不得不"。以"实事求是"相标榜的北村稔因此讥之为"神学论争"。③ 这一比拟是否恰当，北村自己能否置身事外，在此姑且不论，但我们如果借以观虚构派——当然不仅是虚构派——观念先行的问题，所谓支配性叙述（master narrative）淹没历史细节的问题，都是存在、甚至可以说严重的。在认识虚构派的同时，我想我们不能不看到这一重要的历史课题确实还留有许多待解的疑难，有些既有结论确实还未尽坚实，即使就材料本身说也还有尚须发掘、清理、再认识等等众多的问题。如果不严守历史学的基本纪律，纵使有"学术检验"之心（姑不计是否只是幌子），纵使有"方法"上的变幻（如"数据库"），都将一无所获。《年报》这一"反面教材"便是最新的例子。

（原载《近代史研究》2003 年第 6 期）

---

① 2003 年南京师范大学南京大屠杀研究中心拟会同南京地区的相关学者，每月举办一次研讨会，3 月 29 日举行了第一次会议，由本人汇报日本的有关研究。会议结束前，对屠杀人数作最大估计的孙宅巍先生再次表示，只要认可日军暴行这一前提，和任何学者都可以进行"学术"讨论。（孙氏尝在其主编的《南京大屠杀》中说：只要"尊重历史事实"，"具体的数字""当然是可以讨论的"[《南京大屠杀》，第 9—10 页]。此说引起了海外学者的注意，以为对于在中国大陆进行讨论的"可能性"来说，这"也许可以看作是跨向前进的微小的一步"[ジョシュア・A・フォーゲル编『歴史学のなかの南京大虐殺』，東京，柏書房 2000 年 5 月 25 日第 1 版，第 219 页]。）

② 这一类课题即使在国外学术界也很难完全守持中立，做到"不偏不倚"。2002 年 12 月 10 日美国伯克利加州大学魏斐德（前美国史学会会长）来我所报告美国史学界研究状况，对"较年轻"一代学者的"纯学术"倾向，如将抗战时重庆、延安、南京作为三个平行政权，表示了十分的不以为然。

③ 『「南京事件」の探究——その実像をもとめて』，第 21 页。

附记：

　　日本立命馆大学某学者最近在日本最重要右翼刊物撰文，称前引拙著《南京大屠杀研究》在"中文研究著作"中还算"健全"，然后话锋一转，说："通观全书内容可见，在中国要想与国家意志相反或独立于国家公式见解论述南京史事，不能不说还不可能。"①可怪的是他举的例子是所谓"尸体数字的极大化"。拙著的论述涉及广泛方面，但恰恰未谈具体数字（我的所有相关文字都未谈过具体数字），这是虚构派观念先行的虽极小但有力例证。

---

① アスキュデイー・ヴィッド著「南京大虐殺の亡霊」，『諸君！』，東京，文藝春秋社，2005 年 12 月号，第 164 页。

侵华日军军风纪研究

——以第十军为中心

在近代侵华的各国军队中，日本军队给国人留下的印象无疑是最差的。其中的原因很多，比如日军侵华时间最长、地域最广、危害最大——正逢中华民族发展的关键时刻，两次阻断了中国近代化进路；比如日军侵华的历史最近，人们的记忆也最鲜明；比如以"抗日"为重要资源的中国政治主流所发挥的曲折作用，①等等。但如果列数最重要的理由，首选恐怕莫过于深刻于国人脑际的日军无以复加的残暴。或许是这一原因，华语学界论及日军暴行者极多，而以日军军风纪立论者却从未之见——既是"兽兵""鬼子"，②岂有军风纪可言？不仅华语学界未见，在我的有限阅读中，日军军风纪问题在日本也从来没有专文讨论。另一方面，这并不妨碍不少日本人对日军军风纪的称赞。如小室直树《从国际法看"南京大屠杀"的疑问》称：

> 在日本人中"士兵"的印象，不仅是"强"，同时也是"正"。
>
> 在日本的军队教育中，特别强调保持荣誉。……"士兵是国民的模范"是教育的主题之一。

---

① 比如枝节方面的例子：国民党中宣部国际宣传处主持出版的宣传品中有些照片经过了技术处理，虽然在总体上它所反映的确是真实，但就事论事则不能不说已逾出了原貌。

② 当时最常见的称呼。"兽兵"如郭岐《陷都血泪录》、"鬼子"如(佚名)《在黑地狱中的民众》，侵华日军南京大屠杀史料编委会、南京图书馆编《侵华日军南京大屠杀史料》，江苏古籍出版社 1998 年 2 月第 1 版第 5 次印刷版，第 1-59、131-133 页。

"军人是不会作恶的""军人是不会说谎的",国民深信不疑。

因为自尊心（pride）昂扬，日本军的犯罪率是世界最低的。①（重点号为引者所加，以下为引者所加者，不再逐一注明。）

这样的说法在今天十分流行。如第二次淞沪战役时随日军第二联合航空队调往上海战场的源田实，晚年在接受采访时否认日军在南京有过暴行，理由便是"这违反武士道精神"；②亩本正己《真相·南京事件》称"背负了冤罪的［日军］官兵大多是善良的"；③竹本忠雄、大原康男《再审"南京大屠杀"》称攻占南京的日军军风纪严明，犯罪者为数极少，而且"都通过军法会议受到了严惩"；④田中正明《南京事件的总括》则以"勇猛顽强"来反证"日军军纪的严正"，因为"只有军纪严正，才能成为精强的军队。不问古今东西，精强的军队等于军纪严正的军队的铁则不变。"⑤"精强"与"军纪严正"决不等同，有"古今东西"的大量实例可证。如亩本正己喜欢列举的"残酷"和"非人道"的成吉思汗和希特勒的"精强的军队"。⑥ 此点与本文论旨无关，不必详论。

这种日军军风纪严明说，其实早在东京审判时被告方已三复其言。如证人胁坂次郎（案发时为第九师团第三十六联队长，大佐）说：

我的部队刚进入南京，某位会计中尉在因公外出的途中，发现了支那妇人遗弃的一只鞋子，他想让朋友看看它的美丽式样，带回了部队，此事被宪兵侦知后，以掠夺罪的嫌疑将材料送往军法会议，这位中尉因

---

① 国際法から見た「南京大虐殺」の疑問，小室直樹、渡部昇一著『封印の昭和史——「戦後五〇年」自虐の終焉』，東京，徳間書店 1995 年 10 月 15 日第 4 次印刷版，第 107 頁。

② 阿羅健一編『「南京事件」日本人 48 人の証言』，東京，小学館 2002 年 1 月 1 日第 1 版，第 269 頁。

③ 畝本正己著『真相·南京事件——ラーベ日記を検証して』，東京，文京出版 1999 年 2 月 1 日第 2 版，第 230 頁。同书森英生前言称日军是"洁白"的（第 11 頁）。

④ 日本会議国際広報委員会編『再審「南京大虐殺」——世界に訴える日本の冤罪』，東京，明成社 2000 年 11 月 25 日第 2 次印刷版，第 64 頁。

⑤ 田中正明著『南京事件の総括——虐殺否定十五の論拠』，東京，謙光社 1987 年 3 月 7 日第 1 版，第 135 頁。

⑥ 畝本强调日军进攻南京"不是成吉思汗对欧洲的征服战，也不是希特勒的种族灭绝战。而是堂堂正正的'正战'——惩罚加有节制的战争。"畝本正己著『真相·南京事件——ラーベ日記を検証して』総括，第 229 頁。

此在我面前流着泪主张自己无罪，我认可了这一事实，向上级作了转告。我记得结果是以轻微犯罪驳回。当时在南京的日本宪兵管束极为严厉，任何细微的犯罪都决不宽贷。①

在胁坂次郎的口中，日军不仅秋毫无犯，简直可当"仁义之师"而无愧了。胁坂此说在当时的证词中是极端的一例，但对我们了解辩护方的认识却也是十分传神的一例。

此类论调决不能为中国人接受，在于它与经验事实的完全背离。胁坂等人这样说，只能说明他们没有丝毫的自省。从这点上说，这些论调不值一驳。然而，近年我也在想，为什么一眼可以看破的日军无辜的种种奇谈在日本至今仍有市场？是不是暴行和军队的形影相随在当时司空见惯，日军的表现并不特出（日本每有人称美苏军队和中国军队的暴行）？是不是巨大的灾难仅仅因为"战争"，而非日军官兵特别暴虐？或者说是不是日军官兵大多谨守法律，少数的意外已受严惩，罪罚已经抵消？是不是有关于此日本的第一手记载真有让人见仁见智的余地？要塞日本右翼之口和服日本民众之心，如果不从日本军队自己的记载下手，对这些疑问来一次"入室操戈"，恐怕不能解决。②

一、相关文献和日军第十军军法系统

日军在战败和东京审判时曾焚毁了大量文书档案，给以后复原相关历史带来了困难。胁坂次郎等敢于作如上的嚣张证言，想必即是自恃了这一点（也有自欺欺人者，如南京大屠杀第一责任人松井石根，日记明明还在，却

① 洞富雄编『日中戦争史资料』8「南京事件」Ⅰ，東京，河出書房新社 1973 年 11 月 25 日第 1 版，第 239 页。
② 中、西方留下的证据，日本相当多的人不予承认，认为它是战时"敌国"或助敌之国的宣传。如铃木明、北村稔、东中野修道等分别"考证"出田伯烈（H. J. Timperley）、贝茨（M. S. Bates）等为中国顾问，中、西方的证据都为国民党自己或授意西方人"制造"（见铃木明著『新「南京大虐殺」のまぼろし』第十三章"田伯烈の『外国人の見た日本軍の暴行』"，東京，飛鳥新社 1999 年 6 月 3 日第 1 版，第 281 - 295 页；北村稔著『「南京事件」の探究——その実像をもとめて』第一部"国民党国際宣傳処と戦時対外戦略"，東京，文藝春秋社 2001 年 11 月 20 日第 1 版，第 25 - 64 页；東中野修道著，南京大学教授ベイツの「化けの皮」，『諸君！』，東京，文藝春秋，2002 年第 4 期，第 150 - 163 页）。

谎称已经烧毁）。但从另一角度说，撇开胁坂式的夸张之词（如"一只鞋"），我们也可以感到当时日军军法部门似乎并不仅仅是摆设。已消失的东西最易给人留下想象的余地，所以我曾想，上海派遣军法务部日志等文献如果还在，虚构派的问难应可不攻自破。这是我近年搜集日本相关文献以回应虚构派时的一个突出体会。所以，当去年末去东京访书，看到出版已两年的日军第十军（攻打南京的主力部队之一）法务部长小川关治郎日记时，不仅意外，也颇悔自己搜寻不细（因日记出版后多次去找书）。小川日记珍藏至今，长期不为人知，连与他晚年一同生活的女儿都感到"吃惊""完全没有记忆"。① 由日记又意识到，保存大量案例的日军第十军法务部日志，作为事发当时军方文献，也是十分重要的资料。

日军第十军法务部日志等文献得以保留，是一个"偶然"，日本"现代史资料"的编者也说：

> 即使作为仅存在了半年的第十军（实为 1937 年 10 月 13 日—1938年 3 月 9 日［战斗序列则早在 2 月 18 日已解除］，不足五个月——引者）的这一法务部日志，其所记录的日中战争、太平洋战争下日本军的犯罪——当然，其他军、师团也都曾设置了特设军法会议，② 只是仅留下了这一记录——现在以完全的面貌留在了我们手边，确实是稀有的法务部日志。③

第十军法务部日志是由小川关治郎个人保留下来的。"仅留下"是概括的说

---

① 長森光代著「わが父·陸軍法務官　小川関治郎」，载小川関治郎著『ある軍法務官の日記』，東京，みすず書房 2000 年 8 月 10 日第 1 版，第 210 页。

② "军法会议"一般译为"军事法庭"。但日本另有审理占领地军民的"军律会议"，而美国占领日本期间由占领军设置的法庭即用汉字"军事法庭"。此"军事法庭"约当于"军律会议"。为免混淆，本文选用"军法会议"。

③ 高橋正衛編集、解説『続·現代史資料』6「軍事警察」，東京，みすず書房 1982 年 2 月 26 日第 1 版，前言第 32 页。

法，因为 1938 年 1 月新组建的中支那方面军①军法会议的近一个月日志（方面军军法会议日志记载的案例以第十军为主，也有少量上海派遣军"军中逃亡"等案），也赖其时调任方面军的小川的保存得以存世。虽然两志均未涉及南京（日记也只是略有所及），但在侵华日军其他部队法务部日志湮灭的情况下，就反映日军军风纪的普遍情况而言，这却可以说是具有"唯一"性价值的证据。

第十军日志起讫时间为 1937 年（以下为 1937 年者，不再逐一注明）10月 12 日至 1938 年 2 月 23 日，方面军

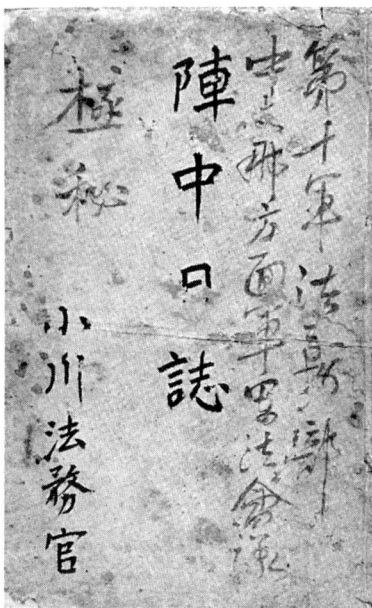

《第十军法务部·中支那方面军军法会议阵中日志》

日志为 1938 年 1 月 4 日至同月 31 日。小川日记自 10 月 12 日到 1938 年 2 月22 日，与第十军日志所记几乎为同一时段。日记在内容上与日志多有重合，但因是私下记录，较少利益考虑，较少遮掩和回护，不像日志那样严守分寸，也多有可以补充日志的真消息。②

本文以第十军为中心，所以在进入正题之前，有必要先对第十军的概况作一简要交代。

第二次淞沪战役爆发后，日军立即决定派军增援。由于当时日军内部

---

① 国内多将中支那方面军译为"华中方面军"，因考虑到日本所称"中支"与我国的"华中"无论在传统所指自然地区还是 20 世纪 50 年代以后所指行政区划上都不尽相同或完全不同，而中支那方面军的活动范围也始终未逾今天通常所指的华东以外，所以本文一仍日本旧称。国内译名避免"支那"是因为以为"支那"是蔑称，如《"南京屠杀"的彻底检证》中译本第一页第一条注称："支那为日本对战前中国的蔑称。《南京人屠杀"的彻底检证》仍沿用了这一称呼，表明了笔者的反华立场。为了客观反映该书在政治上的反动性，译者未加任何改动。"（《"南京大屠杀"的彻底检证》[原著无"大"字，"南京屠杀"加引号，因为日本虚构派不承认"屠杀"，故称屠杀必加引号]，北京，新华出版社 2000 年 7 月"内部发行"版，第 1 页。）日本今天仍坚持以"支那"称中国者，一定是右翼，但援用历史名称，如"中支那方面军"时，则不论左、右翼都不加改动。

② 详请见拙文《小川关治郎和〈一个军法务官的日记〉》，上海，《史林》2004 年第 1 期。

对战争是否扩大尚存争议,新组建的"上海派遣军"(8月14日)仅由第三、第十一两个师团组成,而且限于"扫灭上海附近之敌和占领上海北方地区之要线"。① 8月23日两师团陆续在吴淞一带登陆,中国军队抵抗的顽强完全出乎日军的意外,现地日军和海军因此要求紧急增兵。几经周折(参谋本部作战部部长石原莞尔少将反对增兵,认为防备苏联和"满洲国"安危才是日本陆军的当务之急,②这一立场未引起陆军内部共鸣),9月上旬增兵案得到了天皇的首肯,日军于是向上海派遣军增派第九、第十三、第一百一师团和重藤支队(台湾守备队,支队长为重藤千秋少将)、野战重炮兵第五旅团、第三飞行团等部队(10月底,第十六师团亦转归上海派遣军指挥)。但当时国民政府正倾全力组织抵抗,前线将士舍生忘死,浴血奋战,日军虽大量增兵,速胜的企图仍受到了阻碍。进入10月局势仍呈胶着状态(时石原已挂冠而去)。下辖第六、第十八、第一百十四师团及第一百五师团之一部的第十军(第七号军)就是在这样的局面下组建的(10月12日下达动员令)。

　　先行交代这一过程,是因为战斗艰难、伤亡惨重激发出的报复心是造成日军暴行的原因之一,现在已成了普遍看法。③ 其实,不仅是报复心,酷烈战争造成的生死无常本身也会动摇常态下的价值、约束,导致举措乖戾以至丧心病狂。然而,我在此想特别提请注意的是:第十军虽然组建于中日两

① 「临参命第七十三号」,臼井胜美等解说『现代史资料』9『日中战争』2,东京,みすず書房1964年9月30日第1版,第206页。这一限制,派遣军司令官松井石根大将持有异议,部队尚未出发,他就说:"应该放弃局部解决、不扩大方案","应断然地用必要的兵力以传统的精神,速战速决。比起将主力使用于北支,更有必要使用于南京""应在短时间内攻占南京"。(『饭沼守日記』,南京战史编集委员会编『南京戦史资料集』,非卖品,东京,偕行社1989年11月3日第1版,第67—68页)

② 参见防卫厅防卫研修所战史室编『支那事变陆军作戦』1,东京,朝雲新聞社1975年7月25日第1版,第295页。

③ 这一看法在日本由来已久,不少当事人也供认不讳,如第六十五联队第一大队第二中队的一位下士官称:"真是很惨重,都是'为国'而战死的。希望把进攻南京看作是这场激战(上海战役)的延长。完全没有轻易释放来投降的俘虏的气氛。是受到那样伤害的战友的仇呀!这样的心情,我想让那时战斗中的中国士兵们明白。假使杀十万、二十万,那也是作为继续战斗的结果。从那时的心情说,丝毫也不认为是'屠杀'。"(本多勝一著『南京への道』,东京,朝日新聞社1987年1月20日第1版,第209页)中国学者近年也开始承认中国抵抗这一原因,如称:"南京保卫战中,中国军人的英勇抵抗,也加剧了日本侵略军的报复心理,使他们在后来的暴行中表现得更加残忍、疯狂。正是在这个意义上,南京保卫战的进行,中国军队的英勇抵抗,成了南京大屠杀发生的基本原因之一。"(孙宅巍主编《南京大屠杀》,北京,北京出版社1997年5月第1版,第13页)不过,此处所指"抵抗"与日本所指不尽相同,日本指的是淞沪战役,而非"南京保卫战"。就当时实际而言,日军进攻南京受到的抵抗远不及上海激烈,如上海打了近三个月,而南京不足一周,日军的伤亡仅是上海的数十分之一。如果将南京的"英勇抵抗"作为"基本原因之一",不免会留下疑问:日军的"暴行"为什么不是在上海更"残忍、疯狂"。

军激烈交战之际,但当11月5日从金山卫上岸时,守卫上海的中国军队已开始撤退;在中国的数月中,第十军没有遇到激烈的抵抗,也没有上海派遣军那样重大的伤亡,除了以绝对优势兵力攻占南京,以后几乎已无战事,如占领杭州时不费一枪一弹的"无血入城"。因此,第十军的经历与上海派遣军的情况不同,它的暴行与所谓战争酷烈、报复心等原因可谓全然无关。正因为此,我们更可以藉第十军的所作所为认识日军军风纪的本来面貌。

第十军法务部在10月13日第十军组建时建立,初建时共有法务部长等五人,后增加一人。① 10月30日第十军军法会议组成(《丁集日命第十二号》,军律会议12月5日组成),法务部成员分任检察官、预审官和裁判官。② 除了专职法务官,裁判官另由所谓"带剑的法官"的军人担当。从理论上说,法务官与"带剑的法官"在职权上没有区别,所谓"作为专门法官,以其专门的知识,努力使审判事务适正,但与所谓'带剑的法官'的判士(法官——引者)在职务权限上没有任何差别,在事实的认定、法令的解释上,全体法官具有同一的权能。"③然而正如《日本现代史资料·军事警察》编者所说:法务官"在兵科军官='带剑的法官'的判士之下,也有只是充当无力的事务官的一面"。④ 其实不仅是"也有",日本军法会议法规定军法会议长官为军司令官、师团长等各级首长(高级军法会议长官为陆军大臣),以示"审判权和军队指挥权的一致"。这一制度性规定,本来就限制了职业法务官的依法行事。

制度性规定之外,法务部在司令部内不受重视也到了相当严重的程度。如副官部有意不让法务部与司令官同行,如对法务部待遇上的歧视等等,在小川日记中多有记录。这种情况和文官地位的普遍低下确实有关,小川在

---

① 10月13日法务部成立时计有:部长小川关治郎(陆军法务官高等官二等),部员田岛隆式(高等官五等)、增田德一(高等官七等),部附加藤七兵卫(陆军录事判任官二等)、龟井文夫(判任官三等),总计五人。10月20日增加部附笹木特务(名,判任官三等)及值日兵两名。12月28日小川调任中支那方面军后,由留守第九师团法务部长根本庄太郎接任部长。
② 小川为军法会议检察官,田岛为军法会议裁判兼预审官,增田为军法会议预审官兼检察官,加藤、笹木、龟井为军法会议附。小川和增田后又分别兼任预审官和裁判官。
③ 日高巳雄著「陆军军法会议法讲义」,油印本,无版权页,第41页,转引自高桥正卫编集、解说『续·现代史资料』6「军事警察」,前言第26页。
④ 高桥正卫编集、解说『续·现代史资料』6「军事警察」,前言第27页。

12月12日日记中说到"军人威势日益暴戾""我们实际被当作累赘"①即是对此的真实写照。但对法务部的"歧视"还不仅仅是出于战争环境下武人对文官常有的蔑视,故意的歧视更是因为法务部的功能与日军败坏的军风纪确有冲突。

小川日记12月8日记:"冢本部长万事消极,万事不为。"冢本是上海派遣军法务部长冢本浩次,"不为"和"消极"的原因,小川日记说是听说"内部欠融和"。② 但就当时的日军状况言,仅仅因人际关系便"万事不为",实难想象。我以为之所以"不为",应该和法务部工作难以展开有关。东京审判时不少日本军人提到各部队对法务部的抗议,理由是法务部处罚太严,其中便有冢本浩次。他说:"对于上海派遣军法务部处罚的严厉,对于细微之罪也纠明的态度,各部队都进行了非难。"上海派遣军参谋长饭沼守少将也说到,因为"军纪极其严正(依文意应指过严——引者),便有第十六师团向法务部提出抗议那样的事。"③所谓"严厉",从日志所载大量重罪轻罚或不罚的判例看完全是妄说,以下将详及,但即便法务部已十分宽纵,法务部的性质仍决定了它不可能为日军官兵所接受。

冢本部长所说的"非难",从小川的经验中也可以看到。小川1938年1月赴方面军(方面军未建立法务部,小川附属于司令部),他感到方面军与军的明显不同在于没有直辖部队,因而不必像在军时面对各级部队的"相当意见""战战兢兢的深加思考"。④ 所谓"相当意见",当就是冢本浩次所说的"各部队"的"非难"。当时职业法务官的无力处境,小川女儿少时曾有一个具有象征意义的体验。长森(小川)光代说,她读小学时,因父亲法务官的领章和军帽帽圈的颜色特别(白色,当时陆军是红色,海军是黄色,骑兵是绿色,航空部队[时空军尚未成为独立军种]是蓝色等),数量稀少,让人侧目,她的同学甚至问:"你父亲是支那兵么?"为此少女光代十分苦恼,想:"要是

---

① 小川関治郎著『ある軍法務官の日記』,第109页。
② 小川関治郎著『ある軍法務官の日記』,第97页。
③ 洞富雄編『日中戦争史資料』8『南京事件』Ⅰ,第191、252页。
④ 小川関治郎著『ある軍法務官の日記』,第149页。

父亲是普通的军人多好，多神气，我觉得自己很可怜。"

第十军军法会议 1938 年 2 月 14 日随第十军战斗序列解除而废止，原军法会议转为新成立的中支那派遣军军法会议。

第十军军法会议所依据的法律主要是陆军刑法和陆军惩罚令。同时，因为在新的地区，面临新的问题，法务部也就军法会议的管辖对象、俘虏、国际法以及囚禁场设置、收押品保管、保密措施等等原则问题和具体细则作出相应规定。从制度的角度说，第十军法务部的规定还算周详，比如收押品处理，对出纳、验证、记录、管理、凭据、责任人以及行文格式、署名捺印等都有详细规定。

第十军囚禁场长为本间彦太郎陆军宪兵大尉，看守长为小林胜治宪兵曹长，下辖八人。

第十军宪兵队的具体人数，时下已无第一手材料可征，但初时宪兵人数应相当有限。时任日本驻华使馆参事官的日高信六郎在东京审判时说："日本军宪兵的态度一般是公正的，外国人和中国人的评判是好的。只是最初人数极少，12 月 17 日我听说队长之下只有十七人（指在南京——引者）"。[①]原第十军宪兵队长上砂胜七宪兵中佐曾说，包括上海派遣军和第十军的"二十万大军配属的宪兵之数，仅为不足百名"，[②]如果各军宪兵数的比例大致相当，则第十军的宪兵数将不超过四十名。[③] 指出这点对于本文的重要意义在于：由于维持日军军风纪的宪兵人数太过有限，宪兵即使不遗余力，[④]

① 洞富雄编『日中戦争史資料』8「南京事件」Ⅰ，第 182 页。
② 上砂胜七著《宪兵三十一年》，東京，ライフ社 1955 年 4 月 10 日第 1 版，第 177 页。
③ 上砂所说应是初期情况，因为以后在局部略有增加。如中支那方面军 1938 年 1 月 24 日曾决定由第一百一师团派出军官（中、少尉）一人，士官十二人，士兵一百五十五人充实上海宪兵队，但在上海增员是因为日军暴行引起了国际舆论普遍指责，日军以为"上海及附近地区国际关系复杂"，尤应防止日军的暴行为"外国人宣传利用"（「中支那方面軍軍法会議陣中日誌」，高桥正衛编集、解说『統·現代史資料』6「軍事警察」，第 141 页），所以这种增员的用意既在遮人耳目，就只能作为特例。
④ 战时曾是宪兵的井上源吉，后来写有《战地宪兵》一书，其中有一段记载成了日军宪兵正面形象的"美谈"。徐州会战后回到上海的日军第一百一师团某大队，占据一华商豪邸作为大队本部，当时是宪兵上等兵的井上前往要求撤离，"出面的大队副官竟我是怀级别的上等兵，态度傲慢，根本不把我的要求当回事。大队长出来说：'喂，宪兵上等兵，说什么废话，这一带是老子占领的，老子想住哪里不受你们的指挥，回去，告诉分队长'。无奈于我只能使出最后的手段，拔出家传的宝刀，说：'站住! 陆军上等兵井上吉现在根据天皇陛下的命令，命令大岛部队立即交出房子!'他又驳说：'我是陆军少佐，你的上等兵身份能命令我么?'但也许是觉察到状况不利，突然态度急变，说：'明天马上去宪兵队说明，向分队长问好。'"（井上源吉著『戦地憲兵』，東京，图书出版社 1980 年 11 月 5 日第 1 版，第 102 - 103 页）

它的耳目所及也只可能是极有限的范围，所以被日军宪兵发现并为军法会议绳之以法的罪行只是日军犯罪的冰山一角。

人手有限是宪兵作用的主要局限，此外，宪兵的权威也不能不说是一个问题。依"陆军省官制"（明治41年，敕令第三百十四号）宪兵的所属可解释为直属于陆军大臣，如上引井上源吉的表现，也可以认为是受命于天皇，但在实际执行中宪兵权威受到的挑战有时会成为严重的危机。11月18日法务部记录军司令部会议中说到军风纪糟糕时，有"为了肃正军纪，即使有牺牲者也不得不"[①]之语。"牺牲"二字并非故作危言，因为日军的骄兵悍将自恃卖命打仗有"功"，以为可享胡作非为的特权，并不把宪兵放在眼里。前述东京审判不约而同的证词，法务部长亲口承认"各部队"都有的"非难"，说明包庇部属的情况在当时司空见惯。长官、部队的这种态度，即使不是给犯罪以豁免权，客观上终会起到纵容的效果，因此罪犯遇到宪兵往往不会束手就擒，武力反抗也时有发生。如第一百一师团第二野战医院辎重特务兵[②]白□□□（因虑当事人"名誉"，出版时姓名仅留一字，下同）案发时以所携刺刀刺击宪兵[③]即是一例。

地位低下的特务兵尚且如此，骄横的一线部队更不会把宪兵放在眼里。对日军暴行的失控，当时日本的外交部门也有感叹。时任日本外务省东亚局长的石射猪太郎在回忆录中说：

> 南京在岁暮的13日陷落。跟随我军回到南京的福井领事的电信报告和随即上海领事发来的书面报告，让人慨叹。因为有进入南京的日本军对中国人掠夺、强奸、放火、屠杀的情报。宪兵即使有也太少，起不到取缔的作用。据报告，因为试图制止，连福井领事周围也有危险。[④]

---

① 「第十军(柳川兵团)法务部阵中日誌」，高桥正衛编集、解説『続・现代史资料』6「军事警察」，第37页。
② 照料马匹的士兵叫辎重特务兵，也叫特务兵或辎重输卒。因为辎重兵不是第一线部队，所以在日军中地位低下。
③ 「第十军法务部阵中日誌」，高桥正衛编集、解説『続・现代史资料』6「军事警察」，第80页。
④ 石射猪太郎著『外交官の一生——对中国外交の回想』，东京，太平出版社1974年4月15日第4次印刷版，第267页。

不仅是宪兵,日领馆人员"试图制止"也会有"危险"。在这样一种恶性环境下,即便日军高层中某些人希望维持军风纪,到头来也只能是一厢情愿。

所以,虽然日军对军风纪时有督促,如11月9日军司令官在听取小川就日军暴行提出的"应严肃军纪,军的行动应避免引起国际问题的意见"①后,当晚在各部队指挥官集会时即要求"严禁无益的杀生"和"掠夺";②11日"再次要求各部队注意军风纪";18日复又下达"关于军纪风纪训示,警戒所属部队",③仍无法使横暴的日军稍有收敛。这也可见那种对日军品格的赞美,那种日军犯罪率"世界最低"的断言,距事实实在太远。

二、无所不在的性暴力

从日志和日记中可以看到,当时日军的基本操守已经瓦解,寡廉鲜耻,悖逆人伦,在本土不可能发生的事屡屡出现。如11月25日晚第十八师团步兵第一百二十四联队第三中队高□□在湖州的杀人案,起因为同宿舍某兵胁迫中国妇女当众宣淫。④ 日军的这种寡廉鲜耻导致的直接结果就是强奸的大量发生。这一对中国女性身心的最严重伤害,由于受害者本人极少控告,时至今日仍为不少日本人坚予否认。(不仅将当时的记载一概诬之为"传闻",更有甚者,认为"强奸的实态"或是"自愿的卖春",或是"中国人假扮日本兵所为",或是"中国兵的反日搅乱工作"。⑤)对此,我曾在《当事人不告

---

① 「第十軍法務部陣中日誌」,高橋正衛編集、解説『続・現代史資料』6「軍事警察」,第29页。
② 小川関治郎著『ある軍法務官の日記』,第19页。
③ 「第十軍法務部陣中日誌」,高橋正衛編集、解説『続・現代史資料』6「軍事警察」,第30、36页。
④ 因在"故分队长灵前,且无视军纪",高□□"极力劝告",遂相互拔剑刺杀,致某被杀。「第十軍法務部陣中日誌」,高橋正衛編集、解説『続・現代史資料』6「軍事警察」,第47页。
⑤ 详见日本会议国际広報委員会編『再審「南京大虐殺」——世界に訴える日本の冤罪』第二章之「強姦事件の真相」小节,第85-87页;藤岡信勝、東中野修道著『ザ・レイプ・オブ・南京の研究——中国における「情報戦」の手口と戦略』第三章之「真実は安全地帯の住民が知っていた」小节,東京,祥傳社1999年9月10日第1版,第168-170页;東中野修道著『「南京虐殺」の徹底検証』第十二章「南京安全地帯の記録」,東京,展転社2000年7月8日第4次印刷版,第257-282页。上论是针对安全区国际委员会记录中的361件强奸和强奸未遂案而发。但南京失陷后,放下武器的我军官兵面对劫难,忍辱负重,以低调自保减少无谓牺牲,反抗固然绝无,日军的搜捕残兵,取消安全区,强加的"自治委员会""维新政府",所谓"潜伏"的军人(包括市民)都默然接受。所谓"假扮日本兵",所谓"搅乱工作",既与理难通,也根本找不到事实的根据。

否认不了日军性暴行》①中说,"不告",除了面对占领军的弱势立场,也与中国的节烈观和贞操观有关。中国人自来重"义",在大关节上只能舍生取义,"义"化为女子的义务,便是"高于一切"的更沉重的"贞操"(郭岐《陷都血泪录》述日军强奸,谓"女子之贞操,高于一切"②)。所以,在中国,一个女子受到了侮辱,尤其是"兽兵"的侮辱,就等于被毁了一生,即使不走一死的路,也只能饮泣吞声,而很难抛头露面地去控诉。正是由于此,向日本占领军告发固然是与虎谋皮,战后也很少有人以真名实姓出来申冤。③

消极地沿着"不告"解释,确实是因为面临证据上的困难。所以当看到小川日记时,不由想到,日军自己留下的南京强奸的第一手证据虽然已随上海派遣军法务部日志的焚毁——也许只是"失踪"——而湮灭不彰,但日志和日记保留的上海、杭州、湖州等地的大量强奸案例却是最有参照价值的旁证。④ 对这些案例粗读一过,发现其中不仅有军法会议所拟诉状、判决,苦主的控告和两造的陈述居然也有详细记录。后者令人十分意外。所以,尽管这些控告基本没有起到惩治案犯的作用(第四节另述),但前所推断的"不告"理由便不能成立,"不告"本身也不再能成立。所谓强奸只是"传闻",更可因此而不攻自破。

从日志和日记看,日军强奸确实给中国女性带来了巨大灾难。日军所过之处,无论通衢大道,还是田头院角,也无论青天白日,还是黄夜薄晨,但凡女性都难免成为牺牲品。

---

① 详见拙文《南京大屠杀札记》之十四节,上海,《史林》2003 年第 1 期,第 117 - 119 页。
② 侵华日军南京大屠杀史料编委会、南京图书馆编《侵华日军南京大屠杀史料》,第 8 页。郭岐,日军进攻南京时任守军营长,身陷笼城三月,此篇作于逃离之后,发表于当年的《西京平报》。
③ 战后国民政府调查,绝大多数被害人、邻里等目击证人所指认者都已死亡或失踪,极少数自陈之被害者,则往往家人均已被害或男口均已被害,处境极其艰难。如住南京大百花巷之徐洪氏被奸后跳井未死,除七旬老母和同样跳井之女儿,全家被杀,"忍辱含耻偷生迄今,生活窘迫异常",才敢于出来要求洗雪"国耻家仇"(中国第二历史档案馆、南京市档案馆合编《侵华日军南京大屠杀案》,江苏古籍出版社 1997 年 12 月第 3 次印刷版,第 354 页)。20 世纪 80 年代后出现的被害人控诉之意义,从道德的角度说无庸置疑,从法和学术的角度说则不能不打折扣。
④ 第十军之第六、第十八师团及国崎支队虽都是进攻南京的主力部队,但军法务部仅参加了南京入城式而未驻南京,南京的警备和管理先后由上海派遣军第十六师团和天谷支队等负责;第十军宪兵的活动也在南京以外,日志和日记因而没有和几乎没有南京的内容。所以,虽然日志和日记能够推定日军在南京的暴行,但从狭隘的意义上终还不能说是直接证据。

（一）日军强奸不分场合

如前述被高□□所杀"某"在宿舍宣淫。如第六师团步兵第四十五联队第七中队上等兵外□□案：

> 被告人昭和 12 年 11 月 27 日昼,赴枫泾镇征发粮秣之际,沿途看到支那女子(十五岁),试图逃跑,生出恶心,抓住强奸。①

外某"公务"在身,又是在光天化日之下的路途,却公然强奸,可见日军之肆无忌惮到了何种程度。从以下各例中我们还可以看到日军的强奸是无所不在的。

（二）日军强奸不问时间

如工兵第十六联队第三中队一等兵上□□□□案发是在"12 月 12 日凌晨";野战重炮兵第十四联队第一中队一等兵前□□□□12 月 27 日一日中两次作案,一在"午后零时",一在"5 时";第一百一师团担架卫生队一等兵小□□□□作案于"12 月 21 日约午后 1 时";第十军野战炮兵厂一等兵小□□□一次强奸二人,时当"昭和 13 年 1 月 18 日午后约 3 时 30 分"。②

晚间更是强奸的"大好时光"。如第六师团步兵第二十三联队第二机关枪队一等兵池□□□的强奸：

> 被告人在松江宿营中,昭和 11 月 28 日深夜,见同地北门附近民宅支那人进出可疑,进行搜查,进入某家室内之际,偶尔在寝室看到支那妇人(三十岁),起了恶心,因此强奸。③

---

① 「第十军法務部陣中日誌」,高橋正衛編集、解説『続·现代史資料』6「軍事警察」,第 47 页。
② 「第十军法務部陣中日誌」,高橋正衛編集、解説『続·现代史資料』6「軍事警察」,第 61、72、63、89 页。
③ 「第十军法務部陣中日誌」,高橋正衛編集、解説『続·现代史資料』6「軍事警察」,第 50 页。

池某当时并不当值,所谓"深夜""搜查",所谓"偶尔""看到",都让人"可疑"。即便池某强奸确是"偶然",当时夜晚出来寻猎的情况仍可说比比皆是。第六师团步兵第十三联队一等兵古□□□、川□□□强奸案即是一例:

（12 月 27）同夜在金山县师家楼支那农人家宿营,半夜侵入邻家。对就寝中的支那妇人（三十二岁）以暴力奸淫。一同在前记支那妇人家宿营的被告人川□,从古□得知同人在邻家强奸支那妇人后,立即到同家。以所携刺刀胁迫同女,使之畏惧,加以强奸。①

此案中古某是屡犯,不仅事发当日白天在金山县曹家浜抢夺小船,开枪击伤中国人,前两日在"征发"蔬菜时已强奸了一名年轻女子。

（三）日军强奸不论老幼

如前述外□□强奸的对象只是十五岁的少女。贝茨文献中有"小至十一岁的女孩和大至五十三岁的妇女遭到强奸"。② 当时西人记录中颇多此类记载,如麦克勒姆（James McCallum）在信中说"十一和十二岁的少女两人、五十岁的妇女也未能逃脱（性暴力）"。③ 十一二岁遭奸淫已经让人骇然,但日志让我们看到这还不是年龄的下限。第一百十四师团工兵第一百十四联队第一中队一等兵高□□□□案中的被害人年龄更小:

被告人在湖州宿营中,昭和 12 年 12 月 31 日约午后 2 时 30 分,在湖州城内苕梁桥附近,看到走过同地的支那女孩（八岁）,以甜言蜜语将其带到附近的空屋中奸淫（此案罪名为"强奸"——引者）。被宪兵逮捕。④

① 「第十军法务部阵中日誌」,高桥正衛编集、解説『続・現代史資料』6「軍事警察」,第 77 页。
② 《侵华日军南京大屠杀档案》,第 694 页。
③ 转引自「一九三七——一九三八年冬季の日本軍の南京虐殺に関する報告」,南京事件調査研究会編訳『南京事件資料集』1アメリカ関係資料編,東京,青木書店 1992 年 10 月 15 日第 1 版,第 258 页。
④ 「第十军法务部阵中日誌」,高桥正衛编集、解説『続・現代史資料』6「軍事警察」,第 75 页。

对一个可以用"甜言蜜语"诱骗、完全没有判断力的幼稚都不放过，可见在日军眼里是没有"适龄"的问题的。中支那方面军法务部日志记载有某部少佐11月29日在松江宿营时强行进入收容所强奸"五六十岁支那妇人"①（此案没有详细诉状，据第十军日志此人应为野战重炮兵第六旅团辎重队涉□□，但第十军日志未记此次强奸）。第十八师团第一野战医院伍长芳□□□也是一个例证：

> 被告人和所属部队一起在支那浙江省杭州市宿营中，于昭和13年1月28日，饮酒酩酊，外出至上杭市之际，进入市内劳动路某支那人民宅。以所携带手枪对准胁迫同家支那妇人某（五十六岁），对其奸淫。②

八岁和五十六岁，足当祖孙，都逃不过日军性暴力，还有什么女性可以侥幸呢？

（四）日军强奸成群结伙

除了四处游荡的孤魂野鬼，结伴而行也是日军强奸的一个特点。如第十二师团架桥材料中队辎重特务兵重□□□、上等兵石□□□案：

> 被告人两名和所属部队在湖州宿营中，第一，石□昭和12年12月21日午后，伴随某特务兵在宿舍附近搜索支那妇女，从正由支那民宅出来的同案被告人重□得知，同家的支那妇女在家。遂进入同家。拔剑胁迫在场的支那男人，将其赶出。对见此而畏惧的支那妇女（四十岁）强奸。第二，重□从强奸支那妇女出来的同案被告人石□察知奸淫之容易，遂进入同家。乘同女畏惧，对其强奸。③

---

① 「中支那方面军军法会议阵中日志」，高桥正卫编集、解说『续·现代史资料』6「军事警察」，第205页。
② 「第十军法务部阵中日志」，高桥正卫编集、解说『续·现代史资料』6「军事警察」，第97页。
③ 「第十军法务部阵中日志」，高桥正卫编集、解说『续·现代史资料』6「军事警察」，第63页。

日军在搜寻女性上沆瀣一气，毫无隐讳，在强奸上也常常不分彼此，没有丝毫羞耻可言。独立工兵第二联队小行李①一等兵酒□□□、二等兵本□□□1938 年 2 月 7 日在"杭州市外日本租界附近某支那人宅"以暴力轮奸②即是一例。

这种轮奸的情况在当时相当普遍。如第六师团工兵第六联队第十中队一等兵地□□□□12 月 24 日偕同队一等兵岛□□□、二等兵藤□□□从南市车站前路蔡某家中强行带出蔡妻，在附近空房轮奸。③ 第十八师团通讯队特务兵吉□□□、井□□□、汤□□□的轮奸也是如此。1938 年 2 月 3 日在"所属部队马厩当班之际，目击宿舍附近杭州市横紫巷三号支那妇人赵△△（三十岁）进入自家"，遂尾随进入赵宅轮奸。④

上案可见，强奸之于日军，也不是公余的"余兴"，即使在执勤中也会谋划强奸。第十八师团第二野战医院辎重特务兵绵□□□、冢□□"卫兵无故离开勤务场所"案也是一例。1938 年 1 月 25 日"在所属医院正门执行警务"时，"相谋调戏妇女""擅自离开岗位""赴同所附近"。⑤ 此案控诉的是擅离职守，是否"强奸"不得而知，但绵某等不惜甘冒处罚去渔猎，即使在"同所附近"未能得手，也不会善罢甘休。

（五）日军强奸特别残暴

日军强奸伴之以暴力威胁，从上例中已足可见，在此我们复加强调，是因为日军强奸的暴力特点特别显著。就强奸中对不从者杀伤、杀死全无顾忌而言，在近代以后确实极其罕见。在此谨举第六师团步兵第十三联队第三大队本部小行李特务兵岛□□□、同大队第十二中队上等兵田□□□、同伍长内□□□、同大队第九中队鹤□□□案为例。因此案相当典型，是以详加引述：

---

① 日军中小行李（大行李同）指运送大队以上部队的货物的部队。小行李负责运送弹药等直接与战斗有关的货物（大行李负责运送粮草和其他与战斗没有直接关系的货物）。
② 「第十军法务部阵中日誌」，高桥正卫编集、解说「続・现代史资料」6「军事警察」，第 106 页。
③ 「中支那方面军法会议阵中日誌」，高桥正卫编集、解说「続・现代史资料」6「军事警察」，第 164 页。
④ 「第十军法务部阵中日誌」，高桥正卫编集、解说「続・现代史资料」6「军事警察」，第 98 - 99 页。
⑤ 「第十军法务部阵中日誌」，高桥正卫编集、解说「続・现代史资料」6「军事警察」，第 95 页。

第一，同月(11月)24日午前约10时，被告人内□□□留在上述空房附近，被告人岛□□□、同田□□□、同鹤□□□及前记亡故之藤□□□(十二中队一等兵，在金山至枫泾途中与诸被告相遇，据小川日记，此人后自杀——引者)为了搬运各自的行装，赴附近的村落找寻支那人苦力。途中鹤□□□回到内□□□处，其他被告人岛□□□、同田□□□及亡故之藤□□□共同相谋搜寻、劫持支那妇人以奸淫之。

一、被告人岛□□□同日午前约11时，在同县丁家路潘△△(原文如此，下同)(十八岁)住宅附近，发现因看到被告人等而逃脱的同女，追赶，并以所携带步枪瞄准胁迫，乘同女恐惧放弃逃跑，强行带来；同日午后约4时进入同村落李△△(十八岁)住宅，对抵抗的同女同样强行地带来。

二、被告人田□□□同日正午在上述村落搜索支那妇人中，看到张△△(二十岁)，追赶，以所携带刺刀胁迫，乘同女恐惧放弃逃跑，强行带来。

三、亡故之藤□□□同日午后约4时，发现上述村落附近小河所系船中正在做事的做△△(二十三岁)、做◎◎(二十二岁)，靠近后以所携手枪对准胁迫，乘同女等恐惧，强行带来；其次，约在同时进入同所附近陆△△(十六岁)家，对同女说"来，来"，未从，走过去踢了同女数脚，使同女恐惧，强行带来。

上述支那妇人六名，乘坐系于附近小河中的小船，被劫持到距同村落一里(日里，近四公里——引者)多外的前记宿营的空房，达到了掠取的目的。

第二，被告人内□□□、同鹤□□□同日午后约8时回到前记宿舍，见支那妇人数名在室内，知道上述被告人岛□□□等为了满足情欲而掠来，亡故之藤□□□说"一人干一个"，被告人内□□□以奸淫为目的得到潘△△、被告人鹤□□□以奸淫为目的得到做◎◎。

第三，被告人岛□□□、同田□□□、同内□□□、同鹤□□□及亡故之藤□□□共谋，同日午后约9时30分在前记空房的各自房间，乘上述支那妇人陷入恐惧被告人的威势，不能抵抗，被告人岛□□□对李△△、被告人田□□□对张△△、被告人内□□□对潘△△、被告人鹤□□□对做◎◎、已亡之藤□□□对做△△各自奸淫。

第四，被告人岛□□□

一、同日午前约 11 时，在前记潘△△住宅附近，看到谭友林（53 岁）。向同女招手，要她过来，同女未答应，遂生杀意。以所携步枪从正面对同女射击，击中同女左胸心脏部。因贯通枪伤，立即死亡。

二、同日午后约 2 时，在前记村落何陈氏（二十六岁）住宅前庭，看到同女后叫"来，来"。同女因害怕而逃往屋内，遂生杀意。以所携步枪向同女背后射击，使同女右大腿负非贯通枪伤，未达到杀害目的。

三、同日午后约 5 时，监视前记小船内掠取的支那妇人时，看到在小船附近出现的为逮捕被告人等的宪兵带路的姓名不详的支那人某，断定是为了夺回上述被劫持妇人而来，即生杀意。对同人以所携步枪发射两枪，都未命中，未达到杀害目的。

……

24 日接到江苏省金山县沙泾浜方面日本军人掠取杀害支那妇人事件的报告。搜查的结果，同日午后约 11 时 40 分，于同县丁家路所在陆龙庆家空房中，逮捕正判文中所记与各支那妇人同衾中之各被告人及藤□□□。①

（据小川日记 11 月 26 日条，此案中被杀中国人实为三人、伤三人。）谭、何二位并未反抗，岛某稍不如意，就肆意枪杀，不独不把中国人当人，在他的意识里日军军法也完全是形同虚设的。

日志和日记所记日军犯罪，最频繁的是强奸。这些强奸不仅"全天候"，

---

① 「中支那方面军军法会議陣中日誌」，高橋正衛编集、解説『続・現代史資料』6「軍事警察」，第 175－177 页。

不受任何拘束,而且伴之以暴虐和血腥,与深刻在我民族心中的记忆完全一致。

三、恣意的杀人、放火、抢劫

据小川日记所载,被杀的中国军民的尸体,是小川所经沿途最常见的"风景"。如11月14日上午往张堰镇途中,"河、潭、田中到处都是尸体""尸体不计其数",下午到达金山时所见尸体中居然有的"全裸"。11月17日在金山郊外,"今日仍有支那人尸体"。11月28日在往湖州途中,看到"累累尸体",其中相当部分穿着平民服装。12月10日小川记:"途中各地所见支那人尸体,不计其数。"①日本每每有人说死者为战争的自然结果,但第十军登陆后没有遇到大规模抵抗,所以这些尸体的大部分与"战斗"无关,当可无疑。日志让我们看到,在战事完全平息后,日军官兵也会因为与战斗无关的各种原因,包括一时的喜怒、情绪而随意杀人,表现出了对中国人生命的完全蔑视。如后备山炮兵第一中队一等兵辻□□杀人:

> 被告人在嘉兴宿营中,昭和12年(1937年)11月29日午后约5时,因支那酒泥醉,在强烈的敌忾心驱使下,生出憎恶,以所携带刺刀杀害三名通行中的支那人。②

"泥醉"而能用"刺刀"杀死三人,若非被杀者已束手就擒,则肯定有人胁从。而且"泥醉"的情况只会六亲不认,被告所谓"敌忾心驱使"当只是为了开脱罪行的托词。判文照录不误,即便不是左袒或纵容,顺水推舟或并未尽责的干系也脱不掉(此案不起诉可为证明)。此类任意杀害中国人的例子在案卷中多有记载。如第十八师团步兵第一百二十四联队第四中队上等兵浅□□□杀人:

---

① 小川関治郎著『ある軍法務官の日記』,第27、30、44、102页。
② 「第十軍法務部陣中日誌」,高橋正衛編集、解説『続・現代史資料』6「軍事警察」,第46页。

被告人在湖州宿营中,昭和 12 年 11 月 29 日与同僚一起去征发蔬菜,拔取附近桑田中所栽蔬菜约五贯目(一贯目约 3.75 公斤——引者)。被告人到附近的农户,将前记须洗的蔬菜让三名支那妇女洗涤。其中一名支那妇女(据方面军日志,叫刘阿盛——引者)快速地说着什么,好像是不愿意的感觉。[被告人]以为是轻侮日本军人,即用所携带的步兵枪将其射杀。①

被杀妇女说的什么,被告显然不知道,不知道而仅凭"好像"的"感觉"即开枪杀人,可见在被告的"感觉"里中国人的生命是完全无足轻重的。第六师团工兵第六联队第十中队一等兵地□□□□12 月 14 日与同僚轮奸蔡姓妇女,后又复去:

同月 17 日午后约 3 时,感到执着于前记支那妇人,再离开宿舍去奸淫。途中遇到前记藤□□□(前轮奸者之一——引者),让其相伴去蔡△△家。在屋外叫出同女。正好在同家门口的同女的丈夫蔡○○边高叫着什么,边向被告人走来。(被告人)迅即判断是为了阻止自己的行动,遂生杀意。以所携带手枪对同人连开三枪,其中两枪命中同人后脑部和左胸部,以此非贯通枪伤而立即死亡。②

对强奸毫无遮掩,公然"叫出同女",已是猖獗之极,而见着被害人丈夫不仅没有丝毫羞耻感,反而立即枪杀,被告对中国人的藐视真是到了无以复加的地步。下列集体屠杀是更有代表性的例子:

(一)冈□□主计少尉在野战衣粮厂金山支部工作中,因自己宿舍附近杂居的许多支那人,或有不安稳的言行,或有窃取物品等的样子,受不安驱使,向同所的警备长吉□□□少尉诉说。(二)因此,吉

---

① 「第十军法務部陣中日誌」,高橋正衛編集、解説『続‧現代史資料』6「軍事警察」,第 60—61 页。

② 「中支那方面軍軍法会議陣中日誌」,高橋正衛編集、解説『続‧現代史資料』6「軍事警察」,第 164 页。

□□□于昭和12年12月15日，指挥部下二十六名，将上述支那人二十六名逮捕。在带回同所宪兵队的途中，因有企图逃跑者，遂产生了鏖杀之意。（后详列杀人和协助杀人名单——引者）①

　　此案中二十六人全部被杀。金山当时是日军的"稳固后方"，当地民众绝不敢在"太岁头上动土"（家母当年住在距金山不远的乍浦，说一般民众对日军都是避犹不及，哪敢主动惹祸）。即使所疑为实，也不过是"窃取物品"，而且还是疑似——所谓"样子"，决无被杀的理由；既然"罪"不当罚，"逃跑"——也是所谓"企图"——更不能成为罪名；而二十六名军人押送同样数目的平民（南京屠杀时被押送者往往是押送者的数十倍，且为军人），稍有理性的人都不可能再有"逃跑""企图"，如有企图也断不敢实行，即便有人真逃，一旦鸣枪或射杀一人，余者也不可能不顾死活继续奔逃。如许不合常情的理由，不能不让人怀疑，背后的真相是蓄意的屠杀。

　　此类屠杀在当时相当频繁。前记小川日记所记第十军所经之地随处可见的中国人尸体，至少其中的部分，应是来自上引那样的"鏖杀"。行文至此，想到二条其实不算无关的材料，上海派遣军官兵日记中有不少屠杀俘虏的记载，其中日军登陆后屠杀的最早记载见于饭沼守日记9月6日和7日条，因为这两条记载从未为人援用，所以在此提及，以备有兴趣的研究者注意。② 这一记载说明，日军屠杀俘虏在淞沪战役时已经开始，而并非仅限于南京一地。同时也说明所谓屠杀俘虏事出"不得已"根本站不住脚。③ 但吉某等杀人案的特别意义在于：这是日军自己留下的集体屠杀平民的第一手明确记载。

　　"杀人放火"往往连称，放火也是日军的重要暴行之一。

　　对日军放火的否定，早在东京审判时已经出现。比如松井石根的辩护

侵华日军军风纪研究

---

① 「第十軍法務部陣中日誌」，高橋正衛編集、解説『続・現代史資料』6「軍事警察」，第67－68页。
② 「飯沼守日記」，南京戦史編集委員会編『南京戦史資料集』，第99、100页。
③ 日本不少人以为受到远多于自己的俘虏的威胁，所以才屠杀。如东中野修道一面不承认有屠杀，一面又说屠杀"值得同情"，因为"是在极限的状况下，被大量敌国的市民和士兵包围着"（「問題は捕虜処断をどう見るか」，『諸君!』，東京，文藝春秋社，2001年第2期，第140页）

律师伊藤清,对证人许传音有关日军焚烧苏联驻南京使馆的证词反诬说,占领或退出城市时"放火"是中国军队的一个"习惯"。[①] 今天日本的一些论客仍袭其故智,一方面强调日军没有放火,一方面又声称中国军队以至平民放火。如东中野修道引用日军《第七联队扫荡要领》中提到的"特别注意火灾"以表明日军不会放火,引《宫本省吾阵中日记》推断的中国兵放火以证明"投降兵放火"。[②] 如松村俊夫在引述了当年美国驻日本大使馆武官卡伯特·柯威乐(Cabot Coville)有关"掠夺和火灾"的记载后说:

> (柯威乐)在此看到的掠夺和破坏的痕迹多被当作是"日本军的所为"。但他从冷静地观察中推导出"是抢劫后的放火",也就是说放火是为了掩盖掠夺的痕迹。(我们说)如果掠夺是支那人干的话,放火也应该同样是支那人干的。……日本军占领南京后发生火灾,对日本军不能带来任何好处。[③]

东中野、松村所指南京是囿于论题,并不是说以为南京以外的情况有所不同。这些说法每一句都可以从道理上提出质疑,但我们还是让事实来说话。

当时许多放火因为没有见证,不仅留下了究竟谁是肇事者的疑问,而且因为中国军队实行过坚壁清野,中国领导人有过诸如决不给敌人留下"一物"的话(汪精卫"最后的关头"中语),而当时日军确实又曾提出防火的要求,这些似乎都为诬指"败残兵""投降兵"放火提供了一定的"根据"。不仅今天如此,当时即已如此。如小川11月15日日记中记:

> 在市内(金山——引者)巡回,市的大部分成了废墟,这当是人为造成的。偶尔看到烬余的房子,东西被劫后的散乱,难以名状。如某大书店和药房,进去一看,其内部的气派可以和三省堂匹敌,但不论是药还

---

① 洞富雄编『日中戦争史資料』8「南京事件」Ⅰ,第38页。
② 「『南京虐殺』の徹底検証」,第180、135页。
③ 松村俊夫著『「南京虐殺」への大疑問』,東京,展転社1998年12月13日第1版,第149-150页。

是书都破损散乱了。其他所残存的店铺也无不如此。此等暴戾狼藉，当非日本兵所为。推测起来不是支那败残兵的所为么？听说支那表示，任何东西都不留给日本兵，因此逃跑时对所有东西都破坏烧毁。①

小川这样推断，也许是误信传言，也许是对日军军纪估计过高，这也是不明真相的日本人最容易接受的看法。这种偏见即使有中国证人证明，往往也难以改变。但小川稍后的日记告诉了我们真凶：

风闻日本兵暴戾狼藉，多少有些疑问。今日军医部中佐前□说：10 日到达金山，当时如某书店，即前记可与东京三省堂匹敌的那家，毫无被害的痕迹，后来到同店一看，如前所记实在是凄惨暴戾狼藉之极。显然这决不是支那兵的所为，而完全是日本兵的所为。实际确如所说，让人不胜惊骇。②

前某和小川的判断不可能有误，因为 10 日后金山已是日军的天下，从"毫无被害的痕迹"一变而成为"凄惨""狼藉"，只可能是日本兵的所为。这是一个可以举一反三的例子，当时日本的观察者，官兵、记者、外交官等等，在不明真相的情况下，对日军的暴行总是宁信其无。小川日记的特别价值就在于：它既是对所见所闻的照实而录，又是站在日军立场上的记录。后一点十分重要，因为小川决不会让日军无端平添嫌疑，所以日记留下的日军暴行应该都是有据的确证。

当时日军的放火相当随意，有些根本与利益无关。比如第十二师团架桥材料中队特务兵古□□□、松□□□、北□□□放火案：

昭和 12 年 11 月 12 日，在支那浙江省松江县李宅附近登陆，在同所露营的翌 13 日早饭后，去附近因家人畏惧战祸避走的民宅，物色酒、

———————————

① 小川関治郎著『ある軍法務官の日記』，第 36 页。
② 小川関治郎著『ある軍法務官の日記』，第 45 页。

烟等物。同中队辎重特务兵古□□□、同石□□□等一起擅自离开露营地，偶尔看到沿途的民宅燃烧着火。三名被告人断定是日本兵放的火，受敌忾心的驱使，憎恶支那国人，相谋自己亦放火烧毁民宅。同日午前约 11 时 40 分，到同县金山卫城东门乡，被告人古□□□在上述东门乡第八区原棉米商陆肖云所有的砖瓦葺治的空房屋的厨房，以所携打火机(证第一号)点燃旧报纸，以此燃烧同所的壁纸和竹笼，烧毁约二十坪(一坪约 3.3 平方米——引者)房屋一栋。被告人松□□□在上述肖云相邻的原棉米商陆礼仁所有的砖瓦葺治的空房寝室内，以磷火点燃壁纸和破衣服，被告人北□□□更以破衣服在同室床上放火，致其家约三十坪一栋房屋烧毁。因上述两栋火灾蔓延至同所陆礼文、陆礼如各所有砖瓦房各三十坪两栋。①

古某等人"物色酒、烟"，想必未能如愿，"敌忾心"云云不外是个借口。但烧毁陆肖云等的空房不能为他们带来任何好处，这与为了谋利的掠夺和为了发泄的强奸又有不同，更能说明所谓"预防火灾"②——推而广之可以说整个军风纪规定——在古某等眼里只是空文。而古某等未经战争，已生"憎恶"之心，又可见所谓"为战友报仇"云云也是托词。(此案判决书将"教育程度低下"作为理由，下将详及。)此类无谓放火在当时并不鲜见，如第一百十四师团第一野战医院辎重特务兵竹□□□、小□□纵火案也是一例。

杀人放火之外，掠夺在当时也是日军的主要罪状之一。小川日记中有不少记载。如 11 月 14 日日记记：

沿途到处都是村落，稍大的房子都被烧毁了，仍可看到冒着烟。正好约午后一时，初次看到了临近的市，据称叫金山县张堰镇。在同所午餐，是有相当资产家和商店的繁华处所，题写着南湖第一茶楼的二层饭

---

① 「中支那方面軍軍法会議陣中日誌」，高橋正衛编集、解説『続・现代史资料』6「军事警察」，第 180 页。
② 第十军在刚刚出发时即强调"火灾预防应特别注意"，登陆后 11 月 7 日、8 日、14 日等都下达"严禁焚火"的禁令(高橋正衛编集、解説『続・现代史资料』6「军事警察」，第 14、24、25、33 页)。虽然这是就驻地说，但对占领地也同样适用。

店,已在楼上的日本兵见到了我们船后叫我们。同所的破坏比较少,商
店的商品则被日本兵公然地拿走,应该说是一种掠夺。①

面对眼皮底下的公然掠夺,作为法务部长的小川毫无底气,既没有命人抓
捕,也没有当面呵止,只能在日记中记下所谓"应该"是"掠夺"云云,日军还
能有什么机制对肇事者约束呢? 因此,日志所载掠夺案中的鸡毛蒜皮赃物,
不能不让人怀疑是经过了避重就轻的隐瞒。我们来看看第一百一师团(该
师团原属上海派遣军,11月中旬起直属中支那方面军,因方面军其时尚无
军法会议,故由第十军军法会议暂管其师案件)步兵第一百三联队第一中队
一等兵前□□□案:

> 约9月25日至同年12月28日,六、七次在前记江湾镇、嘉定、杭
> 州等我军占领地,于白昼人马往来频繁的大街,进入支那人家,趁家人
> 因恐惧战祸不在之际,公然夺取面额五元之交通银行卷五枚,面额一角
> 之中国银行卷二枚、同(指一角——引者)中央银行卷七枚,支那银币、
> 铜币三十枚、银制指环四只及其他数件(证第一号至同第十七号)。②

抢劫主要是士兵和下士(二等兵—曹长),但也有尉官和佐官。如野战重炮
兵第六旅团辎重队少佐涉□□

> 11月22日至同年12月1日,在松江日本军占领地居民的民宅(家
> 人不在)掠夺卷轴十余卷、绒毯一条、钱财十余件。③(方面军日志另记
> 有:古钱数百枚、白木棉二反[一反长约二丈七尺、宽九寸]、砚台两
> 个——引者)

---

① 小川関治郎著『ある軍法務官の日記』,第28页。
② 「中支那方面軍軍法会議陣中日誌」,高橋正衛編集、解説『続・現代史資料』6「軍事警察」,第158页。
③ 「第十軍法務部陣中日誌」,高橋正衛編集、解説『続・現代史資料』6「軍事警察」,第71页。

日军由于组织抢劫——所谓"征发"——的合法化,抢劫既是"日课",又是公然不讳的。我曾说:"'民家''杂货店''官邸'以至于外国使领馆等一切公私产业都难免成为'征发'的对象。至于被'征发'之物,则包罗了所有有价和有用的东西。"①所以,虽然日军军风纪规定中有禁止掠夺一目,从小川日记看,这位法务部长对掠夺也时有责言,但实际所有处罚都极轻微,个别重判者都是因为数罪并罚,所加刑中掠夺均非主要罪名。如以上两案所科主要是"以暴力胁迫上司"。一般掠夺案,法务部即便受理,也不加处罚,或处罚极轻。如野战重炮兵第十四联队第二中队一等兵山□□□11月15日在嘉兴和12月2日在湖州的掠夺,第十四师团后备工兵第二中队一等兵福□□□等四人12月10日在平望的掠夺,野战重炮兵第十三联队上等兵小□□□、江□□□□11月20日至24日在嘉兴多次掠夺。②除掠夺"照相机等九十五件"贵重品的野炮第十三联队小某,其余各犯均以"三百十条告知"③不予起诉。下节我们将专门论述日军军法会议处罚的轻重问题,但因为掠夺案的受害者与其他案件有一定区别,如被强奸者只是中国人,掠夺则不同,在犯罪普遍化的情况下,日军自身也难免成为"被害者"。所以在此我们顺便看一下日军官兵这方面的犯罪。

犯罪的普遍化,不仅表现在各支部队,各级人员,在各个地区,各种场合的犯罪,也表现在和偶一为之者不同,犯罪者成为真正的罪犯,这种真正的罪犯不仅不择手段,而且下手之际即使对"自己人"也不再会有顾忌,终使日军自己也反受其害。这样的情况在当时时有发生。如第十八师团步兵第一百二十四联队第十中队一等兵藤□□□11月末在警备军仓库时"掠夺(原文如此——引者)支那货币及银圆约一万元"。④(藤某"更和所属部队一起移驻杭州后抢夺某支那人所有内存若干纸币和银圆的皮箱一只。")这种监守自盗不仅是第十军,其他部队也同样时有发生。方面军日志所载上海派遣军军衣粮分厂一等兵福□□□□案作为"盗窃"案起诉,实质则一样:

---

① 详见《南京大屠杀是东京审判的编造么?》,《近代史研究》,北京,2002年第6期,第42页。
② 「第十军法务部阵中日誌」,高桥正卫编集、解说『続·现代史资料』6「军事警察」,第46、63、79页。
③ 未得长官提起公诉及预审,立即通知检察官(军法务官)释放。
④ 「第十军法务部阵中日誌」,高桥正卫编集、解说『続·现代史资料』6「军事警察」,第80页。

被告人福□□□今次支那事变之际充员召集时应召,入步兵第一联队。昭和 12 年 9 月 10 日在支那江苏省吴淞登陆。迩来属于上述部队(指衣粮厂——引者),在作为仓库管理员的服务中,持续有犯意。在约同年 11 月 20 日至同年 12 月 16 日的期间,数次从所属分厂面包制造所的代用仓库上海百老汇路 35 号支那房屋内窃取属于军所有的支那香烟一百包,从上海公和祥码头同厂仓库窃取储藏军所有的米二十九俵(每俵一百斤——原注,日斤约合 600 克——引者)、酱油一斗装一樽、日本酒三樽(每樽两斗)、一升装瓶酒两箱(每箱一打)、麦酒三箱(每箱一打)、香烟 golden bat 五万支装一箱、槟榔牌香烟九十六箱(四万八千支)、香烟 ruby queen 三箱(每箱五百包)。[1]

只要能变成钱财,不论是"支那人"所有还是"我军"所有,都不会放过。如第十八师团司令部汽车班伍长中□□□等五名之案也是一例:

被告人等昭和 12 年 12 月 26 日在上海出差中,相谋去南京掠夺。领取小汽车一台,从兵站领受应运往师团经理部的烟草、酒、点心,卖给在上海的内地人某某二名,将所得一千数百元瓜分。为了擅自回内地归省旅游,返回上海。此外,中□□□同 13 年 1 月两次窃取师团司令部保管的小汽车两辆,让上海某日本人无偿使用,作为给予(被告人)在同地出差时提供方便的谢礼。[2]

以上各案,藤某惩役一年,福某惩役一年六个月,中某等五人第十军法务部虽未及判决(日志将此案附于"未决之部"),当也不会轻易放过。藤某等侵害的案值大于前述诸案,但之所以不放过,关键还在于藤某等损害的是己方,日军对此是决不允许的。此点我们将在后节中铺排有关材料予以说明。

日军对自身的犯罪当然不限于偷抢,在此我们附带再举三例。独立工

---

[1] 「中支那方面军军法会议阵中日誌」,高桥正卫编集、解说『续·现代史资料』6「军事警察」,第 184 页。
[2] 「第十军法务部阵中日誌」,高桥正卫编集、解说『续·现代史资料』6「军事警察」,第 105 页。

兵第三联队第二中队上等兵涉□□□"伤害致死"案：

> 被告人在浙江省杭州宿营中，昭和 13 年 1 月 8 日，依中队命令带两名苦力公务外出。在路上发现破损的人力车。在寻找修理材料之际，其他部队某伍长坐上人力车，强迫上述苦力拖拉，并殴打苦力。被告人看到，敦促同伍长注意。两人因此开始口角，继而殴打。被告人大怒，以所携带刺刀刺入同伍长胸部，至同人立即死亡。①

如"敦促注意"云云确有其事，涉某的行为便有其正面的理由。但方面军日志所载陆军司法警官山本藤四郎的讯问记录，却未记"敦促注意""口角"等细节，不仅未记，反而说是从"背后"突袭。如此则不能排除所谓伍长"殴打苦力"只是争夺的掩饰。日军之间为小利而相争不让，甚至连没有利益，仅仅为琐屑而殴斗，在当时确实时有发生。如第六师团步兵第四十七联队第七中队一等兵都□□的"伤害"案：

> 被告人和所属部队一起在安徽省芜湖宿营中，昭和 12 年 12 月 27 日，赴芜湖市外某村落征发物质。在某支那民宅午饭后休息时，听到了同行士兵在同家的后门叫"有两个支那姑娘"。循声跑去时，先行的某上等兵从约三尺高的土堤上跳下，放开土堤上的柳枝时，正好激弹在后至的被告人脸上，以此引起口角，急躁的被告人突然以所携支那剪刀刺入同上等兵背部。②

(此案中日军对"姑娘"的猴急，真是刻画得入木三分。③)再如第十四师团步

---

① 「第十軍法務部陣中日誌」，高橋正衛編集、解説『続・現代史資料』6「軍事警察」，第 84 - 85 页。
② 「第十軍法務部陣中日誌」，高橋正衛編集、解説『続・現代史資料』6「軍事警察」，第 91 页。
③ 曾在八路军中的日本兵前田光繁，晚年在谈到八路军时，说："特别使人感动的是，不谈女性问题。在中国的干部之间也好，士兵之间也好，几乎没有人谈论女性问题。……原来我们在日军那边的时候，曾经玩过慰安妇。但是后来在我们这些人(指在八路军中的原日本兵)，逐渐地不说那些下流话了。"他认为这种和日军反差最大的"高尚的纪律"，不靠"政治上的自觉性"是"无法实现"的。(香川孝治、前田光繁著《八路军中的日本兵》，北京，长征出版社，1985 年 5 月第 1 版，第 134 页)

兵第一百十五联队大队小行李二等兵后□□□□"伤害"案：

> 被告人和所属部队一起在浙江省湖州宿营中，昭和13年2月7日，
> 饮酒酩酊，外出至湖州市内支那人经营之特殊慰安所。登楼物色游女
> 故娼之际，为阻止从后面想抢先的同师团兵站自动车第六中队某一等
> 兵等二名，边叫着"过来的话我就刺了"，边拔出所带刺刀对着二名中的
> 一名刺击，刺中右腹部。[①]

如果说对中国人的伤害是由于"复仇"等的借口已完全站不住脚，日军
的这种自相残害，更可以说明所谓日军军风纪特优的无稽。

四、从军法会议的宽纵可见日军对犯罪并无有效的制度性约束

日军军法和军法系统对军风纪不能说完全没有制约，这点无须否认；但
与日本本土的情况不同，这种制约相当有限，也是实情。其中当然有许多原
因，如所谓"侵略本性""教育"（前述第十二师团古某等三人放火案判决中将
"教育程度低下""受军队教育尚浅"作为原因，国人则相反，以为日军犯罪恰
是受"军国主义教育""毒害"的结果），宪兵人数有限等机制性因素，以及"战
争"本身的原因。对这些原因的讨论，没有扎实的材料根据，难免流于空泛，
无助于对历史真相的认识，是故本文不拟一一展开。总的来说，日军侵华的
性质，使它不可能让"军法"来限制和削弱它的战斗力，这是个根本的症结所
在。在日军的权量中，军法再重，终比不上战斗力。我们在上文曾经提到
11月18日日志记录军部会议时提到维护军风纪要面对"牺牲"，这确可说
是"决心"的表现，但当天会议谈及此事时其实并不仅于此，小川在当日日记
中保留了日志"忽略"的一点重要内容，这一内容与"牺牲"同条而列之于前：

---

① 「第十軍法務部陣中日誌」，高橋正衛編集、解説『続・現代史資料』6「軍事警察」，第103-104页。

第一线部队另当别论，后方部队应保持军纪。①

这实在是不能遗漏的大关键，非常值得注意。因为日本左右两翼论及日军中央对军风纪的告诫（12 月 28 日），不论是以之证明日军对军风纪问题的"重视"，还是以之证明日军军风纪问题的严重，所指都是 12 月末南京暴行发生、日本军政高层受到外界压力之后。虽然我们不能将小川所记"另当别论"简单地看作鼓励犯罪，简单地与豁免权划等号，但在 12 月末之前，第十军——上海派遣军也可以推想——对"第一线部队"应该有过"保持"军风纪可以缓行的明确表示。也就是说，南京的骇人听闻的暴行，除了日军骄兵悍将"个人"的因素，日军"组织"也有推脱不了的责任，小川此条记载应是较直接的证据。

因此，从表面上看，日军军法部门对军风纪要求甚严，但实际执行则一由是否合乎日军的利益为准则。所以，在量刑上的轻重失当，到了使律文形同虚设的地步，完全体现不出法的严肃性。像上述吉□□□等屠杀平民二十六人、辻□□杀死三位平民，都免于起诉。即使判了刑，大多也为缓刑。如前述古□□□等三人放火，各惩役一年，都是缓刑二年。而对危害日军的行为，如"侮辱上司"所判都较重。至于对中国人"犯罪"，则更是严惩不贷，如对李△△、周△△（此案一次枪毙六人）、陆△△等案都判处死刑。②

本节将以日志和日记所见军法会议对日军官兵犯罪的处置，证明日军军风纪败坏确有体制性的原因。

首先，在检方的犯罪事实陈述中，我们即可以看到对案犯的明显回护。比如许多强奸案的诉状都有"偶尔"之语。如前述第六师团步兵第二十三联队第二机关枪队一等兵池□□□的强奸，被说成是"偶尔"（见第二节［二］）。第十八师团步兵第五十六联队第十一中队一等兵前□□12 月 5 日、工兵第

---

① 小川関治郎著『ある軍法務官の日記』，第 46 页。
② 今传日志中周案仅寥寥数字，没有审理、判决、执行的蛛丝马迹，陆案更是不著一字，我推断是为了掩饰对中国人的镇压，出版时做了手脚。（详见拙文《小川关治郎和〈一个军法务官的日记〉》）李案未删，是因为李被判处死刑后越狱逃脱。

十六联队第三中队一等兵上□□□□12 月 12 日在湖州的强奸同样也是
"偶尔"。[①]

强奸与走火不同，是自主性非常强的暴行，没有"偶尔"的问题。没有而
仍如此落笔，不论是不是案犯的自陈，都反映了检方无意追究的态度。

不仅强奸，对伤害中国人的其他案件，也都有各种"理由"。如第十八师
团步兵第一百十四联队机关枪队一等兵田□□□案：

> 被告人和所属部队一起在浙江省杭州宿营中，昭和 13 年 2 月 18
> 日，在杭州市外日本租界附近村落，射击对自己咆哮之狗，因此射伤正
> 好在附近的支那人某之足部。接着顺次进入两间支那人商店，抢夺金
> 圆，射杀二名支那人。又在回宿营地杭州途中胁迫遇到的支那人数名，
> 抢夺所携钱财，并对之开枪，使每个人都受伤。[②]

明明故意杀人、伤人、抢劫，却要附会狗的"咆哮"。假设田某疏于使枪，而
"某之足部"又巧之又巧"正好"在狗的边上，那也只和射伤"某之足部"有关，
而依上述，"咆哮之狗"似乎成了包括"顺次"抢劫杀人的一切的动因。诉状
如此陈述，即使并非经意设计，也是承认了被告人的强词夺理——虽然完全
不成其为理由。许多案件中都有类似的"理由"。如前述辻□□的杀人的理
由是"泥醉"，这也是当时最常用的理由。这里再举数例为证。第一百一师
团步兵第一百四十九联队第十中队一等兵山□□□□1938 年 1 月 6 日在湖
州的强奸，原因是"饮酒酩酊"，第十军野战炮兵厂一等兵小□□□1938 年
1 月 18 日下午 3 时余在南市以刺刀逼迫强奸两名妇女也是因为在"饮酒之
后"。[③] 第六师团工兵第六联队第十中队一等兵地□□□□杀人强奸同样
与醉酒有关：

---

① 「第十军法务部阵中日志」，高桥正卫编集、解说『続・现代史资料』6「军事警察」，第 49、61 页。
② 「第十军法务部阵中日志」，高桥正卫编集、解说『続・现代史资料』6「军事警察」，第 105 - 106 页。
③ 「第十军法务部阵中日志」，高桥正卫编集、解说『続・现代史资料』6「军事警察」，第 83、89 页。

被告人在上海市宿营中,(一)昭和 12 年 12 月 14 日晚饭之际,饮酒酩酊,到上海南市警备队杂役支那人某宅,以所携步兵枪胁迫、强奸同人妻(二十八岁)。(二)同月 17 日午饭之际,饮酒酩酊,带领同僚二名,到前记杂役宅,让同僚待于屋外,先用所携带的步兵枪射杀正好在场的丈夫,再强奸同人妻。①

上述诸案中"饮酒"的理由其实都有一眼可见的破绽,而其为遁词,有些在当时即得到了证明,如地某之案,据陆军司法警察对 14 日之同案犯藤某(方面军日志谓此日强奸实是三人轮奸)的调查,地某两次强奸,一次是"外出途中",一次是"外出归途"(且为下午 3 时),没有"饮酒",更没有"酩酊"。这是来自日军内部的证据,无可怀疑。

从大量诉状的诸如此类的"理由",参以判决结果之轻微,确实可见日军军法会议对案犯的自我开脱至少是失于严查的。这里所说的"至少"不是泛指,因为方面军日志著录的第十军部分案例,有以"酒醉"等理由为罪犯开脱的具体实例。如步兵少尉长□□□(方面军日志有些未书被告人所属部队)的判决即以醉酒的理由为被告 1938 年 1 月 2 日在"上海乍浦路料理店新六三亭"殴伤女侍开脱。

> ……以上事实证据充分,被告人作为下级军官,处于垂范众人的地位,因此本件发生不能容许,但因其所为出于醉后亢奋,被告人清醒后又痛悔其过犯,而又誓言今后戒酒以挽回名誉,其改悛之情显然,而被害人又恳望宽大处理,是以对本件不予起诉。②

"醉后亢奋"在此成了"宽大"的重要理由。

此案受害人为日本人,愿意维护日军不必意外,其可注意之处是所谓被害人的"恳望"。被害人的要求可作为"宽大"的参考,这点无须置疑。问题

---

① 「第十军法务部阵中日志」,高桥正卫编集、解说『续・现代史资料』6「军事警察」,第 68 页。
② 「中支那方面军军法会议阵中日志」,高桥正卫编集、解说『续・现代史资料』6「军事警察」,第 136 - 137 页。

是被害人如果没有"恳望"，或"恳望"的不是"宽大"而是严惩，军法会议将如何对待？如果军法会议遵从被害人之意，那我们不妨信其为真，可白纸黑字留下的却是相反的证明。如工兵第十二联队第一中队一等兵山□□□强奸案，被害人应△△要求"严厉处罚"，方面军军法会议却全然不予理会：

> 按照法律，被告人的所为该当刑法第一百七十七条，但被告人的罪行如判文所示完全是偶发的行为，其罪行情可悯谅，是故依刑法第六十六条、第七十一条、第六十八条第三号酌量减刑。①

被害人"严厉处罚"的"恳望"得到的竟是"情可悯谅""酌量减刑"！会不会搞错呢？我们可以将结论暂且押后，先看看其他"恳望"的结果，再下判断。前述第六师团步兵第十三联队一等兵古□□□、川□□□和第十二师团架桥材料中队辎重特务兵石□□□、上等兵重□□□强奸案，被害人李△△、施△△均提出"严厉惩罚"案犯的"恳望"，然而到头来得到的还只是"情可悯谅""酌量减刑"的结果。② 再如前述野战重炮兵第十四联队第一中队一等兵前□□□□强奸案，被害人章△△的要求和军法会议的判决也同样如此。章某陈述前某强奸和被日本宪兵逮捕的经过，日军司法警察"对章△△要求严厉惩罚被告人的希望，依供述记载认可"。判决却仍是：

> 按照法律，被告人的所为中强奸已遂之点该当刑法第一百七十七条前段，其未遂之点该当同法第一百七十九条、第一百七十七条前段，以连续犯适用同法第五十五条，以强奸既遂罪本应在所定刑期范围内处罚，但其罪行的过程如判文所示是偶然看到被害者，乘着酒兴，遂迫其性交，逸出常规。而今被告人鉴于自己喜好饮酒和放纵淫逸以及玩弄妇女的习癖，深感应该慎于饮酒，誓言禁酒，以期将来自新。因此，被告人之罪行情可悯谅，依刑法第六十六条、第七十一条、第六十八条第

① 「中支那方面軍軍法会議陣中日誌」，高橋正衛編集、解說『続・現代史資料』6「軍事警察」，第151页。
② 「中支那方面軍軍法会議陣中日誌」，高橋正衛編集、解說『続・現代史資料』6「軍事警察」，第162、168页。

三号酌量减刑。①

前某作案被宪兵逮个正着，被害人的"希望"又经日军司法警察"认可"，军法会议如对维持军风纪稍有真心，正可"顺水推舟"并藉以立威。如此仍强以"偶然""酒兴"为前某开脱，而且"玩弄妇女"云云，口气轻飘，丝毫不顾受害者的苦痛，军法会议如果不是身不由己的摆饰，则只能说明它确实没有起码的诚意。

不仅是"情可悯谅"，更有甚者，则干脆要被害人来分担责任。如第一百一师团卫生队第二中队川□□□强奸案，被害人王△△在取证时说：

> 那天来了三名日本兵，要我预备晚饭。为此正在准备，约下午 5 点
> 30 分，去后面池塘洗菜之际，一名日本兵尾随自己而来，做着手势要性
> 交，拖着自己的手，自己抵抗，仍不松手。因此想，如果拒绝同人的要
> 求，不知会遭来什么后果，只能任其所为。同人将我拉到房内的厕所，
> 强行脱去裤子奸淫。

对此，判决书说：

> 按照法律，被告人的所为该当刑法第一百七十七条前段，以其所定
> 刑期范围之内应处被告人二年刑，但被告人的本件罪行如判文所示完
> 全是偶发的行为，且被害者王△△最初没有极力拒绝被告人暴行，表现
> 出了微温的态度，此点是引起本件罪行的一个条件，因此情可悯谅。②

被害人没有抵抗到底居然成了强奸的"一个条件"。依判决书的口吻，似乎被害人非得挨上两刀，否则就是态度"微温"，有勾引之嫌！如此挖空心思的

---

① 「中支那方面軍軍法会議陣中日誌」，高橋正衛編集、解説『続・現代史資料』6「軍事警察」，第 166 頁。
② 「中支那方面軍軍法会議陣中日誌」，高橋正衛編集、解説『続・現代史資料』6「軍事警察」，第 163 頁。

颠倒黑白,不能不让人感到军法会议的既定方针就是"宽大处理","恳望"云云不过是便宜的借口。"宽大处理"既是目的,但凡一切便无不可成为借口。如前述长某判决中"出于醉后亢奋……改悛之情显然"作为军法会议判文中的套语,也是为了开脱的一个借口。这从骑兵一等兵高□□□案"不予起诉"的理由如出一辙也可看到。①

不仅被害人的"恳望"在需要时可以作为"情可悯谅"的理由,态度"微温"——实际应该说没有拼死——可以作为"情可悯谅"的理由,"饮酒""偶然""改悛之情"统统可以作为"情可悯谅"的理由,但下例更能让人体会到什么叫无所不能。前述第十二师团架桥材料中队特务兵古□□□、松□□□、北□□□登陆第二天在松江李宅肆意放火,判决却这样说:

> 按照法律,各被告人的所为该当刑法第六十条、第一百九条第一项。但本件罪行中被告人等的动机如判文所示,因为教育程度低下,且受军队教育尚浅,遂产生对敌国憎恶及于无辜敌国人民的肤浅认识,因此情可悯谅。以同法第六十六条、第六十八条第三号酌量减刑,在刑期范围内各被告人各惩役一年。但被告人等已深悔自己的肤浅认识,为了恢复名誉希望在前线加倍努力奉公。因此,今与其科以实刑,不如遂其愿望,认可其迁善之道。依同法第二十五条、陆军军法会议法第四百二条第二项,对各被告人自本判决决定之日起二年对上述刑缓期执行,收押之打火机(证第一号)为被告人古□□□供本件罪行所用之物,系同人之物,以刑法第十九条第一项第二号、第二项没收之。②

"教育程度低下"也可以作为"酌量减刑"的理由,如此,还有什么不能成为其理由呢? 至于本判决中让人啼笑皆非的"没收"打火机,正好是一个象征,象征了日军军法会议对侵害中国人罪行的处罚是何等的无关痛痒。

上引情况遍及日军军法会议受理的所有案件,与"偶尔"的裁断失当不

---

① 「中支那方面軍軍法会議陣中日誌」,高橋正衛編集、解説『続·現代史資料』6「軍事警察」,第137页。
② 「中支那方面軍軍法会議陣中日誌」,高橋正衛編集、解説『続·現代史資料』6「軍事警察」,第181页。

同,不能不说是事涉根本的体制性问题。以下我们从具体的量刑再来看看这一点。前述第十八师团步兵第一百二十四联队第四中队上等兵浅□□□肆意射杀刘阿盛案,判决谓:

> 按照法律,被告人的所为该当刑法第一百九十九条,以其所定刑中选择有期惩役,然情可悯谅,可依刑法第六十六条、第七十一条、第六十八条第三号酌量减刑。①

浅某最终被判惩役一年六个月。此案没有像许多杀人案那样免于起诉,是因为事发于光天化日之下,旁证甚多,无法诿罪。但作为故意杀害加上致死的惩罚,这一结果仍可谓极轻。这里所谓的轻,当然不是以正常标准衡量(以日军陆军刑法的尺度,杀人所当至少是长期惩役刑),而是与方面军所部军法会议审理的其他案件的比较而言。以下我们举数例以为证明。比如第十八师团步兵第五十五联队第二大队大行李鹤□□□因"饮酒酩酊"刺伤和枪击同僚,虽然枪击仅仅是未遂,结果得到的却是"依法加重",而未被原情。② 如果说此案还有开枪和刺伤,第四师团架桥材料中队曹长松□□□的获咎仅仅是口头表示:

> 被告人为本部附曹长,在上海宿营中,目睹同队分队长少尉某屡屡殴打被告人的直接部下本部附下士官兵,怀有不快之念,断定所属队长少佐某对部下疏于管束和监督是起因。于是于昭和12年11月30日午后8时赴队长室,要求同少佐训诫上述少尉。表示战时狂暴的气氛,发生什么事难以预料,并出示所携手枪,显出如若不接受该要求,身边会有不测的危害的气势,以之对上官同少佐胁迫。③

---

① 「中支那方面軍軍法会議陣中日誌」,高橋正衛編集、解説『続・現代史資料』6「軍事警察」,第168 - 169頁。
② 「中支那方面軍軍法会議陣中日誌」,高橋正衛編集、解説『続・現代史資料』6「軍事警察」,第169 - 170頁。
③ 「第十軍法務部陣中日誌」,高橋正衛編集、解説『続・現代史資料』6「軍事警察」,第52頁。

此案没有任何行动，要求也不可谓不当，"显出""气势"也是在"如若不接受"的前提下，却与前述鹤某案同样得到二年的惩役。曹、鹤对"被害人"只有轻微伤害和潜在伤害，判罚却比浅某杀人更重，似乎不能自恰，其中实有原则性的理由，即，曹、鹤是对日军自身的伤害。

浏览法务部日志可以看到，如上的判罚是当时的普遍尺度，并非"偶然"。上海派遣军所属第十一师团卫生队第二中队一等兵荒□□□被判刑同样是如此。据判文所述，荒某过犯有三次，一是对军曹（福冈义雄）"下达的为了准备宿营而使役的命令不服从"，二是"拿起三〇式刺刀向着同军曹扑去"（"被偶尔在边上的士兵制止，暴行的目的未能达成"），三是数次以"暴言""侮辱"上官。① 诉状所说不是没有疑问，如荒某精神正常，动辄"侮辱"上官，随意"扑去"杀人——而且为的是不关己之事，让人难以理解；而事临紧急，又正好被"偶尔"制止，更让人觉得其中的蹊跷。荒某真是穷凶极恶，找个"偶尔"可以下手的机会应该不难。如果上述确是真情，那荒某定是个没有头脑的莽汉，前述第十二师团架桥材料中队特务兵古□□□等人登陆第二天在松江李宅肆意放火可因"教育程度低下""情可悯谅"，从没有造成实际伤害而言，荒某更有"情可悯谅"的理由。至少应该像有些伤害中国人案那样给予精神鉴定。② 而结果如何呢？

按照法律，被告人的第一所为该当陆军刑法第五十七条第二号，第二所为该当同法第七十二条、第六十二条第二号，第三所为该当同法第七十三条第一项、刑法第五十六条。第二之罪选择有期惩役刑，第三之罪选择惩役刑。以有前示前科适用同法第五十六条第一项、第五十七条，上述第二第三罪之刑各以累犯加重。以上三罪以同法第四十五条

① 「中支那方面軍軍法会議陣中日誌」，高橋正衛編集、解説『続・現代史資料』6「軍事警察」，第189页。
② 如后备上等兵植某杀人，本有确据，仍由军医部早尾庸雄中尉（金泽医科大学教授）进行"精神"鉴定。鉴定科目多达七类近三十项，如所谓"指南力""领受力""记铭力"（特指记忆新事物力）"记忆力""知识""批判力""妄想及幻觉""观念联系""胁迫观念""感情""意志"等等。植某的鉴定结论也十分烦琐，大约是饮酒过量，致"第一意识不醒以前，受到第二意识（原注：极其原始的）发动的运动意识支配，因此误认事实，做出不适合的行为"云云。如此繁复的检查，大概没有什么人可得"正常"的结果。所以与其说是鉴定，不如说是为嫌犯开脱寻找理由。

前段合并之罪，以同法第四十七条、第十条、第十四条对最重之第二罪之刑以法定加重，应在行期范围内对被告人判处惩役二年。①

以上第一罪"不服从命令"，本没有具体内容，似乎无法入罪，从判决才知道，它作为"前科"是一个加重的砝码。荒某的处得咎，与前述诸案受到的加意回护正好相反。第一百十四师团步兵第一百十五联队步兵炮队上等兵折□□□，惩役五年，判罚之重仅次于第十八师团步兵第五十六联队第十二中队一等兵高□□□"军用物毁弃、敌前逃亡"案，情况亦复相同：

> 被告人昭和12年12月15日，在某伍长指挥下为运送四车弹药由南京赴秣陵关途中，和某辎重队相遇，一时不得已相互停止前进。被告人和上述辎重队交涉，结果己方先行。其交涉中上述伍长留下被告人负责的车自己先行。愤慨于此，对同伍长放言："在这种场合分队长有什么用？""不要看错人了，枪不是摆样子的"，边说边开了一枪，胁迫作为上官的上述伍长。②

此案中的"被害人""某伍长"（高桥荣藏），毫发未损，被告却仍被重判五年。第十军军法会议判罚五年的案件仅两例，另一例为第十八师团辎重兵第十二联队第二中队特务兵桥□□杀人案：

> 被告人在江苏省金山县金山附近与所属部队露营中，与同中队第六班班长某一等兵感情不睦，互相疏远。昭和12年12月29日约午前11时，以对同一等兵失礼为由被同一等兵殴打，继而二人开始对打，被正在同所的同僚制止，一旦得以无事。同日午后约3时，同一等兵再次来被告所属班，强迫被告人同行，被告人愤懑之情爆发，遂决意杀害同一等兵。拿着同班步兵枪的被告人，对见此气势而欲逃跑的同一等兵

① 「中支那方面軍軍法会議陣中日誌」，高橋正衛編集、解説『続・現代史資料』6「軍事警察」，第190页。
② 「第十軍法務部陣中日誌」，高橋正衛編集、解説『続・現代史資料』6「軍事警察」，第62页。

开枪,因贯通胸部,不久即死亡。①

此案反映了日军中以上欺下的普遍问题。桥某不堪忍受而致杀人,应可当"情可悯谅"却仍被重判,可见日军军法会议对重轻有其不可移易的分明界限。中国人的性命,不但抵不上日军的性命,抵不上轻伤,抵不上开枪威吓,也抵不上说一句威胁的话。

判决上的这种畸轻畸重,在罪名的认定上也有充分表现。对中国人的伤害往往都成不了罪名。如第五师团步兵第四十一联队第九中队一等兵福□□□之案:

> (一)被告人与所属部队共同经松江、嘉善向王江镇前进途中,于昭和12年11月17日左右,在王江镇约一里稍前的地点,脱离所属部队,进入支那人村落。约同月19日决定不回部队,自此在支那各村落转移潜伏。(二)约同月17日进入王江镇村落遭到约百名支那人袭击,射杀三名,跳入了附近小溪,将所带官给品、步枪、刺刀、药盒、战帽、军裤、襦袢、短袜等投弃于同小溪。(三)上述逃走中的约同年12月20日到约13年1月12日的期间,数回从支那民宅掠夺米、鸡、鸭、鸡蛋等物。(四)离队期间僭用伍长肩章。(101)

此案中首要犯罪显然是杀人,但罪名却是"敌前逃亡、掠夺、军用物毁弃、僭用服饰",而未提杀人,最可见日军对中国人生命的无视。此点可谓无疑。但稍加推敲又不能不让人感觉上述尚有待发之覆:在诸项罪名中,"敌前逃亡"因离开部队的事实而无法否认,"僭用服饰"应该是被捕时的着装(因所携军用物品已"投弃于小溪"),也无法掩饰;对量刑有弹性的只剩下不可能有旁证的"军用物毁弃"和"掠夺"两项,其中尤以"军用物毁弃"关涉重大。此两项之犯罪经过(上之[二][三])既然为人不知,则当为福某的自供,而这

---

① 「第十军法务部阵中日誌」,高桥正衛编集、解说『続・现代史资料』6「军事警察」,第80页。

一自供确有隐伏。因为"军用物毁弃"是重要罪名,唯有事出被迫,最好是万不得已,才能减轻罪责。其(二)的千钧一发,就是动人的遁词。面对百人、射杀其三云云,军法会议大概也不能不认为确是"情可悯谅"。但福某把自己打扮成独行侠,一味高调,却忘了符合事理的一面。因为此事若真,则一,以一当十已属奇迹,遭遇百人袭击居然得以全身,太似神话;二,射杀三人,又抛弃了武器,袭击方怎肯罢手? 三,当时局面已是插翅难逃,福某跳入"小溪"(クリーク),而非可顺流而下的大河,又岂能脱逃? 综此三点,此事实难让人置信。至于(三),之所以自供"掠夺",当因身无分文,游荡数月,缘何为生,终须有一交代。而夺食虽为"掠夺",但所犯轻微,且为生存之必须,自可原宥。此案之真相今日已难复原,但所述捉襟见肘,显系福某苦心编织。福某东西游荡,作奸犯科,或东躲西藏——既忧日军抓捕,亦虑土著"袭击"——偷鸡摸狗,都可以想见,真杀三人,则当是明抢暗偷时遭遇阻碍,也可推想,但不可能以一当百则可以决言。如果这一假设不错,福某伪供可以让我们看到一个重要的真消息:在福某心目中,只要略陈理由,杀死"支那人"与偷鸡摸狗一样并不重要,远较"军用物毁弃"为轻。福某杀人未成为罪名更可让我们看到:如福某所料,杀死"支那人"之于日军军法会议,确实无足轻重。

五、简短的结论

综上所述,我们可以对日军第十军——侵华日军的一个缩影——军风纪状况以及军法部门的功能作一个概括。

(一)第十军滞留中国的短短数月间,国共两党在江南地区尚未形成有组织的大规模反抗,日军控制相对"安定",如果暴行与所谓"报复"等因素确实有关,日军暴行理当是最少的时期,然而,从第十军、中支那方面军两级法务部门日志和小川日记可见,第十军暴行仍可谓十分严重。

(二)日军的暴行包括肆意的杀人、放火、抢劫、强奸,其中尤以强奸更为频繁和无所不在。

（三）由于约束日军军风纪的军法部门的规模和机能的限制，特别是宪兵人数稀少，大量的暴行没有也不可能纳入宪兵的视野，所以军法部门受理的案件，日志和日记所反映的日军暴行，只是日军犯罪的冰山一角。

（四）日军设立军法部门的正面理由是维护军风纪，它对日军官兵有所制约，两者之间也确有冲突。这种冲突既表现在日军官兵的对抗，更表现在各级长官对部下的加意回护。这使得日军军法部门的作用在机制性的限制之外又多了一层限制。

（五）维持军风纪本是军法部门的职志，但作为日军的一部分，决定了日军军法部门在根本上不可能"损害"日军。大量案犯或无罪开释，或重罪轻罚，确有外在的"压力"，但关键还是军法部门本身的退让。军法部门受理的案件虽只是整个日军暴行的有限部分，甚至是一小部分，但军法部门失于严查，失于追究的宽纵态度，对更广泛的日军官兵暴行的发生在客观上起了催化作用。

（六）与对日军暴行的宽纵相反，日军军法部门对中国人"违法"的处置极其严厉（残存的日志、日记中有限的被疑为试图反抗的当事人悉数处死为最有力证明）；在日常监管中，宪兵对中国人稍有不从即严加重罚，表现得更为横暴苛刻。所以，对中国人而言，日军军法部门只是严厉镇压的机器。

（七）由此，我们可以下一个总结论，所谓"日军军风纪严明"，所谓日军"犯罪率世界最低"，即使仅案以日军自己留下的原始文献，也完全不能成立。

（原载《近代史研究》2004 年第 2 期）

松井石根战争责任的再检讨*

——东京审判有关南京暴行罪被告方证词检证之一

引言

有关日本的战争罪行，在日本唯有南京大屠杀久争不息。走进日本的书店更可以看到，没有一个与中国有关的历史事件有"南京事件"那么多的著述，足见这一争论不再限于狭窄的专业范围，已成了社会关注度相当高的

松井石根（转自《南京战史资料集》）

话题。为什么在日本唯独南京大屠杀会有那么多的争论？我们最容易想到的一是南京大屠杀在日军所有暴行中规模最大，二是南京大屠杀被认为是两国间"历史纠葛"的"象征"，三是南京大屠杀由战后审判定谳（当时试验、使用生化武器等未成为被控罪名①），四是日本一直有人号称南京大屠杀是为符合"反人道罪"的"编造"。这些原因都和与学术无关的"立场"有关。的确，如果没有立场的因素，南京大屠杀不可能引起那么大的争论。同时，如

---

* 谨以此文纪念被称为"史上最大"审判的东京审判落幕(1948 年 11 月)60 周年。

① 检方曾提及使用毒气，但未列入正式诉因。

果仅仅是立场的不同,恐怕也难以形成持久的争论。我觉得南京大屠杀之所以成为持续的"热点",确实也和事发时记录的不充分以及第一手文献的"遗失"有关。事发时记录的不充分,是指事发时没有也不可能有对日军暴行的全面调查和记录;第一手文献的"遗失"是指上海派遣军法务部日志等日方文献的不传。说"遗失"而非已毁,是因为该等文献也许尚存于天壤间,正如第十军法务部日志实际未毁而曾长时间不为人所知一样。由于有人坚持认为南京大屠杀的问题南京审判已经解决,再无疑问,所以对这一点还有必要特别说明:一、有关南京大屠杀的资料——包括文字、实物、影像、口传——今天并不在少数,比如分批出版的《南京大屠杀史料集》所收已达 72卷,我所说的不充分限于"第一时间"的记录和历史学意义上的"第一手"文献;二、"不充分"决不是说日军在南京的暴行的证据还不够充分,而是说作为东京审判特别是南京审判结论的根据还有待进一步充实。作为历史事件的南京大屠杀之所以还有研究的价值这应该是一个重要理由。反之也可以说,如果南京大屠杀的问题已由南京审判解决,不仅今天发掘新史料的努力变得没有意义,对南京大屠杀的研究也变得没有必要。从这个意义上说,有没有日本右翼的挑战和今天是不是需要研究并不是一回事。当然,回顾整个论争过程,特别是进入 20 世纪 90 年代以后,作为互动一方的日本右翼确实取主动的攻势,许多问题确实由他们引发。

检讨东京审判有关南京暴行罪被告方证词的想法可以说也和日本右翼有关。长期以来,日本右翼一直号称东京审判是胜者的审判,没有公正性可言,尤其是南京大屠杀案更被认为法庭接受的是"一面之词"。如富士信夫在《"南京大屠杀"是这样制作出来的——东京审判的欺瞒》中认为东京审判对待检、辩两方的证据"极不公平":

> 法庭见解(指法庭对证据的说明——引者)要而言之,可以说无论辩护方提出的证据还是辩护方的最终辩论对法庭都没有起任何作用,因此从内里看等于是说:"法庭的判决是基于检方提出的证据和检方的最终陈述做出的。"

我不是说检方提出的证据全错，辩护方提出的证据全对。我只是说作为一个具有常识的日本人在阅读检察和辩护双方的证据时，深感检方提出的证据包含了极多的歪曲、夸张、虚构，同时感到辩护方提出的证据合理的较多。①

东京法庭既然没有站在"中立"的仲裁者的立场，南京大屠杀自然是"诬枉不实"的。如果说对南京大屠杀持疑以至于否定的议论在日本之所以至今仍有市场，我想这种对东京审判的强烈质疑长期未能澄清至少是主要原因之一。

东京审判审理南京暴行案时，当年参加攻击南京的辩方证人、被告的口径并不完全一致，有些在否定上不留任何余地，比如第三十六联队联队长胁坂次郎所说他的部下因捡一只鞋而受军纪处罚是最典型的例子，②有些则

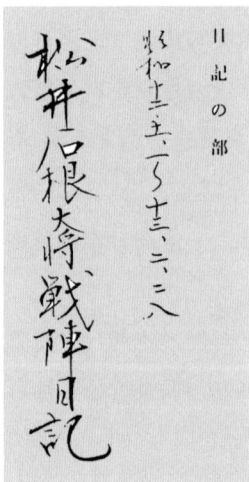

松井石根日记影件

承认有"个别的"军纪风纪问题；③但即使并不完全否认日军有军风纪问题，声称公诉人提出的南京暴行既未耳闻、更未目见则如出一口。虽然我们说是否预闻其事与是否符合真实并不等同，但如果认定一定数量的当事人的相似见闻违背真实，毕竟也需要证明。所以正面回应这一问题的必要性已不仅仅是因为今天虚构派的一再援用。也许是因为东京审判已有结论，也许是认为只要澄清事实这些"证言"即可不攻自破，对这些"证言"的专门检讨迄今未见。我曾辨别东京审判未受检方质疑的被告方重要证词的疑问，但也未写成专文。其实只要比对东京审判被告和证人的证词与后来公开的本人日记等第一时间的记录，不难发现两者间的不一并不

---

① 冨士信夫著『「南京大虐殺」はこうして作られた——東京裁判の欺瞞』，東京，展転社 1995 年 4 月 29第 1 版，第 291、348 页。
② 洞富雄编『日中戦争史資料』8「南京事件」Ⅰ，東京，河出書房 1973 年 11 月 25 日第 1 版，第 239 页。
③ 如小川关治郎「宣誓口供書」（辩方文书第 2708 号）称："在到达南京为止处罚了约二十件军纪犯和风纪犯。"洞富雄编『日中戦争史資料』8「南京事件」Ⅰ，第 256 页。

是偶然的"误差",而是基本的不同。本检证拟以日军中支那方面军军部及所辖上海派遣军、第十军相关人员的证词为对象,逐一作一检查。看一看所谓辩方证据的"合理"究竟是怎么一回事。

本篇检讨南京大屠杀第一责任人上海派遣军司令官(1937年12月2日卸任)、中支那方面军司令官(11月7日起任职)松井石根大将的证词。

一、问题的提出

东京审判的甲(A)级战犯中有三人的被控罪名涉及南京大屠杀。[①] 一是事发时(下同)任外务大臣的广田弘毅、一是中支那方面军参谋副长(副参谋长)武藤章,另一位就是中支那方面军司令官松井石根,三者均被处以绞刑。其中广田弘毅的主要罪名为对侵略战争的"共同谋议"(诉因第一)、"实行对华侵略罪"(诉因第二十七),"怠于防止"(诉因第五十五)南京大屠杀只是罪名之一;武藤章除了"共同谋议""实行对华侵略罪"外,另有"实行对美、英、荷等国侵略罪"(诉因第二十九、三十一、三十二)和对违法行为的"命令准许"(诉因第五十四)及"怠于防止",南京大屠杀则因位处下僚,在判决时得以免责。在检方的起诉中,松井石根的罪名包括了"共同谋议""实行对华侵略罪""命令准许"南京大屠杀等三十八项,[②]最后法庭仅认定了"怠于防止"南京大屠杀一项有罪,这不仅是唯一仅因一条罪名被处以极刑的甲级战犯,也是除甲级战犯中文官级别最低的白鸟敏夫外唯一仅因一条罪名被断罪的甲级战犯。

这一判定带来了两个问题。一是消极责任和最高量刑的问题。因为即使南京大屠杀是东京审判认定的最大暴行,"怠于防止"的"不作为"和积极的"命令准许"毕竟不同。这是虚构派以外至今仍有人抱屈的理由之一。另一点是甲级战犯的责任问题。这一问题虽未引起大的争议,但因牵涉到"甲

---

① 东京审判有关日军在南京罪行的罪名,国内均译作"南京大屠杀",如张效林译《远东国际军事法庭判决书》(群众出版社1986年2月版)。其实审判和判决书的本来名称是"南京暴行"。本文从国内惯称。

② 东京审判最终只对五十五项罪名中的十项进行了判决,松井石根的起诉罪名涉及了其中的九项。

级战犯"之名能否当其实，实有不容忽视的重大意义。

战后对日本战争罪行的审判，新中国与苏联以外的 51 个法庭中，除了在东京"丸之内"的所谓准 A 级审判（被告仅丰田副武海军大将和田村浩陆军中将两人）外，只有东京审判是甲级审判，散布于亚洲各地的审判都是乙、丙级（B、C）级审判。东京审判与其他审判的最大区别，在于甲级战犯的主要罪名是伦敦会议确定的"反和平罪"和"反人道罪"，而乙、丙级战犯则是传统的普通战争罪。从这点上说，如果不能认定"反和平罪""反人道罪"有罪，是不是能作为甲级战犯确实不能说没有问题。

东京审判否定了检方提出的松井石根有关"反和平罪"的罪名，这点已如上述十分明确。问题是"反人道罪"。长期以来我们一直认为东京审判判定南京大屠杀就是"反人道罪"，而既是"反人道罪"，即便是一项消极责任，作为甲级战犯也就没有名实是否相符的问题。但在东京审判的实际审理中，"反人道罪"和普通战争罪并没有清楚的划分，因此严格说远东国际军事法庭宪章（东京宪章）的"反人道罪"在审判中等于是个空名。有关这一点，有必要稍做说明。

人类历史上种族屠杀并不少见，但近代以来在"文明社会"，特别是西方文明社会，像纳粹德国那样对特定种族的灭绝性屠杀还迄无前例；而若论计划之周密、手段之"科学"、规模之特别巨大，贯通古今，可谓无出纳粹屠杀右者。所以对纳粹的种族灭绝单以传统的战争犯罪惩罚不仅内容已包容不住，力度也远已不够。这是伦敦会议制定国际军事法庭宪章（纽伦堡宪章）时之所以特设"反人道罪"的特殊需要。所以纽伦堡宪章第六条三款"反人道罪"虽在列数了对"一般平民"的大规模杀戮、歼灭、奴役、强迫迁移等"非人道"行为及基于政治、人种以及宗教的理由的迫害等重要罪行后有"及其他非人道的行为"一语因而可以包含更广的范围，但一般多强调它的特征是：一，针对平民，这一针对不分敌国本国、不分战时平时，——这是和普通战争罪的最大区别；二，尤其强调针对特定种族。这都和纳粹种族灭绝，特别是屠犹关系密切。从这一点上说，"反人道罪"确实是为纳粹德国量身定制。

东京宪章援自纽伦堡宪章。比较起纽伦堡宪章，东京宪章第五条三款的"反人道罪"有两处删削，一是"所有平民"，一是"宗教"。^① 删除后者，按《联合国战争罪行委员会报告》所说："可能是因为日本甲级战犯不存在这类犯罪，因而宪章中如果规定的话，也没有什么实际意义。"^②这一推断应该不错。删除前者，^③按上述报告所说似是考虑到了日本和德国情况的不同：

> 远东军事法庭宪章中并没有明确地规定"反人类罪"是对和平居民所犯罪行，而在纽伦堡宪章中则强调了这一点，主要的目的是将纳粹当局对德国公民所犯侵犯人权的罪行也包括在内。^④

一般认为删除"平民"使"反人道罪"的范围扩大。如曾记录东京审判荷兰法官勒林(B.V.A.Röling)生前有关东京审判思考的意大利法学家卡塞塞(Antonio Cassese)便说：

> 东京宪章开头删去了"所有的平民"一词，其结果，使反人道罪的该当犯罪范围扩大（扩大的一个目的在于对在违法战争中大量杀害战斗

---

① 东京宪章第五条之三"反人道罪"：『人道ニ对スル罪 即チ、战前又ハ战時中為サレタル殺人、殱灭、奴隷的虐使、追放、其ノ他ノ非人道的行為、若ハ犯行地ノ国内法違反タルト否トヲ問ハズ、本裁判所ノ管辖ニ属スル犯罪ノ遂行トシテ又ハ之ニ関連シテ為サレタル政治的又ハ人种的理由ニ基ク迫害行為』。

② 齐夫科维奇(R.Zivkovie)起草《联合国战争罪行委员会报告》，张宪文主编《南京大屠杀史料集》7 杨夏鸣编《东京审判》，江苏人民出版社、凤凰出版社 2005 年 7 月第 1 版，第 25 页。此段引文中"可能"或会引起疑问，我在写此文时请夏鸣先生再次核止原文，个误。

③ 东京审判的中国法官梅汝璈在有关著述记录中有"任何和平人口"一语（见梅汝璈著《远东国际军事法庭》，法律出版社、人民法院出版社 2005 年 7 月第 1 版，第 14 页)，因日本的正式文献无此语，以前未加在意。我在写《从〈东京审判〉到东京审判》（载《史林》2007 年第 5 期）时注意到杨夏鸣新近所译东京宪章本有此语(civilian population, 见《远东国际军事法庭宪章》，《南京大屠杀史料集》7《东京审判》，第 6 页)。夏鸣先生说他所据是美国国家档案馆所藏"英文原件"。何以有此不同，当时未遑细思，所以只注以"俟考"保留了疑问。后来在细读东京审判唯一主张全员无罪的印度法官帕尔(Radha Binod Pal)的冗长《帕尔判决书》中看到有这样一条记录："起诉书提出的数日前，法庭条例（即宪章——引者）删除了'对于平民'的限制词语"，但对删除的理由法庭未作解释。见东京裁判研究会编『共同研究 パル判决书』(下)，东京，講談社 1996 年 2 月 22 日第 12 次印刷版，第 524 页。这样看来，有、无"平民"的文本是前后不同期的两个"正本"。

④ 《南京大屠杀史料集》7 杨夏鸣编《东京审判》，第 25 页。又及，本文译「人道ニ对スル罪」为"反人道罪"，引述中文文献则按中文原文。

人员的处罚成为可能——原注)。[1]

所谓"扩大",可以是卡塞斯所讲的要把"大量杀害战斗人员"包括进来，其中当然会有日德不同的考量，但从东京审判检方和法庭强调日本所犯"反人道罪"而言，东京审判并没有因日本与德国的不同而认为日本在"反人道罪"上可以免责。这点与日本的流行看法不同。日本除了坚持反省战争罪行的少数人，一直有人认为东京法庭明知日本"不存在""反人道罪"而"有意混淆"。横浜乙丙级战犯审判开庭前，盟军法务部长曾将甲乙丙级解释为"级别"，即"所谓B级是指如山下、本间两将军那样的军的首脑，所问的是杀害、虐待、奴役行为等责任；C级是指实际执行以上犯罪。所谓A级是像东条首相那样的政治领导人。"这样分别甲级和乙丙级虽然不够严密，大致说来也无不当。但日本至今仍有人认为这一分别是刻意歪曲。如茶园义男将这一谈话与谈话之前公布的《横浜普通战犯审判规程》生拉硬扯在一起，称规程的 abc 项"完全没有级别的意义"：

> 日本没有 c 项(反人道罪＝种族灭绝——原注)，是美军调查的实情。因此陷于穷境的 GHQ(驻日盟军总司令部——引者注)拟为级别，加诸 c 项＝C 级＝士兵犯罪的印象，或者更是故意让人和种族灭绝联想，造成错觉。[2]

如前所述，东京审判未因日德情况不同而认为日本在"反人道罪"上可以免责，所以，所谓"故意"，只是茶园自己的曲解。但从另一方面说，"反人道罪"在东京审判的实际审理中与普通战争罪确实没有明确的分别。勒林说：

---

[1] 小菅信子訳、粟原憲太郎解説『レーリンク判事の東京裁判』序（意大利法学家 Antonio Cassese 作），東京，新潮社 1996 年 8 月 31 日第 1 版，第 8 页。レーリンク即 B.V.A.Röling。
[2] 茶園義男著「戦犯裁判の法的正当性を問う」，太平洋戦争研究会編『東京裁判』，東京，新人物往来社，2003 年 7 月 15 日第 1 版，第 62 页。

"反人道罪"在东京审判中也被适用,但是都由"(通例的——原注)战争犯罪"的包装才成为可能。没有理由的杀害俘虏和平民是战争犯罪,可当死刑。因此,"反人道罪"的概念在东京审判中没有起作用。[①]

　　这里提到的"通例的战争犯罪"就是普通战争罪的日文译名。东京宪章虽然明列"反人道罪",但五十五项诉因中的第三类(第五十三—五十五项)"普通战争罪及反人道罪"的含义却只是"普通战争罪"。[②] 而在此罪和第一类"反和平罪"(诉因第一——三十六项)外特列的第二类"杀人之罪"(第三十七—五十二项),也只是普通战争罪。[③]

　　东京审判的甲级战犯与纽伦堡审判的甲级战犯在罪名上也有明显的区别。纽伦堡审判 12 名处绞刑的甲级战犯全员被判"反人道罪"有罪,而有"反和平罪"罪名的只有七人,其中有可以称为"反和平罪"总纲的"共同谋议罪"罪名的则只有五人。东京审判的 25 名甲级战犯除了松井石根和文官重光葵,全部被判"共同谋议罪"有罪,而重光葵在属于"反和平罪"的"实行对华、美、英、荷、法等国侵略战争罪"上也被判有罪,"反和平罪"无罪的只有松井石根一人。东京审判判处第三类罪行中不作为的仅七人,积极的"命令准许"的更只有五人。可见东京审判与纽伦堡审判各有相当明显的侧重。

　　东京审判与纽伦堡审判的这一不同,使日本有些人将东京审判和"反和平罪"的审判画上了等号。如泷川政次郎所著有关东京审判较早的专书《审判东京审判》便说:"'反和平罪'是被告共同谋议来计划、准备、开始、实行侵略战争扰乱世界和平的罪行,这是 A 级战犯之为 A 级战犯的原因。"[④]这样

[①]　『レーリンク判事の東京裁判』,第 92 页。日本不少学者也认为"反人道罪"在东京审判的实际审理、判决中并未采用。如細谷千博、安藤仁介、大沼保昭編『東京裁判を問う——国際シンポジウム』,东京,講談社 1984 年 7 月 10 日第 1 版,第 61 - 62、173 - 176 页;幼方直吉著,東京裁判をめぐる諸論点——「人道に対する罪」と時効,东京,岩波書店『思想』1984 年 5 月号(总第 719 号)。

[②]　东京审判起诉书明确说诉因第五十三、五十四是"违反战争法和习惯法""违反战争法",季南总检察官住东京审判的开庭词中还特别说明:"起诉书的第三组指控的就是普通战争犯罪"。(杨夏鸣译《东京审判起诉书》《总检察官基南的开庭词》,《南京大屠杀史料集》29《国际检察局文书·美国报刊报道》,江苏人民出版社 2007 年 10 月第 1 版,第 18、19、73 页。)包括南京大屠杀等罪行的东京审判判决书第八章,章题即是"通例的战争犯罪"。

[③]　第二类杀人罪,因"已包括在反和平罪中"而未加审判。

[④]　滝川政次郎『東京裁判を裁く』上卷,东京,東和社 1953 年 5 月 31 日再版,第 143 页。

的等同说法今天仍很常见，如日本虚构派中唯一的中国近代史专门家北村稔（立命馆大学教授）在其第一本有关"南京事件"的书中便说：

> 联合国方面的战犯审判，罪状区分为 A 级、B 级、C 级。所谓 A 级是"反和平罪"，即侵略战争计划、开始、实行的犯罪。B 级是"通例的战争犯罪"，即违反战时国际法的行为。C 级是"反人道罪"，即指战前、战时的杀害和虐待。纽伦堡审判和东京审判是审判 A 级战犯，各国的诸城市的军事法庭审判的是 BC 级战犯。①

如果说前引盟军法务部长 ABC 的分法虽不严密，但大体不错，北村稔将 ABC 级审判完全等同于纽伦堡和东京宪章中 abc 的罪项则显然不合实际。但不论怎么说，由于日本和德国战争犯罪的情况不同，突出"反和平罪"而未注重"反人道罪"，确实是东京审判不同于纽伦堡审判的一个特点。

东京审判的这一特点使我们在本节开头提及的作为 25 名甲级战犯中唯一被判"反和平罪"无罪的松井石根和"甲级"是否名实相符成了问题，②由此引出了本文的中心问题：松井石根究竟应负什么样的战争责任？本文的主旨是检讨东京审判有关松井石根的辩方证词，通过这一检讨，希望对松井石根的真正责任有一个新认识。

二、松井石根"宣誓口供书"检讨

松井石根"宣誓口供书"（辩方文书第 2738 号、法庭证据第 3498 号）共分十一条，以下择要检讨。

---

① 北村稔著『「南京事件」の探究——その実像をもとめて』，東京，文藝春秋社 2001 年 11 月 20 日第 1 版，第 8-9 页。

② 日本有学者称："松井岩根（原中支方面军最高司令官——原注；松井名中的'石'，取与'岩'音、意相通的义项，因此时有以'岩'代'石'者——引者）该当 a 项的'侵略战争准备的共同谋议''对平和之罪'无罪，该当 c 项的'违反遵守战争法规的义务'有罪，而被宣告了绞首刑。换言之，他作为 A 级战犯嫌疑人无罪，作为 BC 级战犯嫌疑人有罪。"清水正義著，国際軍事裁判所憲章第 6 条 c 項「人道に对する罪」に関する覚書，東京，『東京女学館短期大学紀要』14 号，1991 年，第 88 页。

（一）攻打南京对松井石根而言是不是"意外"

"宣誓口供书"第一条"昭和 12 年出兵江南的动机目的"主要谈"七七"后"上海在留日本军民受到威胁"，上海派遣军组成，"军之目的任务是支援我海军部队，专为保护该地附近居留民的生命财产安全"。第二条"我由预备役特别起用为上海派遣军司令官的理由及当时的心情"也谈到"当时我国政府对支政策的主要目的为迅速就地解决事件，以不扩大彼我之间的武力抗争。"在第四条"中支那军的组成及决定攻击南京的情况"中说，"以南京为根据地的支那军，渐次向北支那发展，以呼应彼我大规模的战斗，在江苏浙江方面也在准备攻击作战，由各地结集大军，不占领南京附近的根据地，便无法维持中支一带的治安，我方的权益也无法保持，以此之故，日本为了恢复江南的全面安宁，遂决定攻占南京。"①

"八一三"战役是怎么爆发的？进攻南京是预案还是"偶然"？本来是与南京暴行无关的不同问题。我所说的"无关"有两层含义，一是我既不认为日本某些人强调的种种历史原因可以成为暴行的"理由"，也不认为我们有些学者以为的日军攻打南京的目的包含暴行（所谓"惩罚"）符合实际；二是日本进攻上海，不论真意是否如名义所说"为了保护居留民"，松井石根作为奉命行事本不必为出兵本身承担责任。此事之仍须辨析也有两点考虑：一是松井石根在东京审判所作的上述陈述掩盖了自己的表现，二是这一掩盖影响了对松井石根责任的认定。

自从淞沪战役中方初期指挥官张治中有关"争先一着"的回忆②发表后，国内学者对中方"先发制人"已再不讳言。③ 检查日方文献也可以看到，日军高层的初期发兵命令确实也将目的限于"扫灭上海附近之敌和占领上

---

① 洞富雄编『日中戦争史資料』8「南京事件」Ⅰ，第 273 - 275 页。
② 详可见《张治中回忆录》第五节"再度抗日——'八一三'淞沪之役"第一至第五小节，中国文史出版社 1985 年 2 月第 1 版，第 111 - 122 页
③ 但同样是认为"先发制人"，区别在于有的明确认为"'八一三'战役是中国发动的"（如马振犊《"八一三"淞沪战役起因辨正》，《近代史研究》1986 年第 6 期，第 223 页）；有的则认为既是中国"棋高一步的决策：先发制敌"，又是日本"蓄谋已久的战略企图"（余子道、张云著《八一三淞沪抗战》，上海人民出版社 2000 年 11 月第 1 版，第 10、75 页）。日本的"战略企图"在实际的历史进程中所起的作用，似还值得探讨，俟另文《再论"八一三"淞沪战役的起因》详论。

海北方地区之要线"。① 即使随着双方投入兵力不断增加，战争全面升级，参谋本部仍先后有过两次制令线的限制。② 另一方面，战争爆发后仗之所以越打越大，还是有双方的原因，而不断突破日军中央成案，尤其是进攻南京，则完全是现地日军"进取心"的结果，其中松井石根的意志无疑起了最大作用。从事发时松井本人和僚属的日记看，他在东京审判中的陈述掩盖了自己的表现。

松井石根在接受东京审判讯问时曾谎称自己的日记已被烧毁。③ 20 世纪 80 年代南京大屠杀在日本引起激烈争议时，当时虚构派的代表人物田中正明根据松井石根养女松井久江提供的线索，在自卫队第三十四连（联）队（板妻驻屯部队）资料馆遗物储藏室找到了松井石根战时战后的一批文献，其中最重要的就是松井石根的战时日记。日记从 1937 年 11 月 1 日（苏州河战斗）至第二年 2 月 28 日（所谓"凯旋"），缺 10 月以前的部分。这一残卷以《松井石根大将战阵日志》之题由芙蓉书房出版时，日本学者指出整理者田中正明篡改原文达九百余处。④ 这一部分日记以后由日本旧军人团体偕行社重新校订标点略加删节收入《南京战史资料集》。1992 年日本防卫研究所战史部研究员原刚再至同队资料馆，找到了松井石根日记的 8 月 15 日至 10 月 30 日的部分，这一部分和补足后的已刊部分后来合刊于《南京战史资料集》Ⅱ集中。（也许是为了避免误读，重印部分取消了原来的标点。）以下我们就来看一下松井石根自己在日记里是怎么记的。

"八一三"爆发的次日，日本决定组建"上海派遣军"，由松井石根任司令官。下午陆军省次官急电召其赴京，当晚他从富士山麓的下榻处赶到陆军大臣杉山元的官邸。他在日记的前记中记有这次见面的感想：

---

① 「臨参命第七十三号」，臼井勝美等解説『現代史資料』9「日中戦争」2，東京，みすず書房 1964 年 9 月 30 日第 1 版，第 206 页。

② 先后规定不能超出苏州嘉兴一线和无锡湖州一线。

③ 国际检察局文书明记："在审问中被告松井说：……我的所有记录都被烧毁，包括我的日记。"杨夏鸣译《国际检察局文书（八）检方有关证据分析摘要》，《南京大屠杀史料集》第 29 卷，第 165 页。（松井"宣誓口供书"说是"所有文书被烧毁"，未明确提及日记，见洞富雄编『日中戦争史資料』8「南京事件」Ⅰ，第 276 页。）

④ 拙文《南京大屠杀是东京审判的编造么?》曾作介绍，见《近代史研究》2002 年第 6 期，第 18 页。

陆军的意向仍未决心以中支方面为主战场，毋宁说只是应海军的要求作为增援的程度派兵上海……此次中支那派兵，政府撤回了从来的局部解决不扩大的方针，无外乎是强烈要求全支抗争的南京政府反省，以恢复全面的日支关系。海军当局对此已有强硬态度的决心，陆军，特别是参谋本部的方针尚未达此。陆军的作战主要目标依然限制在北支方面，政府方面的态度尚欠明了一致，外务当局恐也属望于一线的外交交涉，努力避免武力压迫的意向尚未熄灭。对于今后的时局发展，我政府及军部的态度让人相当忧虑。[1]

冈田尚等辩方证人曾说松井对中日战争是抱着"惋惜"之情的（冈田等证词后将述及），松井石根是不是因此而"忧虑"呢？松井日记从第一天起正好就有了明确的答案。他在8月15日日记中说："痛感应该举起铁锤使支那当局觉醒。"[2]次日松井在会见杉山陆相时说：

今天的时局，进入了消解所谓不扩大方针以全面解决的阶段，考虑到对支全面政策及与国军作战，宜举全力以中支那特别是南京政府为目标，通过武力的和经济的压迫，向全局解决迈进。我陆军若徒见过去，或对俄国及其他外国关系过度顾念，左顾右盼回避作战，只能使将来的国策陷于危地。……基于以上理由，我军应以攻略南京为目的，向中支那派遣所需兵力（五个师团），一举覆灭南京政府。对南京政府的压迫除了武力的强力外，再加以经济、财政的压迫将更有效。

松井石根说，对于他的建议杉山陆相"个人似无异议"，但因考虑参谋本部的意见而"未表同意"。松井对于陆军部门的"决意甚为不足"表示"殊为遗憾"。当天下午松井和米内光政海军大臣会面，"海相关于时局的意见与

① 「松井石根大将戦陣日記」，南京戦史編集委員会編『南京戦史資料集』Ⅱ，非売品，東京，偕行社1993年12月8日第1版，第3-4页。
② 「松井石根大将戦陣日記」，南京戦史編集委員会編『南京戦史資料集』Ⅱ，第4页。

上记我之所见几乎相同",松井因此"甚感欣怀"。① 以后在出发前的几天中松井遍访军政首脑,不断推销自己"一举覆灭南京政府"的主张。因当时日本高层出兵上海的方针还是打一场局部战争,所以松井虽然在不必负责的军政大员中得到了一些呼应,关键人物的态度还是让他失望。如17日他访问近卫文麿首相,近卫"赞否不明言",让松井感到"遗憾"。② 18日松井会见刚刚接任参谋本部次长的多田骏、总务部长中岛铁藏、作战部(第一部)部长石原莞尔、情报部(第二部)部长本间雅晴等人,因对方、特别是其中的石原态度"消极",使松井"甚感遗憾"。③ 这次会面的具体内容松井日记未载,上海派遣军参谋长饭沼守的日记有详细记录,主旨就是松井认为:"应该放弃局部解决、不扩大方案","应该断然地用必要的兵力以传统的精神,速战速决。比起将主力使用于北支,更有必要使用于南京","应在短时间内攻占南京"。④

这一占领南京、推翻国民政府的诉求,在日军高层决定攻打南京前,松井石根不断提出,从未改变。如淞沪战役还在宝山地区打得难分难解的9月17日,他在给参谋次长"军的意见申述"外另附的"我的个人意见"中就将战争的第三阶段定为"攻略南京"。⑤ 当时还完全想不到10月底中国军队会崩溃性撤守,所以第三阶段他预期是次年3月起。这也可见松井攻打南京决心的不可动摇。10月下旬上海地区的战事接近尾声,松井在20日的日记中这样记:"我托参谋本部的铃木中佐向参谋次长转告我见","伴随着上海西部战役告一段落,方面军的编成至少应有两个军,军的作战目标应是南京。"⑥三日后的日记中记:"此日陆军省中山少佐归京,我托交杉山大臣书信,其要旨为:……三、江南地方作战的目标无论如何应是南京……;

① 「松井石根大将戦陣日記」,南京戦史编集委员会编『南京戦史资料集』Ⅱ,第6-7页。
② 「松井石根大将戦陣日記」,南京戦史编集委员会编『南京戦史资料集』Ⅱ,第8页。
③ 「松井石根大将戦陣日記」,南京戦史编集委员会编『南京戦史资料集』Ⅱ,第11页。
④ 「飯沼守日記」,南京戦史编集委员会编『南京戦史资料集』,非卖品,东京,偕行社1989年11月3日第1版,第67-68页。
⑤ 「松井石根大将戦陣日記」,南京戦史编集委员会编『南京戦史资料集』Ⅱ,第49页。
⑥ 「松井石根大将戦陣日記」,南京戦史编集委员会编『南京戦史资料集』Ⅱ,第91-92页。

四、目下日本的政策应以打倒南京政府为核心。"① 11 月 15 日参谋本部谋略课长影佐祯昭和陆军省军务课长柴山兼四郎出差至上海派遣军,松井力陈"攻占南京的必要性"。② 11 月 22 日中支那方面军在"关于今后作战的意见申述"中再次表示:"应乘现在敌人的颓势攻克南京"(松井在当日日记中明记方面军的这一意见是"我的意见")。③ 11 月 25 日多田骏参谋次长来电,表示中支军行动可扩大至无锡、湖州一带,但不应再往西,松井在日记中斥为"因循姑息,诚不可思议"。④

从松井石根的日记可见,他在东京审判有关攻打南京事出中国军队集结等等事后原因的陈述显然掩盖了真相。有关这一掩盖对松井石根责任的认定,我们将在下文中详论。

(二)松井石根有没有不断强调军风纪

"宣誓口供书"第二条在谈到自己在华任职十二年专为致力"日中亲善"外,主要说明"……为使此次出兵不会种下日支两国民间长时间的相互怨恨,希望造成而后的亲善提携,我特别要求部下彻底贯彻这一精神,遂在出兵之际作出如下训示:一、上海附近的战斗专为勘定向我挑战之敌军,对支那官民则尽力宣抚爱护;二、注意不累及各国居留民及军队,与各国官员及军队密切联系以期免于误解。"在第三条"上海附近的战斗状况"中说,上海战时"我屡屡命部下保护、爱抚支那良民,尊重外国权益。其一例是南市附近的战斗按我之命令,因此南市没有蒙害结束了战斗。"在第五条"南京占领之际的处置及所谓南京掠夺暴行事件"中说,"我干攻略南京之际,基于我国政府的一贯方针,努力将战争限于一般的战斗范围,且依我多年怀抱的日支提携、共荣的信念,尽可能不使本战斗陷于全面的国民争斗,因此要求细心

---

① 「松井石根大将戦陣日記」,南京戦史編集委員会編『南京戦史資料集』Ⅱ,第 95 - 96 页。
② 「松井石根大将戦陣日記」,南京戦史編集委員会編『南京戦史資料集』Ⅱ,第 119 页。
③ 22 日日记见「松井石根大将戦陣日記」,南京戦史編集委員会編『南京戦史資料集』Ⅱ,第 125 页。
「中方参電第一六七号・中支那方面今後ノ作戦ニ関スル意見具申」见第 130 页。
④ 「松井石根大将戦陣日記」,南京戦史編集委員会編『南京戦史資料集』Ⅱ,第 127 页。

的注意。""为达到上述目的我特别命令要肃正军纪风纪"。①

松井石根这一强调军风纪的陈述,得到了辩方的一致"证明",如饭沼守说"松井大将屡屡训示全军将士杜绝不法行为";②第十军法务部长小川关治郎说:"松井司令官要求严守军纪、风纪,为了保护支那良民和外国权益,还要求严格适用法"。③ 由于饭沼守和小川关治郎等人情况特殊,饭沼守说有些"训词"的下达是他亲口所传(如 12 月 4 日),小川关治郎的职司就是军风纪,所以若非找到有力的内证,很难作出有实质意义的驳斥,东京审判检方和法庭未加辩驳当是没有这样的证据而难以辩驳。

今天翻开这几位当事人的日记,让人意外发现这些事发时的记录恰似为他们在东京审判所作证词预备的反证。检查松井石根的日记,无论在淞沪战役期间还是攻打南京的整个过程中,都没有所谓"命令要肃正军纪风纪"的记录。不仅松井日记未见,在《饭沼守日记》8 月 15 日至 12 月 17 日期间也看不到任何松井要求注意军风纪的记录。一般来说,有没有记录和是不是事实并不能简单画上等号。如果日记只是粗记大略,而某事又无关紧要,不记得可能不能排除。松井石根和饭沼守的日记的不同在于两人的日记都十分详尽,而且,关键是松井和饭沼——其他被告方证人也同样——都说这些"训词"为松井着意强调,有关的记录不可能完全"遗漏"。所以,日记未载只能说明他们在东京审判所作的证明不是实情。饭沼日记和松井日记始及军风纪都在 12 月 18 日,亦即日军进入南京后的表现通过西方媒体和在华特别是在宁西方人士的抗议使日本最高军政当局感到了压力之后。两者的不约而同从反面也可以证明迄至 12 月 17 日为止松井石根没有下达过所谓"肃正军纪风纪"的"训示"。

如果说松井石根和饭沼守是有意混淆,小川关治郎的证词则完全是凭空编造。因为小川在 1938 年 1 月上旬调任中支那方面军军法会议之前只

---

① 洞富雄编『日中戦争史資料』8『南京事件』Ⅰ,第 274 - 275 页。
② 饭沼守"宣誓口供書"(辩方文书第 2626 号、法庭证据第 3399 号),洞富雄编『日中戦争史資料』8『南京事件』Ⅰ,第 252 页。
③ 小川関治郎「宣誓口供書」(辩方文书第 2708 号、法庭证据第 3400 号)二,洞富雄编『日中戦争史資料』8『南京事件』Ⅰ,第 256 页。

在南京入城式和"慰灵式"上远距离见过松井，从未和松井有过任何接触。小川在"宣誓口供书"中两次提到松井谈军风纪，一次说要"严守""严格适用"，一次又"特别强调"，口气慎重，应该不是例行公事或应景的客套，依小川每日对所遇人事详细记录的习惯，这一对口指示不可能省略不记。所以当读遍小川日记全编没有看到松井的类似讲话时，我们自然可以断定"证言"不是真话。但我之所以敢断言小川证言为编造，还不仅是因为日记没有记载，而是因为日记直接暴露了小川的弄巧成拙。"宣誓口供书"之五称："1938 年 1 月 4 日在上海与松井大将会面时，大将特别强调'对犯罪的处罚要严正'"。① 时、地、人十分具体，当年控诉方无从置喙的难处，很可以想见。但正是因为具体精确，使我们可以按图索骥，与日记对照。小川日记1 月 4 日记录了他二次去第十军司令官柳川平助处谈涉姓少佐的案件及参加兵器、军医、兽医、法务诸部的欢送会，根本没有离开第十军司令部驻地杭州。小川 7 日才离杭赴沪至中支军报到，②直到 15 日才得见松井。15 日日记详记了和松井见面的情况，松井大谈对中政略，如如何推翻蒋介石政权，如何建立亲日派政权，如何实现"大量日本人移民支那的百年计划"等等，就是没有一字谈到军风纪。③ 所以不论小川作为军法官是不是曾有过职业操守，④他向东京审判提供的证词为伪证则一点质疑的余地都没有。

（三）松井石根有没有和中国政府"全面合作交涉"的打算

"宣誓口供书"第六条"占领南京后的行动"说，他"认为有和蒋介石政府全面合作交涉之必要，在促使上海附近的支那要人一起尽力的同时，还特别派人去福建和广东与陈毅和宋子文联络"。⑤

松井石根这一自述有没有可能，通过前文引述的松井攻占南京、推翻中

---

① 洞富雄编『日中戦争史資料』8「南京事件」Ⅰ，第 257 页。
② 中支那方面军未设法务部，小川负责军法会议日常事务。
③ 小川関治郎著『ある軍法務官の日記』，东京，みすず書房 2000 年 8 月 10 日第 1 版，第 153 - 155 页。
④ 小川日记中留下了不少对日军犯罪"痛恶"的记录。可参论文《小川关治郎和〈一个军法务官的日记〉》，《史林》2004 年第 1 期。
⑤ 洞富雄编『日中戦争史資料』8「南京事件」Ⅰ，第 277 页。法庭上检察官问松井石根率军来中国时"你有没有向本国政府建议不要和蒋介石交涉或不以之为（交涉的）对方？"松井明确说："没有。"洞富雄编『日中戦争史資料』8「南京事件」Ⅰ，第 280 - 281 页。

国政府(松井所谓"蒋介石政府")的不断诉求,已可下一判断。虽然松井在"宣誓口供书"中所说"合作交涉"系于占领南京之后,有上引小川关治郎1月15日日记所记也足见为不实。这里不妨再检查一下日军占领南京后松井的日记,看一下松井当时是否确有不同考虑。12月30、31日记:

> 此日会李泽一、陈中孚、萱野等,指示今后谋略,听取其意见。据说上海和平运动渐趋成熟,近来声势得以高昂。
>
> 李近期去香港,和宋子文等联络,以探察国民政府今后的动向。告其宋子文利用可,参与新政权则不可之意。
>
> 据陈之言,在汉口的居正之妻来沪,了解我方的意向。大体告以目前除了防共、(提倡)亚细亚主义外没有特别的要求。另,居正和国民政府一部分人,希望以蒋下野为前提,和日本和平交涉。告其彼等组织新政权的先决条件是蒋下野后解散现在的国民政府。

此日日记页边又记:

> 温宗尧作为唐绍仪的代表来访,说蒋无论如何必须下野外游(指去国外——引者),两广(广东、广西)独立必须切断与英国的关系,同意其说。温来春即承唐之意去广东,我方亦派和知大佐前往协助。我军拟攻击广东,是以需做两广工作。此事值得研究。①

1月2日记中支那方面军参谋长冢田攻自东京归来的报告及松井石根的看法:

> 冢田参谋长自东京归来。据其报告:
>
> 一,关于军(指方面军——引者)的作战,参谋本部极其消极,不欲

① 「松井石根大将战阵日记」,南京战史编集委员会编『南京战史资料集』Ⅱ,第149 - 150页。

扩大今后的作战范围。

二，关于今后的善后措置，政府尚未有任何决意。抑或还是属意于与国民政府妥协或希望建立新政权，至今仍无腹案，让人意外。

三，对军的谋略无甚热情，自然也没有同意我希望派遣人员的建议。尤其对我直接给大臣的信函不作回复，而让冢田少将与次官交涉。其优柔寡断让人吃惊。

总之，政府看清此际的国民政府是今后作战和谋略的先决条件。①

1月4日记松井石根与日本驻华大使川越茂、外务省情报部长河相达夫讨论"时局的善后"，第一条就是"政府须以某种形式声明否定国民政府"。次日松井又召陆海军幕僚和战争爆发后来华和中方进行私下交涉的船津辰一郎（公开身份为"在华纺织同业会"理事长，后为"大道政府"顾问），传达前日讨论事宜。② 1月6日记：

> 温宗尧来访，商量两广独立运动。温八日由上海出发去香港和当地的同志协议。和其约定，我方派和地（知）大佐，若可能，再派中井中佐前往香港，以便协助联络。③

1月7日记：

> 近日与大使馆和海军联络的结果，（获知）此际我政府已决定否认国民政府。我们一致认为以某种形式向内外发表声明，对今后作战和谋略至关重要。将此意见向大臣和总长提出，同时让海军和大使馆各自上书。又托人事局长递交私信给近卫首相、广田外相、杉山陆相三人。信中提及有关伴随上述大方针的今后作战及任务、作为实行机关

---

① 「松井石根大将戦陣日記」，南京戦史編集委員会編『南京戦史資料集』Ⅱ，第150-151页。
② 「松井石根大将戦陣日記」，南京戦史編集委員会編『南京戦史資料集』Ⅱ，第152页。
③ 「松井石根大将戦陣日記」，南京戦史編集委員会編『南京戦史資料集』Ⅱ，第153页。

在上海设立由我统辖的特别机关、网罗海（军）外（务）大藏及商工等省人员、研究今后军事政治经济诸问题并提出解决方案。

当天日记在页边还记有：

> 与第十师团联络，为占领徐州附近陇海铁路、切断盐运及在浙江今后扩大政权的范围事。①

1月10日记：

> 据内地新闻报告，昨日东京阁议，内阁和大本营协商，和参议相谈，似就今后的对支政策作出了更具体的决定。虽内容尚不明了，但我政府政策渐次明朗。这不仅会使军的作战、谋略更加明快，也会引起支那人的关注。乐见结果明确后能更积极的行动。②

1月15日记：

> 伊藤公使来，告知政府的态度。因德国斡旋活动今仍未熄，政府对此仍逡巡不进。（伊藤谓）应促使政府决断。此事令人吃惊。因召原田少将再就目下形势提出方面军的意见，同时命原田少将归京，鞭挞当局。③

1月16日记：

> 本日政府发表今后"不以国民政府为（交涉）对手"的声明（即不承

---

① 「松井石根大将戦陣日記」，南京戦史編集委員会編『南京戦史資料集』Ⅱ，第153－154页。

② 「松井石根大将戦陣日記」，南京戦史編集委員会編『南京戦史資料集』Ⅱ，第155页。

③ 「松井石根大将戦陣日記」，南京戦史編集委員会編『南京戦史資料集』Ⅱ，第157页。

认国民政府之意——引者），其真意虽尚不详知，但无疑向我等的主张接近了一步。只是政府的决意仍让人不安，因此深感此际各方面都应向政府进言，在巩固今后认识的同时，在今后相应的谋略上，当然不用说作战上必须更进一步。和伊藤公使、冢田、原田两少将熟议后作出以上决定，命令以此迅即制定本地诸方针。[1]

1 月 15 日日本大本营内阁联络会议决定不再承认中国政府，所以以上所引止于松井获知日本政府不再承认中国政府之时。因为虽然以后松井石根积极推翻中国政府的活动也远逾"奉命"的界限，但我们姑且把这一责任记在日本最高层的账上。

本节之所以详引松井石根这一时期的日记，主要是因为它对认定松井石根究竟应负什么样的责任十分关键。

（四）松井石根对西方利益的保护是否别加在意

上引"宣誓口供书"第二条说到"注意不累及各国居留民及军队"，第三条说到"我屡屡命令部下官兵""尊重外国权益"。在第六条中说："热心和英美海军司令及列国文武官联络，对战斗中发生的事件作善后措置"。[2]

松井石根对"外国权益"是否格外尊重？我们还是来检查日记。

1937 年 8 月 26 日英国驻华大使许阁森（S. M. Knatchbull-Hugessen）坐车从南京驶往上海，在无锡附近遭日本军机扫射，身负重伤，引起英国等西方国家强烈不满，日本迅即表示道歉。松井日记记此事在 30 日，之所以数日之后才记此事也可见他的情绪。他说原以为是"我海军飞机"，昨有"支那飞机"也涂了"日之丸"，因此此事"不能断言就是我军所为"：

　　即使是我军射击，没有预告的通过战场的内外人员被战斗殃及也是无奈的事。所以我国政府没有必要急于表示遗憾之意，让人感到我

---

① 「松井石根大将戦陣日記」，南京戦史編集委員会編『南京戦史資料集』Ⅱ，第 157 页。
② 洞富雄編『日中戦争史資料』8「南京事件」Ⅰ，第 274－275 页。

政府及上海外务、海军的态度过于慌张。①

同日日记中松井还记录了对开战后英国商船仍在进行的贸易活动的不满，"痛感"海军应对中国沿海实行严厉封锁。不仅对英国，对所有西方国家舰船在黄浦江和吴淞口的正常游弋，松井均持一种敌视心态。9月1日，第三师团攻击吴淞镇之际，恰有法国军舰经过，松井在当日的日记中称作"恶作剧"，要求第三舰队和日本使馆对法国提出"严重抗议"，并表示"以后如再发生此类事，我陆军不能保证法国舰船的安全"。② 9月20日记黄浦江下游的英国商船应该离开后，说：

> 如果该等船舶不从本警告，依然泊于现在的地点，将来因战斗受害，我军将不负责任。③

在下一天的日记中松井记：

> 本日对新近暂泊在黄浦江下游的英国船以威胁为目的发了几发炮弹，落于船舶附近的水中。其两艘急遽起锚溯航，达到了目的。一艘仍顽固停在原地……④

这才是松井石根的真实态度。如果说松井不是完全没有"外国权益"的意识，这种意识比起和日军需要的权重来至少可以说是微不足道的。在10月1日的日记中松井记下了他要求日本使馆影响西方记者的事，可见松井对外国舆论也不是全不在意，但松井的在意不是要求自己的军队有端正表现，而只是要人从己，反对外国媒体对日军有负面报道。松井要求对西方记

---

① 「松井石根大将戦陣日記」，南京戦史編集委員会編『南京戦史資料集』Ⅱ，第22～23页。
② 「松井石根大将戦陣日記」，南京戦史編集委員会編『南京戦史資料集』Ⅱ，第25页。
③ 「松井石根大将戦陣日記」，南京戦史編集委員会編『南京戦史資料集』Ⅱ，第54页。
④ 「松井石根大将戦陣日記」，南京戦史編集委員会編『南京戦史資料集』Ⅱ，第56页。

者影响时用的是汉字"操纵"两字。他说他之所以"痛感"有必要"操纵",是因为国联9月28日通过了谴责日本轰炸中国都市的"非法"决议。《资料集》在"非法"两字下有一注释,说是指"非难"决议。之后又记了下面一段话:

> 据闻在上海的大使馆方面,未对外国记者使用任何收买手段,实在让人惊讶。陆海军武官不尽努力,不采取紧急办法的话,对今后的宣传战将带来非常不利的结果。令人忧虑之至。①

松井石根对汉文化有特殊喜好,即使激战的间隙仍作诗不断(七绝最多),所以他的真切想法通过情绪明显的"操纵""非法"等汉字可以让中国人一眼就得到传神的认识。

中国军队在大场等地的防线被突破后,日军炮火燃到了市区,和西方国家的利益发生了直接冲突。10月29日日军第三师团炮兵轰炸市区多处,在极司非尔(Jessfield)公园炮轰造成了英军多名士兵死伤,英方为此向日军提出抗议。松井在日记中虽然记下了"遗憾",但以为原因是"英军没有按照我方要求撤退到中山桥附近"。同日日军对法租界霞飞路(Avenue Joffre)的炮击,松井则以为是"支那军的恶作剧和谋略"。② 10月31日,松井在日记中说到炮火燃及英军辖区是因为英军和"支那军守备地区相接",后面有一句很能反映松井不悦心结的话:"英法军队一开始就对支那军取同情支援的态度"。因此他认为日军应取"强硬立场"。③

随着中国军队溃败,西方驻沪使领馆和军队态度开始软化,松井的对待因此比以前显得较为"从容"。11月2日的日记中记"英美法意等诸国"对"我方方针""大体谅解",所以松井在要求各师团对"上海西南地区外国人财产保护"时没有加"但书"。④ 但这不是说松井的立场已有根本性转变,松井

---

① 「松井石根大将戦陣日記」,南京戦史編集委員会編『南京戦史資料集』Ⅱ,第69页。
② 「松井石根大将戦陣日記」,南京戦史編集委員会編『南京戦史資料集』Ⅱ,第103页。
③ 「松井石根大将戦陣日記」,南京戦史編集委員会編『南京戦史資料集』Ⅱ,第105页。
④ 「松井石根大将戦陣日記」,南京戦史編集委員会編『南京戦史資料集』Ⅱ,第107页。

立场中要西方服从日军的基本点并无变化。11 月 10 日的日记中有这样一段记录，很可以反映松井之意：

> 和英国舰队长官初次会见
>
> 此日和英国舰队长官和陆军司令在江湾的学校会面，英国长官一改往日的不逊态度，颇殷勤，屡屡表示英军没有妨害日本军作战的意思。毋宁说他的可怜相让人忍俊不禁。我对他以一般国际礼仪寒暄后，预告说：我军为了补给将使用苏州河、黄浦江及铁道，对于妨碍者不论支那人外国人一律采取必要的自卫手段来对付。英国长官表示将和总领事等协商采取措施。我以为这是必要的。要他们完全按日本军的意志行事。……
>
> 上述会见后，又会见了英美法意诸国驻支那使馆武官，谈了前记向英国长官说的话，希望各国官宪及军队妥善处理。各国武官态度皆谦恭，对日本军及我表示出虔敬之情，其实是对日本军的威力表示畏怖。①

从这段记载可见，松井石根展现"国际礼仪"的前提首先是西方国家"没有妨碍日本军的意思"。11 月 17 日松井至英国海军旗舰回访英国舰队长官。英海军长官"极其殷勤"，松井态度的"和缓"不仅一如前日，还说了"不损害列国权利"和"东洋和平"之类的话。但同样是当日，在召见"自己人"伊藤述史公使时，松井所说的"心里话"则是另一种口吻：

> 此日召伊藤公使来司令部，就今后上海租界的措置谈了我的意见。他完全同意我的意见，相约今后努力督促外务当局。另外，对于海军，从一般的国际情势观察，不必顾忌英美列国。言论和行动应利用现下对我有利的作战情势。今后共同租界，当然法租界也同样，应尽力取缔

---

① 「松井石根大将戦陣日記」，南京戦史編集委員会編『南京戦史資料集』Ⅱ，第 114 页。

支那政府和支那人的排日行动。使支那政府放弃利用上海列国权利的所谓依存欧美、持续抗战的意志,在态度上要有严正明确的自觉。①

11 月 21 日松井石根命日本驻中国武官原田熊吉向法租界当局转达取缔抗日活动的要求,并威胁"如不能满足我军之时,我军将依作战需要采取断然措施。"②11 月 24 日法国驻华陆军司令第一次往访松井,态度也如英军长官"极为殷勤",但因法国使馆和租界当局对日军的要求有所抵触,所以松井不假辞色,放出诸如"如果法国当局对我方诚意(指要求法方服从日军——引者)不能认识,而一味主张法租界的特权,我方对南市附近的法军将采取断然措施"等的硬话。③ 11 月 26 日法国驻华海军长官和上海总领事访问松井,松井在当日的日记中记:

> 他们的来意除了礼节性拜访,主要是希望今后我军对法租界的行动取稳当的态度。我说法军在法租界特别是南市维持治安须和日本军协作。为此,为了南市的我军的补给联络,我军需要使用法租界一部分的河岸以便交通。他们对与我军协作没有异议,但对武装军人通过法租界认为从条约和法国的权益上难以承认。我说,如此我方将不得不考虑对南市的法国军队采取措施。在威吓的同时,我希望他们封锁租界内支那的国家银行……④

12 月 3 日,日军第一○一师团所部在上海公共租界游行,行至南京路,被路人投掷手榴弹,造成三名日军、一名使馆巡查受伤(投弹青年被当场射杀)。租界当局被迫同意"日军如以为有自卫的必要可在租界内采取独自的'清扫'行动",松井在记录此事后说"这是爆炸事件之功"。⑤

---

① 「松井石根大将戦陣日記」,南京戦史編集委員会編『南京戦史資料集』Ⅱ,第 120‐121 页。
② 「松井石根大将戦陣日記」,南京戦史編集委員会編『南京戦史資料集』Ⅱ,第 124‐125 页。
③ 「松井石根大将戦陣日記」,南京戦史編集委員会編『南京戦史資料集』Ⅱ,第 126‐127 页。
④ 「松井石根大将戦陣日記」,南京戦史編集委員会編『南京戦史資料集』Ⅱ,第 128 页。
⑤ 「松井石根大将戦陣日記」,南京戦史編集委員会編『南京戦史資料集』Ⅱ,第 136 页。

通过上引可以看到，如果松井石根不是完全没有"外国权益"的意识，在对待上至多也只是"顺我者昌"而已，而决不是像他在东京审判自我打扮的保护外国权益的模范。

（五）对"Ladybird 号事件"松井石根有没有道歉

最后我们再来看一下瓢虫号（Ladybird）号事件中松井的实际表现。"宣誓口供书"第十一条"瓢虫号、帕奈号（Panay）及其他涉外事项"中说："桥本大佐 12 日晨浓雾中发现在扬子江中航行的运载中国兵的数艘船舶，进行炮击，偶尔击中瓢虫号。我即命第十军司令官向英国海军长官道歉，我自身由南京返回上海后也立即拜访英国海军提督李特尔（little）表示歉意。"①

12 月 12 日南京沦陷前日晨，瓢虫号等四艘英国军舰、商船在芜湖附近遭到日军第十军野战重炮兵第十三联队炮击，被击伤；同日下午，美国军舰帕奈号及美孚石油公司船只三艘在南京上游被日本海军第十二航空队②飞机击沉。此事引起英美两国强烈抗议。当时日本还没有作好与英美全面摊牌的准备，所以 13 日日本政府即表示"陈谢"（道歉），次日日本外相广田弘毅致函英美两国驻日大使，除了致歉还表示要赔偿损失。这一事件在当时对日本的实际压力超过了南京暴行本身。不仅日本政府反应迅速，各界都有向英美特别是美国道歉的表示，如海军省次官山本五十六向美国大使的致歉，著名出版人岩波茂雄响应《东京日日新闻》募款造舰赔偿的倡议捐款一千日圆等等。③ 当时军方迫于压力，陆海军都派了专员前往现地调查，也有一定措置，如后来"声名赫赫"成为甲级战犯的桥本欣五郎便是因这一事件被迫从野战重炮兵第十三联队联队长的职位上离开军界的。

击沉帕奈号的是海军航空兵，不属松井石根所辖，我们在此仅检查松井

---

① 洞富雄编『日中战争史资料』8「南京事件」Ⅰ，第 277 页。
② 《南京战史》说当日在"南京上游"袭炸外国舰船的是"第十三航空队"及"别动队"，南京战史编集委员会编纂『南京战史』，非卖品，东京，偕行社 1989 年 11 月 3 日第 1 版，第 288 页。《中国方面海军作战》称炸沉帕奈号的是第十二航空队飞机，防衛庁防衛研修所战史室编『战史丛书·中國方面海軍作战(1)昭和 13 年 3 月まで』，東京，朝雲新聞社，1974 年 3 月 28 日第 1 版，第 512 页。
③ 转引自南京战史编集委员会编纂『南京战史』第五章第十四节"揚子江事件（Ladybird 号 Panay 号事件）"，第 288－290 页。

对瓢虫号事件的态度。松井日记第一次记此事在事发次日。当时他已预感到此事"将来多少会引起问题",但同时说:"留在这一危险区域的第三国国民及舰船蒙受无妄之灾也是无奈的。况且对于此区域中战场的危险我方已经有过预告。"①此日日记以此句结束,显然松井并没有认为过在日军。松井日记第二次提及瓢虫号之事在三天后的 16 日,此时他已获知日本政府的道歉,所以当日日记的开头就记下此事:

芜湖英舰事件

关于十二日英国军舰、商船被害事件,我政府在完全不明真相的情况下对英国的抗议立即道歉,未免张皇失措。但事已至此,我只能去调查真相,并已将对责任人的处分绝无必要的结果电报了东京。②

以后松井日记再无此事的记录。按松井详记每日行事的习惯,真有如他在东京审判所说"我即命第十军司令官向英国海军长官道歉,我自身由南京返回上海后也立即拜访英国海军提督李特尔表示歉意"之事,他的日记不可能连只言片语也不留下。松井日记中确实有和英国舰队长官李特尔相互间的"拜访",但不是在瓢虫号被炸事发由宁返沪之后,"表示歉意"当然更是无从谈起。松井和李特尔的见面在日记中只有前引 11 月 10 日"英国舰队长官""拜访"松井和同月 17 日松井的回访。由此可见,东京审判松井有关瓢虫号事件的证词是作伪程度很高的双重伪证:不仅因为"立即拜访"并无其事,更是因为"道歉"和他的实际表现正好相反。

本节检讨的有些方面,比如"瓢虫号事件"中松井石根的表现,即使照实陈述,其微不足道也不会对量刑产生任何影响,之所以不惜篇幅详加辨明,主要是为了说明松井向东京审判提供的证词的不实不是偶尔的失当,而是针对审判目的明确的编造。由于东京审判检察、法庭两方对松井的证词都没有作出实质性的质疑,指出证词的不实,就使我们今天重新审视松井石根

① 「松井石根大将戦陣日記」,南京戦史編集委員会編『南京戦史資料集』Ⅱ,第 140 页。
② 「松井石根大将戦陣日記」,南京戦史編集委員会編『南京戦史資料集』Ⅱ,第 141 页。

的战争责任有了理由和可能。

三、松井石根战争责任的再检讨

在本文开头我们已经提到松井石根在东京审判受到起诉的罪名多达三十八项，而法庭最终只判防范普通战争罪的"不作为"有罪，说明即使在当时看来，众多的罪名——比如对起诉书涉及的中、美、英、澳、新、加、印、菲、荷、法、泰、苏等所有国家的"战争计划准备"全部有罪——也有针对性不够的问题。同时，通过上节的检讨，也不能不说法庭将诉因第五十五项以外悉数放免、宣判为无罪，在今天看来并不得当。

东京审判判决书中有关不认可公诉方提出的松井石根"反和平罪"有罪的说明是这样的：

> 松井是日本陆军的高级将领，1933 年晋升大将。他在陆军中有丰富的经历，其中包括在关东军和参谋本部的工作。（不过，）虽然他与谋划'共同谋议'并实行的人有密切的联系，对共同谋议者的目的和政策也理应了解，但就向法庭提出的证据而言，认定他是共同谋议者还不合理（原文为"正当化"——引者）。

> 1937 年和 1938 年在中国他的军职本身还不能看作是实行侵略战争。为使诉因第二十七判定有罪合理，作为检察方的义务，必须提出能推导出松井知道战争的犯罪性质的合理证据，但检察方并未提出。①

判决书中的这一说明，后一段明指的第二十七项是"实行对华侵略罪"，前一段如果仅指第一项"共同谋议罪"，判决中保留的公诉方指控的第二十九、三十一、三十二、三十五、三十六项对美、英、荷实行侵略战争及张鼓峰、诺门坎事件的罪名便没有着落。如果上段的说明含有这些指控，时间上相

① 洞富雄编『日中战争史资料』8「南京事件」Ⅰ，第 398 页。

差又未免太远，因为松井在军中的职任虽然"丰富"，但 1935 年退出现役前早已离开有决策权的中枢部门（任参谋本部第二部部长在 20 世纪 20 年代中期），淞沪战役爆发后重新征召为时仅数月，而对诸国的战争都远在其之后。所以，前段说明中的"理应了解"本身是个不切实际的推断，提出的"证据"没有证明力自然也就没有"不合理"可言。公诉方的指控泛滥无归，但与本文主旨无关，因此判决说明的当否不必在此详论。

我觉得东京审判对松井石根的不当判决主要是赦免了诉因第二十七项。

本来，"反和平罪"包括计划、准备、开始、实行侵略战争的各个环节，不是一个范围狭隘、容易逃避的罪名，回顾东京审判对松井石根的审理过程，可以看到公诉方在对南京暴行的究诘上也并没有轻易罢手；松井石根之所以在"反和平罪"上得以免责，关键是他在上海派遣军和中支那方面军期间的实际表现、特别是这一表现对推动战争所起的作用，经过粉饰，被完全掩盖了。这一掩盖比起一般的遮蔽真相更甚一层，因为它还生造了一个和实际相反的所谓松井石根对中日之间发生战争"痛心疾首"的虚象。这一虚象不仅影响了东京审判的结果，而且有着至今仍在延续的持久"感染"力。

这一虚象得以成立，和同样未经辩驳的松井石根"热爱"中国的说法密切相连，所以在检讨松井石根的战争责任时有必要略作交代。松井石根在"宣誓口供书"中说：

> 我于支那南北任职前后达十二年，不仅期间专注于为日支携手尽力，而且我自青壮年时代以来，贯串一生都在为日支两国亲善互助，为亚细亚的复兴倾注心血。①

松井石根的这一说法在辩方证词中得到不少呼应，如淞沪战争时任日本驻华使馆参事官的日高信六郎在"宣誓口供书"（辩方文书第 1165 号、法庭证据第 2537 号）中说：

---

① 洞富雄編『日中戦争史資料』8「南京事件」Ⅰ，第 274 页。

　　松井将军很久以来一直是日华互助论者,他理解中国文化,对中国和中国人抱有至深的留恋之念。①

　　而在所有辩方证词中,上海派遣军"嘱托"②冈田尚的相关证词(辩方文书第 2670 号、法庭证据第 3409 号)最为详尽。冈田尚说松井石根对中国实抱至爱,他在受命之时,松井对他说:

　　　　自己继承日本陆军前辈川上操六和中华民国国父孙文等的思想,数十年来以日支亲善互助、解放复兴亚细亚为己任,这次在中日发生不幸事变之际,意外的被任命为派遣军司令,让人感慨无限。

　　　　特别是之所以由预备役起用老身,可以推知与其说是要以军司令官建立赫赫战功,不如说是让最理解、最亲爱支那的自己以绝对不扩大主义的方针在最少的牺牲之下处理事变。……以最小限的战争来开拓中日融合之路是我的愿望。③

　　如果不是为 1937—1938 年的松井石根作证,能不能说松井"最理解""最亲爱"中国另当别论,说"留恋"中国文化则大体不错。松井的青少年时代,正值西潮袭来,日本社会发生急剧变化的时期,但在文化、信仰、价值的世界,深受中国文化影响的传统并未根本动摇,这和近代中国有很大的不同。松井年轻时似已向慕中国,否则他以陆军大学第十八期"首席"毕业,完全可以选择外放欧美,而不是主动要求派驻中国(清)。我们在前文中提到,即使激战的间隙松井仍作诗不断,而在今天可见的他的日记中几乎找不到他读中国典籍的记录,如果不是年轻时下过工夫,能用"外国"文字、格律熟练地作诗是难以想象的——虽然他的诗并无古奥的僻典。他对汉诗的爱

---

① 洞富雄编『日中戦争史資料』8「南京事件」Ⅰ,第 181 页。
② 通常译为"顾问"。但"嘱托"没有中文"顾问"层级的高度。就冈田尚的具体情况而言,实际只是松井石根的一般随员。
③ 洞富雄编『日中戦争史資料』8「南京事件」Ⅰ,第 261 – 262 页。

好，从他等待判决时"以作汉诗遣日"①也可见一斑。其实不仅是松井，翻览近代日本"武人"的遗墨，很容易看到喜欢汉诗、书法的大有人在。如福岛安正的律诗，从诗艺上说不下于同时代的国人。② 今天仍存于世的东条英机在大森拘留所为人题写的条幅，内容就是《汤铭》中的"日日新"。③ 至于文官对中国古典的"留恋"，巢鸭监狱甲级战犯所读书目中汉籍比例远过于西典，可以作为一个缩影。当然，这些"汉家故物"久已溶入日本文化的血液，能否作为爱好"中国"文化的证明其实未易轻言。但即使彼辈——松井石根也不例外——对中国文化都十分热爱，和他们的战争责任也是不能互相抵消的两码事。

如果说松井石根"留恋"中国文化不是全然无据，冈田尚在证词中接着说的松井对日中战争"痛心疾首"则完全不合事实。冈田称"战胜祝贺会"（1937 年 12 月 17 日晚）的次日晨，他去松井处拜访，见松井全无喜色。因为松井"30 余年来一贯的愿望就是实现中日两国的和平"，现在却是兵戎相见的"悲惨结果"，让他"无限遗憾"。冈田说"听着这沉痛的每一句话，对将军的内心感受不胜同情"。12 月 19 日冈田陪同松井往清凉山和天文台，他说松井"动情"地"对蒋委员长的统一努力遭到凄惨的挫折表示惋惜，以为蒋委员长再隐忍两、三年，不惹起战争，日本也会觉悟到以武力解决中国问题的不利，也不会出现兄弟阋墙这样今日不幸的结果，诚为可惜。"冈田还举了松井 1938 年元旦给他的一首诗："北马南船几十秋，兴亚宿念顾多羞。更年军旅人还历，壮志无成死不休。"声称此诗"显露大将的心情"就是"祈求亚细亚的和平和发展"。冈田在证词中还说了诸如松井"视察难民区"时"和蔼地安慰"难民，严命"决不危害善良民众"，承诺"安居乐业的时代必定会到来"等等。④

---

① 朝日新聞東京記者団著『東京裁判』下，東京，朝日新聞社 1995 年 7 月第 1 版，第 96 页。
② 太田阿山編『福島将軍大陸征旅詩集』，東京，桑文社 1939 年 10 月 20 日第 1 版。福岛安正，早岁曾任驻清国公使馆武官，明治 25 年(1892 年)在德国公使馆武官任满回国时，历时一年半，单骑跨越欧亚大陆，轰动一时。大正(1912—1926 年)时升为大将。
③ 茶园义男所藏，见太平洋战争研究会编『東京裁判』，第 106 页。
④ 洞富雄編『日中戦争史資料』8「南京事件」Ⅰ，第 263 - 264 页。

对冈田尚的证言,检方未作任何质疑,理由当如前述是出于证据的困难。这一证言的不实,通过前节详征松井石根自上海派遣军组成至11月25日不断提出的攻打南京的主张已足可证明。在此再举一条松井自述的有力证据来证明冈田证言的虚妄。松井11月28日接到参谋本部进攻南京的决定,在当天的日记中他记下了这样一句话:"我热烈申述的意见得以奏功,感到无上的欣慰。"①松井对进攻南京的迫不及待的"热烈"愿望,由此一语而暴露无遗,与冈田所描绘的无可奈何之情完全相反。也许有人以为攻占南京后松井的心境以至认识发生了变化,但无论如何入城式后松井不可能已有"怆惜"的感觉有不移的事实可以作证。这个证据同样也是松井的自白。12月18日,即冈田所说松井"无限遗憾"的当日,他在"南京攻略感怀"中写下了"貔貅百万旌旗肃,仰见皇威耀八纮"②这样的句子。12月21日松井回到上海,当日的日记中记下了这样一句话:"上海出发以来恰好两周,完成了南京入城的壮举,归来的心情格外舒畅。"③与冈田的证词可谓南辕北辙。

由此可见,松井石根作为战争"实行"初期日军一个方面的主帅,之所以能在"实行对华侵略罪"上免责,关键是他和辩方刻意编织了一个比"奉命行事"更有开脱理由的消极虚象;以上我们通过松井石根自己留下的记录揭破这一虚象,就使东京审判判处松井石根诉因第二十七项无罪的理由不攻自破了。

为什么松井石根在战争中取积极态度就不能免责呢? 我们是这样考虑的: 首先,我们认为"实行对华侵略罪"是一个有实质意义的罪名,一个"实行"的长官如果可以免责,只有一种情况,即他只是消极的"奉命行事",亦即他的表现没有超出东京审判判决书所说"军职本身",但松井石根受命后高

① 「松井石根大将戦陣日記」,南京戦史編集委員会編『南京戦史資料集』,第10页。在11月22日接到天皇所谓"勇奋激斗,果敢力行,寡兵力克大军,宣扬皇威于中外,朕深嘉其忠烈"的敕语后,松井在"奉答文"中表示要"克服万难,以显扬皇军威武"(同上引『南京戦史資料集』,第196-197页),松井的积极表现是一贯的。

② 「松井石根大将戦陣日記」,南京戦史編集委員会編『南京戦史資料集』,第21页。冈田尚举松井38年元旦诗试图证明其心志是"祈求"和"和平"。但实际此处所引"皇威"才是松井的一贯所想,他在出征上海当日的即景诗中就有句:"宣扬皇道是此秋,十万貔貅四百州"(「松井石根大将戦陣日記」,南京戦史編集委員会編『南京戦史資料集』Ⅱ,第12页),与上引不仅诗意一致,文字也雷同。

③ 「松井石根大将戦陣日記」,南京戦史編集委員会編『南京戦史資料集』,第23页。

度投入,表现积极,根本不符合可以免责的条件。反之也可以说,如果松井石根可以免责,"反和平罪"中最重要的内容之一——"实行"——不仅是对华——侵略罪就成了没有意义的罪名。其次,更为重要的是,中日之间的战争走到无可挽回的一步,当然有错综复杂的许多原因,但松井石根的个人作用十分关键。虽然我们不能假设如果松井石根谨守日军中央成命历史会否改写,但松井在主张上屡屡"鞭挞"(松井日记中多次用此词)日军中央,为扩大战争推波助澜,在行动上擅自率领日军不断突破发兵时限于上海及上海近边地区作战的规定,先后违令逾越吴福线、锡澄线,直至攻打南京,都使中日关系彻底恶化成为不可逆转。再则,和一般技术性军人不同,松井石根对政略有自己的"成熟"主张和通盘考虑,日本政府"不以国民政府为对手"的决定正是在他造成的占领首都南京的既成事实和强烈否定中国政府的一贯主张之下完成的。

这里说的松井石根不能免责的理由,有关积极投入的方面,我们在前文中论述已详。在此仅对松井表现的影响略加说明。一、卢沟桥事变后华北战事日益扩大,但因当时日本政、军最高层并没有下定立即和中国打一场全面战争的决心,所以与我们把"七七"作为全面抗战爆发的开始不同,日本当时称作"北支事变"。日本9月2日以"阁议"名义宣布将"北支事变"改为有标志性意义的"支那事变",其背景正是淞沪战役的不断升级。二、战争爆发后,中日两国虽在战场上大打出手,但外交交涉并未中断。7月17日蒋介石发表"最后的关头",第二天他在日记中记下了抵抗的"决心",表示对日本的这一最后手段也是"唯一"手段。① 但在"最后的关头"发表的第三天,中国驻日大使许世英还访问了日本外相广田弘毅。以后日本驻华大使川越茂等官民两方和中国方面也频有交往。直到日本宣布"不以国民政府为对手"的前夕,德国驻华驻日大使还在中日两国居间调停。即使不计松井反对交涉的立场是否起了或起了多少作用,调停之路越走越窄以至于途绝,松井

---

① サンケイ新聞社著『蒋介石秘録』(下),東京,サンケイ出版 1985 年 10 月 31 日改訂特装版,第
205 页。

率部超指标的"胜利"尤其是攻克南京都是最重要的原因。[①]

现在我们可以下一个总结论：即使以最严格的标准来勘验，松井石根的表现与"反和平罪"的主要罪项之一"实行对华侵略罪"仍可谓若合符节，东京审判的免责判决为在缺乏证据情况下做出的不当判决。松井石根列名甲级战犯确有所当，并无"冤枉"可言。[②]

四、一点余论

东京审判唯一主张全体被告无罪的印度法官帕尔在他长达一千余页反驳东京审判判决的"判决书"中说：

> 本法庭（指远东国际军事法庭——引者）的设置虽然披着法律外衣，但本质上为了达成的只是政治的目的。[③]

帕尔的这一极端主张至今在日本仍有着广泛影响力，其中既有民族情绪等意识形态方面的原因，也有所谓"反和平罪""反人道罪"是前无所承的"事后法"等法理方面的原因，但检方和法庭限于当时条件对被告和辩方提出的证据没有在事实层面进行绵密的反驳则更是带有根本意义的原因。所以，要消除"东京审判是胜者的审判"的顽固看法，比起"说理"，更有力也更有效的工作是重建经得起检验的证据。

---

① 从整个调停过程看，日本谈判的价码随着战场形势的有利一直在攀升。"不以国民政府为对手"的声明开头即说攻克南京后国民政府仍无"反省"，意指国民政府失去南京已无还价的本钱。「『國民政府ヲ相手ニセズ』政府聲明」，外務省編『日本外交年表竝主要文書』（下）「年表」，東京，原書房 1965 年 11 月 25 日第 1 版，第 386 页。

② 东京审判的荷兰法官勒林以为："如未犯普通战争罪和'反人道罪'，即使'反和平罪'有罪，也不应判死刑。"「レーリンク判事の東京裁判」，第 92 页。日本一些学者也有相近的看法，如对"罪行法定主义"抱有一定疑问的大沼保昭认为："不能因为'反和平'违反罪行法定主义而简单地下在既有的国际法上违法（重点号为原文所有——引者）的评断。只是罪行法定主义希望守护个人的权利无疑是正确的原则。另外，即使'反和平'在国际法上逐渐确立，因此而对个人科以重罚仍不能不说存在问题。"大沼保昭著『東京裁判から戦後責任の思想へ』，東京，有信堂高文社 1985 年 5 月 30 日第 1 版，第 33 页。松井石根的量刑问题不在本文讨论的范围之内。

③ 『共同研究　パル判決書』（下），第 739 页。

虽然东京审判已经经过了一个甲子,在历史问题对中日两国而言仍没有完全走入历史的今天,作为二次大战东亚最大的受害国,这一工作仍有它的特别意义。

(原载《近代史研究》2008 年第 6 期)

日军屠杀令研究

一

1937 年 12 月 13 日日本军队攻下南京后犯下了一系列违反战时国际法[①]的罪行,在这些罪行中,对战俘的屠戮是最主要的一项。因此,多年来日本 "虚构派"[②]特著笔墨,声称日军在南京除了对少量有害于治安的"便衣兵"的"合法"处决,大量的俘虏或释放,或使役,或关押,并没有屠杀俘虏。日本记述"南京事件"[③]的"正史"《南京战史》说:

> ……根据以上记述,我各部队不论在什么样的战况下,接受什么样的任务,对敌人的投降兵、败残兵、便衣兵等有什么样的对应,尽可能给予了阐明,但不明的部分依然很多。
>
> 对应的结果,可以分为五种情况:1. 作为正式的俘虏收容,2. 解除

[①] 日本有一种流行的论调,以为东京审判是以事后法进行的审判,从法律没有追溯力的角度讲,东京审判是非法审判。如西部迈说:"远东军事审判(东京审判)据巴黎和约制定的所谓'反和平罪''反人道罪'也是法律的欺诈。就这些'罪'的事后设定而言,它是公然违反罪行法定主义的审判,至少在法的手续上是完全违反的。"(西部邁著、新しい歴史教科書をつくる会編『国民の道徳』,東京,扶桑社 2000 年 10 月 30 日第 1 版,第 131 - 132 页。)如东中野修道说:"东京审判蹂躏了'法没有追溯力'的大原则,是以事后法进行的审判。"(東中野修道著『「南京虐殺」の徹底検証』,東京,展転社 2000 年 7 月第 4 次印刷版,第 375 页。)

[②] 日本以对南京大屠杀的肯定、否定、有限肯定的立场分为"大屠杀派""虚构派""中间派"。在屠杀俘虏的问题上,中间派与虚构派观点近似,本文所说的虚构派,包含了中间派。

[③] 日本"大屠杀派"也颇有称"南京大屠杀"为"南京事件"者,如笠原十九司说:"南京大屠杀事件,略称为南京事件。"笠原十九司著「数字いじりの不毛な論争は虐殺の実態解明を遠ざける」,南京事件調査研究会編『南京大虐殺否定論 13 のウソ』,東京,柏書房 2001 年 3 月 30 日第 4 次印刷版,第 92 页。但虚构派称"事件"则是因为决不承认"大屠杀",也因此称"大屠杀"必加引号,以表明是"所谓的"大屠杀。

武装和释放,3.作为俘虏收容后逃跑,4.收容后的处置不明,5.处断的
处置……

这个处断的处置,作为日本军是基于任务命令的战斗行为,还是因
为发生了抵抗暴动,或是对此有很大的担忧,都是可以推定的理由,但
具体的说明,在战斗详报中几乎没有记述。①

日本军史学界的权威著作《支那事变陆军作战》说:

关于各项目,举出正确的数字是不可能的,但南京附近的尸体大部
分是由战斗行动造成的结果,不能说是有计划、有组织的"屠杀"。②

亩本正己在《真相·南京事件》中说:

沙尔芬贝格、拉贝以日记和文章将日本军的行为拟为成吉思汗的
征服欧洲战争,拟为希特勒、斯大林、布尔布特的大屠杀,但具体的例证
一条都没有。仅是个别的、偶发的事件,不是也没有具体的例证么?③

而新近出版的日本虚构派的代表性著作《再审"南京大屠杀"》④则断言
连最有处决"理由"的"扫荡"中被捕的"便衣兵"也没有被处决:

---

① 南京戦史編集委員会編纂『南京戦史』,非売品,東京,偕行社1989年11月3日第1版,第336页。
② 防衛庁防衛研修所戦史室著『支那事變陸軍作戦』(1),東京,朝雲新聞社1975年7月25日第1版,第437页。
③ 畝本正己著『真相·南京事件——ラーベ日記を検証して』,東京,文京出版1999年2月1日第2版,第224页。有关此书之悖谬,请参拙文《对〈真相·南京事件——检证拉贝日记〉的检证》,北京,《近代史研究》2002年第2期,第150-183页。
④ 称此书为"代表性著作"主要是因为:一、对"南京大屠杀"否定的特别彻底,这从它的副题"向世界倾诉日本的冤罪"即足可看出;二、与其他侧重于"考证"的持同调者不同,此书基本是观点的集合,颇类"社论";三、与其他主要以本国大屠杀派为论战对象的著作不同,此书以日、英两种文字合刊,拟"倾诉"的对象从日本转向了世界——如同环衬之首行大字"向在美国舞台上的反日宣传反击的第一弹"所示;四、环衬虽说"美国舞台"云云,但在序言中却说:"作为我们批判对象的'告发者'……是想唤起对中国政府的'南京大屠杀'论的注意。其理由是……追究日本加害责任的国际反日包围网的发信源是中国政府";五、动辄说中国有"反日"情绪,而通篇弥漫着的却是自己的反中情绪;六、本书封面虽署名竹本忠雄、大康原男,而版权页则以"日本会议国际广报委员会"及"代表竹本忠雄"代替个人署名,"日本会议"是日本重要右翼团体,所以此书亦可视为右翼的"官"书。

通过扫荡作战，日本军逮捕的许多中国兵，都被收容在城内的南京监狱。被收容的俘虏大约在1万左右，其半数12月末被作为劳力送往上海，余下的被编入了1940年创立的汪兆铭的南京政府军。决无被处决之理。①

"决无"的断言，在虚构派中并未一统天下，但即使承认确有"处置"，也绝不会承认是"组织行为"，更不会承认有"自上而下"的屠杀令。中村粲在《应该反省过去历史的是中国》中说：

> 对一般中国人有过不法杀害是事实，但这只是一部分官兵造成的突发、散发的事件，而决不是部队规模的有计划的行为。②

因为屠杀战俘不仅有大量文字影像记录（其中最关键的是日军组织和个人当时留下的有关记录③），而且遗骸等铁证至今仍存于天壤间，在事实层面所谓"决无"并不是问题，所以本文的重点是解决日军屠杀俘虏有没有自上而下的命令的问题。

二

在日本侵华战争中，日军各级部队曾留下了大量的记载，但由于战败后日本为了逃避制裁，其中的相当部分已被烧毁，今天存世的只是一小部分；又由于"日中战争"为举世公认的侵略战争，随着战败，在价值层面已遭到彻底否定——像林房雄那样公然提出"大东亚战争肯定论"④虽在日本也只是

---

① 竹本忠雄、大原康男著，日本会議国際広報委員会編集『再審「南京大虐殺」——世界に訴える日本の冤罪』，東京，明成社2000年11月25日第2次印刷版，第73页。
② 中村粲著「過去の歴史を反省すべきは中国の方だ」，『正論』，東京，産經新聞社，2001年7月号，第67页。
③ 程兆奇《南京大屠杀是东京审判的编造么?》，北京，《近代史研究》2002年第6期，第1-57页。
④ 林房雄著『大東亜戦争肯定論』，東京，番町書房1964年8月5日第1版。在右翼大行其道的今天，"大东亚战争"云云，已成泛论，但在20世纪60年代，却颇让人侧目。

支流——，所以比日军组织记载更为庞大的个人记载，无论本人还是家属大多不再愿意公开，今天能看到的更只是极小的一部分。[①]

然而，即使是这极小的一部分，仍保存了相当数量的日军暴行记录。而这些记录由于是加害者的"不打自招"，从证据的有效性上说具有特别的价值。所以日本虚构派要否定日军在南京的暴行，就不能不否定这些记载。而要否定这些记载，又不能像对待中国的各种证据那样，视而不见或以"编造"一语否定，而必须予以"合理"的解释。这是一条从根本上说走不通的路，因为不论如何的穿凿附会，"有"都不可能变为"无"。但经日本虚构派"笃行不倦"的反复"解释"，这些记录

中岛今朝吾（转自《南京战史资料集》）

确实被笼罩了一层迷雾，以至于今天讨论日军暴行已不能不对这些"解释"作出相应的澄清。

在日军屠杀俘虏的记载中，有三段表明屠杀命令的记载"歧异"最大。一段是进攻南京的主力部队之一、第十六师团师团长中岛今朝吾中将 12 月 13 日的日记，一段是第一百十四师团步兵第六十六联队第一大队的战斗详报，一段是第十三师团步兵第一〇三旅团旅团长山田栴二少将 12 月 15 日日记中的有关记录。以下就来讨论这三段记载。

在今天仍存于世的日军关于屠杀俘虏的明确记载中，中岛今朝吾 12 月 13 日的一段日记是层级最高的记录。其谓：

---

① 本文杀青后，读到新近出版的日本老兵访谈录，被访的老兵共 102 位，此为日本从未有之事。（松冈環编著『南京戦——閉ざされた記憶を尋ねて』，東京，社会評論社 2002 年 8 月 15 日第 1 次印刷版。）

一、因为原则上实行不留俘虏的政策（重点号为引者所加——以下由引者所加者不再注明），所以从开始即须加以处理。但由于是1 000人、5 000人、1万人的群体，连武装都不能及时解除。唯是他们已全无战意，只是络绎不绝地跟来，似已安全，但一旦发生骚乱，仍将难以处理。因此用卡车增派部队，负责监视和诱导。

13日傍晚，需要大批出动卡车，但由于战斗刚刚结束，计划难以迅速执行。因为此一处置非出当初预想，所以参谋部极忙。①

这一记录近年已被日本一些教科书采用，如一桥版的《世界史B》和实教版的《日本史B》。日本虚构派和所谓"中间派"因此把它作为一个重要的攻击点，找出种种理由，试图对这一记录加以否定。板仓由明《真相是这样的南京事件》以为：

在此最大的问题，是关于"原则上实行不留俘虏的政策"，有各种各样的解释，但笔者仍不能不说：步三十八（指步兵第三十八联队——引者）战斗详报12月14日所记步兵第三十旅团命令中之"各队依师团指示准许接受俘虏"也是同类，这是"将俘虏解除武装后释放"的意思，这是最有力的。但话虽如此说，如果清楚地写明就好了，那样就不致有纷纭的议论了。②

东中野修道的观点和板仓由明相近，不过发挥得更加淋漓尽致。他在《"南京屠杀"的彻底检证》中说：把中岛今朝吾的命令作为"杀俘令"，"疑点"很多，概括起来有如下七点：

一、"实行不留俘虏的政策"，如果曾是"立即处决降兵"的方针，那

---

① 「中島今朝吾日記」，南京戦史編集委員会編『南京戦史資料集』，非売品，東京，偕行社1989年11月3日第1版，非売品，東京，偕行社1989年11月3日第1版，第326頁。
② 板倉由明著『本当はこうだった南京事件』，東京，日本図書刊行会2000年1月20日第2次印刷版，第370頁。

么这一立即处决的命令不仅要传达给第十六师团,也会传达给其他师团。但这个"处决命令"在十六师团以外的正式记录中没有出现。

二、也可以认为这是中岛师团长独断给十六师团下达的"处决命令"。但在这种情况下,有疑问的"处决命令"理当在十六师团的正式记录中出现,但却没有出现。

三、第十六师团"从开始就加以处理",亦即不作任何区别,遇到便杀,10人,20人,开始就断然处决,无疑从开始也就枪声不断。那为什么还会有想远逃而未能逃走的"1 000人、5 000人、1万人的集群"来投降呢?

四、被枪杀的尸体堆积如山,看到这一情况的降兵为什么没有骚乱,乖乖地接踵前来呢?

五、中岛师团长让"部队增派卡车监视和诱导"。如果从"在随处立即枪杀"的方针出发,那中岛师团长不是应该把投降士兵不断地处决么?

六、上述之"五"不是违反了其他命令么?既然违反了命令,中岛师团长为什么还要拘泥于"解除武装"呢?"未按当初预想",何至于急派部队、卡车,"极其忙乱"呢?……

上列六个疑点之外,其实还有一个。如果立即枪杀是既定的方针(重点号为原文所有——引者),中岛师团长从一开始就会依据"投降士兵立即枪杀"的方针,并为这一方针的贯彻而奋斗,但1 000人、5 000人、1万人的集群数量过大,无论如何也无法枪杀,中岛一定会为此感叹。[1]

东中野修道在排除了各家解释后,声称发现了所谓"真正含义"。这个"真正含义",就是"阵中日记作者所说,因为'连武装都无法解除','实行不留俘虏的政策'根本不可能贯彻。换言之,作为实现'不留俘虏方针'这一最终目的

---

① 東中野修道著『「南京虐殺」の徹底検証』,第116-117页。

的手段,是支那兵的'解除武装'。"也就是说"所谓'实行不留俘虏的政策',就是指'投降兵解除武装后驱逐而不作为俘虏的方针'。"他并强调如果"实行不留俘虏的政策"是指枪杀,那就一定会写成"不留俘虏的枪杀方针"。①

《再审"南京大屠杀"》与上述看法完全一致,称:

> 从文脉上考虑,不能将"对俘虏的适宜处置"单纯地解释为"对俘虏处刑",而毋宁说考虑为"适宜释放"才是妥当的。②

"处理"意味着什么?是否等于"释放"?不是由"文脉"所能决定的。但从"文脉"上说,东中野修道等的观点也是滞碍难通的。我们不妨来逐一加以检讨。

文中一所谓"'处决命令'在十六师团以外的正式记录中没有出现",并不能证明没有这一命令。因为:1. 东京审判之前,日本为了免遭追究,曾焚毁大量档案,今天留下的记录已极不完全,以此极不完全之记录,不足以证明其他师团有或者没有记录;2. 即使其他师团没有同样的命令,也并不表明十六师团没有接受命令,因为不同的部队可以承担相同的任务,也可以承担不同的任务,并非任何命令都必须由所有部队承担,平时如此,战时的紧张环境更如此;3. 战场的变化瞬息万千,各部队本来有应变的自主权——这还不是旧话所说的"将在外军命有所不受"——,所以"处决命令"完全可能只是第十六师团的独家决定。

文中二所谓"'处决命令'理当在十六师团的正式记录中出现,但却没有出现",这里的"理当"并不成立。因为今天尚存的《第十六师团"状况报告"》《第十六师团"作战经过之概要"》两个"正式记录"都十分简略。"报告"在状况、军纪风纪、教育、兵器、经理、卫生、马卫生七个项目中根本未提及"敌军"——包括被捕和被杀。"概要"粗略地提到 13 日在尧化门岔路口等处击破优势的敌人,至于俘获还是屠杀并没有记载。如以这两个简略的文件作为

① 東中野修道著『「南京虐殺」の徹底検証』,第 119 页。
② 『再審「南京大虐殺」——世界に訴える日本の冤罪』,第 76 页。

"有"或"无"的判准,那不仅中岛今朝吾日记中的主要内容在"十六师团的正式记录"中找不到,大量的中支那方面军、上海派遣军的命令在"十六师团的正式记录"中也找不到。这些找不到的内容是否也都不存在呢？显然不是。

文中三所谓"'从开始就加以处理'……10人,20人,开始就断然处决",问题是从"开始"来的就是"1 000人、5 000人、1万人的集群",中岛今朝吾正是为此才感到难以措手的。

文中四所谓"被枪杀的尸体堆积如山,看到这一情况的降兵为什么没有骚乱,乖乖地接踵前来呢",因为降兵所来之处并不是屠场,从稍后引述的中岛今朝吾日记,我们可以看到将俘虏诱往他地屠杀的具体记载。

文中五、六所谓"部队增派卡车监视和诱导",所谓"拘泥于'解除武装'",而非"在随处立即枪杀",理由与"三"同,因为日军所面对的是大兵团,而非散兵游勇,根本不可能"在随处立即枪杀",要想既避免自己的损失,又能"处理"降兵,只有"解除武装",这不是"拘泥",而是无奈。

至于所谓"数量过大,无论如何也无法枪杀",一点不错,但此点既明,何至有三、四、五、六的疑问？两相对照,这不正是个舛互的悖论么？东中野修道所谓"疑问",完全不能成立。

上引中岛今朝吾日记之后,还有两段话,可以作为上引的一个回答：

> 一、据事后得知,仅佐佐木部队所处理的,就约1.5万人,守备太平门的一中队长处理的,约1 300人。在仙鹤门附近集结的,约七八千人。此外,投降者仍陆续前来。

紧接着这一条之下有一段对尚未"处理"者的设想：

> 一、此七八千人,对之裁处需要相当大的壕沟,但不易找到。作为一案是分成一二百人,诱至适当地点加以处理。①

① 「中島今朝吾日記」,南京戦史編集委員会編『南京戦史資料集』,第326页。

这两条记录，一记"处理"的结果，一记"处理"的计划，是屠杀俘虏和屠杀意志的最明确的证据。

而所谓"实行不留俘虏的政策"如指"枪杀"就一定会写成"不留俘虏的枪杀方针"，更是毫无道理的强词。因为我们不是同样也可以说：如果不留俘虏的政策是指"释放"，就一定会写成"不留俘虏的释放方针"么？

如果将此处两段与前引合观，可以说中岛今朝吾这一天的日记，从预想到结果，是日军屠杀俘虏"自上而下"的一个相当完整的记录。从"疑问"的角度说，已经了无余意。如果稍有平心，从这样的记录中是找不出破绽的。但东中野修道居然还有后语，在这一没有胜机的地方还要争胜，他在援引了上之第一段后，说：

> 这个"处理"可以有三种解释。
>
> 一是对投降兵全部处刑的解释。如果实际在紫金山和南京城东北一带有 1.5 万人被处刑，在太平门有 1 300 人被处刑，在仙鹤门附近（正确地说应是仙鹤门镇附近——原注）有七八千人被处刑的话，其尸体的埋葬记录（乃至目击者证言）是必要的。但没有这样的尸体，在没有尸体的情况下，投降兵悉数被处理便不能考虑。
>
> 二是限于处决反抗的投降兵的意思。海牙陆战法规第八强调"一切不服从行为发生时，可以对俘虏施以必要的严重手段"。这在战时国际法上是合法的。但处刑的投降兵的数量不会那么多吧。
>
> 最后，如迄今所述，是"投降兵解除武装后驱逐而不作为俘虏"的意思。①

东中野修道这里的"解释"，疑非可疑：中岛今朝吾寻找"壕沟""诱至适当地点加以处理"的一段，彰明较著，不已是最有力的答案了么？东中野"束书不观"，对上引做如此实用的取舍，只能说明他毫无求真的诚意。

---

① 東中野修道著『「南京虐殺」の徹底検証』，第 122 页。

中岛今朝吾的上述记载,其真实可信,除了合于"文脉",更重要的还是因为有日军各级部队和官兵个人的大量记录可以作证。日前重新检查日军有关战记,注意到一条以前忽略的材料,这条材料虽不是屠杀俘虏的直接证据,但却是一条有力的旁证。此即隶属于第十六师团的步兵第三十旅团在12月14日黎明前4点50分发布的旅团命令。该命令之六称:"各队在有师团[新]指示前不许接受俘虏。"①所谓"不许接受俘虏",未必只能有一种解释,但隶属于第三十旅团的第三十八联队副官儿玉义雄少佐正好有一段回忆忆及此事:

> 接近于南京一二公里,在彼我相杂的混战中,师团副官通过电话传来了师团的命令,'不许接受支那兵投降,处理掉',居然会下这样的命令,令人感到震惊。师团长中岛今朝吾中将是有人格魅力的豪快的将军,但这一命令无论如何都不能让人接受。对于部队来说,实在让人吃惊和困惑,但作为命令不得不往下向大队传达,以后各大队没有就此事报告。②

儿玉义雄的回忆出于中岛日记引起争议之前,不可能已有针对性的问题意识,他所说的"不许",正是三十旅团"不许"的最直接、最明确的证明。所以三十旅团的命令,摆在当时的环境里,再参以现存的各种文献,可能的解释只有屠杀俘虏一条。从中岛今朝吾日记到三十旅团命令到儿玉义雄回忆,师团、旅团、联队,"首尾完具",一脉相传,中岛今朝吾日记中屠杀令记载之可靠,已绝无丝毫置疑的余地。

三

当时屠杀俘虏有"自上而下"的命令,第一百十四师团第六十六联队第

---

① 「步兵第三十旅团命令」,南京戦史编集委员会编『南京戦史資料集』,第545页。
② 南京戦史编集委员会编纂『南京戦史』,第341-344页(中间插有两页表格)。

一大队的战斗详报,也是有力的证据。

这条记载是这样的:

八、下午2点0分收到由联队长下达的如下命令:

下记

1. 根据旅团命令,俘虏全部杀死;

其方法为,以10数名捆绑,逐次枪杀,如何?

2. 兵器集聚,待新指示下达为止派兵监视;

3. 联队根据旅团命令,主力参加城内扫荡;

贵大队任务如前。

九、基于上述命令,命令第一、第四中队整理集聚兵器,派兵监视。

下午3点30分,集合各中队长交换处决俘虏的意见。结果决定各中队(第一、第三、第四中队)等份的分配,以50名一批由监禁室带出,第一中队在露营地之南谷地,第三中队在露营地西南方凹地,第四中队在露营地东南谷地进行刺杀。

但应注意监禁室周围需派兵严重警戒,带出之际绝对不能被感知。

各队均在下午5时准备结束,开始刺杀,至7时30分刺杀结束。

向联队报告。

第一中队变更当初的预定,欲一下子监禁焚烧,失败。

俘虏已看透因而无所畏惧,在军刀面前伸出头,在枪刺面前挺着胸,从容不迫,也有哭叫哀叹救助的,特别是队长巡视之际,哀声四起。①

如果说前引中岛今朝吾日记是高级军令层面留下的"一面之词",第六十六联队第一大队的这条记录既有受命,又有实施,则是日军屠杀俘虏在基层实行层面的具体入微的例证。第一百十四师团隶属于第十军,第十六师团隶属于上海派遣军,可见屠杀俘虏不是哪个部队的"偶发"行为,而是日军

---

① 步兵第六十六聯隊第一大隊「戰鬪詳報」,南京戦史編集委員会編『南京戦史資料集』,第 673-674 页。

的整体行为。

　　但这条记载也像中岛今朝吾的日记一样，受到了日本虚构派的质疑。板仓由明①《真相是这样的南京事件》第三章之一节"步兵第六十六联队·雨花台事件"专辩此事，它认为：

　　　　如果详细地检讨全文，就会看到这个战斗详报是信赖度低、有日后改窜之疑的文书。

　　　　在检讨步六十六第一大队的战斗详报时，作为现在仍能参照的一级资料是以下数种：

　　　　丁集团（第十军）命令，

　　　　第一百十四师团战斗详报及其他，矶田参谋长，

　　　　南京附近战斗详报（包括步兵第一百二十八旅团命令）、步兵第一百五十联队，

　　　　步兵第六十六联队第二大队阵中日志。

　　　　……

　　　　步六十六的战斗详报，从大的方面看，有三点可疑之处。其一是从军司令部到大队的命令流向有混乱之处。其二是记述的战斗状况与客观状况有相当的不同之处。其三是文中的时间与前后行动的时间有不能特定之处。②

　　虽然在辨别中岛日记时，我们从记载的散佚不全、命令的因"人"而异以及各部队的自主行为等方面说明，没有旁证——只是从最狭隘的相同记载角度说——并不足以证明本事之有无，但我们还是很愿意援上述的相关文件——所谓"一级资料"——以为"参照"，来检查第一大队的战斗详报是不是不符合"文脉"，有没有"改窜"事实。

----

①　板仓由明因承认日军杀过1万人，故按日本细分为中间派中的"小屠杀派"（中间派中另有认为屠杀数为数万人的"中屠杀派"，如持4万人之说的秦郁彦等），但小屠杀派的基本观点与虚构派十分接近，而对某些事实的认证与虚构派已难分别，是故此处将板仓与虚构派归为一类。

②　板仓由明著『本当はこうだった南京事件』，第125-126页。

"丁集团"司令官柳川平助中将曾作过一个著名的演说,称:"山川草木,皆是吾敌。"[①]在这样的总方针之下,"丁集团"在进攻南京的整个过程中,不断地命令所部"歼灭"敌军,如 12 月 12 日"丁集作命甲第六十六号"之三命令:"国崎支队以主力占领浦口附近捕捉歼灭残敌。"12 月 13 日"丁集作命甲号外"之二命令:"集团歼灭南京城之敌。"[②]

第一百十四师团在进攻南京的整个过程中,也不断有歼敌的命令,其中 12 月 13 日上午 9 点半"一一四师作命甲第六十二号"之二命令:"师团继续攻击,歼灭城内之敌。"之三命令:"两翼部队进入城内,炮击固不必说,应使用一切手段歼灭敌人。"[③]

步兵第一百二十八旅团本非六十六联队的上级,六十六联队隶属于第一百二十七旅团,但第一百二十七旅团的命令今日已不可见,加上第一百二十八旅团的活动如板仓所说在"南京附近",所以仍有"参照"价值。12 月 13 日正午"步第一二八旅命第六十六号"之一记:"师团继续攻击,扫荡城内之敌。"之三命令:"第一线两联队以全力进入城内,不惜一切手段歼灭敌人,如有必要,焚烧内城亦在所不辞,决不要让残敌的欺瞒行为有可乘之机。"[④]

第六十六联队第二大队正如板仓所说"未参加战斗",只是记录了命令,不必再重复引证。

从以上可以看到:

一、从时间上看,"丁集团"发出"集团歼灭南京城之敌"的命令是在 13 日上午 8 点 30 分,第一百十四师团"应使用一切手段歼灭敌人"的命令下达于一小时之后的 9 点 30 分,步兵第一百二十八旅团接命后于 12 点正发出"不惜一切手段歼灭敌人"的命令,第六十六联队第一大队于下午 2 点正接到联队"根据旅团命令,俘虏全部杀死"的命令。以上"丁集团"等的命令,与第六十六联队第一大队的战斗详报,不仅没有丝毫捍格,而且上命下达,脉

① 猪濑直树监修、高梨正树编『目撃者が語る日中战争』,东京,新人物往来社 1989 年 11 月 10 日第 1 版,第 69 页。
② 「丁集作命甲第六十六号」,南京战史编集委员会编『南京战史资料集』,第 554 页。
③ 「一一四師作命甲第六十二号」,南京战史编集委员会编『南京战史资料集』,第 556 页。
④ 「步第一二八旅命第六十六号」,南京战史编集委员会编『南京战史资料集』,第 557 页。

络清晰,恰恰是"顺理成章"的!

二、从内容上看,第十军、第一百十四师团到第一百二十八旅团的命令,字句虽略有差别,但就要求"歼灭敌人"的精神则完全一致。而师团和旅团命令中的"不惜一切手段",尤其值得注意。因为有了这一特许,日军"关于南京城攻略及入城事项"中所谓"决不能损伤皇军名誉"等种种"告戒"——此点为日本虚构派据以持说的一个根据——就都成了空话。所以,第六十六联队第一大队的行为不仅没有违反命令,而且是"歼灭"令合乎逻辑的结果。

从日军当时的许多记载看,放弃抵抗的中国军队接踵而至,日军当局确有中岛今朝吾说的"骚乱"之忧。所以屠杀俘虏即使不考虑所谓"报复""泄愤"的因素,站在日军立场上作出那样的决定也是最"自然"的,决没有什么"可疑"可言。因此,第六十六联队第一大队的战斗详报所记,可以作为日军屠杀俘虏的一个重要证据。

四

除了前述两条材料,另一引起大争议的材料是步兵第一〇三旅团旅团长山田栴二少将的记录。步兵第一〇三旅团(隶属于第十三师团)之一部(主要是第六十五联队)攻占幕府山后,在幕府山附近遇到了大量俘虏,旅团长山田栴二要求上海派遣军和师团收容俘虏,山田栴二 12 月 15 日日记所记:

> 就俘虏处理等事宜派遣本间骑兵少尉去南京联系。
>
> 得到的命令是全部杀掉。
>
> 各部队都没有粮食,令人困惑。①

---

① 南京戦史編集委員会編『南京戦史資料集』Ⅱ,非壳品,東京,偕行社 1993 年 12 月 8 日第 1 版,第 331 页。此篇日记公开之前,虚构派利用时对关键字句做了手脚。如铃木明《"南京大屠杀"之迷》用移花接木之术,将上引"全部杀掉"(原文为「皆殺」)篡改成了"始末"。此改始自 1973 年第 1 版,以后相沿未动(见铃木明著『「南京大虐殺」のまぼろし』,東京,文藝春秋社 1989 年 5 月 30 日第 15 次印刷版,第 193 页)。因同句中铃木所引"处理"一词也用"始末",要指实前后两个"始末"之不同,确实不易。此疑直至南京戦史編集委員会編『南京戦史資料集』Ⅱ出版方得以澄清。

次日"命副官相田俊二中佐向上海派遣军要求收容俘虏,得到的却是再一次的'收拾'掉的命令"。① 铃木明在采访山田栴二时,有这样一段话:

> 在此,山田氏自言自语地嘟哝:"这也写出来的话,让人困惑啊。"对于主张将俘虏"以正规的手续加以保护"的山田旅团长的方针,却毫无余地的要以山田旅团长自己的手来"收拾",对方的责任人正是皇族(朝香宫),也许这是至今仍拘泥的所在。然而,仔细从话的顺序上分辨,说"收拾"的无疑应是长大佐(长勇时任中佐——引者)。②

铃木明是不是比当事人更有资格下判断,把"责任人"推到长勇头上是不是为皇族讳过,③姑且不论,但山田栴二旅团长的日记和回忆,是第一○三旅团接到屠杀令的明证。

以后日本虚构派对此多有辩白,如大井满《编造出来的"南京大屠杀"》以一章的篇幅专辩此事。④ 其章之标题为"山田旅团和俘虏的暴动",如题所示,大井满把屠杀的责任完全推到了"俘虏"的头上,因为有"俘虏的暴动",才有日军的"自卫"。大井满引平林贞治少尉所谓"如果真想杀的话,何须如此劳苦",说:

> 第一,我方也有9名战死者。这是有过战斗的比什么都有力的证据。对此,不需要再作说明。
>
> 再者,前记同盟通信社的前田雄二、新井正义、深泽干藏三氏,事件的翌日去现场取材,详细报道了:

① 儿岛襄著《日中战争》之三1937-1945,東京,文藝春秋社1984年7月1日第1版,第203页。此条为儿岛襄转述,非日记原文。此记与南京戦史编集委员会编『南京戦史资料集』Ⅲ所载亦不同,编有《记录南京大屠杀的皇军士兵们》的小野贤二怀疑"南京戦史编集委员会编『南京戦史资料集』Ⅲ所收山田日记也存在着被删除的可能性"。「虐殺か解放か——山田支隊捕虜約二万の行方」,南京事件调查研究会编『南京大虐殺否定論13のウソ』,東京,柏書房2001年3月30日第4次印刷版,第146-147页。
② 铃木明著『「南京大虐殺」のまぼろし』,第193页。
③ 松井石根在东京审判中声称自己承担所有责任,是生怕牵扯朝香宫鸠彦。日本确实至今仍有为皇族讳过的倾向。
④ 「山田旅团と捕虜の暴动」,大井满著『仕组まれた「南京大虐殺」——攻略作战の全貌とマスコミ報道の怖さ』第五章,東京,展転社1998年6月6日第3次印刷版,第139-173页。

"俘虏暴动,引起了战斗"。

这一带的消息,前田氏《在战斗的洪流中》已有详述,明记是偶发的事件。尤其是同氏附言指出,箝口令等完全不是事实。但即使如此,仍出现了各种各样基于臆测的记事:

"是有计划的屠杀"

"为了隐瞒真相,而施行箝口令"①

所谓"我方也有 9 名战死者"能否作为"比什么都有力的证据",不是大井满说能就能的。因为日军在幕府山面对的降敌数十倍于己方,大井满自己在书中也提到角田荣一中队接受了"多于中队三十倍的投降兵",而俘虏的全体则是"守备兵的四十倍",②此"全体"之数大井满为了减少被杀人数已一缩再缩,③如果真发生"暴动",一方死者达数千(最小的"说法"),一方死者只有"9 人"(《南京战史》更少于此,谓为 16 日"护卫兵 1 名",17 日"军官 1 人,士兵 5 人",共 7 人④),是无法想象的。我们不必否认个别俘虏反抗屠杀的可能,但更大的可能是日军在屠杀中误及同类。因为此次屠杀,第六十五联队第二大队 16 日在海军码头附近,是从傍晚开始的,而六十五联队主力 17 日在上元门以东约四公里处江边,则从傍晚一直持续到深夜,平常都难免"走火",何况不平静的黑夜?

至于所谓"箝口令""不是事实"的断言"不是事实",我在长文《南京大屠杀是东京审判的编造么?》之三中已有详论,如有兴趣,敬请参酌,此处不赘。

东中野修道对此条记载也有究诘,对山田栴二 15 日笔记,东中野修道这样说:

> 所谓"各队没有粮食,令人困惑"的记述,让人难以理解。因为"皆杀"的命令,和食粮储备的有无完全无关。

① 大井满著『仕組まれた「南京大虐殺」——攻略作戦の全貌とマスコミ報道の怖さ』,第 161 - 162 页。
② 大井满著『仕組まれた「南京大虐殺」——攻略作戦の全貌とマスコミ報道の怖さ』第 144、153 页。
③ 只及上海派遣军参谋长饭沼守少将记载的三分之一弱。
④ 南京戦史編集委員会編纂『南京戦史』,第 325 页。

而且，粮食的缺乏，不是使敌人自然衰弱的绝好口实么？敌人自然衰弱，抵抗力随之下降，对实行所谓"皆杀"的命令是有利的。粮食缺乏，成为不了"皆杀"的障碍。

然而，没有弹药的话，军队无法对敌兵"皆杀"。因此，山田旅团长的反应如果是"皆杀，各队没有弹药，令人困惑"，才是容易理解的。[①]

东中野修道说山田栴二的记录"让人难以理解"而强作的如上解释，让人费解，因为山田栴二的记录并无半点"让人难以理解"之处：一、如果山田栴二晚年对铃木明所说不赞成屠杀俘虏的话为真，在上级"皆杀"命令不可违的情况下，所谓"没有粮食"正是违心奉命在"良心"上的"绝好口实"；因为"没有粮食"，俘虏等待着的也是死亡，而且痛苦更为漫长。二、即使山田栴二对军、师命令并无二心，但日军当时在名义上承诺遵守海牙陆战法规，而法规对禁止屠杀俘虏有明确的规定，因此"没有粮食"也可以成为"绝好口实"——一个以防将来追究的借口。三、山田栴二的日记只是简约的记录，不是"文章"，"皆杀"和"没有粮食"之间未必一定有因果关联。所以，前句与后句也许是互不相干的两个义项。

以上可见山田栴二的记录"文从字顺"，并无丝毫费解之处。而东中野修道硬以后句否认前句，才真正"让人难以理解"。不仅"让人难以理解"，也完全不合事实：一、任由再怎么解释，第六十五联队屠杀了大量俘虏是个无法改变的"真相"；二、东中野修道的假设，不是一般的"凭空"假设，而是"反事实"的假设，因为在屠杀过程中，"没有弹药"的情况并不存在。

东中野修道的"解释"不止于上述，但迹近荒唐，故仅举一例，余不再辩，以节省篇幅。

<h2 style="text-align:center">五</h2>

依日本虚构派的所谓"一等资料"分类，在今天尚存而又被公开的日军

---

① 東中野修道著『「南京虐殺」の徹底検証』，第131页。

记载中,有关屠杀俘虏的明确命令,只有上述三条。但在其他等次的资料中还保留了若干有关屠杀俘虏命令的记录。其中角良晴少佐晚年的回忆是较有名的一条。角良晴说:上海派遣军参谋部第二课参谋长勇中佐曾命令第六师团屠杀俘虏,当时他正在现场。因为角良晴是中支那方面军司令松井石根大将的专任副官,身份特殊,所以此事颇可注意。但因角良晴同时说松井石根的原命是"解放"俘虏,长勇是"违诏",①所以——这一说法如若属实——长勇下令屠杀只是"个人行为",也可以不算日军的正式杀俘令。但作为日军屠杀俘虏"自上而下"的一个根据,则不应有疑问。

上述三条日军屠杀俘虏是"组织行为"的记载对复原历史真相具有特殊的价值。我们说这三条材料的可信,既是如上所述因为合于"文脉",但关键还是因为合于事实。梳理"文脉",是鉴别材料真伪的重要手段,一条与事实违背的材料,不可能和文脉"如出一辙",即使精心编造,要做到天衣无缝实也极难,总不免在这里那里露出造假的马脚。然而,因为文字记载受到记述者识力、好恶、情绪以及对记述对象认识程度等等主客观因素的影响,记述和事实的关系也不是原始件和复印件的关系,真记载也未必能尽符"文脉",所以,单从"文脉"出发,也不免有"见仁见智"的余地。此为世间事之极复杂处,也是"人文"较"科学"的复杂处。

所以,当真材料受到无端的指责时,最好的回应还是拿出事实的根据。

日本虚构派一直有一种说法,以为战时日本的有关记载,尤其是军方的有关记载,有夸大战功的倾向。这种说法无论从"理"的角度还是从"事"的角度都是站不住脚的。因为即便"夸大",也有个道义责任问题;而从今天尚存,也为日本虚构派乐道的中支那方面军司令松井石根大将的训示以及日军有关整肃军风纪的文件看,日本军方以至各种机构在记载日军的有关暴行上,毋宁说"缩小"较之于"夸大",可能更大。而且,如前所述,日本战败后,为了逃避战后审判,曾烧毁了最能证明日军屠戮战俘的有关证据,加上"组织行动"之外的大量无法入档的"私下"杀人,致使今天仍存于世的有关

① 「角証言」の信憑性について,南京戦史編集委員会編『南京戦史資料集』,第758-759页。

材料,只是部分、甚至极小一部分真实的反映。但即使如此,尚存的战时日本军方的有关记载,仍足以否定《再审"南京大屠杀"》等日本虚构派所说的所谓"决无被处决之理"之说。

如上所说,上海派遣军和第十军都曾要求"彻底扫荡"和"歼灭""敌军",在两军的命令下,日军许多部队都参加了对俘虏的屠杀,有些还是大规模的屠杀。日军的各级战报和阵中日志对此有大量的记载。

隶属于上海派遣军第九师团的步兵第七联队,在12月7日—13日的"虏获表"中"俘虏"无一人,而"敌人弃尸"505具,[①]就当时投降接踵而至的情况说,无一活口,一定是因为第七联队"不留俘虏"。在第七联队12月13日—24日《南京城内扫荡成果表》之二中,"败残兵"的"刺射杀数"达6 670人,[②]而俘虏也没有一人。《步兵第七联队作战命令甲第一一一号》明确命令"将败残兵彻底地捕捉歼灭"[③]"歼灭"之意可含俘获,但将以上命令和结果两相对照,第七联队在攻打南京以及城破后在扫荡中的"歼灭"指的是肉体上消灭,应该没有疑问。而且,13日南京失陷后中国军队已放弃抵抗,被杀人数反而大大超过了之前,除了屠杀俘虏,也难以有其他解释。

上海派遣军第十六师团是进攻南京的主力部队之一,其属下步兵第三十三联队,在《南京附近战斗详报》中称:

> (13日)下午2时30分,前卫的先头部队到达下关,搜索敌情的结果,发现扬子江上有无数败残兵利用舟筏和其他漂浮物流往下游,联队立即组织前卫及高速炮对江上敌人猛烈射击,经二小时歼灭敌人约2 000。[④]

---

① 步兵第七聯隊「戦闘詳報」附表,南京戦史編集委員会編『南京戦史資料集』,第629页。
② 步兵第七聯隊「南京城内掃蕩成果表」,南京戦史編集委員会編『南京戦史資料集』,第630页。
③ 「步七作命甲第一一一号」,南京戦史編集委員会編『南京戦史資料集』,第622页。
④ 步兵第三十三聯隊「南京附近戦闘詳報」,南京戦史編集委員会編『南京戦史資料集』,第601页。关于海上"扫荡",日军官私文献中有不少记载,如日本海军第一扫海队《南京溯江作战经过概要》记:"从乌龙山水道到南京下关(12月13日)。1323(13点23分,下同)前卫部队出港,炮击制伏北岸扬子江阵地,突破封锁线,猛攻沿岸一带敌人大部队及江上乘舟楫和筏子败逃中的敌人,歼灭约达10 000。"(海军省教育局「事変関係掃海研究会記録」,转引自笠原十九司著『南京事件』,東京,岩波書店1997年11月20日第1版,第159页)此事从饭沼守少将日记中海军第十一战队司令近藤英次郎少将所说"击灭约一万"可以证明。(南京戦史編集委員会編『南京戦史資料集』,第217 (转下页)

在同一详报的第三号附表的"备考"中记录了 12 月 10 日—13 日包括"处决败残兵"和"敌人弃尸"两项的尸体 6 830 具。①同属于第十六师团的步兵第三十八联队奉命对城内"彻底扫荡",12 月 14 日的《南京城内战斗详报》的附表虽未如第三十三联队、第七联队等详列"敌人弃尸数"或"刺杀敌人数",但在"(五)"中明确记载了"全歼敌人"。②

隶属于第十军的第一百十四师团,在 12 月 15 日战斗详报"附表第三"中记"敌人弃尸"共 6 000 具,而在"附表第一"日军伤亡之一、二、三分表中死亡者合计为 229 人。

隶属于第一百十四师团的步兵第六十六联队第一大队,情况也相仿,12 月 12 日攻入南京前日,"毙顽强抵抗之敌兵 700 人",而自己只死了 9 人。③ 同大队在 12 月 10 日—13 日共死 17 人,而被杀之"敌"则多达 80 倍以上,达到约 1 400 人。

隶属于第十军第六师团的步兵第四十五联队第十一中队在江东门的"遭遇战"中"毙敌"3 300 人,而己方死伤相加仅 80 人。不仅在江东门,据第六师团"战斗详报"记,第四十五联队第二第三大队、第十军直属山炮兵第二联队之一部、第六师团骑兵第六联队之一部在从上河镇到下关的整个战斗中,不仅以十分之一的兵力击败了中国军队,而且"毙敌"11 000 人,而己方"战死"仅 58 人,约 190 比 1。④

上引材料有两点非常值得注意,一是只有"敌人弃尸"而没有俘虏,一是"敌人弃尸"数量与日军死亡之比例极其悬殊。在对垒的两军中出现这样的

日军屠杀令研究

131

(接上页）页。）日本名作家石川达三随军进入南京,他在事发一个多月后写的战时被禁止出版的《活着的士兵》中说:"把江门到最后也没有受到日本军的攻击。城内的败残兵以此为溃退的唯一的门,逃往下关码头。前面是水。没有可渡的舟船,没有可逃的陆路。他们抱着桌子、圆木、门板,所有的浮物,横渡浩荡的长江,向着对岸的浦口游去。其人数有 50 000,在已呈黑压压的江水中渡行。而正当对岸已可见时,等着的却是先已到达的日本军! 机枪鸣叫着开了火。水面像着雨水打得起了毛。回去的话,下关的码头等待着的也已是日本军的机枪阵。——而对这些漂流的败残兵给以最后一击的,是驱逐舰的攻击。"(石川達三著『生きている兵隊』,昭和战争文学全集 3『果てしなき中国戦線』,東京,集英社 1965 年 6 月 30 日第 1 版,第 78 页。)《活着的士兵》虽是"小说",但作者的亲历其境,使此书在传信上具有特殊的价值。

① 步兵第三十三聯隊「南京附近戦闘詳報」,南京戦史編集委員会編『南京戦史資料集』,第 605 页。
② 步兵第三十八聯隊「戦闘詳報」第十二号「南京城内戦闘詳報」,「第十六師団」『状況報告』,南京戦史編集委員会編『南京戦史資料集』,第 591 页。
③ 步兵第六十六聯隊第一大队「戦闘詳報」,南京戦史編集委員会編『南京戦史資料集』,第 668‐669 页。
④ 第六師団「戦時旬報」第十三、十四号,南京戦史編集委員会編『南京戦史資料集』,第 692 页。

情况，只有两种可能，一是武器装备差距过大，一是一方是已放下武器只能任人宰割的俘虏。当时是哪一种情况，因材料俱在，并不难征明。比如上述第四十五联队的江东门之战，不仅是"零距离"的"白刃战"，而且又持同样的武器。[①] 上海派遣军参谋副长（副参谋长）上村利道大佐，12月26日参观挹江门南侧高地的防御设施及富贵山炮台，对地下掩体设施的"规模壮大""深为感叹"。同是这位上村利道，在次年（1937年）1月6日去第十六师团参观"虏获兵器试验射击"后，在当日的日记里留下了这样的记录：

> 下午作为殿下的随行去16D（"殿下"指上海派遣军司令朝香宫鸠彦中将，"D"为师团之代码——引者）视察虏获兵器的射击。自动步枪、步枪、手枪、LG、MG（LG指轻机关枪，MG指重机关枪——引者）、火炮等良好的装备，决不亚于我军的兵器，令人感怀。[②]

参谋本部第三课课员二宫义清少佐在赴中国考察后写的"视察报告"中说："在近距离战斗所用武备上，[日军]和中国军队相比，不论在资质还是在数量上都处于劣势。"[③]上海派遣军10月在宝山作战时，24厘米榴弹炮、30厘米白炮多次发射出的炮弹都不爆炸，11月渡过苏州河后，24厘米榴弹炮多次在管内爆炸。不仅重武器，轻武器日军更没有明显的优势。日军攻打上海前任参谋本部支那课长、战争爆发后任第二十二联队联队长的永津佐比重大佐，曾因旧式手榴弹质量低劣，每有"不发弹"（掷出后不爆炸），向上海派遣军参谋大西一大尉大光其火。无独有偶，10月11日在宝山蕰藻浜一线作战战死的第一百一师团步兵第一百一联队联队长加纳治雄大佐，在临死前给师团参谋长的信中也提到手榴弹的"点火不充分"。普通武器如此，"高科技"武器亦如此。在开战前夕从德国运至南京，装备在鸡鸣寺东侧高地的电动瞄准的高炮，在当时是最先进的，曾使日本海军航空兵感到很大

① 此战"敌人和日本军拿着同样的三八式步枪"。南京戦史编集委员会编纂『南京戦史』，第228页。
② 「上村利道日记」，南京戦史编集委员会编『南京戦史资料集』，第279、286页。
③ 南京戦史编集委员会编纂『南京戦史』，第6页。

的威胁。曾任步兵第二十联队第一大队第三中队中队长的森英生中尉说：德国对中国的军援使他感到日本受到的"德国的打击"。① 引述此类材料并不是要证明中国军队武备已优于日军，在总体上，尤其在飞机、重炮、坦克等重武器上，应该说日军还是占有优势，但这种优势的效果主要体现在攻坚战和远程破坏上；我在此想说明的只是：在近距离战、肉搏战、夜袭作战上，日军并没有以一当十、以一当百的法宝。

所以，在南京周围敌我双方死亡之悬殊如此，除了对放下武器的俘虏的屠戮，不可能有任何其他的解释。所谓"战斗"，所谓"零距离"的"白刃战"云云，不过是各部队为了邀功的饰词。

综上所述，我们可以下一个肯定的结论：日军在攻占南京的过程中屠杀的大量俘虏，不是所谓"一部分官兵造成的突发、散发的事件"，而是由现地日军自上而下的命令造成的；日本虚构派在这一问题上散布的种种妄说都是完全站不住脚的。虽然今天已无法复原攻占南京的军和方面军一级的有关屠杀的命令，但通过本文的论证至少可以肯定，日军在师团一级确实曾下达过屠杀令。

（原载《历史研究》2002 年第 6 期）

跋：

一、(本文之末原有一节，述屠杀令研究意义，其中谈到屠杀人数只具有次要的意义，后因考虑到这一问题在时下南京大屠杀研究中所处的中心位置，觉得在　篇不同题旨的论文中附带谈论不够慎重，所以在投出时删去了此节。以后作为本文跋语收入拙著《南京大屠杀研究》。② 现附

---

① 『真相・南京事件——ラーベ日記を検証して』序章之三森英生序，第 7 页。
② 程兆奇著《南京大屠杀研究》，上海辞书出版社 2002 年 12 月版，第 101－104 页。日本立命馆大学某学者最近在日本最重要右翼刊物撰文，称拙著在"中文研究著作"中还算"健全"，然后话锋　转，说."通观全书内容可见，在中国要想与国家意志相反或独立于国家公式见解论述南京史事，不能不说还不可能。"(アスキュデイー・ヴィッド「南京大虐殺の亡霊」,『諸君!』，東京，文藝春秋社，2005 年 12 月号，第 164 页。)可笑的是他举的例子是所谓"尸体数字的极大化"。拙著的论述涉及广泛方面，但恰恰未谈具体数字(我的所有相关文字都未谈过具体数字)，这是虚构派观念先行的虽极小但有力的新例证。

于后。）

日军在南京对中国军民的屠戮，出于基层部队的自发？还是出于自上而下的命令？这一问题是南京大屠杀研究中一个具有实质意义的关键。有些问题，比如屠杀规模，也有意义，但1. 数字改变不了性质，即使被杀人数多于或少于流行说法，大屠杀还是大屠杀；2. 红卍字会等当年掩埋的尸体，不少已在六十余年中因种种原因风化陨灭，至今仍沉睡于南京地下的已非原数，加上当时下关沿江一带已有大量尸体被推入长江，[①]今天即使将遗骸全部掘出（理论上说仍有可能），也只是屠杀整体中的部分，难窥屠杀规模的全豹；3. 文献记载中第一手材料太少，晚出的回忆、证言、调查报告，虽也有价值，但从法和学术的角度说，证明力终归有限。也就是说，这一问题和这类问题，对认识历史上的南京大屠杀，就重要性言，只具有较次要的意义，就可知言，确有难以逾越的障碍。

屠杀令不同，虽然日军留下的相关材料的大部分也已风流云散，但残存的部分还是给我们提供了可寻的踪迹，我们可以藉此探索、复原这一问题的本相。当然，日军屠杀是否自上而下之所以值得清理，主要不在于这一问题能否解决，甚至主要也不在于日本虚构派制造了多少假象，而是因为这一问题本身的重要性不容忽视。基层部队的自发暴行，军方也有推卸不了的罪责，也要承受相应的惩罚，但有没有自上而下的命令，事关军队的整体责任和国家责任，在性质上，至少在严重程度上，与个体的自主行为不能同日而语。而日本军队对南京暴行的整体责任，战后并没有受到充分的追究，如果说研究日军屠杀令有什么特别意义，这应该是一个重要的所在。

东京审判虽然最终判处松井石根以最高量刑——绞刑的处罚，但所罚只是消极的"不作为责任"，否认了公诉人提出的被告的"非法命令、授权、许

---

① 日军步兵第二十联队第三中队第一小队第四分队的林（吉田）正明伍长，在日记中多次提到杀戮，其中24日中有将七千名"俘虏"带到长江边枪杀的记载，所谓"前记的俘虏七千名也成了鱼饵"。（「林正明日记」，南京战史编集委员会编『南京战史资料集』，第519页。）"鱼饵"二字是日军屠杀后将尸体推入江中的一个证明。

可";①而更重要的是东京审判没有对日军暴行进行任何体制上的质疑。这一结果导致了：1. 为以后松井石根的个人翻案预留了后路。因为从今日尚存的文献看，我们的确找不到作为方面军司令官的松井石根对日军暴行"非法命令、授权、许可"的直接证据，相反，我们所能看到的反而只是松井石根要求"振肃军纪、风纪"①的纪录，所以，不从体制上认识日军的特殊性格，追究日军的整体责任，只说失于控驭，自然造成了不少日本人，包括并不研究这一问题的一些人，为松井石根鸣冤叫屈——东京审判认定的毕竟只是较次等的罪名。2. 放过了大量本应负责的责任人。3. 使日军行为平淡化——虚构派便强调美军、苏军在战争中都有严重的军风纪问题，也使所谓"东京审判是胜者的审判"有了理据和市场。

在完成了对日军屠杀令的论证后，指出这一意义，应该不是蛇足。

二、

本文结论有"虽然今天已无法复原攻占南京的军和方面军一级的有关屠杀的命令"之语，但这不是说竟无踪迹可寻，在本文发表之后，我发现二条早在进攻宝山时上海派遣军参谋长饭沼守少将即已对屠杀停虏知情并默认的重要旁证，详请见拙文《宝山攻防史料钞》。② 山田支队屠杀停虏，饭沼守在第一时间也已获知。12月21日记："据说获洲部队山田支队之停虏一万数千，被逐次以刺刀处决，而某日许多人被带到同一场所，因而发生骚乱，不

① 东京审判对松井石根的判决称：1937年12月13日到1938年2月初"在这六七周里，数千的妇女遭到强奸，十万以上的人遭到杀害，无数的财产被盗窃，被烧毁。在这令人战栗的事件最高潮的12月17日，松井来到了同市，滞留了五至七天。根据自己的观察和幕僚的报告，他应该知道发生了什么事。他自己承认从宪兵队和使馆官员那里在一定程度知道了自己的军队的非违行为。有关这样的残虐行为，每天都向南京的日本外交代表提出(指国际委员会——引者)，他们将这些情况报告给东京。本法庭认为，有充分的证据证明松井知道发生了什么。为了缓解这一恐怖事件，他什么也没有做，或者即使做了，也没有任何效果。同市占领前，他对自己的军队确实提出过要求行为严正的命令，以后也提出过同样旨趣的命令，但像现在所知道的，也像他自己知道的，这些命令没有产生任何效果。为了他，提出(指辩护方——引者)他当时曾生病。但他的病没有到不能指挥作战的程度，而且，在残虐行为发生的期间，他访问同市数日，也没有因此而不能。对这些负有责任的军队是由他指挥的。这样的事他是知道的。他既有统制自己军队、保护南京的不幸市民的义务，也拥有这样的权力。因怠忽这一义务的履行，不能不认为他负有犯罪的责任。本法庭判定：被告松井关于诉因第五十五项有罪，诉因第一、第二十七、第二十九、第二十一、第二十二、第二十五、第二十六以及第五十四项无罪。"(洞富雄编『日中战争史资料』8「南京事件」I，东京，河出书房新社1973年11月25日第1版，第399页。)第五十四项指"非法授权、命令、许可"，第五十五项指"不作为责任"。
① 如松井石根日记之1937年12月26-28日(合记)、12月29日、1938年1月6日、2月16日、2月19日，详见「松井石根大将战阵日记」，南京战史编集委员会编『南京战史资料集』，第24、28、43、44页。
② 《论史传经》，上海，上海古籍出版社2004年8月第1版，第448-459页。

得不以机关枪扫射。我军官兵也有多人被射杀，而且逃跑了不少人。"①其中"逐次以刺刀处决"，几乎就是第六十六联队第一大队战斗详报的复写（此亦可证当时大规模屠杀俘虏不限于某一部队）。

① 「飯沼守日記」，南京戦史編集委員会編『南京戦史資料集』，第 222 页。

南京大屠杀是东京审判的编造么？

一

20 年前的日本教科书事件，[①]引起了日本右翼的强烈反弹。在否定日本侵略的喧嚣中，南京大屠杀是日本右翼的一个主攻点，其中田中正明《"南京屠杀"的虚构》（下简为《虚构》）又是在这一轮进攻中的最主要代表。为了从源头上否定南京大屠杀，《虚构》"虚构"了一个所谓的"事实"，即，在东京审判之前，世人并不知道有"南京大屠杀"，"南京大屠杀"完全是由东京审判编造的。《虚构》第七章"东京审判"中有一小节，题目就叫"第一次知道的'南京屠杀'"，其文不长，不妨全录：

> 昭和 12 年（1937 年）12 月，中国首都南京，在皇军的快速进击面前，外线防卫阵地和内线防卫阵地被轻易突破，同月 13 日陷落。日本举国欢腾，游行队伍举着旗帜，打着灯笼，祝福战果，颂扬着赫赫武勋。
>
> 但八年以后，日本在大东亚战争中败北，在同盟国的攻势面前降伏。其结果是战胜的十一个同盟国组成了"远东国际军事审判"，审判日本。由战胜国通过国际审判对战败国断罪，是史无前例的事。第二从世界大战的战败国德国和日本受到了这样的国际审判。

---

① 1982 年 6 月 26 日，日本《朝日新闻》等各大媒体报道了前一日结束的文部省对教科书的审定结果。因这一结果有淡化侵略等倾向，受到了中、韩等国的强烈批判。日本右翼则坚持说，在此次事件中具有关键意义的改"侵略"为"进出"的报道是"误报"。

日本方面,从昭和 3 年(1928 年)1 月 1 日到在投降协定上签字的昭和 20 年(1945 年)9 月 2 日的约 17 年间,对国际所犯的战争罪行——有的和没有的,受到了单方面的审判。

其中,所谓日本军在南京干尽了非人道的坏事,屠杀包括妇女儿童在内的数十万中国人,而且放火、暴行、强奸、掠夺等的残虐行为在七周中持续不断,这样的"令人战栗的事实",日本国民就是通过这个东京审判第一次知道的(重点号为原文所有——引者)。听到此事的国民,无不愕然,深抱罪恶感,从心底里感到耻辱。

直到那时为止,日本国民从来没有一人提到过在南京发生的这样的大屠杀,所以其令人吃惊犹如晴天霹雳。连因为这一事件而被处决的中支那派遣军司令官松井石根大将,听到这样的传闻也是在昭和 20 年 8 月战败以后。他这样说:

> 终战后不久,从美国的广播中听到了南京发生的对一般人、俘虏、妇女等有组织的大规模的屠杀和暴行的消息,让人吃惊。向旧部下调查,结果这样的传闻完全是虚妄的。我在任中固不必说,归还后直到终战都没有接到过这样的报告和情报。在上海时,我和各国报社的通讯员常常见面,也从未听说此事,所以完全是诬妄之谈。

所谓"南京大屠杀"的消息,对松井大将也完全是晴天霹雳。和松井大将一样,因"南京大屠杀"的责任在战后受到蒋介石国民政府审判、在南京城外遭枪杀的第六师团长谷寿夫中将,在他的口供状中也说:"本人知道南京暴行事件,去年(昭和 20 年)终战后读报纸是第一次,深感惊愕。作为参加该战斗的被告也完全是初次听到。"也就是说,这是连军司令官、师团长都完全不知道的事件。

不仅是军司令官、师团长,与占领同时入城的一百名以上的媒体从业员也不知道。这件事前述《读卖新闻》原四郎特派员也说得很明确,而且,当时《东京日日新闻》的另一位随军记者、随最先进入南京的部队一起入城的五岛广作氏,在杂志《修亲》(昭和 43 年 5 月号)也发表过题为《南京大屠杀的真相》的文章，其中这样说：

> 从南京回到上海不久，在南京发生了虐杀事件的传闻传入了耳中。于是试给各家报社打电话，结果各家报社都说这样的事既未看到，也未听说。是支那先生一贯的夸大宣传，或是在下关地区正规的战斗中敌方战死的尸体，被遗弃于小溪湖沼，而被说成虐杀——成了这样的结果。

> 不仅司令官、师团长、战士，连随军记者都不知道事件，何况内地的国民，当然是不知道的。

> 曾木义信氏（熊本市国府）在给作者的信中这样说："想必知道，'南京大屠杀'是昭和20年12月9日由NHK①的广播开始的，当时听到的人，谁都认为不符合事实，所以向NHK提出了大量抗议。这个广播稿听说是占领军提供的。只能认为是编造出来的东西。"②

东京审判为什么要对日本"栽赃"呢？《虚构》认为主要有以下三点目的：第一是"历史的断罪"。"将历来的皇国史观——以天皇为中心的爱国思想、国家主义、家族制度，作为低级的、野蛮的、错误的。"以便否定以往日本的一切历史、传统、文化。第二是"扶植罪的意识"。不仅将明治维新以来的所有对外战争都认定为"侵略战争"，而且将日军在海外的表现描绘成掠夺、放火、强奸、杀人，丧尽天良，以此在日本人心中植入无法抹去的"前科意识"和"自虐意识"。第三是为了"报复"。它借十一个法官中唯一对日本的罪行持保留态度的印度的帕尔的话说："这种为了满足复仇愿望，不过是借用法律手续而已，和国际正义是无缘的"，它让人感到"倒退回了数世纪前的

---

① NHK是日本国营广播电台，秉持客观、公正，不受政治、商业的干扰是它标示的方针，所以战后经常受到日本右翼的攻击。如去年初因报道日军的性奴役问题，右翼主要刊物《正论》就称NHK的行为是"卖国行为"。（加瀬英明著「NHKよ、それを売国行為と呼ぶのか」，『正論』，東京，産経新聞社，2001年4月号，第56-67页。）同时，NHK的"中立"立场也受到了左翼的批评，如对同一报道，左派指出NHK屈服于右翼压力而对原节目删节，使原有的"意义"受到了损害。（西野瑠美子著「NHK——消された映像」，『マスコミ市民』，東京，マスコミ市民月刊，2001年5月，第2-9页。）

② 田中正明著『「南京虐殺」の虚構——松井大将の日記をめぐって』，東京，日本教文社1984年6月25日第1版，第287-289页。

野蛮时代".①

　　如果仅据《虚构》所言,似乎没有东京审判,日本人便不知道有南京大屠杀,不仅不知道大屠杀,也不知道日军的掠夺、强奸、放火等暴行,因此,日军在南京的暴行不免有"胜者"强加之嫌。这种论调本来不必一辨,道理很简单,因为"罔闻"不等于"乌有"。"南京大屠杀"之有无,日月天地可鉴,不是任何人以"不知道"就可以否定的。今天之所以仍把这一问题提出来进行检讨,是由于:一、"不知道"本身是个谎言;二、日本"大屠杀派"虽尝澄清,但过于简略;三、以至于与《虚构》持同调者旋踵而至,而且至今不断,"愚夫愚妇"——不少日本国民——也乐于"讹传";四、而此事又是近世国史最伤痛的一页,可谓关乎"大义"。

　　在此,先让我们看看《虚构》之论调为近年日本右翼著作袭用的情况。吉本荣《粉碎南京大屠杀的虚构》说:

　　　　这个"南京大屠杀事件"在日本最早说及是昭和 20 年(1945 年)12月 8 日。那一日,由美军司令部提供的特别记事在《朝日新闻》刊出,题目是"太平洋战争史——不实的军国日本的崩坏",下署"同盟军司令部提供"。南京陷落后这样写道:"日本军犯下了令人发指的恶虐行为,作为近代史上最大的残虐事件,据证人们的叙述,可以确证,当时有二万男人女人和儿童遭到杀戮。"对当时的日本人来说,其震惊犹如晴天霹雳。②

　　冨士信夫《南京大屠杀是这样被编造出来的——东京审判的欺瞒》有一小节,题目为"昭和 12 年 12 月当时完全没有被报道的大屠杀",其中说:

　　　　攻占南京当时,进入南京城的不仅有约 120 名的新闻记者和摄影

---

①　田中正明著『「南京虐殺」の虚構——松井大将の日記をめぐって』,第 282－284 页。
②　吉本榮著『南京大虐殺の虚構を砕け』,東京,新風書房 1998 年 6 月 1 日第 1 版,第 7－8 页。

师,而且还有大宅壮一、木村毅、杉山平助、野依秀市、西条八十、草野心平、林芙美子、石川达三等有高名的评论家、诗人、作家,此外,在十三年春到夏,还有许多名人访问了南京。

随军记者、随军摄影师经常和第一线的士兵一起行动,报道第一线军队的活动状况和战况理当是他们的使命。如果日本军占领南京后,在南京市内确实发生了像检察方面提出的大屠杀事件,那么,这一事件决不会不进入随军记者、随军摄影师以及进入南京城内的前述的评论家、诗人、作家们的眼中。①

板仓由明《真相是这样的南京事件》说:

最初"南京大屠杀"成为问题是远东国际军事审判。实际这时还没有"南京大屠杀"的说法。②

铃木明《新"南京大屠杀"之谜》说:

"远东国际军事审判"俗称"东京审判"。正是这个"东京审判"使"南京大屠杀"的存在为世人所知了。③

松村俊夫《对南京大屠杀的大疑问》说:

以上通过对从昭和12年到翌年13年同时代的资料和远东国际军事审判、南京军事法庭的资料以及问题复活以后中国方面新准备的资

---

① 冨士信夫著『「南京大虐殺」はこうして作られた——東京裁判の欺瞞』,東京,展転社 1998 年 11 月 23 日第 4 次印刷版,第 339 页。
② 板倉由明著『本当はこうだった南京事件』,東京,日本図書刊行会 2000 年 1 月 20 日第 2 次印刷版,第 44 页。所谓"说法"之不能否认事实,诚如日本"大屠杀派"新一代中坚笠原十九司所说:"'东京大空袭'也是战后才有的称呼,谁也没有因为它出现于战后而说它捏造。事件的历史真实在前,称呼在后,而且有可能更变。"(「まぼろし派、中間派、大虐殺派三派合同大アンケート」,『諸君!』,東京,文藝春秋社 2001 年 2 月号,第 199 页。)
③ 鈴木明著『新「南京大虐殺」のまぼろし』,東京,飛鳥新社 1999 年 6 月 3 日第 1 版,第 408 - 409 页。

料和证人的证言的细致检讨,已非常清楚的让人看到此事作为传言(依上下文脉,此处亦可译为"谣传"——引者)的成长过程。①

竹本忠雄、大原康男《再审"南京大屠杀"》说:

当时认识"南京大屠杀"的日本方面的高官是不存在的。②

自由主义史观研究会《教科书不教授的历史》说:

战前即使在国际文献中,南京屠杀也是作为完全的虚报否定的。证明屠杀的正式资料,一件也没有。然而,战败后的东京审判却突然提出南京大屠杀。基南首席检察官模糊地提出数万人被杀,而中华民国将贝茨之说扩大到七倍,提出了屠杀三十万人的主张。③

阿罗健一《纪闻·南京事件》说:

号称是南京事件的证据、证言,多数被认为包含有虚伪的内容。从东京审判向法庭提出的材料开始,一流大报等媒体的报道中数量也很大,于是南京事件的真相就更难以看清了。怎么样的证据和证言能让我们相信,也更让人困惑。④

藤冈信胜、东中野修道《〈南京暴行〉的研究》不仅说日本人不知道"南京大屠杀",有一节小标题甚至就叫"国联、毛泽东、蒋介石都不知道南京大

① 松村俊夫著『「南京虐殺」への大疑問』,東京,展転社 1998 年 12 月 13 日第 1 版,第 396 页。
② 日本会議国際広報委員会編『再審「南京大虐殺」——世界に訴える日本の冤罪』,東京,明成社 2000 年 11 月 25 日第 2 次印刷版,第 65 页。
③ 藤岡信勝、自由主義史観研究会編『教科書が教えない歴史』2,東京,産経新聞社 1996 年 12 月 30 日第 1 版,第 72 页。
④ 阿羅健一著《聞き書 南京事件》,東京,図書出版社 1987 年 8 月 15 日第 1 版,第 298 页。

屠杀"。①

上引不过是时下充斥日本书籍市场的右翼著作中的几种。②

本文所要解决的问题主要有以下三点：一、松井石根以及日本军政当局是否不知道日军的暴行；二、普通日本大众为什么不知道（假设）日军的暴行；三、进入南京的日本"记者""摄影师""评论家""诗人""作家"以及作为加害者的日军官兵本身是否不知道日军的暴行。其中"三"分两节论述。

二

在证明松井石根是否知情之前，不妨先来看看日本军政当局是否知情？"知"到什么程度？

日军 12 月 13 日进入南京，最初南京的部分市民和外国侨民对日军曾抱以期待，以为自 8 月中旬以来的轰炸，特别是南京失陷前夕败退军队的抢劫、放火，可以就此结束，南京的秩序可以重新恢复。但日军进城后的暴行打破了人们的幻想。《纽约时报》记者德丁（F. Tillman Durdin）12 月 15 日被日军勒令离开南京，17 日在停泊于上海的美国军舰上发出了第一篇报

① 藤冈信胜、东中野修道著『ザ・レイプ・オブ・南京の研究——中国における「情报戦」の手口と戦略』，东京，祥伝社 1999 年 9 月 10 日第 1 版，第 196 页。

② 不仅是南京大屠杀，否定东京审判对日本侵略的认定也已"蔚为大观"："所谓东京审判……的非法性，世界的法学家都是一致认识的"（大井满著『仕组まれた「南京大虐殺」——攻略作戦の全貌とマスコミ报道の怖さ』，东京，展転社 1998 年 6 月 6 日第 3 次印刷版，第 299 页）；"从法的角度考虑，无论谁都会说东京审判是不可理喻的！"（小室直树、渡部昇一著『封印の昭和史——「戦後五〇年」自虐の终焉』，东京，德间书店 1995 年 10 月 15 日第 4 次印刷版，第 165 页）；"战后日本人卑屈的最大原因，是远东军事审判所下的「日本は侵略者」的判决"（原子昭三著『世界史から见た日本天皇』，东京，展転社 1998 年 5 月 27 日第 1 版，第 114 页）；"所谓东京审判……是胜者为王，败者为寇，根据胜者的意愿强加的私刑"（小室直树著『大东亜戦争ここに甦る——戦争と军队，そして国运の大研究』，东京，クレスト社 1995 年 10 月 10 日第 2 次印刷版，第 5 页）；"远东军事审判不是法律上的审判，而是围绕'惩戒'或者'复仇'下流的审判剧"（西部迈著、新しい历史教科书をつくる会编『国民の道德』，东京，扶桑社 2000 年 10 月 30 日第 1 版，第 135 页）；"超国家的判定者以人类的名义显影犯罪国家，但实际上是掌握超国家机关的一部分国家，为了更有利的占据地球上的位置，出力来决定战争胜败的结果，完全是没有道理枉非宽容的"（西尾干二著、新しい历史教科书をつくる会编『国民の历史』，东京，扶桑社 1999 年 10 月 30 日第 1 版，第 467 页）；"'谁都知道这时的证言是伪证'，但反论是不被允许的"（东中野修道著『「南京虐殺」の彻底检证』，东京，展転社 2000 年 7 月 8 日第 4 次印刷版，第 375 页）；"东京审判无论从法的、程序的、尤其是事实认知的角度看，都是错误的。结局不过是'胜者的审判'"（藤冈信胜著『污辱の近现代史——いま克服のとき』，东京，德间书店 1996 年 10 月 31 日第 1 版，第 102 页引 Victors' Justice: *The Tokyo War Crimes Trial*）。

道，这也是西方记者有关日军暴行的第一篇报道，其中说：

> 因为中国当局的瓦解和中国军队的解体，在南京的许多中国人以为，随着日本军队的进城可以确立秩序和组织，所以准备立即接受。他们以为日本军如控制城内的话，恐怖的轰炸可以停止，由中国军队带来的灾难可以结束，所以在中国居民中蔓延着安心的情绪。
>
> 当然也认为，至少到战争结束为止日本军的统治将是严厉的。然而，日本军占领仅仅三日，对事态的观望即为之一变。大规模的掠夺，对妇女的暴行，对普通市民的屠杀、从家中驱逐，对俘虏的集体处决，将成年男子强行抓走，南京已化为了恐怖的城市。①

日军的表现不胫而走，很快传向了外界。从现有的资料看，日本高层在几乎同时也获知了真相。

日本本土的军政当局获知日军的情况，主要循二条渠道，一是外国媒体的广泛报道，本文第三节将详列有关材料；二是日本使领馆、主要是驻南京大使馆等机构取得的资讯，这些资讯来源大致可分为两类，一类是使领馆接到的苦情报告、抗议等文书，一类是使领馆、日本通讯社等收集的各类情报。

从《拉贝日记》等记载中可以看到，日军进入南京的第二天，拉贝（John H. D. Rabe）已以安全区国际委员会主席的名义拟文，准备递交日军。15日拉贝与日军及日本大使馆官员会面，并分别递交了信件，希望日军维持南京的秩序并"宽待"放下武器的中国士兵。16日国际委员会在致日本使馆的信中谈到了日军抢夺国际委员会委员的汽车等事后，附录了"已经仔细核实过的事件"十五件（编号为1－15）。② 17日国际委员会在致日本使馆的长信

---

① 洞富雄编『日中戦争史资料』9「南京事件」Ⅱ，东京，河出书房新社1973年11月30日第1版，第280页。秦郁彦《南京事件》所引与此有异文，如第一段后多出一句"甚至有以欢呼声迎接日本先头部队的市民"，如第二段"仅仅三日"为"仅仅二日"。（见秦郁彦著『南京事件——虐殺の構造』，东京，中央公論新社1999年8月20日第20版，第3页。）

② 约翰·拉贝著、本书翻译组译《拉贝日记》，江苏人民出版社、江苏教育出版社1997年8月1日第1版，第185－189页。

中谈到了红卍字会收尸车被抢,红卍字会员工、"志愿警察"被抓,"贵军士兵的抢劫、强奸和屠杀等等恐怖活动"等事。[1] 18日国际委员会在致日本使馆的信中谈到了大规模的强奸、从司法部被抓走的50名着装警察和45名"志愿警察",并附录了国际委员会秘书斯迈思(Lewis S.C.Smythe)署名的"司法部事件备忘录"。[2] 同日金陵大学救济委员会主席贝茨(M.S.Bates)的信中也谈到抢劫、强奸杀人。……16日起安全区国际委员会几乎逐日向日本大使馆报告日军的暴行。[3] 当时与拉贝等人打交道的大使馆官员主要是候补官佐福田笃泰、[4]上海总领事冈崎胜男、[5]二等书记官福井淳[6]等人。

福田笃泰曾在接受采访时说:

> 我成了他们(指安全区国际委员会——引者)不满的承受者,真伪搀混,无论遇到什么都随便地抗议。向军方传达这一抗议,"这件事发生了,不论怎么请与处理",进行这一交涉就是我的角色。[7]

这样的大量的抗议在传达至当地驻军的同时也传达到了日本军政最高层。12月22日出席陆军省局长会议的人事局长阿南惟几少将,在当天的笔记中记下了这样的话:"中岛师团的妇人方面(原文如此,其意应是指强奸或对妇女的暴行——引者)、杀人、违反军纪的行为,从国民道德心的颓废、战况的悲惨上说,已到了无法用言语来形容的程度。"[8]因日军在南京的暴行,本

---

[1] 中文版《拉贝日记》,第191-196页。

[2] 中文版《拉贝日记》,第201-207页。

[3] 如贝茨所说:"我们每天去造访日本使馆,递呈我们的抗议、我们的要求,以及关于暴力和犯罪的确切记录报告。"(中央档案馆、中国第二历史档案馆、吉林省社会科学院合编《日本帝国主义侵华档案资料选编·南京大屠杀》,中华书局1995年7月第1版,第1023页。)

[4] 中文版《拉贝日记》误植为"福田德康",如第180页第2行、第183页第12行、第185页第13行等。福田笃泰后为吉田茂首相的秘书,曾历任防卫厅长官、行政厅长官、邮政大臣等职以及国会议员。

[5] 中文版《拉贝日记》误植为"冈崎胜雄",如第190页倒数第7行、第191页倒数第6行等。冈崎胜男50年代曾任外务大臣。

[6] 中文版《拉贝日记》误植为"福井喜代志",如第191页第13行、同页第16行、第201页第10行等。时下不少史料集又误植为"富古伊"(姓氏"福井"之音读),如《日本帝国主义侵华档案资料选编·南京大屠杀》,第1034页第4行;中国第二历史档案馆、南京市档案馆合编《侵华日军南京大屠杀档案》,江苏古籍出版社1997年12月第3次印刷版,第657页第18行。福井淳当时曾代理日本驻南京总领事。

[7] 田中正明著『「南京虐殺」の虚構——松井大将の日記をめぐって』,第36页。

[8] 转引自秦郁彦著『南京事件——虐殺の構造』,第172页。

拟 12 月 25 日开始的以广东为目标的华南战役不得不取消。①

　　据时任参谋本部第一部(作战部)战争指导课课长的河边虎四郎大佐的回忆录《从市谷台到市谷台》，当时他曾起草过一份以参谋总长闲院宫载仁亲王的名义给松井石根的"严重告戒"。② 此处所谓"严重告戒"即 1938 年 1 月 4 日发出的《关于军纪风纪之件的通牒》。《通牒》将日军暴行提高到"伤害全军圣业"的高度。③《南京战史》记此事之标题为"异例的参谋总长的要望"，④也不能不承认此事之严重。而在此前之 1937 年 12 月 28 日，已有参谋总长和陆军大臣连署的要求"振作军纪，维持军规"的通牒，陆军省次官也于同日就日军暴行致电中支那方面军参谋长及特务部长。由于各国舆论的压力，日本军方不得不采取措施，以便对日军的行为有所约束。12 月末，日本军方派遣阿南惟几专程来华，调查处理日军的军风纪。⑤ 次年 1 月末，又派遣参谋本部第二部(情报部)部长本间雅晴⑥少将来华，目的之一也是日军的军风纪。

　　时任日本驻华使馆一等秘书的田尻爱义说：

　　　　南京入城时日本军掠夺凌辱等的残虐行为，据随松井石根大将同

---

① 一般多强调是损及了西方的利益，如所谓："理由是攻击南京时炸沉了美舰帕奈号，炮击了英舰莱迪瓦特号，这一事件的外交交涉正在紧张进行，目下英美的气氛十分险恶，所以深虑这一作战的实行将会带来更严重的负面结果。"(井本熊男著『作戦日誌で綴る支那事変』，東京，芙蓉書房 1978 年 6 月 30 日第 1 版，第 184 页。)但从原始文献看，此事应该与日军的暴行也有关系。如饭沼守日记 12 月 30 日记："方面军中山参谋来，就此次十分遗憾的对外国使馆的非法行为及其他违反军纪的行为，对参谋长一人作了传达，让人惶恐。出示了陆军大臣、参谋总长联名要求方面军在各国动向极其微妙之际，必须十分注意为主旨的电报。有广东方面作战也因此而中止的口吻。"(「飯沼守日記」，南京戦史編集委員会編『南京戦史資料集』，非売品，東京，偕行社 1989 年 11 月 3 日第 1 版，第 229 - 230 页。)当时国际舆论的压力，日军暴行是一重要方面。
② 河辺虎四郎著『市ヶ谷台から市ヶ谷台へ』，東京，時事通信社 1962 年第 1 版，第 153 页。
③ 「軍紀風紀に関する件通牒」，南京戦史編集委員会編『南京戦史資料集』，第 565 页。
④ 南京戦史編集委員会編纂『南京戦史』，非売品，東京，偕行社 1989 年 11 月 3 日第 1 版，第 398 页。
⑤ 当时作为阿南惟几随员的额田坦说："13 年(1938 年)元旦，笔者随阿南人事局长在南京向松井军司令官报告，据局长说'中島今朝吾十六师団长的战斗指导违反人道'，因此而对之非难，并感叹土道的颓废。"(『陸軍省人事局長の回想』，東京，芙蓉書房 1977 年 5 月 1 日第 1 版，第 321 - 322 页。)
⑥ 本间雅晴后在菲律宾击败麦克阿瑟，战后很快被处决，田中正明对此也极表不满，说：麦克阿瑟"对造成自己在菲律宾失败、名誉扫地地溃逃的本间雅晴中将，有极高的复仇热心。本间中将在审判开始仅二个月就遭到了处决。而且，这一审判的法官和检察官都指明由他的部下担任，所以等于是以私刑进行的处决。"(田中正明著『南京事件の総括——虐殺否定十五の論拠』，東京，謙光社 1987 年 3 月 7 日第 1 版，第 24 页。)

行,和外国传教士、教授一起进行防止的冈崎胜男君(后为外务大臣)亲口所告,真是惨不忍闻。①

时任外务省东亚局长的石射猪太郎在东京审判出庭作证时说:

12 月 13 日我军进入南京城,随后,我南京代理总领事(福井淳氏)也自上海复归南京。代理总领事给本省最初的现地报告就是关于我军的暴行。此电信报告没有停留地立即由东亚局送交了陆军省军务局长。当时外务大臣对此报告既吃惊又担心。对我说,必须尽快有所措置。因此,我向大臣回答,电信既已送交陆军省,在陆、海、外三省事务当局的联络会议上,应由我向军当局提出警告。其后,联络会议即在我的事务室举行(会议根据需要随时在东亚局长室举行是一惯例。本来由陆、海两省的军务局长及东亚局长出席,但其时由陆、海两省的军务局第一课长及东亚局第一课长出席,东亚局长主持会议),会上我对陆军省军务局第一课长提出上述暴行的问题,说既然称为圣战、称为皇军,对这样严重的事态就应切实采取迅速严厉的措施。课长也完全表示同感,接受我上述提议。其后不久,南京的代理总领事的书面报告到达了本省。这是居住南京的第三国人组织的国际安全委员会作成的我军暴行的详报,是英文打字件,我南京总领事馆接受后送来本省。我逐一过目后,将其概要直接报告了大臣。根据大臣之意,我在下一次的联络会议上,向陆军军务局第一课长提示其报告,并提出采取严厉措施的希望,军方说最先已向现地军指示要严厉注意。以后现地军的暴行大幅度缓和。记得约在翌年 1 月末,陆军中央特地派员前往现地军,被派遣的人我知道是本间少将。那以后,南京的暴行就结束了。②

---

① 田尻爱义著『田尻爱义回想录』,东京,原书房 1977 年 10 月 11 日第 1 版,第 62 页。
② 洞富雄编『日中战争史资料』8「南京事件」Ⅰ,东京,河出书房新社 1973 年 11 月 25 日第 1 版,第 220 页。

东京审判的记录中有一条，称广田丰中佐来华专任上海派遣军参谋也是因为军风纪。据宇都宫直贤（军涉外部长，后由广田丰接任）回忆，广田丰曾对他说："我和驻南京的日本领事们，仅据最明确的见闻，就有许多妇女和年轻女子在金陵大学内遭到暴行和杀害，这样遗憾的事实，实在让人无地自容。"①1938 年 6 月任第十一军司令来中国的冈村宁次中将说："在东京听到过在南京攻略战时有过大暴行的传闻。"7 月到上海后他确认了如下事实：

> 攻略南京时，有过对数万市民掠夺强奸等的大暴行。
>
> 第一线部队因给养困难，有杀俘之失。②

石射猪太郎后来在回忆录中说：

> 南京在岁暮的 13 日陷落。跟随我军回到南京的福井领事的电信报告和随即上海领事发来的书面报告，让人慨叹。因为进入南京的日本军有对中国人掠夺、强奸、放火、屠杀的情报。宪兵有也太少，起不到取缔的作用。据报告，因为试图制止，连福井领事周围也有危险。1938 年 1 月 6 日日记记：
>> 从上海来信，详细报告了我军在南京的暴行，掠夺、强奸，惨不忍睹。呜呼，这是皇军么？③

后任驻南京大使的重光葵也说："及至了解了南京事件的真相，不得不对我军队、日本民族的堕落感到愤慨。"④

日军暴行既已远传至东京的军政高层，身在事发现场的南京就绝无"不

---

① 宇都宫直贤著『黄河、扬子江、珠江——中国勤务的思い出』，1980 年，非卖品，转引自南京战史编集委员会编纂『南京戦史』，第 402－403 页。

② 稲葉正夫编『岡村寧次大将資料（上）』，原書房 1970 年，转引自南京事件调查研究会编『南京大虐殺否定論 13 のウソ』，東京，柏書房 2001 年 3 月 30 日第 4 次印刷版，第 32 页。

③ 石射猪太郎著『外交官の一生——对中国外交の回想』，東京，太平出版社 1974 年 4 月 15 日第 4 次印刷版，第 267 页。

④ 伊藤隆、渡辺行太郎编『続・重光葵手記』，中央公論社 1988 年版，转引自『南京大虐殺否定論 13 のウソ』，第 31 页。日军在南京的表现，即使完全从日本的立场出发，也不能不有所"遗憾"，如堀場一雄在四十年代末总结"国家经纶"时说："攻占南京的结果，招来了十年仇恨，伤害了日军威信。"（堀場一雄著『支那事変戦争指導史』，東京，时事通信社 1962 年 9 月 10 日第 1 版，第 111 页。）

知道"的理由。即使对受害者的痛苦完全漠视,被动的"知"也是不能免的。而这种"知"不论经不经意总会留在记载里。时任上海派遣军参谋长的饭沼守少将在 12 月 19 日日记中这样记:

> 据宪兵报告,18 日中山陵内的建筑被放火,至今仍在燃烧。又,难民区由军官带领部队侵入强奸。①

12 月 21 日记:

> 据说获洲部队山田支队(即第十三师团第一〇三旅团——引者)之俘虏一万数千,被逐次以刺刀处决,而某日许多人被带到同一场所,因而发生骚乱,不得不以机关枪扫射。我军官兵也有多人被射杀,而且逃跑了不少人。②

12 月 24 日记:

> 从军纪风纪、皇道精神看,恶劣的掠夺行为,尤其是士兵特别多,必须断然振作。③

饭沼守在以后的日记中也每每提到军风纪。如 12 月 30 日对驻扎南京及附近地区的副官就军风纪提出的"严重注意"(南京警备司令佐佐木到一少将[步兵第三十旅团旅团长]在同一场合亦提出"注意及希望"),中支方面军参谋中山宁人少佐传达方面军对"非违"及"无军纪"行为的"非常遗憾";④1 月

---

① 「飯沼守日記」,南京戦史編集委員会編『南京戦史資料集』,第 220 页。
② 「飯沼守日記」,南京戦史編集委員会編『南京戦史資料集』,第 222 页。
③ 「飯沼守日記」,南京戦史編集委員会編『南京戦史資料集』,第 224 页。
④ 「飯沼守日記」,南京戦史編集委員会編『南京戦史資料集』,第 229 - 230 页。中山宁人在东京审判时向法庭提出的"宣誓口供书"之十八记:"因为传说南京的日本军有不法行为,松井大将颇为担心,让我去传达如下的训令。'南京有日本军不法行为的传闻,如入城式时也提出注意,为了日本军的形象断不能有如上的事。特别是因为朝香宫司令官在此,军纪风纪更应严格,对行为不端者要严厉处罚。'"(洞富雄編『日中戦争史資料』8「南京事件」,第 204 页。)中山宁人在东京审判中为松井石根开脱不遗余力,但此说当不假。

6 日对"军纪风纪"的"十分注意";①1 月 14 日对被宪兵逮捕的违法军官"愤慨之极";②1 月 21 日因抢劫、强奸事件而"实感遗憾";③1 月 26 日记第三十三联队第八中队"天野中队长"④率兵强奸;1 月 29 日记法务部长关于强奸、伤害尤其是强占的报告;2 月 12 日对宪兵报告的"日本兵的非行""实堪感叹",⑤等等。

上海派遣军参谋副长(副参谋长)上村利道大佐的日记中也有记载。早在 12 月 12 日日军进入南京的前日,上村利道的日记中已记有:

> 皇军无军纪之一端已有耳闻,实在是遗憾万千。⑥

12 月 16 日记:

> 关于城内军纪之点,闻之者皆为恶评,令人遗憾。⑦

12 月 27 日记:

> 南京城内有学术价值的、珍贵的文物,渐渐被为了渔获的士兵们破坏,(风早大佐、时任中佐来联络)采办第二课所需。⑧

所谓"第二课所需",可见掠夺之于日军,不仅是"个人"行为。⑨

---

① 「飯沼守日記」,南京戦史編集委員会編『南京戦史資料集』,第 234 页。
② 「飯沼守日記」,南京戦史編集委員会編『南京戦史資料集』,第 237 页。
③ 「飯沼守日記」,南京戦史編集委員会編『南京戦史資料集』,第 237 页。
④ 据第三十三联队 12 月 10 日编制表,第八中队中队长为田泽博大尉,又据同联队〈南京附近战斗详报〉和 12 月 10 - 14 日死伤表,未载田泽博,而 14 日以后已无战事,又因上村利道等的日记都仅称天野为中尉,此处之称"中队长",不知何故? 录以备疑。
⑤ 「飯沼守日記」,南京戦史編集委員会編『南京戦史資料集』,第 248 页。
⑥ 「上村利道日記」,南京戦史編集委員会編『南京戦史資料集』,第 270 页。
⑦ 「上村利道日記」,南京戦史編集委員会編『南京戦史資料集』,第 272 页。
⑧ 「上村利道日記」,南京戦史編集委員会編『南京戦史資料集』,第 280 页。
⑨ 至于对日用品的掠夺,则是日军的一项"工作"。比如步兵第七联队在 12 月 13 - 24 日的"成果表"中就记载了大到各类汽车(32 台)、小至压缩饼干(1 600 箱)的七十七种、成千上万件"卤获品"。(步兵第七聯隊〈南京城内扫荡成果表〉,南京戦史編集委員会編『南京戦史資料集』,第 630 页。)

1 月 8 日记：

> 据宪兵报告，军纪上的无行者有相当的数量，召集少尉、准尉，对无廉耻行为遗憾至极。[1]

1 月 26 日记，因"天野某中尉的非行"，而"遗憾万千"。[2]

上海派遣军第十六师团师团长中岛今朝吾中将 12 月 13 日日记中有关"处理"俘虏的记载，已被作为杀俘令的明证。日本驻沪武官，上海派遣军成立后同时隶属于上海派遣军特务部的冈田酉次，后来说：

> 我等既属于派遣军特务部，便设法对相应于作战的政治工作有所作为，但作战超过预想以上的迅速，使时机已不能相合，遂成千古之恨。
> 这一对首都南京的攻占，不单是错过了和平的机会，而且不幸的是，对部分普通居民大屠杀的新闻，为中国的舆论大书特书，在国际形势对日本恶化的同时，还导致了中国方面抗日战线更形强化的结果。[3]

上海派遣军和第十军将士在日记和手记中的大量有关记载，本文之第四、第五节中将酌引，此处不再一一转录。

松井石根是在 2 月初被解任的。[4] 从军事的角度讲，松井石根所率日军比预计提前一月攻下南京，是个大"成功"。[5] 但等来的却是解任的下场，似乎不合常理。松井石根本人对此也极为不满。1938 年 2 月 10 日松井石根接到解任命令，他把这种不满留在了当日的日记里："中央陆军部谬妄如

① 「上村利道日記」，南京戦史編集委員会編『南京戦史資料集』，第 287 页。
② 「上村利道日記」，南京戦史編集委員会編『南京戦史資料集』，第 292 页。
③ 岡田酉次著《日中戦争裏方記》，東京，東洋経済新聞社 1975 年 11 月 25 日第 3 次印刷版，第 110 页。
④ 东京审判认定："由于这类不利的报道以及在世界各国所引起的舆论的压迫，结果使日本政府召回了松井及其部下将校约 80 名。"(张效林译《远东国际军事法庭判决书》，群众出版社 1986 年 2 月第 1 版，第 487 页。)
⑤ 11 月 22 日松井在日记中记录了他在 15 日向参谋本部和陆军省来员(影佐祯昭、柴山兼四郎)说的"二月之内可达成目的"。(「松井石根大将戦陣日記」，南京戦史編集委員会編『南京戦史資料集』，第 8 页。)

此"。① 其实军方对松井石根还有更激烈的意见。曾任陆军省兵务局局长的田中隆吉少将，战后在回答国际检察局的传问时，称："14 年（1938 年）春，我们曾主张将松井大将和中岛师团长付之于军法会议，但由于中岛（铁藏）参谋次长的坚决反对而没有实现。"②

前引河边虎四郎的回忆和田中隆吉的这一段话，足见日军在南京的暴行对日本军方高层的震动，藤原彰据此推断："松井方面军司令官在 1938 年 2 月的被解任，是因为要负这个事件的责任。"③藤原彰的这个判断应该不错。因为虽然河边、田中事发时层级不高，与此事不尽直接（田中时在朝鲜），又是很久后的追忆，因此仅据上引材料判断松井被解任的理由稍嫌勉强，但我们确实可以找到较这两条事后之语更直接的材料。这个材料就是松井石根的继任者畑俊六大将的日志。畑俊六日志记：

支那派遣军作战告一段落，与此同时军纪风纪逐渐颓废，掠夺、强奸等非常可恶的行为也不少，此际召集预、后备役④归还内地，以现役兵代替，上海方面松井大将也以现役者代替。⑤（松井石根从台湾军司令退下后已转为预备役，上海战役后被重新起用——引者。）

畑俊六所记，可证松井石根被解任确有"负咎"的因素。

但松井石根的不满，是不是表明他的不知情呢？

松井石根在东京审判预审阶段曾声言日记已烧毁。但他的日记其实尚存于世。为什么尚存于世还要谎称烧毁？谎称烧毁是否为了有所隐瞒？这

---

① 「松井石根大将戦陣日記」，南京戦史編集委員会編『南京戦史資料集』，第 41 页。
② 转引自秦郁彦『南京事件——虐殺の構造』，第 31 页。增补本注：今查田中隆吉原答，反对者为派遣军参谋总长闲院宫载仁元帅，实际为参谋次长多田骏。因所述与时间、职任均不合，秦氏改为时任参谋本部次长中岛铁藏。见粟屋憲太郎ほか『東京裁判・田中隆吉尋問調書』，東京，大月书店，1994 年 11 月 18 日第 1 版，第 151 页。
③ 『南京大虐殺否定論 13 のウソ』，第 17 页。
④ 日本当时兵役法规定，年满 20 岁作为现役被征召，经二年解除现役离队，以后的五年四个月为预备役，再后的十年为后备役。
⑤ 〈陸軍大将畑俊六日誌〉，南京戦史編集委員会編『南京戦史資料集』，第 52 页。原文系于 1938 年"1 月 29 日"，但其中有 2 月 5 日、6 日事，而此条之次日为 7 日，故此条应是 29 日至 2 月 6 日的内容。

些都是让人不免会产生的疑问。

　　田中正明编辑的松井石根阵中日记，1985 年由芙蓉书房出版，当年《朝日新闻》11 月 24、25 两日以"篡改'南京屠杀'史料——与原文不同达 900 条""一味隐瞒'南京屠杀'——田中氏对松井大将日志的篡改"为题连续刊文批判。对此田中正明曲辩说"大将独特的草书，无法释读之处甚多"，强调："我编大将日记的目的，是要通过军司令官日记这样的第一级资料，向'江湖'广泛传达这一战斗期间松井石根大将的行为、心境、真意，至于字句间多少有的失误，不是为了歪曲松井大将的真意，其目的可以说完全达到了。朝日新闻为首的洞富雄氏等屠杀派，胪列伪造的照片和虚夸的记事，宣传根本不存在的二十万、三十万的'大屠杀'，这才是真正的篡改历史。"① （重点号为原文所有）对于这一辩解，洞富雄等日本学者予以了反驳。② 但即使从并不完全的松井石根日记③中，我们仍可以看到不少日军暴行的记载。

　　如 12 月 20 日记：

　　　　一时我官兵有少数掠夺行为（主要是家具等），也有强奸等，多少是不得已的实情。④

12 月 26 日—28 日合记：

　　　　南京、杭州附近又闻掠夺、强奸之声。特派幕僚，要求严厉取缔，并处罚负责人，以求一扫恶劣空气。严重要求各军。（原文如此——引者）⑤

---

①　田中正明著『南京事件の総括——虐殺否定十五の論拠』，第 340、341 页。
②　如洞富雄著「松井大将陣中日誌改竄あとさき」，洞富雄、藤原彰、本多勝一编『南京事件を考える』，東京，大月書店 1987 年 8 月 20 日第 1 次印刷版，第 55 - 68 页。
③　此处所本南京戦史编集委员会编『南京戦史資料集』中所收「松井石根大将戦陣日記」，校对尚精，但删节甚多。
④　「松井石根大将戦陣日記」，南京戦史编集委员会编『南京戦史資料集』，第 22 页。
⑤　「松井石根大将戦陣日記」，南京戦史编集委员会编『南京戦史資料集』，第 24 页。

12 月 29 日记：

> 南京有我军士兵掠夺各国大使馆汽车等物事件。军队的无知粗暴让人吃惊。皇军的声誉因此而遭到破坏,遗憾之极。派遣中山参谋(中山宁人,支那方面军参谋,航空兵少佐)速往南京,迅即处理善后,并命令处罚当事者,当然也处分负责人。特别是上海派遣军由殿下统率,关系到御德和尊仪,故应取严厉的处分方针。①

次年 1 月 6 日记：

> 召集两军参谋长,听取情势,对今后诸事宜给予指示。两军的军纪风纪逐渐控制,努力谨肃,以使今后不再成为最大的忧虑。②

2 月 6 日松井石根最后一次去南京,当日的日记有这样的记载：

> 因多对本事件无根本理解的觉悟,一方面军纪风纪的弛缓尚未完全恢复,各干部又流于情面,陷于姑息,深感让军队来担当地方的宣抚毋宁说是有害无益的,不禁浩叹之至。……军纪风纪问题,果然第十六师团长以下的表现是起因。③

  2 月 10 日松井石根接到解任的命令,16 日他向方面军司令部告别时作的训示中仍强调："振肃军纪、风纪亦为紧要之事。"④2 月 19 日中支那派遣军新司令官畑俊六大将到任,松井石根在做移交时也特别强调："为维持军纪、风纪,军队应集团驻屯,以减少直接与人民的接触。"⑤可见松井石根对

①　「松井石根大将戦陣日記」,南京戦史編集委員会編『南京戦史資料集』,第 24 页。
②　「松井石根大将戦陣日記」,南京戦史編集委員会編『南京戦史資料集』,第 28 页。
③　「松井石根大将戦陣日記」,南京戦史編集委員会編『南京戦史資料集』,第 39 页。
④　「松井石根大将戦陣日記」,南京戦史編集委員会編『南京戦史資料集』,第 43 页。
⑤　「松井石根大将戦陣日記」,南京戦史編集委員会編『南京戦史資料集』,第 44 页。

日军的"觉悟"已到了不抱希望的程度。

从以上所引松井石根大将的日记看,他当时虽没有提到屠杀,①但对日军抢劫、强奸等的暴行则十分清楚。不仅对日军的暴行十分清楚,而且这些暴行已让他感到了"皇军声誉"遭受的无可挽回的损伤。② 松井石根贵为统辖上海派遣军和"精锐"的第十军的总司令,他的消息来源是通畅的。所以,他在东京审判预审阶段声称不知道日军所犯严重暴行,就像伪称日记已烧毁一样,只能被认为是作伪——如是"遗忘",反而不会把话说得那么不留余地。

日军在南京的屠杀和大规模暴行,松井石根明里虽不承认,但从他在死刑判决后对东京大学佛学教授、关押甲级战犯的巢鸭拘留所的"教诲师"花山信胜说的话中,还是有踪迹可循。1948 年 12 月 9 日他留下了这样的话:

> 南京事件可耻之至。……我在日俄战争时,曾作为大尉从军,今天的师团长比起当年的师团长,坏得不能同日而语。日俄战争时,对支那人不用说,即使对俄国人俘虏的处理等也是好的。这次没能做好。
>
> 慰灵仪式后,我把大家召集起来,作为军的司令官流了泪,表示了愤怒。这时朝香宫也在,柳川中将也是军的司令官,本来辉煌的皇威,却由于士兵的暴行一举黯然失色了。后来,大家都笑了,更有甚者,某位师团长甚至说"这有什么可奇怪的!"
>
> 所以,即使只有我落得这样的结果,能让当时的军人们,哪怕多一个也好,深刻反省,我也是非常高兴的。③

---

① 但屠杀发生的最主要原因,正是他发出的扫荡令,当时这一命令一直传达到了每一个士兵,日军官兵都为此"奋勇争先"。关于松井石根对杀俘的责任,将专文另叙。此处仅举一例。步兵第七联队第一中队水谷庄一等兵在日记《战尘》中这样记:"……36 名枪杀。大家都拼命哭,请求饶命,但没有办法。真实无法判定,所以即使多少含有可怜的牺牲者也是无奈的。多少的牺牲者也是不得不的。'彻底扫荡抗日份子和败残兵'是军司令官松井大将下达的命令,所以是严厉的。"(水谷荘著「戦塵」,南京战史编集委员会编『南京戦史资料集』,第 502 页。)
② 据饭沼守日记 2 月 7 日所记,松井仕当日举行的慰灵祭上说:"南京入城式兮耀的心情,以及次日慰灵祭(12 月 18 日)时的感觉,到今天一变而仅省下悲感。在这 50 天的时间里,发生了几多忌讳之事,以至于战殁将士所建之功减半,何颜再见英灵?"(「飯沼守日記」,南京战史编集委员会编『南京戦史资料集』,第 246 页。)饭沼所记"几多",即使是松井原话,当也是遮掩之词,因为"几多"之事是不可能使"功劳"减半的。
③ 花山信胜著《平和の発见》,转引自秦郁彦著『南京事件——虐殺の構造』,第 45 - 46 页。

此处所谓"士兵的暴行",能使"辉煌的皇威""一举黯然失色",自然不是松井石根在预审中说的"军官一人,士兵三人"那样所谓的"若干的不法事件"。松井石根在"人之将死"之际说的这一番有悔意的话,虽未直陈暴行的规模,但含义其实已很明确。

根据以上所述,我们可以肯定松井石根在任时已深悉日军暴行的严重,而他因此被解任更使他绝无轻易遗忘的理由。他在东京审判时佯作不知,既是为了维护"皇军",也是为了维护自己——松井石根是 28 名甲级战犯中唯一仅因"急于防止违约行为"(诉因之五十五)一条罪状被判绞首刑的。

上述既已可见日军暴行为日本军政当局和松井石根本人悉知,则本节之主旨已明。但日军暴行是否为日本天皇裕仁所知仍是个值得关注的疑问。裕仁确实没有直接指挥战争,但他是整个战争的"精神领袖",不仅是精神领袖,他对战事也是高度投入的[①]:

> 事态急迫的 11 日,早上 7 点半,阿南陆军省人事局长首先来御邸伺候,上午闲院参谋总长宫殿下拜谒,下午伏见军令部长宫殿下拜谒,闲院参谋总长宫殿下再次拜谒,近卫首相、杉山陆相等又相继拜谒。陛下早于平常 7 点起床,一直到深夜足不出户,作为日课的运动,在海岸的散步一概取消,终日穿着军服在政务室精励于政务,侧近者都诚惶诚恐地感激。[②]

此处所述虽是"七七"后的"一日",但也是裕仁在战争期间为了战事宵衣旰食的一个缩影。

裕仁在上海派遣军组成后,曾赐松井石根"敕语",说:"朕委卿统率上海

---

① 此处只说裕仁,实际整个皇族都是高度投入的。如日军兵临南京城下,朝香宫将皇太后所赐真丝背心和点心赐予高级将领以资鼓励,饭沼守在 12 月 9 日日记中称:"无上感泣"。(「飯沼守日記」,南京戦史編集委員会編『南京戦史資料集』,第 209 頁。)

② 全國各縣代表新聞五十社協力執筆『支那事變皇國之精華』「畏し事變時の竹の園生」,上海每日新聞社 1939 年 1 月 25 日第 1 版,第 1 頁。

派遣军","应迅速勘定敌军,显扬皇军之武威于中外,以不负朕之信赖"。①
日军攻占南京的次日裕仁又下"御旨",对日军的"勇猛果敢"以及快速攻陷
南京表示"深感满足"。② 在攻占南京之前并早已赐下"御酒"以备"庆贺"。
但战后他对战争责任等问题却一概回避。1975 年秋访美回国,在回答记者
的有关提问时,他这样说:"对这种语言上的'措辞',因为我对文学不太有研
究,不太明白,所以对这个问题无法回答。"③(裕仁如此推诿,受到了日本左
翼的严厉批判。)裕仁去世后,他的口述于 1946 年的"独白录"出版,其中说
他在攻击南京之前曾有"和平"之议。④ 但从更晚出的《侍从长的遗言》看,
裕仁"也许"也是南京暴行的知情人。《侍从长的遗言》说:

> 南京屠杀有还是没有的争论,当时的有关人员大多是知道的。陛
> 下知不知道不清楚,但偶尔说到过"和日俄战争时的军队不一样"。⑤

裕仁是否知情,现有的材料"也许"还不足断论,但诚如日本学者所说:

> 在南京大残虐事件的凶涛恶浪中,天皇是"深感满足"的。天皇确
> 实没有对大屠杀直接下手,也没有直接下令杀害俘虏,但他是大日本帝
> 国的唯一元首,正是他是帝国陆海军的"大元帅"。满洲事变以后,日本

---

① 防衛庁防衛研修所戦史室編『大本営陸軍部』1,東京,朝雲新聞社 1967 年 9 月 25 日第 1 版,第 471 页。
② 南京戦史編集委員会編『南京戦史資料集』,第 18 页
③ 1975 年 10 月 31 日回答日本记者俱乐部提问。(转引自津田道夫著『南京大虐殺と日本人の精神構造』,東京,社会評論社 1995 年 6 月 15 日第 1 版,第 259 - 260 页。)
④ 陈鹏仁译《昭和天皇回忆录》,台北,台湾新生报出版部 1991 年 9 月第 1 版,第 36 页。此节之后的注文中更有:"德国驻华大使陶德曼所仲介的中日和平工作,于 1937 年 12 月有很大的进展。7 日,蒋介石告诉陶德曼:愿以日方的和平条件为基础举行中日会谈。由广田弘毅外相得知这个消息的昭和天皇很高兴地说'那太好了'。可是,此时参谋部已经根据畑军司令官很强烈的呈报意见下达了攻击南京的命令。这真是历史的转折点。"(同上第 37 页。)所谓"太好了",不知何据? 但从误松井石根为畑俊六及译文之不够严密看,此说尚不足称信。裕仁在美国主导下被免责,中、苏等国均持异议,日本右翼从相反的立场出发亦表示不满——认为裕仁本来无罪,凶而尤责可免。裕仁尤责之说,随冷战结束后日本社会右倾化的加剧而被广泛接受。如近年对日本主流社会最具影响力的评论家田原总一郎,在近著中也认为裕仁是始终反对战争的。(见田原总一郎著『日本の戦争——なぜ、戦いに踏み切ったか』第 7 章「八紘一宇」之「天皇の『戦争反対』はなぜ通らなかったのか」小节,東京,小学館 2001 年 1 月 1 日第 4 次印刷版,第 441 - 452 页。)
⑤ 『侍従長の遺言』,朝日出版社 1997 年版,转引自『南京大虐殺否定論 13 のウソ』,第 37 页。

军队的通称由"国军"变成了"皇军"。对中国的侵略战争是在天皇的名义下作为"圣战"进行的。这个"圣战"的方针，和藐视中国的意识相辅翼，消解罪恶感，将所有的残虐行为合理化。所以，天皇至少必须承担南京大残虐事件道德上的最高责任是毋庸置疑的。[1]

三

那么，战时日本本土的大众是否"不知道"日军在南京的暴行呢？在正面解决这一问题之前，我们不妨先逆向作一假设，假设日本大众完全"不知道"日军的暴行，然后看一看是什么原因造成了这种"不知道"？

个别的"不知道"有多种可能，但整体的"不知道"则无非是两种可能，即：一，并无其事；二，仅仅是不知其事。而不知其事的最大理由就是"知"的渠道遭到了封锁。所以"不知道"和不存在如果要划等号，资讯通畅是一个必要条件。本文开头曾引《虚构》中的一段话，其中有这样一句："《读卖新闻》原四郎特派员也说得很明确"，所谓"说得很明确"是指这样一段话：

> 我得到在南京发生了似乎是大屠杀的情报，是在南京陷落三个月后，当时军队并没有发布箝口令（重点号为引者所加，以下由引者所加者不再注明）。为什么现在会有这样的新闻……感到不可思议，向各个支局确认，也不得要领。大多数意见认为，这又是中国军队的宣传工作。[2]

---

① 津田道夫著『南京大虐殺と日本人の精神構造』，第 259 页。日本海军元帅山本五十六在遗书中以诗明志："高远哉君恩，悠久哉皇国，当思君国百年计，一生荣辱生死何甚论"，表明要"一死报君国"。（山本义正著『わが父山本五十六最後の晩餐と遺書』，『正論』，东京，産経新聞社，2001 年 9 月号，第 61 页。）当时日本无数将士的所作所为正是在"君恩"的感召下作出的。
② 田中正明著『「南京虐殺」の虚構——松井大将の日記をめぐって』，第 243 页。所谓中国"宣传"之说，在日本右翼中十分流行，如《从报道战线看日中战争》说："从战争中直至今天，由日本军造成的南京大屠杀事件、在南京市内的二万人强奸事件，仍通行着。可以说，这是蒋介石宣传战的胜利。"（西岡香織著『報道戦線から見た日中戦争——陸軍報道部長馬淵逸雄の足跡』，东京，芙蓉書房 1999 年 6 月 25 日第 1 版，第 127 页。）

如果这段话属实，真的"并没有发布箝口令"，那对"大屠杀的情报"存疑就是有理由的。日本右翼喜欢讲社会身份，以为"身份"是责任和可信度的保障。[1] 这位原四郎曾是日本首屈一指的大报《读卖新闻》的顾问，他的话应该是最可信的了，可惜这是一个地道的谎话！

自"满洲事变"以后，日本军政当局开始管制新闻，至"七七"事变，对消息的封锁已达到了相当严厉的程度。7月13日内务省警保局下令，所有有关侵华日军的记事、照片除陆军省外一概不许发表。7月31日"新闻纸法第二十七条"通过，规定陆军大臣、海军大臣、外务大臣有权禁止和限制有关军事、外交事项的发表。同日陆军省公布了相应的"省令第二十四号"及"新闻揭载禁止事项之标准"。而在这些"禁止事项"中，日军暴行是重要的内容。早在"新闻纸法第二十七条"通过的三天前，陆军省新闻班已实施了"新闻揭载事项许否判定要领"，其中有关揭载"不许可"的内容就明确规定：

6. 有关支那兵或支那人逮捕、讯问等记事、照片中给人以虐待感的恐怖的东西；

7. 惨虐的照片，但如果是关于支那兵的惨虐行为的记事则无碍。[2]

这些事实原四郎和《虚构》都不应该不知道。

进攻南京前夕的12月1日，大本营规定："宣传谋略及一般谍报由方面军司令部所属少将负责。但报道以'报道部发表'的形式，谋略将另做指示。"[3]稍后在"对外宣传"的"具体宣传纲要"中又规定：

应宣传帝国军队有纪律的行动、武士道的态度以及在占领地的仁

---

[1] 如女作家、现任日本财团会长曾野绫子最近在谈到本·拉登时，说其母亲出身于也门家族，"绝对进不了沙特阿拉伯的上流社会"，然后说："他将'私愤'化为'公愤'。从这点上看是左翼的思想。左翼总是将自己的恨全部转变成'公愤'，即所谓'社会的恶'的语言。"（曽野綾子、徳岡孝夫対談「我ら、キリスト教徒から見たィスラム」，『諸君！』，東京，文藝春秋社，2001年12月号，第28页。）

[2] 转引自山中恒著『新聞は戦争を美化せよ！——戦時国家情報機構史』，東京，小学館2001年1月1日第1版，第225页。中山恒此著对战时日本政府和军方对言论的控制有详实的论述。

[3] 「大陸指第九號」，臼井勝美、稲葉正夫編集、解説『現代史資料』9「日中戦争」2，東京，みすず書房1964年9月30日第1版，第217页。

慈的行为。①

从这些材料中我们可以看到：一、战时日本官方对新闻实行严格控制；二、反映日军暴行的记事和照片的发表受到严禁——所谓"不许可"；三、不仅严禁反映日军的暴行，反而必须宣传日军的"仁慈"；四、突出"支那兵的残虐行为"。也就是说，不仅是严加控制，而且还歪曲宣传。日本学者菊地昌典在三十年前就说：

> 要从当时的日本报纸了解南京大屠杀，近乎不可能。赫赫战果，日本军的人道主义，后方日本国民的无保留声援，这样的新闻充斥了报纸。……
>
> 读南京事件前后的报纸，首先痛感的是，在这时大报已完全成了天皇制法西斯走狗的严酷事实。……
>
> 要从这样的报纸力透纸背地认清"皇军"的残虐和侵略性格，是至难的。②

在这样的歪曲宣传之下，日本大众所能得到的只是个虚象，这个虚象比不知情距离事实更远。这一点，当时在南京的外国人实际已看得很清楚。南京"自治委员会"成立，日军为了营造喜庆气氛，要求安全区派员千名参加，《魏特琳日记》说到了参加者的感觉："我们的一位代表对此感到恶心，连晚饭都没吃。"但接着的一句却是："毫无疑问，你们会看到人们对新政权热情支持的电影。"③这一讥评并不需要多少识力，因为站在局外一望而可知，所以日本右翼至今仍以这些"热情支持"的材料作为援据，只能说明他们的立场与战时日本国策的完全一致。不仅有这样的面向日本国内的造假，对

---

① 转引自山中恒著『新聞は戦争を美化せよ！——戦時国家情報機構史』，第283页。
② 菊地昌典著「南京事件と日本の新聞報道」，『日中戦争資料』8 付録，第2–4页。
③ 明妮·魏特琳(Minnie Vautrin)著、南京师范大学南京大屠杀研究中心译《魏特琳日记》，江苏人民出版社，2000年10月第1版，第220页。

占领下的南京也以假象粉饰。曾任南京安全区副主任的费奇（George Fitch）以后在回忆录中说：

　　画是日本人在南京市到处张贴的，说他们现在正在考虑百姓的福利。有一张宣传画是一名微笑的妇女和他的孩子跪在一名日本兵前，接受他赠予的一块面包。其说明语是："日本军队安抚难民，南京市的和谐气氛越加可喜。"同时，他们还散布彻头彻尾的谎言："人民遭受抗日军队的压迫，苦难深重，没有食粮，没有药品，可是皇军进了城，刺刀已入鞘，伸出了怜悯的手……将恩惠和关怀给予优秀的真诚的市民……成千上万的难民放弃了他们过去反对日本的愚蠢态度，拍手欢呼得到了生命的保证。"如此令人作呕的字句，有数段；最后还有这样一幅画——"日本兵与中国儿童愉快地一起在公园中游乐：南京是全世界最好的地方，能看到人们生活于安居乐业的气氛之中"。这些文字来自我许多同事翻译，所以我保证准确无误，绝非杜撰。①

　　德国驻华大使馆政务秘书罗森（Georg Rosen）在给外交部的信中说："日本人带来了漂亮的彩色宣传画，一个和蔼可亲的日本人手中端着饭盒，肩上坐着一个中国小孩，贫困而诚实的农民父母以充满感激和幸福的目光注视着这位心地善良的叔叔。遗憾的是，这类彩色宣传画与现实不符，只能把它看成是招揽旅游生意的广告！"。②

　　这样的"宣传"尤其是"不许可"方针，在当时得到了彻底地贯彻。比如在日军攻占南京一个半月后，日本同盟社发回了英国保守派报纸《每日电讯》有关日军暴行报道的介绍，内阁情报部就下令"不发表"。③ 当时派驻纽约的《朝日新闻》记者森恭三在《我的朝日新闻社史》中说：

---

① 《日本帝国主义侵华档案资料选编·南京大屠杀》，第 1045 页。
② 《日本帝国主义侵华档案资料选编·南京大屠杀》，第 161 页。
③ 《绝密、内阁情报部一·三一、情报第三号》，转引自山中恒著『新聞は戦争を美化せよ！——戦時国家情報機構史』，第 285 页。

我认真思考新闻的"通知的义务",是作为特派员去海外时。日本军的南京屠杀事件(1937年12月)在美国的报纸上大大的报道,作为纽约特派员,我当然将此详细地发回了电报。然而从东京寄来的报纸却一行也未记载。不仅如此,而且从东京的编辑部发来的都是诸如"以台湾为基地出发的海军航空队越洋轰炸中国本土成功,对此次划时期壮举的美国反响,立即来电"之类的指令。这不能不让我痛感特派员和本社之间的裂痕。①

据日本战时内务省警保局主办的《出版警察报》第111、112号,可以看到从1937年12月到次年2月有大量进口报纸被禁止在国内流传,理由就是因为记载了日军在南京的暴行。其中有:

1937年12月份

The Shanghai Evening Post & Mercury(上海)23日——《南京城的暴虐、令司令部惊愕、军队失控》

同上报,24日——《时报的暴露》

同上报,25日——《目击者说在南京日本军的暴行是事实》

The North-China Daily News(上海)25日——《攻占首都后立即强奸、掠夺》

The China Press(上海)25日——《日本军野蛮行为的确证》

The North China Herald(上海)29日——《占领首都时的强奸掠夺》

The China Critic(上海)30日——《南京的强奸》

South China Morning Post(香港)25日——《南京陷落的恐怖活动》

The People' Tribune(香港)26日——《在南京日本的文化使命》

---

① 森恭三著『私の朝日新聞史』,東京,田畑書店1981年9月30日第1版,第24页。

《天光报》(香港)25 日——《国人如何清算此血染之账簿,敌人在首都进行大屠杀》

《工商晚报》(香港)25 日——《敌攻陷南京后恣意屠杀,壮丁五万人惨遭杀害》

《循环日报》(香港)27 日——《南京来港的西洋人,愤慨述说日军蹂躏南京之情况》

《越华报》(广州)25 日——《美国记者发表敌人在南京奸淫、掠夺、蹂躏之惨状》

《工商日报》(香港)25 日——《敌军在南京恣意大惨杀》

同上报,26 日——《敌军在南京恣意大惨杀》(原文如此)

《国华报》(广州)26 日——《敌人在南京奸淫、掠夺、大屠杀》

Peking & Tientsin Times(天津)31 日——《占领首都后的强奸掠夺》

《星洲日报期刊》(原文如此,新加坡)26 日——《日军兽性发作,在南京屠城》

《新报》(雅加达)27 日——《在南京日本军的暴行》

The New York Times(纽约)18 日——《俘虏悉数遭斩杀》

同上报,19 日——《日本正在控制南京的暴行》

New York Herald Tribune(纽约)25 日——《南京陷落后恐怖状态的告发之书》

The Times(伦敦)18 日——《南京的恐怖活动》

1938 年 1 月份

The Times Weekly Edition(伦敦)23 日——《南京的恐怖》

Life(芝加哥)10 日——《关于攻略南京的记事和照片》

《中山日报》(广州)23 日——《兽行疯狂发作,敌人屠城南京》

The Natal Mercury(德班)29 日——《在南京残忍和色欲的乱舞》

《新闻》(西雅图)10 日——第 4 号《流行威胁下的日本》

1938 年 2 月份

The Manchester Guardian(曼彻斯特)7 日——《南京的恐怖主义》

The Manchester Guardian Weekly(曼彻斯特)11 日——《关于南京的暴虐》

《华字日报》(香港)21 日——《逃出南京来到汉口者的谈话》①

据洞富雄的统计,上引还远不是被禁报刊的全部。

仅看上引,或会误以为日本政府、军方虽然严禁日军暴行在日本流传,但并不禁止事发源头南京的外传。实情当然不是如此。日前重读《饭沼守日记》,发现了一条以前没有注意的材料,现引于下:

次长来电如下:据驻南京美国领事报告,1 月 15 日至 18 日,日本兵从美国权下(似指产权属美国的机构——引者)带走妇女八名,从金陵大学破壁抢走钢琴。在南京的外交官处于无力状态,军方也不加规制,因此在东京的美国大使提出抗议。今日尚有如此士兵实在令人遗憾。但今天闯入挂有美国国旗的房子抢劫的士兵,被与美国使馆秘书同行的宪兵拘押。美国的抗议似属真实。但作为我方,对领事违反最初约定,向中央拍发如此企图可疑的电报,提出抗议。他对拍发电报事绝口否认。②

日军与美国(或许也包括其他国家)有什么"约定",《饭沼守日记》未载,但循上引之意,当是指对日军暴行,美国应仅向驻宁日军提出,由驻宁日军解决,而不能越过驻宁日军向日本中央报告,向外部扩散理当更不会允许。《上村利道日记》中也有一条记载,与此恰可合观,说明这是日军的一个"立场",并非偶然。《上村利道日记》1 月 21 日记:

---

① 转引自洞富雄著『南京大虐殺の証明』,東京,朝日新聞社 1986 年 3 月 5 日第 1 版,第 225 - 227 页。

② 「飯沼守日記」,南京戦史編集委員会編『南京戦史資料集』,第 240 页。

就掠夺、劫持妇女等军纪问题，美国驻东京大使说"外交官无力，军部统制的意志全无"，参谋次长要求调查真相。由本乡参谋交涉，领事道歉……①

驻宁日军不是核实情况，反而是堵住消息源，可见驻宁日军高层对暴行心知肚明。（就此点而言，东京审判以"怠于防止"作为判定松井石根的罪名，并不过分。）

当时对日军暴行外传的防范，不仅是日军，只要日本力量所及，都是不遗余力的。《拉贝日记》2月9日有如下一段记载，即可见日本使馆在这点上的"努力"：

> 为解决我申请往返上海的事宜，福井先生约我今天一早就去日本大使馆。也许他想再次提醒我，让我切切不可忘记，去上海只许说日本人的好话！（重点号为原文所有——引者）如果他认为我会不同意，那就大错特错了。当然在这方面他不会错，我也不会错，他对我已经相当了解，他知道，我会以同样的亚洲式虚伪向他保证，说他想听的话。②

福井对拉贝所说，果然如拉贝"也许"的推测：

> 昨天去日本大使馆，想会见福井先生，未遇。当晚6时，他来看我，商谈我去上海事宜。他果然忍不住威胁我说："如果您在上海对报社记者说我们的坏话，（重点号为原文所有——引者）您就是与日本军队为敌。"他告诉我说，克勒格尔的报告非常差劲，并以一份来自伦敦的长篇电报为例，说明克勒格尔的思想很坏。他相信，此份电报是从香港拍给他的。我忙安慰福井说，依我看，那段时间克勒格尔根本不在香港。这显然毫无意义，因为电报有可能就是在上海拍的。从下面1月28日克

---

① 「上村利道日记」，南京战史编集委员会编『南京战史资料集』，第292页。
② 中文版《拉贝日记》，第599页。

勒格尔的来信中得知,他在上海作了详细报告,并同意公开发表。我问福井,允许我在上海说些什么,他回答说:"这就由您自己斟酌了。"对此,我说:"依我看,您期待着我对报界这样说:南京的局势日益好转,贵刊不要再刊登有关日本士兵罪恶行径的报道,这样做等于是火上加油,使日本人和欧洲人之间更增添不和的气氛。""好!"他喜形于色地说:"真是太棒了!"好吧,我亲爱的福井先生,现在请您给我机会与你们的麻生①将军和本后②少佐亲自谈谈此事,听说本后先生说得一口流利的德语。我认为,我和贵方之间,即委员会和日本军方之间总会取得谅解并进行友好合作。我们为鼓楼医院争取到几个外国医生和护理人员,您为什么还拒发他们来南京的通行证?为什么不允许我们从上海船运粮食来南京?为什么禁止我们进入外交部里面的红十字医院?这个医院还是由我们委员会提供食品的呢!"他的答复就是耸耸肩膀或是翻来覆去的那一句话:"如果您说日本人的坏话,就要激怒日本军方,这样,您就回不了南京。"③

从上可见,日本使馆对说日本人的"坏话"也是决不允许的。

《曼彻斯特卫报》记者田伯烈(H. J. Timperley),是首部揭露日军暴行的著作《外人目睹中之日军暴行》的作者,他在向报社发回电稿时就遭到了日方的扣押。④ 他后来说:

> 去年12月间,日军攻陷南京后,对于中国的无辜平民,枪杀奸淫掳

---

① 当时无此人,据此名之字音还原应为"天谷"。1月9日起,日军天谷支队(支队长为第十一师团步兵第十旅团旅团长天谷直次郎少将)取代第十六师团警卫南京,故此处之"麻生",当为天谷,即天谷直次郎。

② "本后"应为"本乡",即前引上村利道所说与美领事打交道的本乡忠夫少佐。

③ 中文版《拉贝日记》,第600—601页。

④ 板仓由明曾提出质疑,认为"在当时的国际都市上海,日本军不具有阻止外国通讯社发出电文的权限。"(板仓由明著,「南京大虐殺」の真相(続)——ティパーリの陰謀,『じゅん刊·世界と日本』,内外ニュース社,1984年6月15日号。)洞富雄据松井石根日记所记予以驳斥。(11月28日日记谓:"此日,在共同租界的支那政府的电报局、新闻检查所及海关等由我官宪接收。"『松井石根大将戦陣日誌』,東京,芙蓉書房1985年版,第115页,南京戦史編集委員会編『南京戦史資料集』版此节被删除。洞富雄驳文见其所著『南京大虐殺の証明』,第41—42页。)板仓由明虽从不认错,但此文未再收入他的论集(板仓由明著『本当はこうだった南京事件』,東京,日本図書刊行会1999年12月8日第1版)。

掠,无所不为。我以为身为新闻记者,职责有关,曾将所见所闻的日军暴行,拟成电稿,拍发《孟却斯德导报》(《曼彻斯特卫报》之旧译——引者,Manchester Guardian)。不料上海日方的电报检查员,向当局请示后,认为内容"过于夸张",加以扣留,屡经交涉,都不得要领。①

除了高层发出的对媒体等的严厉禁令,为防日军暴行流传至国内,对普通知情人也有严戒。曾参加进攻南京的曾根一夫在《南京屠杀和战争》中说:

> 为了不使军队在战地的恶的一面让国民知道,在强化新闻管制的同时,对在战地的士兵的泄漏严密封锁。南京攻击战结束后,部分老兵返回内地时就曾被禁口。我也是昭和 15 年秋返回内地的。在离开所属部队之际,被告诫"诸位回到内地,征召解除就成了地方百姓了,但作为军人的名誉是值得自豪的,而有污皇军体面的事绝对不许外传。"
>
> 这是烦琐的说法,要而言之就是:"即使回到内地,离开军队,在战场干的坏事也绝对不许说。"②

---

① 田伯烈编著《外人目睹中之日军暴行》,侵华日军南京大屠杀史料编委会、南京图书馆《侵华日军南京大屠杀史料》,江苏古籍出版社 1998 年 2 月第 1 版第 5 次印刷版,第 157 - 158 页。田伯烈说: 他之所以编著此书,目的正在于要将这些受到日方阻拦的信息"公诸世界"。(同上第 158 页)但北村稔最近撰文,认为当时的对外渠道不仅是电报,还可以通过航空邮路和无线电,如《纽约时报》记者 F. Tillman Durdin 就通过空邮发回了长篇记事。而且田伯烈报道的要旨,已在 1938 年 1 月 21 日的《字林西报》(North-China Daily News)刊出。因此田伯烈的表现只是国民政府宣传部的"阴谋"。(见北村稔著『「南京事件」の探究——その実像をもとめて』第一部「国民党国際宣傳処と戦時対外戦略」,東京,文藝春秋社 2001 年 11 月 20 日第 1 版,第 25 - 64 页。)北村标榜"实事求是"(用中文原句),最近日本有人著文,指出北村的本质仍是"政治"的。(见山田要一著,歴史改ざんの新意匠——北村稔『「南京事件」の探究』の実像,『人権と教育』341 号,東京,社会評論社 2002 年 5 月 20 日,第 139 - 149 页。)

② 曾根一夫著『南京虐殺と戦争』,東京,泰流社 1988 年 4 月 24 日第 2 次印刷版,第 106 页。当时日军当局,对"归还军人"的言行相当注意,比如 1941 年兵务局长在参谋长会议上专门讲了回归军人"对军风纪不良状况的言过其实地夸大,虽非恶意,但逐渐培养反军反战思想",故而要特别地予以重视(「参謀長会同席に於ける兵務局長口演」,藤原彰編集、解説『資料日本現代史』1「軍隊内の反戦運動」,東京,大月書店 1980 年 7 月 25 日,第 343 页。)。但的确有不少日本老兵至今仍严把关口,决不为"皇军""丢脸"。日本秋田大学教授山田正行,近年多次采访已届高龄的一位侵滇老兵(当时为中尉),该老兵对"慰安妇"矢口否认,说从未听说有此事等,但在某次谈及其他话题时,这位老中尉不经意地说了这样一段话:"部队发给避孕套,但连武器弹药和食物都无法补充时,避孕套自然也无法分发了,士兵们只能把用过的避孕套洗净凉干,为了再次使用。"山田在此句之后不无揶揄地说:"这就是不知道'从军慰安妇',但给官兵们'分发避孕套'的意味。"(山田正行著『アイデンティティと戦争——戦中期中国雲南省滇西地区の心理歴史研究』,鹿沼市[栃木],グリーンピース出版会 2002 年 5 月 20 日第 1 版,第 103 - 104 页。)

这些禁令应该说收到了相当的效果。而当日本战败,对媒体的控制解除,日军在南京的暴行很快便得以公开流传。这一流传不是在通常说的 1946 年 8 月远东国际军事审判提出此事件之后,而是在之前。而且,也并非如《虚构》等所说都是由占领军"强迫"发表。早在 1946 年 3 月号的《人民评论》上,金子廉二已以"天皇的军队"为题介绍了田伯烈的《外人目睹中之日军暴行》,金子廉二并说:

> 这样的残虐行为并非日本民族与生俱来。这是经过常年军国主义教育的可怕的结果。国民的正义感受到长时间的有组织的麻痹。日本的所谓军队教育就是为了造就这样的没有人性的强盗,造就这样的驯服工具。为了实现这一目的,学校、报纸、杂志、电影及其他一切机关都被动员了起来。……日本社会在第一次试图由正义支配的今天,赋予我们国民的第一个任务就是彻底追究强制、领导如此令人战栗的犯罪的首谋及其随从,以人民自己的审判来给以断然的处理。只有这样,才能祛除我们日本民族中的一切的犯罪要素,才能为这样的罪行道歉。若非如此,我们对全世界的人类,将永远是罪人。①

上引可以证明:一、《虚构》等右翼坚持的所谓日本国民在东京审判上"第一次知道"日军在南京的暴行,若是事实,则这一事实的造成完全是由战时日本军政当局的封锁消息造成的;二、同时可以证明,日本占领军虽然力图阻止日军暴行的外传,但行效有限,在日本之外,日军在南京烧、杀、抢、掠、强奸,已广为世界所知。

四

日本以外的世界无所不知,而日本内部一无所知,只能证明战时日本军

---

① 「人民評論」,伊藤書店出版,洞富雄編『日中戦争南京大残虐事件資料集』第 2 巻英文資料編,東京,青木書店 1986 年 10 月 15 日第 1 版,第 3 - 4 页。同氏所編『日中戦争史資料』版所引同文未书金子廉二之名。(洞富雄編『日中戦争史資料』9「南京事件」,第 7 页。)

政当局控制之有效，而决不能证明日军暴行之有无，已一如上述。日本军政高层之对暴行完全知情，先此也已证明。因此《虚构》等"不知道"之说已被推翻。但依《虚构》等一派的素行，他们并不会因此认账，因为他们自认为手中还有"五岛广作"等所说的"既未看到，也未听说"那样的王牌。所以我们还是有必要再做一"叠床架屋"式的检讨，姑以上引记载为"误传"，看一看进入南京的"记者""摄影师""评论家""诗人""作家"以及日军官兵——对加害者暂做"无罪推定"——是否"知情"。这固然是退让，但又不仅是退让，因为只有将这点彻底澄清，对《虚构》等的观点才能真正起到釜底抽薪的作用。

在上节中我们说到中日全面战争爆发以后日本新闻检查制度的严厉，这是日军暴行不可能在日本发表的最主要障碍。正如事发时在南京的《读卖新闻》记者小俣行男所说："写了不仅无法发表，还肯定会受处分，因此只能专意于'皇军的英勇善战'。"①当时也在南京的《朝日新闻》记者今井正刚目睹了在下关江边的大量"处刑"，记下了"难以言语的苦痛心情"（秦郁彦语）：②

"真是很想写啊"

"是什么时候呵。嗨，眼下是不能写了。但是我们真是看到了呀"

"真是再应看一看，用这只眼"

说着起了身。不知什么时候，机枪声停了。③

当时在南京的许多日本记者，都是这样的见证人，时任联合通讯社上海分社社长的松本重治，在回忆录《上海时代》中这样说：

我最近为了参考，直接听了作为随军记者在攻占后的南京采访过数日的原来的同僚新井正义、前田雄二、深泽干藏三氏所谈的当时的情

① 小俣行男『侵掠』，转引自秦郁彦著『南京事件——虐殺の構造』，第17页。
② 秦郁彦著『南京事件——虐殺の構造』，第18页。
③ 今井正刚著「南京城内の大量殺人」，猪瀬直樹監修、高梨正樹編『目撃者が語る日中戦争』，東京，新人物往来社1989年11月10日第1版，第58页。今井文初刊于『特集・文藝春秋』1956年12月号。

况。特别是深泽氏，一直记从军日记，我也读了，很有参考价值。三人在 12 月 16 日到 17 日直接看到的，首先是下关往草鞋峡方向的河岸一带的许多烧死的尸体。有的说约二千人，有的说约二三千人。大概是用机关枪扫射，再浇上汽油烧死的。另外，从河岸放入扬子江的也许有数千。还有，在原军政部院内，年轻军官称为"新兵训练"，让新兵用枪刺刺杀中国俘虏，然后扔入那里的防空壕，前田氏看到刺杀到十二三人，感到恶心，开始呕吐，就离开了。又在军官学校院内，看到用手枪射杀俘虏，看了二人，实在看不下去了。[①]

虽然"看不下去"，但受极端民族主义的熏染，当时的日本人很难有抵抗的"觉悟"。日本"南京事件"研究的代表人物之一秦郁彦[②]对此曾感叹道："向这一禁忌挑战的记者一人也没有，不免让人感到寂寞。"不过秦氏以为："如果深加探索，关于南京事件的蛛丝马迹，并不是不能找到的。"他引述《朝日新闻》记者中村正吾在日军攻下南京的次日与《纽约时报》记者德丁会面后说的"真让人恐怖"一语，及其他记者报道的"在江岸俘获一万五千俘虏""搜索潜伏的二万五千败残兵""掠夺的痕迹"等"意味深长"[③]的话以为证明。

然而，对日军持批判立场的报道不可见，并不等于暴露日军暴行的报道不可见。秦氏及日本有些学者认为只有"蛛丝马迹"，是由于他们对材料的认可过于"矜持"，以至于彰明较著的证据也入不了他们的眼目——因为在对"皇军英勇善战"的谀颂中，本来是并不乏暴行的记录的。这些记录中的最著名一件，就是被日本右翼一致（日本右翼在其他问题上多有分歧）"平

① 松本重治著『上海時代』，東京，中央公論社 1977 年 5 月 31 日第 1 版，第 675 – 676 页。
② 秦郁彦虽不是"大屠杀派"，但他的学院式研究对动摇"虚构派"仍有贡献。日本"大屠杀派"对秦氏也多有肯定，如本多胜一以为，虽然他"对屠杀的定义和人数，在基本上抱有大的疑问"，但还是"应该予以[肯定]评价"。(本多胜一编『裁かれた南京大虐殺』，東京，晚聲社 1989 年 6 月 1 日第 3 次印刷版，第 5 页。)对"虚构派"之名持保留意见，但对南京大屠杀持彻底否定立场的田中正明，对秦氏则批评道："加登川、秦两氏都没有跨出东京审判史观一步，仅是数字上的不同，与屠杀派在本质上能说有什么区别么？"(田中正明著『南京事件の総括──虐殺否定十五の論拠』，第 67 页。)加登川指加登川幸太郎，在《南京战史》编写成员中列名第一。虽然否定南京大屠杀是《南京战史》的基本倾向，但加登川本人的立场还是略有区别，他曾说："南京 12 月 13 日攻占，但留下的是'南京大屠杀'的污名。"(加登川幸太郎著『中国と日本陸軍』下，東京，主文社 1978 年 [未注明出版月份] 第 1 版，第 201 页。)
③ 秦郁彦著『南京事件──虐殺の構造』，第 18、17 页。

反"的"片桐部队"①的向井敏明和野田毅两位少尉的杀人比赛。此报道当时分四次刊于《东京日日新闻》(《每日新闻》的前身),其中12月13日还刊有两人手撑日本刀的大幅照片,两人在战后也因此而被南京军事法庭判处死刑。此事之真伪②本文姑且不论,但刊发此消息的是日本一流大报,战时又从未有人出来"辟谣",所以日本国民对日军暴行确实已无"不知"的理由,如果真是"不知",那就一定如金子廉二所说是由于完全"麻痹"而造成的视若无睹。

日本自明治晚期起,极端民族主义成为社会思潮的主流,濡染所及,日本大众不仅"正义感"受到"麻痹",其本身也成了向外扩张的最主要原动力。③ 在整个战争期间,尤其是在战争的初期,日本的战争政策受到了日本民众的高度支持。卢沟桥事变刚刚爆发,7月12日本工会总联合会即发表声明,号召协助战争。7月14日东京银座的女子开展所谓"千人针"④活动,为前线将士"送温暖"。以后各类慰劳,如"慰问袋""慰问文"以及各种形式的"支前"活动相当普遍。7月30日日本陆军省公布战争爆发以来所收到的"恤兵金"达二百六十九万余日元(依当时币值,此为相当可观的数目)及约

① 日本战败以前军队由地缘组成,目的是以荣辱与共来增强战斗力。"片桐部队"是片桐护郎大佐为联队长的第十六师团步兵第十九旅团所辖的第九联队——京都联队。
② 铃木明1972年在日本右翼重镇《诸君!》发表《"南京大屠杀"之谜》,为向井敏明和野田毅叫屈,次年同名著作出版,成为70年代以来否定"南京大屠杀"浪潮的滥觞。(铃木明著『「南京大虐殺」のまぼろし』,東京,文藝春秋社1973年3月10日第1版。)近年日本"大屠杀派"已默认"比赛"为在军国主义环境里媒体的编造,但此二人之大量杀人不应有疑问。如在世的"大屠杀派"第一人藤原彰以为:此事"是作为战斗中的勇武传制作的,但可以认为杀过不抵抗的俘虏"。(「まぼろし派、中間派、大虐殺派三派合同大アンケート」,第193页。)作者以为:日本"虚构派"的证明即便属实,也完全不足以动摇战时"百人斩"的记载。详请参拙文〈再论"百人斩"〉,南京,《江苏社会科学》2002年第6期。
③ 日本学者津田道夫不同意"日本人民也是受害者"的流行说法,认为:日本对中国发动的战争是"总力战",即所谓"圣战","是每个国民都被作为战争的执行主体动员起来的战争,即使作为和战争领导层另一个层面的问题,日本大众的战争责任也应该被追究"。(津田道夫著《南京大屠殺与日本人的精神構造》中文版序言,《百年》,東京,百年雜誌社,1999年5月第3期,第74页。)作者要以为:"日本大众是日本侵略战争的受益者;即使他们同受军国主义之害,这种受害与被侵略国人民所受的苦难也是不能同日而语的。"(拙文《中国大陆的日本观》,《历史月刊》,台北,联经出版公司,2001年6月号,第46页。)
④ "从中日战争到太平洋战争,'千人针'在后方女性中盛行。在白布或黄布上用红线一人一针绣出千个圆,以这个线头上系五钱或十钱的白镍钱。一般是腰围的形式。系五钱的意思是'超过四钱(日语死线的谐音)',十钱的意思是'超过九钱(日语苦战的谐音)'。另从'虎走千里,千里归'出发,由寅年出生的女性,依年龄数缝针数。所谓'千'的数字也意味着多数,渴望以这些数字,通过多数的合力避危就安。"(原田勝正等编集『日中戦争への道』,東京,講談社1989年10月20日第1版,第270页。)

当六万元的实物。所以像上引今井正刚那样的内心苦痛，已殊属难得。那么，"写了不仅无法发表，还肯定会受处分"是否迫使所有人都噤默不言了呢？

其实，有一件特别有名的"例外"。日本名作家石川达三在战争爆发后来中国，随军体验生活，在日军攻陷南京不久，毕一旬之力（1938 年 2 月 1 日至 10 日）写了著名的《活着的士兵》。其中不乏日军掠夺、强奸、放火、杀人等内容。比如对中国的物产，书中这样说：

> 战士们心情很好，在这块大陆上有无限的富，而且可以随心所欲地获取，这一带居民们的所有权和私有权，就像野生的水果一样向着士兵们的所求开放……

如猎取女性，书中这样说：

> 征发是他们外出的一个借口。也有像以下那样使用的隐语。以特殊的"生肉的征发"的说法，表示去搜寻姑娘的意思。

如杀戮，书中这样说：

> 挹江门到最后也没有受到日本军的攻击。城内的败残兵以此为溃退的唯一的门，逃往下关码头。前面是水。没有可渡的舟船，没有可逃的陆路。他们抱着桌子，圆木，门板，所有的浮物，横渡浩淼的长江，向着对岸的浦口游去。其人数凡五万，在已呈黑压压的江水中渡行。而正当对岸已可见时，等着的却是先已到达的日本军！机枪鸣叫着开了火。水面像被雨水打得起了毛。回去的话，下关的码头等待着的也已是日本军的机枪阵。——而对这些漂流的败残兵给以最后一击的，是驱逐舰的攻击。①

---

① 石川達三著『生きている兵隊』，昭和戦争文学全集 3『果てしなき中国戦線』，東京，集英社 1965 年 6 月 30 日第 1 版，第 23、27、78 页。此处之江上叙述，与不少日军官兵日记的记载一致。

石川达三此书本拟刊于 1938 年（昭和 13 年）3 月号的《中央公论》，因所谓"有反军的内容，不利于时局稳定"被禁止发表。不仅作品禁止发表，作者、编辑、发行人都以"将虚构作为事实，紊乱安宁秩序"为由，受到"违反新闻法"的起诉。石川被判禁锢四个月（缓期执行三年）。判决书中说："记述皇军士兵对非战斗人员的杀戮、掠夺以及军规废弛的状况，紊乱安宁秩序"。[①] 石川达三此书保存至战后得以出版。虽然此书只是"小说"，但作者的特殊体验和成书的特殊因缘，使书中有关日军"杀戮、掠夺以及军规废弛的状况"，与信史可以同观。[②]

那么，战时的日本，人性的光芒真是被时代的黑暗完全吞噬了么？真是没有任何"意外"了么？战时日本基督教刊物《嘉信》刊登的矢内原忠雄的讲演，终于让我们看到了人性的顽强抗争，也让我们看到了日本军政当局的控制再严厉，也不免百密一疏，无法一手遮天。矢内原忠雄是著名经济学家。[③] 他在 1939 年 11 月的一次讲演中这样说：

> 去年 11 月 3 日，在东京青山召开了基督教徒大会，上午有基督教讲演，下午听文部省宗教局局长讲演，某陆军大将也致了词。在这位陆军大将致辞前，司会者说，陆军大将莅临，我们感到非常光荣，要求大家起立，迎接大将走上讲坛。因此大家一同起立。
>
> 这位局长和大将来此与会，对于现代社会的基督徒，是作为政治解放者么？不，决不是。这位陆军大将是南京事件当时的最高指挥官。南京陷落时，他对美国教团建立的基督教女校犯了一个大错误。此事

---

① 转引自田中正明著『南京事件の総括』第六章「虐殺否定十五の論拠」之十四，東京，謙光社 1987 年 7 月 10 日第 2 版，第 226 页。

② 《活着的士兵》很早就受到日本左翼知识人的批判，认为它对侵略战争"没有批判"，与"盲目迎合"侵略战争的"侵略文学""帝国主义战争文学"没有本质区别。（小田切秀雄著「『生きている兵隊』批判——戦争と知識人の一つの場合」，東京，『新日本文学』1946 年 3 月号「創刊号」，第 23－31 页。）但从"传信"的角度讲，石川的"自然主义"态度，反而使他的作品更立寸真。

③ 矢内原忠雄原是东京帝国大学教授，因内务省警保局审出他的《国家的理想》（《中央公论》1937 年 9 月号）有"反战"思想，续而审出《民族与和平》（岩波书店 1936 年 6 月）有"反战"思想，不仅加以禁止，并要求文部省予以处罚，是故他在 1937 年 12 月辞去教职。（「筆禍の矢内原教授辭表を提出」，讀賣新聞社編集局編『支那事變實記』第 5 輯，第 12 页。此书未注明出版地和出版时间，但从卷首陆军省报道部长马渊逸雄在序中所说"支那事变爆发以来四年有余"看，出版时间当在 1941 年。）

经报道后，对外国，尤其是美国的排日感情无异于火上浇油。如果此事不为基督教大会主办者所知，那可以说是怠慢之至。如果知道，那就是厚颜无耻。这件事件的负责人，必须在基督教会前低头认罪。基督教徒大会难道不应该以日本基督教徒的名义要求谢罪么？①

讲演中直斥的"大将"正是被当时军国民视为英雄的松井石根！

现在我们再回过头来，通过日军官兵的记录，看一看日军在南京究竟干了什么。

第十六师团后方参谋木佐木久少佐1月15日日记记：

> 橘翻译带来了两个女孩。说就和宪兵的问题，为了保护其的生命（原文如此——引者）。我对宪兵未尝抱有恶感，但对此次之事感到极度憎恶。国军之名誉扫地，南京之军纪丧失，责任是谁呢？连如此可怜的女孩的生命都要被剥夺，不由地感到强烈的义愤。②

此段引文文句略有窒碍，因此宪兵本身有无问题尚难据以遽断，但它至少表明宪兵对"军纪之丧失"未能尽到责任。日本宪兵对军纪管束甚严（尤其在本土），宪兵如无能为力——姑不以宪兵为同谋，正可见"军纪丧失"已到了何种程度。第十军参谋山崎正男少佐在18日记中记"藤本大佐"的话中也说道："痛感对军人精神教育的必要"。其中还提到了日军所丧失的"廉耻心，名誉心"。③

步兵第四十五联队第七中队小队长前田吉彦少尉在12月19日日记中记：

> 归途坐车南下，在向着秦淮地点不详的三层西式楼馆，突然冒出黑烟，之下开始发出火焰，今晨来的时候火的迹象一点都没有，一定是在此的掠夺集团放的火。

① 『嘉信』第三卷第一号，转引自『南京事件を考える』，第3-4页。
② 「木佐木久日記」，南京戦史編集委員会编『南京戦史資料集』，第431页。
③ 「山崎正男日記」，南京戦史編集委員会编『南京戦史資料集』，第411页。

他们的行动连一点皇军意识都没有。①

步兵第二十三联队第二大队炮小队小队长折田护少尉在 12 月 17 日日记中记：

> 傍晚，小队召开了入城祝贺，命令 18 点各中、小队长到大队本部集合。席上大队长提示大家注意：
>
> 昨日 Ⅱ MG（MG 指机关枪中队，Ⅱ MG 指第二大队机关枪中队——引者）两名士兵强奸两名支那妇女，为柚木丹二中尉发现，在 R（R 指联队——引者）本部引发了问题，目前正在审讯，所以对此类行为须严加注意。②

步兵第七联队第一中队水谷庄一等兵在 12 月 19 日日记中记录了"小村小队长"劝戒大家"特别对放火、强奸等破廉耻事希望能严慎"。③ "小村小队长"说"严慎"而非"严禁"，并非偶然，因为在当时的局面下，即使下了禁令也只能是具文。

从南京安全区国际委员会给日本使馆的公函，以及拉贝、贝茨、费奇、魏特琳等许多西方人士的记载中，我们可以看到当时在南京的强奸案件数量之庞大。但由于"强奸"是特别的"破廉耻"事，当事者拭去痕迹唯恐不及，所以我们今天在日军官兵日记中已难见有关的记载。④ 但个人的抢劫以及组

---

① 「前田吉彦少尉日記」，南京戦史編集委員会編『南京戦史資料集』，第 468 页。
② 「折田護日記」，南京戦史編集委員会編『南京戦史資料集』，第 448－449 页。
③ 水谷荘著「戦塵」，南京戦史編集委員会編『南京戦史資料集』，第 503 页。
④ 《被隐藏的联队史》中记载的凌辱妇女的场面（下里正树编著『隠された聯隊史——「20i」下級士兵の見た南京事件の実相』『婦女凌辱現場の記録』，東京，青木書店 1987 年 12 月 16 日第 2 次印刷版，第 55－57 页），取材于东史郎的"阵中日记"。东史郎在日记体的《我们南京小分队》中也有不少记录（東史郎著『わが南京プラトーン』10 月 10 日、11 月 25 日、12 月 21 日条，東京，青木書店 1996 年 10 月 25 日新装第 1 版[初版为 1987 年]，第 41－43、61－64、112－113 页，此书是以后出版的《东史郎日记》的部分，但在系日等方面颇有异同），其中 21 日所记是作者本人凌辱的自供。1987 年此书出版后，受到日本右翼的围攻，近年著名的"东史郎审判"即为围绕此书的折冲。日本左翼学者、"大屠杀"派对此书亦多持"冷淡"的态度。《东史郎日记》（江苏教育出版社 1999 年 3 月第 1 版）出版后，承东氏惠赠，作者尝与多种史料对勘，以为虽然确有"可疑"之处，但大体可以传信。此书之日文版几经周折，终于于去年由熊本出版文化会馆出版。已公开的日军官兵日记为什么较少强奸等记载，东史郎的遭遇提供了一个有认识意义的例子。

织的抢劫——所谓"征发"——则不同,它既是日军的"日课",又完全是公然不讳的,有些士兵干脆把它称作是"蒋介石津贴",①所以我们从日军基层官兵的日记中可以看到大量的有关记载。如果说对私人的抢劫有时还略加掩饰,"征发"在有些日记里则几乎是每天不缺的内容。"民家""杂货店""官邸"以至于外国使领馆等一切公私产业都难免成为"征发"的对象。至于被征发之物,则包罗了所有有价和有用的东西。从锅碗瓢勺到一头猪,一只鸡,一袋米,一颗菜,一块表,一支笔……在此仅举牧原信夫和北山与这两位同为步兵第二十联队第三机关枪中队上等兵的日记中最平淡的二条为例。牧原信夫 12 月 19 日日记记:

> 八点半吃完饭后,自己和大槻上等兵在冈本少尉(第三小队长)的指挥下去征发中队的副食。先通过南门去城外,但城外有十三师(当是第十三师团的山田支队——引者)及各队,所以一无所获。约休息了一小时,把那个房子烧了回来。……二点,从同地出发进城。此地仍有许多被遗弃的尸体。在城内让支那人用三辆独轮车载回了青菜、胡萝卜、煤球。途中经过一家杂货店,征发了许多笔记本、铅笔、墨水。②

南门外已为其他部队捷足先登,但他们从南京城的老百姓那里总能有所斩获。这样的抢劫、放火,在进攻南京的日本军官兵的日记中几乎都有记载。

北山与 12 月 16 日日记记:

> 回来的途中经过了写着"北洋饮料店"的商店,进去一看,有堆得像山一样的苏打,抽出一瓶,是美不可言的美食。立即到附近征发了一台人力车,由"你公"(原字如此,当是日军蔑称中国人的讹语之一——引者)拖了满满一车回来。在外面的人,也取回了大量的床、家具、酒、砂

---

① 曾根一夫著『続私記南京虐殺——戦史にのらない戦争の話』,東京,彩流社 1984 年 12 月 10 日第 1 版,第 60 页。
② 「牧原信夫日記」,南京戦史編集委員会編『南京戦史資料集』,第 513 页。

糖、糖、留声机等物。火炉烧得旺旺的,喝着啤酒、苏打,直到十二点。①

这些当事人的记载对我们了解事实的真相具有特殊的意义。这不仅是因为这些记载都是亲闻亲见亲为之事,而是因为即使按照"皇军"公开提倡的价值,"违反军风纪"也是辱没门楣的事。所以,日军官兵对日军暴行的记载,缩小的可能大,扩大的可能小,"置若罔闻"的可能大,"无中生有"的可能小。也就是说,日军官兵所记,虽远不足以反映日军暴行的全部,但它是一个坚实的事实下限,是一个"至少"。日本右翼一向以为的日军高层有关军风纪的反应是受西方"宣传"的"误导",②在这些日军下层的援据面前只能显出偏狭的意气。

其实当时日军军风纪之败坏,不要说对中国的公私财物,即使"友军"间也互不相让,争夺非常激烈。中岛今朝吾在 12 月 19 日日记记有十六师团所属第九联队被后来的野战重炮兵第五旅团赶出军官学校校长官舍的事,他在"诚属遗憾"之后写了如下一段木然的话:

> 此为战场所有权否定之如实表现。我们也让支那人感到恐怖,然而日本人之间所有权之否认,可看作为功利主义、利己主义、个人主义发达之表现。③

日军相互间尚且如此,怎么可能对中国人手下留情呢?

现在我们要来解决一个最大的问题,即日军官兵知不知道大屠杀?(日

---

① 井口和起等编『南京事件 京都師団関係資料集』,東京,青木書店 1989 年 12 月 5 日第 1 版,第 72 页。
② 在第三节中已引证了日本当时所做的"与现实不符"的宣传,可日本总有人喜欢说中国的宣传,如前引北村稔近著第一章即大谈"国民党的国际宣传"(见北村稔著『「南京事件」の探究——その実像をもとめて』第一部『国民党国際宣伝処と戦時対外戦略』,第 25 - 04 页)。其实这种倒打一耙由来已久,战时日本就有如下的代表性说法:"此次事变后,(中国政府)加快了弥漫的国际宣传,对日本极度中伤以求第三国的同情支援,是一个非常明显的事实。"(『「中支に於ける教育、思想、宗教、宣傳、外國勢力」に關する調査報書』第四篇「宣傳」,参謀本部 1940 年 4 月[无日期],第 168 - 169 页。原书未注明出版地,仅在扉页有一印刷贴条,说明委托"上海自然科学研究所"调查云云。)
③ 「中島今朝吾日記」,南京戦史編集委員会編『南京戦史資料集』,第 333 页。

军官兵本是加害者,所以正确的说法应是"有没有大屠杀",此处所谓"知道"是为问题和文脉所限的表述。)

五

近 30 年来,特别是近十年来,随着一些重要史料的重见天日,否定日军在南京的暴行已日益困难,日本右翼在继续否定日军暴行的同时,也不得不作出战略调整,面对无法否认的事实,他们不能不将一些"无关紧要"——先民们的血泪都是天下至大之事,切莫误解——的罪行,推出任斩,但对关键的、具有标志意义的"大屠杀"则仍矢口否认,半步不让。这种丢卒保车的例子,在此谨举一例。"虚构派"的大井满,在《编造出来的南京大屠杀》中说:"当然,我并不是说日本军完全没有不法行为。七万人的军队什么都不发生,没有这样的道理,这是谁都会认为的常识。大西参谋给强奸兵重重的耳光,并抓至宪兵队,这样的事无疑在各个地方都有。"[1]而在《诸君!》去年 2 月号的问卷调查中,他在第一项被杀人数的选择答案中填了"12",[2]"12"是表明"无限地接近于 0"。

但日军的屠杀不是想否认就否认得了的,下面我们就来看看日军官兵的记载。

松井石根专任副官角良晴少佐,晚年撰文《支那事变最初六个月间的战斗》,1983 年 8 月投给《偕行》,因文中谈到日军的大规模屠杀,在角良晴生前未被刊出。不仅未能刊出,据板仓由明说:"这个证言和书简,长时间对南京战史编辑委员也守密,笔者得以见到也是在二年多以后的昭和 61 年(1986 年)的 1 月。"[3]直到角良晴死(1985 年 1 月 12 日)后之第三年,此文才得以刊出(《偕行》1988 年 1 月号)。但在此前发表的《根据证言的南京战史·总括》(《偕行》1985 年 3 月号)中,已援引了部分内容。因为角良晴是

① 大井満著『仕組まれた「南京大虐殺」——攻略作戦の全貌とマスコミ報道の怖さ』,第 297 页。
② 「まぼろし派、中間派、大虐殺派三派合同大アンケート」,第 179 页。
③ 板倉由明著『本当はこうだった南京事件』,第 287 页。

松井石根的专任副官,身份特殊,所以他的回顾非同一般,一经披露,立即引起了左右两方的争议。其中最大的争点是"下关附近的十二三万尸体"。[①]据角良晴说,造成这些死者的真凶是第六师团,而下达屠杀令的是上海派遣军参谋部第二课参谋长勇中佐,长勇下达命令时他也在场。对此,"虚构派""中间派"颇有质疑,《南京战史》以为角良晴的回忆"多有矛盾,缺乏信凭性"。[②]《南京战史资料集》所附"战史研究笔记"也认为:"角氏的误解、偏见、记忆失误不胜枚举"。[③] 然而,角良晴所说并非孤证。

第十军参谋山崎正男少佐在 12 月 17 日日记中有这样的记载:

> 祝贺会解散后,由堂之胁少佐引领到市内参观。……到了扬子江边的中山码头。扬子江在这附近河幅较窄。其中有七八只海军驱逐舰下碇于此。河岸遗弃有无数死尸,被浸于水中。所谓"死尸累累"也有不同程度,这个扬子江边才真是死尸累累,如果将之放在平地上,真的可以成为所谓"尸体山"。但看到的尸体已经不知多少回,所以已不再有一点吃惊。晚饭也满不在乎的吧嗒嘴……[④]

"中山码头"一带,与角良晴所说正是同地。

"支那方面舰队"司令部军医长泰山弘道海军军医大佐 12 月 16 日坐水上飞机到南京,下午二点,他与舰队部队长("机关长")、会计长("主计长")等一行去战地"参观",他在当日日记中记:

> 从下关码头起,在修建的一直线的广阔的道路上开着,路面上散乱着步枪子弹,宛如敷着黄铜的砂。路旁的草地散着活生生的支那兵的

① 「支那事变当初六ヵ月间の战斗」之「三二、关于清除下关附近的尸体」,南京战史编集委员会编『南京战史资料集』,第 760 页。洞富雄认为:"不论从日期也好,场所也好,角证言和鲁甦的证言都是关于同一事件的好解答。"(洞富雄著『南京大虐杀の证明』,第 324 页。)吉田裕也持同样看法。(吉田裕著『天皇の军队と南京事件』,东京,青木书店 1986 年第 1 版,第 166 页。)
② 南京战史编集委员会编纂『南京战史』,第 163 页。
③ 南京战史编集委员会编『南京战史资料集』,第 764 页。
④ 「山崎正男日记」,南京战史编集委员会编『南京战史资料集』,第 408 页。

尸体。

不久，从下关到通往南京的挹江门，高耸的石门下是拱形的道路，路高的约三分之一埋着土。钻入门的话，从下关方面就成了一条坡道。汽车徐徐前进，感觉是开在充满空气的橡皮袋上缓缓的向前。这辆汽车实际是行驶在被埋着的无数敌人尸体之上。很可能是开在了土层薄的地方，在行进中忽然从土中泌出了肉块，凄惨之状，真是难以言表。①

此处之"下关码头"到"挹江门"一带，与角良晴所说也是同地。从三位无关者的相同记载，此事之确凿无移，不应再有任何疑义。② 而且，不论其中有没有平民，从江边不是战场说，"死尸累累"至少是屠杀俘虏的结果。

《南京战史资料集》所附"战史研究笔记"中对角良晴所述中有一条特别予以"批判"。其谓："最后，我在许多错误中只想附记一事。尊敬松井大将，对大将心服的角氏，与大将一起坐轿车去下关是真实的吧。但'在横陈着累累尸体的河岸道路上静静地走了两公里。感慨万千。军司令官的眼泪呜咽着往下流。'的记述实在让人吃惊。爱着中国，爱了中国的大将决不会在战场的弃尸上行车。而且，车体低的轿车也决不能够在这之上走两公里。我以为，仅在这点上，完全是编造，谁都可以断言。"③但这样的"断言"未免武断。其实所谓"在弃尸上行车"，正可作为角良晴证言可靠的一个明证。这不仅是因为有泰山弘道等④所说的"行驶"在"无数尸体之上"的支持，而是因为这是一个反常理的事，编造是不会走这样的险径的。

① 泰山弘道著「上海戦従軍日誌」，南京戦史編集委員会編『南京戦史資料集』，第 527-528 页。
② 松井石根 12 月 20 日日记也有："朝 10 点出发，视察挹江门附近的下关，此附近仍是狼籍之迹，尸体等仍尽其遗弃，今后必须清理。"(「松井石根大将戦陣日記」，南京戦史編集委員会編『南京戦史資料集』，第 21-22 页。)松井的记录也是一有力证明，此处考虑到角氏与松井的关系而可能有的同源性，为避免——从最谨慎的角度说——循环证明，仅将松井的日记附录备查，而不作为证据。
③ 「『角証言』の信憑性について」，南京戦史編集委員会編『南京戦史資料集』，第 764 页。
④ 《纽约时报》南京特派记者德丁在 12 月 18 日的报道中说："日本军占领下关，对守备队进行了大量的屠杀。中国兵的尸体堆积在沙囊之间，形成了高六英尺(feet)的冢。到 15 日深夜日本军仍没有清理尸体，而且二日间军车来往频繁，在尸体、犬马的尸骸上碾压着行进。"(洞富雄编『日中戦争史資料』9「南京事件」，第 283 页。)铃木明的《〈南京大屠杀〉之谜》虽是对南京大屠杀质疑的第一部专书，但在他的访谈中，却有一条可证此事的重要口述，即当时随军的藤井慎一(电影《南京》的录音技师)所说的："挹江门附近有大量的尸体，在尸体上架着木版，上面可以通汽车。"(铃木明著『「南京大虐殺」のまぼろし』，東京，文藝春秋社 1989 年 5 月 30 日第 15 次印刷版，第 228 页。)铃木明采访的时间早在七十年代初，此事尚未成为"问题"，不可能有那种心知肚明的"不谋而合"。所以此条口述可当铁证。

至于命令是不是长勇所下，①其实并不重要，因为：一、长勇的命令只是个人行为，而不是军方的命令；二、当时屠杀普遍发生，并非只局限于某时某地，即使没有长勇的命令，屠杀也绝无避免的可能。在今天还找不到军一级正式杀俘令的情况下，②我们毋宁说屠杀是日军整体的自主行为。这种自主行为是军国主义长期熏陶的"事有必至"的结果。

屠杀在当时的广泛程度，日军官兵的记载还是有相当的反映。以下我们再来看一看泰山弘道在上引16日日记中接着的记载。

即将开出门洞进入南京一侧，累累的敌尸成了黑焦状，铁兜、枪刺也被熏黑，用于铁丝网的金属丝和烧塌的门柱的残木相重叠，堆积的土壤也烧成黑色，其混乱和令人鼻酸，无法形容。

门右首的小丘上，刻着"中国与日本势不两立"，显示着蒋介石宣传抗日的痕迹，接近市内，敌人遗弃的便衣蓝布棉袄，使道路像褴褛的衣衫，而穿着土黄色军服，扎着神气的皮绑腿，手脚僵直仰卧着的敌军军官尸体，也随处可见。③

上引只是泰山弘道到南京第一天所见的一个片段，他在南京的三日，每到一处，都遇到了大量尸体。如第二天（17日）早上，在下关的另两处，看到了"累累尸体"，并亲见一个"血流满面""求饶"的中国士兵被一"后备兵"从身后近距离枪杀；上午在中山北路沿途看到"累累尸体"；下午与上海海军特别陆战队司令大川内传七等"视察"下关下游的江汀，看到"无数焦黑的敌人尸体"，又在江堤内看到"'尝了日本刀滋味'的敌人尸体六七十具"。④ 18日，先在狮子林，看到"此处彼处都是敌人遗弃的尸体"；又在山麓的兵营外，看

---

① 有关长勇所下命令之说，最早出自前已提及的田中隆吉，德川义亲也说从藤田勇那里间接听说过此事。（德川义亲著「最后の殿样」，东京，讲谈社1973年第1版，第172-173页。）现在已很难找到更直接的证据。
② 有关杀俘令，请参拙文《日军屠杀令研究》，北京，《历史研究》2002年第6期。
③ 泰山弘道著「上海戦従军日誌」，南京战史编集委员会编「南京战史资料集」，第528页。
④ 泰山弘道著「上海戦従军日誌」，南京战史编集委员会编「南京战史资料集」，第528-530页。

到"散落的尸体";到了中山公园，又看到"散落的敌人尸体"。① 此文杀青后，偶尔读到所谓"'南京事件'最新报告"，东中野修道不顾泰山弘道"累累尸体"的大量记载，居然说：

> 角证言没有说尸体在河中漂流。说的是 12 月 18 日，市民的尸体十万具，横陈于下关一带。
>
> 但在下关的泰山弘道海军军医的 17 日至 19 日的详细日记，完全没有触及这些尸体的存在。假使有漂流的尸体，也是从上游来的，与日本军流放尸体相联系，过于轻率。②

白纸黑字俱在，东中野修道竟敢以没有"流放尸体"而作如此的蒙混！

我们不妨再看看有关材料。步兵第四十五联队第七中队小队长前田吉彦少尉在 12 月 15 日日记中记：

> 从江东门走向水西门的约二千米石道上，不少铺石上积着凄惨的碧血。
>
> 感到不可思议的边想边走，据后来听说，事情是这样：14 日下午，第三大队的俘虏一百名护送到了水西门，正巧刚由内地来的第二次补充兵（副岛准尉、溜准尉等率领的大正 11 年到昭和 4 年前左道的后备兵，即三十七八岁到二十八九岁的兵）到达，于是就委任他们护送。问题就出在这里。反正刚刚由内地来，因为战场的酷烈，就让这些没有血气的补充兵③去担任这样的任务。
>
> 起因只是很小的事，因为道路狭窄，在两侧拿着上了刺刀的枪的日

① 泰山弘道著「上海戦従軍日誌」，南京戦史編集委員会編『南京戦史資料集』，第 531 页。
② 「南京事件最新報告」『問題は「捕虜処断」をどう見るか』，東京，『諸君！』，文藝春秋社，2001 年 2 月号，第 129 页。
③ 当时陆军省军务局军事课长田中新一大佐对这些超龄征召的老兵已深感忧虑："军纪颓废的根源，在于召集兵。在于高龄的召集兵。"（『田中新一 支那事変記録 其の四』，转引自笠原十九司著『南京事件』，東京，岩波書店 1997 年 11 月 20 日第 1 版，第 62 页。）

本兵,好像是被挤而落入还是滑入了水塘里。[日本兵]勃然大怒,决定打还是骂,害怕的俘虏忽都避向了一旁。在那里的警戒兵也跳了起来。所谓"兵者,凶器也",哆哆嗦嗦端着刺刀枪叫着"这个畜生",又是打又是刺。恐慌的俘虏开始逃跑。"这样不行",于是边叫"俘虏不准逃""逃的话枪毙"边开枪,当时一定是这样。据说就是这样的小误解酿成了大惨事。

第三大队大队长小原少佐的激怒为之已晚,对好不容易投降放下武器的俘虏施以暴行,无法做任何辩解。

不能不说此事使皇军形象扫地。为了隐蔽这一惨状,这些后备兵终夜不停,到今晨才大体埋完。这是"非常"或极限状态下以人的常识所无法想象的无道行为的实例。[①]

这样的"误杀",在当时屡有发生。究竟是不是"误杀",本文暂不细论,但杀俘的事实是丝毫不容置疑的。

步兵第二十联队第三机关枪中队牧原信夫上等兵在 12 月 14 日的日记中记:

上午八点半,一分队协助十二中队去马群扫荡。听说残敌因为断了顿,摇摇晃晃地出来了,所以立即坐汽车出发。到达的时候,由步枪中队解除了武装的三百十名左右的敌人正等待着,迅速地全部枪杀后即回来。……在铁路沿线分叉的边上,有百余名支那军受到友军骑兵的夜袭,全部被杀。……下午六时……抓到了六名败残兵,枪毙了。……今天一处异样的风景是某处的汽车库,敌人一百五六十名被浇上汽油烧死。但今天的我们已是看多少尸体都不会有任何反应了。[②]

---

① 「前田吉彦少尉日記」,南京戦史編集委員会編『南京戦史資料集』,第 464 页。
② 「牧原信夫日記」,南京戦史編集委員会編『南京戦史資料集』,第 511 - 512 页。

仅仅一日之中，牧原信夫和他所在的分队就亲眼所见和亲自参加了如许的屠杀，这不是牧原信夫和他的同伴特别有"幸"，这只是当时在南京日军整体的一个缩影。泰山弘道在 12 月 19 日日记中记："据闻，最后坚守南京的支那兵，其数约有十万，其中约八万人被剿灭……"①这"八万人"中的大部分，当都是如上所述的"解除了武装"者。这里不妨再举二例。

步兵第七联队第二中队的井家又一上等兵在 12 月 16 日日记中记：

> 下午再次外出，捕来年轻的家伙三百三十五人。……将此败残兵三百三十五人带到扬子江边，由其他士兵枪杀。②

步兵第二十联队第三中队第一小队第四分队的林（吉田）正明伍长，在日记中多次提到杀戮，其中 24 日中有将七千名"俘虏"带到长江边枪杀的记载，所谓"前记的俘虏七千名也成了鱼饵"。③ 林正明的记载有两点值得注意：一、上引泰山弘道、山崎正男等说 16、17 日在江边已见大量尸体，24 日仍在江边杀俘，说明当时江边已成了屠场；二、日本右翼将否定推尸入江作为否定江边屠杀的一环（如果并无推尸入江之事，则有多少尸体就应有多少遗骨），而此处所谓"鱼饵"，再一次证明日军屠杀后尸体是推入江中的。

上引前田吉彦说的屠杀的细节，但还是"据说"，井家又一在 12 月 22 日的日记中则向我们提供了一个亲身经历：

> 傍晚天快暗下来的下午 5 点，在大队本部集合，准备去杀败残兵。
>
> 一看，在本部院子里，有 161 名支那人，正在等待神明，不知死之将至地

① 泰山弘道著「上海戦従軍日誌」，南京戦史編集委員会編『南京戦史資料集』，第 532 页。"八万"之目，在当时似是一个"说法"。如"支那派遣军报道部"所编《南京的战迹和名胜》谓歼敌"八万"。（转引自市来义道编《南京》第七篇第二章「南京攻略史」，南京日本商工会議所 1941 年 9 月 1 日第 1 版，第 626 页。）如刊于 1940 年的"歌句"集《南京》，收有南京宪兵队分队长堀川静夫大尉的"咏歌"，其中也有"遗弃尸体八万"之语。（转引自『南京事件を考える』，第 206 页。）《饭沼守日记》12 月 17 日条谓："依今日所判明，南京附近敌人约二十个师，十万人，派遣军各师团击灭之数约五万，海军及第十军击灭之数约三万，约二万溃散，今后击灭数预计仍会增加。"（「飯沼守日記」，南京戦史編集委員会編『南京戦史資料集』，第 217 页。）

② 「井家又一日記」，南京戦史編集委員会編『南京戦史資料集』，第 476 页。

③ 「林正明日記」，南京戦史編集委員会編『南京戦史資料集』，第 519 页。

看着我们。带着160余名,在南京外国人街声斥着,看到了将去的掩藏有机枪的古林寺附近的要地。日已西沉,只能看到活动的人影。房屋也成了点点黑影,带到了池(湖?此处意义不明——引者)的深处,关入了这里的一座房子。从屋子中带出五人刺杀。"嗷——"叫的家伙,嘟哝着走着的家伙,哭的家伙,可以看到完全知道结局的丧胆相。战败的兵的出路就是被日本兵杀掉!用铁丝绑着手腕,系着脖子,边走边用棍打。其中也有唱着歌走着的勇敢的兵,有被刺后装死的兵,有跳入水中阿噗阿噗残喘的家伙,有为了逃跑躲入屋顶的家伙,因为怎么叫也不下来,就浇上汽油用火烧,火烧后两三人跳下来,被刺死了。

黑暗中鼓着劲刺杀,刺逃跑的家伙,啪、啪的用枪打,一时这里成了地狱。结束后,在倒着的尸体上浇上汽油,点上火,仍活着的家伙在火中动了,再杀。后来燃起了熊熊大火,屋顶上所有的瓦片都落了下来,火星四散。回来的路上回头看,火仍烧得通红。①

如果说前引木佐木久等的"义愤"还不失人道的意识,井家又一的立场则已无人性可言。而南京劫难之惨烈至如此,正是因为井家又一的行为和心态才是日军大多数的行为和心态。

上引大多出自《南京战史资料集》。此集由旧军人团体"偕行社"出资出版,偕行社对日军在南京的暴行持否定态度,编委会成员中亩本正己(同书之名单中作"巳";但据畝本自注读音为"キ",故应为"己")等旧军人对日军暴行向持否定立场,而唯一不是旧军人的板仓由明也是近年"中间派"(所谓"中间"其实只是"否定"的婉辞,卒于1999年2月)的干将,所以此集对史料的选择已不能不带偏向。但日军在南京的暴行非如日本右翼所说只是"偶发"的个别行为,所以既要汇编史料,就无法避免日军暴行的记载——不论取什么立场,因为只要所记是据实,日军的暴行就不可能"干净"地不留痕迹。

---

① 「井家又一日記」,南京戦史編集委員会編『南京戦史資料集』,第479页。

南京暴行,是日本军队的莫大罪愆,也是日本民族的一个孽债,所以长期以来在日本是一个讳谈的话题。1971 年本多胜一的《中国之旅》在《朝日新闻》连载后,此事开始引起关注,[①]并引起日本左右两翼经久不息的争论。但比起"五一五""2·26"等"事件"(日军在南京的暴行亦多被中性化地称为"事件"),它的影响还相当有限,所出资料也不够丰富。比如严格意义上的史料集,除了本文较多利用的《南京战史资料集》(1993 年又出版了Ⅱ集),只有洞富雄所编《日中战争南京大残虐事件资料集》(Ⅰ"远东国际军事审判关系资料编",1985 年版,Ⅱ"英文资料编",1986 年版,见前注;河出书房版《日中战争资料》中洞富雄所编《南京事件》二卷[1973 年版],与此书同)及南京事件调查研究会编译的《南京事件资料集》(分"美国关系资料编""中国关系资料编"二册,1992 年版)。不过,从近年散见于各种出版物的相关记载中,我们还是可以看到不少有价值的材料。这里不妨再举两例。

辎重兵第十六联队第四中队第二小队第四分队第十九班的小原孝太郎,应征时是千叶县小学教师,他的日记从 1937 年 9 月 1 日入伍到 1939 年 8 月 7 日除队,一日不缺。1937 年 12 月 15 日这样记:

> 那一带好像就是南京。翻过了山,在稍稍平坦的地方有个村庄。在这里遇到了让人吃惊的景象。在竹栅栏围着的广场中,多达二千名俘虏,在我军的警戒里小心地待着。让人吃惊。后来才知道这正是攻击南京时俘获的俘虏。据说俘虏约有七千人。他们举着白旗来,被解除了武装。其中当然也有在战斗中俘获的,各种情况都有。他们中也在军服之外穿着便服的。在这里先检查一遍,以决定枪杀、役使还是释放。听说在后面的山里被枪杀俘虏的尸体,堆积如山。南京的大部分则好像已经过了清理。[②]

---

① 本多胜一后来说:"我迄今写过各种各样的通讯,但像《中国之旅》连载时所引起的那么强烈而深刻的反应,是从未有过的。"(本多胜一编『裁かれた南京大屠杀』,東京,晚聲社 1989 年 6 月 1 日第 3 次印刷版,第 85 页。)

② 愛知大学国学叢書 1,江口圭一、芝原拓自编『日中戦争従軍日記——一辎重兵の戦場体験』,東京,法律文化出版社 1989 年 4 月 25 日第 1 版,第 134 页。

12 月 17 日日记记:

> 二十七班去征发干草,在农家的草堆中发现了四名隐藏的败残兵,抓了回来。△△△(原文如此——引者)拔出刀,喀嚓一刀砍下,头便耸拉了下来。接着 △△△ 的 △△△ 拔刀再砍,头还没有落下来。△△△△再接着,说看老子的,飞快一刀,头滚到了前面,鲜血飞溅。腕力真是惊人。下午十六班也抓回了败残兵……

> 俘虏来了,正是昨天在那个村子里的俘虏。拿着枪刺的约一个小队穿插在中间,走啊走,不知有多少。跑过去问,说是有四千俘虏。都是三三、三八和二十联队在这一带战斗俘获的。护卫也都是这些联队的人。带着这些东西派什么用处? 是去南京么? 有的说都枪杀,有的说带到南京去服役。——总之,不知道,但俘虏原有两万人,处理的只余下这些了。[①]

18 日前往南京途中,小原孝太郎也遇到了大量的尸体,在当天的日记中他这样记:"尸体堆积如山,想象着[我军]翻越尸体一路追击敌人直至南京附近的样子。"[②]这样"如山"的尸体的正身,当然是记述者所见的俘虏,因为战斗中死亡是不可能成"堆积"状的。

上已提及的步兵第二十联队第三机关枪中队的北山与上等兵,30 年代初曾因参加左翼组织被捕,1937 年 8 月 31 日应征。他的日记曾受到所在中队的检查。在 12 月 13 日日记中,北山与记载了一个中国学生兵,因不堪忍受日军的暴虐而"乞求"日军对自己喉咙开枪,北山与说:

> 屠杀这样没有任何抵抗、指着自己的喉咙哀求"向这里开枪"的人,是日本兵的耻辱。[③]

① 江口圭一、芝原拓自编『日中戦争従軍日記——一輜重兵の戦場体験』,第 136、137 页。
② 江口圭一、芝原拓自编『日中戦争従軍日記——一輜重兵の戦場体験』,第 137 页。
③ 井口和起等编『南京事件 京都師団関係資料集』,第 71 页。

在 12 月 14 日的日记中北山与也提到了杀俘：

> 过了晚十二点扫荡结束回来。好像解除了八百名的武装，一人不剩的全杀了。敌兵未必会想到被杀。似乎主要是学生，听说大学生也很多。①

除了当时的记载，近年也偶有当事人打破沉默，出来作证。如第十三师团山炮兵第十九联队第三大队某士兵（谓："因虑胁迫，姓名不能公开"）作证：

> ［在往南京进发的途中］驻于某村落，男的全部从房子里带出去，用手枪或步枪枪杀。女子和小孩全部关入房内，晚上强奸，自己没干这样的事，但我想其他人很多都进行了强奸。而且，次日一早，将这些被强奸的女子和小孩全部杀死，最后连房子都烧毁。这是连回来住处都没有的杀戮着的前进。自己都不可思议为什么会如此的愚蠢，得到的回答是这一地区抗日思想相当激烈，所以命令全部杀死。总之，这是一场放火、抢劫、强奸、杀人的罪孽深重的战争。
>
> 我认为这是我们实在应该道歉的一场战争。我们到了接近南京城的幕府山附近，这一次的俘虏到了无法数清的程度。两角六十五联队（"两角"指联队长两角业作大佐；当时第十三师团的主力在江北，仅派第六十五联队参与进攻南京，第十九联队之一部随六十五联队行动——引者）的俘虏约二万人。在这些"俘虏"中，从十二三岁的孩子到蓄着须有皱纹的老头，凡是男人都囊括了进去。
>
> ……［幕府山炮台下关押的五千被绑俘虏］这一次是两列纵排，向着不知道哪里的扬子江方向走去。两侧约两三米处日本兵荷枪实弹，拉着绳索，但途中俘虏兵因一人跌倒，接着相继跌倒。没来得及爬起

---

① 井口和起等编『南京事件 京都師団関係資料集』，第 71 页。

来，就都被刺刀嚓嚓地刺杀了。

后来的俘虏兵只能绕道而行，约一公里的路走了四公里才到了扬子江。扬子江南侧不知道是兵舍还是什么建筑物，到的时候已经是晚上了。这里从二楼的窗口和一楼都有步兵端着枪对着。这里的广场坐着五千名俘虏。北面是约数米[高]的石垣，即使相当晚了仍能感到是高的石垣。因此，从那一侧是无法逃跑的。俘虏全部坐在那里。有想试军刀要把俘虏拉出来准备砍头的家伙，有想用枪刺刺的家伙，结果都如愿的干了。

自己实际自参战以来，没有砍过人头，借了曹长的刀，砍了正睡着的俘虏，但只砍了一半。实际砍头是不容易的。怎么都无法切下去。这时，"哇"的一声叫了起来，[俘虏]都站了起来。本来应该根据机关枪小队长"打"的命令，才不能不打。但五千人都站起来了，我们也都不能放手了。所以在没有"打"的命令下，哒哒哒哒就开起了机关枪。我也想打一发试试，就打了一发，因为觉得危险，就没再打，但机关枪一起射击，俘虏兵五千人就全部倒地了。

接着，拿着枪刺去刺，因为也许还有活着的，自己拿着的不是日本枪，而是支那枪，而支那枪不能装日本的枪刺，没办法，只能借战友的日本枪，而背着自己的支那枪，在人身上走着，刺了三十人以上。第二天早上，手臂痛得举不起来。①

这位因"胁迫"而不能公开姓名的原日军士兵的具体描述，是日军既违反国际法，更违反战争伦理的又一个铁证。这位原日军士兵说他当时听说"两角部队"所杀俘虏达二万人，这可仅是一个联队呵！

以上所征引的文献，虽然还远不是时下所能找到的全部，但已足以说明问题。本人多年前曾羁旅日本，对日本右翼历史观的荒诞无稽和日本大众在历史认识上的习非成是，有切肤的感受。但我仍不愿从动机上轻易疑人，

① 南京大虐殺の真相を明らかにする全国連絡会編『南京大虐殺——日本人への告発』，東京，東方出版 1992 年 9 月 21 日第 1 版，第 34 - 37 頁。

对日本大众以至于日本右翼的种种谬见，我宁愿把它当作是由于不知而造成的"误解"，所以本文在证明《虚构》等右翼著作提出的有关观点经不起事实检验、因而不能成立的同时，也希望对日本大众客观地认识这一历史"枝节"——在中国人眼中则永远是"天下大事"——起一点微不足道的促进作用。

（原载《近代史研究》2002 年第 6 期）

《拉贝日记》是"无根的编造"么？

——对《真相·南京事件——检证拉贝日记》的检证

在日本众多否定"南京大屠杀"的论著中，《真相·南京事件——检证拉贝日记》①(下简为《检证》)是较近较重要的一种。作者撰写此书的目的，在于证明《拉贝日记》"受作者信仰、立场、历史观、战争观的影响"而造成的"夸张、传闻、臆测"②以及"明显的编造、前后矛盾、不自然、不合理"，③证明《拉贝日记》并非是"对南京大屠杀的论争方向具有绝大影响力"的"超一级资料"，④进而否定南京大屠杀是已然的事实。

作者畑本正己是日本防卫大学退休教授，日军攻克南京时任独立轻装甲车队的小队长，这一战时经历不仅在封面上特别标出，在行文中也每加提示，想必是为了强调作为"见证人"所应有的特别发言权。然而，正如作者对同是见证人的拉贝所做的评价，见证人因受"信仰、立场、历史观、战争观"的

---

① 『真相·南京事件——ラーベ日記を検証して』，東京，文京出版(出版社)1998 年 11 月 10 日第 1 版，1999 年 2 月 1 日第 2 版，本文所引均为第 2 版。

② 畑本正己著『真相·南京事件——ラーベ日記を検証して』，第 1 页。

③ 畑本正己著『真相·南京事件——ラーベ日記を検証して』総括，第 220 页。

④ 明治学院大学教授横山宏章为日文版《拉贝日记》所作"解说·南京的惨事和拉贝日记"中语，见ジョン·ラーベ著，エルヴィン·ヴィッケルト編，平野卿子訳『南京の真実』，東京，講談社 1997 年 11 月 21 日第 3 次印刷版，第 329 页。日本右翼学者对《拉贝日记》多持贬抑立场，如藤冈信胜、東中野修道著『ザ·レイプ·オブ·南京の研究』(東京，祥傳社 1999 年 9 月 10 日第 1 版，第 283 页)。不久前，日本著名右翼刊物《諸君！》发表了对"南京事件"的问卷结果，有关《拉贝日记》，『「南京虐殺」の虚構』(東京，日本教文社 1984 年 6 月 25 日第 1 版)『南京事件の総括』(東京，謙光社 1987 年 3 月 7 日第 1 版)的作者田中正明说："放火和强奸的话随意乱说，是难以信用的反日的书。"(『諸君！』月刊，東京，文藝春秋社，2001 年 2 月，第 177 页)『「南京大虐殺」はこうして作られた——東京裁判の欺瞞』(展転社 1995 年 4 月 29 日第 1 版)的作者冨士信夫说："是几乎不值得评价的日记"。(『諸君！』，2001 年 2 月号，第 172 页)著有大量否定侵略战争作品的渡部昇一说："他(指拉贝——引者)的行为唯一可以肯定的是日本军进城时表示的谢意。"(『諸君！』，2001 年 2 月号，第 167 页)

真相・南京事件

—ラーベ日記を検証して—

元防衛大学校教授
当時独立村工兵中隊小隊長 畝本 正己 著

発行 文京出版
発売 建帛社

影响，完全可能"夸张""臆测"，做不到客观公正的见证——姑不论因强烈情绪和物理局限造成的偏见。对《检证》粗读一过，深感作者苛于责人而全无自省，以至于他对拉贝的指责正可作为自己的存照。

一

《拉贝日记》是以记载日军暴行名世的，所以《检证》第一个目的便是要否定这些记载的可靠性。一般载籍，因记述者眼界的局限，难免记载失真。但如果不实内容比例过大，则一定有特殊原因。而这样的特殊原因最易与记述者的主观有意相关联。《检证》对《拉贝日记》的否定首先便是从动机上下手的。

《检证》在前言和序章中都特别说明：拉贝所在的西门子公司在中国有

很大的商业利益，所以拉贝不可能取"中立""公平"的立场。[①] 不仅拉贝不可能取"中立""公平"的立场，早年即访问过中国，以后又曾为驻中国大使的"编者"[②]维克特的"亲中姿态"使他也不可能取"中立""公正"的立场，所以作者特别提醒对维克特"所予日记公正、中立性的影响必须注意"。[③] 无独有偶，序章之三森英生（攻占南京时为步兵第二十联队第三中队中队长）在"读拉贝日记《南京的真实》"中也强调当时德国与中国的"想象以上的接近"，德国对中国的军援使他感到日本受到的是"德国的打击"，尤其是拉贝"对中国民众的热爱"而造成的他的日记"对中国一边倒"，[④]等等。森氏攻克南京时是东史郎的上司，又是近年著名东史郎案的重要策划者。他说东史郎的《我的南京步兵队》[⑤]是"事实无根"的编造，而《拉贝日记》与它"异曲同工"。[⑥]

不必否认，在中日之间拉贝站在了中国一边。但这种感情的倾向既非与生俱来，也非居中国自然而生，它的转折恰恰是由日军的行为引发的。在日军到来之前，拉贝对中国民众毋宁说更多的是鄙视。比如，有一次在烟台，人力车夫拉他去的旅馆不合他意，他就用"最难听的骂人话"申斥车夫：

> 我不得不用了一句我熟悉的中国最难听的骂人话"王八蛋"来骂他。这话虽然不那么文明，但却很管用。于是，那个可怜的人力车夫只得迈开他疲乏的双腿，把我拉到了靠近海滨大道尽头的海滨旅社。[⑦]

在这里我们看到的是一个并无同情心的拉贝。这种对中国人的蔑视，毋庸

《拉贝日记》是『无根的编造』么？

---

① 日本其他右翼学者亦多持同调，如松村俊夫说："作为拉贝，因日本军占领南京而失去常年培育的生意味，若说对日本军没有憎恶，是不能让人相信的。至少感到凄凉，是无疑的。"松村俊夫著「『南京虐殺』への大疑問」，東京，展転社 1998 年 12 月 13 日第 1 版，第 213 页。

② 《拉贝日记》日文版注明维克特编，中文版未注。

③ 畝本正己著『真相・南京事件——ラーベ日記を検証して』序章，第 5 页。

④ 畝本正己著『真相・南京事件——ラーベ日記を検証して』序章，第 7、9 页。

⑤ 東史郎著『わが南京プラトーン』，東京，青木書店 1987 年第 1 版。

⑥ 畝本正己著『真相・南京事件——ラーベ日記を検証して』序章，第 11 页。同第 10 页又破口称《拉贝日记》是"羊头狗肉"。

⑦ 约翰・拉贝著，同书翻译组译《拉贝日记》，江苏人民出版社、江苏教育出版社 1997 年 8 月第 1 版，第 6 页。

讳言,有些是中国人自己的品行造成的。9月22日的日记中有这样一段话:

> 在我的防空洞里蹲有约二十八个中国人,其中我自己认识的还不到十四个人。在我认识的人中有一个鞋匠,在和平时期我与他对鞋子的价格从不能取得一致意见,因为他总是把自己返还给佣人的扣头也计算在内,可是我只是睁一只眼闭一只眼。[①]

后来拉贝发现鞋匠和他的佣人居然是亲戚!这个鞋匠在拉贝眼中无疑是个见利忘义之徒。像这样的具体经验,当是拉贝蔑视感的一个来源。然而,以"优越"以至轻蔑的态度对待中国,对待中国人,在那个时代的西方人中确实是普遍的。

拉贝之所以对中国"热爱""一边倒",完全是由日军的暴行造成的。1937年9月7日拉贝从北方回到南京后,每天都要面对日军的轰炸。他在9月24日的日记中这样说:

> 所有报纸上都刊登了全体欧洲国家以及美国对违反国际法空袭南京平民的抗议。日本人对此却平静地答复说,他们只是一如既往地轰炸了建筑物或是军事目标,绝对没有伤害南京平民或是欧洲友好国家侨民的意图。其实根本不是这么一回事!至今绝大部分的炸弹并未命中军事目标,而是落到了平民百姓的头上,而且调查表明,所有平民百姓中最贫穷的人受害最严重。[②]

在中国人眼里日本的表现当然是活脱的无赖,在拉贝眼里日本人睁着眼睛说瞎话,还有什么信誉可言?就像拉贝在9月27日日记中讲到对日本的抗

---

① 中文版《拉贝日记》,第14页。
② 中文版《拉贝日记》,第17页。

议时所说:"谁都不会相信日本人会理会这种抗议"!① 所以,不仅是拉贝,只要天良未泯,任何人都会发生拉贝式的感情转向,——当时坚守南京的西方人对日军的一致谴责,是个有说服力的证明。所以,亩本和森两位先生一味责人,只见"一边倒"而不见为什么,不能不让人感到他们的意识还是停留在60年前。

拉贝何以对中国"一边倒"已如前述(《拉贝日记》实际并不乏对当时中国政府和中国军队的批评)。然而,作者的爱憎对"中立""公平"虽会产生一定的影响,但作者所述是否"中立""公平",关键还要看所述本身。如果有爱憎就等于会作伪,那拉贝那样的局外人②仍不免作伪,而那么急切的要为日军洗"冤",又是肇事方的亩本先生反倒可以保持"中立""公平",③不是有点奇怪么? 亩本先生自己以为说得通么?

当然,《检证》对《拉贝日记》的否定性评价只是一个方面,就《检证》的最终目的说,否定只具有第一层的意义。《检证》的最终目的是要证明日军的"无辜",所以它关注《拉贝日记》不仅为了"破",更是为了"立",为了从中找到有用的证据。因此,《检证》在苛刻挑剔的同时,又不得不说《拉贝日记》是"真伪交织"。④

---

① 中文版《拉贝日记》,第23页。

② 拉贝回国后在给希特勒的报告中特别说明:"对苦难的中国不禁抱有同情心,但首先我是为了德意志。"ジョン・ラーベ著『南京の真実』,第290页。此报告中文版《拉贝日记》未载,中文版第704页所附"报告全文",实仅是报告前之一信,而非"报告全文"。拉贝的态度一贯是平恕的,如为美国圣公会牧师约翰·马吉(John Magee)记录日军暴行的纪录片作的解说词中,他这样说:"把这些场景拍摄下来,并不是为了煽起对日本的复仇情绪,而仅仅是希望所有的人,也包括日本人在内,牢记这场战争的可怕后果,并使他们明白,应该使用一切合法手段结束这场由日本军队挑起的争端。影片的拍摄者经常到日本去,熟悉这个国家的名胜古迹,知道在它的人民中有许多人具有高尚的精神。要是日本人民知道了这次战争是怎样发生的和怎样进行的,他们的内心就会充满厌恶!"中文版《拉贝日记》,第614页。

③ 亩本曾经说:"在城外,卷入了战斗是确实的。但没有故意杀戮市民。城内当然更是一个人都没有。只是在城外征发粮食时,暴行、强奸、杀伤等也许有。但我的部队一个人都没有。史密斯调查的所谓市民牺牲一万五千,是根本不可信的。即使有,也不过三分之一的五千人,各师团千人的样子,但也不会那么多。不,应该更少。总之,因为是战场,市民是看不到的。"(转引自大井满著『仕組まれた「南京大虐殺」——攻略作戦の全貌とマスコミの怖さ』,東京,展転社1998年6月6日第3次印刷版,第232页。)这可以说是亩本对南京大屠杀的一个总态度。

④ 亩本正己著『真相・南京事件——ラーベ日記を検証して』,第1页;总括,第220页。出于同样动机,日本其他右翼学者也多如此说,如東中野修道为东立说:"从结论说,拉贝的《南京的真实》有下列四个特点:一、依事实的记述,二、对事实过度润色的记述,三、削除关键事实的记述,四、将支那人的流言蜚语信以为事实的记述。"『「南京虐殺」の徹底検証』付章「改めて『ラーベ日記』を読む」,東京,展転社2000年7月8日第4次印刷版,第385页。

在这样的功利动机支配下，《检证》对"真""伪"的判断一由是否有利于掩饰日军的暴行为转移。凡对日军不利的记录，《检证》一概斥之为"伪"，反之则不妨称之为"真"。① 同一作者的记述差别至此，单以所谓"商业利益"和这一利益造成的感情偏向来解释，殊不合情理：拉贝既要"陷"日军于罪，何至于还要留下于日军"有利"的"真"情？何至于还要留下让亩本先生在几十年后仍觉得可以见仁见智的余地？所以，不论从必要上还是从可能上，说拉贝作伪都于理难通。《检证》一味强调，只能说明自己戴着有色眼镜。

以下不妨以具体的"检证"，看一看《检证》所判定的《拉贝日记》的所谓"伪""真"是怎么回事。

二

12 月 13 日日军有没有进入安全区？有没有掠夺等暴行？

《拉贝日记》有这样一段记载：

> 日本人每十到二十人组成一个小分队，他们在城市中穿行，把商店洗劫一空。如果不是亲眼目睹，我是无法相信的。他们砸开店铺的门窗，想拿什么就拿什么，估计可能是因为他们缺乏食物。我亲眼目睹了德国基斯林糕饼店被他们洗劫一空。黑姆佩尔饭店也被砸开了，中山路和太平路上的几乎每一家店铺都是如此。一些日本兵成箱成箱地拖走掠夺来的物品，还有一些士兵征用了人力车，用来将掠夺的物品运到安全的地方。我们和福斯特先生去看了他的圣公会在太平路上的英国教堂。教堂旁边有几所房子，其中有一所被两枚炸弹击中。②

① 如拉贝致希特勒的报告中说："中国方面认为有十万平民被杀，但这样的数字似乎太多。我们外国人以为大概有五六万人。"ジョン・ラーベ著『南京の真実』，第 317 页(中文版未载)。《检证》虽以为此说尚有"暧昧"之处，认为："所谓平民，纯粹的意义仅应指'和平的市民'，南京在军队(直接参加战斗者──原注)之外，还有民间的义勇队，征用的军夫，作为抗敌组织，还有首都抗敌后援会，妇女慰劳会，学生抗敌后援会等，南京的城市已经化为了'军人的城市'。"(第 4 部，第 202 页)但仍肯定地说："历来的南京大屠杀三十万说的根据崩坏了。"(总括第 224 页)
② 中文版《拉贝日记》，第 176 页。《检证》在转引时颇有遗漏。

The Diary of John Rabe

ジョン・ラーベ著

エルヴィン・ヴィッケルト編／平野卿子訳

南京の真実

その時、南京で本当は何が起こったのか？

《拉贝日记》日文版

这一记载的日期本为 12 月 14 日，《检证》却将它改成了 12 月 13 日。而"13 日日本军没有进入安全区"是《检证》所谓的"事实"，①《检证》因此认为上述记载是"无根的编造"。《检证》如此的张冠李戴——姑不论是否作伪，却那么自信的判定人家在作伪，正可见《检证》对"事实"认定的随心所欲。

《拉贝日记》所记既然本非 13 日，《检证》不论故意还是疏忽都已无再作一辨的必要。然而，《拉贝日记》此节之真伪虽不容置疑，但日本军 13 日有没有进入安全区？有没有发生掠夺等暴行？则仍值得探讨。

《检证》此说的根据是一些所谓的"证言"。为免宥本先生的不公之虑，我们不妨把这些"证言"转抄于下。

森英生（详情见前）说：

---

① 畠本正己著『真相・南京事件——ラーベ日记を検証して』第 2 部，第 70 页。

难民区因为禁止入内,所以和难民没有接触。

伊庭益夫(步兵第二十联队第十小队小队长,指攻占南京时职务,下同)说:

入城当初,外国租界和难民区禁止入内的命令是严格遵守的。

栗原直行(步兵第二十联队速射炮中队代理中队长)说:

在扫荡区域内,既没有居民的影子,也没有遗弃的尸体,不要说交火了,扫荡行动就这样在平稳中结束了。

六车政次郎(步兵第九联队第一大队副官)说:

万籁俱寂,不闻枪声,不见火灾,……城内极其平稳,异变闻所未闻。

木佐木久(后方主任参谋)说:

占领后两三日……根据松井大将、朝香宫军司令官的严命,严格执行军纪、风纪,连参谋们也在市内巡回,警戒非法事件的发生。

吉松秀幸(步兵第六旅团副官)说:

旅团入城后,整理态势,准备转进苏州,在此期间,掠夺、暴行、杀害居民等事从未听说。

关于城内扫荡,吉松说:

进入城内时,敌人的撤退意外得快,没有遭到预期的抵抗,居民的影子也没有看到。因此,极迅速地就结束开拔了。

我们部队在城内驻留期间,因为居民的平静,才能无事故地开拔了。

土屋正治(步兵第十九联队第四中队中队长)说:

越是深入市街,越是深深地感到真是"死街"。不要说敌弹飞来了,连人影都没有。

安川定义(步兵第十九联队第一大队本部中尉军曹)说:

由光华门入城,在西南方扫荡,没有看见敌兵,也没有交火。

折小野末太郎(步兵第二十三联队第三中队中队长,第一大队代理大队长)说:

夜间连狗的远吠声都没有,南京城内真的是十分安静。

折田护(步兵第二十三联队第二大队炮兵小队长):

大队十一点左右开始在市内扫荡,为了攻击清凉山前进。以为会像上海那样发生巷战,结果却"至极平稳",仅在东门方向传来了追击射击的枪炮声。……严禁在市内征发……①

如果仅凭这些"证言",似乎看不出13日日军进入安全区和日军暴行的

---

① 畝本正己著『真相・南京事件——ラーベ日記を検証して』第2部,第73、73、74、75、77、78、79、80、87、87-88页。

痕迹。但这些"证言"和事实有没有关系,有什么关系,并非如《检证》所愿可以不证自明。因为这些"证言",一、大多是时隔久远的回忆,不免记忆误差;二、所见都只是一个局部,不足以作全局性的判断,也不足以作否定性的判断——此即所谓"说有容易,说无难";三、更主要的是这些"证言"的提供人无一例外的都曾参与攻击南京,如以《检证》的感情偏向来衡量,此类"证言"只能看作被告人的自我辩解,从"证据"的有效性上说只具有最次要的意义。

那么,13日日军有没有进入安全区呢? 进入安全区的日军有没有暴行呢?

时为南京守城部队军医的蒋公毅,亲见了日军进城后的暴行,逃离南京后以《陷京三月记》记述了这一段经历。其中13日中有这样的记载:

> 下午三时,祁明镜匆匆惶惶的袱被来投,说:"医院昨夜先由全院官兵努力支撑到天明,方才探悉敌人确已进城,不得已退入难民区内。全院伤兵尚有三百余名,已有圣公会美侨梅奇牧师出来接受维护了。但我们虽避居难民区铜银巷耀华里内(原是处长住宅),以为可以安心住着了,不料敌兵也照样光顾,恣意抢劫,那面实在不能再住了。徐先青、黄子良等几个同事,是同我一起搬往耀华里的,恐怕他们亦得另想办法才行。"①

此文作于逃离南京不久,又是在生死牵于一发的经历之后,记忆之清晰,正是处在最可信赖的状态。如果真实性尚可怀疑,天壤间何再有"传信"二字可言?

英国《曼彻斯特卫报》(旧译《孟却斯德导报》)记者田伯烈(Harold John Timperley)的《日军暴行实录》,编于1938年3月,几乎是同时的实录,其中13日这样说:

① 同书编委会、南京图书馆编《侵华日军南京大屠杀史料》,江苏古籍出版社1998年2月第1版,第72页。作者尝比勘国人记载,以为蒋公毅所记最为亲切可信。

这是南京一位最受尊敬最有声望、态度极为公正的外侨,于十二月十五日写给上海友人的一封信,把日军占领南京后几天内的情形,加以扼要而明白地叙述:……"在日军进城后的两天之内,整个的希望还是幻灭了。连续不断的屠杀,大规模地、经常地劫掠,侵扰私宅,侮辱妇女,一切都失去了控制。外侨目睹街道上堆满了平民的尸体。在南京中区,几乎每两条横街间必有一具尸体。其中一大部分是十三日午后及晚上(重点号为引者所加,以下由引者所加者不再注明)日军入城时或被枪杀,或被刺死的。"……①

如果说蒋公毅是中国受害者,亩本先生仍可在动机上挑剔的话,那田伯烈是个"局外人",他的记述总可以征信了吧?也许,在亩本先生眼里,田伯烈的记述只是"传闻"并非亲见,还要打点折扣;也许,亩本先生也像铃木明等人那样,认为田伯烈是个中国雇佣人员,②与中国人的记载同样的不可信。好,我们不妨再姑让一步,暂不就此下结论。

日军攻入南京,南京所蒙受的灾难之深重可用"泼天"来形容,这是极大的不幸,但对今天的取证又恰可说是"幸"事,因为日军的所为无所不在,因而便无所不可见。近年不断有当时的记载重见天日,其中魏特琳(Minnie Vautrin)的日记是有特别价值的一种,其中 13 日有这样一段:

下午四时。有人告诉我们,西面山头上有好几个日本兵。我去南山公寓查看,在我们的"西山"顶上果然站着好几个日本兵。不久,另一名工人叫我,说有一个日本人进了我们的家禽实验场,索要鸡和鹅。我立刻赶到那儿,打手势告诉他,这里的鸡不是出售的,他很快就走了。

---

① 《侵华日军南京大屠杀史料》,第 166 - 167 页。
② 铃木明著『新「南京大虐殺」のまぼろし』谓:田伯烈不仅是众所周知的国民党中央宣传部的顾问,而且据 1954 年 11 月 29 日《曼彻斯特卫报》所载田伯烈讣告记,田伯烈还是"中国情报部(Chinese Ministry of Information)的顾问(adviser)"。因此,田伯烈不是一个中立者。东京,飞鸟新社 1999 年 6 月 3 日第 1 版,第 294 页。最近北村稔以为 Chinese Ministry of Information 应译为"中央宣传部",但他更进一步说:田伯烈"不是燃烧着正义感的第三者,而只是效力于国民党外交战略的一个存在。"『南京事件の探究——その実像をもとめて』,东京,文艺春秋社 2001 年 11 月 20 日第 1 版,第 44 页。

碰巧,他是一个有礼貌的人。

……

下午7点39分。食堂负责人报告说,日本兵正在强占我们校门对面存有大米的房子。F·陈和我试图同这批日本兵的头目取得联系,但是没有结果。门口的卫兵凶神恶煞,我真不愿意看到他。后来,我为此事见了安全区委员会主席,他们说明天来解决这个问题,但所有的人都一致认为,在处理这个问题时必须谨慎从事。[1]

局外人,亲眼所见,当时的记载,有此三条在,上引便可以说是一条绝对的证据。说魏特琳是"局外人",不仅是因为她不属于中日两方,更是因为她对日军本无成见。就在13日的日记中她还记:"在经历了猛烈的炮击与轰炸后,城市异常平静。三种危险已经过去——士兵的抢劫、飞机的轰炸和大炮的轰击,但我们还面临着第四种危险——我们的命运掌握在取得胜利的军队手中。今晚人们都十分焦虑,因为不知道未来会怎样。米尔斯说,到目前为止,和日本人打交道还算愉快,但是,毕竟接触还很少。"[2]魏特琳当日已亲见日军"强占""存有大米的房子",面对过"凶神恶煞"的日本兵,尚能对日军抱有期待,并且不讳言"礼貌的"日本兵,可见魏特琳其时并无"感情偏向"。[3]魏特琳的这一"中立""公正"的态度,足保她的记载信实可靠。

现在,我们可以下一个肯定的判断:12月13日日军确实进入了安全区,进入安全区的日军确实进行了掠夺。

---

[1] 明妮·魏特琳著、南京师范大学南京大屠杀研究中心译《魏特琳日记》,江苏人民出版社2000年10月第1版,第190-191页。

[2] 中文版《魏特琳日记》,第190页。

[3] 她在前一日日记中甚至说:与其"遭受破坏的痛苦","为什么不把城市完好的交出?"(中文版《魏特琳日记》,第188页。)其实当时的西方人士虽对日本人的轰炸不满,但远没有料到日军的表现会如此之糟糕。德国大使馆秘书罗森在1938年1月15日写的《南京局势及日本暴行》中的下述一段话很有代表性:"这份报告所展示的阴暗画面之所以会使身居南京的外国人感到震惊,是因为他们当中没有一个人以前会相信日本人竟然会犯下如此令人发指的罪行。人们原先只好准备防范大规模逃跑的中国士兵的暴行,尤其是四川军,人们从未想到过去防范日本人的暴行。相反,人们还指望,随着日本人的到来,和平和繁荣也会随之恢复。因此,对那些凭着正直的良心指证日本人残酷罪行的先生们,怎么能指责他们有忌恨和偏见呢?"(中文版《拉贝日记》,第432页。)

三

如果说《检证》无视事实，深抱偏见，仅此一条已足可见。《检证》对拉贝的指责，大多类此。以下再略举数端。

攻占南京的日军有标志么？

《检证》序章之三是森英生的序，其中说：

> 拉贝日记中出现的日本兵，完全没有具体属于哪个部队的记载。日记的不可信，正在这点上。至少日本兵中的一人二人总能确认吧。可以认为那时是为了防谍（指没有标志——引者），但当时日本兵在军服的袖子上都缀有记号，以此区别所属部队。我们联队是△的白布，一看到它，马上就能知道是大野部队（步兵第二十联队）的兵。①

《检证》引《拉贝日记》所附路透社记者史密斯演讲②：

> 14 日中午，六人到十人左右，结成一伙，取下联队徽章，让人无法区别，进行有组织的、彻底的掠夺。中国人家的全部，欧洲人家的大部分，遭到掠夺。③

《检证》批驳说：

> 出征的部队，一概除去联队徽章，但这不是掠夺的免责，而是为了

---

① 畝本正己著『真相・南京事件——ラーベ日記を検証して』序章，第 10 页。
② 史密斯演讲中文版未载。
③ 畝本正己著『真相・南京事件——ラーベ日記を検証して』第 2 部，第 95 页。引自ジョン・ラーベ著『南京の真実』，第 117 页。

防谍，代之以在臂部或胸部缝上"部队标识"。①

《检证》的态度如此斩截，未免虑事不周：《检证》卷首所载之照片数张，除某张卫生兵戴有红十字袖章外，其余日本官兵在胸部、臂部恰恰都是没有标识的！而且，《检证》所引清水贞信（步兵第三十五联队第三中队中队长）证言中也记有"友军不断入城，有认不出是哪里的部队。"②"认不出"之谓，当然是因为没有能让人识别的标记。

森氏等口气如此不容置疑，不是正可见他们徒有意气么？

"紧张"能作为排斥掠夺的理由么？

对于《拉贝日记》提到的日军进城之初的掠夺，《检证》说："进入城内的部队难道忘记了战斗，而在太平路、中山路掠夺商店么？刚进入城市理应只有扫荡败残兵的紧张！"③

日军进城的当日就进行了掠夺，已有《魏特琳日记》等的铁证，非强辩所能改变。南京失陷后，进入安全区的中国军队将士并非全无抵抗之意，但从结果看，却没有任何抵抗的举动。而且，《检证》为了证明日军并无暴行，而援旧军人"城内极其平稳"（前引六车政次郎语），"未发一弹完成扫荡"，"城内静稳之极，晚上几无警戒"，"至极的悠闲"（森英生语），"道路边很快开了张。理发店、快餐店，人来人往"④（井家又一［步兵第七联队第二中队上等兵］日记12月15日）等"证言"，正可说明并无"紧张"之有。退一步说，即便没有《魏特琳日记》等等的证据，即便日军的表现已全无可征，"紧张"与掠夺

---

① 畝本正己著『真相・南京事件——ラーベ日記を検証して』第2部，第97页。
② 畝本正己著『真相・南京事件——ラーベ日記を検証して』第2部，第80页。
③ 畝本正己著『真相・南京事件——ラーベ日記を検証して』第2部，第69页。如此论调在日本右翼有关著述中十分流行，如去年年底以日、英两种文字出版的『再審「南京大虐殺」——世界に訴える日本の冤罪』（日本会議国際広報委員会編集，東京，明成社2000年11月25日第1版）中说："掠夺和强奸，无论在精神上还是在时间上的余裕理当都是没有的。"（第72页）"冒着大危险进行不法行为的动机，是极其缺乏的。"（第85页）板倉由明著『本当はこうだった南京事件』（此书为日本近年否定南京大屠杀之"客观派"的重要著作之一）中亦说：日军"除了扫荡败残兵之外，还要处理投降的中国兵，没有和多数市民接触的迹象（原文作'样子'），作恶的机会几近于无。"東京，日本図書刊行会，2000年1月20日第2次印刷版，第107页。
④ 畝本正己著『真相・南京事件——ラーベ日記を検証して』第2部，第73、100页。

也没有必居其一的关联——比如"利令智昏"就是常见之事。所以"紧张"在任何意义上都不能成为否认掠夺的理由。

辨别真伪，如事已难征，推论亦为可用之一法，但应如临深履薄，缜密小心。以"紧张"一语，随意裁断，若非有意歪曲，也未免过于张狂！如此的一逞私臆，在《检证》中随处可见，以下还会稍及。

13 日有没有发生战事？

《检证》举出不少旧军人的证言，说 13 日"既未看到尸体，也未听到枪声"，"万籁俱寂"，有如"死街"，对屠杀之事更是"闻所未闻"。比如上引栗原直行、六车政次郎、木佐木久、吉松秀幸、折小野末太郎、折田护之语都一致如是说。但《检证》所引清水贞信的证言，则谓与"数百名敌军"相遇，"在黑暗中开始了扫荡战"，"敌人大量地投掷了手榴弹"，而其地正在市中心略偏东南。和清水同为第三十五联队的野村敏明（第二大队队部中尉军曹）在给清水的信中也说："13 日晚上，听到了激烈的枪声"。[1] 这是一个显著的不能自圆之处。此事本不足道，但却牵连着另一大有紧要之事——

日本军进城之初有没有屠杀俘虏？

《拉贝日记》14 日有下记：

> 我们遇见了一队约 200 名中国工人，日本士兵将他们从难民区中挑选出来，捆绑着将他们赶走。我们的各种抗议都没有结果。我们安置了大约 1 000 名中国士兵在司法部大楼里，约有 400—500 人被捆绑着从那里强行拖走。我们估计他们是被枪毙了，因为我们听见了各种机关枪扫射声。我们被这种做法惊呆了。[2]

《检证》将之系于 13 日，而引上述所谓"证言"，"证明"13 日"万籁俱

---

① 畝本正己著『真相・南京事件——ラーベ日記を検証して』第 2 部，第 81、82 页。
② 中文版《拉贝日记》，第 176 页。

寂"，因而以为这是"不自然""矛盾"的"传闻"，而不是事实。[①] 13 日有激烈的手榴弹战已如上引，故"万籁俱寂"云云只是伪说。但日军进城之初究竟有没有屠杀俘虏呢？

日本近年除了公然否定日军在南京有过暴行的"虚构派"，[②]还有不少标榜"尊重历史真实"的所谓"中间派""客观派"。"尊重历史真实"之谓，其实是否定南京大屠杀的婉辞，所以所谓"客观派"与"虚构派"实有一脉相通之处。但"客观派"既以"尊重历史真实"相标榜，就不能像"虚构派"那样闭着眼睛无视一切，它要否定南京大屠杀，也要拿出"证据"。而要拿出证据，就难免顾此失彼。关于进城之初的杀俘，伊佐一男（步兵第七联队联队长）日记这样记：

> 16 日经过三日间的扫荡，严重处分（日语此词在此可作处理、解决、消灭解）了约六千五百名。[③]

据步兵第七联队"战斗详报"，从 13 日至 24 日，步枪共消耗子弹五千发，重机关枪共消耗子弹二千发，刺杀败残兵数共六千六百七十名。[④]《被编造出来的"南京大屠杀"》也是近年否定南京大屠杀的重要著作，尽管已到了相当不顾事实的程度，但也不得不承认：

> 在追击战中射杀的，表示了投降意思而被射杀的，虽表示投降但露

① 畝本正己著『真相・南京事件——ラーベ日記を検証して』，第 70 页。
② 最早称南京大屠杀为"まぼろし"（『「南京大虐殺」のまぼろし』，東京，文藝春秋社 1973 年 3 月 10 日第 1 版）的铃木明，面对铁的事实，不能不说将"まぼろし"译成"虚幻"，"是明显的误译"。并曲辩说："现在日本人使用的'まぼろし'，除了'虚''实''秀'等各种各样的汉字（指对应的汉字——引者）外，还有想捕捉也无法捕捉的恍惚的意味，这一极其日本化的、'情绪的'题名，以正确的中国语译出，我想大概是不可能的。"从铃木对『文藝春秋』1951 年 7 月号坂口安吾『飛鳥の幻』的"幻"之解释——"难解之历史之谜"，铃木现在对"まぼろし"的解释似已转为（铃木自不会承认自己有转变）"谜"。见『新「南京大虐殺」のまぼろし』，第 31、32 页。
③ 「伊佐一男日記」，南京戦史編集委員会編『南京戦史資料集』，非売品，東京，偕行社 1989 年 11 月 3 日版，第 440 页。
④ 步兵第七聯隊「南京城内掃蕩成果表」，南京戦史編集委員会編『南京戦史資料集』，第 630 页。

出反抗神情而被射杀的,在战斗中明确分辨是不可能的。①

所以,《检证》对《拉贝日记》在这点上的质疑同样是毫无道理的。

关口鑛造的来访是编造么?

《拉贝日记》12 月 15 日记:

> 日本海军少尉关口来访,他向我们转达了海军"势多"号炮舰舰长和舰队军官的问候。我们把致日本军最高司令官的信函副本交给了他。②

《检证》称这条记载为"完全奇怪的话",并以重点号标出"15 日访问拉贝不是事实"。③《检证》的根据一是关口鑛造是海军大尉,而不是少尉;一是关口鑛造自己说只遇到了美国人费奇(フィッチ),而没有说遇到拉贝。

《检证》的这一理由并不足以说明拉贝所说"不是事实",因为:一、大尉和少尉固是错误——这一错误也许是拉贝分不清日本海军军衔,④也许拉贝对军衔根本没有在意,也许只是记录时一时的笔误,本不足怪,——但叫"关口"的日本海军军官来访并不误。二、关口自己未说与拉贝见面,但关口数十年后的回忆未必没有误差;即使关口有日记本,日记也未必将每日行事一并记入。换言之,只有证明关口对每日行事有"滴水不漏"的记录,关口未说才能等同于未遇。三、《检证》说:"据《佐佐木到一少将私记》,12 月 13 日,由步兵第二十二联队长命令,联队的通信班长平井秋雄氏访问了停泊于下关的炮舰势多号,作为'答礼',14 日午后联络官员关口大尉访问了佐佐

---

① 大井满著『仕組まれた「南京大虐殺」——攻略作戦の全貌とマスコミの怖さ』,第 200 页。
② 中文版《拉贝日记》,第 179 页。
③ 畝本正己著『真相・南京事件——ラーベ日記を検証して』第 2 部,第 90 页。
④ 关口自己也说,他经过哨口时,陆军哨兵说他的海军陆战队服装"和敌军军官的服装相似,而有被误认为中国军官的危险"。(南京戦史編集委員会編纂『南京戦史』,非売品,東京,偕行社 1989 年 11 月 3 日版,第 265 页。)

木到一少将。"①查《南京战史史料集》所收《佐佐木到一少将私记》,只有"关口来"一句,而并无"答礼"等事。② 不知何致如此? 如果《检证》另有所本,那么,佐佐木到一是三十三联队的上级、步兵第三十旅团的旅团长,作为知情人,所述当不误。但据关口说,他去城内是为了"侦察南京城内的情况,以便向上级司令部报告",③并没有提到"答礼"。因为关口是事后追忆,也许有所遗忘,也许他的目的是"侦察","答礼"只是附带之事,可以忽略不记。但不论怎么说,这正可证明关口所记并非面面俱到。四、记与不记,详记还是略记,与被记之事和记述者关系之密切程度最为有关,拉贝致函日军司令,在拉贝是大事,不会不记,但关口只是偶尔相遇,不记也是事理之常。关口之所以提到费奇,是因为费奇以不安全为由、驾车送了他一段长路,印象自然较深。五、因为费奇的记录④与关口所述相合,《魏特琳日记》中所说"拉贝和路易斯·斯迈思先生与日军司令取得了联系,那人刚到,还不算坏"⑤当亦指此事,而且 17 日以拉贝名义发出的安全委员会致日本使馆的信也有详细记录,凡此都可印证此事之不诬。

未记日军入城式可以作为真伪的判据么?

《检证》说:日军于 17 日下午举行入城式,《拉贝日记》却"一言未及",由此可见《拉贝日记》的不可靠。⑥《检证》的理由是,日军入城式是"世纪的入城式",如此大事,何可不知? 知而又何可不记?《检证》引松井石根(大将,中支方面军司令,攻击南京时的日军最高长官)、饭沼守(上海派遣军参谋长)、山崎正男(第十军参谋)、折田户(见上引)、井家又一等的日记中有关详细记载,作为它的理由的支撑。这实在是可诧可怪之论:日军、日本人以

---

① 畝本正己著『真相·南京事件——ラーベ日記を検証して』第 2 部,第 90 页。
② 「佐佐木到一少将私記」,南京戦史編集委員会編南京戦史資料集』,第 369 - 380 页。
③ 畝本正己著『真相·南京事件——ラーベ日記を検証して』第 2 部,第 90 页。
④ フィッチ就是《我在中国八十年》的作者乔治·费奇(George Fitch),费奇提到与关口的相遇,见中国第二历史档案馆、南京市档案馆编《侵华日军南京大屠杀档案》,江苏古籍出版社 1997 年 12 月第 1 版,第 652 - 653 页。
⑤ 中文版《魏特琳日记》,第 194 页。
⑥ 畝本正己著『真相·南京事件——ラーベ日記を検証して』第 2 部,第 107 页。

为的大事，日本人以外的人有什么必要也作为大事？有什么必要非得笔之于书？仍以《魏特琳日记》为例，魏特琳此日日记记载特详，开篇就记录了日军对从十二岁少女到六十岁老妪的强奸，但就是没有入城式的只字记载。我们不必说这"说明"了什么，但日军的入城式决不会引起局外人——不要说受害人了——的正面感觉则绝无可疑。（南京"自治委员会"的成立，同是日本人以为的大事，日方为了营造喜庆气氛，要求安全区派员千名参加，《魏特琳日记》因此而有记载，其中就说到了参加者的感觉："我们的一位代表对此感到恶心，连晚饭都没吃。"接着此句之下还有一句，"毫无疑问，你们会看到人们对新政权热情支持的电影。"①后一句可以作为今天仍为某些日本人援以为据的影视文字记录的好脚注。）

日军没有在难民区强征"妓女"么？

《拉贝日记》12 月 25 日记：

> 日本人命令每一个难民都必须登记，登记必须在今后的十天内完成。难民共有二十万人，这可不是一件容易的事。第一件麻烦事已经来了：已有一大批身强力壮的平民被挑选了出来，他们的命运不是被拉出去做苦工就是被处决。还有一大批年轻姑娘也被挑选了出来，为的是建立一个大规模的士兵妓院。②

《检证》据《饭沼守日记》12 月 19 日所记：

> 就迅速开设女郎屋之件，委托长中佐。

以及 12 月 25 日所记：

---

① 中文版《魏特琳日记》，第 220 页。
② 中文版《拉贝日记》，第 279 页。

长中佐由上海归来。和青帮大老黄金荣会面……，女郎的处置从内地人和支那人中共同招募，可望年末能够开业。①

认为："由此可知，女郎屋是委托专业人士，募集内地人、中国人设立的。"②从而否认拉贝的记载。

然而，《饭沼守日记》所记并不能成为否认《拉贝日记》的根据。因为：一、《饭沼守少将日记》从证据的有效性上说，至多只是和《拉贝日记》同等的材料，并不具有否定《拉贝日记》的资格。二、《饭沼守日记》并没有排他性的记载，日军高级将领"委托专业人士，募集内地人、中国人"，并不妨碍他们在安全区内"挑选"姑娘，建立"士兵妓院"。三、《拉贝日记》所记并非孤例，不少当时记载都可以佐证，比如《魏特琳日记》12 月 24 日记：

再过一天就是圣诞节了。十时，我被叫到办公室，与日本某师团的一名高级军事顾问会晤，幸好他带了一名翻译，这是日本使馆的一名年长的中国翻译，他要求我们从一万名难民中挑选出一百名妓女。他们认为，如果为日本兵安排一个合法的去处，这些士兵就不会再骚扰良家妇女了。当他们许诺不会抓走良家妇女后，我们允许他们挑选，在这期间，这位顾问坐在我的办公室里。过了很长时间，他们终于找到了二十一人。③

此处所说之"安排合法去处的理由"，与饭沼守等日军高级将领的想法一致，所以，在本地寻求解决即使不是首选，也是极自然的。④

拉贝说过 28 日是登录"最终日"了么？

《检证》对《拉贝日记》12 月 28 日所做的"检证 1"说："兵民分离的查问、

---

① 「飯沼守日記」，南京戦史編集委員会編『南京戦史資料集』，第 220、226 页。
② 畝本正已著『真相・南京事件——ラーベ日記を検証して』第 2 部，第 134 页。
③ 中文版《魏特琳日记》，第 209 页。
④ 当时的国人记载中也颇可见此事。如郭岐的《陷都血泪录》中记有："有一位汤先生，他带有个特别通行证，是要他办理开娼的。"同书编委会、南京图书馆编《侵华日军南京大屠杀史料》，江苏古籍出版社 1998 年 2 月第 5 次印刷版，第 11 页。

登录继续到了下年的 1 月 5 日，12 月 28 日不是最终日。"①但《拉贝日记》的原话是："今天是最终登录日的传言似乎在扩散"，并没有肯定这一天是最终日。亩本先生如此的率尔操觚，无的放矢，真让人不知道是太粗疏、太随意，还是有意的混淆视听。

不描绘自治委员会成立"状况"也是不实的证据么？

初读《检证》"总括"之二"重要事项的欠落"时，对"1 月 1 日自治委员会成立"也列入其中颇感惊讶，因为《拉贝日记》12 月 31 日明明记有："明天，1938 年 1 月 1 日，自治政府将隆重成立，或者说组成。这里是一封邀请信和议程。"在所附邀请信和议程之后，拉贝还就人事安排写道："孙、王和陶三位先生是隶属于我们的红卍字会的成员，我们对这些任命感到有些吃惊，但没有理会。"②有这样的记载在，何可言"欠落"之有？细审《检证》，才知道原来作者别有理由，但这一理由更让人惊讶。在第三部中作者这样说：拉贝对"自治委员会成立大会的模样理当看到，但对成立大会的状况却不及一言（重点号为原文所有）。"③这实在是荒唐的理由。成立大会为当时的正人"恶心"，一如前引魏特琳之转述。对这样的"恶心"事避犹不及，哪有非记不可之理？《检证》以不记大会"状况"为由，否定《拉贝日记》之真，只能徒见《检证》之势穷！

为什么拉贝不断提出尸体埋葬问题？

《检证》引《拉贝日记》12 月 28 日和元月七日所提及日军未批准埋葬许可时说，红卍字会在东京审判时提出的埋葬统计始自 12 月 22 日，可证此事之不实。④

红卍字会的掩埋尸体统计表起自 12 月 22 日，而在次年（1938 年）四月

---

① 畝本正己著『真相・南京事件——ラーベ日記を検証して』第 2 部，第 137 页。
② 中文版《拉贝日记》，第 313、315 页。
③ 畝本正己著『真相・南京事件——ラーベ日記を検証して』第 3 部，第 144 页。
④ 畝本正己著『真相・南京事件——ラーベ日記を検証して』第 2 部，第 139 页、第 146 页。

四日致南京自治委员会的拨款请求信中有这样一段话：

> 溯自上年 7 月以来，敝会办理兵灾救济，如设厂施粥，设所施诊及施米、散衣、发款诸善举，耗费甚巨，犹以掩埋工作为重要，自去秋以迄今日，共计掩埋尸体已有三万数千具，现仍在工作进行中。①

日军自 8 月 15 日起对南京轰炸，死者不断，红卍字会随收随埋，至日军进城亦未中辍。17 日由拉贝签署的国际委员会致日本使馆的信中说："从星期二早上起，我们领导下的红卍字会开始派车在安全区收敛尸体。"②因 16 日红卍字会已有员工在收尸中被日军捕去，故此星期二当是 14 日，可知红卍字会收埋工作在日军进城的第二日即已开始。但日军的到来对红卍字会的工作确实干扰极大。日本每有人从"利害"的角度曲为之辩，以为日军作为统治者，没有阻挠收埋的必要，但日军的所作所为岂有正常理路可循？而且，事实就是事实，非"道理"可以改变。上引国际委员会 17 日致日本使馆的信中记：

> 受敝处指挥的红卍字会，在难民区内收拾尸体时，卡车或被劫去，或被劫未成，昨天更有红卍字会的工役十四人被绑。③

《拉贝日记》12 月 26 日记：

> 那个被绑在竹床上枪毙的中国士兵的尸体十天前就躺在距我的房子不远的地方，现在一直没有清理掉，没人敢接近这具尸体，甚至连红

① 中国第二历史档案馆、南京市档案馆合编《侵华日军南京大屠杀档案》，江苏古籍出版社 1997 年 12 月第 3 次印刷版，第 460 页。
② 中文版《拉贝日记》，第 193 页。
③ 《侵华日军南京大屠杀档案》，第 598 页。此处所收与《拉贝日记》所收同信略有异同，如未记前引"星期二"一句，想必是翻译时有所取舍，未尽直译。十六日工役被绑事又被编于安全区委员会十九日致日本使馆的"日本士兵在南京安全区的暴行"之二十三，见中文版《拉贝日记》第 218 页。

卍字会都不敢,因为这是一具中国士兵的尸体。①

日军绑人仅因"收拾尸体",还是别有理由,日军是不是真想让中国士兵曝尸街头,都并不重要。重要的是日军确实劫了车,绑了人,更重要的是日军进城后的表现彻底打碎了人们的幻想。若非如此,何烦拉贝不断"请求",不断抗议?

日军进入南京后没有发生火灾么?

《拉贝日记》在 1937 年 12 月 20 日、21 日、27 日,1938 年 1 月 1 日、2 日、9 日、18 日等有不少关于日军放火的记载,于是,《检证》序章之三森英生之序中说:

> 我是第三中队的中队长,除了安排值日的警备外,自己也骑马在警戒区内巡查,但一件非法的事件也没看到。巡查时是不进入安全区的,但如果发生违法和火灾,必须报告上司,进行处置,但这样的事一次都没有发生。在流传着凯旋之日已临近的时刻,敢于违法的士兵理当不会有,南京的街道在正月的前后,渐渐恢复了常态。像《拉贝日记》说的这些天连续发生日本兵的违法行为,完全是虚构的。②

违法之事,上已多及,那么有没有发生火灾呢?

森氏在南京的时间是 12 月 13 日至次年的 1 月中旬,正与拉贝所记同时。而征诸当时在南京的西方人记载,完全可以印证拉贝的记载。比如 12 月 20 日,《拉贝日记》说:"在我写到这里时,在不远的地方又有一大片房子燃烧起来,其中也有基督教青年会大楼。"③费奇记:"后来,到了基督教青年

---

① 中文版《拉贝日记》,第 281 - 282 页。
② 畝本正己著『真相・南京事件——ラーベ日記を検証して』序章,第 9 页。
③ 中文版《拉贝日记》,第 228 页。

会馆，它正冒烟燃烧着。”[①]比如元旦这一天，《拉贝日记》说：“院子和住宅被照得通明，在离我们两排房子远的北门桥有两栋建筑物失火了。”[②]《魏特琳日记》说：“北门桥附近大火冲天，抢劫还在继续。”[③]再如元月 4 日，《拉贝日记》说：“当我写这些的时候，南边又有一股烟云冲向天空。”[④]《魏特琳日记》说：“今晚，我从南山公寓处看到两处大火，一处在南门附近。”[⑤]“南门附近”正处于拉贝住处的“南边”。（此日火灾，隶属于驻沪日军特务部的摄影记者小柳次一的晚年回忆也可以证明，他说 4 日“到达[南京]之晚的放火，似是便衣队干的”。[⑥]）

即便在《检证》所引材料中也明明有发生火灾的记录。如折小野末太郎（步兵第二十三联队第三中队长、第一大队代理大队长）日记 17 日记：“附近发生了火灾”。井家又一日记 18 日记：“远方的大火映红了天空”。野村敏明在信中说：13 日晚“一晚上两次被放火，搬迁很辛苦”。《检证》末章“总括”之六引“参战者证言”第一条即是“放火（火灾）很多，但这是中国军队原士兵和地痞们干的。我们对放火是严禁的，不仅严禁，而且外出参加灭火工作。”[⑦]

日本的有关史料中类似的记载颇多。比如牧原信夫（步兵第二十联队第三机关枪中队上等兵）在 12 月 15 日的日记中说：“晚饭后全体上床。在敌国的首都安然地做着故乡梦。这里、那里三四个地方发生了火灾。”牧原日记中还有多处有关记载，像 12 月 17 日，“今晚也有二、三处火灾。（因是便衣队放火，所以外出禁止。）”12 月 21 日，“每晚都发生火灾，为什么呢？果然如所想，部分支那人在日本人的住处附近撒上汽油放火。今天抓到一名，杀了。” 12 月 22 日，“今天大队炮（宿舍）的后面起火。”[⑧]前已提及的第

---

① 《侵华日军南京大屠杀档案》，第 658 页。
② 中文版《拉贝日记》，第 317 页。
③ 中文版《魏特琳日记》，第 220 页。
④ 中文版《拉贝日记》，第 339 页。
⑤ 中文版《魏特琳日记》，第 224 页。
⑥ 阿羅健一編『「南京事件」日本人 48 人の証言』，東京，小学館 2002 年 1 月 1 日第 1 版，第 291 页。
⑦ 畝本正己著『真相・南京事件——ラーベ日記を検証して』第 2 部，第 110、115、82 页；総括，第 227 页。
⑧ 「牧原信夫日記」，南京戦史編集委員会編『南京戦史資料集』，第 512、512、513、514 页。

十军参谋山崎正男在 12 月 15 日的日记中有下例记载：

> 南京入城之际，方面军曾告诫各级严禁掠夺、放火。火灾比较起来还算少。但一度燃起的火焰，因没有特别的消火处置，又没有得当的方法，徐缓蔓延的火势怎么也消不灭，幸好没有风，没有变得更大，到了晚上，各处的火柱十分壮观。①

第十六师团步兵第三十旅团旅团长佐佐木到一少将 12 月 14 日日记记：

> 成了骸骨的房屋的烬迹，现在仍旺盛燃烧着火势的各处火灾，居民一个人都没看到，只有瘦瘠的狗在无表情地走着，伸腿伏卧着。

"中支那方面军"参谋中山宁人少佐东京审判时作为被告方的证人出庭，和检察官有如下一段对话：

> 检察官：你在南京看到过火灾么？
> 中山证人：看到过。
> 检察官：你当时在南京市内的几个地方不同的场所看到过火在燃烧么？
> 中山证人：在一个地方，南京南面的机场的西侧。
> 检察官：是城外，还是城内？
> 中山证人：是城内。②

东京审判中南京一案被告证人中级别最高的上海派遣军参谋长饭沼守少

---

① 「山崎正男日记」，南京戦史编集委员会编『南京戦史资料集』，第 403 页。
② 洞富雄编『日中戦争史资料』8「南京事件」Ⅰ，东京，河出书房新社 1973 年 11 月 25 日第 1 版，第 212 页。

将，在"宣誓口供书"（辩护方文书第 2626 号，法庭庭证第 3399 号）之七中说：

> 我 1937 年 12 月 16 日、20 日、年末三次在城里巡视，……火灾有过我承认，但有组织的放火没看到，没有接到报告。[1]

中山宁人在日军攻占南京后和 12 月末两赴南京，与饭沼守都在森英生居宁期间之内。饭沼守和中山宁人在东京审判时都为日军作无罪证明，所以对日军暴行或否定，或缩小，想不到森英生青出于蓝，歪曲事实比他的长官们胆子更大。

松村俊夫在《对"南京屠杀"的大疑问》引述了当年美国驻日本大使馆武官卡伯特·科维尔（Cabot Coville）有关"掠夺和火灾"的记载后说："科维尔在此看到的掠夺和破坏的痕迹多被当作是'日本军的所为'。但他从冷静地观察中推导出'是抢劫后的放火'，也就是说放火是为了掩盖掠夺的痕迹。（我们说）如果掠夺是支那人干的话，放火也应该同样是支那人干的。"因为"日本军占领南京后发生火灾，对日本军不能带来任何好处。"[2]冨士信夫《"南京大屠杀"是这样制造出来的》则引中泽三夫（第十六师团参谋长，大佐）的话说：放火不仅是支那军队的"常套手段"，"而且，还发生过持有居住证明书的支那女子，在放火现场被当场逮捕的事。"[3]只要不说是日本兵放火，火灾就不妨有，只要能证明是中国人放火，火灾就一定有。

这是一个很好的例子，说明《检证》——其他否定南京大屠杀的著作亦如此——对事实的认定，完全是随心所欲的：在与日军"无关"时可以引"附近发生了火灾"，而在否定拉贝对日军放火的指控时又可以说火灾"一次都没有发生"！

---

① 洞富雄编『日中戦争史資料』8「南京事件」，第 252 页。
② 松村俊夫著『「南京虐殺」への大疑問』，第 149－150 页。
③ 冨士信夫著『「南京大虐殺」はこうして作られた——東京裁判の欺瞞』，東京，展転社 1998 年 11 月 23 日第 4 次印刷版，第 179 页。

日军进入南京城时究竟有没有尸体？

此点《检证》的认定与对火灾的实用态度完全一样。《拉贝日记》12月13日记："我们转弯开进上海路，街道上到处躺着死亡的平民。"①《检证》引此句时略去了"紧接着的迎面碰上了日本兵"一句，然后肯定地说：

> 日本军进入城内前，已有市民的尸体，也许是败退的中国兵暴戾所致，也许是中国军第三十六师第二一二团为阻止败退兵开枪所杀。

但《检证》为证明日军进入南京并无暴行所援引的根据中，又有"没有尸体"（伊庭益夫语），"在扫荡区域内，既没有住民的人影，也没有遗弃的尸体"（栗原直行语，重点号为原文所有），"在城内巡回，没有看到尸体"②（土屋正治语）。

既有尸体，又没有尸体，思维正常的人都不能不问：到底有尸体还是没有尸体？！

拉贝不可能遇到懂德语的日军么？

《拉贝日记》12月13日记："迎面碰上了向前推进的日本兵。这支分队通过一名会讲德语的医生告诉我们，日本军队的指挥官要过两天才能到达。"③《检证》断言"没有会德语的军医同行"，④日本右翼对"会德语"多加质疑，以为抓到了拉贝"捏造"的把柄，如东中野修道《"南京屠杀"的彻底检证》在"被过度润色的拉贝日记的矛盾"一节中引述此段时特以重点号将"会德语"标出，以示编造。⑤但"会德语"在当时日军中并不奇怪。日本自明治维新以后，义务教育形成制度，日军官兵都出自学校之门，加上德语在当时是英语以外的最主要语种，尤其是军医教育程度更高，"会德语"是情理中事。

---

① 中文版《拉贝日记》，第171页。
② 畝本正己著『真相・南京事件——ラーベ日記を検証して』第2部，第66、74、80页。
③ 中文版《拉贝日记》，第171页。
④ 畝本正己著『真相・南京事件——ラーベ日記を検証して』第2部，第67页。
⑤ 東中野修道著『「南京虐殺」の徹底検証』付章，第386-387页。

而且，日军在进入南京时，考虑到"外国的权益"，特选懂外语官兵参加"扫荡"。步兵第七联队命令中就有"选拔语学堪能者"的要求。① 所以单凭想象否定不了《拉贝日记》。

拉贝说了具体时间了么？

对上条所引拉贝的记述，《检证》还有一条否定的理由，它说：

> 据拉贝《给希特勒的报告》(312 页)所述"12 月 13 日早上五时左右，因空袭而被惊醒，和数位美国人去了市南部。试图和日本军司令部联络，调查被害状况。"……(重点号和省略号均为原文所有)
>
> 拉贝的行动，日记和报告所记有异。13 日早上日军司令部没有进出城内，还不是能调查城市被害状况的战(似为"情"之误——引者)况。
>
> ……时刻完全不符合(重点号为原文所有)。②

最初读到上引，我以为是拉贝记忆的一个小小误差。因为他给希特勒的报告距事发已近半年，又无关宏旨——从任何意义上说都没有造假的价值——因此"时刻完全不符"只能是个失误。所以我在将此文发给《近代史研究》时，并没有将此条写入。近日复读《南京的真实》，发现《检证》在引述拉贝原文时做了手脚，致使引文与原文大异其趣。拉贝报告的原文是这样的：

> 12 月 13 日，早上五时左右，因日本军猛烈的空袭而被惊醒，我第一次感到特别地吃惊。但因为想到中国军队的败残兵也许还没有受到扫讨，自己也就平静了下来。其实，每天的空袭已让人相当的习惯，因

① 步兵第七聯隊「捕虜、外国権益に对する注意」，南京战史编集委员会编纂『南京戦史』，第 193 页。第十军参谋山崎正男少佐在 12 月 11 日偶遇熟人藤森幸男大尉，藤森"本年 8 月在语学校(东京外国语学校)在学中被征召"。(「山崎正男日記」，南京戦史编集委员会编『南京戦史资料集』，第 397 页。)日军中确实不乏外语人才。

② 畝本正己著『真相・南京事件——ラーベ日記を検証して』第 2 部，第 66 - 67 页。

而不怎么在乎了。我和数位美国人去了市南部。试图和日本军司令部联络，调查被害状况。①

原文与《检证》之不同，一目了然。《检证》对省略部分不用引号，甚至不用句号，可见《检证》的煞费苦心。

上引之后，拉贝的报告又谈到"几乎每天都有机会"与日本使馆的人会面以及并不具体系日——当然更不系时。是故只要稍有阅读能力，对原文决不是指"早上五时左右"之后拉贝"和数位美国人去了市南部"就不应再有任何疑义。所以，所谓"时刻"问题，完全是《检证》一手制造出来的问题。

四

《检证》以洗刷日军"冤罪"②为目的，自期很高，却左支右绌，漏洞百出，它指拉贝有"感情偏向"，其实自己才深陷"感情偏向"而不能自拔。而有了这样的"感情偏向"，不论你是什么"过来人"，不论你是不是久谙此"学"之道，③论世衡人，便只能由"政治挂帅"出发，不要说再难有"公正""中立"可言，也不会再有起码的分寸。以下不妨再举数例：

第一责任者是谁呢？

沙尔芬贝格④说，南京废墟化，难民的穷困的生活完全是日本军的责任。

关于南京战，已如所述，不接受松井大将的"和平开城劝告"和拉贝的"三天休战提案"，而进行坚壁清野、焦土作战的唐生智，至最后一刻坚持抵抗，然后不负责任地置二十万市民于不顾，逃之夭夭。

正如德丁(F. Tillman Durdin)记者和拉贝自己所说，第一责任理当

① ジョン・ラーベ著『南京の真実』，第 311 - 312 页。
② 畠本正己著『真相・南京事件——ラーベ日記を検証して』总括，第 230 页。
③ 畠本曾作有『証言による南京戦史』(一一十七，『偕行』1984 年 4 月 - 1985 年 11 月)等著作。
④ 德国驻中国大使馆人员。

在中国方面。

中国方面宣传的所谓"南京大屠杀，三十万"，首先，作为根本原因，是像德国人拉贝和美国人德丁记者指出的"中国方面僵硬的作战指导"，这是必须认识到的。

强奸，所谓"强奸"，我们外出都是因公外出或是在指挥官带领下的外出，不能自由行动，妇女住的安全区的建筑是严禁入内的。在暗夜中单独外出，那种恐惧，是让人决不敢的。

我们年轻的士官只是在蜡烛下玩麻将。

所谓"掠夺"，我们在进入人家前（家）已经遭到了洗劫。我们从战场的空着的家拿到的不过是一些调味料和锅、罐。

……军风纪紊乱，绝无此事。官兵们严守着命令，努力作战。（此数条为《检证》所引参战者的证言）

像拉贝写的"由日本军命令的放火，随心所欲的掠夺、强奸"决非事实。从上级司令部到第一线的中小队长，都在为防止违法的非行而尽责。

拉贝在鼓楼医院看到的凄惨的伤员、尸体，把它完全视作日本军的不法的残虐行为加以纠弹，但并非所有都是由非法虐杀的。这难道不是战争的常态么？

广岛、长崎的原子弹、东京的大空袭也都是一样的。正当的、无可奈何的杀伤和不法的虐杀是必须加以分别的。

纵览《拉贝日记》，可以看到它缺乏对战争和日本军的公正的认识，以及视日本军为非法集团、日本军是恶棍的偏向。（重点号为原文所有）

搜出败残兵即便射杀也是战斗行为。如果一般市民被劫持，说成是虐杀是无可奈何之事。战斗行为和所谓不法杀害，应严格加以区别。①

我们的官兵决不是"像狂暴的战士ベルゼルカ②那样为了攫取一切""为了坚持到南京可以得到花姑娘"。而是抱着攻克南京也许就可以回家了的淡淡希望，相互之间边告诫着如果干了什么坏事就回不去了，边奋勇作战。

由战争带来的杀伤、破坏作为人类不是不能避免的宿命、"业"么？然而，拉贝的祈神之心，只是对日本军的憎恶和报复。战争从事者和旁观者、第三者的立场不同，理想和对严酷现实的认识也不同，但的确感觉不到有"至纯""公正"（指《拉贝日记》——引者）可言。

在南京战中的"处理俘虏"，被歪曲、宣传成中岛师团长的"不接受俘虏政策"，但松井大将采取的是"解除投降兵武装，解放之"的方针，包括对投降兵"解放，释放"，"收容，俘虏"，"作为败残兵、便衣兵杀害、处理"，而不是全部杀害。（重点号为原文所有）

日本军在上海到南京的进击作战，对南京城的攻略战，如本文所说，不是成吉思汗对欧洲的征服战，也不是希特勒的种族灭绝战。而是堂堂正正的"正战"——惩罚加有节制的战争。

（中国军的坚壁清野）几乎完全没有在军事上起到阻碍日本军的作用，反而对农民带来了不可度量的惨祸，反映了成吉思汗以来的有组织

---

① 畝本正己著『真相・南京事件——ラーベ日记を検証して』第 4 部，第 164 - 165 页；第 1 部，第 28 页；総括，第 227 页；第 2 部，第 126、131、103 页。
② 北欧神话中大力神。

的破坏(此处颇不通,原文如此)。

日本的重炮兵部队在紫金山升起气球,观测空中以射击,目的就是为了避免难民区受到损害。

在难民区,不论老少男女,支那人都意外的平静,在彷徨中看着叫做"日本"的仁义之国,深深表示感谢。(此条为山崎正男[第十军参谋]日记,《检证》在引文后特加一注:"山崎正男氏很好地表现了中国人观")。

坐汽车而来,以为是日本大人物的支那人,十圈二十圈地前来围观,记者只能落荒而逃。(井家又一日记12月16日)

取回葱、萝卜、菜,让难民去洗,扫除什么也都让他们去干。因为给难民残羹剩饭,所以他们很高兴地在我们下面干活。(井家又一日记)

上级下达了对军风纪的严厉指示,对文化遗产也悉心保护。(六车正次郎语,重点号为原文所有。)

对南京的城门出入严格管制,是为了防止不逞之徒的进入,而不是像拉贝说的为了管制新闻。各国大使馆工作人员和新闻机构已进入南京,通过上海把消息传向世界。

与海军有关的剑道教师持介绍信来,违反常识地要求斩杀俘房,向师团长提出了申请,当然被拒之门外。

城内女子一人也没有。(第十六师团副官宫本四郎遗稿,重点号为原文所有)

金陵女子文理学院收容妇女,有围墙,禁止入内。据十二月十七日国际委员会的记录,收容有四千到五千人,其中有百人以上遭到强奸。在众目睽睽之下能进行怎么样的强奸行为呢?没有反证的资料,但所有都是"传闻",让人可疑。① (重点号为原文所有)

"张告诉我",像现场目击那样写的,开始似乎是真的,但"那个部位②插着竹竿"等,日本(人)是不会干的,中国过去才有这样的风习。如果看到这一层,拉贝还会以为是日本军干的么?另外,七十岁的老妪什么的也被强奸,实在不自然。

在医院实施暴行,未免太有勇气了吧。但何时?怎么样的暴行?并没有具体的记述。《拉贝日记》就是这样,事实和传闻混淆,让人陷入一切都是真实的危险。

马吉摄制的 16 毫米片子,有"家人被杀的呆然的老太婆",有"在池中浮着的尸体",有"笼中装着幼儿尸体运送的光景",有"在医院接受治疗的妇女"等等照片,刊于 1938 年的《生活》。

笔者也看过复制的这一片子,但能说这是可以作为"南京大屠杀"根据的片子么?我看不能。

这一片子为什么没有在"东京审判"中提出呢?

《拉贝日记》的大量暴虐事件,所有的告发都是由中国人报告构成的。(重点号为原文所有)

"十八人的家庭中十七人被害",何时?哪里?怎么样杀害的?传

---

① 畝本正己著『真相・南京事件——ラーベ日记を検証して』第 4 部,第 167 页;第 2 部,第 132 页;第 4 部,第 186 页;総括,第 229 页;第 1 部,第 35、42 页;第 2 部,第 109、101、125、76;第 4 部,第 177 - 178 页;第 2 部,第 77、107 页。
② 中文版《拉贝日记》径译为"阴道"(第 563 页)。

闻复传闻,元旦刚过,这样的残忍的杀害会有么?

　　所谓"知道了这个消息",但附近理当没有驻留日本军呀,所谓抢去棺木盖,抛尸于街头,但京都(第十六师团)和金泽(第九师团)的军人多为佛教徒,宅心仁厚,能有这样的蛮行么? 虽是战地,但作为常识也是难以想象的。(重点号为原文所有)

　　据广州路难民收容所的请愿书,每晚卡车带走年轻女性实施暴行,有这样的部队么? 带人的部队、场所不了解的话,不能成为证据。(重点号为原文所有)

　　晚间外出是禁止的,而居然侵入德国人拉贝的家,是过于愚蠢的人吧。拉贝不应只是赶出去,而是应该抓住,否则怎么能根绝呢?

　　拉贝作为国际委员会委员长,必须持绝对中立的立场,但自己却窝藏国民政府的干部。其中叫罗福祥(空军军官,本名汪汉万)的人,2 月23 日搭乘英国炮舰蜜蜂号离开南京,驰往上海。

　　这是拉贝自己不能"中立""公平"的明证。[1] (重点号为原文所有)

　　上引有些是《检证》的引文,但《检证》既援为根据,与《检证》即可视为一体。对这些话怎么看,是亦成一理,还是一派胡言,鄙意在中文世界是不须烦言的。

五

　　以上之"检证"(二、三)和摘译(四)的一些段子,并未刻意挑选,仅是读《检证》时随手所记。随手所记的"坏处"是不能突出,比如显不出荒谬之最,

① 畝本正己著『真相・南京事件——ラーベ日記を検証して』第 4 部,第 181 页;第 2 部,第 112 页;第 4部,第 184、185 页;第 3 部,第 150－151 页;第 2 部,第 123、124 页;第 4 部,第 187 页。

但却能以一斑窥全豹。所以，通过以上数例，我们可以对《检证》下一个不致片面的结论：《检证》对《拉贝日记》真实性的否定，所谓"夸张、传闻、臆测"，所谓"明显的编造、前后矛盾、不自然、不合理"，是完全站不住脚的。

我曾在《南京大屠杀和日本人的精神构造》的译后记中说东史郎案的屡屡败诉，"对了解日本朝野的'历史认识'有一叶知秋的价值"。[①] 同样，《检证》不仅对《拉贝日记》的诬指站不住脚，而且，它犹如一个"切片"，通过这一切片，可以让人们看到相当部分的日本旧军人——当然不只是旧军人——至今仍没有丝毫反省，仍抱持着与战前如出一辙的价值和意识，也可以让人们看到"南京大屠杀"在日本右翼那里是经过怎么样的"夸张""臆测""编造"而被否定的。

（原载《近代史研究》2002 年第 2 期）

---

① 津田道夫著《南京大屠杀和日本人的精神构造》，香港商务印书馆 2000 年 6 月第 1 版，第 210 页。

再论“百人斩”

一

南京大屠杀在日本受到广泛的关注始自 20 世纪 70 年代,其直接起因是本多胜一 1971 年 8 月末起至 12 月在《朝日新闻》连载发表的《中国之旅》。[①]《朝日新闻》是日本影响最大的报纸,本多胜一作为《朝日新闻》的记者,1971 年获准来华,6 至 7 月份连续 40 天,先后访问了广州、长沙、北京、沈阳、抚顺、鞍山、唐山、济南、南京、上海等地。《中国之旅》是他此行的记录。本多每到一处,都要寻访日军暴行的旧迹和幸存的受害人,这些记录,成了《中国之旅》的主要内容,所以《中国之旅》不是普通的“游记”,而是对当年日军暴行痛烈批判的檄文。文章在《朝日新闻》连载的同时,又在《朝日专刊》(『朝日ジャ一ナル』)《周刊朝日》连载,部分照片还在《朝日画报》(『アサヒグラフ』)刊载。第二年《中国之旅》单行本由朝日新闻社出版。单行本在原来“平顶山”“万人坑”(虎石沟)、“南京”“三光政策”之外,又增加了“中国人的‘军国日本’像”“在旧‘住友’的工场”“矫正院”“人的细菌实验和活体解剖”“抚顺”“防疫惨杀事件”“鞍山和旧‘久保田铸造’”“卢沟桥的周边”“强制押解的日本之旅”“上海”“港”“‘讨伐’和‘轰炸’的实态”等篇章。由于本多胜一的严厉批判,加上《朝日新闻》的特别影响力,“南京大屠杀”成了日本大

---

① 本多胜一后来说:“我迄今写过各种各样的通讯,但像《中国之旅》连载时所引起的那么强烈而深刻的反应,是从未有过的。”本多勝一编『裁かれた南京大屠殺』,東京,晩聲社 1989 年 6 月 1 日第 3 次印刷版,第 85 页。

众不得不面对的一个现实。这个"现实"引起的是反省还是反感，非一言可以轻断。但它的影响本身使持反对所谓"东京审判史观"①者不能自安，由此为推动力，形成了一波强于一波的否定南京大屠杀的汹涌浪潮。

第一个站出来"批驳"本多胜一的是铃木明。铃木明生于 1929 年，曾在民营电台工作，后为自由撰稿人。1972 年，他在日本右翼重镇《诸君！》4 月号发表了《"南京大屠杀"之谜》（下简为《谜》）。次年铃木明的论集也以此为题名。② "谜"③之谓，从那时以后被与汉字"虚构"同观，并成了完全否定"南京大屠杀"的一派——"虚构派"——的通名。《谜》向《中国之旅》提出的第一个挑战便是"百人斩"杀人竞赛。"百人斩"是指上海派遣军第十六师团步兵第九联队第三大队副官野田毅少尉和同大队步兵炮小队长向井敏明少尉在日本进攻南京途中的杀人比赛。此一比赛在当时即有大名，两人因此而在战后被南京军事法庭判处死刑。《谜》认为，"百人斩"是媒体的编造，实无此事。日本左右两翼因此而展开了激烈的论辩。日本在世的"大屠杀派"第一人藤原彰，最近在回答有关问卷时说：此事"是作为战斗中的勇武传制作的，但可以认为杀过不抵抗的俘虏。"④如果将这个回答作为论辩的一个结果，就此事之"义理"言，至今仍可谓各执一端（所谓"杀过"俘虏）；就本事而言，不能不说已让"虚构派"胜出了一筹（所谓"制作"）。

今天重提此事，一是因为今年是南京大屠杀 65 周年（此文发表于 2002 年），而此事又是"象征性事件"，⑤更重要的是因为有关的讨论确实还有未尽之意。

① 日本右翼一贯以为东京审判是"胜者的审判"，只要能证明日军"罪行"，"胜者"们便无所不用其极，甚至不惜造谣，所以，日军在二次大战中的行为被大大丑化了。而在所有对日军的不实指控中，"南京大屠杀"是一个最大的谎言。因为在东京审判之前，世人并不知道有"南京大屠杀"，而"不知道"是因为"不存在"，所以"南京大屠杀"完全是由东京审判编造出来的。详见拙文《南京大屠杀是东京审判的编造么？》，载《近代史研究》，北京，2002 年第 6 期，第 1 - 57 页。

② 铃木明著『「南京大虐殺」のまぼろし』，東京，文藝春秋社 1973 年 3 月 10 日第 1 版。本文所引为 1989 年 5 月 30 日第 15 次印刷版。

③ 有关铃木明否定"まぼろし"的旧译，而称应译为"谜"，请参拙文《对〈真相·南京事件——检证拉贝日记〉的检证》第三节注，载《近代史研究》，北京，2002 年第 2 期，第 166 页。

④ 「まぼろし派、中間派、大虐殺派三派合同大アンケート」，『諸君！』，東京，文藝春秋社 2001 年 2 月号，第 193 页。

⑤ 日本《诸君！》杂志最近问卷调查中语。「まぼろし派、中間派、大虐殺派三派合同大アンケート」，『諸君！』，第 166 页。

二

有关"百人斩"杀人竞赛,《中国之旅》这样说:

> "这是当时在日本也有部分报道的有名的话",姜先生说,他介绍了日本兵干的如下的杀人事件。
>
> 对"M"和"N"二位少尉,某一日上司唆使他们进行杀人比赛。在南京郊外的句容到汤山约十公里间,先杀死一百名中国人的一方奖赏……
>
> 二人比赛开始,结果"M"只达到八十九人,"N"只达到七十八人。到了汤山,上司再下命令。从汤山到紫金山的约十五公里间再杀一百人。结果"M"一百〇五人,"N"一百〇六人。这一次两人都达到了目标,但上司说:"因为谁先达到一百人不知道,所以不算重来。从紫金山的南京城八公里,看谁先达到一百五十人的目标。"
>
> 姜先生认为:这一带接近城墙,人口多。结果不清楚,但两人都达到目标的可能性高。①

文中的"姜先生",是指在采访时任南京港务局内河船员的姜根福。"当时"日本也有报道,指事发当时日本的重要媒体《东京日日新闻》(《每日新闻》前身)分别于 1937 年 11 月 30 日、12 月 4 日、12 月 6 日、12 月 13 日对向井敏明和野田毅"百人斩"杀人竞赛所作的报道(其中 12 月 13 日还刊有两人手撑日本刀的大幅照片)。

《谜》比较了《中国之旅》的这一记载和洞富雄《南京事件》中有关杀人竞赛的记述,认为:

---

① 本多胜一著『中国の旅』『南京』注 4,東京,朝日新聞社 1993 年 1 月 20 日第 19 次印刷版,第 234 页。

这两条记事的微妙差别,是任何人都一望而可知的。首先,大森氏(大森实,洞富雄书中引了他转引"中国人民对外友协"的"说法"——引者)转引的是在"进入南京之前",也就是说是在战斗中表功的话。然而本多氏的话,却有战时和平时两可的微妙表现。所谓"这一带人口多"(重点号为原文所有),多半是类推平时之事的表现。毋庸讳言,平时和战时对"残虐"的把握基本上是不同的。虽不必如卓别林电影中"战场杀百人为英雄,平时杀一人当死刑"的科白,但这样的杀人若是在战斗中,至少在时当昭和 12 年的日本人的心情中,是"被认可"的残虐性。但即使在战时的日本,认可战斗以外的"杀人游戏"的人也是没有的。①

向井敏明和野田毅的杀人竞赛之每为人提及,是因为"当时"日本自己报道的铁证。所以关键不在于时隔数十年后人们怎么说,而在于对当时的报道怎么看。对此,《谜》是这样说的:

比起当时,在现在的时点看,是让人难以置信的荒唐无稽的话,但这个话经过传言至中国,途中发生了若干的变形。第一,战斗中的话变成了平时的杀人游戏。第二,加入了原文所无的"上司命令"。第三,"百人斩"成了三阶段的反复,等等。我以为,这个东京日日新闻的记事,并非没有将事实作军国主义流的夸大表现的痕迹。确实,在战争中,可以推想有这样的豪杰男儿,但面对在钢筋混凝土掩体中端着枪的敌人,拿着日本刀怎么能对抗呢?真是把它当作值得夸耀之事拼命创作的作者,是完全不能被认为神经正常的。②

铃木明所说,在受害者的眼中当然毫无说服力,即使"心如止水",把它当作一个完全不受情感影响的客体,仅凭铃木明如此说,也根本否定不了当年记载之真实和日军暴行之残忍。因为:一、从战争会带来大量死亡的角

① 铃木明著『「南京大虐殺」のまぼろし』,第 10 - 11 页。
② 铃木明著『「南京大虐殺」のまぼろし』,第 14 - 15 页。

度说,"平时"和"战时"的确不同,但这并不等于战时对"残虐"可以放任,禁止虐待战俘的陆战法规早在 1899 年即已公布,对平民的"残虐"行为的严加禁止,更是列强时代即已有的世界共识,所谓"平时和战时对'残虐'的把握基本不同",只能说明铃木明对日军"残虐"行为的维护已到了完全没有原则的程度;二、《东京日日新闻》并没有——本多胜一和洞富雄的书中当然也没有——说向井敏明和野田毅是拿着刀对抗掩体里的枪,向井敏明和野田毅刀下的死者可以是肉搏中的军人,也可以是放下武器的战俘,[1]以及与战争完全无关的平民,这方面的内容不仅有大量包括中日两方的文字记载可为根据,更有日军自拍的大量照片可以佐证;[2]三、如果向井敏明和野田毅的杀人比赛报道有"军国主义流的夸大表现",那么,首先应该拿出"夸大表现"的具体证据,拿不出证据,人家自然要问:为什么要推出向井和野田而不是其他人来"夸大"? 为什么要拿出杀人比赛而不是其他——比如攻城略地——来"夸大"? 四、如果说当时一切报道都有向着军国主义方向的"夸大",向井、野田"浪得虚名"而未被其他争名逐利者追究——日军当时争功的情况非常激烈——已属可疑,而得了时尚的便宜,丝毫未作撇清本身,也要负道义的责任。而且,即使有"宣传"的成分,它为军国主义推波助澜也是一辜。

三

以后为向井、野田申"冤"者不乏其人。如大井满《编造出来的"南京大屠杀"》说:不仅杀人比赛为子虚乌有,而且"向井氏有着崇高的心"。[3] 竹本忠雄等《再审"南京大屠杀"》说:

---

[1] 有关日军攻占南京时对俘虏的大量屠戮出自自上而下的命令,可参拙文《日军屠杀令研究》,载《历史研究》,北京,2002 年第 6 期,第 68 - 79 页。

[2] 日本"虚构派"对照片的真实性发难,最极端的论调是"能证明南京屠杀的照片,一张都不存在。"藤冈信胜、東中野修道著「ザ・レィプ・オブ・南京の研究」第二章「写真検証編」写真捏造、暴かれた手口」東京,详傳社 1999 年 9 月 10 日第 1 版,第 108 页。有关照片的真伪问题将专文讨论。

[3] 大井满著「仕組まれた「南京大虐殺」——攻略作戦の全貌とマスコミの怖さ」第八章「記事に殺された原軍人」之一、二,東京,展転社 1998 年 6 月 6 日第 3 次印刷版,第 247 - 269 页。

因为目击"百人斩竞争"的中国人完全没有,法庭以新闻记事为唯一证据将向井等处以死刑。像这样荒唐的审判,按照证据审判主义是许可的么?

"目击"云云,毋须一辩,因为向井和野田本来在滥杀无辜,又正值"竞赛",唯恐没有可以增加累计的活人,有幸"见证"必无幸免灾,早就成了两人的"斩"下之鬼,何有"见证"之理?《再审"南京大屠杀"》继续说:

> 了解军队体制的话是很容易理解的,向井少尉是步兵炮的指挥官,野田少尉是大队的副官,理当都不参加第一线的白刃战。武士电影中经常有一个接一个斩人的场面,但斩一个人,因为血糊中含有脂肪,会变得难斩,从日本刀的性能看,刀刃会损坏,刀身会弯曲,这由当时的专门家的见解是可以明了的。这和依靠刀自身的重量来增加切断力的中国青龙刀是不同的。
>
> 致二位日本军官死刑的"百人斩竞赛",是作为在南京战役中日本军疯狂的杀戮的代表例案来对待的,然而,这一处刑是无限地接近于无辜的断罪。[1]

板仓由明《真相是这样的"南京事件"》说:

> 战后"百人斩"为一般人所知,是从本多记者的《中国之旅》开始的。关于此,铃木明氏已在《南京大屠杀之谜》几乎完璧的证明为虚构,山本七平氏也有详细的论证,再从拍摄向井、野田两少尉照片的每日新闻的佐藤振寿摄影师的证言,以及军队的机构、日本刀的物理性能、当时的战况等多方面的论证,"百人斩为谜说"可以说已成为定论。[2]

① 竹本忠雄、大原康男著,日本会議国際広報委員会编『再審「南京大虐殺」——世界に訴える日本の冤罪』,東京,明成社 2000 年 11 月 25 日第 2 次印刷版,第 90-91 页。
② 板倉由明著『本当はこうだった南京事件』,東京,日本図書刊行会,2000 年 1 月 20 日第 2 次印刷版,第 121 页。

此处所说的山本七平,在所有有关"百人斩"的论辩中,"论证"最为"详细"。不仅对铃木的所谓"创作"说全面修补,对本多胜一的批驳还作了长篇反扑。铃木曾援向井敏明申诉中和记者浅海一男谋面仅在无锡一地,12月6日以后与野田毅未再见面,未参加一线战斗等理由,"证明"杀人比赛的编造。这种空口无凭的自辩本来不具有反证力,正如当时南京军事法庭不予承认一样。而且,正在本多的《中国之旅》连载时,出现了两篇重要证言。一是发送"百人斩"第三篇报道的铃木二郎记者,在杂志《丸》述及采访向井和野田时,说:"我目击了那个'南京的悲剧'"。① 一是志志目彰(1971年时任职于中央劳保组织推进部)在杂志《中国》回顾野田回到故乡小学时,野田直接对他说的一段话:

> 乡土出身的勇士啦,百人斩竞赛的勇士啦,报上写得都是我。……实际突击中杀的只有四、五人,……
>
> 对着占领了的敌人的战壕,"你来,你来"(原为中国语——引者)叫着,支那兵都是傻瓜,渐渐的都出来过来了。让他们排着,然后左一个,右一个斩……
>
> 得到"百人斩"的评价,实际几乎都是这样斩的……②

这是一段暴露野田之惨无人道的话,与战时报道正可呼应。对此,山本七平却这样强辩:

> 这是志志目彰氏向月刊中国投稿的内容,他说听到这个话是在昭和14年春,距"百人斩竞争"的报道约一年四个月后。从任何角度看,这都是准确度非常高的证言。本多胜一氏也把它作为"根据",之后,讲到了强迫一种人体实验,这一点,因"文艺春秋"已举出,此处不赘,现在

---

① 月刊『丸』1971年11月号,转引自本多勝一著『中国の旅』,第264页。
② 月刊『中国』1971年12月号,转引自本多勝一著『南京への道』『百人斬り『超記録』』,東京,朝日新聞社1987年4月30日第4次印刷版,第130页。

就野田少尉的证言作一检讨。

首先，谁也没有疑义的是，这个证言证实，像浅海特派员报道的"百人斩竞争"那样的"记事"在现实中并不存在，得到了本人证明。当然，这是战时的发言，"百人斩竞争"作为武勇传装点报纸门面，岂止是谁也不会感到不可思议，大大的称颂赞扬也都是当然的，说起来这是媒体的领导不断把这一类记事加入版面，翻开报纸就让人感到厌腻的时代的话。

可以说，《中国之旅》如果反过来考虑，以更大的篇幅连载更好。因为和今天相反，那是野田少尉挺起胸膛回答"是那样，我就是那时的勇士"也毫不奇怪，而且理所当然的时代。而且，围拢来听这些话的人本来就是为了听"大勇武传"的公布而聚集起来的。

然而，他却对这个"记事"加以否定。也就是说，野田少尉说所谓"百人斩竞争"的记事不是事实而是虚报，最初开口不是在战犯法庭，实际仅在记事报道后一年零四个月已经否定了。

而且，对方还是小学生，只是通过报纸的虚报才知道战场，所以他在一定程度上还能弥缝，但如果对方是白刃战的体验者，这样的弥缝是做不到的，这就是当时一个面的现实。事物确实有两个面。当时"百人斩竞赛"在表面上作为事实是通的，但在"实际"的世界，作为事实反而比今天更不通。[1]（此处所谓"如果对方是白刃战的体验者，这样的弥缝做不到"，山本在后文中说及，指他们必会追问"究竟是四人还是五人"。——引者）

山本从志志目彰的话得出这样的结论，其"冷静"实在令人诧异。我不否认志志目的话是"准确度非常高的证言"，[2]但这不是更可以见野田毅——"皇军"的缩影——的野蛮、残酷、毫无人性么？在"白刃战"中杀敌，

[1] 山本七平著『私の中の日本軍』下，東京，文藝春秋社 1976 年 2 月 15 日第 3 次印刷版，第 69 - 71 页。
[2] 志志目彰的回忆"准确度"应表现在此事之大方向上，细节未必句句牢靠。比如"报上写的都是我"之谓，未免可疑，因为报纸是明明白白登了姓名照片的，这在当时是极大的荣誉，"乡党"何至于不知？

从战争的角度讲也许还有"不得已"之处,而屠杀放下武器、停止抵抗的俘虏,而且是骗杀,如前所述,即使是列强时代制定的国际法也坚所不容,遑论违逆战争伦理和人性了。而且,不论怎么说,就"百人斩"之本事而言,山本所谓"已经否定"说在任何意义上都不能成立,因为:一、即使向井和野田并非在战斗中杀敌,屠杀俘虏也可以比赛,而且《东京日日新闻》没有明言是"白刃战";二、野田对志志目所说大多是骗杀,并不表明他对《东京日日新闻》也如此老实,当时为所在部队、为"乡党家门"、①说到底更是为自己"争光"在日军中久成陋习,所以即使不能完全否认在军国主义环境里媒体的夸大,野田等自炫其能也并不奇怪。

山本七平的"详细论证"是以后许多"虚构派"观点的"出处",如上引《再审"南京大屠杀"》《真相是这样的"南京事件"》都特别强调的日本刀不具备"斩"的能力,其根据都来自山本的"详细论证"。所以检讨山本的"论证"可以举一反三。所谓日本刀的"物理局限",山本所言长达五十余页,②芜杂繁复,无法俱引。酌引数条以见大略:

> ……日本刀的消耗非常快,在实际的战斗中,用了一次,就几乎成了废品。其最大的弱点,是它的刀柄。日本还留存有许多日本刀,在德川时代以来,它已不被作为战场的兵器使用,仅仅是用以显示武士身份的一种"仪仗"。如果在实战中使用的话,可以说必会改良为更实用的实用品。这样的改良完全没有,只是一味向"工艺美术品"发展,和"青贝ちらし"的火绳枪同一个方向。R氏这样说。(山本号称"R氏"是

---

① 战时日本在陆军大臣下达的《战阵训》之八《惜名》中,要求军人"常思乡党家门,以更大的努力来回答期待"。转引自津田道夫『南京大虐殺と日本人の精神構造』,東京,社会評論社1995年6月15日第1版,第53页。

② 「日本刀神話の実態」、「白兵戦に適されない名刀」,山本七平著『私の中の日本軍』下,第67-118页。

"中国人",在给他的信中"对强辩'百人斩竞争'为'事实'者表示愤慨。"——引者）

日本刀是否用一次就成了"废品",是否不"实用"而一味向"工艺美术品"发展,我们将在以后进行讨论。上引之后,R氏讲了一通"中国大刀（青龙刀）"对杀人"最实用"的话。接着这样说：

> 而且,R氏说："这个日本刀的致命的缺陷,日本人成濑关次氏已经详细地指出了（指战时出版的《戦ふ日本刀》——引者）。说到刀,其优劣应以世界所有的刀来进行彻底的比较。而且,其实态应以专门家在实地所作的彻底的实际调查取得的材料为基础来进行讨论。从日本刀是'世界第一'单方面的断定开始的所有论断,断言相关的记事（百人斩竞争）为事实,不能不让人表示强烈的不满。哪怕仅是成濑氏的论据,若有机会予以发表,是为幸甚……。"
>
> 一如既往——专门家的论据被无视,莫名其妙全无根据的单方面强辩为所有的人唱和……为什么这样？令人不可思议。不论成濑氏如何的主张日本刀的缺陷,结果,事实上直到终战[①]没有任何一点改善。而且,连这一著作的存在日本人也忘了,即使今天"百人斩"仍被作为事实通行……。（引号均为原文所有）
>
> 以上大体是R氏的要旨,我对中国的大刀是不知道的。但对R氏指出的日本刀的缺陷,我觉得每一点都是正确的。日本人确实有难以克服的"日本刀神话",而且,将日中的刀剑进行比较的想法,不论过去现在都完全没有。"百人斩竞争"即使在今天仍作为事实流通,可以说是直至战后出生的日本人,仍一成不变地把这个神话相信为事实的证据。

再论『百人斩』

235

---

① 日本对"终战"（战争结束）和"败战"（战败）分别严格,左右两翼决不混用。1995年8月日本战败五十周年,我在当月号的《中国研究月刊》写了篇代编后,题目用了"终战五十年感言"（《中國研究月刊》,東京,中國研究雜誌社,1995年8月號,第70-72页）。刊物出来后,日本前辈学者山根幸夫即来信指出：不应像认识不清的日本大众那样用"终战",而应立场鲜明地用"败战"。

然而,在现实的战场上挥舞着刀剑,事实上自古以来就是极其稀见的。在团体战斗中,近距离战的主力兵器,不问东洋西洋,自古以来就是矛而不是刀。矛变化为枪刺、枪剑,另外,某种特别的枪刺,与其说用枪前的刀尖刺,还不如说用枪内的枪弹射,结果,这一形态的短兵相接的兵器,直至第二次世界大战仍得以流传。日本军的枪并非都是枪剑式的。内地的炮兵配备的四四式骑枪,是枪刺式的,长刺刀和枪身贴合,端起来就成了一种长矛。①

山本七平的这些话,与"百人斩"论脉大多无关,比如并没有人说过日本刀是所谓"主力兵器";是不是"主力兵器"并不妨碍杀人比赛;不仅是不是主力兵器不妨碍杀人比赛,日本刀有没有"致命的缺陷"也不妨碍杀人比赛,因为正如志志目彰"准确度非常高的证言"所说,绝大多数的被杀者只是任斩的俘虏,不要说日本刀,一块砖,一条鞭,一根木棍,无不能成为致人死命的凶器。

但山本七平之可议不在于是否切题。如果仅仅是不切题,不过多些废话,不必穷究。对山本之说特别提出,是因为他对日本刀的性能的描绘与实际是个所谓"正反对"(日语意为完全相反)的伪说。在前引中山本抱怨"专门家的论据被无视",此见不错,这样的专门问题,门外的人没有什么置喙的余地。那我们就来看看"专门家"怎么说。生前曾任日本刀剑博物馆副馆长的佐藤寒山(1907—1978)在《日本刀概说》中这样说:

日本刀的特色被公认为实用是因为(1) 不会折断,(2) 不会弯曲,(3) 而且特别锐利,那么,这样的日本刀的特色是如何完成的呢?

第一,是刀剑表面的"皮金"的锤炼。即以"和钢"(日本钢——引者)为材料,反复地加以锤炼,在将钢制成适当的硬度的同时,钢中所含有的夹杂物也一同燃尽,用槌敲打锤炼,制成纯精的钢,尤其是将钢的硬度做得均匀。用这样坚硬的"皮金"包裹着由柔软的铁反复锤炼而制

---

① 山本七平著『私の中の日本軍』下,第78-79页。

成的芯骨,再回火,不断地锤薄,打成刀型。

像这样(1)反复地锤炼,(2)加入芯骨的技法,在所有民族的武器中都看不到,可以说正因为此才能有前述的不断、不曲、锐利的质地。

其次,在基本成形的刀的表面全体涂上称做"烧刃土"的泥(以下谈具体工艺,略——引者)……

不用说,日本刀本来是作为武器被制造的。但今天作为武器的生命已结束,日本人把它作为可以向世界自豪的钢铁艺术品赏玩,和实用别途,另有它的美。[1]

此处所说日本刀的"不断""不曲""锐利",和山本七平所谓用一次就成"废品",有如云泥之别。如果山本推重"专门家"的话为真,则佐藤寒山不仅是日本刀的"专门家",而且是近世日本刀研究的有数权威,寒山先生自应获胜。山本不承认,说明"专门家的论据被无视"云云只是托词,——当然,也许他的"专门家"非依公认,另有标准,比如他觉得自己才是"专门家",那我们就无话可说。鄙人也多次得见日本刀,其精致远胜于"青龙刀",但给人的第一感觉不是精致,而是锋利。那种透着寒气的特别的锋利,不由不想到它是个"凶器",一种真正的可以杀人的凶器。

明治维新后曾有"废刀令",日本刀一时成了"无用的长物"(佐藤寒山语)。大正、昭和时,军刀热又起,及至中日战争全面爆发,出现了所谓"军刀高潮"(军刀ブーム)。[2] 1945 年,随着日本战败,"武器制造禁止令"明确规定禁止制造日本刀。只是到了 20 世纪 50 年代以后,日本刀才由日本"文化财保护委员会"作为"传统文化"重新允许制造。也就是说,日本刀之成为山本七平所说"工艺美术品"是战后许多年的事;战前的长时间它是个"武器"。是武器并不妨碍有人把它作为"美术品",就像过去的贵夫人以手枪为装饰甚至"玩具"并不能取消手枪的武器功能一样。

① 佐藤寒山著「日本刀概说」,『原色日本の美術』第 25 卷『甲冑と刀剑』,東京,小学館 1980 年 11 月 1 日修订版,第 216 - 217 页。
② 佐藤寒山著「日本刀概说」,『原色日本の美術』第 25 卷『甲冑と刀剑』,第 239 页。

综上所述，我以为消极地退让，承认"百人斩"是媒体制作的"勇武传"，在今天至少还为时尚早。因为日本"虚构派"号称的内在、外缘两方面的"证明"，——"日本刀"的所谓"物理局限"有悖事实自不必说——即便全部属实，也完全不足以动摇战时"百人斩"的记载。我这样说并不是相信战时的记载字字为真，因为既然取肯定"百人斩"的立场，对战时记载的审视就只能更严，这是秉持客观的基本要求，我只是说在大量杀人这一关节点上，"百人斩"仍无可怀疑。

如果我们对战时《东京日日新闻》的报道冷静地加以分析，我们并不难看到"报道"对"事实"的损益。就"报道"言，在当时歇斯底里的环境里，向着"勇武传"方向的扩大几乎无法避免：再而三（《东京日日新闻》说，共从头开始了三次）地比赛"杀敌"，自己毫发无损，这种话不仅过于"勇武"，而且已近于神话，幸好有山本七平也不能不承认的"准确度非常高的证言"在，配上仍存于天壤间的大量砍杀束手俘虏的照片，使我们可以透过《东京日日新闻》的夸张报道，看到野田毅（向井敏明也可以推求）杀的只是放下武器的"傻瓜"（野田语）。杀人而非杀敌，真相若此，未免过于平淡，却更可见日军的有悖人伦。

日本"大屠杀派"中迄今距原来观点最近的本多胜一最近说："用日本刀'试斩'和屠杀俘虏，在当时中国是日本官兵的家常便饭。因偶尔表面化，M和N（指向井和野田）被处刑，对于二人来说，确有值得同情之处。"①站在受害者的立场上，所谓"同情"固然绝不能为人接受，即使以外在于感情的"学术"来衡量，"百人斩"也远未被推翻，所以，从任何意义上说，这一阵地都不应、也不必轻易地放弃。

（原载《江苏社会科学》2002 年第 6 期）

---

① 本多勝一著「据えもの斬りや捕虜虐殺は日常茶飯だった」注 1，南京事件調査研究会編『南京大虐殺否定論 13 のウソ』，東京，柏書房 2001 年 3 月 30 日第 4 次印刷版，第 115 頁。

小川关治郎证词的再检讨

——东京审判有关南京暴行罪被告方证词检证之二

重新检讨东京审判有关南京暴行罪[①]被告方证词的主要理由是：因为证据的限制,这些证词在东京审判时未受到检方和法庭的有效质疑,从而不仅影响了判决,也在相当程度上影响了日本民众直至今天仍在延续的对东京审判的认识。有关这一点的详细说明请参拙文《松井石根战争责任的再检讨——东京审判有关南京暴行罪被告方证词检证之一》[②]引言。

小川关治郎是日军进攻南京的主力部队之一第十军的法务部长,在当年日军专职法务官中资历最深。小川1937年11月随第十军在金山卫登陆,以后第十军沿嘉兴、平望、湖州一路向西直至南京,[③]攻占南京后12月末第十军军部移驻杭州,小川一直未离左右。次年1月7日小川赴上海组建中

小川关治郎(转自《一个军法务官的日记》)

① 东京审判有关日军在南京罪行的罪名,国内均译作"南京大屠杀",如张效林译《远东国际军事法庭判决书》(群众出版社1986年2月版)、梅汝璈著《远东国际军事法庭》(法律出版社2005年7月),实际在审判过程和判决书中的本来名称是"南京暴行",本文按原名。
② 《近代史研究》2008年第6期,第4-23页。
③ 第十军由第六和第一一四师团攻打南京,第十军之一部第十八师团攻占芜湖,负责从长江上游切断中国军队退路。

支那方面军军法会议（方面军是协调第十军和上海派遣军的作战指挥机构，未设法务部），2月14日中支军及所辖第十军与上海派遣军建制撤销，一周后小川和中支军司令官松井石根、参谋长冢田攻等返回日本。在东京审判有关南京暴行案的辩方证人中，小川是相当特殊的一位。小川的特殊性不在于他是亲历者，当时的证人大多有过身在事发现场南京的经历；也不在于他有较高的层级，当时的证人除了中低级军官，也有上海派遣军参谋长饭沼守那样的高阶军官。小川的特殊性在于他是第十军和中支军两级法务部门的主官，军风纪是他的"专业"。他的证词因此较易被局外的第三者看作是"权威"证词，至少是"内行"证词。而且，与众多证人矢口否认日军有任何暴行不同，小川承认日军有有限的暴行，在一定程度上也增加了不尽是作假的色彩。虽然我们无法判断小川证词对当日法庭之内日军责任的认定究竟起了什么作用，但小川证词未受法庭和公诉方任何质疑本身还是有特别的意义。我在检讨了南京暴行罪第一责任人松井石根的证词之后紧接着选择小川的证词，首要考虑的就是这一"特殊性"。其次，认为小川证词在松井证词之外最有重加检讨的必要，"可能"也是一个重要理由。历史学重在求真，而人文证据不同于科学证据的特点在于不能"放之四海而皆准"，因此结论受材料的限制比起其他学科更为显著。在前引拙文中我曾提到"南京事件"在日本之所以久争不息，除了与学术无关的"立场"因素，确实也和事发时记录的不充分和第一手文献的"遗失"有关。比如上海派遣军法务部长冢本浩次在东京审判所作证词的真实性，在上海派遣军法务部日志和冢本本人日记等文献重见天日之前，当然也可以根据"间接证据"作出推断，但彼眼所见从根本上说无法替代此眼所见，所以要以推断来断言冢本证词的真伪还是有难以克服的困难。这和断定新罪不能仅据前科而须有新案证据的道理是一样的。小川证词的情况不同，检查小川证词所需要的最关键的公私文献都十分难得地由小川自己保存了下来。说"难得"，是因为其中第十军法务部日志是今天可见的全日军法务部仅存的日志，而小川本人在第十军和中支军时期的日记得以保存连晚年和他生活在一起的女儿都感到"吃惊""完全没有记忆"。① 这两份事发第一时间的记录加上同样由小川保留下来的中支军军法会议日志为我们对照小川证词提供了最有力的证据。也许是因为东京审判已有结论，对小川证词的专门检讨迄今未见。我曾利用小川留下的日记和日志等文献写过两篇文章，其中提到小川证词的不实，但只是附带提及。② 本文拟对小川证词作一全面检查。

首先将小川证词全文译出。

一、小川关治郎"宣誓口供书"

小川关治郎"宣誓口供书"（辩方文书第 2708 号，法庭证据第 3400 号）：

一、本人一九三七年九月末左右被任命为第十军（司令官柳川中将）法务部长，在杭州湾北岸登陆，参加南京战役，翌年一月四日附属于中支那方面军，直属于松井司令官。

二、第十军在杭州湾登陆后受中支那方面军指挥，松井司令官命令严守军纪风纪，当然包括严格依法保护支那良民和外国权益。

三、本人在迄至南京为止的期间，共处罚了二十件军纪犯和风纪犯，其中风纪犯的困难是强奸还是通奸不分明。

其理由是支那妇人自己挑逗日本兵并不鲜见，而一旦和合的情况被良民或他人发现，妇人态度立即一变，夸张地声称是强奸。但不论是否强奸，我都予以起诉，逐件根据事实轻重依法处理，如用胁迫手段即给以严厉处罚。

四、本人十二月十四日正午进入南京，下午巡视第十军警备地区（南京南部）的部分地段时只看到六七具中国兵尸体，没看到其他尸体。第十军十二月十九日撤离南京，转进杭州作战。在南京驻留期间本人

---

① 長森（小川）光代著「わが父、陸軍法務官 小川関治郎」，小川関治郎著『ある軍法務官の日記』附録，东京，みすず書房 2000 年 8 月 10 日第 1 版，第 210 页。
② 《小川关治郎和〈一个军法务官的日记〉》，《史林》2004 年第 1 期，第 92 - 105 页；《侵华日军军风纪研究——以第十军为中心》，《近代史研究》2004 年第 3 期，第 136 - 183 页。

既未听说日本兵的不法行为,也没有不法事件被起诉的事。日本军是作战态势,军纪很严正。由松井司令官自上而下地允许不法行为的命令当然不存在,容忍不法行为的命令也不存在。

五、宪兵严守松井司令官的命令,上砂中佐(宪兵)对本人在审理上微罪不起诉的宣判以过于宽容而提出抗议,日本兵的不法行为受到严厉取缔。

六、一九三八年一月四日本人在上海的司令部和松井大将会面时,大将以特别强调的语气要求"对犯罪要严厉处断",我带着这一命令严格执行了自己的任务。

昭和二十二年(一九四七年)十月六日于东京

供述书   小川关治郎①

小川证词于1947年11月7日上午宣读,与之前的饭沼守和之后的榊原主计受到检方反复讯问不同,检方和法庭对小川证词没有提出一句质询。

小川关治郎证词在辩方证词中篇幅不算长,但所及松井命令严守军风纪、少量暴行、强奸"通奸""不明"、南京仅见六七具尸体、未听说不法行为、不法行为被严厉取缔、松井当面"特别强调"军风纪各点都不合事实。以下我们逐一对照第十军、中支军两级法务部门日志和小川自己事发时的记录来加以证明。

二、"松井司令官"有没有命令严守军风纪

东京审判时被告方和松井石根本人心照不宣,异口同声声称松井率军来华时反复强调军风纪,此事之不实我在检讨松井证词时先已查清,为了完整地检查小川证词,此处姑不省略,再以小川日记对此事作一检讨。小川在"宣誓口供书"中两次提到松井谈军风纪,一次说要"严守""严格依法",一次

---

① 新田满夫编集『極東國際軍事裁判速記錄』第七卷,東京,雄松堂書店1968年1月25日第1版,第432页。

又"特别强调",口气慎重,不是例行公事或应景的套话,依小川每日对所遇人事详细记录的习惯,这一对口指示不可能省略不记。所以当读遍小川日记全编没有看到松井的类似讲话时,①我们自然可以断定"证言"不是真话。但我之所以敢断言小川证言不实,还不仅是因为日记没有记载,而是因为日记直接暴露了小川的"弄巧成拙"。证词第六条"1938 年 1 月 4 日在上海的司令部与松井大将会面"云云,时、地、人十分具体,当年控诉方无从置喙的难处,很可以想见。但正是因为具体精确,使我们可以按图索骥,与日记对照。小川日记 1 月 4 日记录了他二次去第十军司令官柳川平助中将处谈涉姓(日记出版时所有涉案人的名字都被隐去)少佐的案件及参加兵器、军医、兽医、法务诸部的欢送会,根本没有离开第十军司令部驻地杭州。小川 7 日才离杭赴沪至中支军报到,直到 15 日才得见松井。15 日日记详记了和松井见面的情况,松井大谈对中政略,如如何推翻蒋介石政权,如何建立亲日派政权,如何实现"大量日本人移民支那的百年计划"等等,就是没有一字谈到军风纪。不仅没有谈到军风纪,此日日记还留下了一段颇堪玩味的感受:

> 司令官(原注:松井石根大将)是保持威严?还是生来的傲慢气质?和迄今接触过的大将比,是有点奇怪的类型。长官不太端架子,能使自己的方针为下级理解,我以为这样才好。完全没有必要那样的摆排场。过于端架子,未免不能让接触者所述的充分意见得到考虑,因此,种种考虑也难以使上级了解。特别是长官和部下的关系,下者充分了解上面的意见,上者充分研究下面的意见,倾听有意见者的意见决不是无益的……(省略号为原文所有——引者)端架子的原因是什

---

① 日志、日记中有第十军司令官柳川平助的相关谈话记载。

么呢?[1]

有关松井石根其人,有各种描绘,但从没有人说过"傲慢""端架子"。松井给小川的印象之所以与众不同,我以为原因正在于陷松井于尴尬境地的军风纪。

日军进入南京后,从被逐出南京的《纽约时报》记者德丁(F. Tillman Durdin)在 12 月 17 日发出第一篇报道起,西方报刊开始大量报道日军暴行;南京安全区国际委员会的西方人士则在日军进入南京的第三日起即开始逐日向日本驻宁使馆递交申诉和抗议,这些报道和抗议在第一时间就传到了日本政、军高层。迫于这一压力日军中央不得不下文申饬,派员督促,要求中支军约束军风纪。[2] 日军高层的压力使松井十分难堪,攻占"敌国"首都的欢愉也因此一扫而光。中支军军法会议在这样的背景下临时拼凑,对松井而言,当非出自本愿。所以,对年资相若并无过节的小川,松井一反常态的"傲慢""端架子",不论是真心流露还是故作姿态,所传达的都不外乎是对军风纪压力的抵触情绪。

三、强奸和"通奸"是否"不明"

日军强奸,通过各种记载,特别是文艺作品的表现,久已深刻于我们民族的记忆。日本不同,除了为数极少的"屠杀派"和与之辩难的"虚构派",主流社会一直讳言其事。一般记事述及"南京事件"时只记屠杀不记强奸即可

---

① 小川関治郎著『ある軍法務官の日記』,第 153 - 154 页。
② 对相关史实日本历来有人以为并无其事,强作辩解甚至到了不顾自相矛盾的程度。在此谨举未为人提及的一例:松井石根在巢鸭拘留所曾对"教诲师"花山信胜说"南京事件"时师团长比日俄战争时差得不能同日而语。据说松井的不满主要是针对第十六师团的中岛今朝吾师团长。此事十分有名。战前最后一任陆军省军务局长额田坦在回忆录第一部(章)"陆军省军务局"中因此有针对地说:"松井司令官对阿南局长(阿南惟几,时为军务局长)流着泪说东洋和平和人类爱,原因是对过于果敢的中岛今朝吾十六师团长的非难。但决没有说师团长比昔日日俄战争时将帅的道德要差。"然而,在同书第三部"陆军大将群像"中,额田坦明明有这样一段实录:"十三年(昭和,1938 年)元旦,笔者随从阿南人事局长在南京向松井司令官报告,据局长说:'中岛今朝吾十六师团长的战斗指导违反人道'而对之非难,因此感叹士道的颓废。"(额田坦著『陆军省人事局长の回想』,東京,芙蓉书房 1977 年 5 月 1 日第 1 版,第 20、322 页。)"士道的颓废"不正是"道德""差"的同义语么?

一 第十军（柳川兵团）法务部阵中日志
昭和一二年一〇月一二日—昭和一三年二月二十三日

以看出这一点。20世纪90年代后日本"虚构派"对强奸的否认开始强化，不仅将事发时的记载一概称之为"传闻"，坚予否认，而且进一步认为"强奸的实态"或是"自愿的卖春"，或是"中国人假扮日本兵所为"，或是"中国兵的反日搅乱工作"。① 否认强奸虽然在晚近愈形高调，但和否认其他暴行一样，如果追根寻源，都可以在东京审判中找到源头。小川所谓强奸"通奸""不明"，就是今天否认强奸的初形。

否认强奸，和被害者本人极少控告有很大关系。我曾在《当事人不告否认不了日军性暴行》②中说，"不告"，除了面对占领军的弱势立场，也与中国的节烈观和贞操观有关。中国人自来重"义"，在大关节上只能舍生取义，"义"化为女子的义务，便是"高于一切"的更沉重的"贞操"（郭岐《陷都血泪录》述日军强奸，谓"女子之贞操，高于一切"③）。所以，在中国，一个女子受到了侮辱，尤其是"兽兵"的侮辱，就等于被毁了一生，即使不走一死的路，也只能饮泣吞声，而很难抛头露面地去控诉。正是由于此，向日本占领军告发固然是与虎谋皮，战后也很少有人以真名实姓出来申冤。④ 消极地沿着"不告"解释，确

---

① 详见日本会议国际广报委员会编『再審「南京大虐殺」——世界に訴える日本の冤罪』第二章「強姦事件の真相」小节，东京，明成社2000年11月25日第2次印刷版，第85-87页；藤冈信胜、东中野修道著『ザ・レイプ・オブ・南京の研究——中国における「情報戦」の手口と戦略』第三章「真実は安全地帯の住民が知っいた」小节，东京，祥伝社1999年9月10日第1版，第168-170页；东中野修道著『「南京虐殺」の徹底検証』第十二章「南京安全地帯の記録」，东京，展転社2000年7月8日第4次印刷版，第257-282页。上论是针对安全区国际委员会记录中的三百六十一件强奸和强奸未遂案而发。但南京失陷后，放下武器的我军官兵面对劫难，忍辱负重，以低调自保减少无谓牺牲，反抗固然绝无，日军的搜捕残兵，取消安全区，强加的"自治委员会""维新政府"，所谓"潜伏"的军人（包括市民）都默然接受。所谓"假扮日本兵"，所谓"搅乱工作"，既与理难通，也根本找不到事实的根据。
② 详见拙文《南京大屠杀札记》之十四节，上海，《史林》2003年第1期，第117-119页。
③ 侵华日军南京大屠杀史料编委会、南京图书馆编《侵华日军南京大屠杀史料》，江苏古籍出版社1998年2月第1版第5次印刷版，第8页。郭岐，日军进攻南京时任守军营长，身陷笼城三月，此篇作于逃离之后，发表于当年的《西京平报》。
④ 战后国民政府调查，绝大多数被害人家人、邻甲等目击证人所指认者都已死亡或失踪，极少数自陈之被害者，则往往家人均已被害或男口均已被害，处境极其艰难。如住南京大百花巷之徐洪氏被奸后跳井未死，除七旬老母和同样跳井之女儿，全家被杀，"忍辱含耻偷生苟今，生活窘迫异常"，才敢于出来要求洗雪"国耻家仇"（中国第二历史档案馆、南京市档案馆合编《侵华日军南京大屠杀档案》，江苏古籍出版社1997年12月第3次印刷版，第354页）。20世纪80年代后出现的被害人控诉之意义，从道德的角度说毋庸置疑，从法和学术的角度说则不能不打折扣。

实是因为面临证据上的困难。但对日志和日记粗读一过,发现其中不仅保留了上海、杭州、湖州等地的大量强奸案例,军法会议所拟诉状、判决,苦主的控告和两造的陈述居然也有详细记录。后者令人十分意外。所以,前所推断的"不告"理由便不能成立,"不告"本身也不再能成立。所谓强奸"通奸"不明,所谓强奸只是"传闻",更可因此而不攻自破。

有关情况我们略引相关材料以为证明。

第十军1937年11月5日开始从金山卫登陆,小川8日随司令部上岸。当天法务部即接获上砂胜七宪兵队长"金山卫城附近掠夺暴行等军纪废弛状况"的报告,以后有关放火、抢劫的情况时有传来。第十军法务部日志15日第一次提到了宪兵队报告的"强制猥亵"事件。明确记录"强奸"在一日之后:

> 午前8时30分军宪兵队长上砂中佐来,就检举频发的掠夺、强奸等事件和小川商谈。①

此处"频发"两字很值得注意。以往在谈论日军暴行的"原因"时,除了强调所谓军国主义的"野蛮性"等日军本身的因素,多以"战斗激烈""报复"等作为"客观原因",法务部日志的这一记录可见,"强奸"从一开始就如影随行伴随着日军,外因的作用至少并不重要。

日志中第一次记载具体的强奸案件在11月25日:

> 午前3时30分金山军兵站宪兵队长松冈大尉来部,就金山附近第六师团辖下部队下士官兵五名强奸杀人及未遂现行犯事件联络小川部长,接受搜查指挥。②

---

① 『第十軍(柳川兵團)法務部陣中日誌』,高橋正衛編集、解説『続・現代史資料』6「軍事警察」,東京,みすず書房1982年2月26日第1版,第36頁。
② 『第十軍(柳川兵團)法務部陣中日誌』,高橋正衛編集、解説『続・現代史資料』6「軍事警察」,第38頁。

同日日志还记有小川命法务部成员田岛隆弌上午前往犯案现场丁家楼调查一语。此案 12 月 22 日判决，涉案者为第六师团步兵第十三联队第三大队本部小行李①特务兵岛□□□（因虑当事人"名誉"，出版时只留姓名第一字，余以方框隐去）、同大队第十二中队上等兵田□□□、同伍长内□□□、同大队第九中队鹤□□□。中支那方面军军法会议日志留下的判决书中有案情的详细记录，因此案相当典型，姑将主要案情抄录于下：

第一，同月（11 月）24 日午前约 10 时，被告人内□□□留在上述空房附近，被告人岛□□□、同田□□□、同鹤□□□及前记亡故之藤□□□（十二中队一等兵，在金山至枫泾途中与诸被告相遇，据小川日记，此人后自杀——引者）为了搬运各自的行装，赴附近的村落找寻支那人苦力。途中鹤□□□回到内□□□处，其他被告人岛□□□、同田□□□及亡故之藤□□□共同相谋搜寻、劫持支那妇人以奸淫之。

一、被告人岛□□□同日午前约 11 时，在同县丁家路（当即第十军法务部日志中之"丁家楼"——引者）潘△△（十八岁）住宅附近，发现因看到被告人等而逃脱的同女，追赶，并以所携带步枪瞄准胁迫，乘同女恐惧放弃逃跑，强行带来；同日午后约 4 时进入同村落李△△（十八岁）住宅，对抵抗的同女同样强行地带来。

二、被告人田□□□同日正午在上述村落搜索支那妇人中，看到张△△（二十岁），追赶，以所携带刺刀胁迫，乘同女恐惧放弃逃跑，强行带来。

三、亡故之藤□□□同日午后约 4 时，发现上述村落附近小河所系船中正在做事的做△△（二十三岁）、做◎◎（二十二岁），靠近后以所携带手枪对准胁迫，乘同女等恐惧，强行带来；其次，约在同时进入同所附近陆△△（十六岁）家，对同女说"来，来"，未从，走过去踢了同女数脚，使同女恐惧，强行带来。

① 日军中小行李（大行李同）指运送大队以上部队的货物的部队。小行李负责运送弹药等直接与战斗有关的货物（大行李负责运送粮草和其他与战斗没有直接关系的货物）。

上述支那妇人六名,乘坐系于附近小河中的小船,被劫持到距同村落一里多外的前记宿营的空房,达到了掠取的目的。

第二,被告人内□□□、同鹤□□□同日午后约8时回到前记宿舍,见支那妇人数名在室内,知道上述被告人岛□□□等为了满足情欲而掠来,亡故之藤□□□说"一人干一个",被告人内□□□以奸淫为目的得到潘△△、被告人鹤□□□以奸淫为目的得到做◎◎。

第三,被告人岛□□□、同田□□□、同内□□□、同鹤□□□及亡故之藤□□□共谋,同日午后约9时30分在前记空房的各自房间,乘上述支那妇人陷入恐惧被告人的威势,不能抵抗,被告人岛□□□对李△△、被告人田□□□对张△△、被告人内□□□对潘△△、被告人鹤□□□对做◎◎、已亡之藤□□□对做△△各自奸淫。

第四,被告人岛□□□

一、同日午前约11时,在前记潘△△住宅附近,看到谭友林(53岁)。向同女招手,要她过来,同女未答应,遂生杀意。以所携步枪从正面对同女射击,击中同女左胸心脏部。因贯通枪伤,立即死亡。

二、同日午后约2时,在前记村落何陈氏(二十六岁)住宅前庭,看到同女后叫"来,来"。同女因害怕而逃往屋内,遂生杀意。以所携步枪向同女背后射击,使同女右大腿负非贯通枪伤,未达到杀害目的。

三、同日午后约5时,监视前记小船内掠取的支那妇人时,看到在小船附近出现的为逮捕被告人等的宪兵带路的姓名不详的支那人某,断定是为了夺回上述被劫持妇人而来,即生杀意。对同人以所携步枪发射两枪,都未命中,未达到杀害目的。

......

24日接到江苏省金山县沙泾浜方面日本军人掠取杀害支那妇人事件的报告。搜查的结果,同日午后约11时40分,于同县丁家路所在陆龙庆家空房中,逮捕正判文中所记与各支那妇人同衾中之各被告人及藤□□□。①

　　此案特点不仅在于集体强奸,谭、何二位并未反抗,岛某稍不如意就肆意枪杀,尤其表现为"强迫"特征特别显著。第十军和中支军日志有关此案和此类案件的记录证明小川在东京法庭所说"强奸""通奸""不明"的真相其实明白无疑;又因第十军日志明记宪兵队长接受小川指示和小川派员前往调查,小川本人其实也明白无疑。

　　那么,有没有可能日志记载不确,小川本人并不知情呢? 本来,这不应成为问题,因为不论日志是否由小川本人亲记,日志由小川保管本身应可排除小川不知情的可能。但依日本虚构派对所谓"间接证据"百般挑剔的一贯表现,他们一定认为小川知情与否仍不能下断语。幸好今天我们还能看到小川日记这一最直接的证据。比起 11 月 25 日第十军法务部日志的简短记录,小川同日所记不仅较详,而且保留了小川当时的心理感受:

小
川
关
治
郎
证
词
的
再
检
讨

249

　　　　昨夜 3 时半松冈宪兵大尉不拘深夜来报告重大事件。事件为第六师团五名士兵(内伍长一名)在约三里的乡间劫持十几至二十六岁女子在某处大空宅恣意强奸。而且,劫持之际枪杀逃跑的五十五岁女子,并射伤另一女大腿部。违反军纪到了不逞之极的程度,真是无法用语言来形容。

　　　　△(日记原符号——引者)日本政府声明,今后即使以支那政府为敌,也不以一般国民为敌。然而,日本兵对没有任何罪过的良民的行为不逞之极,如何看待在这样行为之下一般支那国民更进一步的抗日思想呢? 为了日本帝国的将来计,让人不寒而栗。②

　　不仅"恣意强奸",而且"不逞之极"到了"无法用语言形容"的程度。类

---

① 『中支那方面軍軍法会議陣中日誌』,高橋正衛編集、解説『続・現代史資料』6「軍事警察」,第 175 - 177 页。

② 当日日记中还记有宪兵队逮捕肇事者时村民送了一头猪十只鸡作为"谢礼"和小川对"人情""各处都一样"的感慨。小川関治郎著『ある軍法務官の日記』,第 62 - 63 页。

似的"痛心疾首"的表示在小川日记中不在少数,这里再举上日之前之后各一例为证。在上引日记的前二日(23日)小川这样记:

> 所到之处恣意强奸,不以掠夺、放火为恶事,作为皇军,这实在是难以言表的耻辱。作为日本人,特别是应该成为日本中枢的青年男子,假使带着这样无所顾忌的心理风习凯旋,对日本今后全体的思想将产生怎么样的影响?想到这一点,让人栗然。我想日本政府当局应对此研究,对思想问题应加以根本的大改革。这是稍稍极端的说法。然而如某人所说:日本兵比支那兵更残虐,这是作为日本人的我们不胜感慨的。听说支那人将我们日本人称为猛兽,将日本兵称为兽兵,闻之使人战栗。从支那方面来看当然是这样。作为我们,对日本兵的实际见闻不堪遗憾之例不遑枚举。①

11月26日记:

> 从各方面的观察,不仅第一线部队,后方部队的狡狯之兵也故意落伍,进入民家干恶事。如上记杀人、掠夺、强奸事件的被告人即是此类。结果,正直的、认真的士兵在第一线英勇奋战,稍一疏忽即战死,狡狯的家伙恣意妄为,什么战斗也不参加,称作国贼、反逆者、害群之马绝非过言。越发使人感慨。
>
> (中略)他们一看到日本兵立即逃散,女子、小孩似对日本兵极其恐惧,这是日本兵所做恶事造成的。如果什么恶事也没做,理当不会逃跑。真是使人非常遗憾。
>
> 皇军的脸面是什么呢?所谓战争,自己开始什么都不能判断,但上记支那人对日本人的感情,日本兵素质今后对青年男子的影响,实在让人寒心。②

---

① 小川関治郎著『ある軍法務官の日記』,第59頁。
② 小川関治郎著『ある軍法務官の日記』,第65-66頁。

从小川对"恣意强奸"等暴行的"战栗""遗憾""寒心"看,小川在东京法庭的"不明"证词为伪证无复存疑的余地。

四、小川在南京是否"只看到六七具中国兵尸体"?

日本对"南京事件"的争论热点和我们对南京大屠杀的关注点基本不同,比如死者是军人还是平民,军人是死于作战中的战斗员还是已放下武器的俘虏,被"处决"的俘虏是否遵守了国际法规定的俘虏义务、有没有经过"合法"审判,甚至被杀平民是否参与了抵抗因而能否算中立的"平民",等等,这些问题不仅不在我们的视野之内,这些问题的提法本身也很难为我们的情感所接受。但不论如何解读,虚构派总是尽可能缩小死亡人数,这种缩小的企图,同样始出东京审判的被告方之口。其中小川所谓在南京"只看到六七具中国兵尸体"的证词也是典型的一例。

日本在战争结束之际曾自上而下命令销毁官方尤其是军方的文献档案,相关资料已十不存一,我曾广征事发时日军官兵和攻宁日军各部队的第一时间记录,证明即使仅据烬余的日方文献仍足可见日军攻占南京过程中曾有大量尸体,[①]在此姑引"支那方面舰队"司令部军医长泰山弘道海军军医大佐的日记以为认识此事的一助。

泰山弘道12月16日坐水上飞机到南京,下午二点,他与舰队"机关长""主计长"等一行去战地"参观",他在当日日记中记:

> 从下关码头起,在修建的一直线的广阔的道路上开着,路面上散乱着步枪子弹,宛如敷着黄铜的砂。路旁的草地散着活生生的支那兵的尸体。
>
> 不久,从下关到通往南京的挹江门,高耸的石门下是拱形的道路,

---

① 日军官兵记录,见《南京大屠杀是东京审判的编造么?》(《近代史研究》2002年第6期,第1-57页)第五节;日军部队记录,见《南京大屠杀中的日军屠杀令研究》(《历史研究》2002年第6期,第68-79页)第五节。

路高约三分之一埋着土。钻入门，从下关方面就成了一条坡道。汽车徐徐前进，感觉是开在充满空气的橡皮袋上缓缓地向前。这辆汽车实际是行驶在被埋着的无数敌人尸体之上。很可能是开在了土层薄的地方，在行进中忽然从土中泌出了肉块，凄惨之状，真是难以言表。①

总算开出门洞进入南京一侧，累累的敌尸成了黑焦状，铁兜、枪刺也被熏黑，用于铁丝网的金属丝和烧塌的门柱的残木相重叠，堆积的土壤也烧成黑色，其混乱和令人鼻酸，无法形容。

门右首的小丘上，刻着"中国与日本势不两立"，显示着蒋介石宣传抗日的痕迹，接近市内，敌人遗弃的便衣蓝布棉袄，使道路像褴褛的衣衫，而穿着土黄色军服，扎着神气的皮绑腿，手脚僵直仰卧着的敌军军官尸体，也随处可见。

上引只是泰山弘道到南京第一天所见的一个片段，他在南京的三日，每到一处，都遇到了大量尸体。如第二天（17日）早上，在下关的另两处，看到了"累累尸体"，并亲见一个"血流满面""求饶"的中国士兵被一"后备兵"（常备兵役已满，重新征召的大龄兵）从身后近距离枪杀；上午在中山北路沿途看到"累累尸体"；下午与大川内传七上海海军特别陆战队司令等"视察"下关下游的江汀，看到"无数焦黑的敌人尸体"，又在江堤内看到"'尝了日本刀滋味'的敌人尸体六七十具"。18日，先在狮子林，看到"此处彼处都是敌人遗弃的尸体"；又在山麓的兵营外，看到"散落的尸体"；到了中山公园，又看到"散落的敌人尸体"。②

泰山弘道及类似证词完全可以证明小川所谓"六七具中国兵尸体"的证言不合事实。这点毫无置疑的余地，本节要解决的疑问只是：小川是否有

① 泰山弘道著「上海戦従軍日誌」，南京戦史編集委員会編『南京戦史資料集』，第527－528页。

② 泰山弘道著「上海戦従軍日誌」，南京戦史編集委員会編『南京戦史資料集』，第528、528－530、531页。时下日本虚构派出产最多的东中野修道不顾泰山弘道"累累尸体"的大量记载，居然说"在下关的泰山弘道海军军医的17日至19日的详细日记，完全没有触及这些尸体的存在。假使有漂流的尸体，也是从上游来的，与日本军流放尸体相联系，过于轻率。"（「南京事件最新報告・問題は『捕虜処断』をどう見るか」，東京，『諸君!』，文藝春秋社，2001年2月号，第129页）白纸黑字俱在，东中野竟敢以没有"流放尸体"作如此的蒙混！

意作伪？或者说小川本人是否"只看到六七具中国兵尸体"？我们继续检查小川日记。小川证词说"进入南京"是"12月14日"，那我们首先就来看一下小川同日日记。小川此日日记记沿途见闻甚详，"进入南京"时的情况如下：

> 路旁支那正规军士兵（前同样语句中有"尸体"两字，此句当为省略——引者）重叠燃着旺盛的火。日本兵看着脚下横卧着的尸体似乎毫无感觉。可以看到因道路拥挤而跨越燃烧着的尸体前行的士兵，对人的尸体很快就什么感觉都没有了。渐渐至南门。全部由石块累成的城墙高约三丈，昨天的战斗有被我炮弹破坏之处，但城墙的厚度相当于汽车路，普通的炮弹到底难以使之崩塌。一进门，看到两侧支那兵的累累尸体。①

原来口称"只看到六七具中国兵尸体"的小川，亲眼所见的竟是"累累尸体"！不论小川作证的动机如何，他的证词对照日记只能说是伪证。

其实从金山卫登陆起，几乎每到一处，小川都会遇到中国人的尸体。如11月14日上午往张堰镇途中，"河、潭、田中到处都是尸体""尸体不计其数"，下午到达金山时所见尸体中居然有的"全裸"。11月17日在金山郊外，"今日仍有支那人尸体"。11月28日在往湖州途中，看到"累累尸体"，其中相当部分穿着平民服装。12月10日小川记："途中各地所见支那人尸体，不计其数"。这样大量的尸体使小川的感觉变得麻木，诚如他在12月11日日记中所说：

> 最初由李宅向金山进发途中看到支那人的尸体时，总有异常的感觉，但渐渐看到大量的尸体，就习以为常了。此时的感觉就如在内地看到狗的遗骸一样。②

---

① 小川関治郎著『ある軍法務官の日記』，第111－112页。
② 小川関治郎著『ある軍法務官の日記』，第27、30、44、102、107、192页。

小川对尸体的感觉从"异常"到"习以为常"，但不会因此视而不见，也不会从记忆中消灭干净，尤其不会变有为无留下相反的记忆。

　　小川作为法务部长没有亲临战斗前线，所以日记中没有杀伐的过程，但他日记中不乏亲睹日军虐待中国民众的记录。前引 11 月 25 日日记之后还记了这样一段话：

南京大屠杀研究——日本虚构派批判

　　　看日本兵对支那人的使役，用枪对着，完全像对待猫狗……①

11 月 29 日记：

　　　有的士兵让支那人背负行李，……稍有不从或显出不从的样子，就立遭处罚，让人无话可说。途中看到士兵二人拔出剑刺击一个仰向的支那人。又一个支那人沾满鲜血，苦痛不堪。见及于此，感到战败国国民之可怜无以复加。

当时强征中国人随军服苦役的情况十分普遍，12 月 11 日又记：

　　　这些支那人拼着命背负行李，其中有相当的老人，没有比战败国良民更不幸了。这样的场合，对我士兵稍有不从，立即处罚。万一逃跑，就立即处决。这样支那人进退维谷，就不得不唯命是从。②

　　"万一逃跑"虽是"未然式"，但小川在身临其境下的推断，必非无据。③第十军登陆后并未受到激烈抵抗，小川随第十军所过之处留下的尸体，当有相当部分是此类随意"处决"的受害者。小川在登陆的第二天日记中还有这

---

① 小川関治郎著『ある軍法務官の日記』，第 63 页。
② 小川関治郎著『ある軍法務官の日記』，第 78、105 - 106 页。
③ 此类记载在小川日记中很多，再如小川从南京往湖州的途中，看到被日本兵役使的挑夫的艰难步履，大兴感慨，然后说：这种情况下"如果拒绝，将当场被做掉（应该指枪决——引者），逃跑也一样，所以只能依命而行"，小川関治郎著『ある軍法務官の日記』，第 121 页。

样一条记载：

> 据午后宪兵队长上砂中佐谈视察金山卫城附近的情况，同城附近掠夺甚剧，无益的杀伤惨极，如果一直如此，将发生非常大的问题，令人不安。①

"无益的杀伤"而且"极惨"，联想到小川日记中对日军表现每有强烈的"遗憾"和"寒心"，小川在东京法庭虽没有断然说"未见"尸体，仍是有意作伪。

五、所谓"日本兵的不法行为受到严厉取缔"

不承认日军在南京有大规模的暴行，日军的有限"不法行为"都受到了"严厉处罚"，是东京审判被告方的基本立场。第三十六联队联队长胁坂次郎所说他的部下因捡一只鞋而受军纪处罚是最典型的例子。② 由于证据的限制，当时检方虽提出了相当数量的相反证据，但和被告方几乎是"各说各话"，对被告方诸如此类的证词没有进行有针对的质疑，以至于今天日本还不断有人以为东京审判对待检辩两方的证据"极不公平"。③

小川 12 月 14 日进入南京，19 日晨离宁往湖州，在南京的几日主要参加"入城式""慰灵式"等活动及与陆军省法务局来员和上海派遣军法务部长等会面，在南京时的日记除大火等记录，未记日军"不法行为"，所以小川证词中"日本兵的不法行为受到严厉取缔"和"严厉处罚"是指南京之外。东京审判并未追究中支军所辖两军在南京以外的暴行，小川证词意在由外证内，以

① 小川関治郎著『ある軍法務官の日記』，第 18 页。
② 新田满夫编集『極東國際軍事裁判速記録』第七卷，第 420 页。
③ 如冨士信夫《〈南京大屠杀〉是这样制作出来的——东京审判的欺瞒》说："无论辩护方提出的证据还是辩护方的最终辩论对法庭都没有起任何作用"，"法庭的判决是基于检察方提出的证据和检察方的最终陈述做出的"。"我不是说检察方提出的证据全错，辩护方提出的证据全对。我只是说作为一个具有常识的日本人在阅读检察和辩护双方的证据时，深感检察方提出的证据包含了极多的歪曲、夸张、虚构，同时感到辩护方提出的证据合理的较多。"冨士信夫著『「南京大虐殺」はこうして作られた——東京裁判の欺瞞』，東京，展転社 1995 年 4 月 29 第 1 版，第 291、348 页。

南京以外没有"不法行为"来证明南京没有暴行。这本来没有意义,道理很简单,因为南京以外没有"不法行为"不能等同南京没有不法行为。但小川证词对"南京暴行"案虽无证明力,却为我们检验小川证词的真实性提供了重要依据。

前文中我们提到 11 月 25 日小川还在金山时曾派法务部田岛隆式前往调查丁家楼强奸案,小川在次日的日记中记:"听现场调查状况,其恶劣超出想象"。[1] 此类日军"不法行为"的"恶劣"表现和小川的"遗憾""寒心"感受在小川日记中有相当多的记录已一如前述,那么这些"不法行为"是否都受到了"严厉处罚"呢?

第十军法务部日志所载案件涉案人共一百十八名。[2] 其中不予起诉的六十名,占到一半以上,加上第十军建制撤销时未及处理的十六名,实际处理的不及百分之三十六。免于起诉的案件的涉案人包括:杀人二十四名、教唆杀人一名、协助杀人五名、伤害致死一名、强奸伤害一名、掠夺强奸一名、强奸三名、掠夺七名、暴行一名、伤害一名、放火二名、强制猥亵一名、猥亵三名、盗窃二名、对长官暴行威胁掠夺长官一名、侮辱胁迫长官预备杀人妨碍业务过失伤害一名、违反陆军召集规则二名、违反兵役法施行规则三名。从中可见,除了少量日军官兵间的冲突,杀人、强奸、掠夺、放火等重罪占了绝大部分。

在此我们来看三个免于起诉的具体案例。

(一)第十军后备步兵第四大队第四中队少尉吉□□□等集体屠杀案

1. 冈□□主计少尉在野战衣粮厂金山支部工作中,因自己宿舍附近杂居的许多支那人,或有不安稳的言行,或有窃取物品等的样子,受不安驱使,向同所的警备长吉□□□少尉诉说。2. 因此,吉□□□于昭和 12 年 12 月 15 日,指挥部下二十六名,将上述支那人二十六名逮捕。在带回同所宪兵队的途中,因有企图逃跑者,遂产生了鏖杀之意。(后

---

[1]　小川関治郎著『ある軍法務官の日記』,第 66 页。
[2]　另有中国人所谓"违反军律事件"二件。

详列杀人和协助杀人名单——引者）①

此案中二十六人全部被杀。金山当时是日军的"稳固后方"，当地民众决不敢"在太岁头上动土"（家母当年住在距金山不远的乍浦，说一般民众对日军都是避犹不及，哪敢主动惹祸）。② 即使所疑为实，也不过是"窃取物品"，而且还是疑似——所谓"样子"，决无被杀的理由；既然"罪"不当罚，"逃跑"——也是所谓"企图"——更不能成为罪名；而二十六名军人押送同样数目的平民（南京屠杀时被押送者往往是押送者的数十倍，且为军人），稍有理性的人都不可能再有"逃跑""企图"，如有企图也断不敢实行，即便有人真逃，一旦鸣枪或射杀一人，余者也不可能不顾死活继续奔逃。所以，虽然诉状的叙述明显的在为日军开脱，仍无法掩盖蓄意屠杀的事实。

（二）后备山炮兵第一中队一等兵辻□□杀人案：

被告人在嘉兴宿营中，昭和 12 年（1937 年）11 月 29 日午后约 5 时，因支那酒泥醉，在强烈的敌忾心驱使下，生出憎恶，以所携带刺刀杀害三名通行中的支那人。③

"泥醉"而能用"刺刀"杀死三人，若非被杀者已束手就擒，很难想象。而且"泥醉"的情况只会六亲不认，被告所谓"敌忾心驱使"当只是为了开脱罪行的托词。判文照录不误，即便不是左袒或纵容，也脱不掉顺水推舟或并未尽责的干系。

（二）第一百十四师团工兵第一百十四联队第一中队一等兵高□□□□"强制猥亵"案：

① 「第十军法務部陣中日誌」，高橋正衛編集、解説『続・現代史資料』6「軍事警察」，第 67－68 页。
② 小川日记中不乏所到之处民众十分"顺从"的记录，如小川在金山时的记录："来金山后，当地的支那居民样子如菩萨，实在顺从，对我们致以谦恭的敬礼，尤其是小孩，以不动的姿势给与最高的敬礼，不能不让人生出悯然之情。"小川関治郎著『ある軍法務官の日記』，第 59 页。
③ 「第十军法務部陣中日誌」，高橋正衛編集、解説『続・現代史資料』6「軍事警察」，第 46 页。

被告人在湖州宿营中,昭和 12 年 12 月 31 日约午后 2 时 30 分,在湖州城内苕梁桥附近,看到走过同地的支那女孩(八岁),以甜言蜜语将其带到附近的空屋中奸淫(此案罪名为"强奸"——引者)。被宪兵逮捕。[①]

日军占领南京时的性暴行受害者的年龄跨度可当祖孙,如贝茨(Miner Searle Bates)文献中有"小至十一岁的女孩和大至五十三岁的妇女遭到强奸"。[②] 当时西方人记录中颇多此类记载,如麦克勒姆(James McCallum)在信中说"十一和十二岁的少女两人、五十岁的妇女也未能逃脱(性暴力)"。[③] 十一二岁遭奸淫已经让人骇然,但日志所载高某案让我们看到这还不是年龄的下限。对一个可以用"甜言蜜语"诱骗、完全没有判断力的女童,即使没有使用暴力,也是"强奸"。

通过以上三例免于起诉的严重罪行,日军的"不法行为"是否受到了"严厉处罚",我想已不言自明。其实,即使不计最有说服力的免于起诉,仅凭受到"处罚"的案例也完全可以证明"严厉处罚"的不实。我们也举三例。

(一)第六师团工兵第六联队第十中队一等兵地□□□□"杀人强奸"案。12 月 14 日地某与同僚轮奸蔡姓妇女,后又复去:

> 同月 17 日午后约 3 时,感到执著于前记支那妇人,再离开宿舍去奸淫。途中遇到前记藤□□□(前轮奸者之一——引者),让其相伴去蔡△△家。在屋外叫出同女。正好在同家门口的同女的丈夫蔡○○边高叫着什么,边向被告人走来。(被告人)迅即判断是为了阻止自己的行动,遂生杀意。以所携带手枪对同人连开三枪,其中两枪命中同人后

---

① 「第十軍法務部陣中日誌」,高橋正衛編集、解説『統・現代史資料』6「軍事警察」,第 75 頁。
② 中国第二历史档案馆、南京市档案馆编《侵华日军南京大屠杀档案》,江苏古籍出版社 1997 年版,第 694 页。
③ 转引自「一九三七——一九三八年冬季の日本軍の南京虐殺に関する報告」,南京事件調査研究会編訳:『南京事件資料集』1「アメリカ関係資料編」,東京,青木書店 1992 年 10 月 15 日第 1 版,第 258 頁。

脑部和左胸部,以此非贯通枪伤而立即死亡。①

对强奸毫无遮掩,公然"叫出同女",已是猖獗之极,而见着被害人丈夫不仅没有丝毫羞耻感,反而立即枪杀,情节可谓恶劣之极,仅获刑四年。

(二)第六师团步兵第十三联队一等兵古□□□"伤害强奸"、川□□□强奸案:

> 被告人两名在金山县金山宿营中,被告人古□1. 昭和 12 年 12 月 25 日为了征发蔬菜赴金山北约三公里地名不详村庄之际,在同村庄支那农家威吓姓名不详的支那妇人(十八九岁),趁其因恐惧不能抵抗而奸淫;2. 同月 12 月 27 日同样为征发蔬菜到金山县曹家浜,因虑群集的四十余名支那人将拘留自己而夺取支那小船,撤退中为防追来以所携带手枪向群集开枪,致使支那男子一名腰部负盲贯枪伤;同夜在金山县师家楼支那农人家宿营,半夜侵入邻家。对就寝中的支那妇人(三十二岁)以暴力奸淫。一同在前记支那妇人家宿营的被告人川□,从古□得知同人在邻家强奸支那妇人后,立即到同家。以所携刺刀胁迫同女,使之畏惧,加以强奸。②

此案中古某是屡犯,先后两次强奸,第二次还夺船伤人,结果仅判两年,川某更只判刑一年。

(三)第十八师团步兵第一百二十四联队第四中队上等兵浅□□□杀人:

> 被告人在湖州宿营中,昭和 12 年 11 月 29 日与同僚一起去征发蔬菜,拔取附近桑田中所栽蔬菜约五贯目(一贯目约 3.75 公斤——引

---

① 『中支那方面軍軍法会議陣中日誌』,高橋正衛编集、解説『続・現代史資料』6「軍事警察」,第 164 页。
② 「第十軍法務部陣中日誌」,高橋正衛编集、解説『続・現代史資料』6「軍事警察」,第 77 页。

者)。被告人到附近的农户,将前记须洗的蔬菜让三名支那妇女洗涤。其中一名支那妇女(据方面军日志,叫刘阿盛——引者)快速地说着什么,好像是不愿意的感觉。[被告人]以为是轻侮日本军人,即用所携带的步兵枪将其射杀。①

被杀妇女说的什么,被告显然不知道,不知道而仅凭"好像"的"感觉"即开枪杀人,无论怎么说都是故意杀人,却仅被判刑一年六个月。

按战时日本刑法,杀人强奸等都是重罪,比如"抢劫强奸",该当"无期及七年以上惩役"(陆军刑法第八十六条),所以即使未被第十军法务部免于起诉的案件,仍可谓罚不抵罪,轻重完全失当,根本没有受到所谓的"严厉处罚"。

六、作为法务部长的困惑

如何处理日军犯罪,曾是深深困扰小川关治郎这位日军法务部长的难题。小川日记中保留了大量的相关记录。我想在已证明小川证词不实的基础上略加概括,可以加深对法务部面对日军骄兵悍将的无力和法务部功能与日军本身的机制性冲突的认识,从中可以更进一步看到小川在东京审判时断无"遗忘"的可能。

日军军法会议由法务部成员(职业军法务官)和所谓"带剑的法官"(军事人员)组成。从名义上说,军法官与"带剑的法官"在职权上没有区别,所谓"作为专门法官,以其专门的知识,努力使审判事务适正,但与所谓'带剑的法官'的判士(法官——引者)在职务权限上没有任何差别,在事实的认定、法令的解释上,全体法官具有同一的权能。"②然而正如《日本现代史资料·军事警察》编者所说:军法官"在兵科军官='带剑的法官'的判士之下,也有只是充当无力的事务官的一面"。③ 其实不仅是"也有",日本军法

---

① 「第十軍法務部陣中日誌」,高橋正衛編集、解説『続・現代史資料』6「軍事警察」,第 60 - 61 页。
② 日高巳雄述著《陆军军法会议法讲义》,油印本,无版权页,第 41 页,转引自高橋正衛編集、解説『続・现代史资料』6「前言」第 26 页。
③ 高橋正衛編集、解説『続・现代史资料』6「前言」,第 27 页。

会议法规定军法会议长官为军司令官、师团长等各级首长（高级军法会议长
官为陆军大臣），以示"审判权和军队指挥权的一致"。这一制度性规定，本
来就限制了职业法务官的依法行事。

　　制度性规定之外，法务部在司令部内不受重视也到了相当严重的程度。
如副官部有意不让法务部与司令官同行，如对法务部待遇上的歧视等等，在
小川日记中多有记录。军法会议的最终裁决权掌握在担任军法会议长官的
各级司令官手中。所以，作为承担日常事务的法务部，不论是为了发挥高效
机能，还仅仅是为了正常周转，都必须随时保持与司令官的紧密联系。因为
参谋部、副官部、管理部、兵器部、经理部、军医部、兽医部、法务部以及通讯
班等军部各部门本来即随司令官同行，所以除非刻意安排，法务部本应在司
令官左近。但从小川日记可见，副官部门屡屡试图将法务部从军部支开。
对此小川十分不满。如 11 月 24 日日记记：

　　明日应向嘉兴出发，突然不知什么理由要我们延期到后日，对此，
我们提出抗议，理由如下。

　　⋯⋯

　　第二、军法会议事务一切仰司令官裁决，因此我们的事务离开司令
官即无法执行。如果司令官和我们的所在相分离而无法得到司令官的
裁决，最应注重迅速的战地军法会议的手续就会造成滞涉。现下羁属
中的三名放火事件嫌犯，虽然检察官的调查已经结束，但因未得司令官
命令而无法提起公诉，事件的处置只能延迟。

此节栏外又有：

　　我们的职务无法独断专行。如果以为我们无用，则令人遗憾
万千。①

---

① 　小川関治郎著『ある軍法務官の日記』，第 61－62 页。

所谓"无用",不是小川的无端疑心,因为法务部的不受重视以至于不受欢迎,从大、小许多事情上都可以看出。举一件待遇方面微不足道的小事为例。12月10日第十军军部由湖州向溧水进发,许多部长和副官坐飞机,小川被安排坐汽车。小川以为这是"歧视",所以在当日日记中记下了自己的"愤慨"。这种情况和文官地位的普遍低下确实有关,小川在12月12日日记中的如下记述是对此的真实写照:

> 我们文官不得不受到这种歧视对待。（特别是军人的威势日益暴戾,极尽军人式的随心所欲。原注:括号内原文被划除。）只是靠恩赐,也许因此还会受到某种妒忌,然而在任何场合都一样,我们实际被当作累赘。①

但对法务部的"歧视"还不仅仅是出于战争环境下武人对文官常有的蔑视,故意的歧视更是因为法务部的功能与日军败坏的军风纪确有冲突。

小川日记12月8日记:"冢本部长万事消极,万事不为。"冢本就是我们在前文中提到的上海派遣军法务部长冢本浩次,"不为"和"消极"的原因,小川日记说是听说"内部欠融和"。② 但就当时的日军状况言,仅仅因人际关系便"万事不为",实难想象。我以为之所以"不为",应该和法务部工作难以展开有关。东京审判时不少日本军人提到各部队对法务部的抗议,理由是法务部处罚太严,其中便有冢本浩次。他说:"对于上海派遣军法务部处罚的严厉,对于细微之罪也纠明的态度,各部队都进行了非难。"③上海派遣军参谋长饭沼守也说到,因为"军纪极其严正(依文意应指过严——引者),便有第十六师团向法务部提出抗议那样的事。"④所谓"严厉",从日志所载大量重罪轻罚或不罚的判例看完全是妄说,即便法务部已十分宽纵,法务部的性质仍决定了它不可能为日军官兵所接受。

---

① 小川関治郎著『ある軍法務官の日記』,第109頁。
② 小川関治郎著『ある軍法務官の日記』附録,第97頁。
③ 新田満夫編集『極東國際軍事裁判速記録』第五卷,第288頁。
④ 新田満夫編集『極東國際軍事裁判速記録』第七卷,第426頁。

冢本部长所说的"非难",从小川的经验中也可以看到。小川 1938 年 1 月赴方面军,他感到方面军与军的明显不同在于没有直辖部队,因而不必考虑"人情":

> (在军时)须考虑军对于部下的罪行有直接责任问题,也有对部下人情方面的相当意见,因此,我们对长官条陈意见时不能不战战兢兢地深加思考。[1]

所谓"相当意见",当就是冢本浩次所说的"各部队"的"非难"。当时职业法务官的无力处境,小川女儿少时曾有一个具有象征意义的体验。长森(小川)光代说,她读小学时,因父亲法务官的领章和军帽帽圈的颜色特别(白色,当时陆军是红色,海军是黑色,骑兵是绿色,航空兵是蓝色等),数量稀少,让人侧目,她的同学甚至问:"你父亲是支那兵么?"为此少女光代十分苦恼,想:"要是父亲是普通的军人多好,多神气,我觉得自己很可怜。"[2]

冢本浩次的"万事消极,万事不为",事出迫不得已,已如上述。第十军情况虽较上海派遣军为轻,但法务部处境仍可谓左右为难。所以许多案件到了法务部都只能不了了之。因此引起了执法宪兵的不满。12 月 25 日小川记:

> 上砂中佐来部商量事务。中佐曰:近期的强奸事件多不起诉,宪兵费力的检举,到头来努力白费。本人答说:或许如此。但本人以为,战争中的情状、犯人当时的心理、支那妇人的贞操观念、迄今的犯罪次数(原注:实际数字莫大)、未检举而终者与偶尔被检举者之数的比较等,不能不加考虑。另外,纯粹从理论上说,奸淫,在当时的情势下,并不能断言全部都是刑法一七八条所谓乘不能抗拒者,不能不考虑也有容易接受要求者。由此而言,如有奸淫的事实立即断为强奸,未免草

① 小川関治郎著『ある軍法務官の日記』,第 149 页。
② 長森光代著「わが父、陸軍法務官　小川関治郎」,小川関治郎著『ある軍法務官の日記』附録,第 205、206 页。

率。应对犯罪当时的情况深加参酌，再决定处理。故没有立即答应同中佐的要求。

又，同中佐忧虑今后战斗休止，[强奸]增加，会影响宣抚工作。本人以为或如此。但另一方面，慰安设施若能建立，应可防止增加。再则，人在战争中抛掷生命，接触妇女犹如直面一大冲动线的最后一项，所以休战而会增加的忧虑是不必的。①

上砂胜七宪兵队长曾在《宪兵三十一年》②中说到第十军军风纪的败坏，日本有些老兵一直不以为然，以为是谎言，如第十军参谋吉永朴少佐说："上砂氏这样的论述让人遗憾之至"。③ 上引有关上砂本人的记载，最可见否认上砂回忆者的诬妄。

当时因不起诉而引起宪兵不满的情况时有发生。如上砂至法务部次日（26 日），松冈宪兵大尉又对某少佐不起诉表示不满：

不追究干部，不公平，如果队长不加以适当处置，自己今后对士兵的事件将不检举。④

小川对法务部被冷落心中不忿，日记屡有记载，在第三节中我们也已援日记证明小川确知强奸，但面对宪兵的不满，小川却又强作解人。不论小川是否真心以为有些强奸也许是"奸淫"，在当时情况下，这是他能取的唯一态度。早在 12 月 3 日的日记中，已可见他在这方面的两难：

自己的工作，如事件少，空闲的话，其他人会认为法务部无用而轻视其存在。而如果事件多，忙碌的话，至少会使相关方面不悦。毋宁说

---

① 小川関治郎著『ある軍法務官の日記』，第 127 - 128 页。
② 上砂胜七著『宪兵三十一年』，東京，ライフ社 1955 年 4 月 10 日第 1 版。
③ 阿羅健一编『「南京事件」日本人 48 人の証言』，東京，小学館 2002 年 1 月 1 日第 1 版，第 164 页。
④ 小川関治郎著『ある軍法務官の日記』，第 129 页。

过于认真的话不能不受到批判。①

而在上砂对强奸不起诉表示不满之前两日，日记还留下了一条不见于日志的重要"方针"（23 日）：

> 对强奸事件，采取只对迄今最恶性案件提起公诉的方针，处分取消极立场。如同类事件继续频繁发生，则多少不能不再考虑。②

这一方针是出自长官的决定，还是由小川或法务部"审时度势"的自定，并不重要，重要的是它告诉我们日军军法系统对暴行确曾有过明确的放任方针。③

七、结语

综上所述，我们可以下一个总结论，小川关治郎在东京审判所作证词的不实不是偶尔的记忆误差，而是目的明确的作伪。

（原载《江海学刊》2010 年第 4 期）

---

① 小川関治郎著『ある軍法務官の日記』，第 85 页。
② 小川関治郎著『ある軍法務官の日記』，第 125 页。
③ 小川在感情上与"消极""处分"的"立场"不至于有太大抵触，因为虽然他对日军犯罪十分失望，但从小川称日军官兵的罪行为"九仞之功一篑之亏"（小川関治郎著『ある軍法務官の日記』，第 179 页）看，他对犯罪官兵确实还是有恨铁不成钢的惋惜和同情的一面。

小川关治郎和《一个军法务官日记》

　　日本战败后和东京审判前两次焚毁大量文书档案,给复原相关历史带来了困难。这不仅是致力于究明战时日军暴行的日本学者的感叹,持否定日军暴行的论者也如是观。如持温和否定观点的松本健一(丽泽大学教授)说:因为尚存的"关于日本军南京战役的正式记录太少,使得蹈袭中国主张——没有具体统计和资料支撑的三十万人说——的洞先生(指洞富雄,已故日本大屠杀派第一人——引者)的二十万人说得以登场和独

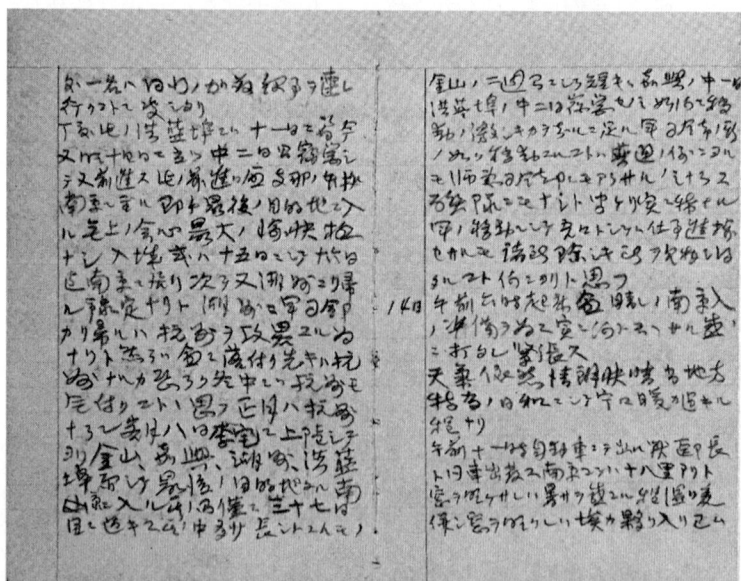

小川関治郎「従軍ノート」昭和12年12月14日(月報参照)

《小川关治郎日记》影件

步。"①这也是本人近年为回应日本虚构派而搜寻日方文献时的突出体会。所以去年末去东京访书,当看到出版已两年的日军第十军(攻占南京和江南的主力部队之一)法务部长小川关治郎的日记时,不仅意外,也颇悔自己搜寻不细(因日记出版后曾多次去找书)。

小川日记珍藏到今日,长期不为人所知,连与他晚年一同生活的女儿都感到"吃惊""完全没有记忆"。② 日记起自 1937 年 10 月 12 日"第七号军(即第十军)动员令下达",讫于 1938 年 2 月 21 日小川随中支那方面军司令官松井石根大将一行坐船离沪,其中 11 月 7 日小川在金山登陆后所记均为中国见闻,对认识第十军在华数月的活动,尤其是日军"军风纪",有重要价值。因为小川为当时日军最资深的军法官,他的个人经历与本文主题有一定关系,所以本文分上、下两篇,上篇勾勒小川其人,下篇举证说明此书之价值。下篇为本文重点。

上篇:日军第十军法务部长小川关治郎其人

小川关治郎,1875 年(明治 8 年)出生于日本爱知县海东郡木折村(现海部郡美和町大字木折字宫越五)。1898 年进入明治法律学校(现明治大学),1904 年被司法省任命为见习检察官,1906 年为预备法官,1907 年被陆军省任命为第十六师团法务部员,以后转任多职。1937 年 10 月第十军组建时任法务部长,次年 1 月迁属中支那方面军司令部,3 月晋为高等官一等(军事高等官最高级别,相当于中将),同月致仕。战后曾任民事调停委员等职,卒于 1966 年(昭和 41 年)。小川在大正末期和昭和前期参加过许多重大案件审判,其中最重要的是对"甘粕事件"(又称"大杉事件")、"相泽事件"和"2·26"事件的审判。这三起"事件"的共同点是肇事者都

---

① 秦郁彦、東中野修道、松本健一「問題は捕虜処断をどう見るか」,『諸君!』,東京,文藝春秋社,2001 年第 2 期,第 132 页。

② 長森光代著「わが父、陸軍法務官 小川関治郎」,小川関治郎著『ある軍法務官の日記』『附録』,東京,みすず書房 2000 年 8 月 10 日第 1 版,第 210 页。

是极右翼军人，[①]在当时极端民族主义的时潮中，这些案犯反而成了得时誉的"英雄"，[②]所以这类逆风审判对审判者多少都是一个考验。

"甘粕事件"发生于 1923 年（大正 12 年）9 月 16 日，当晚东京宪兵队涉谷分队长兼麴町分队长甘粕正彦大尉率人杀害社会主义者大杉荣、伊藤野枝夫妻和大杉年幼的外甥。虽然案发后甘粕自供杀害大杉只是"个人行为"，但案发时能动用宪兵队的两辆汽车，杀害地点又在宪兵队本部，尸体也隐藏于宪兵队之内，加上甘粕的宪兵分队长身份，这些迹象都不能不让人感到"个人"身后的组织背景。而这正是军方所要推脱和掩饰的。所以作为军法官的小川在审判中的严厉追究，不仅显得不合时宜，也打乱了军方的意图。因此第一次开庭后，小川便因"辩护方要求避忌"被军方撤换。辩护方称小川与被害人是"同乡兼远亲"。这一子虚乌有的理由瞒不过任何人，所以时人讽刺说：小川是"大杉君的妹妹的先生的哥哥的妻子的妹夫的表兄弟的寄养家的孙子"。[③] 在军方的意志下，甘粕仅被判刑十年，而且仅仅三年即提前出狱，后来成了日本在海外占领地最重要的宣传机构"满映"的理事长。

"相泽事件"是"皇道派"军官相泽三郎中佐刺杀"统制派"中坚人物陆军省军务局长永田铁山少将的事件，事发于 1935 年 8 月 12 日，其背后涉及了日本陆军内部复杂的派系斗争。此事也成了次年 2 月 26 日军事政变的预演。"2·26"事件是日本近代史上最重大的政变，许多重臣被杀，给日本政、军界造成了巨大震荡。此事今天在日本仍家喻户晓。小川参加了两案审理，对直接肇事者的审判无须多述，值得注意的是对被疑为"2·26"事件幕后黑手的真崎甚三郎大将的审判。真崎曾任陆军教育总监，教育总监的基

① "右翼"只是笼统说法。"相泽事件"和"2·26"事件中的"皇道派"军人一方面视天皇为"万世一神"，主张"在天皇陛下统御下，举国一体，完成八纮一宇"，实际是进一步推动日本的军国化，这可以说是右翼；一方面痛恨贫富悬殊和上层社会的腐化，致力于通过暴力手段消灭元老重臣、财阀军阀，以改造社会，这又难以用通常所说的右翼来概括。

② 时至今日日本仍有人如此看。如 20 世纪 70 年代日本以"2·26"事件为题材拍摄的《动乱》，便完全站在肇事军人的立场上，将皇道派描绘成救国救民不惜舍身的志士。影片还穿插了一段哀婉的爱情故事，由日本极负人望的高仓健、吉永小百合主演，悲恸凄绝，不能不让日本观众一洒同情之泪。

③ 山崎今朝弥（律师）著『地震、宪兵、火事、巡查』，转引自小川关治郎著『ある军法务官の日记』附录，第222 页。

准军衔为大将，与陆军大臣、参谋总长相同，位份很高。前一年 7 月 15 日转为闲职军事参议官，这是导致"相泽事件"的直接起因。（真崎去职和参谋总长闲院宫载仁元帅的坚主关系最大，但皇道派认为是统制派作梗）真崎早在大正末出长士官学校时已开始在青年军官中收揽人心，直至事变前仍与皇道派频有交往，所以事变后也以涉案者收审。真崎对事变究竟起了什么作用，至今扑朔迷离。真崎在临终前一年曾有一自述，为自己撇清，称：

> 我并没有世间所想象的与"2·26"事件的关系，毋宁说，到事件突发为止，对这一无谋的计划我是完全不知道的。对我来说，听到那天早晨突发事件的报道，犹如晴天霹雳。然而这一布置周密的突发事件背后是真崎的宣传，不仅世间，宫中也确信不疑。
>
> 对他（指真崎——引者）历时一年三个月的军法会议，彻底调查，什么事也没有。
>
> 如果有一点关系的话，我决不能得救。今天没有复述全部调查的必要，但因为青年军官如此拥戴真崎，当时的当局因此深疑被拥戴的真崎多少有所牵连。这个调查费时约半年，直至世界法制史上所未有的推迟执行死刑，将三人作为证人，想通过延长时间来取得有关真崎的证据，然而，没有的东西是怎么样都不会出现的。[1]

虽说此事至今仍是一个疑团，但真崎所谓如有关系"决不能得救"却有悖事实。因为近年已有证据证明，真崎"无罪释放"实出日本军方的政治考虑。据晚近发现的松木直亮大将的日记，松木和矶村年大将、小川关治郎军法官三位真崎案的法官，对案件持三种态度。松木认为真崎有"野心"和"策谋"；小川认为不仅是"野心"和"策谋"，在事发时真崎还有"对反乱者好意的言动"（此点若成立，即可定真崎"利敌罪"）；矶村则认为真崎没有"野心"和"策谋"。三人各执己见，尤其是矶村和小川的对立，发展到了不欢而散的地步。

---

[1]　真崎甚三郎記録「暗黒裁判二二六事件」，文藝春秋編『「文藝春秋」にみる昭和史』第一巻，東京，文藝春秋社 1988 年 1 月 10 日第 1 版，第 309 页。（此记录最初载于『文藝春秋』月刊，1957 年 4 月号）

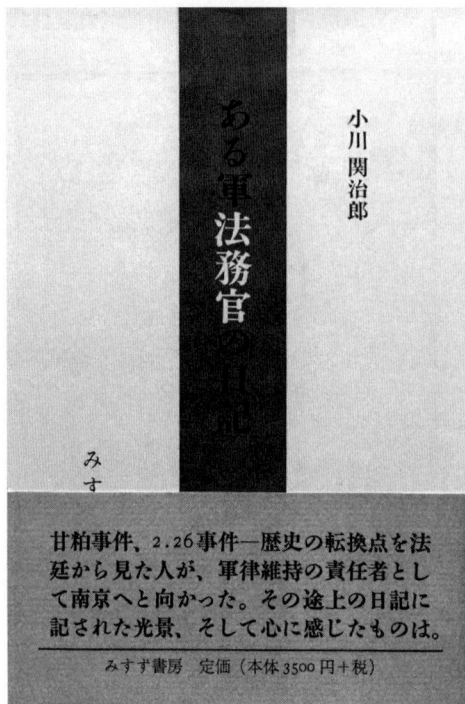

ある軍法務官の日記

小川関治郎

甘粕事件、2.26事件—歷史の転換点を法
廷から見た人が、軍律維持の責任者とし
て南京へと向かった。その途上の日記に
記された光景、そして心に感じたものは。

みすず書房　定価（本体3500円＋税）

小川关治郎日记

最终矶村以疾病为由提出辞呈，导致"异例"的军法会议解散（1937 年 9 月 3 日日记）。最后由陆军省法务局长大山文雄等出面"说服"小川，又"将公判审理改为多数决定"（9 月 14 日日记），复由陆军当局对小川所拟判决书进行删削，才使真崎得以免罪释放。[1]对此，小川直至晚年仍未释然。[2]

此类案件的是非曲直，无须由我们来裁断，小川在真崎案中的立场确实也有"道德"的因素在（小川向其女儿说过真崎不仅毫无担当，而且卑怯无耻，所以极其鄙视其人格），但从主要方面说小川还是一个严格依法行事的军法官。作为第十军法务部长，不论小川在日军中是不是特例，说明这一点，对我们认识日军军法官和小川日记都会有一定的帮助。

---

[1]　桂川光政著「二二六『真崎判決』はこう作られた」、「松木日誌（抄）」、『世界』，東京，岩波書店，1994 年 3 月号，第 289－299 页。
[2]　在小川去世前为真作过一次诊断的医师增山隆雄说，在这唯一一次的接触中，小川说"真崎真是个坏蛋"，因此让他"不能忘怀"。（小川関治郎著『ある軍法務官の日記』附录，第 226 页）对初次见面者这样说，可见此事在小川心目中的分量之重。

南京大屠杀研究的几个问题

(2009)年中秋后《近代史研究》召开了"中国近代史研究三十年——过去的经验与未来的可能走向"研讨会,因为会议的主旨是回顾过去,展望未来,讨论的问题不宜太专太细,而我对中国近代史除了南京大屠杀和东京审判两个边缘的"点"之外并没有深入的研究,所以会前我就选题是否合适征询了主办方的徐秀丽先生。徐先生以为两个"点"都有足够的重要性;对我所说的在中国以外东京审判大于南京大屠杀,徐先生则以为:比较起来,对中国人来说还是南京大屠杀大于东京审判。当时我和会议的召集人之一谢维先生也通了一个电话,说及会议,谢先生说:主要是想通过回顾找差距。我也觉得作为一个带有总结性的会议,提出存在的问题比展示成果更有意义。这样我就从回顾和展望两个方面拟了个粗纲发给了会议。没有按会议要求写成文章,主要是考虑南京大屠杀研究存在的问题在相当程度上来自学术以外的束缚,限于研讨会的范围但言无妨,落笔成文是否相宜则不能不看时机。日前接到会议组来信,表示会议要出论集,再次敦促与会者提交论文。我在写这篇文章时特别交代一下缘起,是为了说明今天来谈这一话题难免求全责备之嫌,因此动笔的理由并不是"适逢其时",条件已经成熟,而只是外界的促成。

本文在原提纲基础上增写,未作结构变动,以存当时所想。

一、研究史的简要回顾

我向会议提交的提纲中这一节分了三个部分。第二部分谈中国研究情况,题目是"没有'不同'意义上的争论的中国研究界"。之所以突出没有争论,主要是和日本的激烈争论相对照。这一部分共分三点,一是简括 20 世纪 80 年代前的寂寞状况和 80 年代中期以后蜂拥而起的著述和资料编辑,二是介绍作为最重要业绩的已出版 55 卷仍在续出中的《南京大屠杀史料集》,三是略述近年开始的以南京中生代学者为主的反思。国内南京大屠杀研究的情况因不少综述性文字已有较详介绍,可为参考,所以此处不另写。日本的相关情况,近年我在一些专论中多有论及,但没有做过总体的介绍,本文拟以几个重要节点作一粗线条的概括。西方学者研究南京大屠杀起步较晚,尚未受到国内学界注意,本文也将略作介绍,限于所知,难免挂一漏万,算是聊备一格吧。

(一) 日本屠杀、虚构、中间三派争论的由来和现状

日本南京大屠杀的争论始于东京审判的法庭之内,以后的重要争点几乎都可以在东京审判的庭辩中找到源头,但因当时日本百废待兴,战败国的弱势立场使日本只能在维持天皇制那样关系国本的最大关节上与战胜国一争,所以南京大屠杀的争论没有越出法庭之外。南京大屠杀在日本的争论起于 20 世纪 70 年代。谈到日本的南京大屠杀研究,有一人不能不提,我们就从这位先生开始。

全世界第一位研究者洞富雄

洞富雄,自 1931 年从早稻田大学史学科毕业至 1977 年退休,一直在母校任职。洞富雄的学术生命很长,直到 1995 年 90 岁高龄还出版了《幕末维新的异文化交流》。洞富雄的研究主要集中在日本史方面,但影响最大的工作还是南京大屠杀研究。洞富雄有关南京大屠杀的文字第一篇发表于 1967 年(《近代战史之谜》之一章),这也是全世界第一篇在研究基础上写成的南京大屠杀的文字;洞富雄的《南京事件》出版于 1972 年,是第一本研究性的专书。① 如果列数洞富雄对南京大屠杀研究的贡献,"拓荒"无疑是最

---

① 新岛良淳的《南京大屠杀》,虽早一年印出,但是团体自印的通俗小册子。

重要的一点。第二,洞富雄对南京大屠杀的相关问题进行了相当广泛的探讨,从洞富雄的代表作《决定版·南京大屠杀》《南京大屠杀的证明》看,洞富雄提出的问题和对日本虚构派的辩驳基本构建了南京大屠杀研究的框架、确立了回应虚构派挑战的方向。第三,洞富雄早在 1973 年即编辑出版了第一部迄今仍被日本学者不断征引的两卷本的南京大屠杀资料集《南京事件》(上卷为东京审判"速记录"中有关"南京事件"的摘录,下卷为田伯烈、徐淑希、斯迈思、德丁编写的早期文献)。所以,虽然随着南京大屠杀研究在广度和深度上的推进,洞富雄的一些具体结论已被超越或修正,但从总体上说洞富雄奠立的基本格局并未动摇。

20 世纪 70 年代初引发争论的《中国之旅》

南京大屠杀研究的先声虽由洞富雄所发,但南京大屠杀在日本形成争论则由一篇报道文字引起。日本《朝日新闻》记者本多胜一 1971 年获准来华,6 至 7 月份连续 40 天,先后访问了广州、长沙、北京、沈阳、抚顺、鞍山、唐山、济南、南京、上海等地,寻访日军暴行的旧迹和幸存的受害人。本多胜一将此行的记录以《中国之旅》之名从 1971 年 8 月末起至 12 月在《朝日新闻》连载发表。文章在《朝日新闻》连载的同时,又在《朝日专刊》《周刊朝日》连载,部分照片还在《朝日画报》刊载。第二年《中国之旅》单行本由朝日新闻社出版。单行本在原来"平顶山""万人坑"(虎石沟)"南京""三光政策"之外,又增加了"中国人的'军国日本'像""在旧'住友'的工场""矫正院""人的细菌实验和活体解剖""抚顺""防疫惨杀事件""鞍山和旧'久保田铸造'""卢沟桥的周边""强制押解的日本之旅""上海""港""'讨伐'和'轰炸'的实态"等篇章。从篇题可见,"南京"只是《中国之旅》中的一篇,也就是说《中国之旅》对日军暴行的批判本来不限于南京大屠杀,但引发争论的却只有南京大屠杀。其中原因此处不能细论。由于本多胜一的严厉批判,加上《朝日新闻》的特别影响力,"南京大屠杀"成了日本人众不得不面对的一个现实。这个"现实"引起的是反省还是反感,非一言可以轻断。但它的影响本身使持反对所谓"东京审判史观"者不能自安,由此为推动力,形成了一波强于一波的否定南京大屠杀的汹涌浪潮。

第一本否定专书《南京大屠杀之谜》

第一个站出来"批驳"本多胜一的是铃木明。铃木明曾在民营电台工作，后为自由撰稿人。1972 年，他在日本右翼重镇《诸君!》4 月号发表了《"南京大屠杀"之谜》(下文简称《谜》)。次年铃木明的论集也以此为题名。题名"谜"有一个插曲。"谜"的日文是"まぼろし"。因《谜》对南京大屠杀的否定立场，所以《谜》文出后，"まぼろし"即被与日文汉字"虚搆"同观，作为日本"虚构派"的标签。长期以来国内对铃木明此书的译名除了"虚幻""虚伪""虚妄"，更多的也是"虚构"。但铃木明在时隔近三十年后出版的《新"南京大屠杀"之谜》中特地说明旧译是"明显的误译"："现在日本人使用的'まぼろし'，除了'虚''实''秀'等各种各样的汉字(指对应的汉字——引者)外，还有想捕捉也无法捕捉的恍惚的意味，这一极其日本化的、'情绪的'题名，以正确的中国语译出，我想大概是不可能的。"铃木明举《文藝春秋》1951年 7 月号坂口安吾《飛鳥の幻》的"幻"为"难解之历史之谜"之例，说："我取'まぼろし'为题名，正是这样的理由。"①对铃木明的这一解释我曾批评是"面对铁的事实的不能不"，②其实不够平允，因为铃木明虽开虚构派先河，但多为提出疑问，语气较为平缓，而且从来不提具体数字，也不自认是虚构派。《"南京大屠杀"之谜》涉及第十六师团诸如尸体桥等等的疑问，但主要是对"百人斩"的质疑。在 20 世纪 70 年代有关南京大屠杀的争论全面展开之前，此案是最主要的争点。双方的代表性人物一方是洞富雄、本多胜一，一方是铃木明、山本七平。③

20 世纪 80 年代屠杀派的突出成绩和主要对手

进入 80 年代，南京大屠杀的争论全面展开。当时教科书事件引起轩然

---

① 铃木明著『新「南京大虐殺」のまぼろし』，東京，飛鳥新社 1999 年 6 月 3 日第 1 版，第 31 - 32 页。
② 《对〈真相·南京事件——检证拉贝日记〉的检证》，《近代史研究》2002 年第 2 期，第 166 页。
③ "百人斩"的论争持续到今天，70 年代山本七平论之最详，见其著『私の中の日本軍』下，東京，文藝春秋社 1975 年 12 月 15 日第 1 版。

大波,成了激化争论的外部触机。1984 年屠杀派成立了"南京事件调查研究会",除了洞富雄和本多胜一,成员还有前辈学者藤原彰,中生代学者吉田裕、笠原十九司等教师、新闻工作者、律师等 20 人。这一时期是屠杀派取得最大成绩、也是在和虚构派争论中最占上风的时期。除了前已提及的洞富雄的《决定版·南京大屠杀》《南京大屠杀的证明》,当时屠杀派的重要著作还有藤原彰的《南京大屠杀》、吉田裕的《天皇的军队和南京事件》、本多胜一的《通往南京之路》《被审判的南京大屠杀》以及洞、藤原、本多编辑的《思考南京大屠杀》《南京大屠杀的现场》等。日本南京大屠杀研究的推进和虚构派的挑战密不可分,同样虚构派的愈演愈烈在相当程度上也是屠杀派的刺激所致。80 年代屠杀派的最主要论敌是战时在大东亚协会跟随过松井石根的田中正明。田中正明对军国日本的回护并不始于 80 年代,早在 1963年他就出版过一本后来加印了 20 余次的《帕尔博士的日本无罪论》。田中正明否定南京大屠杀的论述主要集中在《"南京屠杀"的虚构》和《南京事件的总括》两部书中。两书从所谓南京人口、战后难民的急速增加、进入南京的日本人未见尸体、国际委员会报告的虚与实、难民区的安泰和感谢信、大量屠杀俘虏的虚构、崇善堂埋尸的不实、斯迈思调查可证没有大规模暴行、事发时中国军事会议未提及、中共没有记录、国联没有成为议题、美英法等国没有抗议、美英媒体几乎没有报道、没有钳口令、没有目击者以及史料都是所谓"传闻材料"、照片出自伪造等等广泛方面否定日军有过大屠杀和其他暴行。如果问田中正明与之前的虚构论者有什么不同,最大的一点就是从对南京大屠杀的某一点的质疑到对整体的彻底否定。田中正明不仅和屠杀派辩难不已,和"中间派"也势同水火,有激烈交锋(中间派情况下节介绍)。虽然从虚构派那里看到的永远是胜利宣言,①但在这一轮的攻防中至少在声势上虚构派是被压了下去。除了上引著作,这一时期屠杀派的更重要贡献是通过广泛搜求,全面建立了支撑以屠杀为代表的日军暴行为实有

---

① 如《"南京屠杀"的虚构》出版时,长期以来在日本十分活跃的右翼学者渡部昇一在荐词中说:"读了此书,今后如仍继续说南京大屠杀,就只能被打上反日鼓动的左翼烙印。"田中正明『「南京虐殺」の虚構——松井大将の日記をめぐって』腰封,東京,日本教文社 1984 年 6 月 25 日第 1 版。

的史料基础。1973年出版的洞富雄编辑的史料集《南京事件》此时以《日中战争南京大残虐事件资料集》之名再次出版，90年代初出版的《南京事件资料集》最重要的上卷"美国关系资料编"也成之于这一时期。

中间派的两面论争和与虚构派的逐渐合流

日本"中间派"是认为屠杀人数在数万到一万的宽泛表述，近年又有人将其中主张被杀一万左右的称为"小屠杀派"，被杀四万的称为"中屠杀派"。[1] 中间派只是对屠杀数的认定介于两者之间，其"政治"立场则远为复杂多样，不像虚构、屠杀两派那样单一明了。如在日本有大名的樱井よしこ在被杀人数的认定上属于小屠杀派，但长期以来一直是一面反中的旗帜，和虚构派没有分别；而中屠杀派的秦郁彦的基本看法[2]则接近于屠杀派。中间派长期以来与虚构派、屠杀派两线作战，总的来说，在80年代中间派对虚构派的批驳力度还是更大一些。比如田中正明编辑的《松井石根大将阵中日志》出版后，小屠杀派的板仓由明经过逐一核对指出田中"改篡"松井原文达九百处。[3] 秦郁彦回忆1985年春《诸君！》召集三派代表人物讨论南京大屠杀，那天到会的有洞富雄、秦郁彦、铃木明、田中正明，"在八小时只有咖啡的讨论中"，"洞、秦、铃木不论屠杀规模，在有相当数量被屠杀这一点上看法一致，因此可以感到否定派的田中陷于了孤立。"[4]这天的讨论作为80年代中间派作用的缩影大概虽不中也不太远。80年代中间派在资料上也有建树，其中最重要的是日本旧军人团体偕行社编辑出版的《南京战史资料集》和90年代初出版的《南京战史资料集》Ⅱ。"战史资料集"，严格说不是"大屠杀"或"事件"的资料集，但因战时文献多已被焚，即使战史方面的零散文献对从更广泛方面了解日军的所作所为还是有价值。《南京战史资料集》对

---

① "小屠杀派""中屠杀派"之名见石川水穗著『徹底検証「南京論点整理学」』，『諸君！』，東京，文藝春秋，2001年2月号，第147页。

② 秦郁彦在他不断重印的代表作《南京事件》中始终没有修改如下的表示："对中国的侵略，包括南京事件给予中国国民的巨大痛苦和损失"，"笔者作为日本人的一员，对中国人民从内心表示道歉"。见秦郁彦著『南京事件——虐殺の構造』，東京，中央公論社1986年2月25日第1版，第244页。

③ 『松井石根大将「陣中日誌」改篡の怪』，『歴史と人物』，東京，中央公論社，1985年12月号。

④ 秦郁彦著『南京事件——虐殺の構造』増補版第九章「南京事件論争史」上，東京，中央公論新社2007年7月25日増補版，第274页。

南京大屠杀研究的最大的意义是：残存的日本军方文献仍可证明日军曾大规模屠杀俘虏。① 《南京战史资料集》所收日军官兵日记的特点是包括最高长官以下的各个层级，与屠杀派所编资料集悉为士兵和下级军官不同。进入90年代后，中间派中虽然仍有偏重"技术"的倾向，如防卫研究所研究员原刚通过重新研究幕府山屠杀俘虏等个案，将屠杀数从一万提高到二至三万。但大体上说90年代后中间派整体是在右转。如小屠杀派的亩本正己自称他著作的目的就是"洗刷"日军的"冤罪"，②80年代曾批驳田中正明"改篡"史料的板仓由明的遗著《真相是这样的南京事件》所附追思篇题名即称板仓为屠杀派的"天敌"，③即使秦郁彦也多次说"正确的数字只有上帝才知道"。④ 在虚构派甚嚣尘上的今天，中间派的"中间"意义已十分弱化。

20世纪90年代中期以后虚构派的后来居上

90年代以后特别是近年虚构派声势日益煊赫和冷战结束后日本保守势力卷土重来的大背景有很大关系。这一时期虚构派有这样几方面的变化。一是右翼"学者"成为主流。90年代中期前，除了曾从事媒体、出版工作的铃木明、阿罗健一（畠中秀夫），虚构派主要是战时的一辈人，如田中正明曾随从松井石根，山本七平本身就是旧军人，90年代中期以后的代表性人物无论是"意识形态"味浓厚的东中野修道、藤冈信胜，还是基本算是专业型学者的北村稔，都是长期在大学执教的大学教授。二是"组织"化。和屠杀派80年代即成立了"南京事件调查研究会"不同，虚构派90年代前完全是散兵游勇，近年则频有聚合，2000年还成立了"南京学会"。三是和政界互通声息。90年代中期以前政界人物偶有对历史问题的"失言"，但并未直接介入虚构派的活动，近年自民党"日本前途和历史教育思考会"的"南京问

---

① 有关现地日军文献中的"敌人弃尸"是被屠戮的俘虏的考辨，请参拙文《日军屠杀令研究》，《历史研究》2002年第6期。
② 拙文《对〈真相·南京事件——检证拉贝日记〉的检证》。
③ 上杉千年著「南京大虐殺派の天敵　板倉由明先生を偲ぶ」，板仓由明著『本当はこうだった南京事件』，東京，日本図書刊行会2000年1月20日第2次印刷版，第506页。此著封面明书："这一著作……表明'南京事件'不是'南京大屠杀'"。
④ 如「南京事件の真実」，『産経新聞』，東京，産経新聞社，1994年7月1日。

题小委员会"及参众两院超党派"检证南京事件的真实之会"①都与虚构派时相过从,互动密切。② 四是主流电视台的推波助澜。长期以来日本主流电视台间或有否定南京大屠杀的议论,如渡部昇一(上智大学名誉教授)主持的东京电视台(十二频道)的谈话节目,但从未以南京大屠杀作为专题;以南京大屠杀为专门节目近年始见。这些节目因屠杀派从不参与③(在电视中"抛头露面"揭日本伤疤的压力可以想见),而虚构派总是有备而来,这样的不对等造成了看似有正反两方的相争总是虚构派以"证据"获胜。因此,对虚构派来说,这种节目其实比单方面宣传更有效果。五是虚构观点的全面深化。虚构派在铃木明时期还只是提出几点疑问的初型,到了田中正明的全盘否定始具规模,这一时期虚构派上穷下索,对以往的主张全面强化。如田中正明在《南京事件的总括》的结尾说到照片"伪造",东中野修道等人接过衣钵号称检查了全部照片:"对'证据照片'143 张首次进行总括的检证",证明"作为证据的照片一张也没有"。④ 铃木明"发现"田伯烈是国民党中宣部国际宣传处(误书为"情报部")"顾问",北村稔以此为线索写了一本在虚构派中备受推崇、号称从源头上抓到了所谓"南京事件"与"国民党的国际宣传和对外战略"有"密切关系"的"把柄"的专书。⑤ 六是新著连篇累牍的问世。七是第一次拍摄电影《南京的真实》(三部曲,第一部已完成)。八是开始向西方世界特别是美国输出。⑥ 这样多方面的活动,使虚构观点的影响力得到了前所未有的扩大。

---

① 2007 年 2 月 26 日"检证南京事件的真实之会"第一次"学习会"即有自民、民主两党议员和议员代表四十八参加,由虚构派急先锋藤冈信胜主讲。
② 笠原十九司称此时起为"'论争'的政治变质"时期。笠原十九司著『南京事件論争史』,東京,平凡社2007 年 12 月 10 日第 1 版,第 226 - 227 页。
③ 一个叫"日本文化频道樱"的收费电视台,不断以"南京事件"为话题,主持人屡屡在节目中发出和屠杀派公开辩论的"邀请"。
④ 東中野修道、小林進、福永慎次郎著『南京事件「証拠写真」を検証する』腰封,東京,草思社 2005 年 2月 8日第 1 版。
⑤ 北村稔著『「南京事件」の探究——その実像をもとめて』第一部『国民党国際宣傳処と戦時対外戦略』,東京,文藝春秋社 2001 年 11 月 20 日第 1 版,第 25 - 64 页。
⑥ 2000 年"日本会议"出版的《再审"南京大屠杀"》为英日双语,副题为"向世界倾诉日本的冤罪"。以后日本频有英译,如田中正明、东中野修道等的英译书都向美国政治家、媒体人、大学和社区图书馆、政治团体广泛免费赠送。

屠杀派的艰难抵抗

面对虚构派的全面进攻,屠杀派仍在顽强抗争。与 80 年代屠杀派给人的"众志成城"的印象不同,90 年代中期以后除了南京事件调查研究会出版了《南京大屠杀的 13 个谎言》,屠杀派基本上是单枪匹马在不同方向上各自为战。这一时期在实证研究上成绩最为突出的是笠原十九司。南京事件调查会成员中石田勇治编译的《德国外交官所看到的南京事件》是德文官方文献资料的第一次结集。小野贤二编辑的《记录南京大屠杀的皇军士兵们》的最大意义在于证明了战时报道的"两角部队"①在幕府山俘虏的一万四千名中国官兵大部分遭到了枪杀。"调查会"之外,松冈环编辑的《南京战·寻找被封闭的记忆》采访第十六师团为主的老兵达一百零二名,为迄今抢救当事者记忆的人数之最。这一时期在笠原十九司著述以外的寥寥屠杀派著作中,我觉得有一本书应该一提,即津田道夫的《南京大屠杀和日本人的精神构造》。津田此书的中译本在两岸三地都已出版,不算僻书,之所以说"应该一提",是因为此书在日本连屠杀派也"视而不见"。被无视的原因当是由于此书以南京大屠杀"实有"为"不言而喻"的前提而诸派所争本在史实,但我觉得之所以被无视多少也和此书尖锐批判的对象是日本民众有关。日本各派"党同伐异"由来已久,80 年代屠杀派占据上风和 90 年代虚构派甚嚣尘上可以说都是拜同派之间声应气求"一致对外"之赐,屠杀派在这一时期的影响力下降不能说没有整个风气右转的大环境原因,但和屠杀派"各自为政"过于孤高也不能说全然无关。②

日本南京大屠杀研究的历史是一部不断争论的历史,可以说诸派论争是推动研究的最主要原动力。目前虚构派虽然气盛一时,但没有也不可能

---

① 第十三师团第六十五联队(联队长为两角业作大佐)。

② 笠原十九司的《南京事件论争史》近三百页,却只字不提津田道夫、松冈环等人的工作。相互间不仅"视而不见",在相当程度上也互不认可。如松冈环编辑的《南京战·寻找被封闭的记忆》出版后,南京事件调查研究会的成员即曾严厉批评,本多胜一称此书"空洞无物""不负责任",是"利敌行为";小野贤二则详列证据,说"错误和不可思议处如此之多实属罕见。人不可能无过,但这本书超出了底线。"(见「南京大虐殺をめぐる二つの空しい書物」、「『南京戦』何が問題か」,『金曜日週刊』,東京,株式会社金曜日,2002 年 12 月 20 日)

笼罩一切。① 由于南京大屠杀的主要史料已接近穷尽，所以各派影响力虽会有消长起伏，在看得到的将来，不可能由哪一派定于一尊取得压倒性胜利则当无可疑。

（二）西方南京大屠杀研究简况

欧美学者近年的介入

欧美学者研究南京大屠杀起步较晚，但也有自己的特色。1997 年亚洲研究年会大会上杨大庆（乔治·华盛顿大学）组织的南京小组会是西方学界第一次讨论南京大屠杀，此次讨论后结集的《历史学中的南京大屠杀》②主要从历史和记忆、政治和道德以及方法论等方面着力，与中日已有著述的关注点和角度都有相当的不同，在众多南京大屠杀研究著作中可谓别开生面。近年有三位日裔学者的著作较值得的注意，一是 2001 年出版的山本昌宏（怀俄明大学）《南京——一个暴行的剖析》、二是 2006 年吉田俊（西密西根大学）《"南京大屠杀"是如何构建的——日中美南京大屠杀的历史和记忆》、三是 2007 年若林正（约克大学）《南京暴行——让图像复杂化》，这些著作试图通过精细化的实证手段，重新检验现存文献，以重建南京大屠杀的史实。这一企图是否如预期可以见仁见智，但确实使以往中国研究存在的问题更加凸显。

畅销书《南京暴行》的两极反响

在西方第一次讨论南京大屠杀的同年稍后，张纯如的《南京暴行》在美国出版。《南京暴行》不仅是西方第一部全面反映"南京暴行"的著作，出版

---

① 中日共同历史研究日方报告基本采用秦郁彦的观点可见一斑。

② 此书由下文构成：《前言》(哈佛大学教授[时任，下同]Charles Maler)、《序论——历史学中的南京大屠杀》(圣塔芭芭拉加州大学教授 Joshua A. Fogel)、《与侵略、加害及南京大屠杀有关的中国的历史学》(麻省理工学院教授 Mark S. Eykholt)、《围绕历史的斗争——南京大屠杀在日本是被怎么看的》(哥伦比亚大学博士生吉田俊)、《南京大屠杀的课题——关于历史研究的考察》(华盛顿大学教授杨大庆)。ジョシュア・A・フォーゲル編『歴史学のなかの南京大虐殺』，東京，柏書房 2000 年 5 月 25 日第 1 版。

不久便高居畅销书排行榜，也是迄今包括中日两国相关著作中销量最大的一本书。同时，《南京暴行》歧见之大也迄无前例。国内"好评如潮"和日本虚构派极尽挑剔之能事事在意料之中，让人始料未及的是《历史学中的南京大屠杀》（同名论集《历史学中的南京大屠杀》中的一篇）作者 Joshua. A. Fogel 的严厉批评，尤其出人意料的是日本屠杀派的浓重挫伤感。从事后日本《诸君！》的问卷看，屠杀派的主要成员中藤原彰、笠原十九司、高崎隆治虽然给予了有限肯定，但都认为史实上"错误很多"，而江口圭一、井上久士、姬田光义、吉田裕则做了负面评价。[①] 因屠杀派主流和作者为是否附加刊误意见不一，致使日译本迟迟未能出版。所以相当一段时间此书在日本是但闻批判，不见原书。日文版终于出版已是英文版首发的十年以后。配合日文版出版，译者巫召鸿的《读〈南京暴行〉》同时出版。巫召鸿和出生在美国以英语为母语的张纯如一样，是出生在日本以日语为母语的华裔。不是翻译也不是研究者的他之所以揽下译事，和他"与生俱来"处于"祖国"和寄居国"周边"和"外部"（《读〈南京暴行〉》"解说"者大阪教育大学教授山田正行语）的特殊感受有关。从巫召鸿自述的心路历程看，他对日本自 20 世纪 70年代以来突出受害掩盖加害的"战争记忆"有强烈抗拒，不能容忍南京暴行这样"残酷""无道"的历史被"遗忘"。他认为《南京暴行》的疏误瑕不掩瑜，不能和它的重大意义相提并论。巫召鸿在讲到翻译经纬时有这样一段说明，他说："语言表现的信息，不单是传递事实，它还包括人的热情、情感、希望、正义感"；翻译此书的"基本要求"是"认同作者通过本书传达的诉求"和"认同作者的人格"，"如果不具备这一点，我认为完成此书的翻译是不可能的"。[②] 这种重"大义"轻"小节"和以实证为主要特色的日本屠杀派确实有很大不同。[③] 我在介绍张著的同时之所以附带提及在日本并未产生影响的日译本译者的看法，有一个特别考虑。多年前我写过一篇短文《〈南京暴行〉

---

① 「まぼろし派、中間派、大虐殺派三派合同大アンケート」，『諸君！』，東京，文藝春秋，2001 年 2 月号，第 164 - 203 頁。中译见上引拙著附录之四第 511 - 553。
② 巫召鸿著『「ザ・レイプ・オブ・南京」を読む』，同時代社 2007 年 12 月 10 日第 1 版，第 14 - 15 页。
③ 为巫著作"解说"的山田正行也说，翻译出版《南京暴行》日文版是"抵抗忘却"和"良知的责任"。见山田正行解说《忘却への抵抗と良知の責務》，巫召鸿著『「ザ・レイプ・オブ・南京」を読む』，第 151 - 189 页。

引来的异议和给人的省思》,①文章主要是介绍日美学者对《南京暴行》的批评,其中当然也有如何对待情感和史实的我的看法,但只是就事论事,完全没有料想到它会成为批评《南京暴行》作者和国内某些学者的人每加援引的根据。借此我想慎重表示:正如我对屠杀派学者对《南京暴行》批评的肯定并不等于我会否定巫召鸿、山田正行对《南京暴行》的高度称赞一样,对拙文不宜"举一反三",过度解读,在张纯如去世后尤当如此。

二、南京大屠杀研究的几个问题

(一) 尚未走入"历史"带来的困惑

日本有所谓"同时代史"的说法,以区别于与今天无关的"历史"。南京大屠杀距今虽已 70 余年,但至今仍没有走出和我们情感相连的"同时代史"。由种族、宗教、"阶级"以及权和利等的相争造成的暴行和因此给受害一方留下深刻的印记,在人类史上并不少见。其中尤以"异族"伤害带来的记忆最为经久不灭。"徽钦北狩"后朱熹有二句很有代表性的话,一句是"国家靖康之祸,二帝北狩而不还,臣子之所痛愤怨疾,虽万世而必报其仇。"②另一句叫"君父之仇,不与共戴天。"③这种"万世必报""不共戴天"的立场不仅在朱熹时代的"臣子"中相当普遍,"扬州十日""嘉定三屠"的记忆时隐时现一直持续到清亡也是不远不近的一例。我在此提及传统时代的事例并不是要和南京大屠杀画上等号,在"公理""公法"主导的今天,将"一小撮军国主义者"和"广大日本人民"分开已是一个大度而不失原则的方便立场,"纪念"南京大屠杀的正面说法也无例外的总是珍惜和平而非记取仇恨;问题是南京大屠杀——其他暴行也一样,虽然可以引出珍惜和平等等的理性意识,但惨痛回想更直接或者说更容易勾起的还是"痛愤怨疾",这从网络相关话

---

① 《史林》2002 年第 3 期,又收入程兆奇著《南京大屠杀研究》,上海辞书出版社 2002 年 12 月第 1 版,第 264 - 270 页。
② 《朱文公文集》卷七十五《戊午党议序》,上海商务印书馆"四部丛刊初编缩本",第 7 册,第 1385 页。
③ "不共戴天"也是朱熹说过的话,《朱文公文集》卷十三《垂拱奏札二》,第 1 册,第 188 页。

题中仇恨"小日本""永远"(不是预测未来,而是用"每每"不足以表现强烈程度)占压倒多数可以见一斑。^①如果说南京大屠杀研究确实有学术以外的束缚,这种影响着朝野承受力、比狭义的政治正确更难超越的"情感"(常常和"民族大义"混为一谈),是一个最重要原因。

(二) 南京大屠杀与东京审判

东京审判在审理过程中实际未采用"对人道之罪"的罪名,虽如此日本虚构派仍声称南京大屠杀是为符"对人道之罪"的"编造",以及以普通战争罪(通例的战争犯罪)审理南京大屠杀使A级和BC级战犯的区别不易分别等问题我在另文中已详,^②此处不赘。纵观东京审判有关南京大屠杀的审理,法理是一问题,"后遗症"更大的则是证据问题。日本右翼在日军所有暴行中之所以集矢于南京大屠杀,东京审判的所谓证据"不实"^③是一个远因。虚构派戴着有色眼镜自不待言,但不是因此可以说检方提供的证据已无可挑剔。今天冷静地看,不能不说检方的证据确实存在着"过"的问题。在此谨举一个显例。检方文书(书证)第1702号记:

> 依鲁甦向南京地方法院检察官提供的证言:
> 敌军入城后将退却国军及难民男女老幼五万七千四百十八人……用机枪悉于扫射后,复用刺刀乱戳,最后浇以煤油纵火焚烧,残余骸骨悉入江中。

① "网络民意"未必代表实际的多数,但因网贴是迄今自由度最大的表达手段,作为可信的根据当不会比宣布的民意离事实更远。至于网络民意是否受到各种诱导,则是另外的问题。
② 见《从〈东京审判〉到东京审判》"东京审判的几个问题"之一"罪行法定主义问题"、之二"共同谋议罪问题"、之三"对人道之罪问题",《史林》2007年第5期;《松井石根战争责任的再检讨——东京审判有关南京暴行罪被告方证词检证之一》第一节"问题的提出",《近代史研究》2008年第6期。
③ 田中正明说东京审判检方提出的证据无外乎"传闻、臆测、夸张"。(田中正明『東京裁判とは何か』,東京,日本工業新聞社1983年5月20日第1版,第195页)曾担任东京法庭工作人员自称旁听了大部分审判的富士信夫说:"作为一个具有常识的日本人在阅读检察和辩护双方的证据时,深感检察方提出的证据包了极多的歪曲、夸张、虚构,同时感到辩护方提出的证据合理的较多。"(富士信夫著『「南京大虐殺」はこうして作られた——東京裁判の欺瞞』,東京,展転社1995年4月29日第1版,第348页)。

鲁甦称其"匿于上元门大茅洞内，相距咫尺，目睹惨状，故得以证明"。① 藏匿中能精确计出如此庞大的数字，即使对受害者深寄同情，只要稍有理性，也不能不生出疑问。"过"的方面的最大问题是埋尸最多的崇善堂的统计。② 东京审判之所以未对检方的控告照单全收，在暴行的量上没有作出和南京审判相若的裁断，很大程度上就是证据不能服人。而东京审判判决本身的不一致③更能说明粗枝大叶的证据给法官带来的困惑。从这点上说，"虚构"观点滥觞于东京审判的法庭之内并非偶然。另一方面，除了"过"，对我们而言，"不及"尤是遗憾至今的一个方面。在此也举一例。率军攻占南京的南京大屠杀第一责任人松井石根，不仅是开战之初日军高级将领中最积极的主战派，攻占中国首都也由他最先提出，"实行对华侵略罪"（诉因第二十七项）对松井而言本来避无可避，但因检方举证不力④而被法庭宣判为无罪（松井石根最终仅以诉因第五十五普通战争罪的"怠于防止"一项消极罪名被处以最高量刑绞刑，反而使鸣冤叫屈显得不无理由）。东京审判时许多战犯被无罪开脱或重罪轻罚，主要就是证据的不足。所以，从"过"和"不及"两方面看，虽然东京审判确立的南京大屠杀为实有的国际法根据具有不容忽视的重大意义，但东京审判审理南京大屠杀案遗留的问题同样十分严重。

（三）对日本虚构派针锋不接的批判

走进日本的书店很容易发现，没有一个与中国有关的历史事件有"南京

---

① 新田满夫编『極東國際軍事裁判速記録』第一卷，東京，雄松堂書店 1968 年 1 月 25 日第 1 版，第 751 页。
② 崇善堂人均日埋尸 150 具，而红卍字会以埋尸最多日计人均也仅 11 人，相差过于悬殊。更由于红卍字会的埋尸统计作于事发之时（因向日军特务班计件领酬，当不少报的可能），而崇善堂埋尸统计作于事发近十年后的南京审判时，不能不让人生出疑问。详细统计见拙著《日本现存南京大屠杀史料研究》"本论•下篇 日本史料的价值"注 200，上海人民出版社 2008 年 8 月第 1 版，第 110 页。
③ 如屠杀人数，判决书第八章"普通战争罪"中的"南京暴虐事件"称"二十万以上"；第十章"判决"之"松井石根"的判决称"十万以上"，"广田弘毅"的判决则称"数百人"的被杀"每天都在发生"。（新田满夫编『極東國際軍事裁判速記録』第十卷，第 768、797、800 页）张效林译《远东国际军事法庭判决书》之广田弘毅判决作"每天""成千的杀人"（群众出版社 1986 年 2 月第 1 版，第 578 页），不知何故，但作为同一时段（五、六周），无论每天以"数百"还是"成千"计，三者还是不同。
④ 判决称："为使诉因第二十七项判定定有罪合理，作为检察方的义务，必须提出能推导出松井知道战争的犯罪性质的合理证据，但检察方并未提出。"（新田满夫编『極東國際軍事裁判速記録』第十卷，第 800 页）。

事件"那么多的著述。在中国,不仅有南京大屠杀纪念馆那样兼有研究功能的机构,还有南京大屠杀研究所(南京大学)、南京大屠杀研究中心(南京师范大学)那样的专门研究机构,江苏社科院历史所长期以来也一直有专人从事研究。南京大屠杀之所以在中日双方都受到高度关注,不是因为它是众多历史事件中的一件,而是因为它是日军暴行的特别的标志,日本学者称为"象征"①意思也是一样的。如果南京大屠杀只是普通的历史事件,中国和日本大概都不会投入那么多的精力来研究。所以,虽然我们不必将东京审判尤其是南京审判的结论图腾化,但对日本虚构派的挑战还是应该争所当争。长期以来我们对虚构派长于"观念"的批判,而疏于材料的辩驳。虚构派确实有浓厚的意识形态倾向,但虚构派不是只有口号。前文中提到田伯烈的中方"顾问",是铃木明几经周折后在《曼彻斯特卫报》查到田伯烈的讣告才"坐实"的。而东中野修道的《南京事件——从国民党极秘文书解读》则是依据在国民党党史馆"发掘"出的《中央宣传部国际宣传处工作概要》写成。虚构派的重要著作几乎每一部在材料上都有新发现,虽然曲解史文、强词夺理在虚构派著作中司空见惯,但如果我们在对待时徒发空论,不辨根据,也起不到"驳倒"的作用。虚构派一直以论从史出自我标榜,因此我觉得对付虚构派的最有效办法还是"以子之矛,攻子之盾"。这点上正反两方面的例子很多,这里我举一个曾在一篇随笔中举过的现成例子。东中野修道等人编辑的《检证南京事件"证据照片"》(下文简称《检证》)出版后,曾在某次会议上听人驳斥,当时既感到其理甚正,其心可嘉,又觉得此案用"说理"侦办,终是针锋不接。后来看到日本一位中学教师渡辺久志写的长文《照相机目击的日中战争》。② 该文对《检证》逐一"检证",检证的办法十分朴素,就是追寻母本的史源,参以相关文字影像资料,以求还其本来面目。谨举一例。《检证》称某照片为中国"伪造",理由是照片中的日军军装没有肩章。

---

① 如秦郁彦说:"日本作为加害者的事件,南京屠杀事件是象征性的存在。"(秦郁彦、佐藤昌盛、常石敬一「戦争犯罪ワースト20を選んだ——いまなお続く『戦争と虐殺の世紀』を徹底検証」,『文藝春秋』,東京,文藝春秋社,2002 年 8 月号,第 160 頁)
② 渡辺久志著「カメラが目撃した日中戦争」,季刊『中帰連』,2006 年 10 月 - 2007 年 7 月,第 38 - 41 期。

渡辺搜寻事发时照片,发现大阪每日新闻社 1937 年 10 月 21 日出版的《支那事变画报》中"举杯祝贺占领无线电台的田中部队长"为题的一张同样没有肩章。有此一照,《检证》所说已可不攻自破。但渡辺并未止步于此。他又在文献中查到陆军省次官梅津美治郎曾在同年 8 月 29 日下达通知,通知明言:各部队为了"防谍"可以摘除肩章。有了梅津此件,此案定谳再无疑义。渡辺文既无高亢的声势,也无滔滔的辩辞,但一气读完后不由感到的就是踏实的力量。正如俗语所说"事实胜于雄辩",我觉得对日本右翼挑战的最有力也最有效的回应就是用可靠的证据说话。

(四)定量研究问题

定量研究不足也是南京大屠杀研究的一个较大问题。造成的原因主要有两个,一是认为这是性质问题,无关乎"量"。这样拒之门外并不能取消问题。我就不止一次遇到"既然不是量的问题,为什么还要坚持量?"的发问。问者不仅是虚构派,甚至不仅是日本人。我觉得长久以来我们在强调性质时确实有争量,甚至贪多务大的倾向,其实没有必要。因为南京大屠杀固然是日本的耻辱,但也不是我们的光荣。第二,定量研究确实有文献不足征的困难。除了不同观点解读差别极大的斯迈思的有限调查,事发时没有也不可能有对日军暴行的全面普查,而有关日军暴行的所有早期记录,包括最有价值的红卍字会的埋尸报告,都无法导出两大审判的数量结论。其他第一手证据,比如理论上有可能全部掘出的"铁证"遗骸(其实也有甄别问题),对证明标志性数字也没有统计学上的意义。不仅是屠杀,"量"的问题还包括强奸、抢劫等各种的暴行。暴行的量的另一个方面是日军暴行是不是一个无限行为。多年来日本虚构派在为日军暴行洗刷时还提出日军受到"感谢"、难民区"安泰"等等的"积极"的"反证",对此我曾多次严词批驳。比如对宝塔街收容所主任陈汉森给日军比良号舰长土井申二接济食品的感谢信,我在《日本右翼南京大屠杀论著平议》中说:

日军比良号炮舰舰长土井申二中佐"自告奋勇确保该地区(指下关

附近的宝塔桥街——引者）的整顿"，①宝塔桥街在土井治下被改为日式名"平和"，陈主任不仅明奉"昭和"为正朔，而且所谓"赏赐"，所谓"恩典隆渥异常"，不独毫无自尊可言，让人看到的只是亡国之民的辛酸。虽然我们不能要求难民们不食嗟来之食，我们也没有必要指责陈汉森们被发左衽，我们甚至可以不论土井——日军的缩影——的动机和行为只是为了建立"满洲国"式的殖民地，但"平和街"收容所以至整个南京的难民之成为饥民以至饿殍完全是由日军造成的事实，总不能忽略不顾吧。②

我在这里引述旧文不是为了再次辩诬。而是想提请注意：以往我们论及南京大屠杀，只有见人就杀的向井敏明、野田毅那样的食人生番，土井申二式的软性征服者长期以来未纳入我们的视野。从最大处着眼，我们当然可以说日本军队不请自来，不论何种作为都是侵略行径。但土井及类似土井的表现与穷凶极恶的罪犯毕竟不同。如果承认这一点，我们就不能不面临一个的挑战：日本军队在南京的暴行有没有量的"边界"？换言之日军暴行是所有部队在所有时间地点的无限行为，还是也有范围？虽然我们可以说即使日军暴行有量的限度也无法改变违反国际法和违反人道的实质，但南京大屠杀的面貌在一定程度上的改观也许因此而难以避免。

（五）不同"常识"问题

日本对"南京事件"的争论热点和我们对南京大屠杀的关注点有很大不同，比如死者是军人还是平民，军人是死于作战中的战斗员还是已放下武器的俘虏，被"处决"的俘虏是否遵守了国际法规定的俘虏义务、有没有经过"合法"审判，甚至被杀平民是否参与了抵抗因而能否算中立的"平民"，等等，这些问题不仅不在我们的视野之内，这些问题的提法本身也很难为我们的情感所接受。造成这一个同的原因和对国际法的认识不同有关。在我们

---

① 田中正明著『南京事件の総括——虐殺否定十五の論拠』，第179页。
② 程兆奇著《南京大屠杀研究》，第304页。

看来,反侵略是天赋权利,所以"全民抗战"天经地义,日本军队任何杀人都是犯罪。日本除了完全和我们持同调的津田道夫等极少数人,屠杀派的主流也还是强调日本军队"违法"杀人,如吉田裕认为不论是对着装军人还是"便衣兵"的"处罚"都"必须经过军事法庭审判",而日军"未经审判",所以"违法"。[①] 吉田裕的问题是针对虚构派而发,但津田道夫曾表示担忧:"违法"的另一面是"合法",但在侵略战争中"合法"杀人是不存在的!(私下谈话)中日之间看法的不同其实还涉及对近代历史认知等更广泛方面。比如中间派的秦郁彦著有《卢沟桥事件研究》[②]一厚册,考证"第一枪"甚详。但按照我们的惯性思路,这样的考证再精密也是徒费口舌,因为卢沟桥是我们的家园,日本强行驻军本身即已理亏。日本看法的不同在于他们认为《关于北清事变的最终议定书》(《辛丑条约》)是民国政府也承认的"合法"国际条约,驻军有条约所本无可非议;至于《辛丑条约》在我们眼里只是声名狼藉的不平等条约他们是不考虑的。所以,在这样的不同语境中,即使是屠杀派,在问题意识、持论根据以至于话语方式上都与我们有所不同。我觉得这种"常识"的不同迟早我们也要面对。东京审判在"惩罚"气氛浓厚的战争结束初期进行,却不能不让被告方在许多看似荒唐的问题上纠缠,就是因为文明社会即使是"正义"的"胜者",也不能不证自明,更不能以牙还牙。

(六)文献和口传资料问题

近年南京一些学者开始反思我们以前的研究,但同时也有人说"南京大屠杀问题不是史料所能解决的"。这个话的意涵应该不是指史料不够充分,因为史料不够充分是个普遍问题。这样说当和所谓"感情记忆"有关。我的提纲本有"感情记忆"一节,因考虑这是较易误解的话题,不宜化繁就简地附带谈论,所以留待他日再谈。我觉得南京大屠杀是有其特殊性,但作为历史事件它和一切历史事件一样,还原它的本来面貌最终还是离不开以文献为

[①] 吉田裕『国際法の解釈で事件を正当化できるか』,南京事件調査研究会編『南京大虐殺否定論 13のウソ』,東京,柏書房 1999 年 10 月 25 日第 1 版,第 160－176 页。
[②] 『盧溝橋事件の研究』,東京,東京大学出版会 1996 年 12 月 10 日第 1 版。

中心的史料（包括文字、口述、影像、实物等一切方面）。在这点上日本各派众口一词，都强调自己对史料的重视，而指责他派曲解、篡改甚至编造史料。总体上看，日本各派辩难的一个"好处"是在着力发掘史料的同时对史料的使用逐渐谨慎。但因各派立场相差太远，所以在解读和取用上还是不能没有倾向。本来各取所需是人所难免的常态，日本各派的所偏是对于己有利的史料充分发挥而对于己不利的史料视而不见。我们在"为我所需"上更为突出的问题是对史料缺乏基本的甄别，比如有些文献的确切含义，能证明什么？能证明到什么程度？通篇的意义如何？摘出的某段与全篇精神是否吻合？材料本身是否可靠？特别是有些口传记录的真实性，比如访谈的环境是否有持疑的可能？采访者对被访者是否有导向或暗示？被访者所谈是否合于实际？如以历史学的尺度来衡量，多未得到严格检查。所以即使道义感昂扬，在局外人（比如西方学者）眼中仍不免认为两造所说各有见仁见智的余地。

（七）照片问题

把照片单列一节是因为虚构派在连篇累牍的"成果"中对照片的"检证"最为得意，以至于大言炎炎，声言"可作为证据的照片一张也没有"（见前引）。照片作为史料，对复原历史的某些原貌有特殊价值。因为照片的复写性质对"精神"以外的具象内容有文字无法比拟的最精确传达。照片这一最直观、最"一目了然"的特点，也最易使不明真相的局外读者为"眼见为实"所感染或误导。所以在颠覆议论已甚嚣尘上（虽然仅仅是日本）的今天，捍卫真实有了比捍卫是非更为优先的理由。日本虚构派提出的照片问题，总倾向是"政治"化的，前文所举无肩章照片即为一例。同时不少照片确实存在着随意解读的问题。比如1938年出版的《日寇暴行录》中一张说明为："江南农村妇女被一批一批的押送到寇军司令部去凌辱、轮奸、枪杀"的照片，相当一段时间一直陈列在我们的一些纪念馆中。其实这张照片源出1937年11月10日出版的《朝日画报》，是一组照片中的一张，原解说为"受我士兵保护的从农田劳作回村庄的妇女和孩子们"。同时刊出的另几张照片为采棉花、回村后和日军合影等内容。日军拍摄这些照片意在宣传是显而易见的，我们在抗战最艰困的时候为了唤起抵抗不惜借用也情有可原，但这不等于说因此就有了将错就错的理由。所以，为了还原本来面貌，或者哪怕仅仅为了避免授人以柄，对所谓"伪造"照片的每一张，我觉得都有从来历、内容以至于"释义"彻底检讨的必要。前几年我曾拟对今传照片作一探源，后因故未能完成，就粗略的了解而言，照片大致可分为以下四种情况：一是来历明确，也反映了日军在南京的各种暴行的照片，这类照片主要由在宁西方人、日本记者和日本军人拍摄和传布；二是确系日军暴行的照片，但地点不在南京，或不在南京暴行期间；三是当年国民党中宣部国际宣传处等部门为了宣传需要移花接木的照片；四是尚待考证真伪不明的照片。在暴行照片之外，近年日方提出的所谓"没有暴行"的"反证"照片也应引起注意。这类照片主要有日军和南京民众"亲善"、南京气氛"祥和"等内容。我们当然可以说这只是远离事实的"宣传"，而且即便有些照片是当时的"实景"，也只是"某处"的实景，既不可能等同于其他许许多多的某处，更不可能等同于全局。所以此类照片不可能成为推翻暴行的"证据"。但反过来说这些照片因出于事发当时，我们也不能不闻不问，至少查清它是完全由导演安排的反事实的演出还是某处（即便是极小的某处）的写实，对我们全面认识事件的面貌还是有帮助。总之，照片问题虚构派已"捷足先登"，收复这一阵地应该是我们的一个责任。

三、简短的结语

会议按鉴往知来之意在主题中列入了另一关键词："可能走向"，我的提纲在其后括注了"也许是不得不"。限于篇幅现将提纲中的三点抄在这里，作为本文的结语：（1）在时隔 70 余年后的今天，史学工作者应该有权把南京大屠杀作为一个不必和"情感"纠缠的"历史事件"来研究；（2）对日本否定派提出的"证据"不能只以"大义"来回应；（3）重建南京大屠杀史实不能只在于己有利的材料中寻章摘句，必须处理相反证据。若非如此，与不同观点无法至少是很难有真正意义上的交流和交锋,也不可能真正达到复原历史真相的目的。

(载《"中国近代史研究三十年"讨论会论集》,社会科学文献出版社2010 年;又载《史林》2010 年第 4 期)

日本现存南京大屠杀史料概论[*]

有一年我们所召开"'八一三'淞沪抗战"讨论会,议题是熊月之先生访德时得到的一批"八一三"照片,熊先生希望我能发个言,我在谈完正题后又附带提到了东京大学藤冈信胜有关日军暴行照片的所谓"伪造"问题,^①表示应该予以重视。我的话还没说完,一位已退休的先生即刻质疑,认为这些事"我们中国人说了算,不必理会日本人说什么"。类似的意见在其他场合已有所闻,并不是"偶然"之见,所以我当场也作了答复。大意是:对日本右翼学者的自弹自赞虽不必在意,对问题本身却不能任其自流;日本右翼学者提出的"伪造"照片的每一张,都有从来历、内容以至于"释义"彻底检讨的必要,这不仅是因为有右翼挑战的"问题"语境,同时也是因为许多照片承自前人,以后的使用基本是"陈陈相因"(我用这个词时并未含褒贬),在时隔数十年后的今天,确应"原始反终",作一全盘清理。当时谈的虽只是照片,其实对文字、实物等其他材料和日本的相关研究尤其是见解相岐的研究,我以为也应如此。南京大屠杀与一般历史事件的最大不同,用旧话说在于它的"大义名分",但作为"历史事件",我觉得它不应被图腾化;既然自信它是一个"真实",从"功利"上考虑,也不必担忧学术检验,无须免检的豁免权。去年

---

* 本文的撰写得到了南京大屠杀研究基金会和张连红先生的帮助,谨致谢忱。

① 藤冈信勝著「写真捏造、暴かれた手口」、東中野修道、藤冈信勝著『ザ・レイプ・オブ・南京の研究』第二章、東京、祥傳社1999年9月10日第1版、第52-109頁。照片因为最直观,最"一目了然",不明真相的局外读者也最易为"眼见为实"所感染或误导,所以一直是日本虚构派着力的重要方面。去年出版的专书《检证南京事件"证据照片"》(東中野修道、小林進、福永慎次郎著『南京事件「証拠写真」を検証する』、東京、草思社2005年2月8日第1版)涵盖了以前的相关"发现",可谓照片问题的虚构派"成果"的集大成;该书号称"可作为证据(指日军暴行——引者)的照片一张也没有"(同上,腰封)。第二档案馆的曹必宏先生目前正在从事溯源工作,希望他能作出有力回应。

末 28 卷本的南京大屠杀史料集出版,南京大学、南京师范大学等单位联合举办了"南京大屠杀史料国际学术讨论会",会上第一次出现了对一些"定论"的探讨,让人感到这一牵动着学术界以外敏感神经的著名史事"讨论已成为可能"。[①] 我一直有一个偏见,以为如果我们更坚持学术标准,更有"弹性",日本右翼学者的许多观点本来可以不攻自破,至少不会像现在那么有市场。[②] 这是我多年来关注日本有关研究的一个突出体会,也是我持续关注日本有关研究的一个重要理由。[③]

本文所说的"南京大屠杀史料",取通常的广泛义。有关这点,先须稍作交代。一、"南京大屠杀"(南京大虐杀)虽一度被日本大屠杀派的主流作为1937 年末南京沦陷时所发生的历史事件的正名,如洞富雄等先生的著作,[④]但在日本不是通称。东京审判时对这一历史事件的称呼是"南京暴虐事件"(日文汉字与中文同,或英译 Nanking Atrocities 作"南京アトロシテイーズ"),今天除了津田道夫、小野贤二等个别学者仍坚持用"南京大屠杀",[⑤]大屠杀派的主流渐多以"南京事件"为名;[⑥]日本虚构派称"南京大屠杀"时

① 笠原十九司先生语。12 月 28 日上午荣维木先生在发言中强调"学术"应与"政治"分开,笠原先生说荣先生作为《抗日战争研究》的主编能这样说实属不易,也让他意外。次日下午,在我和笠原先生分任主持人和评论人的报告会上,江苏社科院历史所的王卫星先生解读日军官兵日记(王先生是《南京大屠杀史料集》第 8 至 11 册日本文献的主要编者),而南京大学民国研究中心的张生先生谈暴行和"人性"问题,所见都与以往大有不同。会后笠原先生说,在他参加的大陆主办的南京大屠杀方面的研讨会中这是从未有过的经验,觉得"讨论已成为可能","令人欣慰"。之所以特别引及笠原先生的感受,是因为笠原先生是时下日本大屠杀派的代表人物,和日本大屠杀派的其他学者一样,长期以来为揭示日军暴行真相,栉风沐雨,做出过不懈努力,也可以说对中国抱持着最友好的态度,而大屠杀派的有些困难的确来自我们的固执。
② 2005 年 11 月去日本访书,距上次去日已时隔两年,总的感觉是右翼历史观的著述比以前更有市场,比如上引《检证南京事件"证据照片"》,不仅纪伊国、三省堂那样的大书店,中小书店也多有出售。书店虽仅是一隅,但对检测民情却是有一定传真度的指标。
③ 本人先后申报了"日本南京大屠杀论著研究"(2000 年立项)、"日本现存南京大屠杀史料研究"(2003 年立项)国家社科基金项目。
④ 如洞富雄著『決定版・南京大虐殺』(東京,徳間書店 1982 年 12 月 31 日第 1 版)、同氏著『南京大虐殺の証明』(東京,朝日新聞社 1986 年 3 月 5 日第 1 版)、同氏和藤原彰等著『南京大虐殺の現場』(東京,朝日新聞社 1988 年 12 月 20 日第 1 版)、藤原彰著『南京大虐殺』(東京,岩波書店 1985 年 4 月 10 日第 1 版),但据说在 85 年《诸君!》举行的座谈会上,洞先生,这位全世界最早研究南京大屠杀的学者曾表示并不赞成用"南京大屠杀"(转引自田中正明著『南京事件の総括——虐殺否定十五の論拠』,東京,謙光社 1987 年 7 月 10 日第 2 版,第 11 - 12 页)。
⑤ 如津田道夫著『南京大虐殺と日本人の精神構造』(東京,社會評論社 1995 年 6 月 15 日第 1 版)、小野賢二等编『南京大虐殺を紀録した皇軍兵士たち』(東京,大月書店 1996 年 3 月 14 日第 1 版)。
⑥ 如继洞富雄、藤原彰之后成为大屠杀派中坚的笠原十九司著『体験者 27 人が語る南京事件』(東京,高文研 2006 年 1 月 15 日第 1 版)、同氏著『南京事件と日本人』(東京,柏書房 2002 年 2 月 15 日第 1 版)、同氏著《南京事件》(東京,岩波書店 1997 年 11 月 20 日第 1 版)等。

必加引号，以表明是"所谓的"大屠杀，近来更有人对"事件"复加引号，意为当时本来无事，"事件"也是"杜撰"。[①] 但大体来说，"南京事件"在日本是一个"约定俗成"。本文所称"南京大屠杀资料"，即日本所称"南京事件资料"。这与通常所指其实并无抵触。二、国内学界虽对南京大屠杀的内涵尤其是诸如人数等的关节点有明确而严格的界定，但对材料的取用却十分"宽大"。有些文献的确切含义，比如能证明什么？能证明到什么程度？通篇的意义如何？摘出的某段与全篇精神是否吻合？材料本身是否可靠？特别是有些口传记录的真实性，比如访谈的环境是否有"表达的自由"？采访者对被访者是否有"导向"或暗示？被访者所谈是否合于实际？如以历史学的尺度来衡量，不能说已得到了严格的检查和令人满意的解答。之所以同样的材料会得出不同以至于相反的结论，这是一个重要原因。所以，本文不"以貌取人"，各派所编"南京事件"的主要资料都在论述范围之内。

本文分上下两篇，上篇简介日本有关史料，下篇综论日本史料的价值。下篇为本文重点。

上　篇

日本对"南京事件"持不同立场的三派（屠杀派、中间派和虚构派）都编有资料集，以为自己一派主张的援据。按形式分，有文献和口述二大类；按来源分，有日方官私文献和西文中文文献的日译。以下先按屠杀、中间、虚构三派所编顺序简介资料集。

屠杀派：

一、《南京事件》

洞富雄编，河出书房 1973 年出版。此书是《日中战争史资料》的一种，

---

① 如北村稔著『「南京事件」の探究——その実像をもとめて』，東京，文藝春秋社 2001 年 11 月 20 日第 1 版。

分Ⅰ、Ⅱ两卷(《日中战争史资料》第8、9卷)。① Ⅰ卷收录了远东国际军事法庭有关"南京事件"的日文记录,共分五个部分,即:(1)起诉书,(2)审判速记,(3)未宣读的法庭证据(检方书证),(4)不提交书证(包括检、辩双方),(5)判决。

Ⅰ卷中审判速记的篇幅最大,包括了从1946年7月25日原金陵大学医院医生(指事发时所任,下同)Robert O. Wilson证人在法庭对检察方、辩护方质证的回答,到1948年4月9日中支那方面军②司令官松井石根大将最终辩论的检辩双方在法庭的26次折冲。内容主要为:(1)Wilson、红卍字会副会长许传音、南京市民(以下为南京市民者不另注明)陈福宝、金陵大学教授Miner Searle Bates、中国陆军军医部(原文如此)上尉梁廷芳、松井石根、无所任公使伊藤述史、中支那方面军参谋副长武藤章大佐、基督教圣公会牧师John Gillespie Magee、中支那方面军参谋中山宁人少佐、日本驻南京大使馆参事官日高信六郎、上海派遣军法务部长冢本浩次高等官、日本外务省东亚局长石射猪太郎、第十六师团参谋长中泽三夫大佐、上海派遣军参谋长饭沼守少将、上海派遣军特约随从人员冈田尚证人先后出庭回答检方、辨方或检辨双方的质证。(2)检察方先后宣读尚德义、伍长德、陈福宝、梁廷芳、金陵大学教授Lewis S. C. Smythe、基督教青年会干事George A. Fitch、陈瑞芳、美国基督教布道团牧师James H. McCallum、孙永成、李涤生、罗宋氏、吴经才、朱帝翁·张继祥(同件)、王康氏、胡笃信、王陈氏、吴着清、殷王则、③王潘氏、吴张氏、陈贾氏的书面证词及松井石根1937年12月19日声明,向哲濬等代表检方提出的日军残虐行为④报告,徐希淑编《南京安全区文书》,⑤南京地方法院检察官报告中鲁甦的证词,南京地方法院检察处《敌

---

① 此编后稍作修订,仍分两卷,由青木书店于1985年11月和次年10月再版。题名改为《日中战争南京大残虐事件资料集》。

② 中支那方面军不宜译为"华中方面军"的理由,请参拙文《小川关治郎和〈一个军法务官的日记〉》,上海,《史林》2004年第1期,第92页注3。

③ 洞氏以为当为殷王氏之讹。见洞富雄编『日中戦争史资料』8「南京事件」Ⅰ,东京,河出书房1973年11月25日第1版,第137页。

④ "残虐"行为一般可等同于暴行,但东京审判时二语并用,而字义所指也不尽相同,所以本文中一本原文,不作改动。

⑤ 中文名为《南京安全区档案》。

人罪行调查报告》,美国驻南京大使馆 1937 年 12 月至次年有关南京状况的报告,武藤章讯问记录,第七十三届议会贵族院预算委员会议事录摘要(大藏公望问、木户幸一答)。(3)法庭先后就松井石根 1937 年 12 月 18 日声明、同年 12 月 9 日"劝降文告"、同年 12 月 1 日《ジャパン・アドバ—タイザ—》刊载的日本外务省情报部部长的谈话、同年 11 月 16 日《东京日日新闻》关于松井石根对 Jaquinot 等设立南市难民区"援助"的报道作为被告方证据是否受理进行讨论(结果均被法庭驳回)。(4)辩护律师先后宣读日高信六郎、冢本浩次、中山宁人、石射猪太郎、文部大臣木户幸一、第三师团野炮兵第三联队第一大队观测班长大杉浩少尉、第九师团山炮兵第九联队第七中队代理中队长大内义秀少尉、第九师团第三十六联队联队长胁坂次郎大佐、步兵第十九联队第一大队大队长西岛刚少佐、中泽三夫、饭沼守、第十军法务部长小川关治郎高等官、上海派遣军参谋榊原主计少佐、大亚细亚协会理事下中弥三郎证人的书面证词,及南京安全区国际委员会委员长 John H. D. Rabe 函(摘要)、James H. McCallum 书面证词(摘要)、美国驻南京大使馆副领事 James Espy 报告、1938 年 2 月 4 日正午美国驻日本大使 Joseph Clark Grew 给美国国务院的电报、松井石根 1937 年 12 月 18 日"训示"、上海派遣军"金山寺告示"、松井石根所建观音堂戒坛照片、松井石根 1937 年 12 月 18 日声明及"告中华民国人士书"。(5)检方和辩方陈述和辩论。

未宣读的法庭证据计有:(1)据南京慈善团体及鲁甦报告的敌人大屠杀。(2)崇善堂埋葬队埋葬尸体数统计表。(3)世界红卍会南京分会救援队埋葬班埋葬尸体数统计表。

不提交书证计有:检察方:(1)《东京日日新闻》百人斩竞争报道。(2)冈田胜男宣誓口供书。(3)黄俊乡证人的书面证明。(4)Frank Tillman Durdin 的陈述。(5)《由日本军在南京屠杀支那地方民众、解除武装的军人及南京红卍字会埋葬尸体的实况》。(6)《民国廿六年南京大屠杀死难者埋葬处摄影》。(7)对人类之罪——中国确认书(中国政府信函原件)。辩护方:(1)1937 年 12 月 10 日《大阪朝日新闻》摘要(《负伤兵拒之门外,非人道之极的支那军》)。(2)1937 年 12 月 10 日《大阪朝日新闻》摘要(《让外国军事专家吃惊的支那军的疯狂大破坏》)。(3)1938年4月16日《大阪朝日新闻》北支版摘要(《处理尸体工作——面临恶疫猖狂期、防疫委员会大活动》)。

判决计有：(1)第二章法(1948年11月4日宣读)之(八)起诉书部分。(2)第八章"通例的战争犯罪"之"南京暴虐事件"部分。(3)第十章"判定"之松井石根部分。(4)印度代表 Radha Binod Pal 法官判决书之第六部"在严密的意义上的战争犯罪"之 2"'严密意义'上的战争犯罪、关于日本占领下的诸地域的一般人的诉因第五十四及五十五"。

Ⅱ卷除解题和解说，收了四种文献，计为：(1)H. J. Timperley 编《战争是什么——在中国日本军的暴行》；①(2)徐淑希编《南京安全区档案》；(3)Lewis S. C. Smythe 编《南京地区战争灾祸——1937年12月至1938年3月都市及农村调查》；(4)《纽约时报》南京特派记者 F. T. Durdin 报道。

本书所收是首次为"南京事件"定谳时的依据，虽然就像东京审判本身从一开始即受到质疑和不满②一样，对这些依据怎么看也向有歧义，但由于东京审判有着"国际"的权威名分，无论持维护、修正、反对何种立场，对东京审判的证据、结论都无法绕开。如果追溯日本有关南京大屠杀的论争，主要争点几乎都可以在东京审判中找到源头。所以，即使今天随着各种文献的发掘，尤其是随着争论从法庭转向"学界"③而多少有了从容探讨的余地，使

---

① 此书中文版译名为《外人目睹中之日军暴行》。

② 东京审判时的印度法官帕尔(Radha Binod Pal)主张全员无罪广为人知(Pal 在日本享有"殊荣"，靖国神社、京都灵山护国神社、广岛本照寺、富山护国神社等处都有纪念碑)，其实当时 Pal 的主张并非"孤明独发"，被认为是麦克阿瑟心腹的占领军参谋第二部(G Ⅱ)部长查尔斯·A·威洛比(Charles A. Willoughby)少将即曾对东京法庭的荷兰法官勒林(B. V. A. Röling)说："这一审判是前所未有的最恶的伪善"(小菅信子訳、粟原憲太郎解説『レーリンク判事の東京裁判』，东京，新潮社 1996 年 8 月31 日第 1 版，第 140 页)，Röling 本人也说：他到日本后所亲睹的由轰炸造成的"焦土化"，从胜者不可能和败者同受战争法审判的角度，"东京审判确如东条所说是胜者的审判"(同上，第 143 页)。同时，对东京审判也有从另一方向的"不满"，如中国法官梅汝璈说："第一案的审理进程旷日持久，而美帝亟于恢复日本军国主义的阴谋又日益露骨，于是麦克阿瑟便以盟军最高统帅的身分指示国际检查处(一个完全由美国人操纵的机关)以'罪证不足，免于起诉'为借口而把余下的约 40 名甲级战犯全部分为两批擅自释放了。"(梅汝璈《关于谷寿夫、松井石根和南京大屠杀事件》，中国人民政治协商会议全国委员会文史资料研究委员会编《文史资料选辑》第二十二辑，北京，中国文史出版社 1986 年12 月第 1 版，第 22 页)日本共产党对天皇免责至今仍持批判态度，如称："日本的战争的最高责任者，唯一与从 1931 年侵略中国东北(所谓满洲事变)到 1945 年的败北的战争全过程有关的人物昭和天皇，从一开始就决定免责……不能不说是东京审判的弱点。"(「東京裁判は『勝者の裁き』という意見をどう考える?」，『赤旗』2005 年 7 月 9 日)

③ 日本左右两方都称自己坚持的是"学术"标准，而指对方政治化。

对南京大屠杀的认识已有所深入,本书所收仍有不可替代的价值。

二、《南京事件资料集》

日本"南京事件调查研究会"①编译,青木书店 1992 年 10 月出版。是集分上下两卷,上卷为"美国关系资料编",下卷为"中国关系资料编"。

上卷包括:解说、第 I 编"文书记录的南京事件"、第 II 编"新闻报道的南京事件"、附录"F. T. Durdin 和 Archibald T. Steele 访谈资料"。其中第 I 编计有:(1)南京空袭;(2) Panay 号及 Ladybird 号事件;(3)南京的状况;(4)南京国际难民区;(5)日本军的残虐行为。下卷包括:解说、第 I 编"新闻报道的南京事件"、第 II 编"著作资料所见之南京事件"、第 III 编"遗体埋葬记录"、第 IV 编"南京军事审判资料"、附录 1"南京事件有关中文记事目录"、附录 2"主要中文资料集目录"。

下卷主要取材于南京图书馆编《侵华日军南京大屠杀史料》、中国第二历史档案馆和南京市档案馆编《侵华日军南京大屠杀档案》、全国政协文史资料委员会编《南京保卫战——原国民党将领抗日战争亲历记》、国民党党史会编《革命文献》及《大公报》等报刊。

本书上卷所收多为首次结集,②许多材料颇费搜寻,得之不易。而且,作为中日之外的"第三者",至少不会因为"民族感情"作左右袒,这是本编的特殊意义所在。

三、《南京事件京都师团关系资料集》

井口和起、木坂顺一郎、下里正树编,青木书店 1989 年 12 月出版。是集收摘了日军京都第十六师团福知山步兵第二十联队士兵增田六助、上羽

---

① "南京事件调查研究会"是日本大屠杀派的研究团体,1984 年 3 月组成。成员 20 余人,包括大学教师、记者、律师等。该会规模不大,但很有成绩。

② 长时间来,日本无论资料收集还是有关研究都走在我们前面。如耶鲁大学的贝德士(Miner Searle Bates)等文献,国内介绍、结集(章开沅著《南京大屠杀的历史见证》,武汉,湖北人民出版社 1995 年 7 月第 1 版;章开沅编译《天理难容——美国传教士眼中的南京大屠杀(1937—1938 年)》,南京,南京大学出版社 1999 年 9 月第 1 版)时媒体多有报道,称为重大发现,其实日本学者先已利用,"我们"只是"不约而同"。

武一郎、北山与、牧原信夫、东史郎日记和曾田六助手记、上羽武一郎笔记及第二十联队第四中队阵中日记、第十二中队答后方。另有解题两篇：井口和起"京都战争展览运动和资料发掘"及下里正树"南京攻略和下级士兵"。

第十六师团是日军攻占南京的主力部队之一，本编是日军士兵战时原始记录第一次较集中的公开。[①] 作为肇事者的"不打自招"，诚如编者之一的下里正树所说，从中可以切实具体地感受到南京大屠杀的"直接间接原因"。[②]

四、《记录南京大屠杀的皇军士兵们》

小野贤二、藤原彰、本多胜一编，大月书店 1996 年 3 月出版。是集收录了日军仙台第十三师团山田支队[③]会津若松步兵第六十五联队"斋藤次郎"等[④]十六名、越后高田山炮兵第十九联队"近藤荣四郎"等三名下级军官和士兵的 19 篇日记。

本编主要编者小野贤二先生不在学界（自称"劳动者"），常年的采访、收集都在工余进行，殊为不易，[⑤]令人感动。本编的最大意义是证明了战时报道的"两角部队"[⑥]在幕府山俘虏的一万四千名中国官兵大部分遭到了枪杀。[⑦]

---

① 此前有根据二十联队士兵日记编写的书籍，但不是原文。（下里正树著『隠された聯隊史——20i 下级兵士の見た南京事件の実相』，東京，青木書店，1987 年 11 月 30 日第 1 版；同氏著『続・隠された聯隊史——MG 中隊員の見た南京事件の実相』，東京，青木書店，1988 年 7 月 15 日第 1 版）

② 下里正树『南京攻略と下級兵士——資料解題を兼ねて』，井口和起、木坂順一郎、下里正樹編『南京事件　京都師団関係資料集』，東京，青木書店，1989 年 12 月 5 日第 1 版，第 485 页。

③ 第一百三旅团之一部，支队长为旅团长山田栴二少将，辖在会津若松编成的步兵第六十五联队和住越后高田编成的山炮兵第十九联队（参加南京战役的为其中第三大队）。

④ 因本编所收日记作者都是化名，是以不一一列出。

⑤ 我曾问小野先生有没有压力，他淡然地说对周围的"冷眼"和被目为"怪人"已习惯。

⑥ 第六十五联队联队长为两角业作大佐。

⑦ 日本中间派称："12 月 14 日，山田支队在幕府山炮台附近收容一万四千人的投降集团。旋即释放非战斗人员六千名，余下的约八千人作为俘虏。但 15 日晚收容所失火，约半数逃亡，只剩下约四千人。为了释放这四千人，17 日傍晚带到了观音门附近，但不知什么偶然的原因引起了混乱，造成找万年官一人、士兵六人的牺牲，护送部队为了自卫，用机关枪压制暴动的俘虏，约射杀千名，其他逃亡。"（南京战史编辑委员会编纂『南京战史』，非卖品，東京，偕行社 1989 年 11 月 3 日第 1 版，第 324 - 325 页）此说在日本"权威"战史著作中已先发（详见防衛庁防衛研修所战史室编『战史丛书支那事变陆军作战（1）昭和 13 年 1 月まで』，東京，朝雲新聞社 1975 年 7 月 20 日第 1 版，第 437 页）。

五、《南京战·寻找被封闭的记忆——原士兵 102 人的证言》

松冈环编,社会评论社 2002 年 8 月出版。是集所采"证言",包括日军金泽第九师团(6 人)、名古屋第三师团(5 人)、熊本第六师团(1 人)、第三十八部队第二碇泊所(4 人)、第三舰队第十一战队(1 人)士兵,主要是十六师团的士兵(85 人),其中又以第三十三联队最多(59 人)。

在迄今所有访谈中本编受访人数最多。松冈女士及旅日华商林伯耀先生等在"逆境"中所作的努力,值得赞赏,但在日本屠杀派中也有不同评价。[①]

中间派:

六、《南京战史资料集》

南京战史资料编集委员会编,偕行社 1989 年 11 月出版。是集分日记、作战命令、通牒·训示·作战经过概要·战时旬报·战斗详报·阵中日志、中国方面情报、第三国情报、战史研究笔记、战时国际法七部分,最重要的是前三部分。

日记部分收录了《松井石根大将战阵日记》《松井大将〈支那事变日志拔粹〉》《陆军大将畑俊六日志(要约)》《杉山[②]书简》《饭沼守日记》《上村利道日记》《中岛今朝吾日记》《金丸吉生军曹手记》《佐佐木到一少将私记》《山崎正男日记》《木佐木久日记》《伊佐一男日记》《折小野末太郎日记》《折田护日记》《前田吉彦少尉日记》《井家又一日记》《初年兵之手记》《水谷庄日记》《牧原信夫日记》《林(吉田)正明日记》《增田六助日记》《海军军医大佐泰山弘道著上海战从军日志》。作战命令部分包括中央(参谋本部、大本营等)、方面军、军直至师团、旅团的命令。第三部分收入了包括从中央到基层(大队及

---

① 此书遭右翼极尽周讷,事在意料之中,但甫一出版,也受到左翼的批评,可参拙文《日本〈南京学会年报〉辨析》,北京,《近代史研究》2003 年第 6 期,第 189 页注 1。
② 杉山元大将,时为陆军大臣。

中队)的相关文献。

本编由日本旧军人团体编辑,编委除板仓由明(著有《真相是这样的南京事件》)外都是旧军人。如题所示,严格说本编不是"南京大屠杀"或"南京事件"的资料集,但因战争结束之际和东京审判之前日本自上而下两次命令烧毁战时文件,相关文献已十不存一,所以即使"战史"方面的零散文献对从更广泛方面了解日军的所作所为还是有价值。本编所收日军官兵日记的特点是包括最高长官以下的各个层级,与屠杀派所编资料集悉为士兵和下级军官不同。

七、《南京战史资料集》Ⅱ

南京战史资料编集委员会编,偕行社 1993 年 12 月出版。是集主要内容为日记,也有部分其他文献。本编标以"Ⅱ",但似非编辑前编时的预定,因前编未标"Ⅰ",且内容稍有重复。计有:《松井石根大将战阵日记》(全文)、《松井大将〈支那事变日志拔粹〉》(与前编相同)、《陆军大将畑俊六日志(要约)》(同前)、《杉山书简》(同前)、《松井指挥官、山本实彦对谈》《河边虎四郎少将回想应答录》《对支那中央政府方策》《上村利道日记》(前编自 12月 1 日始,本编自 8 月 15 日起)、《山田栴二日记》《两角业作手记》《荒海清卫日记》《大寺隆日记》《菅原茂俊日记》《步兵第三十六联队第十二中队阵中日志》《步兵第四十七联队阵中日志》《战车第一中队行动记录》《太田寿男供述书》《梶谷健郎日记》《俘虏处理规则》《支那事变关系公表集》《大本营陆军部西义章中佐的报告》《外国的报纸》《南京、上海、杭州国防工事的构想、构筑和作用》《南京城复廓阵地的构筑和守城战斗》《"从军是走路"——佐藤振寿手记》《南京!! 南京!! 新闻匿名月评》。

日本右翼每为战时文献烧毁"遗憾",似乎否则即可为日军"洗冤"。[①]其实当时日本军政当局和涉案人是把这些文献视为隐患,唯恐不能悉数清

---

① 如持温和否定观点的松本健一(丽泽大学教授)说:因为尚存的"关于日本军南京战役的正式记录太少,使得蹈袭中国主张——没有具体统计和资料支撑的三十万人说——的洞先生(洞富雄——引者)的二十万人说得以登场和独步。"(秦郁彦、東中野修道、松本健一「問題は捕虜処断をどう見るか」,『諸君!』,東京,文藝春秋社,2001 年第 2 期,第 132 页)

除的。比如松井石根的日记明明还在,在东京法庭上他却谎称已经烧毁。本编所收松井日记"全文",①由日本防卫研究所战史部研究员原刚(小屠杀派)在前编出版后"发现"。此编及前编所收日军高级将领的日记,对全面了解"南京事件"的背景,了解日军最高层尤其是中支那方面军和上海派遣军的决策十分重要。

虚构派:

八、《纪闻·南京事件》

阿罗健一编,图书出版社 1987 年 8 月出版。共收访谈录 35 篇及补遗。访谈录计为:《上海派遣军参谋大西一大尉的证言》《松井司令官随员冈田尚氏的证言》《上海派遣军特务部成员冈田酉次少佐的证言》《东京日日新闻金泽喜雄摄影师的证言》《报知新闻二村次郎摄影师的证言》《大阪每日新闻五岛广作记者的证言》《第十军参谋吉永朴少佐的证言》《第十军参谋谷田永大佐的证言》《第十军参谋金子伦介大尉的证言》《东京日日新闻铃木二郎记者的证言》《东京日日新闻佐藤振寿摄影师的证言》《同盟通讯社新井正义记者的证言》《同盟通讯社映画部浅井达三摄影师的证言》《东京朝日新闻足立和雄记者的证言》《东京朝日新闻上海支局次长桥本登美三郎氏的证言》《报知新闻田口利介记者的证言》《都新闻小池秋羊记者的证言》《读卖新闻摄影技师樋口哲雄氏的证言》《同盟通讯社无线电技师细波孝氏的证言》《炮舰势多号舰长寺崎隆氏的证言》《福冈日日新闻三苫干之介记者的证言》《海军从军绘画通讯员住谷盘根氏的证言》《炮舰比良号舰长土井伸二中佐的证言》《外务省情报部特派摄影师渡边义雄氏的证言》《大阪朝日新闻上海支局成员山本治氏的证言》《读卖新闻森博摄影师的证言》《上海海军武官府报道担当重村实大尉的证言》《同盟通讯社上海支社长松本重治氏的证言》《福岛民报箭内正五郎记者的证言》《第二联合航空队参谋源田实少佐的证言》《企画

①　松井日记"失踪"的部分为 8 月 15 日至 10 月 31 日。

院事务官冈田芳政氏的证言》《领事官补岩井英一氏的证言》《陆军报道班成员小柳次一氏的证言》《领事官补粕谷孝夫氏的证言》《野跑兵第二十二联队长三国直福大佐的证言》。补遗交代了和上海派遣军参谋松田千秋大佐等32位当事人联络的情况。其中有的本人拒绝采访,有的因年高而为家人拒绝,有的在联络中去世,也有少数作了简短回复。在拒绝受访者中,认为南京大屠杀为"未有之事"谈亦无益居多;少数则因怀疑作者的立场而不愿谈,如东京日日新闻记者浅海一男,事发时曾报道哄传一时的"百人斩"(肇事者因此战后被南京法庭判处死刑),在拒绝的同时特别说:"希望不要加入到否定这一'世纪'大屠杀的军国主义的大合唱中去。"①

九、《"南京事件"日本人 48 人的证言》

阿罗健一编,小学馆 2002 年 1 月出版。本编是《纪闻·南京事件》的"文库本"。② 编排作了调整,除某些访谈的少量删节,全删了同盟社上海支局长松本重治的证言,新增了新爱知新闻记者南正义、参谋本部庶务课长谏山春树大佐、陆军省军务局军事课编制班大槻章少佐的证言③和樱井よしこ的荐词、出版方的"写在文库化之际",阿罗重新撰写了后记。樱井称此书为"南京事件"的"第一级资料";阿罗的新旧后记的最大不同,是新后记特别强调日军在南京只有对军人的"处刑",而没有对平民的犯罪。

资料集方面还有完全译自中国的现成资料或在中国的实地调查,如加加美光行、姬田光义译《证言·南京大屠杀》(青木书店 1984 年第 1 版)、《南京事件现地调查报告书》(南京事件调查研究会、一桥大学社会学部吉田研究室,1985 年),不再介绍。

资料集之外,另有单篇文献、日记、回忆、访谈等。单篇资料数量庞大,大多内容零散,有些较集中的国内已广泛报道(如中译早于原文出版的《东

---

① 阿羅健一编『聞き書南京事件』,東京,図書出版社 1987 年 8 月 15 日第 1 版,第 294 页。
② 日本文库本略当于明信片大小,目的是便于携带,在出勤途中、公私务间隙可见缝插针的阅读;文库本一般发行量较大,从一个侧面可见虚构派的观点较以前更有市场。
③ 正文"证言"37 篇,补遗中有 11 人的短简。

史郎日记》、①已为国内摘译的《日中战争从军日记——一个辎重兵的战场体验》②），有些是国外的译本（如平野卿子译的拉贝日记《南京的真实》③），所以在此只择要介绍三种在日本国内未引起足够注意的材料，其余在下篇中引及。

（一）《日军第十军法务部日志》

载高桥正卫编《续·现代史资料》六"军事警察"，みすず书房1982年版。本编内容基本未涉及南京，日本各派也都未予关注。但如前已述，日本战败时曾大量焚毁日军文献，第十军法务部日志是日军"仅存"④的法务部日志，而第十军所辖各部队又都与"南京事件"有关（第六、第一百十四师团是直接攻击南京的主力部队，第十八师团和国崎支队⑤为切断外部对南京的增援和南京守军的撤退分别攻占芜湖和浦口），所以第十军在攻占南京前后的表现，不仅对认识日军军风纪的一般状况有重要价值，对第十军——上海派遣军也可以推求——进入南京后的表现尤其可为重要参照。⑥

（二）《中支那方面军军法会议日志》

载同上。中支那方面军未设法务部，军法会议存在了不足一月。日志

---

① 近年著名的"东史郎审判"即为围绕东氏记述（1987年出版的以日记为素材的『わが南京プラトーン』；日记出版较迟，中文版为1999年、日文版为2001年）的折冲。日记出版后，承东氏相赠，本人尝与各种史料比勘，觉得大体可信。但因东氏日记经过战后整理誊写，有些以后的内容也偶有搀入，所以大屠杀派主流也基本不取。（东氏审判，日本共产党、社民党均未表示支持。）

② 江口圭一、芝原拓自编『日中戦争従军日記——一辎重兵の戦場体験』，東京，法律文化出版社1989年4月25日第1版。

③ 此本为节译，但收有中文"全译"本所节略的拉贝回国后致希特勒的报告全文，ジョン・ラーベ著，エルヴィン・ヴィッケルト编，平野卿子訳『南京の真実』，東京，講談社1997年10月9日第1版，第289－321页。中文版《拉贝日记》所附"报告全文"，实仅是报告前之一信，而非"报告全文"。见《拉贝日记》，江苏人民出版社、江苏教育出版社1997年8月第1版，第704页。（此次《南京大屠杀史料集》第13卷《拉贝日记》"报告全文"仍只是报告前一信，江苏人民出版社2006年1月版，第588页。）

④ 日本现代史资料编者说"仅存"（高橋正衛编集、解説『統・现代史資料』6『军事警察』，東京，みすず書房1982年2月26日第1版，前言第32页）是概括的说法，因后面介绍的方面军法会议日志，虽不是法务部日志，但性质一样。

⑤ 原属北支那方面军第五师团之步兵第九旅团，第十军建立后纳入第十军战斗序列。支队长为旅团长国崎登少将。

⑥ 详请参拙文《侵华日军军风纪研究——以第十军为中心》，《近代史研究》2004年第3期，第136－183页。

记载的案例以第十军为主,也有少量上海派遣军"军中逃亡"等案,可作为前志的补充。

(三)《一个军法务官的日记》

此本晚近才发现,作为第十军法务部长,小川关治郎的日记正好是可以和第十军法务部日志互校的别本。小川日记除了实录第十军军风纪的本来意义之外,还有两点特别意义,即:一,证明小川在东京审判时为辩护方提供的证词不实(下将详及);二,证明日军军方战时记载对事实已有损益。[①]

下　篇

毋庸否认,南京大屠杀在日本的由来已久的争议从根本上说和"立场"有关,不过第一手文献不够充分不能不说也为"见仁见智"留下了余地。那么,日本现存的材料可以证明什么? 可以证明到什么程度? 哪些还有疑问? 哪些还不能证明? 以下择要作一简括。

一、

(一) 攻击南京是上海派遣军的预决还是"意外"

"八一三"出于中国"先发制人",现在已为国内不少学者接受。[②] 但日

---

① 详请参拙文《小川关治郎和〈一个军法务官的日记〉》,《史林》,第 92 - 105 页。

② 一,说"接受",不是指这是日本主流的一贯主张(现在西方学术主流也认为是中国的主动,如《剑桥中华民国史》),而是指开战之初到 20 世纪 80 年代初中方众口一词判定是日本的发动。比如战役爆发之初的中方指挥者张治中后来在回忆中详述了有关"争先一着"的计划和进攻过程(详可见《张治中回忆录》第五节"再度抗日——'八一三'淞沪之役"第一之第五小节,中国文史出版社 1985 年 2 月第1 版,第 111 - 122 页),但在"抗战通电"中张氏却说:"十三日下午,暴日侵沪,舰队突以重炮轰击闸北,继以步兵越界,袭我保安总团防地。我保安队忍无可忍起而应战,治中奉命率所部,星驰援应,保卫我先祖列宗筚路蓝缕辛苦经营之国土,争取我四万五千万黄炎华胄之生存誓不与倭奴共载(当为戴之误——引者)一天。"(《申报》1937 年 8 月 15 日,转引自上海社会科学院历史研究所编《"八一三"抗战史料选编》,上海人民出版社 1086 年 6 月第 1 版,第 34 页)我们当然可以说反侵略的大义高于手段,不过这是另外的问题。二,同样认为"先发制人",区别在于有的明确断定"'八一三'战役是中国发动的"(马振犊《"八一三"淞沪战役起因辩正》,《近代史研究》1986 年第 6 期,第 223 页),有的则认为既是日本"蓄谋已久的战略企图",又是中国"棋高一步的决策: 先发制敌"(余子道、张云著《'八一三'淞沪抗战》,上海人民出版社 2000 年 11 月第 1 版,第 10、75 页)。

本派重兵来沪虽未占着先机,却也不是像日本流行观点所说仅为了消极的
"保护日本侨民"。消极说源于东京审判时为松井石根的辩护和松井的自
辩。① 此说在南京大屠杀论脉中的意义是:进攻南京并非事前计划,而是战
事发展"迫不得已"的"意外",因此南京即便有"少量"暴行也是环境使然的
"偶然"。

　　不必否认,日军在发兵时有过所谓"保护我居留民的生命财产和权益"
的堂皇说辞,参谋本部也先后有过两次制令线的限制。② 但这不等于攻击
南京事出"意外"或"被迫"。如果我们将视界稍稍放宽,可以看到昭和后日
军"下克上"久成风气,现地日军"暴走"的常态化,也已非所谓"将在外君命
有所不受"可以比拟,有人称日本其时已成现地军"随心所欲的机制",③并
非夸张。从皇姑屯、柳条沟的爆炸到"满洲国"的建立等一系列事件都由基
层发动,事后中央都"不得不"追认,都是显例。"七七"后情况也是如此。当
时陆军省军务课长柴山兼四郎大佐后来追忆,他和参谋本部总务部长中岛
铁藏少将向"支那驻屯军"司令香月清司中将传达中央"不扩大"方针时不仅
被拒绝而且遭痛斥即是一个生动的例子。④ 从这一意义上说,有没有中央
成命并不能作为判断日军行为的恰当根据。

　　但我们说日军进攻南京并非"意外",确有实据,而不只是从一般情况的
推导。日本旧军人团体编辑出版的"战史"资料《南京战史资料集》有为日军
"正名"的意图,但如前所说,此集中所收日军高级将领日记对了解日军的决
策还是有价值。我们从《饭沼守日记》中可以看到,上海派遣军尚未出发,军
司令官松井石根已明确表示:"应该放弃局部解决、不扩大方案","应断然地
用必要的兵力以传统的精神,速战速决。比起将主力使用于北支,更有必要

① 详见「松井石根最終弁論」中「第二節上海および南京戦における松井大将大辛苦経営」、「第三節中
　支那方面軍の編成並に南京攻撃を決した事情」、「松井石根口供書」中「(1)江南出兵の動機」、「(4)
　中支那方面軍の編成と南京攻撃事情」,洞富雄編『日中戦争史資料』8「南京事件」Ⅰ,第 346 - 348、
　273、275 頁。
② 先后规定不能超出苏州嘉兴一线和无锡湖州一线。
③ 日本著名政治评论家田原总一郎。其时情况田原总一郎在所著『日本の戦争——なぜ、戦いに踏
　み切ったか?』「第 5 章昭和維新」、「第 6 章五族協和」中有概要的论述,東京,小学館 2000 年 11 月 20
　日第 1 版,第 246 - 381 頁。
④ 香月明确表示"身负阃外重任,不接受陆军大臣的指示",柴山兼四郎著「日支事変勃発前後の経緯」
　之「盧溝橋事件の勃発」,『現代史資料月報』,東京,みすず書房 1965 年 12 月,第 3 頁。

使用于南京","应在短时间内攻占南京",①与东京审判时所说不得已完全相反。《南京战史资料集》Ⅱ所收《松井石根大将战阵日记》新"发现"的 10 月之前的部分,更详细记录了松井的打算和心境。8 月 14 日松井从陆相杉山元大将处获知将统辖上海派遣军时,即对军方尤其是参谋本部未将"中支"作为主战场"不胜忧虑"。次日的日记中记下了他的"痛感":"应尽快断乎以铁锤使支那政府觉醒"。16 日他本想说动参谋本部第一部长石原莞尔少将,话不投机,转而游说参谋本部第二部长本间雅晴少将和杉山陆相,表示:"应以攻略南京为目的""有必要一举覆灭南京政府,因而对南京政府的压迫除了依靠武力的强力外,加上经济、财政会更有效。"②此时所说的"目的",也是松井所辖的上海派遣军和再后成立的第十军的不变目标。所以攻占南京的日军中央命令虽较晚发出,对上海派遣军而言则是始终一贯的方针。

(二)日军是否曾有"和平"进入南京的打算

日本有一个长期以来未受辨别的说法,即声称日军兵临南京城下时,12 月 9 日曾空投劝降文告,要求中方在次日中午前作出答复,中支那方面军参谋长冢田攻少将偕参谋公平匡武中佐、中山宁人少佐和冈田尚在中山门外等待至下午 1 时,未见回复,才向南京发动进攻。③ 今天更将劝降书发挥为"按照国际法"的"和平开城劝告文"④。此说在日本"虚构派""中间派"中十分流行,其潜台词,用渡部升一的话说:"如果这时中国投降,将什么都不会发生。"渡部并声称:"率领国民政府的蒋介石并没有向世界倾诉南京大屠

① 「飯沼守日記」,南京戦史編集委員会編『南京戦史資料集』,非売品,東京,偕行社 1989 年 11 月 3 日第 1 版,第 67 - 68 頁。
② 「松井石根大将戦陣日記」,南京戦史編集委員会編『南京戦史資料集』Ⅱ,非売品,東京,偕行社 1993 年 12 月 8 日第 1 版,第 4 - 6 頁。
③ 东京审判时被告多次提及,其中以冈田尚所述最详,见洞富雄編『日中戦争史資料』8「南京事件」Ⅰ,第262 页。
④ 竹本忠雄、大原康男著,日本会議国際広報委員会編集『再審「南京大虐殺」──世界に訴える日本の冤罪』,東京,明成社 2000 年 11 月 25 日第 1 版,第 24 页。

杀,原因就在这里。"①此篇劝降文告"虚构派"看得很重。《真相·南京事件》便以《拉贝日记》未记此事作为日记不实的一个根据。② 以不记某事作为不实根据的不经,无须一辨,但9日到10日的期限日军是否"和平"地等待了一天——从中可见中国军队如果撤守日军有否"不加以攻击"的诚意——,则值得澄清。

据当时在宁的中外人士的记录,查明9日到10日日军是否停止攻击并不困难。《拉贝日记》12月9日一开始就记载了"空袭从一大清早就持续不断"。日军轰炸后来也未停顿。拉贝在第二天续记"隆隆的炮火声、步枪声和机枪声从昨天晚上8时一直响到今天凌晨4时","今天城市全天遭到了轰炸"。③ 当日日记还记载了前一夜(9日晚)日军差一点占领光华门及推进到长江边自来水厂的情况。《魏特琳日记》12月9日记:"今晚,当我们参加记者招待会的时候,一颗巨大的炮弹落在了新街口,爆炸声使我们都从座位上站了起来。"次日日记记载了"夜里枪炮声不断"。④ 费吴生(George A. Fitch,亦多音译成费奇)的南京"日记"记于"1937年圣诞节前夕",起始时间是12月10日,其中10日记:"重炮轰击着南京南部城门,炸弹在城内开花。"⑤此条记载虽未注明具体时间,难以判断是否在"劝告"的期限正午之前,但与上引互参,可以作为一个证据。12月9日日本的"劝告"发出后,日本并未停止进攻,在国人的记载中也可以看到。蒋公毅在《陷京三月记》中记:"(9日)听说敌人已攻到麒麟门一带,逼近城垣了。枪炮声较昨日更来得密集而清晰。城南八府塘,已遭到敌人的炮弹。……夜间十二时后,炮声转烈,都向着城中射击;窗外不时掠过一道道的白光。"⑥敌至麒麟门的"听

---

① 小室直树、渡部昇一著『封印の昭和史——「戦後五〇年」自虐の終焉』,東京,德間書店1995年10月15日第4次印刷版,第69页。
② 畝本正己著『真相·南京事件——ラーベ日記を検証して』,東京,文京出版1999年2月1日第2次印刷版,第39页。畝本此书我曾专文批驳,见《〈拉贝日记〉是"无根的编造"么?》,《近代史研究》2002年第2期,第150-183页。
③ 《拉贝日记》,第154、158、163页。
④ 明妮·魏特琳著、南京师范大学南京大屠杀研究中心译《魏特琳日记》,江苏人民出版社,2000年10月第1版,第184、185页。魏特琳(Minnie Vautrin)为金陵女子文理学院教授。
⑤ 《我在中国八十年》,中央档案馆等编《南京大屠杀》,中华书局1995年7月第1版,第1022、1025页。
⑥ 《陷京三月记》,中央档案馆等编《南京大屠杀》,第191页。

说",有日军记录可证。[1] 次日上午日军的攻击《陷京三月记》中有更详细的记录。[2] 从这些互不相关的中外人士的纪闻,我们可以看到日军的言行完全不一:所谓的"劝告"发出后,南京不仅没能免遭攻击,反而因日军的到来,在空投的炸弹之外增加了大炮的直接轰炸。

日军寡信如此,虚构派为什么还每每提出？或许"虚构派"以为日军高层意在"和平",轰炸只是上命未能下达。那么,就让我们再来检查一下日军自己的记录,看看是不是有什么"误会"。日军第九师团在9日下午4点,也就是"和平开城劝告"发出之后,发布了如下的命令:

> ……
> 二、师团利用本夜之黑暗占领城墙
> 三、命两翼部队利用本夜之黑暗占领城墙,命左翼队长将轻装甲车两小队归右翼队长指挥
> 四、命炮兵部队根据所需协助两翼部队作战
> 五、命工兵部队主要协助右翼部队战斗
> 六、命其余各部队继续完成之前任务[3]

等待"和平开城"反应的背后,原来是"利用本夜之黑暗占领城墙"![4] 这样的行动是否仅限于第九师团,只是个"偶然"？让我们继续检查日军的有关材料。据第六师团"战时旬报"记:

> 9日夜半,第一线部队决行。为了立即利用夜袭成果,师团长上午

---

① 上海派遣军直属战车第一大队第一中队"下午4时50分左右抵达麒麟门东方约150米处"(「戦車第一大隊第一中隊行動記録」,南京戦史編集委員会編『南京戦史資料集』Ⅱ,第405页)。第九师团命令中也提到第十六师团按计划"(9日)傍晚"应该"到达麒麟门附近"(南京戦史編集委員会編『南京戦史資料集』,第546页)。

② 《陷京三月记》,中央档案馆等编《南京人屠杀》,第192-193页。

③ 「九師作命甲第百二十五号」,南京戦史編集委員会編『南京戦史資料集』,第546页。

④ 左翼部队(步兵第十八旅团)所属第三十六联队负责进攻光华门,9日拂晓抵达后即开始进攻,但因外壕、门前道的障碍、城壁发出的火力而无大进展,当晚,工兵利用夜幕开始用大剂量炸药爆破。可参南京戦史編集委員会编纂『南京戦史』,第175页。

六时至东善桥，命令预备队并炮兵队向铁心桥前进。①

第六师团也是"夜袭"。第一百十四师团的"作战经过"记：

　　9日夜，秋山旅团突破将军山附近敌人阵地，急追敌人。10日晨，占领雨花台附近阵地，达到敌前，并立即开始进攻。②

秋山旅团即第一百十四师团属下的步兵第一百二十七旅团。在师团的"战斗详报"和"战时旬报"中对9日晚到10日正午的不间断攻击有详细记载。③ 不仅是师团一级的文献，基层也不乏有关的记载。如属于第十六师团的步兵第三十三联队，在"战斗详报"中记：

　　联队12月9日夜按照师团"命步兵第三十三联队（缺第一大队及第五、第八中队）作为右翼队从本道（含本道）北侧地区攻击前进，和右侧支队的战斗地域五旗蒋王庙、玄武湖东方五百米南京城东北角连成一线（线含右方）"之命令，光荣地沐浴着接受攻击紫金山一带高地的重大任务的将士，斗志愈益昂扬。④

从上可见，日军在"和平开城劝告"发出后，借着夜幕发动攻势并未稍息，并未信守等待中方答复的承诺，源自东京审判的所谓中方逾期未作回答，"日军才开始总攻击"云云，完全不合事实。⑤

----

① 第六師団「戦時旬報」第十三、十四号，南京戦史編集委員会編『南京戦史資料集』，第689页。
② 「第百十四師団作戦経過ノ概要」，南京戦史編集委員会編『南京戦史資料集』，第653页。
③ 第百十四師団「戦闘詳報」、「戦時旬報」，南京戦史編集委員会編『南京戦史資料集』，第654、664页。
④ 步兵第三十三聯隊「南京附近戦闘詳報」，南京戦史編集委員会編『南京戦史資料集』，第596页。
⑤ 不仅事实如此，日军其实根本就没有想过中方弃守他们将给予什么相应的待遇，在"劝告文"之前制订的"南京城攻略要领"中，明确说：在中方接受劝告投降之际，"各师团各自选拔一个步兵大队为基干部队，先期入城，在城内分区扫荡"。「南京城攻略要領」，南京戦史編集委員会編『南京戦史資料集』，第539页。

（三）南京周围有没有被日军屠杀的大量尸体

近 30 年来，特别是近十年来，随着一些重要史料的重见天日，完全否定日军暴行已日益困难，日本有些人不得不作出战略调整，将一些较"次要"的罪行，推出任斩，但对关键的、具有标志意义的"大屠杀"则仍矢口否认，半步不让。虚构派大井满的态度就是这种丢卒保车例子的典型。他在《编造出来的南京大屠杀》中说："当然，我并不是说日本军完全没有不法行为。七万人的军队什么都不发生，没有这样的道理，这是谁都会认为的常识。大西参谋给强奸兵重重的耳光，并抓至宪兵队，这样的事无疑在各个地方都有。"①而在《诸君！》的问卷调查中，他在第一项被杀人数的选择答案中填了"12"，②"12"是表明"无限地接近于 0"。

南京的被杀尸体最终通过掩埋、焚烧、弃于江中等途径清除干净，但在相当一段时间却暴露在光天化日之下，这是否认南京屠杀的最大障碍，也是虚构派着意"辩驳"的一个关键。松井石根的专任副官角良晴少佐，晚年撰文《支那事变最初六个月间的战斗》，因文中谈到日军的大规模屠杀，生前未被刊出（后刊于旧军人团体主办的《偕行》1988 年 1 月号）。因为角氏的特殊身份，所以他的回忆一经披露，立即引起了争议。其中最大的争点是"下关附近的十二、三万尸体"。③ 据角良晴说，造成这些死者的真凶是第六师团，而下达屠杀令的是上海派遣军参谋部第二课参谋长勇中佐，长勇下达命令时他也在场。④ 对此，"虚构派""中间派"一致质疑。《南京战史》以为角良晴的回忆

日本现存南京大屠杀史料概论

---

① 大井满著『仕組まれた「南京大虐殺」——攻略作戦の全貌とマスコミ報道の怖さ』，東京，展転社 1998 年 6 月 6 日第 3 次印刷版，第 297 页。

② 「まぼろし派、中間派、大虐殺派三派合同大アンケート」，『諸君！』，東京，文藝春秋社，2001 年 2 月号，第 179 页。

③ 《支那事变当初六ヵ月间的战闘》"三二、关于清除下关附近的尸体"，南京战史编集委员会编『南京战史资料集』，第 760 页。洞富雄认为："不论从日期也好，场所也好，角证言和鲁甦的证言都是关于同一事件的好解答。"（洞富雄著『南京大虐殺の証明』，東京，朝日新聞社 1986 年 3 月 5 日第 1 版，第 324 页。)吉田裕也持同样看法。（吉田裕著『天皇の軍隊と南京事件』，東京，青木書店 1986 年 1 月2日第 1 版，第 166 页。）

④ 有关长勇所下命令之说，最早出自原陆军省兵务局长田中隆吉少将的回忆（『裁かれざる歴史』1950年版，转引自秦郁彦著『南京事件——虐殺の構造』，東京，中央公論新社 1999 年 8 月 20 日第 20 次印刷版，第 143 - 144 页）。现已无法找到更直接的证据。

"多有矛盾，缺乏信凭性"。① 《南京战史资料集》所附"战史研究笔记"也认为："角氏的误解、偏见、记忆失误不胜枚举。"② 然而，角良晴所说并非孤证。

松井石根本人的日记就有一条证明。松井日记 12 月 20 日记：

> 朝 10 点出发，视察挹江门附近的下关，此附近仍是狼藉之迹，尸体等仍尽其遗弃，今后必须清理。③

第十军参谋山崎正男少佐在 12 月 17 日日记中有这样的记载：

> 到了扬子江边的中山码头。……河岸遗弃有无数死尸，被浸于水中。所谓"死尸累累"也有不同程度，这个扬子江边才真是死尸累累，如果将之放在平地上，真的可以成为所谓"尸体山"。但看到的尸体已经不知多少回，所以已不再有一点吃惊。④

"中山码头"一带，与角良晴所说正是同地。

"支那方面舰队"司令部军医长泰山弘道海军军医大佐 12 月 16 日坐水上飞机到南京，下午二点，他与舰队"机关长""主计长"等一行去战地"参观"，他在当日日记中记：

> 从下关码头起，在修建的一直线的广阔的道路上开着，路面上散乱着步枪子弹，宛如敷着黄铜的砂。路旁的草地散着活生生的支那兵的尸体。
> 不久，从下关到通往南京的挹江门，高耸的石门下是拱形的道路，路高约三分之一埋着土。钻入门，从下关方面就成了一条坡道。汽车徐徐前进，感觉是开在充满空气的橡皮袋上缓缓的向前。这辆汽车实

---

① 南京戦史編集委員会編纂『南京戦史』，第 163 页。
② 南京戦史編集委員会編『南京戦史資料集』，第 764 页。
③ 「松井石根大将戦陣日記」，南京戦史編集委員会編『南京戦史資料集』，第 21 - 22 页。
④ 「山崎正男日記」，南京戦史編集委員会編『南京戦史資料集』，第 408 页。

际是行驶在被埋着的无数敌人尸体之上。很可能是开在了土层薄的地方，在行进中忽然从土中泌出了肉块，凄惨之状，真是难以言表。①

此处之"下关码头"到"挹江门"一带，与角良晴所说也是同地。从这几位无关者的相同记载，此事之确凿不移，不应再有任何疑义。而且，不论其中有没有平民，从江边不是战场说，"死尸累累"至少是屠杀俘虏的结果。

《南京战史资料集》所附"战史研究笔记"中对角良晴所述中有一条特别予以"批判"。其谓："'在横陈着累累尸体的河岸道路上静静地走了两公里。感慨万千。军司令官的眼泪呜咽着往下流'的记述实在让人吃惊。爱着中国，爱了中国的大将决不会在战场的弃尸上行车。而且，车体低的轿车也决不能够在这之上走两公里。我以为，仅在这点上，完全是编造，谁都可以断言。"②但这样的"断言"未免武断。这不仅是因为有泰山弘道等③所说的"行驶"在"无数尸体之上"的支持，而且是因为这是一个反常理的事，编造是不会走这样的险径的。

屠杀在当时的广泛程度，日军官兵的记载有相当的反映。以下我们再来看一看泰山弘道在上引16日日记中接着的记载。

> 即将开出门洞进入南京一侧，累累的敌尸成了黑焦状，铁兜、枪刺也被熏黑，用于铁丝网的金属丝和烧塌的门柱的残木相重叠，堆积的土壤也烧成黑色，其混乱和令人鼻酸，无法形容。
>
> 门右首的小丘上，刻着"中国与日本势不两立"，显示着蒋介石宣传

---

① 泰山弘道著「上海戦従軍日誌」，南京戦史编集委员会编『南京戦史資料集』，第527－528页。

② 「「角証言」の信憑性について」，南京戦史编集委员会编『南京戦史資料集』，第764页。

③ 《纽约时报》南京特派记者德丁在12月18日的报道中说："日本军占领下关，对守备队进行了大量的屠杀。中国兵的尸体堆积在沙囊之间，形成了高六英尺（feet）的冢。到15日深夜日本军仍没有清理尸体，而且二日间军车来往频繁，在尸体、犬马的尸骸上碾压着行进。"（洞富雄编『日中戦争史資料』9「南京事件」Ⅱ，東京，河出書房新社1973年11月30日第1版，第283页。）铃木明的《"南京大屠杀"之谜》虽是对南京大屠杀质疑的第一部专书，但在他的访谈中，却有一条可证此事的重要口述，即当时随军的藤井慎一（电影《南京》的录音技师）所说的："挹江门附近有大量的尸体，在尸体上架着木版，上面可以通汽车。"（铃木明著『「南京大虐殺」のまぼろし』，東京，文藝春秋社1989年5月30日第15次印刷版，第228页。）此条口述可当铁证，是因为铃木采访的时间早在20世纪70年代初，此事尚未成为"问题"，不可能有那种心知肚明的"不谋而合"；也正因为尚未成为"问题"，使这条对虚构派不利的证据才得以通过铃木之笔保存。

抗日的痕迹，接近市内，敌人遗弃的便衣兰布棉袄，使道路像褴褛的衣衫，而穿着土黄色军服，扎着神气的皮绑腿，手脚僵直仰卧着的敌军军官尸体，也随处可见。

上引只是泰山弘道到南京第一天所见的一个片段，他在南京的三日，每到一处，都遇到了大量尸体。如第二天（17 日）早上，在下关的另两处，看到了"累累尸体"，并亲见一个"血流满面""求饶"的中国士兵被一"后备兵"①从身后近距离枪杀；上午中山北路沿途看到"累累尸体"；下午与大川内传七上海海军特别陆战队司令等"视察"下关下游的江汀，看到"无数焦黑的敌人尸体"，又在江堤内看到"'尝了日本刀滋味'的敌人尸体六七十具"。18日，先在狮子林，看到"此处彼处都是敌人遗弃的尸体"；又在山麓的兵营外，看到"散落的尸体"；到了中山公园，又看到"散落的敌人尸体"。②

类似的事发时留下的第一手材料，最有力的证明南京周围至少有大量中国军人——当然不只是中国军人，以下我们会述及——的尸体。那么，这些尸体究竟是战死者还是被屠杀的军人呢？我们在探明这一日本争论不休的"疑问"之前，先来检查一下日军高层有没有下达过屠杀令。

（四）在攻占南京过程中日军高层有没有下达屠杀俘虏的命令

日军在攻占南京的过程中，对停止抵抗的中国俘虏进行了大规模的屠戮，这一暴行出自日军高层的命令，还是仅仅是基层部队的自发行为？由于现存的材料残缺不全，给认识这一问题带来了很大的困惑。日本虚构派因

---

① 常备兵役已满重新征召的大龄兵，日本普遍认为比常备兵军纪差。当时陆军省军务局军事课长田中新一大佐对这些超龄征召的老兵已深感忧虑："军纪颓废的根源，在于召集兵。在于高龄的召集兵。"（「田中新一／支那事变记录其の四」，转引自笠原十九司著『南京事件』，东京，岩波书店 1997 年 11 月 20 日第 1 版，第 62 页。）

② 泰山弘道著『上海戦従军日誌』，南京战史编集委员会编『南京戦史资料集』，第 528、528‐530、531页。时下日本虚构派出产最多的东中野修道不顾泰山弘道"累累尸体"的大量记载，居然说"在下关的泰山弘道海军军医的 17 日至 19 日的详细日记，完全没有触及这些尸体的存在。假使有漂流的尸体，也是从上游来的，与日本军流放尸体相联系，过于轻率"。（「南京事件最新报告」「問題は『捕虜処断』をどう见るか」，东京，『諸君！』，文藝春秋社，2001 年 2 月号，第 129 页）白纸黑字俱在，东中野竟敢以没有"流放尸体"作如此的蒙混！

为不承认任何意义上的杀戮,①当然矢口否认有过屠杀令,日本军史学界的代表作"战史丛书"和《南京战史》也不承认或倾向于否认屠杀出自自上而下的命令。②

在现存史料中,有三条记载明确的涉及了屠杀令,即: 第十六师团师团长中岛今朝吾中将12月13日日记中所记:

> 因为原则上实行不留俘虏的政策,所以从开始即须加以处理。③

第十三师团步兵第一〇三旅团旅团长山田栴二少将12月15日日记所记:

> 就俘虏处理等事宜派遣本间骑兵少尉去南京联系。
> 得到的命令是全部杀掉。
> 各部队都没有粮食,令人困惑。④

第一百十四师团步兵第六十六联队第一大队战斗详报所记:

> 八、下午2点0分收到由联队长下达的如下命令:
> 下记
> 1、根据旅团命令,俘虏全部杀死;
> 其方法为,以10数名捆绑,逐次枪杀,如何?

① 如《再审"南京大屠杀"》认为最有处决"理由"的"便衣兵"也"绝没有被处决"。竹本忠雄、大原康男著,日本会議国際広報委員会編『再審「南京大虐殺」——世界に訴える日本の冤罪』,東京,明成社2000年11月25日第2次印刷版,第73页。
② 《支那事変陸軍作戦》认为:"南京附近的尸体大部分是由战斗行动造成的结果,不能说是有计划、有组织的'屠杀'。"(防衛庁防衛研修所戦史室著戦史叢書『支那事變陸軍作戦』〈1〉,東京,朝雲新聞社1975年7月25日第1版,第437页)《南京战史》认为"不明的情况很多",在列举了俘虏的五种情况后说,"作为日本军足基丁任务命令的战斗行为,还是因为发生了抵抗暴动,或是对此有很大的担忧,都是可以推定的理由,但具体的说明,在战斗详报中几乎没有记述。"(南京戦史編集委員会編纂『南京戦史』,第336页)
③ 「中島今朝吾日記」,南京戦史編集委員会編『南京戦史資料集』,第326页。
④ 南京戦史編集委員会編『南京戦史資料集』Ⅱ,第331页。

2、兵器集聚，待新指示下达为止派兵监视；

……

九、基于上述命令，命令第一、第四中队整理集聚兵器，派兵监视。

下午3点30分，集合各中队长交换处决俘虏的意见。结果决定各中队（第一、第三、第四中队）等份的分配，以50名一批由监禁室带出，第一中队在露营地之南谷地，第三中队在露营地西南方凹地，第四中队在露营地东南谷地进行刺杀。

但应注意监禁室周围需派兵严重警戒，带出之际绝对不能被感知。

各队均在下午5时准备结束，开始刺杀，至7时30分刺杀结束。

向联队报告。

第一中队变更当初的预定，欲一下子监禁焚烧，失败。

俘虏已看透因而无所畏惧，在军刀面前伸出头，在枪刺面前挺着胸，从容不迫，也有哭叫哀叹救助的，特别是队长巡视之际，哀声四起。①

因为这三条材料出自事发当时，属于"第一手"，对复原屠戮俘虏是否出自命令有特殊的价值，所以日本虚构派和部分中间派不惜笔墨，详加"论证"，号称中岛和山田的记载与屠杀令无关，而第六十六联队第一大队战斗详报的屠杀记录从时间和内容两方面看都与事实相违背，因此是编造。

我曾通过广征事发当时的相关文献，参以当事人事后的回忆，证明上述记载就是屠杀令的明证。② 其中主要论据为：一，第十六师团所辖第三十旅团黎明前发布的"各队在有师团［新］指示前不许接受俘虏"的命令③与中岛日记的精神一致，而之所以肯定此命令指的是屠杀俘虏，是因为有第三十旅团下属第三十八联队副官儿玉义雄少佐有关此项命令的如下回忆：

---

① 步兵第六十六联队第一大队「戦闘詳報」，南京戦史編集委員会編『南京戦史資料集』，第673-674页。
② 详见拙文《日军屠杀令研究》，北京，《历史研究》2002年第6期，第68-79页。
③ 「歩兵第三十旅団命令」之六，南京戦史編集委員会編『南京戦史資料集』，第545页。

接近于南京一、二公里，在彼我相杂的混战中，师团副官通过电话传来了师团的命令，"不许接受支那兵投降，处理掉"，居然会下这样的命令，令人感到震惊。师团长中岛今朝吾中将是有人格魅力的豪快的将军，但这一命令无论如何都不能让人接受。对于部队来说，实在让人吃惊和困惑，但作为命令不得不往下向大队传达，以后各大队没有就此事报告。①

儿玉的回忆出于中岛日记引起争议之前，不可能已有针对性的问题意识，所以他所说的"不许"应是三十旅团"不许"的最直接、最明确的证明。从中岛今朝吾日记到三十旅团命令到儿玉义雄回忆，师团、旅团、联队，"首尾完具"，一脉相传，中岛今朝吾日记中屠杀令记载之可靠，无复存疑的余地。二，山田日记不仅"文脉"毫无捍格之处，②而且有属于第一○三旅团的第六十五联队在海军码头附近和上元门以东四公里处的大量屠杀俘虏的事实为证。③三，丁集团（第十军）13日上午8时30分发布"歼灭南京城之敌"，④所部第一一四师团接命后于9时30分下达"应使用一切手段歼灭敌人"的命令，⑤所部第一二八旅团接命后于12时发出"不惜一切手段歼灭敌人"的命令⑥（第六十六联队的直接顶头上司是一一四师团所辖的一二七旅团，该旅团记载已焚毁，属于同师团的一二八旅团当时也在南京地区，所传达的命令应该一致），第六十六联队战斗详报所记下午2时接到的命令正是"顺理成

① 南京战史编集委员会编纂『南京战史』，第341－344页（中间插有两页表格）。

② 比勘各种记载可见，虚构派对关键的字句动了手脚。如铃木明《南京大屠杀》之迷》用移花接木之术，将山田12月15日日记中的"皆杀"篡改成了"始末"。此改始自1973年第1版，以后相沿未动（见『「南京大虐杀」のまぼろし』，第193页）。因同句中铃木所引"处理"一词也用"始末"，要指实前后两个"始末"之不同，确不容易。此疑直至南京战史编集委员会编『南京战史资料集』Ⅱ出版方得以澄清。（小野贤二进一步怀疑"南京战史编集委员会编『南京战史资料集』Ⅱ所收山田日记也存在着被删除的可能性"。「虐杀か解放か──山田支队捕虏约二万の行方」，南京事件调查研究会编『南京大虐杀否定论13のウソ』，东京，柏书房2001年3月30日第4次印刷版，第146－147页）

③ 此部俘虏之记事，照片当时即刊于日本报刊。记事见「两角部队大武勲──敌军一万五千余を捕虏」，『东京朝日新闻号外』1937年12月16日；「两角部队大殊勲──壹万五千の敌军余を捕虏」，『福岛民友新闻』1937年12月17日。照片见『アサヒグラフ』1938年1月5日，『アサヒグラフ临时增刊・支那事变画报』1938年1月27日。

④ 「丁集命令甲号外」之二，南京战史编集委员会编『南京战史资料集』，第554页。在前日下达的「丁集作命甲第六十六号」之三中有「国崎支队以主力占领浦口附近捕捉歼灭残敌」。载同前。

⑤ 「一一四师作命甲第六十二号」，南京战史编集委员会编『南京战史资料集』，第556页。

⑥ 「步第一二八旅命第六十六号」，南京战史编集委员会编『南京战史资料集』，第557页。

章"的,完全没有虚构派所说的时间和内容上的抵牾。所以不论当时上级命令是否明确,但六十六联队接命后的屠杀确实是在上级命令下的行动。

综上所述,可以下一个肯定的结论:日军在攻占南京的过程中屠杀的大量俘虏,不是所谓"一部分官兵造成的突发、散发的事件",[①]而是由现地日军自上而下的命令造成的。虽然今天已无法复原或无法完全复原攻占南京的方面军和军一级的有关俘虏命令的真相,[②]但至少可以肯定,日军在师团一级确实曾下达过屠杀令。

(五) 南京城周边的大量中国军队尸体是战死者还是被屠戮的俘虏

日军下达过屠杀令,不仅从残存文献的"文脉"中可以发现,关键还是因为如前所述有南京周边地区大量中国军人死亡的事实根据。因此日本除了大屠杀派的少数人,都特别强调南京城外的尸体死于"战斗",而非屠戮。但梳理现存的日军各级战报和阵中日志的记载,可以看到,在上海派遣军和第十军"彻底扫荡"和"歼灭""敌军"的命令下,日军许多部队的所谓"歼敌",实是屠杀俘虏。

隶属于上海派遣军第九师团的步兵第七联队,在 12 月 7—13 日的"虏获表"中"俘虏"无一人,而"敌人弃尸"505 具,[③]就当时投降接踵而至的情况说,无一活口,一定是因为第七联队"不留俘虏"。在第七联队 12 月 13—24日《南京城内扫荡成果表》之二中,"败残兵"的"刺射杀数"达 6 670 人,[④]而俘虏也没有一人。《步兵第七联队作战命令甲第一一一号》明确命令"将败残兵彻底地捕捉歼灭"。[⑤]"歼灭"之意可含俘获,但将以上命令和结果两相

① 中村粲语,同氏著「過去の歴史を反省すべきは中国の方だ」,『正論』,東京,産經新聞社,2001 年 7 月号,第 67 页。
② 但这也不是说觅无踪迹可寻,在《日军屠杀令研究》发表之后,我发现两条早在进攻宝山时上海派遣军参谋长饭沼守少将即已对屠杀俘虏知情并默认的重要旁证,详请见拙文《宝山攻防史料钞》,《论史传经》,上海,上海古籍出版社 2004 年 8 月第 1 版,第 448 - 459 页。山田支队屠杀俘虏,饭沼守在第一时间也已获知。12 月 21 日记:"据说获洲部队山田支队之俘虏一万数千,被逐次以刺刀处决,而某日许多人被带到同一场所,因而发生骚乱,不得不以机关枪扫射。我军官兵也有多人被射杀,而且逃跑了不少人。"「飯沼守日記」,南京戦史編集委員会編『南京戦史資料集』,第 222 页。其中"逐次以刺刀处决",几乎就是第六十六联队第一大队战斗详报的复写,此亦可证当时大规模屠杀俘虏不限于某一部队。
③ 步兵第七聯隊「戦鬪詳報」附表,南京戦史編集委員会編『南京戦史資料集』,第 629 页。
④ 步兵第七聯隊「南京城内掃蕩成果表」,南京戦史編集委員会編『南京戦史資料集』,第 630 页。
⑤ 「步七作命甲第一一一号」,南京戦史編集委員会編『南京戦史資料集』,第 622 页。

对照,第七联队在攻打南京以及城破后在扫荡中的"歼灭"指的是肉体上消灭,应该没有疑问。而且,13日南京失陷后中国军队已放弃抵抗,被杀人数反而大大超过了之前,除了屠杀俘虏,也难以有其他解释。

上海派遣军第十六师团是进攻南京的主力部队之一,其属下步兵第三十三联队,在《南京附近战斗详报》中称:

> (13日)下午2时30分,前卫的先头部队到达下关,搜索敌情的结果,发现扬子江上有无数败残兵利用舟筏和其他漂浮物流往下游,联队立即组织前卫及高速炮对江上敌人猛烈射击,经二小时歼灭敌人约2 000。①

在同一详报的第三号附表的"备考"中记录了12月10—13日包括"处决败残兵"和"敌人弃尸"两项的尸体6 830具。② 同属于第十六师团的步兵第三十八联队奉命对城内"彻底扫荡",12月14日的《南京城内战斗详报》的附表虽未如第三十三联队、第七联队等详列"敌人弃尸数"或"刺杀敌人数",但在"(五)"中明确记载了"全歼敌人"。③

隶属于第十军的第一百十四师团,在12月15日战斗详报"附表第三"中记"敌人弃尸"共6 000具,而在"附表第一"日军伤亡之一、二、三分表中

① 步兵第三十三联队「南京附近戦闘详报」,南京战史编集委员会编『南京战史资料集』,第601页。关于海上"扫荡",日军官私文献中有不少记载,如日本海军第一扫海队《南京溯江作战经过概要》记:"从乌龙山水道到南京下关(12月13日)。1323(13点23分,下同)前卫部队出港,炮击制伏北岸扬子江阵地,突破封锁线,猛攻沿岸一带敌人大部队及江上乘舟楫和筏子败逃中的敌人,歼灭约达10 000。"(海军省教育局《事变関係扫海研究会记録》,转引自笠原十九司著『南京事件』,东京,岩波书店1997年11月20日第1版,第159页。)此事从饭沼守少将日记中海军第十一战队司令近藤英次郎少将所说"击灭约一万"可以证明。(南京战史编集委员会编『南京战史资料集』,第217页。)日本名作家石川达三随军进入南京,他在事发一个多月后写的战时被禁止出版的《活着的士兵》中说:"挹江门到最后也没有受到日本军的攻击。城内的败残兵以此为溃退的唯一的门,逃往下关码头。前面是水。没有可渡的舟船,没有可逃的陆路。他们抱着桌子、圆木、门板,所有的浮物,横渡浩淼的长江,向着对岸的浦口游去。其人数凡50 000,在已呈黑压压的江水中渡行。而正当对岸已可见时,等着的却是先已到达的日本军! 机枪鸣叫着开了火。水面像被雨水打得起了毛。回去的话,下关的码头等待着的也已是日本军的机枪阵。——而对这些漂流的败残兵给以最后一击的,是驱逐舰的攻击。"(石川达三著『生きている兵队』,昭和战争文学全集3別てしなき中国战线』,东京,集英社1965年6月30日第1版,第78页。)《活着的士兵》虽是"小说",但作者的亲历其境,使此书在传信上具有特殊的价值。
② 步兵第三十三联队「南京附近战闘详报」,南京战史编集委员会编『南京战史资料集』,第605页。
③ 步兵第三十八联队「战闘详报」第十二号「南京城内战闘详报」、「第十六师团『状况报告』」,南京战史编集委员会编『南京战史资料集』,第591页。

死亡者合计为 229 人。

隶属于第一百十四师团的步兵第六十六联队第一大队,情况也相仿,12月 12 日攻入南京前日,"毙顽强抵抗之敌兵 700 人",而自己只死了 9 人。[①]同大队在 12 月 10—13 日共死 17 人,而被杀之"敌"则多达八十倍以上,达到约 1 400 人。

隶属于第十军第六师团的步兵第四十五联队第十一中队在江东门的"遭遇战"中"毙敌"3 300 人,而己方死伤相加仅 80 人。不仅在江东门,据第六师团"战斗详报"记,第四十五联队第二第三大队、第十军直属山炮兵第二联队之一部、第六师团骑兵第六联队之一部在从上河镇到下关的整个战斗中,不仅以十分之一的兵力击败了中国军队,而且"毙敌"11 000 人,而己方"战死"仅 58 人,约 190 比 1。[②]

上引材料有两点非常值得注意,一是只有"敌人弃尸"而没有俘虏,一是"敌人弃尸"数量与日军死亡之比例极其悬殊。在对垒的两军中出现这样的情况,只有两种可能,一是武器装备差距过大,一是一方是已放下武器只能任人宰割的俘虏。当时是哪一种情况,因材料俱在,并不难证明。比如上述第四十五联队的江东门之战,不仅是"零距离"的"白刃战",而且又持同样的武器。[③] 上海派遣军参谋副长(副参谋长)上村利道大佐,12 月 26 日参观挹江门南侧高地的防御设施及富贵山炮台,对地下掩体设施的"规模壮大""深为感叹"。同是这位上村利道,在次年(1937 年)1 月 6 日去第十六师团参观"虏获兵器试验射击"后,在当日的日记里留下了这样的记录:

> 下午作为殿下的随行去 16D("殿下"指上海派遣军司令朝香宫鸠彦中将,"D"为师团之代码——引者)视察虏获兵器的射击。自动步枪、步枪、手枪、LG、MG(LG 指轻机关枪,MG 指重机关枪——引者)、火炮等良好的装备,决不亚于我军的兵器,令人感怀。[④]

---

① 步兵第六十六联队第一大队「戦闘詳報」,南京戦史編集委員会編『南京戦史資料集』,第 668 - 669 页。
② 第六師団「戦時旬報」第十三、十四号,南京戦史編集委員会編『南京戦史資料集』,第 692 页。
③ 此战"敌人和日本军拿着同样的三八式步枪"。南京戦史編集委員会編纂『南京戦史』,第 228 页。
④ 「上村利道日記」,南京戦史編集委員会編『南京戦史資料集』,第 279、286 页。

参谋本部第三课课员二宫义清少佐在赴中国考察后写的"视察报告"中说:"在近距离战斗所用武备上,[日军]和中国军队相比,不论在资质还是在数量上都处于劣势。"①上海派遣军10月在宝山作战时,24厘米榴弹炮、30厘米臼炮多次发射出的炮弹都不爆炸,11月渡过苏州河后,24厘米榴弹炮多次在管内爆炸。不仅重武器,轻武器日军更没有明显的优势。日军攻打上海前任参谋本部支那课长、战争爆发后任第二十二联队联队长的永津佐比重大佐,曾因旧式手榴弹质量低劣,每有"不发弹"(掷出后不爆炸),向上海派遣军参谋大西一大尉大光其火。无独有偶,10月11日在宝山蕰藻浜一线作战战死的第一百一师团步兵第一百一联队联队长加纳治雄大佐,在临死前给师团参谋长的信中也提到手榴弹的"点火不充分"。普通武器如此,"高科技"武器亦如此。在开战前夕从德国运至南京,装备在鸡鸣寺东侧高地的电动瞄准的高炮,在当时是最先进的,曾使日本海军航空兵感到很大的威胁。曾任步兵第二十联队第一大队第三中队中队长的森英生中尉说:德国对中国的军援使他感到日本受到的"德国的打击"。② 引述此类材料并不是要证明中国军队武备已优于日军,在总体上,尤其在飞机、重炮、坦克等重武器上,应该说日军还是占有优势,但这种优势的效果主要体现在攻坚战和远程破坏上;我在此想说明的只是:在近距离战、肉搏战、夜袭作战上,日军并没有以一当十、以一当百的法宝。

所以,在南京周围敌我双方死亡之悬殊如此,除了对放下武器的俘虏的屠戮,不可能有任何其他的解释。所谓"战斗",所谓"零距离"的"白刃战"云云,不过是各部队为了邀功的饰词。

南京城内外的大量尸体是被屠杀的俘虏,从军方文献中完全可以证明。同时,在第一线的下层官兵的记录中则有许多屠杀俘虏的亲身经验和亲历见闻。我们不妨再略作征引。步兵第四十五联队第七中队小队长前田吉彦少尉在12月15日日记记录了当天"听说"的所在大队"后备补充兵"屠杀被押送俘虏的经过:

---

① 南京戦史编集委员会编纂『南京戦史』,第6页。
② 『真相・南京事件——ラーベ日記を検証して』序章之三森英生序,第7页。

起因只是很小的事,因为道路狭窄,在两侧拿着上了刺刀的枪的日本兵,好像是被挤而落入还是滑入了水塘里。[日本兵]勃然大怒,决定打还是骂,害怕的俘虏忽都避向了一旁。在那里的警戒兵也跳了起来。所谓"兵者,凶器也",哆哆嗦嗦端着刺刀枪叫着"这个畜生",又是打又是刺。恐慌的俘虏开始逃跑。"这样不行",于是边叫"俘虏不准逃""逃的话枪毙"边开枪,当时一定是这样。据说就是这样的小误解酿成了大惨事。……不能不说此事使皇军形象扫地。为了隐蔽这一惨状,这些后备兵终夜不停,到今晨才大体埋完。这是"非常"或极限状态下以人的常识所无法想象的无道行为的实例。①

这样的"误杀",在当时屡有发生。所以究竟是不是"误杀",反而无须再论。

步兵第二十联队第三机关枪中队牧原信夫上等兵在 12 月 14 日的日记中记:

上午八点半,一分队协助十二中队去马群扫荡。听说残敌因为断了顿,摇摇晃晃地出来了,所以立即坐汽车出发。到达的时候,由步枪中队解除了武装的三百十名左右的敌人正等待着,迅速地全部枪杀后即回来。……在铁路沿线分叉的边上,有百余名支那军受到友军骑兵的夜袭,全部被杀。……下午六时……抓到了六名败残兵,枪毙了。……今天一处异样的风景是某处的汽车库,敌人一百五六十名被浇上汽油烧死。但今天的我们已是看多少尸体都不会有任何反应了。②

仅仅一日之中,牧原信夫和他所在的分队就亲眼所见和亲自参加了如许的屠杀,这不是牧原信夫和他的同伴特别有"幸",这只是当时在南京日军整体的一个缩影。泰山弘道在 12 月 19 日日记中记:"据闻,最后坚守南京

---

① 「前田吉彦少尉日記」,南京戦史編集委員会編『南京戦史資料集』,第 464 页。
② 「牧原信夫日記」,南京戦史編集委員会編『南京戦史資料集』,第 511－512 页。

的支那兵，其数约有十万，其中约八万人被剿灭……"①这"八万人"中的大部分，当都是如上所述的"解除了武装"者。

步兵第七联队第二中队的井家又一上等兵在 12 月 16 日日记中记：

> 下午再次外出，捕来年轻的家伙三百三十五人。……将此败残兵三百三十五人带到扬子江边，由其他士兵枪杀。②

步兵第二十联队第三中队第一小队第四分队的林（吉田）正明伍长，在日记中多次提到杀戮，其中 24 日中有将七千名"俘虏"带到长江边枪杀的记载，所谓"前记的俘虏七千名也成了鱼饵"。③ 林正明的记载有两点值得注意：一，上引泰山弘道、山崎正男等说 16、17 日在江边已见大量尸体，"24日"仍在江边杀俘，说明当时江边已成了屠场；二，日本右翼将否定推尸入江作为否定江边屠杀的一环（如果并无推尸入江之事，则大部分遗骨应该还在），而此处所谓"鱼饵"，再一次证明日军屠杀后尸体是推入江中的。

上引前田吉彦说的屠杀的细节，还是"据说"，井家又一 12 月 22 日的日记中则向我们提供了一个亲身经历：

> 傍晚天快暗下来的下午五点，在大队本部集合，准备去杀败残兵。一看，在本部院子里，有一百六十一名支那人，正在等待神明，不知死之将至地看着我们。带着一百六十余名，在南京外国人街声斥着，看到了将去的掩藏有机枪的古林寺附近的要地。日已西沉，只能看到活动的

日本现存南京大屠杀史料概论

---

① 泰山弘道著「上海戦従軍日誌」，南京戦史編集委員会編『南京戦史資料集』，第 532 頁。"八万"之目，在当时似是一个"说法"。如"支那派遣军报道部"所编《南京的战迹和名胜》谓歼敌"八万"。（转引自市来義道編《南京》第七篇第二章"南京攻略史"，南京日本商工會議所 1941 年 9 月 1 日第 1 版，第626 頁。）如刊于 1940 年的"歌句"集《南京》，收有南京宪兵队分队长堀川静夫大尉的"咏歌"，其中也有"遗弃尸体八万"之语。（转引自洞富雄、藤原彰、本多勝一編『南京事件を考える』，東京，大月書店 1987 年 8 月 20 日第 1 版，第 206 頁。）《飯沼守日記》12 月 17 日条谓，"依今日所判明，南京附近敌人约二十个师，十万人，派遣军各师団击灭之数约五万，海军及第十军击灭之数约三万，约二万散乱，今后击灭数预计仍会增加。"（「飯沼守日記」，南京戦史編集委員会編『南京戦史資料集』，第 217 頁。）
② 「井家又一日記」，南京戦史編集委員会編『南京戦史資料集』，第 476 頁。
③ 「林正明日記」，南京戦史編集委員会編『南京戦史資料集』，第 519 頁。

人影。房屋也成了点点黑影,带到了池(湖?此处意义不明——引者)的深处,关入了这里的一座房子。从屋子中带出五人刺杀。"嗷——"叫的家伙,嘟哝着走着的家伙,哭的家伙,可以看到完全知道结局的丧胆相。战败的兵的出路就是被日本兵杀掉!用铁丝绑着手腕,系着脖子,边走边用棍打。其中也有唱着歌走着的勇敢的兵,有被刺后装死的兵,有跳入水中阿噗阿噗残喘的家伙,有为了逃跑躲入屋顶的家伙,因为怎么叫也不下来,就浇上汽油用火烧,火烧后两三人跳下来,被刺死了。

黑暗中鼓着劲刺杀,刺逃跑的家伙,啪、啪的用枪打,一时这里成了地狱。结束后,在倒着的尸体上浇上汽油,点上火,仍活着的家伙在火中动了,再杀。后来燃起了熊熊大火,屋顶上所有的瓦片都落了下来,火星四散。回来的路上回头看,火仍烧得通红。①

如果说前引木佐木久等的"义愤"还不失人道的意识,井家又一的立场则已无人性可言。

上引大多出自《南京战史资料集》。此集出版者"偕行社"对日军在南京的暴行持否定态度,但因日军在南京的暴行非如日本右翼所说只是"偶发"的个别行为,所以既要汇编史料,就不可能"干净"地不留痕迹。而散见于各种出版物的相关记载中,也可以看到不少类似的材料。

辎重兵第十六联队第四中队第二小队第四分队第十九班的小原孝太郎,应征时是千叶县小学教师,他的日记从 1937 年 9 月 1 日入伍到 1939 年 8 月 7 日除队,一日不缺。1937 年 12 月 15 日这样记:

那一带好像就是南京。翻过了山,在稍稍平坦的地方有个村庄。在这里遇到了让人吃惊的景象。在竹栅栏围着的广场中,多达二千名俘虏,在我军的警戒里小心地待着。让人吃惊。后来才知道这正是攻

---

① 「井家又一日記」,南京戦史編集委員会編『南京戦史資料集』,第 479 頁。

去南京时俘获的俘虏。据说俘虏约有七千人。他们举着白旗来，被解除了武装。其中当然也有在战斗中俘获的，各种情况都有。他们中也在军服之外穿着便服的。在这里先检查一遍，以决定枪杀、役使还是释放。听说在后面的山里被枪杀俘虏的尸体，堆积如山。南京的大部分则好像已经过了清理。

12月17日日记中详细记录了在"征发"时斩杀被发现的"败残兵"的血腥过程，同时还记有：

> 俘虏来了，正是昨天在那个村子里的俘虏。拿着枪刺的约一个小队穿插在中间，走啊走，不知有多少。跑过去问，说是有四千俘虏。都是三三、三八和二十联队在这一带战斗俘获的。护卫也都是这些联队的人。带着这些东西派什么用处？是去南京么？有的说都枪杀，有的说带到南京去服役。——总之，不知道，但俘虏原有两万人，处理的只余下这些了。

18日前往南京途中，小原孝太郎也遇到了大量的尸体，在当天的日记中他这样记："尸体堆积如山，想象着[我军]翻越尸体一路追击敌人直至南京附近的样子。"[1]这样"如山"的尸体的正身，当是记述者所见的俘虏。

步兵第二十联队第三机关枪中队的北山与上等兵，20世纪30年代初曾因参加左翼组织被捕，1937年8月31日应征。他的日记曾受到所在中队的检查。在12月13日日记中，北山与记载了一个中国学生兵，因不堪忍受日军的暴虐而"乞求"日军对自己喉咙开枪，北山与说：

> 屠杀这样没有任何抵抗、指着自己的喉咙哀求"向这里开枪"的人，是日本兵的耻辱。

① 江口圭一、芝原拓自编『日中戦争従軍日記———輜重兵の戦場体験』，第134、136、137页。

在12月14日的日记中北山与也提到了杀俘：

过了晚十二点扫荡结束回来。好像解除了八百名的武装，一人不剩的全杀了。敌兵未必会想到被杀。似乎主要是学生，听说大学生也很多。①

除了当时的记载，近年也偶有当事人打破沉默，出来作证。如第十三师团山炮兵第十九联队第三大队某士兵（谓："因虑胁迫，姓名不能公开"）作证：

［在往南京进发的途中］驻于某村落，男的全部从房子里带出去，用手枪或步枪枪杀。女子和小孩全部关入房内，晚上强奸，自己没干这样的事，但我想其他人很多都进行了强奸。而且，次日一早，将这些被强奸的女子和小孩全部杀死，最后连房子都烧毁。这是连回来住处都没有的杀戮着的前进。自己都不可思议为什么会如此的愚蠢，得到的回答是这一地区抗日思想相当激烈，所以命令全部杀死。总之，这是一场放火、抢劫、强奸、杀人的罪孽深重的战争。

我认为这是我们实在应该道歉的一场战争。我们到了接近南京城的幕府山附近，这一次的俘虏到了无法数清的程度。两角六十五联队（"两角"指联队长两角业作大佐；当时第十三师团的主力在江北，仅派第六十五联队参与进攻南京，第十九联队之一部随六十五联队行动——引者）的俘虏约二万人。在这些"俘虏"中，从十二三岁的孩子到蓄着须有皱纹的老头，凡是男人都囊括了进去。

……［幕府山炮台下关押的五千被绑俘虏］这一次是两列纵排，向着不知道哪里的扬子江方向走去。两侧约两、三米处日本兵荷枪实弹，拉着绳索，但途中俘虏兵因一人跌倒，接着相继跌倒。没来得及爬起

① 井口和起等編『南京事件京都師団関係資料集』，東京，青木書店1989年12月5日第1版，第71页。

来，就都被刺刀嚓嚓地刺杀了。

后来的俘虏兵只能绕道而行，约一公里的路走了四公里才到了扬子江。扬子江南侧不知道是兵舍还是什么建筑物，到的时候已经是晚上了。这里从二楼的窗口和一楼都有步兵端着枪对着。这里的广场坐着五千名俘虏。北面是约数米[高]的石垣，即使相当晚了仍能感到是高的石垣。因此，从那一侧是无法逃跑的。俘虏全部坐在那里。有想试军刀要把俘虏拉出来准备砍头的家伙，有想用枪刺刺的家伙，结果都如愿的干了。

自己实际自参战以来，没有砍过人头，借了曹长的刀，砍了正睡着的俘虏，但只砍了一半。实际砍头是不容易的。怎么都无法切下去。这时，"哇"的一声叫了起来，[俘虏]都站了起来。本来应该根据机关枪小队长"打"的命令，才不能不打。但五千人都站起来了，我们也都不能放手了。所以在没有"打"的命令下，哒哒哒哒就开起了机关枪。我也想打一发试试，就打了一发，因为觉得危险，就没再打，但机关枪一起射击，俘虏兵五千人就全部倒地了。

接着，拿着枪刺去刺，因为也许还有活着的，自己拿着的不是日本枪，而是支那枪，而支那枪不能装日本的枪刺，没办法，只能借战友的日本枪，而背着自己的支那枪，在人身上走着，刺了三十人以上。第二天早上，手臂痛得举不起来。①

这位因"胁迫"而不能公开姓名的原日军士兵的具体描述，让人看到的已不仅是日军对国际法的违反，更看到了日军与战争伦理的完全背道而驰。

在日军所有暴行中，屠杀俘虏在现存日本史料中证据最为充分。把这些材料梳理清楚，我想日本虚构派不应该再有话说——如果真像他们标榜的论从史出的话。

① 南京大虐殺の真相を明らかにする全国聯絡会編『南京大虐殺——日本人への告発』，東京，東方出版 1992 年 9 月 21 日第 1 版，第 34－37 页。

（六）攻占南京日军的军风纪状况究竟如何

对日军占领南京后的表现，日本虚构派、中间派的观点和大屠杀派截然对立。屠杀派所编日本老兵的日记、回忆和西方有关记录，有不少日军杀人、放火、抢劫、强奸的记载，虚构派所编回忆则完全否定日军有过暴行，中间派在否定上虽似并不决然，但因只承认有偶发的少量暴行，在整体估价上与虚构派没有区别——虚构派便一贯强调美苏等国军队都有军风纪问题，所以如果只有"少量"暴行，日军的暴行便不能成为特别的问题。这种日军无过论①早在东京审判时被告方已三复其言，长期以来不仅对日本主流观点有着持久的影响力，对中日之外的"第三者"也有一定影响（如前述东京审判时印度法官 R. B. Pal、荷兰法官 B. V. A. Röling、美国占领军参谋第二部部长 C. A. Willoughby 等人的主张）。又因日本一直有人认为中、西方留下的证据是战时"敌国"或助敌之国的宣传，不具有客观性，因此，要避免陷入真伪混淆的"见仁见智"的纠缠，不从日本军队自己的记载入手，很难根本解决。

如前已述，上海派遣军法务部日志今已不存，"偶然"保留下来的第十军法务部日志也恰恰没有攻占南京后日军表现的记录，但攻占南京后的记录今虽不传，南京之外的日军表现记录却有较详的保存。作为同一时期的同一支部队，南京之外的军风纪状况，应该可以反映南京之内的日军状况。

从第十军、中支那方面军两级法务部门日志和小川日记等文献可以看出：一，第十军滞留中国的短短数月间，国共两党在江南地区尚未形成有组织的反抗，日军控制相对"安定"，②如果暴行与所谓"报复"等因素确实有

---

① 所谓"日本军的犯罪率世界最低"（小室直樹、渡部昇一著『封印の昭和史——「戦後五〇年」自虐の終焉』、『国際法から見た「南京大屠杀」の疑問』，東京，德間書店 1995 年 10 月 15 日第 4 次印刷版，第 107 页），所谓"背负了冤罪的日军官兵大多是善良的"（畝本正己著『真相・南京事件——ラーベ日記を検証して』第 230 页，同书森英生前言称日军是"洁白"的，第 11 页）。

② 第十军虽然组建于中日两军激烈交战之际，但当 11 月 5 日从金山卫上岸时，守卫上海的中国军队已开始撤退；在中国的数月中，第十军没有遇到激烈的抵抗，也没有上海派遣军那样重大的伤亡，除了以绝对优势兵力攻占南京，以后几乎已无战事，如占领杭州时不费一枪一弹的"无血入城"。

关,①日军暴行理当是最少的时期,然而,第十军暴行仍可谓十分严重。二,日军的暴行包括肆意的杀人、放火、抢劫、强奸,其中尤以强奸更为频繁和无所不在。三,由于约束日军军风纪的军法部门的规模和机能的限制,特别是宪兵人数稀少,大量的暴行没有也不可能纳入宪兵的视野,所以军法部门受理的案件,日志和日记所反映的日军暴行,不可能是日军犯罪的全貌,而很可能只是日军犯罪的冰山一角。四,日军设立军法部门的正面理由是维护军风纪,它对日军官兵有所制约,两者之间也确有冲突。这种冲突既表现在日军官兵的对抗,更表现在各级长官对部下的加意回护。这使得日军军法部门的作用在机制性的限制之外又多了一层限制。五,维持军风纪本是军法部门的职志,但作为日军的一部分,决定了日军军法部门在根本上不可能"损害"日军。大量案犯或无罪开释,或重罪轻罚,确有外在的"压力",但关键还是军法部门本身的退让。军法部门受理的案件虽只是整个日军暴行的有限部分,甚至是一小部分,但军法部门失于严查,失于追究的宽纵态度,对更广泛的日军官兵暴行的发生在客观上起了催化作用。六,与对日军暴行的宽纵相反,日军军法部门对中国人"违法"的处置极其严厉(残存的日志、日记中有限的被疑为试图反抗的当事人悉数处死为最有力证明);在日常监管中,宪兵对中国人稍有不从即严加重罚,表现得更为横暴苛刻。所以,对中国人而言,日军军法部门只是严厉镇压的机器。七,由此,可以下一个总结论,所谓"日军军风纪严明",所谓日军"犯罪率世界最低",即使仅案以日军自己留下的原始文献,也完全不能成立。②

(七)日军攻占南京时的表现当时的日本军政当局是不是毫无所闻

日本右翼一贯认为东京审判是"胜者的审判",在东京审判之前,世人并不知道有"南京大屠杀",不仅不知道大屠杀,也不知道日军的大规模掠夺、强奸、放火等暴行,而"不知道"是因为"不存在",所以"南京大屠杀"完全是

---

① 战斗艰难、伤亡惨重激发出的报复心是造成日军暴行的主要原因现在已成了普遍看法,第十军在南京之外的表现尤其可见常态下日军的真面目。
② 详请参拙文《侵华日军军风纪研究——以第十军为中心》。

由东京审判编造出来的。这一论调由来已久，至 80 年代以后开始受到特别的强调。① 这种论调本来不必一辨，道理很简单，因为一，"罔闻"不等于"乌有"；二，每个人所见都只是一个局部，即便不论所说是否如所见，也不能下全局性的结论，此即历史学所谓的"说有容易说无难"。但这不是说"不知道"本身是一个站得住脚说法。

日军 12 月 13 日进入南京，最初南京的部分市民和外国侨民对日军曾抱以期待，以为自 8 月中旬以来的轰炸，特别是南京失陷前夕败退军队的抢劫、放火，可以就此结束，南京的秩序可以重新恢复。但日军进城后的表现打破了人们的幻想。《纽约时报》记者 F. T. Durdin 12 月 15 日被日军勒令离开南京，17 日在停泊于上海的美国军舰上发出了第一篇报道，这也是西方记者有关日军暴行的第一篇报道，其中说到了中国居民安堵感的破灭：

然而，日本军占领仅仅三日，对事态的观望即为之一变。大规模的掠夺，对妇女的暴行，对普通市民的屠杀、从家中驱逐，对俘虏的集体处决，将成年男子强行抓走，南京已化为了恐怖的城市。②

日军的表现不胫而走，很快传向了外界。从现有的资料看，日本高层在几乎同时也获知了真相。日本本土的军政当局获知日军的情况，主要循两条渠道，一是外国媒体的广泛报道；二是日本使领馆、主要是驻南京大使馆等机构取得的资讯，这些资讯来源大致可分为两类，一类是使领馆接到的苦情报告、抗议等文书，一类是使领馆、日本通讯社等收集到的各类情报。

① 如《"南京屠杀"的虚构》第七章"东京审判"中有一小节，题目就叫"第一次知道的'南京屠杀'"，田中正明著『「南京虐殺」の虚構——松井大将の日記をめぐって』，东京，日本教文社 1984 年 6 月 25 日第 1 版，第 287 - 289 页。《教科书不教授的历史》说：南京大屠杀是东京审判"突然提出"的，藤冈信勝、自由主義史観研究会編『教科書が教えない歴史』2，东京，産経新聞社 1996 年 12 月 30 日第 1 版，第 72 页。竹本忠雄、大原康男说：当时日本高官"没有人知道南京大屠杀"，『再審「南京大虐殺」——世界に訴える日本の冤罪』，第 65 页。松村俊夫说：从东京审判和南京审判"非常清楚的让人看到此事作为谣传的成长过程"，『「南京虐殺」への大疑問』，东京，展転社 1998 年 12 月 13 日第 1 版，第 396 页。

② 洞富雄編『日中戦争史資料』9「南京事件」Ⅱ，第 280 页。秦郁彦『南京事件』所引与此有异文，如第一段后多出一句"甚至有以欢呼声迎接日本先头部队的市民"，如第二段"仅仅三日"为"仅仅二日"。（见秦郁彦著『南京事件——虐殺の構造』，东京，中央公論新社 1999 年 8 月 20 日第 20 版，第 3 页。）

从《拉贝日记》等记载中可以看到，日军进入南京的第二天，拉贝已以安全区国际委员会主席的名义拟文，准备递交日军。15 日拉贝与日军及日本大使馆官员会面，并分别递交了信件，希望日军维持南京的秩序并"宽待"放下武器的中国士兵。16 日起安全区国际委员会几乎逐日向日本大使馆报告日军的暴行。① 当时与拉贝等人打交道的大使馆官员主要是候补官佐福田笃泰、②上海总领事冈崎胜男、③二等书记官福井淳④等人。

福田笃泰曾在接受采访时说：

> 我成了他们（指安全区国际委员会——引者）不满的承受者，真伪搅混，无论遇到什么都随便地抗议。向军方传达这一抗议，"这件事发生了，无论如何请与处理"，进行这一交涉就是我的角色。⑤

这样的大量的抗议在传达至当地驻军的同时也传达到了日本军政最高层。12 月 22 日出席陆军省局长会议的人事局长阿南惟几少将，在当天的笔记中记下了这样的话："中岛师团的妇人方面（原文如此，其意应是指强奸或对妇女的暴行——引者）、杀人、违反军纪的行为，从国民道德心的颓废、战况的悲惨上说，已到了无法用言语来形容的程度。"⑥本拟 12 月 25 日开始的以广东为目标的华南战役不得不取消，与南京暴行引起的舆论压

---

① 如贝茨所说："我们每天去造访日本使馆，递呈我们的抗议、我们的要求，以及关于暴力和犯罪的确切记录报告。"（中央档案馆、中国第二历史档案馆、吉林省社会科学院合编《日本帝国主义侵华档案资料选编·南京大屠杀》，中华书局 1995 年 7 月第 1 版，第 1023 页。）

② 中文版《拉贝日记》误植为"福田德康"，如第 180 页第 2 行。福田笃泰后为吉田茂首相的秘书，曾历任防卫厅厅长官，行政厅长官，邮政大臣等职以及国会议员。《南京大屠杀史料集》未改正，如第 13 卷第 141 页。

③ 中文版《拉贝日记》误植为"冈崎胜雄"，如第 190 页倒数第 7 行。冈崎胜男 20 世纪 50 年代曾任外务大臣。《南京大屠杀史料集》未改正，如第 13 卷第 150 页。

④ 中文版《拉贝日记》误植为"福井喜代志"，如第 191 页第 13 行。《南京大屠杀史料集》未改正，如第 13 卷第 151 页。又有史料集误植为"富古伊"（姓氏"福井"之音读），如中央档案馆、中国第二历史档案馆、吉林省社会科学院合编《日本帝国主义侵华档案资料选编·南京大屠杀》，中华书局 1995 年 7 月第 1 版，第 1034 页第 4 行；中国第二历史档案馆、南京市档案馆合编《侵华日军南京大屠杀档案》，江苏古籍出版社 1997 年 12 月第 3 次印刷版，第 657 页第 18 行。福井淳当时曾代理日本驻南京总领事。

⑤ 『「南京虐殺」の虚構——松井大将の日記をめぐって』，第 36 页。

⑥ 转引自秦郁彦著『南京事件——虐殺の構造』，東京，中央公論新社 1999 年 8 月 20 日第 20 版，第 172 页。

力似亦有关。①

据时任参谋本部第一部（作战部）战争指导课课长的河边虎四郎大佐的回忆录《从市谷台到市谷台》，当时他曾起草过一份以参谋总长闲院宫载仁亲王的名义给松井石根的"严重告戒"。② 此处所谓"严重告戒"即1938年1月4日发出的《关于军纪风纪之件的通牒》。通牒将日军暴行提高到"伤害全军圣业"的高度。③《南京战史》记此事之标题为"异例的参谋总长的要望"，④也不能不承认此事之严重。而在此前之1937年12月28日，已有参谋总长和陆军大臣连署的要求"振作军纪，维持军规"的通牒，陆军省次官也于同日就日军暴行致电中支那方面军参谋长及特务部长。12月末，日本军方派遣阿南惟几来华，当时作为阿南惟几随员的额田坦回忆说：

> 13年（1938年）元旦，笔者随阿南人事局长在南京向松井军司令官报告，据局长说"中岛今朝吾十六师团长的战斗指导违反人道"，因此而对之非难，并感叹士道的颓废。⑤

次年1月末参谋本部第二部（情报部）部长本间雅晴⑥少将来华，目的之一也是了解日军的军风纪。

时任日本驻华使馆一等秘书的田尻爱义说：

---

① 一般多强调是损及了西方的利益，如所谓："理由是攻击南京时炸沉了美舰 Panay 号，炮击了英舰 Ladybird 号，这一事件的外交交涉正在紧张进行，目下英美的气氛十分险恶，所以深虑这一作战的实行将会带来更严重的负面结果。"（井本熊男著《作戦日誌で綴る支那事変》，東京，芙蓉書房1978年6月30日第1版，第184页。）但从原始文献看，此事应该与日军的暴行也有关系。如饭沼守日记12月30日记："方面军中山参谋来，就此次十分遗憾的对外国使馆的非法行为及其他违反军纪的行为，对参谋长一人作了传达，让人惶恐。出示了陆军大臣、参谋总长联名要求方面军在各国动向极其微妙之际，必须十分注意为主旨的电报。有广东方面作战也因此而中止的口吻。"（「飯沼守日記」，南京戦史編集委員会編『南京戦史資料集』，第229-230页。）当时国际舆论的压力，日军暴行是一重要方面。
② 河边虎四郎著『市ヶ谷台から市ヶ谷台へ』，東京，時事通信社1962年11月5日第1版，第153页。
③ 「軍紀風紀に関する件通牒」，南京戦史編集委員会編『南京戦史資料集』，第565页。
④ 南京戦史編集委員会編纂『南京戦史』，第398页。
⑤ 額田坦著『陸軍省人事局長の回想』，東京，芙蓉書房1977年5月1日第1版，第321-322页。
⑥ 本间雅晴后在菲律宾击败麦克阿瑟，战后很快被处决，田中正明对此也极表不满，说：麦克阿瑟"对造成自己在菲律宾失败、名誉扫地地溃逃的本间雅晴中将，有极高的复仇热心。本间中将在审判开始仅二个月就遭到了处决。而且，这一审判的法官和检察官都指明由他的部下担任，所以等于是以私刑进行的处决。"（田中正明著『南京事件の総括——虐殺否定十五の論拠』，第24页。）

南京入城时日本军掠夺凌辱等的残虐行为，据随松井石根大将同行，和外国传教士、教授一起进行防止的冈崎胜男君（后为外务大臣）亲口所告，真是惨不忍闻。①

时任外务省东亚局长的石射猪太郎在东京审判出庭作证时详细叙述了南京暴行传至东京后的情况：

12 月 13 日我军进入南京城，随后，我南京代理总领事（福井淳氏）也自上海复归南京。代理总领事给本省最初的现地报告就是关于我军的暴行（Atrocities）。此电信报告没有停留地立即由东亚局送交了陆军省军务局长。当时外务大臣对此报告既吃惊又担心。对我说，必须尽快有所措置。因此，我向大臣回答，电信既已送交陆军省，在陆、海、外三省事务当局的联络会议上，应由我向军当局提出警告。其后，联络会议即在我的事务室举行（会议根据需要随时在东亚局长室举行是一惯例。本来由陆、海两省的军务局长及东亚局长出席，但其时由陆、海两省的军务局第一课长及东亚局第一课长出席，东亚局长主持会议），会上我对陆军省军务局第一课长提出上述 Atrocities 的问题，说既然称为圣战、称为皇军，对这样严重的事态就应切实采取迅速严厉的措施。课长也完全表示同感，接受我上述提议。其后不久，南京的代理总领事的书面报告到达了本省。这是居住南京的第三国人组织的国际安全委员会作成的我军 Atrocities 的详报，是英文打字件，我南京总领事馆接受后送来本省。我逐一过目后，将其概要直接报告了大臣。根据大臣之意，我在下一次的联络会议上，向陆军军务局第一课长提示其报告，并提出采取严厉措施的希望，军方说最先已向现地军指示要严厉注意。以后现地军的 Atrocities 大幅度缓和。记得约在翌年 1 月末，陆军中央特地派员前往现地军，被派遣的人我知道是本间少将。那以后，南京的

---

① 田尻爱义著『田尻爱义回想録』，东京，原书房 1977 年 10 月 11 日第 1 版，第 62 页。

Atrocities 就结束了。①

石射猪太郎后来在回忆录中也说：

南京在岁暮的 13 日陷落。跟随我军回到南京的福井领事的电信报告和随即上海领事发来的书面报告，让人慨叹。进入南京的日本军有对中国人掠夺、强奸、放火、屠杀的情报。宪兵有也太少，起不到取缔的作用。据报告，因为试图制止，连福井领事周围也有危险。1938 年 1 月 6 日日记记：

从上海来信，详细报告了我军在南京的暴行，掠夺、强奸，惨不忍睹。呜呼，这是皇军么？②

东京审判的记录中有一条，称广田丰中佐来华专任上海派遣军参谋也是因为军风纪。据宇都宫直贤（军涉外部长，后由广田丰接任）回忆，广田丰曾对他说："我和驻南京的日本领事们，仅据最明确的见闻，就有许多妇女和年轻女子在金陵大学内遭到暴行和杀害，这样遗憾的事实，实在让人无地自容。"③1938 年 6 月任第十一军司令来中国的冈村宁次中将说："在东京听到过在南京攻略战时有过大暴行的传闻。"7 月到上海后他确认了如下事实：

攻略南京时，有过对数万市民掠夺强奸等的大暴行。

第一线部队因给养困难，有杀俘之失。④

后任驻南京大使的重光葵战后在巢鸭监狱中所写的回忆也说：日军的

---

① 洞富雄编『日中戦争史資料』8「南京事件」Ⅰ，第 220 页。
② 石射猪太郎著『外交官の一生』，東京，中央公論社 1986 年 10 月 25 日第 1 版，第 332 页。
③ 宇都宫直贤著『黄河、揚子江、珠江——中国勤務の思い出』，1980 年，非卖品，转引自南京战史编集委员会编纂『南京戦史』，第 402－403 页。
④ 稲葉正夫编『岡村寧次大将資料』（上），原書房 1970 年，转引自『南京大虐殺否定論 13 のウソ』，第 32 页。

暴行"被宣传于世界而引起国际问题,使日本名誉扫地"。①

从上可见,日军进入南京后的暴行,在第一时间已远传至了东京的军政高层,所谓东京审判前的不知情,完全不合事实。(日本右翼所谓的"不知道",不限于军政高层,包括进入南京的日本记者等所有人,有关其说不实的根据,我在另文中已详加钩稽,此处不赘。②)

(八) 攻占南京的日本军人在东京审判时所作无罪证明是否可信

东京审判审理南京暴行案时,当年参加攻击南京的辩护方证人、被告的口径并不完全一致,有些在否定上不留任何余地,比如第三十六联队联队长胁坂次郎所说他的部下因捡一只鞋而受军纪处罚是最典型的例子,③有些则承认有"个别的"军纪风纪问题;④但即使并不完全否认日军有军风纪问题,声称公诉人提出的南京暴行既未耳闻、更未目见则如出一口。虽然在前节中我们已谈到,是否预闻其事与是否符合真实并不等同,但如果认定一定数量的当事人的相似见闻违背真实,毕竟也需要证明。所以正面回应这一问题的必要已不仅仅是因为今天虚构派的一再援用。也许是因为东京审判已有结论,也许是认为只要澄清事实这些"证言"即可不攻自破,在我的有限阅读中,对这些"证言"的专门检讨迄今未见。我曾辨别东京审判未受控方质疑的被告方重要证词的疑问,但也未对这些证词作全面检查。最近我将东京审判被告和证人的证词与后来公开的本人日记重新对读,发现两者间的不一并不是偶然的"误差",而是基本的不同。在此仅以上海派遣军参谋长饭沼守少将和第十军法务部长小川关治郎高等法务官两位关键人物为例,看·看他们的证词和事发当时的记录究竟有哪些区别。

---

① 重光葵著『昭和の動乱』上卷,東京,中央公論社 1952 年 3 月 20 日,第 175 页。日军在南京的表现,即使完全从日本的立场出发,也不能不有所"遗憾",如堀場一雄在 20 世纪 40 年代末总结"国家经纶"时说:"攻占南京的结果,招来了十年仇恨,伤害了日军威信。"(堀場一雄著『支那事変戦争指導史』,東京,附事通信社 1962 年 9 月 10 日第 1 版,第 111 页。)

② 请参拙文《南京大屠杀是东京审判的编造么?》,《近代史研究》2002 年第 6 期,第 1-57 页。

③ 洞富雄編『日中戦争史資料』8『南京事件』Ⅰ,第 239 页。

④ 如小川关治郎"宣誓口供书"(辩方文书第 2708 号)称:"在到达南京为止处罚了约二十件军纪犯和风纪犯。"洞富雄編『日中戦争史資料』8『南京事件』Ⅰ,第 256 页。

1. 饭沼守

饭沼守"宣誓口供书"（辩方文书第 2626 号、法庭证据第 3399 号）主要谈了如下几点：一，"上海派遣军编成后松井大将训示"："在上海的战斗以勘定专门向我挑战的支那军为目的，对支那官民则努力保护"，"不累及列国居留民和军队"；二，"对传染病不问彼我悉加治疗，并给予药品"；三，"避免炮弹落入市中心"（上海、南京均如此）；四，"松井大将下达进攻南京的详细训令：……对失去抵抗意志的敌军和一般官民宽容慈悲"；五，"因南京城外的房屋基本被破坏烧毁，日军没有宿舍，超过预定的部队进入南京，由松井大将命令，12 月 19 日，除第十六师团以外的部队全部远退至南京东部地区，命令严格遵守军纪风纪，以恢复城内秩序"；六，"12 月 16 日、20 日、年末三次在城内巡视，在市中未见尸体，在下关仅看到数十具战死的尸体，数万的屠杀连做梦也没见到"；七，"小火灾有，但有组织的放火，既没有看到，也没有报告，城内民居只有极少被焚，几乎保存着旧貌"；八，"进入南京后，有少量的掠夺和暴行报告给了松井大将，松井大将对屡屡训示仍有此事而遗憾，训示全军将士杜绝不法行为，主张对不法行为严厉处罚，之后军纪极其严正，以至于有第十六师团抗议法务部的处置那样的事"；九，部队的征发都"给予了损害补偿"，主人不在的场合都"贴了须支付的证明"；十，安全区受到了保护，没有特许不能进入，所以"当然没有集团的、有组织的、持续的侵害"；十一，"我不知道南京安全区委员会有许多抗议，也没有向松井大将报告"。①

松井石根从上海派遣军组建后一贯强调"严格遵守"军风纪，是东京审判时被告方证人的一致"证明"，饭沼守证言在所有证言中的特别证明力，一在于他的参谋长身份，更在于他说有些"训词"的下达是他亲口所传（如 12 月 4 日）。但从《饭沼守日记》（1937 年）8 月 15 日至 12 月 17 日期间，我们没有看到任何松井要求注意军风纪的记录。一般来说，有没有记录和是不

① 洞富雄编『日中戦争史資料』8「南京事件」Ⅰ，第 251－252 页。

是事实并不能简单画上等号。如果日记只是粗记大略，而某事又无关紧要，不记的可能不能排除。《饭沼守日记》的不同在于饭沼所记细大不捐，十分详尽，而且，关键是饭沼——其他证人也同样——都说这些"训词"为松井着意强调，所以，有关的记录不可能完全"遗漏"。没有遗漏的可能，却没有，只能说明饭沼在东京审判所作的证明不是实情。《饭沼守日记》12月18日始提到军风纪问题，原因我们在上节已提到，是因为日军进入南京后的表现通过西方媒体和在华特别是在宁西方人士的抗议使日本最高军政当局感到了压力。

证言中所谓对传染病"不问彼我悉加治疗"，在日记中也完全没有记载。不仅没有记载，有的只是相反的对待。比如日记中多处记有所谓"处理"——屠杀的缓称——俘虏，如9月6、7两日两次屠杀宝山城内外各约600名俘虏，9月9日"敌人的尸体中……有的是双手被绑着杀掉的"，10月19日"3D(D是师团的代号——引者)占领黄家宅之际，俘虏中11名负伤者处分"等。① 揆之情理，连放生都做不到，怎么可能"不问彼我悉加治疗"？第十六师团师团长中岛今朝吾中将12月13日日记在记述"处理"俘虏时说到"忧虑"俘虏"一旦骚动"；② 前文引及的步兵第一〇三旅团旅团长山田栴二少将12月15日所记"全部杀掉"，和"没有粮食"的"困惑"多少也有关联。以后虚构派便多以此为"理由"。如日本第一部否定南京大屠杀的专书《南京大屠杀之谜》引山田原话时便"篡改"了原文，使"没有粮食"成为"处理俘虏"的直接原因。虽然按照文明社会的标准日军的"忧虑""困惑"不能成其为可以"处理"俘虏的理由，但作为一支国际法意识淡漠的军队③ 把俘虏看成负担确实也并不出人意表，而"不问彼我悉加治疗"则与当时日军的"性格"反差太大，没有真实性，所以日记中找不到蛛丝马迹毫不奇怪。

我们在前面第二节中曾引述了当时在宁中外人士的记录，从中可见南

① 「飯沼守日記」，南京戦史編集委員会編『南京戦史資料集』，第99-100、105、155页。
② 「中島今朝吾日記」，南京戦史編集委員会編『南京戦史資料集』，第326页。
③ 日军名义上有国际法顾问，中支军顾问为斋藤良卫法学博士。但日本左翼学者则严厉批评日本军队为"前近代的""野蛮的"军队，如津田道夫著(程兆奇、刘燕译)《南京大屠杀和日本人的精神构造》，香港，商务印书馆2000年6月第1版，第89页。

京所遭到的轰炸,所以饭沼守所谓努力避免轰炸城市的证明从反事实的角度看没有意义。但退一步说,是不是饭沼并不知情呢？随便翻一下《饭沼守日记》,发现情况正相反。9月11日饭沼记录了"海军(当时日军航空部队尚未成为独立军种——引者)轰炸南市"。9月15日日记一开始就记录了"海军16日以后除了对南京扩大轰炸,还将对汉口、南昌等腹地攻击"。此条足见饭沼不仅知情,而且完全知道日军对"城市"的轰炸计划。以后除了屡屡记录日军的轰炸外,日记中还留下了许多具体的轰炸目标和后果。如9月20日"海军攻击南京,约正午十六机轰炸参谋本部、国民政府等处"。10月30日因租界内被炸,引起西方使团抗议:

> 上午10:00,原田少将来,谈了下面的情况:29日约4:00极司菲尔(Jessfield)公园落下日本军八发炮弹,要求停止炮击,但今天4:00公园又飞来十余发,死者英兵三,负伤者数名,(英国？)来严重抗议,质问日本军如何处理。意大利说4:00在和英国警备交界处落下炸弹,好意地要求停止。法国因在约7:00在霞飞路(Avenue Joffre)租界和铁道线中间,美国同时在哥伦比亚路(Columbia Road)落下一发日本炮弹而来要求停止炮击。

在频繁的轰炸引起了西方国家抗议后,日军才感到压力。11月2日松井石根表示了"对损害应该细心注意",但即使在此时,松井说的也只是不包括中国的"列国的权利"。而且,恰在此日日记中还有一条耐人寻味的记录:"陆军长官明确表示对昨日下午飞过的英国飞机应该击落。"[①]可见日军对西方的态度也不像东京审判所说。

饭沼守的证言经不起自己日记的检验,以上几例已足可说明。最后我们再来检查一下最重要的一点,即,日军当时的表现在这位参谋长眼中究竟如何,是不是像他在东京审判时所说的"极其严正"。我们在前文中引及的

① 「飯沼守日記」,南京戦史編集委員会編『南京戦史資料集』,第106、111、118、168、174、175页。

"山田支队之俘虏一万数千,被逐次以刺刀处决",其实是最严重的违反国际法的犯罪证据,但因饭沼和日军其他官兵一样,以为这样的"处决"是"战斗行为",我们可以姑且不论。在此仅看看战斗以外的情况。12 月 19 日:"据宪兵报告,18 日中山陵内的建筑被放火,至今仍在燃烧。又,难民区由军官带领部队侵入强奸。"此处虽未明言纵火者的身份,但宪兵的职司本是检举本军的军风纪,而且其时中国兵早已屡遭拉网式的酷烈搜捕,有幸逃脱者唯恐无处藏身,所以纵火者只能是日本兵。饭沼在东京审判断言没有接到过纵火的报告,应该不是"遗忘",因为真是遗忘,反而不会说得那么斩截。我们再来继续检查。(1937 年)12 月 24 日记:"从军纪风纪、皇道精神看,恶劣的掠夺行为,尤其是士兵特别多,必须断然振作。"(1938 年)1 月 14 日对被宪兵逮捕的违法军官"愤慨之极";1 月 21 日因抢劫、强奸事件而"实感遗憾";1 月 26 日记第三十三联队第八中队"天野中队长"率兵强奸;1 月 29 日记法务部长关于强奸、伤害,尤其是强占的报告;2 月 12 日对宪兵报告的"日本兵的非行""实堪感叹"。这一时期饭沼在日记中每每提到军风纪。如12 月 30 日对驻扎南京及附近地区的副官就军风纪提出的"严重注意"(南京警备司令佐佐木到一少将[步兵第三十旅团旅团长]在同一场合亦提出"注意及希望"),中支方面军参谋中山宁人少佐传达方面军对"非违"及"不军纪"行为的"非常遗憾";1 月 6 日对"军纪风纪"的"十分注意"[①]等。"遗憾""愤慨"以及频繁地强调军风纪,当然不是无的放矢。

饭沼守的"遗憾""愤慨"并不是他特别敏感,而是按照低标准的"皇军"的尺度,[②]日军的表现也不能及格。在此举一饭沼同事的观感以为助证。上海派遣军参谋副长(副参谋长)上村利道大佐的日记对同一时期日军的表现也有记载。早在 12 月 12 日日军进入南京的前日,上村的日记中已记有:"皇军无军纪之一端已有耳闻,实在是遗憾万千。"12 月 16 日记:"关于城内

---

① 「飯沼守日記」,南京戦史編集委員会編『南京戦史資料集』,第 220、224、237、237、248、229 - 230、234 页。
② 被南京暴行受害人李秀英状告并败诉的松村俊夫,在其惹祸的著作中开篇即谈到"中共军队""保有纪律""与暴行无缘",以反衬"当时的支那军队"的"无行"(村俊夫著『「南京虐殺」への大疑問』,東京,展転社 1998 年 12 月 13 日第 1 版,第 19 - 36 页[正文起自 19 页])。松村"疑问"的目的在于为日军洗刷,举出中国军队坚壁清野等"破坏",无非是想诿过于人。但联想到日本每有人说美苏军队都有暴行,我想日本右翼"进攻"背后实寓"退守"的潜台词,即:对日军的要求太严了。

军纪之点,闻之者皆为恶评,令人遗憾。"12月27日记:"南京城内有学术价值的、珍贵的文物,渐渐被为了渔获的士兵们破坏,(风早大佐、时任中佐来联络)采办第二课所需。"①所谓"第二课所需",可见掠夺之于日军,不仅是"个人"行为。② 1月8日记:"据宪兵报告,军纪上的无行者有相当的数量,召集少尉、准尉,对无廉耻行为遗憾至极。"③

"遗憾至极""遗憾万千",恨铁不成钢的心情,溢于言表。但正是因为日记主人的日军立场,使这些记录具有更强的说服力。这种强烈情绪和东京审判时所谓"少量"暴行的轻描淡写,恰成一鲜明对照。我想何者为实,何者为虚,不言已可自明。

2. 小川关治郎

小川关治郎"宣誓口供书"(辩方文书第2708号、法庭证据第3400号)主要作了如下几点"证明":一,"松井司令官当然要求严守军纪、风纪,为了保护支那良民和外国权益,还要求严格适用法";二,"自己到达南京为止处罚了约20件军纪犯和风纪犯,风纪犯处理困难,因通奸还是强奸不分明";三,"12月14日约正午进入南京……其时仅看见战死的中国兵尸体六、七具,其他尸体没看见……在南京驻留期间,没听说日本兵有不法行为,也没有不法事件被起诉,日本军是作战态势,军纪很严肃"(原文如此,当指严正);四,"宪兵严守松井司令官的命令,严格取缔警戒";五,"1938年1月4日在上海与松井大将会面时,大将特别强调'对犯罪的处罚要严正'"。④

小川关治郎以资深法务官出任第十军法务部长,军风纪是他的"专业",他的证言也因此最易被局外的第三者作为"权威"证据,所以理应受到认真检查。但在东京法庭上小川的证言却未受到控方的任何质讯,在法庭之外,小川的证言在前引拙文发表之前也未受到任何质疑。我一直在想,之所以

340

① 「上村利道日記」,南京戦史編集委員会編『南京戦史資料集』,第270、272、280页。
② 至于对日用品的掠夺,则是日军的一项"工作"。比如步兵第七联队在12月13—24日的"成果表"中就记载了大到各类汽车(32台)、小至压缩饼干(1 600箱)的77种、成千上万件"卤获品"。(步兵第七聯隊「南京城内掃蕩成果表」,南京戦史編集委員会編『南京戦史資料集』,第630页。)
③ 「上村利道日記」,南京戦史編集委員会編『南京戦史資料集』,第287页。
④ 洞富雄編『日中戦争史資料』8「南京事件」Ⅰ,第256 - 257页。

日本以至西方一直有人认为东京审判为胜者强加，像小川这样的证言未受检讨应该是一个重要原因。而之所以未加检讨，找不到有说服力的"内证"恐怕是一个关键。因为每个个体的视界都有局限，彼眼所见，不能替代和否认此眼所见，所以仅从外部找根据，绝对地说只能是针锋不接。从这点上是说小川日记的重见天日①为辨明小川证言提供了最有力的对照。

　　以下我们来逐一检查小川关治郎在东京审判时的证言和事发当时的耳闻目见究竟是否一致。小川在"宣誓口供书"中两次提到松井谈军风纪，一次说要"严守""严格适用"，一次又"特别强调"，口气慎重，当不是例行公事或应景的客套，依小川每日对所遇人事详细记录的习惯，这一对口指示不可能省略不记。所以当读遍全编没有看到松井的类似讲话时，我们自然可以断定"证言"不是真话。但我之所以敢断言小川证言不实，还不仅是因为日记没有记载，而是因为日记直接暴露了小川的"弄巧成拙"。上引之五"1938年1月4日在上海与松井大将会面"云云，时、地、人十分具体，当年控诉方无从置喙的难处，很可以想见。但正是因为具体精确，使我们可以按图索骥，与日记对照。小川日记1月4日记录了他二次去第十军司令官柳川平助中将处谈涉姓少佐的案件及参加兵器、军医、兽医、法务诸部的欢送会，根本没有离开杭州（第十军司令部驻地）。小川7日才离杭赴沪至中支军报到，②直到15日才得见松井。15日日记详记了和松井见面的情况，松井大谈对中政略，如何推翻蒋介石政权、如何建立亲日派政权、如何实现"大量日本人移民支那的百年计划"等，就是没有一字谈到军风纪。不仅没有谈到军风纪，此日日记还留下了一段颇堪玩味的感受：

　　　　司令官（原注：松井石根大将）是保持威严？还是生来的傲慢气质？和迄今接触过的大将比，是有点奇怪的类型。长官不太端架子，能使自己的方针为下级理解，我以为这样才好。完全没有必要那样的摆

日本现存南京大屠杀史料概论

341

①　小川日记珍藏到今日，长期不为人所知，连与他晚年一同生活的女儿都感到"吃惊""完全没有记忆"。長森光代著『わが父、陸軍法務官小川関治郎』，小川関治郎著『ある軍法務官の日記』附録，東京，みすず書房2000年8月10日第1版，第210页。

②　中支那方面军未设法务部，小川负责军法会议日常事务。

排场。过于端架子，未免不能让接触者所述的充分意见得到考虑，因此，种种考虑也难以使上级了解。特别是长官和部下的关系，下者充分了解上面的意见，上者充分研究下面的意见，倾听有意见者的意见决不是无益的……（省略号为原文所有——引者）端架子的原因是什么呢？①

有关松井其人，有各种描绘，如东京审判时冈田尚等日方证人所作的不实证词，但从没有人说过"傲慢""端架子"。松井给小川的印象之所以与众不同，我以为原因在于陷松井于尴尬境地的军风纪。日本政、军高层迫于欧美强国压力要求中支军约束军风纪，使松井十分难堪，攻占"敌国"首都的欢愉也因此一扫而光。中支军军法会议在这样的背景下临时拼凑，对松井而言，当非出自本愿（从松井继任者畑俊六大将等日记看，松井之被解任多少与军风纪有关②）。所以，对年资相若并无过节的小川，松井一反常态的"傲慢""端架子"，不论是真心流露还是故作姿态，所传达的都不外乎是对军风纪压力的抵触情绪。

小川证词中系日明确的还有一条，即所谓"12 月 14 日约正午进入南京""其时仅看见战死的中国兵尸体六、七具"。小川日记同日条记沿途见闻甚详，"进入南京"时的情况如下：

> 路旁支那正规军士兵（前同样语句中有"尸体"两字，此句当为省略——引者）重叠燃着旺盛的火。日本兵看着脚下横卧着的尸体似乎毫无感觉。可以看到因道路拥挤而跨越燃烧着的尸体前行的士兵，对人的尸体很快就什么感觉都没有了。渐渐至南门。全部由石块累成的城墙高约三丈，昨天的战斗有被我炮弹破坏之处，但城墙的厚度相当于汽车路，普通的炮弹到底难以使之崩塌。一进门，看到两侧支那兵的累

---

① 小川関治郎著『ある軍法務官の日記』，第 153 - 154 页。
② 见『陸軍大将畑俊六日誌』，南京戦史編集委員会編『南京戦史資料集』，第 52 页。原文系于 1938 年"1 月 29 日"，但其中有 2 月 5 日、6 日事，而此条之次日为 7 日，故此条应是 29 日至 2 月 6 日的内容。

累尸体。①

　　原来口称"六、七具"尸体的小川，亲眼所见的是"累累尸体"！所谓事实胜于雄辩，不论小川作证的动机如何，他的证词对照日记只能说是伪证。

　　与日军作战指挥（如前面提到的第三十六联队长胁坂次郎）的矢口否认不同，小川承认有极少量的"军纪犯"和"通奸强奸不明"的"风纪犯"，似乎他的证词还不是完全没有客观性，因此，小川证词的不实虽从以上两例已可"举一反三"，但要彻底辩明所谓的"军纪很严肃"，还是有必要检查日记。

　　11月24日日记：

　　　　所到之处恣意强奸，不以掠夺、放火为恶事，作为皇军，这实在是难以言表的可耻。作为日本人，特别是应该成为日本中枢的青年男子，假使带着这样无所顾忌的心理风习凯旋而归，对日本今后全体的思想将产生怎么样的影响？想到这一点，让人栗然。我想日本政府当局应对此研究，对思想问题应加以根本的大改革。这是稍稍极端的说法。然而如某人所说：日本兵比支那兵更残虐，这是作为日本人的我们不胜感慨的。听说支那人将我们日本人称为猛兽，将日本兵称为兽兵，闻之使人战栗。从支那方面来看当然是这样。作为我们，对日本兵的实际见闻不堪遗憾之例不遑枚举。

　　小川并不以"野兽""兽兵"为诬枉，是因为"实际见闻不堪遗憾之例不遑枚举"，所以作为职业军法官的他只能"不胜感慨"。

　　11月25日记：

　　　　昨夜3时半松冈宪兵大尉不拘深夜来报告重大事件。事件为第六

---

① 小川関治郎著『ある軍法務官の日記』，第111-112页。

师团五名士兵(内伍长一名)在约三里(一日里约当近四公里——引者)的乡间劫持十几至二十六岁女子在某处大空宅恣意强奸。而且,劫持之际枪杀逃跑的五十五岁女子,并射伤另一女大腿部。违反军纪,不逞之极,让人无话可说。

△(日记原符号——引者)日本政府声明,今后以支那政府为敌,不以一般国民为敌。然而,日本兵对没有任何罪过的良民的行为不逞之极,如何看待在这样行为之下的一般支那国民的更进一步的抗日思想呢? 为了日本帝国的将来计,让人不寒而栗。

(中略)看日本兵对支那人的使役,用枪对着,完全像对待猫狗,因为是支那人,完全不抵抗。反过来,如果和日本人易位而处,会怎么样呢?

虐待军人,因战争的酷烈有时难以完全避免,但非人的对待"良民",则再怎么退而说都是没有任何理由的。所以小川能将心比心,想到"易位而处",既说明小川还有起码的良知,更是由于日军表现"不逞之极",使小川不能不受到震撼。

11 月 26 日记:

从各方面的观察,不仅第一线部队,后方部队的狡狯之兵也故意落伍,进入民家干恶事。如上记杀人、掠夺、强奸事件的被告人即是此类。结果,正直的、认真的士兵在第一线英勇奋战,稍一疏忽即战死,狡狯的家伙恣意妄为,什么战斗也不参加,称作国贼、反逆者、害群之马绝非过言。越发使人感慨。

(中略)他们一看到日本兵立即逃散,女子、小孩似对日本兵极其恐惧,这是日本兵所做恶事造成的。如果什么恶事也没做,理当不会逃跑。真是使人非常遗憾。

皇军的脸面是什么呢? 所谓战争,自己开始什么都不能判断,但上记支那人对日本人的感情,日本兵素质今后对青年男子的影响,完全让人寒心。①

（此日日记后记法务部成员田岛隆式调查 25 日日记所记强奸杀人案，谓"听现场调查状况，其恶劣超出想象"，而特别可注意者为此案中杀死三人、杀伤三人，而中支军军法会议日志所载正式案卷和判文仅为一死一伤，可见战时日军正式记录对事实已有损益。②）中国民众对日军"极其恐慌"，由"日本兵所做恶事造成"，"让人寒心"，单凭此日所记就足见小川的法庭证词全未据实。

11 月 29 日记：

> 有的士兵让支那人背负行李，（中略）稍有不从或显出不从的样子，就立遭处罚，让人无话可说。途中看到士兵二人拔出剑刺击一个仰向的支那人。又一个支那人沾满鲜血，苦痛不堪。见及于此，感到战败国国民之可怜无以复加。

当时强征中国人随军服苦役的情况十分普遍，12 月 11 日又记：

> 这些支那人拼着命背负行李，其中有相当的老人，没有比战败国良民更不幸了。这样的场合，对我士兵稍有不从，立即处罚。万一逃跑，就在这一带立即处决。③

行文至此，忆及前些年在美日侨为战时收容向美国政府索赔，④在索赔

---

① 小川関治郎著『ある軍法務官の日記』，第 59、62 - 63、65 - 66 页。
② 我曾仔细比对小川日记和第十军法务部日志和中支军军法会议日志，以日军在金山卫登陆后的确凿证据证明日志对日军表现的记录已有隐瞒；又以周继棠等中国人案失载推断今刊日志经过了删节。详请参前引拙文《小川关治郎和〈一个军法务官日记〉》下篇之一"从日记所记周继棠等被处决案可见日军对中、日两方受审者的量刑极不公平，也可疑今刊日志已遭删节"、之二"从日记与日志的异文可见日志对事实的损益和日记的重要价值"。
③ 小川関治郎著『ある軍法務官の日記』，第 78、105 页。
④ 珍珠港事件后，美国曾将日本侨民集中监managed，这一举措是由当时的特定背景决定的。作为一个敌对国，尤其是一个以偷袭方式使自己蒙受巨大损失的敌对国，日本对于美国来说已毫无信用可言。因此，疑及日本侨民，采取防范措施，不仅十分自然，也有充分理由。但事过境迁，在一个没有硝烟的时代，你死我活的环境已为人淡忘，圈居与现代立法理念的抵触却日益突出。于是，在美日侨向美国政府控诉战时所受到的"非人待遇"，要求美国政府道歉赔偿，不仅得到日本朝野的一致支持，美国也不得不作出让步，给予赔偿。

过程中,日本电视台数度播放难民营实景,作为所谓"不人道"待遇的证据。对照小川所述及类似记录,日军加诸中国人的苦痛比起日侨所受的"迫害"真是何止百倍!

因为第十军登陆后并未受到激烈抵抗,所以第十军所过之处留下的尸体,必有相当部分是此类随意"处决"的受害者。从金山登陆起,几乎每到一处,小川都会遇到中国人的尸体。如11月14日上午往张堰镇途中,"河、潭、田中到处都是尸体""尸体不计其数",下午到达金山时所见尸体中居然有的"全裸"。11月17日在金山郊外,"今日仍有支那人尸体"。11月28日在往湖州途中,看到"累累尸体",其中相当部分穿着平民服装。12月10日小川记:"途中各地所见支那人尸体,不计其数。"这样大量的尸体使小川的感觉变得麻木,诚如他在12月11日日记中所说:

> 最初由李宅向金山进发途中看到支那人的尸体时,总有异常的感觉,但渐渐看到大量的尸体,就习以为常了。此时的感觉就如在内地看到狗的遗骸一样。

杀人,或者说抹杀中国人的生命权,是第十军在中国的最严重犯罪,其他"军风纪"问题,直至中支那方面军、上海派遣军、第十军的建制撤销,行将回国之前,同样也很严重。如2月15日日记中有:

> 冢本法务官到,听取南京方面事件的状况。特别是接受了天野中尉强奸事件的详细报告。(中略)各方面强奸事件频频发生,对之如何防止是应特别研究的问题。①

以上所见种种,对辩明小川在东京审判所说未闻日军犯罪可谓釜底抽薪,是最有力的反证。虽然,我们不能将小川之例无限夸张,断言当时类似

---

① 小川関治郎著『ある軍法務官の日記』,第27、30、44、102、107、192页。

的证据都是有意作伪，但小川——包括饭沼——证词和日记的相反记载，至少可以证明东京审判时与小川和饭沼相同的那些证词不合实情。

（九）被称为南京大屠杀象征的百人斩案是不是媒体的编造

南京大屠杀在日本受到广泛关注始自 20 世纪 70 年代，其直接起因是本多胜一 1971 年 8 月末起至 12 月在《朝日新闻》连载发表的《中国之旅》。① 本多作为《朝日新闻》的记者，1971 年获准来华，6 至 7 月份连续四十天，先后访问了广州、长沙、北京、沈阳、抚顺、鞍山、唐山、济南、南京、上海等地。本多每到一处，都要寻访日军暴行的旧迹和幸存的受害人，《中国之旅》即是他此行的记录。由于本多的严厉批判，加上《朝日新闻》的特别影响力，"南京大屠杀"成了日本大众不得不面对的一个现实，也使持反对所谓"东京审判史观"者不能自安，由此为推动力，形成了一波强于一波的否定南京大屠杀的汹涌浪潮。第一个站出来"批驳"本多胜一的是铃木明。1972 年，他在日本右翼重镇《诸君！》4 月号发表了《"南京大屠杀"之谜》。次年铃木的论集也以此为题名。② "谜"③之谓，从那时以后被与汉字"虚构"同观，并成了完全否定"南京大屠杀"的"虚构派"的通名。《谜》向《中国之旅》提出的第一个挑战便是"百人斩"杀人竞赛。"百人斩"是指上海派遣军第十六师团步兵第九联队第三大队副官野田毅少尉和同大队步兵炮小队长向井敏明少尉在日本进攻南京途中的杀人比赛。此一比赛在当时即有大名，④两人因此而在战后被南京军事法庭判处死刑。《谜》认为，"百人斩"是媒体的编造，实无此事。日本左右两翼因此展开了激烈的论辩。洞富雄以后的日本"大屠杀派"第一人藤原彰去世前在回答有关问卷时说：此事"是作为战斗中的勇武

---

① 本多胜一后来说："我迄今写过各种各样的通讯，但像《中国之旅》连载时所引起的那么强烈而深刻的反应，是从未有过的。"本多胜一编『裁かれた南京大虐殺』，东京，晚聲社 1989 年 6 月 1 日第 3 次印刷版，第 85 页。

② 铃木明著『「南京大虐殺」のまぼろし』，東京，文藝春秋社 1973 年 3 月 10 日第 1 版。

③ 有关铃木明否定"まぼろし"的旧译，而称应译为"谜"，请参拙文对《〈拉贝日记〉是"无根的编造"么？》第三节注，《近代史研究》，第 166 页。

④ 此报道 1937 年 11 月 30 日、12 月 4 日、12 月 6 日、12 月 13 日分四次刊于《东京日日新闻》(《每日新闻》前身)，其中 12 月 13 日还载有两人手撑日本刀的大幅照片。

传制作的,但可以认为杀过不抵抗的俘虏"。① 如果将这个回答作为论辩的一个结果,此事就"义理"言,至今仍可谓各执一端(所谓"杀过"俘虏);就本事而言,则不能不说已让虚构派胜出了一筹(所谓"制作")。日本"大屠杀派"中迄今距原来观点最近的本多胜一也说:"用日本刀'试斩'和屠杀俘虏,在当时中国是日本官兵的家常便饭。因偶尔表面化,M 和 N(指向井和野田)被处刑,对于二人来说,确有值得同情之处。"②虽不否认"试斩",但对"比赛"本身也倾向于认为是媒体编造。

因此事是所谓南京大屠杀的"象征性事件",③更重要的是因为有关的讨论确实还有未尽之意。所以我以为消极地退让,承认"百人斩"是媒体制作的"勇武传",在今天至少还为时尚早。如果对战时《东京日日新闻》的报道冷静地加以分析,其实并不难看到"报道"对"事实"的"润色"。就"报道"而言,在当时歇斯底里的环境里,向着"勇武传"方向的扩大几乎无法避免:再而三(《东京日日新闻》说,共从头开始了三次)地比赛"杀敌",自己毫发无损,这种话不仅过于"勇武",而且已近于神话。但正好在本多的《中国之旅》连载时,有个叫志志目彰的人在月刊《中国》1971 年 12 月号上发表了一篇非常重要的回忆。志志目回顾事发不久野田毅回到故乡小学时曾对他说过这样一段话:

> 乡土出身的勇士啦,百人斩竞赛的勇士啦,报上写得都是我。……实际突击中杀的只有四、五人……
>
> 对着占领了的敌人的战壕,"你来,你来"(原为中国语——引者)叫着,支那兵都是傻瓜,渐渐的都出来过来了。让他们排着,然后左一个,右一个斩……
>
> 得到"百人斩"的评价,实际几乎都是这样斩的……

① 「まぼろし派、中間派、大虐殺派三派合同大アンケート」,『諸君!』,第 193 页。
② 本多勝一著「据えもの斬りや捕虜虐殺は日常茶飯だった」注 1,『南京大虐殺否定論 13 のウソ』,第 115 页。
③ 日本《诸君!》杂志最近问卷调查中语。「まぼろし派、中間派、大虐殺派三派合同大アンケート」,『諸君!』,第 166 页。

这一回忆连否定百人斩议论中"论证"最为"详细"①的山本七平也不能不承认是"准确度非常高的证言"。② 如果配上今天仍存于世的大量砍杀束手俘虏的照片，我们可以透过《东京日日新闻》的夸张报道，看到野田毅（向井敏明也可以推求）杀的只是如他本人所说的放下武器的"傻瓜"。杀人而非杀敌，真相若此，似乎过于平淡，却更可见日军的有悖人伦。

对日本右翼的周讷，我在《再论"百人斩"》③中进行了辨析，具体论证请参拙文。我的结论是：日本"虚构派"号称的内在、外缘两方面的"证明"，——"日本刀"的所谓"物理局限"有悖事实自不必说——即便全部属实，也完全不足以动摇战时"百人斩"的记载。我这样说并不是相信战时的记载字字为真，因为既然取肯定"百人斩"的立场，对战时记载的审视就只能更严。我只是说在大量杀人这一关节点上，"百人斩"仍无可怀疑。站在受害者的立场上，所谓"同情"固然绝不能为人接受，即使以外在于感情的"学术"来衡量，"百人斩"也远未被推翻，所以，从任何意义上说，这一阵地都不应、也不必轻易地放弃。

二、

（一）屠杀人数认定的歧见有没有客观原因

有关南京被屠杀人数的争论，大致说来有两个方向，一是战死和屠杀的区别，一是死亡的绝对人数。这两个方向又互有交错。如虚构派否认屠杀，但并不否认战死，像前引大井满所谓"无限地接近于0"，指的是所谓"非法屠杀"，而不包括战死；屠杀派强调屠杀，但在被屠杀人数的计算上包括战死。日本三派对屠杀人数认定的巨大差别，除了在本文下篇开始提及的"立

日本现存南京大屠杀史料概论

---

① 山本七平著『私の中の日本軍』下「日本刀神話の実態」「白兵戦に適されない名刀」，東京，文藝春秋社 1975 年 12 月 15 日第 1 版，第 67－118 页。

② 同上，第 70 页。

③ 《江苏社会科学》，南京，2002 年第 6 期，第 135－140 页。

场"原因,主要是第一手材料的缺乏和混乱。日本有关屠杀和尸体的记录并不在少数,但没有任何统计材料;西方人士为数不少的各类暴行记录,尤其是其中的屠杀人数记录,规模也十分有限。所以对人数的认定唯赖中国材料。本文的论述对象是日本史料已一如文题所示,但因人数问题是"南京事件"所有争持中的最大争点,不宜省略,仍有论述的必要。

我曾经在《日军屠杀令研究》的最后一节中从数字改变不了性质、昔年掩埋的尸体在数十年中已风化殒灭、当时即有大量尸体被推入长江、传世的第一手材料极不完全等角度,说过屠杀人数只具有次要的意义。(后因考虑到这一问题在时下南京大屠杀研究中所处的中心位置,觉得在一篇不同题旨的论文中附带谈论不够慎重,所以在投出时删去了此节。[1])我这样说当然是考虑了解决这一问题所面临的客观限制,但这样说的出发点还在于:对这一问题的过分强调不利于研究的深入。日本虚构派长期在数字上作文章固属无谓纠缠,但多于或少于标志性数字改变不了屠杀的性质则确是毋庸置疑的。然而,这决不是说被杀人数问题已无关轻重。[2]

日本对被杀人数有大相径庭的各种观点,这些观点都号称出自于有据的"考证"。大致说来,"虚构"主张,20 世纪 80 年代及以前主要以亲身涉案者及媒体从业员为代表,前者如田中正明、[3]山本七平,[4]后者如铃木明、[5]

---

[1]　后作为《日军屠杀令研究》的跋语,收于程兆奇著《南京大屠杀研究》,上海辞书出版社 2002 年 12 月版,第 101 - 104 页。日本立命馆大学的某学者最近在右翼刊物撰文,称拙著在"中文研究著作"中还算"健全",然后话锋一转,说:"通观全书内容可见,在中国要想与国家意志相反或独立于国家公式见解论述南京史事,不能不说还不可能。"(アスキュー・デイヴィッド著『南京大虐殺の亡霊』,『諸君!』,2005 年 12 月号,第 164 页。)可惜的是他举的例子是所谓"尸体数字的极大化"。拙著的论述涉及广泛,但恰恰未谈具体数字(我的所有相关文字都未谈过具体数字),这是右翼学者观念先行的虽极小但有力的新例证。

[2]　我曾在埼玉乡间与一位日本前辈学者交流,他不仅对虚构派的数字"研究"嗤之以鼻,对屠杀派的有关工作也不以为然,讥为"専門バカ"(差可比为"书呆子")之见,说:一,"应该看到日本军摧毁了中国人民的生活基盘,即使没被直接屠杀,也等于遭到了间接屠杀,这才是最重要的";二,"中国人民说多少就应该是多少,这不是一个数学问题"。这是我所遇到的最极端的意见。但他也不能不承认如果完全无视数字,会使大屠杀问题"空洞化"。

[3]　田中正明在"大亚细亚协会"时曾是松井石根的秘书,在事发前年曾随松井访问西南及南京等地,著有『「南京虐殺」の虚構──松井大将の日記をめぐって』;田中正明著『南京事件の総括──虐殺否定十五の論拠』。

[4]　山本七平虽与"南京事件"无关,但也是战时日军的一员(曾任日军第一〇三师团炮兵少尉),著有『私の中の日本軍』上、下,東京,文藝春秋社 1975 年 11 月 30 日、12 月 15 日第 1 版。

[5]　铃木明先在民营电台工作,《"南京大屠杀"之谜》"一炮打响"后成为自由撰稿人,著作见前注。

阿罗健一①等;90年代后至今天除了小林よしのり②等各色人等,更多的活跃人物为学院中的"学者",如东中野修道、③藤冈信胜、④渡部升一⑤以及最近崭露头角的北村稔。⑥

比较起"虚构"的主张,中间派对被杀人数的认定,尤其是对事件的评价,有一较宽的幅度。如主张"非法"被杀人数在数千至一万余的所谓"小屠杀派",亩本正己、⑦板仓由明⑧等人的观点与虚构派已十分接近,樱井よしこ⑨实际所起的作用更已形同虚构派最大的代言人。而主张非法被杀人数在约四万的"中屠杀派"秦郁彦、⑩则曾有与屠杀派"一致"的一面。由于秦氏的情况有一定特殊性,有必要稍作交代。秦氏在"昭和史"特别是"日中战争"研究领域作过广泛工作,近年虽和屠杀派渐行渐远,⑪但在相当一段时间他的主要论敌是虚构派,他在南京大屠杀方面的代表作《南京事件》的基

---

① 阿罗健一曾在出版社从事企画工作,著有『聞き書南京事件——日本人の見た南京虐殺事件』,東京,図書出版社,1987年8月15日第1版。
② 小林よしのり为漫画家,近年一直通过漫画的形式否定南京大屠杀,也以议论的形式否定南京大屠杀,如『「個と公」論』,東京,幻冬舍2000年5月5日第1版。
③ 东中野修道为亚细亚大学教授,著有『「南京虐殺」の徹底検証』,東京,展転社1998年8月15日第1版。从2002年起主持出版《日本"南京学会"年报》,我曾予辨析,见拙文《日本〈南京学会年报〉辨析》,《近代史研究》2003年第6期,第169-208页。
④ 藤冈信胜曾为东京大学教授,现为拓植大学教授。原为日共党员,"苏东波"后退党转向。著有否定侵略著作多种,关于南京大屠杀,与东中野修道合著有東中野修道、藤岡信勝著『ザ・レイプ・オブ・南京の研究——中国における「情報戦」の手口と戦略』。
⑤ 渡部升一曾为上智大学教授,现为上智大学名誉教授,著有大量否定侵略的著作,虽然没有南京大屠杀方面的专书,但因久已在各种场合屡有表演,也有相当影响。
⑥ 北村稔为立命馆大学教授,著有『「南京事件」の探究——その実像をもとめて』。将北村归于虚构派的根据是他此著的结论,他自己也许不承认任何派,日本屠杀派也没有称其为虚构派。北村长期从事中国近现代史研究,以前未就"南京事件"发表议论,基本是"专业"型学者,他在此著后记中也自称所持的是"邓小平以后中国作为重要行动准则的'实事求是'"(第193页)。但此著出版后受到了右翼的热捧,左翼学者则对其著之"政治"倾向进行了批判(如山田要一著『歴史改ざんの新意匠——北村稔『「南京事件」の探究』の実像』,『人権と教育』341号,東京,社会評論社2002年5月20日,第139-149页)。这一捧一批,使他很快右转,在时下右翼刊物中常见他的泛泛议论,如『「南京百人斬り裁判」は冤罪』,『諸君!』2005年6月号;vs 櫻井よしこ『中国人を不幸にしたのは「日中戦争」ではなく「共産主義」』,『諸君!』2005年12月号。
⑦ 日军攻克南京时亩本正己为独立轻装甲车队的小队长,后为陆上自卫队将官、防卫大学教授,著有「証言による南京戦史」1—11,東京,《偕行》1984年4月号—1985年2月号;『真相・南京事件——ラーベ日記を検証して』。
⑧ 板仓由明本业为制造所经营者,去世前以业余为专业,主要致力于"南京事件"研究。80年代他曾指出田中正明篡改松井石根日记。著有『本当はこうだった南京事件』,東京,日本図書刊行会1999年12月8日第1版。
⑨ 樱井よしこ曾为日本电视台主播,知名度高,所以虽对南京大屠杀并无研究,但她的否定言论影响最大。
⑩ 秦郁彦曾为日本大学教授,有『南京事件——虐殺の構造』。
⑪ 详请参拙文《日本〈南京学会年报〉辨析》。

本观点迄今也未作改动。比如他在反对虚构派对数字纠缠时说：

> 有人甚至篡改第一手资料，硬说"南京没有'大屠杀'"，有人只计较中国政府坚持的"三十万人""四十万人"的象征性数字。如果美国的反日团体说教科书中记载的原子弹爆炸死者数（实数至今仍不明确）"过多"或"虚构"而开始抗议，被害者会是什么感觉呢？数字上容或有各种议论，而在南京由日本军犯下的大量的屠杀和各种非法行为则是不可动摇的事实，笔者作为日本人的一员，对中国人民从内心表示道歉。①

这一"态度"可谓与屠杀派甚近而与虚构派绝远。

屠杀派对人数的认定有从最大化估量的洞富雄起的"二十万以上"到十万余的级差。但与中间派不同，屠杀派在人数上看法的区别，只是对材料的证明力判断不一，对大屠杀性质的认识并无不同。

前几年日本右翼代表性刊物《诸君！》曾作过一次问卷调查，②其中第一项即为人数，现将该问答抄述于下：

在南京事件中被日本军屠杀（非法杀害）的中国人的人数多少是妥当的？
（1）三十万人以上；（2）约三十万人；（3）二十万—三十万人；（4）二十万人；（5）十数万人；（6）约十万人；（7）七万—九万人；（8）五万人前后；（9）二万—三万人；（10）一万人前后；（11）数千人；（12）无限的接近于零；（13）其他（　人左右）。

渡部升一	选择（13）	一般市民四—五十人。
铃木明	选择（13）	因史料不足，完全无法想象。
阿罗健一	选择（12）	
小林善纪	选择（13）	所谓有过屠杀的第一手资料不存在，因此这个问题无法回答。
冨士信夫	选择（13）	我认为没有被屠杀（不法杀害）者。

---

① 秦郁彦著『南京事件——虐殺の構造』，第 244 页。
② 「まぼろし派、中間派、大虐殺派三派合同大アンケート」，『諸君！』，第 164 - 203 页。中译见程兆奇著《南京大屠杀研究》附录之四，第 511 - 553 页。此调查虽然没有包罗日本所有的重要人物，如中间派的秦郁彦、虚构派的东中野修道，但各派阵容仍相当整齐；虽然由于《诸君！》的右翼意识形态背景而使提问带有明显的倾向，但时下日本各派对"南京事件"的基本立场仍得到了反映。

高池胜彦	选择(12)	我并不认为在南京日本军士兵的违法行为一件都没有。但这是和所谓南京事件没有任何关系的另外的事件。这里被称做南京事件的是南京大屠杀。
田中正明	选择(12)	南京屠杀事件的证据哪里都没有。例如,常驻于安全区可以在南京市内外自由视察的美、英、德、丹麦的十五位委员,谁都没有看到大屠杀,也没有记录大屠杀。而且,连说也没有说过。对手国的蒋政权和共产党在事件当时也没有说过有屠杀。
大井满	选择(12)	
松村俊夫	选择(13)	以"屠杀"作为不法杀害来把握,则日本军和包括在日本的美国占领军及其他国家的军队一样,不能说完全没有违法者,如后所述,也有误被当作便衣兵而处刑者。其总数不明,但被弄错者应在"百"的单位以内。所谓三十万的数字是田伯烈藉迦奇神甫之名最初提出的。战死者或逃亡后作为战斗行为被逮捕处决的安全区内的兵,不能作为屠杀。
藤冈信胜	选择(12)	
原刚	选择(9)	俘虏、便衣兵的不法杀害约近二万,一般市民数千人。
中村粲	选择(10)	数千人到一万人前后。但作为原则,一般市民除外。
亩本正己	选择(13)	不是对投降的俘虏和善良的市民的有组织、有计划的杀害,而是个别的、偶发的杀害。包括幕府山俘虏在解放途中被杀害者,在难民区扫荡之际被误拉走处决的一般市民。
冈崎久彦	选择(10)	作为处刑对象的便衣队的确切数字不知道,所以选择三百人到三万人之中的一万人前后。
櫻井よしこ	选择(10)	
田边敏雄	选择(10)	
藤原彰	选择(4)	事件研究的开拓者、已故洞富雄氏一贯主张"南京城内外死亡的中国军民不下二十万"(《决定版·南京大屠杀》),对此,我也支持。这也包含战死者,但比战死者更多的是非法杀害的牺牲者。死者之数,精确地计算极其困难,今后在这方面的努力仍是必要的。
江口圭一	选择(5)—(6)	
井上久士	选择(13)	全少十几万。(重点号为原文所有——译者)
姫田光义	选择(5)	
笠原十九司		从现有的研究和资料能推测的是十几万人到二十万人前后,随着今后资料的发掘、公开和研究的进展,被屠杀者数有可能增加。
高崎隆治	选择(4)	
吉田裕	选择(13)	现在的阶段至少可以推断为十几万。原因特别是南京近郊的农村部的屠杀实态几乎尚不明了。

　　虚构派与其他两派的不同在于基本不承认东京审判和南京审判时公诉方提出的证据,尤其不承认中方调查和证言的客观性。中间派与屠杀派的不同,粗疏地分在于在多大程度上承认红卍字会掩埋报告和是否承认崇善堂等的掩埋活动及鲁甦等的目击证言。

　　从证据的角度说,在所有中国有关屠杀的文献、证言中唯一未被完全否定的证据是红卍字会的埋尸报告。[①]原因一是报告出自事发当时,二是日军特务班对红卍字会埋尸活动提供了财政支援,日本也保留了一定的记录(如当事人丸山进的证言)。但对红卍字会的埋尸活动如何看,各派解读有所不同。虚构派不承认所埋尸体出自屠杀,中间派与虚构派一样,认为因向日军特务班计件领酬,红卍字会报告有虚增的水分。对其他埋葬活动,特别是埋葬人数最多(十一万余)的崇善堂,除了屠杀派,虚构派、中间派都概不予承认。虚构派挑剔的无稽,我在前引拙著中已从多方面辩明。不过,从另一方面说,这不是说依据现有材料人数问题已一劳永逸地获致了解决。以崇善堂而言,一,有关统计出自战后,事发时堂事负责人周一渔的汽车配件请求补助呈文今虽仍存,但不能反映掩埋情况;二,埋葬统计本身也不能说已完全没有疑问。[②]目击证言同样,如鲁甦所说他在上元门大茅洞避难"亲见敌人"屠杀及"断绝饮食,冻饿死"57 418人,精确计出如此庞大的数字,从物理上说似也不可能。东京审判之所以在屠杀人数的认定上较大幅度的少

---

①　如东中野修道也说:"只有红卍字会从事了埋葬。"『「南京虐殺」の徹底検証』,第308页。

②　崇善堂之掩埋工作共分四队,每队除主任一人,另有日给米八合队员一人和日给米六合队员十人,此数字出自战后《南京崇善堂掩埋队工作一览表》附件,其时揭露日军暴行唯恐不及,所以断无少报的可能。其中,第一队4月9日至18日间共埋尸体26 612具,包括主任在内的12人,每人每日平均掩埋近222具;第二队4月9日至23日间共埋尸体18 788具,每人每日平均掩埋约104具;第三队4月9日至5月1日间共埋尸体33 828具,每人每日平均掩埋近123具;第四队4月7日至20日间共埋尸体25 490具,每人每日平均掩埋近152具。四队在这一时期人均日掩埋150具。而红卍字会的人均日掩埋数,以12月28日6 468具掩埋量最高之日计,六百名员伕人均不到11具。(红卍字会参与人手不明确,但据战后报告,有"增派员伕六百名"之目,虽然增派此员伕数时未必是12月28日,但该会掩埋工作自日军进城第二日即已开始[见拙文《掩埋三题》之二,程兆奇著《南京大屠杀研究》,第214-217页],未尝间断,故员伕人数和掩埋人数大体应成正比,而"增派员伕六百名"理当不止六百名,故以六百名计并不致有大出入。)堂、会人均掩埋数字相较,崇善堂是红卍字会最高日的近十四倍,多出太多,加上当时没有机械设备,完全靠人力(堂长周一渔在今天可见的唯一材料中仅申请一辆汽车的零件也可为证明),不免令人生疑。崇善堂、红卍字会有关资料见《侵华日军南京大屠杀档案》,第446-462页。

于南京审判，①日本屠杀派认定的人数之所以少于我们的标志性数字，这是最主要的原因。

(二) 日军暴行有没有量的边界

日本虚构派多年来不断提出日军暴行的"反证"，在此谨举一例。田中正明曾以下列"感谢信"说明在日军进驻后"难民区"的"安泰"。其信谓：

> 计开
>
> 贮藏兽肉拾箱，糖拾包，盐鱼拾箱，大豆白绞油拾箱，食盐拾包
> 饼干贰拾箱
>
> 承蒙　舰长携带食物多种赏赐难民，足征　舰长阁下恩典隆渥异常，无任感谢比良舰长　　赏赐世界红卍字会下关分会宝塔桥第一收容所
>
> 平和街世界红卍字会难民收容所主任陈汉森
>
> 昭和 13 年新正月 2 日

对此我在《日本右翼南京大屠杀论著平议》中说："日军比良号炮舰舰长土井申二中佐'自告奋勇确保该地区（指下关附近的宝塔桥街——引者）的整顿'，②宝塔桥街在土井治下被改为日式名'平和'（此词虽源出中国，但其时所本则是日本义），陈主任不仅明奉'昭和'为正朔，而且所谓'赏赐'，所谓'恩典隆渥异常'，不独毫无自尊可言，让人看到的只是亡国之民的辛酸。虽然我们不能要求难民们不食赍来之食，我们也没有必要指

---

① 东京审判起诉书第二类"杀人罪"诉因第四十五中说在攻击南京时"由日本军的不法命令""杀害、杀戮了目下氏名和人数不详的数万中华民国平民及解除武装的军人"；起诉书附件 A 第二节说"攻略南京的日本军，麋杀了数万平民"。判决书第八章"通例的战争犯罪"之"南京暴虐事件"说："据后日的估计，日本军占领南京的最初六周间，在南京及周边地区杀害的平民和俘虏的总数在二十万以上。"第十章"判定"之"松井石根"说："从 1937 年 12 月 13 日占领这个城市开始到 1938 年 2 月初仍没有停止的六、七周时间，有数以千计的妇女被强奸，十万以上的人被杀害。"东京审判没有照搬南京审判三十万人以上的结论。

② 田中正明著『南京事件の総括——虐殺否定十五の論拠』，第 179 页。

责陈汉森们被发左衽,我们甚至可以不论土井——日军的缩影——的动机和行为只是为了建立'满洲国'式的殖民地,但'平和街'收容所以至整个南京的难民之成为饥民以至饿殍,完全是由日军造成的事实,总不能忽略不顾吧。"

从事、理两方面逐一辩驳虚构派的此类"证据",近年成了我的"日课"。不过在此举出此例不是为了再次辩诬。而是想提请注意:以往我们论及南京大屠杀,只有见人就杀的向井敏明、野田毅那样的食人生番,土井申二式的软性征服者长期以来未纳入我们的视野。从最大处着眼,我们当然可以说日本军队不请自来,不论何种作为都是侵略行径。但土井及类似土井的表现与穷凶极恶的罪犯毕竟不同。如果承认这一点,我们就不能不面临一个严峻的挑战:日本军队在南京的暴行有没有量的"边界"?换言之日军暴行是所有人在所有时间地点的无限行为,抑或也有范围?虽然我们可以说即使日军暴行有量的限度也无法改变违反国际法和违反人道的实质,但南京大屠杀的面貌在一定程度上的改观也许因此而难以避免。

(三)东京审判判处绞刑的南京大屠杀第一责任人松井石根对暴行有没有"作为"的责任

作为南京大屠杀的第一责任人,松井石根虽然最终被东京审判判处最高量刑——绞刑的处罚,但所罚只是消极的"不作为责任"(第五十五项),否认了公诉人提出的被告的"非法命令、授权、许可"(第五十四项)等罪名。[1]这一判决结果为以后松井石根的个人翻案和一些局外日本人的"同情"预留了后路,因为失于控驭毕竟只是较次等的罪名。法庭为什么判处极刑却没有采纳相应的较重罪名?找不到"作为"的直接证据应该是主要原因,有关这点,容后再说。我觉得看似无足轻重的松井是"和平主义者"的证词也起了微妙的作用。理由很简单,因为所有的类似证词都既未受到法庭也未受

---

[1] 所谓"本法庭判定:被告松井关于诉因第五十五项有罪,诉因第一、第二十七、第二十九、第三十一、第三十二、第三十五、第三十六以及第五十四项无罪。"洞富雄编『日中戦争史资料』8「南京事件」I,第399页。

到控方的质疑。但这众口一词的"证明"实含重大"欺瞒"。① 在这些相关证词中上海派遣军嘱托冈田尚的言辞最为"恳切",为松井的开脱最为不遗余力,我们就来看看冈田怎么说和是否符合实际。

冈田尚说松井石根对中国实抱至爱,如称"战胜祝贺会"(12 月 17 日晚)的次日晨,他去松井处拜访,见松井全无喜色。因为松井"三十余年来一贯的愿望就是实现中日两国的和平",现在却是兵戎相见的"悲惨结果",让他"无限遗憾"。冈田说"听着这沉痛的每一句话,对将军的内心感受不胜同情"。12 月 19 日冈田陪同松井往清凉山和天文台,他说松井"动情"地"对蒋委员长的统一努力遭到凄惨的挫折表示惋惜,以为蒋委员长再隐忍两、三年,不惹起战争,日本也会觉悟到以武力解决中国问题的不利,也不会出现兄弟阋墙这样今日不幸的结果,诚为可惜"。冈田还举了松井 1938 年元旦给他的一首诗:"北马南船几十秋,兴亚宿念顾多羞。更年军旅人还历,壮志无成死不休。"声称此诗"显露大将的心情"就是"祈求的亚细亚的和平和发展"。冈田在证词中还说了诸如松井"视察难民区"时"和蔼地安慰"难民,严命"决不危害善良民众",承诺"安居乐业的时代必定会到来"等。②

的确,如果不是退役后复出致晚节不保,历史对松井石根也许是完全不同的另一种评价。从个人的角度讲,松井早年在北京和上海任驻华武官时即与中国结缘,他曾支持孙中山的革命活动,"喜欢"中国传统文化,汉诗、书法都有根底,晚年虽热衷于"大亚洲主义",颇与中国权贵交游,但自奉甚俭,行止本无大亏。就其一生与中国关系之密切言,确如冈田尚所说,是"诚属稀有"。③ 然而,就像政治人物的私德在评价政治人物时并不具有举足轻重的重要性一样,松井的"喜欢"等态度与对日军暴行应负责任的无关,也是易明之理。我在此想特别指出的是,冈田所述松井的表现,虽然从未受到质

---

① "欺瞒"二字是日本虚构派否定南京大屠杀和指责东京审判的常用词,如富士信夫否定南京大屠杀的专书,副标题就是"东京审判的欺瞒"(冨士信夫著『「南京大虐殺」はこうして作られた——東京裁判の欺瞒』,東京,展転社 1995 年 4 月 29 第 1 版)。
② 洞富雄編『日中戦争史資料』8「南京事件」Ⅰ,第 263 - 264 页。
③ 洞富雄編『日中戦争史資料』8「南京事件」Ⅰ,第 264 页。

疑,但实在是可疑多于可信,不可轻易称是。这里举一细小的例子为证,上引松井之语提到所谓"中日"(证词中多次提及),与中国人不称"日中"一样,殊不合日本的习惯,松井不会如此说,但凡日本人都不会如此说,私下不会如此说,正式场合尤其不会如此说。不会如此说,而冈田却如此说,此中便大有文章。初读东京审判有关南京暴行的被告人证词时,感到冈田与他人有明显的不同,但不同在哪里,当时未遑细思,后才想到不同在于冈田的苦心。其他证人,如胁坂次郎、中泽三夫等人,态度决然,不留余地,如反称中国军队暴行,中日连称必曰"日支"等。冈田的不同是"动之以情",在"宣誓口供书"(辩方文书 2670 号,法庭证据 3409 号)、庭证中处处低调,强调的只是松井致力的实是日中友好,日中间的悲剧使他痛心疾首云云,以至有反客为主的"中日"之称。冈田之如此,实是救人心切。因要救人,所以开口、落笔便但求"化敌为友",这和那种看似坚决,实只关心自己"气节"而不顾被告生死由人处境的证人自是大不同。冈田之如此,实因松井之于冈田,既是父执,又是恩主,情义之相连非那些上下级可比。所以那些蛮横的证人等所说故不可信,冈田这样低调回翔同样的不可信,这里所谓的"中日"即是个显著的破绽。

冈田尚所述种种,还有一点在东京审判未受到检方质疑、以后又成为田中正明等思路主要来源,[1]即所谓松井石根主导的"和平工作"。松井建议"各界人士"特别是"财界人士":

> 从另外的途径交涉,在正确的理论之上开出和平之途,各自向本国政府进言,以此自然地酿成和平的氛围,在无损两国政府面子的情况下消除战争状态,我认为这是最适切的方法。[2]

---

[1] 如田中正明所说,松井石根一生都在为"日中亲善""亚洲团结"尽努力:如 1936 年访问西南,"说服以胡汉民为中心的西南军阀",是为了"遵循孙文日中和平的大义,修复已隐伏危机的两国关系"。如在中国广泛游说,"提倡亚洲的团结、自强,提倡亚洲的文化复兴,提倡亚洲应为亚洲人的亚洲,为的是实现孙文的遗志"。(『「南京虐殺」の虚構——松井大将の日記をめぐって』,第 99、91 页。)

[2] 洞富雄编『日中戦争史資料』8「南京事件」Ⅰ,第 265 页。

冈田举了和宋子文联络的具体一例。他说他和作为说客的李择一于1938年1月10日抵达香港，与宋子文会谈，据说"宋氏完全表示同感，认为中日两国的不祥事件，不仅是两国的不幸，而且是全人类的悲剧"。此事卒因近卫文麿发表"不以国民政府为对手"的声明和松井被解职而未果。冈田提出此事时当事人俱在，作伪的可能不大。但松井与李择一所谈是否如冈田所说，李择一与宋子文所谈是否如冈田所说，宋子文表示同感的内容是否如冈田所说，都不是没有疑问。冈田称此事因松井解任等而未果时用了"万事休矣"之语，[①]似乎若非如此以后中日之间便大有峰回路转、化干戈为玉帛的可能。这就看怎么看，如果从中国全土言，松井之志确未实现，但从日占区言，前有梁鸿志、温宗尧、陈群、陈锦涛、任援道、胡礽泰、王子惠、江洪杰、顾澄、廉隅等人，后有汪精卫、陈公博、周佛海等更大一批"各界人士"接踵以"最适切的方法"与日军合作，"消除战争状态"，"酿成和平的氛围"，松井之志可谓已伸。我说松井之志本在亡我，不是受任何情绪支配，所据只是松井自己亲口所说，亲笔所写。我们在前文中已详述了松井在受命之初即主张"在短期内占领南京"。这也是日军最高层决定攻击南京前松井的一贯诉求。11月15日参谋本部谋略课长影佐祯昭大佐和陆军省军务课长柴山兼四郎大佐出差至上海派遣军，松井力陈"攻占南京的必要性"。11月22日中支那方面军在"关于今后作战的意见具申书"再次表示："应乘现在敌人的颓势攻克南京。"（松井在当日日记中明记方面军的这一意见是"予之意见"。）11月25日多田骏参谋次长来电，表示中支军行动可扩大至无锡、湖州一带，但不应再往西，松井在日记中斥为"因循姑息，诚不可思议"。[②]

东京审判时辩护方曾举1937年10月8日"松井将军的声明"，以后虚构派也反复援用，其取意在于声明中"不以一般民众为敌"等语，但此声明开头首先是如下论调：

---

① 洞富雄编『日中战争史资料』8「南京事件」Ⅰ，第265－266页。
② 「松井石根大将战阵日记」，南京战史编集委员会编『南京战史资料集』，第7、8、9页。

　　本职拜领大命,负阁(应为"阃"——引者)外征虏之重责,于江南之地登陆以来,军势充实,降魔之利剑今已出鞘,神威大张。军之使命,乃基于日本政府声明之旨趣,保我权益,护我侨民,膺惩南京政府及暴戾支那,一扫赤色势力及与其苟合之抗日排外政策,以确立明朗的东亚和平之基础。①

　　"南京政府""赤色势力"以及"暴戾支那"——当指梁鸿志之流以外的所有人,都在"膺惩""一扫"之列,松井的目的只是要"支那"向日本臣服可谓昭然若揭。所以,上引冈田尚所说松井对中日战争那种"遗憾"之情,完全经不起事实的检验。这里我再举一条更重要的证据,来证明松井的真面目。参谋本部进攻南京的决定 11 月 28 日到达中支那方面军,松井在同日日记中记下了接报后的感觉:"予热烈具申的意见得以奏功,感到无上的欣慰。"②此语对认识松井,实有一句顶一万句的价值。不仅冈田所描绘的松井的无可奈何之情已可不攻自破,松井对进攻南京的迫不及待的"热烈"愿望,也由此一语而暴露无遗。也许有人以为攻占南京后松井的心境以至认识发生了变化,但无论如何入城式后松井不可能已有"寂寞"的感觉有不移的事实可以作证。这个证据同样也有松井的自白。12 月 18 日,即冈田所说松井"无限遗憾"的当日,他在"南京攻略感怀"中写下了"貔貅百万旌旗肃,仰见皇威耀八紘"③这样的句子。12 月 21 日松井回到上海,当日的日记中记下了这样一句话:"上海出发以来恰好两周,完成了南京入城的壮举,归来的心情格外舒畅。"④与冈田的证词可谓南辕北辙。

　　综观松井石根的整体表现,可以看到他并不是一个单纯的军人。所以

①　洞富雄编『日中戦争史資料』8「南京事件」Ⅰ,第 269 页。
②　「松井石根大将戦陣日記」,南京戦史集編集委員会編『南京戦史資料集』,第 10 页。在 11 月 22 日接到天皇所谓"勇奮激斗,果敢力行,寡兵力克大军,宣扬皇威于中外,朕深嘉其忠烈"的敕语后,松井在"奉答文"中表示要"克服万难,以显扬皇军威武"(同上引『南京戦史資料集』,第 196－197 页),松井的积极表现是一贯的。
③　「松井石根大将戦陣日記」,南京戦史編集委員会編『南京戦史資料集』,第 21 页。冈田尚举松井 38 年元旦诗试图证明其心志是"祈求""和平"。但实际此处所引"皇威"才是松井的一贯所想,他在出征上海当日的即景诗中就有句:"宣扬皇道是此秋,十万貔貅四百州"(「松井石根大将戦陣日記」,南京戦史集編集委員会編『南京戦史資料集』Ⅱ,第 12 页),与上引不仅诗意一致,文字也雷同。
④　「松井石根大将戦陣日記」,南京戦史編集委員会編『南京戦史資料集』,第 23 页。

不仅在是否进一步扩大战争，是否进攻南京的主张上，松井始终比日军中央更积极，他指挥的军队在行动上也不断突破中央规定的"制令线"。而且，与技术型军人不同，松井在政治上也有自己的"成熟"主张。"大亚洲主义"等这里姑不论，就对时局的主张而言，他也远比当时的日本政府更激进。日本政府否定国民政府的标志是近卫文麿"不以国民政府为对手"的声明，这一声明发表于1938年1月16日，之前中日两方一直在就和谈事由德国驻华驻日大使牵线秘密接触。但如前已述，松井很早即有排除国民政府的通盘考虑。1937年12月2日他已表示："今后谋略的目标，首先是驱逐国民政府，在江苏、浙江，可能的话再包括安徽，树立独立的政权，万不得已之时，则以残留在南京附近的国民政府要员改造国民政府，以建立与汉口政府分离的国民政府。"①

通过揭开松井石根本来面目我想说明的是：迄至今日松井石根给人留下的"消极"印象，是东京审判被告方生造出来的一个虚象；从政治责任的角度说，松井之于"南京事件"并不只是"不作为"。以此而言东京审判检方、庭方都有失察之处，"不作为"的判决并不得当。然而，从另一方面说，我们也不能不承认，松井对暴行的直接"作为"，所谓"命令、授权、许可"的证据今天确实还找不到。这一个案的示范意义在于：只要我们对"材料"——包括文字、口述、影像、实物等一切方面——深入体察和辨析，日本由来已久的为"南京事件"所作的辩解和回护多与事实相悖并不难发现；同时，我们也不能不看到南京大屠杀也还有许多难解的课题。

结语

作为单篇论文，本文篇幅已过于冗长，所以已无法按行文惯例对全文要旨做一提纲挈领的概括和总结。在本文结束之际如果还有不能不说的话，下语似还不能省略：作为历史事件的南京大屠杀的完全复原，还有待于各

---

① 「松井石根大将戦陣日記」，南京戦史編集委員会編『南京戦史資料集』，第13页。

国学者,特别是中国史学工作者的不懈努力;这一努力既非所谓"感情记忆"可以取消,也非所谓"原则正确"可以替代。

(上海社会科学院主办《社会科学》2006 年第 9 期)

读史札记

不能自洽的"合法性"

日军攻击南京,是攻击上海的延伸,而攻击上海则是卢沟桥事变后整个大势的"顺理成章"的发展。这个大势,不是几个历史枝节所能改变的,虽如此,日本"虚构派"仍处处设防,在每一个关口上进行抵抗,因为"南京大屠杀"久已被公认为事实,日本"虚构派"若非在每一点上强说是三人成虎,是"被认为"的事实,已不足以争胜。所以,他们从卢沟桥第一枪就强调由中方"挑起",《再审"南京大屠杀"》[①]说:

> 1937 年 7 月 7 日,日本军的驻屯部队在北京西郊的卢沟桥附近进行夜间演习,突然,从可以看作是中国军的方向发来了数发子弹。以此为契机日中两军发生了冲突。这就是命运的卢沟桥事变。[②]

---

① 竹本忠雄、大原康男著,日本会議国際広報委員会編集『再審「南京大虐殺」——世界に訴える日本の冤罪』,東京,明成社 2000 年 11 月 25 日第 1 版。在时下日本各大书店显赫处摆放着的否定"南京大屠杀"的论著中,此书是较特别的一种。这种"特别"主要表现在:一、对"南京大屠杀"否定得特别彻底,这从它的副题——《向世界倾诉日本的冤罪》——即足可看出;二、与其他侧重于"考证"的持同调者不同,此书基本是观点的集合,颇类"社论";三、与其他主要以本国"大屠杀派"为论战对象的著作不同,此书以日、英两种文字合刊,将"倾诉"的对象从日本转向了世界——如同环衬之首行大字"向在美国舞台上的反日宣传反击的第一弹"所示;四、环衬虽说"美国舞台"云云,但在序言中却说:"作为我们批判对象的'告发者'……是想唤起对中国政府的'南京大屠杀'论的注意。其理由是……追究日本加害责任的国际反日包围网的发信源是中国政府";五、动辄说中国有"反日"情绪,而通篇弥漫着的却是自己的反中情绪,甚至口出秽言,如称中国的观点是"中国式的去势之声"(「中国式金切り声」),自称是"低沉而清明公正的陈述");六、本书封面虽署竹本忠雄、大原康男,而版权页则以"日本会議国際広報委员会"及"代表竹本忠雄"代替个人署名,"日本会议"是日本重要右翼组织,所以此书亦可视为日本右翼的"官"书。

② 竹本忠雄、大原康男著,日本会議国際広報委員会編集『再審「南京大虐殺」——世界に訴える日本の冤罪』,東京,明成社 2000 年 11 月 25 日第 1 版,第 18 页。

《封印的昭和史》说：

> 卢沟桥事件，曾被认为是所谓"日本先开枪而挑起战端"，现在"中共是真犯人"已成为常识。那是刘少奇的随从同时向日本军和蒋介石军开枪，目的在于挑起两者相争。①

《教科书不教的历史》说：

> 只要看日本军和国民党军作战谁能得利，就立即可以明白。认为卢沟桥开枪是中共军是妥当的。②

究竟是谁开的第一枪？恐怕永远不会有一致结论。这不是说事实已无法证明，而是说此疑"立场"影响太大，"真相"难以立足——双方从一开始就各执一端，以至留下的材料悬隔太远：我们以为此事已了无疑义，而"虚构派"也称有"不动的根据"。③ 此事确实让人感到了"考证"的局限。然而，对中国人而言，这不是一个有足够重要性的问题。因为在这个问题之上，还有卢沟桥是中国领土的更基本的问题。日本军不请自来，还要动刀动枪，中国人在情、理两方面都决不会接受。这才是先决的。对此，《再审"南京大屠杀"》另有说辞，它认为此事与"中国领土"无关，因为日本军队的驻屯有"合法"依据：

---

① 小室直树、渡部昇一著『封印の昭和史——「戦後五〇年」自虐の終焉』，東京，德間書店 1995 年 10 月 15 日第 4 次印刷版，第 92 页。此书为两人的对话集，上引出自渡部之口。渡部是日本资深右派，用小室的话说："在左翼和进步文化人全盛时代以来，对东京审判一以贯之地进行彻底地批判"（同上第 2 页小室前言第一句）。20 世纪 90 年代渡部在日本东京电视台（12 频道）每周日上午 10 点主持一档谈话节目。对上引之类，我久已见怪不怪。但某次他居然说："刘少奇指挥开第一枪是中国中小学教科书上都记载的。"妄说如此，实在让人震惊。这或许是今天布鼓雷门，越界作此类文字的一个远因吧。

② 藤岡信勝、自由主義史観研究会編『教科書が教えない歴史』，東京，産経新聞社 1996 年 8 月 10 日第 1 版，第 188 页。

③ 《"南京屠杀"的虚构》语。田中正明著『「南京虐殺」の虚構——松井大将の日記をめぐって』，東京，日本教文社 1984 年 6 月 25 日第 1 版，第 122 页。

1899 年，以义和团事件为契机，英美法意日五国于 1901 年与清国政府缔结了《北清事变最终议定书》。基于这一议定书，日本和美国等国，为了保护本国侨民，而在北京近郊驻留军队。①

　　此处提到的《北清事变最终议定书》，即我们所称的《辛丑条约》。

　　《辛丑条约》在中国人眼里，只是个声名狼藉的见证，因为它能钩起的只是压迫、屈辱等等最不堪的回想。但因为它有个"国际条约"的招牌，关系到近世以来西方确立的利益，所以直至战后它的"合法性"仍未被美国等战胜国否定。如东京审判的判决书也只称：第二十九军代军长秦德纯说，"当晚的演习"因没有知会中方，因而"违法"。② 而没有对日军驻屯中国本身提出疑问。但日本"虚构派"所坚执的"合法"，③看似有力，实甚勉强，因为它确实有一个自恰的问题。

　　"虚构派"向东京审判，向整个西方体制立异的根据，本来在于对西方强权的否定。近年十分活跃，在观点上发生一百八十度转弯的东京大学教授藤冈信胜说：明治维新作为"伟大的民族革命"是"为了使日本摆脱成为西欧列强的殖民地危机"。④ 上智大学教授渡部升一说：日本是"摆脱西洋的模范"。⑤ 电气通信大学教授西尾干二说："在多元的西洋各国'国际社会'的秩序中，东亚是完全不存在的。在东亚人看来，这是戴着正义假面具的恶魔。"⑥ 如是的立场是肯定近代日本路线，否定所谓"东京审判史观"的前提。

不能自洽的『合法性』

---

① 竹本忠雄、大原康男著，日本会議国際広報委員会編集『再審「南京大虐殺」——世界に訴える日本の冤罪』，東京，明成社 2000 年 11 月 25 日第 1 版，第 18 页。
② 张效林译《远东国际军事法庭判决书》第 2 部第 4 节"从卢沟桥事件到近卫声明"，群众出版社 1986 年 2 月第 1 版，第 333 页。东京审判的这种舍重就轻，给以后翻案预留了后路。日本虚构派便强调当时的日军演习用的是空弹，所以不在约定的"知会"限制之内。
③ 这是日本虚构派的一致立场，如《"南京屠杀"的彻底检证》说："1937 年在北支为了保护本国侨民而驻扎的军队有日本及美、英、法、意五国。这一军队驻留权，是 1900 年的义和团事件后在 1901 年，基于列强和李鸿章签定的'北清事变最终议定书'决定的。"(東中野修道著『「南京虐殺」の徹底検証』，東京，展転社 2000 年 7 月 8 日第 4 次印刷版，第 14 页。)
④ 藤岡信勝著『污辱の近現代史——いま克服のとき』，東京，徳間書店 1996 年 10 月 31 日第 1 版，第 148 页。
⑤ 小室直樹、渡部昇一著『封印の昭和史　　「戦後五〇年」自虐の終焉』，東京，徳間書店 1995 年 10 月 15 日第 4 次印刷版，第 348 页。
⑥ 西尾幹二著、新しい歴史教科書をつくる会編『国民の歴史』，東京，扶桑社 1999 年 10 月 30 日第 1 版，第 435 页。

也就是说，要肯定日本"反对西方"的行为，必须否定西方强加给东方的秩序。两者不能并行不悖。而对西方强加的秩序给予否定，对日本效颦西方的行为也只能否定。后一否定是前一否定的题中应有之义。亚洲经济人恳谈会理事长前野彻在《历史的真实》中坚决否定"大东亚战争"是侵略战争，认为"大东亚战争"是"反对白色人种蹂躏的战争"，是"反人种歧视的战争"，但同时主张日本"必须承认，必须反省"对中国的侵略，单单反省还不够，他还借前辈的话说日本对中国必须感恩：

> 出征到中国的前辈们，对中国的宽大，感到是一种无法用言语来形容的恩义。将棋界的升田幸三先生，小说家山冈壮八先生都曾出征中国，他们常常对我说："对中国，这个恩是决不能忘的。一定要向子子孙孙传下去。"①

（这里所说的"恩"，一指战后中国没有虐待日本战俘和日本侨民，一指战后两任中国政府都放弃了赔偿要求。）前野对"大东亚战争"的定性合否事实是一回事，但前野的立场自具脉络，合于一贯性。而《再审"南京大屠杀"》等强以"合法"为根据，至少是进退失据吧。

---

① 前野徹著『戦後・歴史の真実』第二章「大東亜戦争は侵略戦争ではなかった」，東京，経済界 2000 年 5 月 25 日第 3 次印刷版，第 94、106 - 107 页。

竟把误译作"把柄"

若说否定日军暴行，日本"虚构派"胆子忒大，没有什么手段使不出来。这样说和"民族"情绪，"意识形态"立场没什么关系，不过是"虚构派"素行的写照。不久前我曾举过一个近例，指出时下"虚构派"活跃人物东中野修道居然在光天化日之下指鹿为马："支那方面舰队"军医长泰山弘道大佐的日记明明有下关和挹江门一带大量尸体的详细记载，东中野竟敢妄说泰山弘道日记中"完全没有触及这些尸体的存在"[1]！东中野修道的表现，已超出了可以坐下来讨论的底线，让人徒感骇然而已。本篇所举一例，只是一个误译，性质不同，本来不必穷究，但"虚构派"屡事渲染，以为抓住了"诬陷"日军的"把柄"，从一个小误译发展出了一个大结论，如此，则关乎大义，让人不能再坐视不问。

30 年前以《"南京大屠杀"之谜》[2]为"虚构派"立名的铃木明，时隔 27 年，用旧著之名加一"新"字为题（《新"南京大屠杀"之谜》），著文对"南京大屠杀"提出种种新疑问，其中有一段说：

---

[1] 详见拙文《南京大屠杀是东京审判的编造么?》汪 134，北京，《近代史研究》2002 年第 6 期，第 48 页。

[2] 此书原名为『「南京大虐殺」のまぼろし』(東京，文藝春秋社 1973 年 3 月 10 日第 1 版)，"まぼろし"从那以后被与汉字"虚幻""虚构"同观，成为完全否定南京大屠杀的一派——虚构派——的通名。但日本也用汉字"虚构"，如田中正明的『「南京虐殺」の虚構』(東京，日本教文社 1984 年 6 月 25 日第 1 版)，如此则不易分辨。又由于铃木明近年面对种种确证，不能不说将"まぼろし"译成"虚幻"等，"是明显的误译"："现在日本人使用的'まぼろし'，除了'虚''实''秀'等各种各样的汉字(指对应的汉字——引者)外，还有想捕捉也无法捕捉的恍惚的意味，这一极其日本化的、'情绪的'题名，以正确的中国语译出，我想大概是不可能的。"从铃木对『文藝春秋』1951 年 7 月号坂口安吾「飛鳥の幻」的"幻"之解释——"难解之历史之谜"，铃木现在对"まぼろし"的解释似已转为(铃木自不会承认自己有转变)"谜"(见『新「南京大虐殺」のまぼろし』，東京，飛鳥新社 1999 年 6 月 3 日第 1 版，第 31、32 页)。是故此处不按旧译，姑从铃木自己的解释。

在"东京审判"宣读的"南京的惨状"报告书,留在了"东京审判记录"中。其中代表性的东西是以"南京地方法院首席检察官"身份署名的陈光虞的长文"宣誓供述书"。它分为"前文"和"本文","本文"有许多"屠杀"的事项和数字,但其不可思议的是"前文"的部分。首先,"前文"的日语速记从"调查之经过"开始,南京地方法院 1945 年 11 月 7 日(日本战败后约经过三个月)印制文书,昭告市民,调查南京市民所遭遇日军暴行,动员南京中央调查局等十四个部门召开第一次会议,开始调查。这里引用速记原文:

> "此间因敌方的欺骗、妨害激烈(重点号为引者所加,以下由引者所加者不再另注),民气销沉,不特自动举发者甚少,即派员访问,亦竟有噤若寒蝉,或否认其事者。此外,涉及名誉赧然不宣者有之,事过境迁人去楼空者有之,生死不明无从探悉者尤有之"

文章一开始就说调查异常困难。本来,敌国日本无条件投降,市民应该狂喜进而协助"调查"才是常识。然而南京的市民非但完全不予协力,反而害怕"敌方的欺骗、妨害"。战争以中国方面胜利已经经过了三个月,"敌方的妨害"指的是什么? 直到派出委员,为什么市民仍闭口不言?[1]

铃木明的意思一望而可知,但正如他的一贯态度,[2]他并不把话挑明。因为只要有隙可乘,"虚构派"中自有"解人",不怕"明珠暗投"。果然,去年北村稔[3]在《"南京事件"的探究》中,对"敌方的欺骗、妨害"又加以发挥:

日本军占领南京以来经过了近十年,搬迁而去处不明的市民不在

---

① 铃木明著『新「南京大虐殺」のまぼろし』,東京,飛鳥新社 1999 年 6 月 3 日第 1 版,第 302 - 303 页。

② 铃木明虽然首开 70 年代以来虚构主张的先河,但"语气"并不像后出者那样激烈。

③ 北村稔 1948 年生,现为立命馆大学文学部教授,主治中国近现代史。在"南京事件"这一研究领域,是个"新人"。将之归于"虚构派"的根据是他的近著,他自己也许不承认为任何派,日本暂时也没有人指他为哪一派。最近日本有学者对其著之"政治"倾向进行了批判。(见山田要一著「歴史改ざんの新意匠——北村稔『「南京事件」の探究』の実像」,『人権と教育』341 号,東京,社会評論社 2002 年 5 月 20 日,第 139 - 149 页。)

少数。然而，"敌方的欺骗、妨害工作激烈，民气销沉"却让人无法理解。调查进行的是 45 年冬到 46 年 2 月，"敌方"的日本投降已经三、四个月，蒋介石的国民政府已从重庆回归到了南京，日本的统治已被扫清，日本的傀儡政权汪精卫政权成员已经或遭逮捕，或被审判。日本方面的阴影此时仍对市民发生影响，令人难以想象。所谓"敌方的欺骗、妨害工作激烈"的状况完全不存在。

但中国语的时间观念淡漠。因此"工作激烈"是现在还是过去无法判断。如果是现在，则战败后的日本方面做过这样的工作完全不是事实，如果是过去，这种影响继续保持到战败后也极不自然。因此，以"敌方的欺骗、妨害工作……"开始的文章，不过是调查人员对当时状况的随心所欲的判断。讲到事实，则是在南京的居民对日本军人的暴行、杀人没有什么鲜明的记忆。此外，"涉及名誉赧然不宣者"可以理解，但"噤若寒蝉，或否认其事者"则无法理解。"噤若寒蝉"是"有所畏惧而不敢言"的意思，但畏惧什么呢？更有甚者，为什么否认调查官认为的"事实"呢？"噤若寒蝉"所描绘的状况告诉我们，居民几乎都没有告发，即便调查官诱导也多遭到否定。①

北村稔所引同语较铃木明又衍出"工作"两字，使陈光虞"宣誓供述书"所述"调查之经过"的费解度进一步强化。日本既已投降，何能继续"欺骗、妨碍"，而且猖獗到"工作激烈"？莫非日本真是降而未退？但真实世界岂有此理？又岂有此事！陈光虞编谎也编得太不高明——如果天下只有东京审判的"日语速记"，大概谁都不能不这样看。

幸好，"调查之经过"的原始中文文本尚存于大壤间，让陈光虞，也让当时的中国政府，免背了一个莫名其妙的黑锅。原来，所谓"敌方的欺骗、妨害激烈""敌方的欺骗、妨害工作激烈"，原文只是：

① 北村稔著『南京事件の探究——その実像をもとめて』，東京，文藝春秋社 2001 年 11 月 20 日第 1 版，第 143－144 页。

此句句意十分明确，不仅和北村稔的"时间观念"云云毫不相干，铃木明所谓"'敌方的妨害'指的是什么"的疑问也完全落空。日本"虚构派"以为抓住的把柄，只不过是一场会错意的自作多情。

然而，如果仅仅是无心的误解，人所难免，不必苛责。但"虚构派"并不那么简单。这还不是指"虚构派"的"误解"永远是单向的误解，比如杀人多少，它只会往少的方向误解，有无罪行，它只会往无的方向误解；而是指"虚构派"确实在"伺隙"误解，或者说唯恐无缘误解。就拿北村稔说，他的《南京事件的探究》，通篇都在抓可以成为把柄的"大屠杀派"的"误解"。比如洞富雄将田伯烈（H. J. Timperley）著 *What war means: The Japanese Atrocities in China*（中文版题名改为《外人目睹中之日军暴行》）中"observe"译为"目击"，北村稔便说：

> 与"目击"相当的是"witness"和"eyewitness"，"observe"的适切的译语是"观察"或"监视"。将其译为"目击"，会将欧美人告发者告发的由日本兵造成的事件都被误解为"亲眼目睹"。②

但洞富雄之所以用"目击"，是因为早在 1938 年与英文版同时出版的中文版已用了"目击"，而战时从中文版（中英文版颇有异同）译出的不明来路的日译本，③也用了"目击"。所以，洞富雄只是因袭了约定俗成，和北村稔

---

① 《南京首都地方法院检察处奉令调查敌人罪行报告书》（一）"调查之经过"，中央档案馆、中国第二历史档案馆、吉林省社会科学院合编《日本帝国主义侵华档案资料选编·南京大屠杀》，中华书局 1995 年 7 月第 1 版，第 404 页。

② 北村稔著『南京事件の探究——その実像をもとめて』，東京，文藝春秋社 2001 年 11 月 20 日第 1 版，第 117 页。

③ 此本没有出版事项的任何记载，据洞富雄推断："大概是当时由军部翻译、印刷，分发给日本高层的极少数人的绝密出版物。"（洞富雄编『日中戦争史資料』9「南京事件」2「解題」，東京，河出書房新社 1973 年 11 月 30 日第 1 版，第 7 页。）以前我以为洞氏的推断可为定论。但去年初夏起了一点疑心。当时正值"教科书事件"复炽，上海辞书出版社图书馆（辞书图书馆的底子来自旧中华书局，除大学和省级以上图书馆，其藏量罕有相匹者）恰巧在仓库中发现了一批战前的日本教科书，馆长王有朋希望我能向媒体说几句话，因而大致看了一遍。这批书中除了教科书和教辅书，有一本英日文合刊，纸张、印工精良，不署编者、书局、出版日期，内容为日本各类教科书中侵略言论汇集的书。从田伯烈之书的中文版由当时国民党中宣部一手操办看，我疑田书日文版、此书与田书中文版或出同源。

对铃木明的推陈出新完全不同。

北村稔的新著在若干处显示了"细心"。中华版的《日本帝国主义侵华档案资料选编·南京大屠杀》并非僻书，又正属北村先生作这一题目的必读范围，陈光虞"调查之经过"的中日文不同，只要不太粗心，至多只要少许"细心"，稍稍翻览就应该发现。未能发现已有视而不见之嫌，而作为"把柄"大做文章，瓜田李下，怎能让人不生明知故犯之疑？

何来“不扩大”之有

“七七”以后日本官方在对待战局上有过分歧，如参谋本部第一部（作战部）部长石原莞尔少将曾坚主“不扩大”，①但主流却以为这是进攻中国的绝佳良机，“扩大”的主张始终占据压倒的优势。虽然当时中国朝野的抗战声势也已十分高涨，但战事日益扩大，形成全国规模，首先是因为日本的大量出兵。然而，《再审“南京大屠杀”》却说：

> 当时日本方面不希望与中国发生战争。昭和天皇也强烈希望事变不扩大。而且立即命令现地驻军“不扩大，局部解决”，四日后在当地缔结了停战协定，但这一停战协定中国方面没有遵守。面对这一危险，日本在 27 日将内地的三个师团派往华北。二日后的 29 日发生了中国保安队屠杀日本居留民二百数十名的“通州事变”。②

此引难免“观念”冲突，如对“通州事变”怎么看；但更大的问题在于对事实究竟如何认定。裕仁在战争中宵衣旰食，高度投入，对日军攻占南京“深表满意”，以及日军将士为感“皇恩”不惜一死，我在另文中已有论列，③此处

---

① 石原莞尔之“理路”，可参拙文《走向珍珠港之路》，《歴史月刊》，台北，历史智庫出版公司，2001 年 12 月号。据主战派田中新一后来回忆：7 月 26 日 1 点“廊坊事件”起后，他曾接到石原电话，说“只能动员内地师团了。迁延就是一切的破灭。”对此，《大本营陆军部》称“连不扩大主义殉教者石原少将也以为不可救药。”(防衛庁防衛研修所戦史室编『大本営陸軍部』1，東京，朝雲新聞社 1967 年 9 月 25 日第 1 版，第 455 页)但直至 9 月末挂冠而去，石原的基本主张没有变化。
② 竹本忠雄、大原康男著，日本会議国際広報委員会編集『再審「南京大虐殺」——世界に訴える日本の冤罪』，第 18 页。
③ 拙文《南京大屠杀是东京审判的编造么？》，北京，《近代史研究》2002 年第 6 期，第 1 - 57 页。

不再重复。(近接日本学者津田道夫新著《侵略战争和性暴力》,书中对"天皇"在"道德"层面对战争的推动做了细致地分析。[①])日本军政高层、现地驻军是否"不希望"战争,是否委屈地作出了"大幅度让步",其实并没有多少见仁见智的余地。

日本近年最具影响力的评论家田原总一郎,在近著《日本的战争》中有一段概括卢沟桥事发传至日本时军方反应的话,借来一叙,以省征引原始资料之繁:

> 报告收到时,陆军省正在举行例行课长会议,这里的出席者也几乎都对事态表示了欢迎,应给中国以决然地打击的意见占了绝大多数。特别强烈地主张强硬政策的是军务局军事课长田中新一大佐。和田中在士官学校同期的武藤章大佐(参谋本部第三课长,后为陆军省军务局长,战后处决)高兴地对河边虎四郎大佐(第二课长)说:"发生了让人愉快的事"。也就是说军中央的大部分是"彻底打击中国派"。[②]

"愉快"云云出自河边的回忆,曾为不少日本著作转引,它可以作为日本军方乃至整个日本主流心态的象征。在这样的心态之下,"彻底打击中国派"占了"大部分"便毫不奇怪。所以所谓"不扩大"不论是哪一级的决议都只能是虚文。就在7月9日日本内阁通过"不扩大"决议之后,第二天日本内阁即决定对华北增兵。增兵当然也可以仅仅是"防范",不见得一定与"不扩大"相违背,但当时真主张"不扩大"的只有上述石原莞尔、河边虎四郎(战争指导课课长)以及参谋本部总务部部长中岛铁藏少将、陆军省军务课长柴山兼四郎人佐等极少数人,所以"不扩人"不过是个"词儿",实际所行的只是

---

① 津田道夫著『侵略戦争と性暴力——軍隊は民衆をまもらない』Ⅳ「天皇社会と中国・中国人蔑視」之"天皇による道徳的価値の独占"小节,東京,社会評論社 2002 年 6 月 15 日第 1 版,第 177 - 180 页。关于天皇的道德责任,在完全否认天皇负有"法的""政治的"责任的日本右翼学者中,也有从反方向上认为:"不是承担战争责任,而是在道德上承担失败责任,和天皇的地位是相称的","可以认为有过以退位的形式米承担责仕的方法"。(西部邁著、新しい歴史教科書をつくる会編『国民の道徳』,東京,扶桑社 2000 年 10 月 30 日第 1 版,第 134 页。)

② 田原総一郎著『日本の戦争——なぜ、戦いに踏み切ったか?』,東京,小学館 2000 年 11 月 20 日第 1 版,第 375 页。

相反的"扩大"。当时任日本驻北平辅佐武官的今井武夫少佐，曾参与事后的调停，他在回忆中说：

> （11 日）下午二点，一步刚踏进特务机关，不由地感到室内的气氛为之一变。这时从天津军参谋部来了紧急电话，立即赶到电话边。对方是某参谋，通话的内容是："今天东京的阁议决定，除了关东军和朝鲜军的有力部队，另将从内地动员三个师团，所以，现在更没有必要交涉达成协议。万一已达成了协议，务必破弃！"①

今井武夫是当事人，他的回忆作为第一手资料，有特殊的价值。因有"有力部队"到来，便"没有必要交涉达成协议"，即使"已达成协议"，也要"务必破弃"，可见日军在事发后的"和平"交涉，不过是缓兵之计，并无诚意。

日本进入昭和以后，军内"下克上"成风，所以也许日本有人会说"某参谋"所说反映的只是"个体意志"。但关键是日本决策层说出"不扩大"后，并没有辅之以行的行动。相反，有的只是"扩大"的行动。所以口头上说了什么并不重要。柴山兼四郎后在《日支事变爆发前后的经纬》中叙述了他与中岛铁藏向"支那驻屯军"司令香月清司中将传达"不扩大"方针时的情形，是一条值得参考的材料：

> 7 月中旬，在天津的作为军司令部及宿舍的偕行社楼上访问了香月中将，向他和同席的参谋长作了传达。但当日不知为何，军司令官心情颇恶，传达毕不扩大方针后，他当面大声辱骂中岛和柴山。其理由已记不太清楚，大致是：一面号称不扩大方针，但一面中央不是又增兵投入北支么？如此矛盾，所谓不扩大究竟是什么意思？事已至此，不扩大不能接受。你说是中央部的方针，所谓中央部是什么？我接受的是统帅系统的指示，不接受军政府陆军省的号施令。作为承担阃外重任的

---

① 今井武夫著「盧溝橋事件の現地交渉」，日本國際政治学会・太平洋戦争原因研究部編『太平洋戦争への道』第 4 巻付録，東京，朝日新聞社 1963 年 1 月 15 日第 1 版，第 3 頁。

军司令官,不接受陆军大臣的指示。被痛骂大体是以上的理由。①

　　香月清司能痛骂中央使臣,不仅是他负有"阃外重任",也不仅是他有更高的军衔,而是参谋本部给他的任务本来就是"作战任务"。② 今井武夫听"某参谋"所说的关东军和朝鲜军的"有力部队"(指独立混成第一、第十一旅团等部及第二十师团)不仅 11 日划归香月清司指挥,当天军令部(海军)和参谋本部还达成协定:"由关东军和内地兵力派往平津,以强化支那驻屯军,右之作战(指平津地区——引者)主要由陆军担任,海军对陆军输送、护卫,并协同陆军在天津方面作战。"③15 日制定的作战计划,第一阶段规定对中国第二十九军"迅速以武力膺惩","在永定河以西扫荡北平郊外之敌",第二阶段"以现有兵力在保定、任丘一线,以增加兵力在石门、德线一线与中央军决战。"④至 26 日,参谋总长闲院宫载仁元帅即以"临命第四一八号"废除 8日"临命第四〇〇号"的"防止扩大"指示。⑤

　　当然,不容否认,现地日军确有高昂的"进取心"。"八·一三"后日本组成上海派遣军时,也表示战事将"不扩大"于上海以外,但部队尚未出发,军司令官松井石根大将就说:"应该放弃局部解决、不扩大方案","应断然地用必要的兵力以传统的精神,速战速决。比起将主力使用于北支,更有必要使用于南京","应在短时间内攻占南京"。⑥ 现地日军的积极表现对推动战争所起的作用确实很大。但现地日军之所以能将战事越打越大,关键还是日

377

①　柴山兼四郎著「日支事変勃発前後の経緯」之「盧溝橋事件の勃発」,『現代史資料月報』,東京,みすず書房 1965 年 12 月,第 3 页。

②　香月清司在回忆录中未记骂人,但对当时情况记之甚详,其中说到他接受的是"参谋总长殿下关于兵力使用的明确任务"。日记中还记载了当日作为最后陈述的"小官的抱怀":"如果不扩大方针遂行,军(指驻屯军——引者)的处置不当,或中央不堪杞忧,则有必要首先将军的司令官史换为铮铮人物。"(香月清司手记「支那事変回想録摘記」,小林龍夫等解説『現代史資料』12「日中戦争」4,東京,みすず書房 1965 年 12 月 15 日第 1 版,第 567、568 页。)对陆军省"不扩大"的不满可谓溢于言表。

③　昭和 12 年 7 月 1 日軍令部、参謀本部「北支作戦に関する海陸軍協定」,臼井勝美等解説『現代史資料』9「日中戦争」2,東京,みすず書房 1964 年 9 月 30 日第 1 版,第 5 页。

④　「支那駐屯軍ノ作戦計画策定」,臼井勝美等解説『現代史資料』9「日中戦争」2,東京,みすず書房 1964 年 9 月 30 日第 1 版,第 15 页。

⑤　「臨命第四一八号指示」,臼井勝美等解説『現代史資料』9「日中戦争」2,東京,みすず書房 1964 年 9 月 30 日第 1 版,第 19 页。"指示"为日军命令的形式之一。

⑥　「飯沼守日記」,南京戦史編集委員会編『南京戦史資料集』,非売品,東京,借行社 1989 年 11 月 3 日第 1 版,第 67-68 页。

本中央不断"增兵投入北支"及各地,而能不断增兵则在于"给中国以决然地打击的意见占了绝大多数"。在这样的"绝大多数"主导下,日本的方针只可能是"扩大",而不可能是相反。(前已提及的渡部升一的搭档小室直树,虽然强调"当时的中国充满了战意,全无不扩大之意,有的只是彻底地扩大的企图",但也不得不承认"如果当时[日本]政府、军部真的实行'不扩大方针'的话,是可能的。"①[重点号为原文所有])

所以,《再审"南京大屠杀"》所说的"不扩大,局部解决"的想法即便确有——但绝非裕仁——,也不过是水月镜花。

———————

① 小室直树著『大東亜戦争ここに甦る——戦争と軍隊、そして国運の大研究』,東京,クレスト社 1995 年 9 月 30 日第 1 版,第 118 页。

"大幅度让步"的本相

《再审"南京大屠杀"》在上引之后接着这样说：

> 即便如此，日本政府仍彻底地寻求和平解决，制定和平方案。这一和平方案日本方面作出了大幅度让步，完全放弃了满洲事变以来日本的在华权益。[①]

此处所谓"大幅度让步"云云指的是"八一三"以前。在《再审"南京大屠杀"》看来，日本"寻求和平"的努力是被 8 月 9 日大山勇夫中尉和斋藤屿藏一等兵的"被杀"而葬送的。的确，卢沟桥事变爆发，除了奋起反抗，中国已别无退路。7 月 17 日蒋介石发表"最后的关头"，第二天他在日记中记下了抵抗的"决心"，表示对日本的这一最后手段也是"唯一"手段。[②] 此条日记可见，"最后的关头"并不是政治家的表演。但蒋介石虽然私心也已决计抗日，但这是一种"义无再辱"的被迫。而且，当时中日之间的外交渠道并未中断，"最后的关头"发表的第三天，中国驻日大使许世英还访问了日本外相广田弘毅。不要说日方作出"大幅度让步"，只要不欺人太甚，当时的中国政府——即便受到在野力量要求抗日的压力，仍不愿与日本彻底决裂。

---

① 竹本忠雄、大原康男著，日本会議国際広報委員会編集『再審『南京大虐殺』——世界に訴える日本の冤罪』，第 18 页。
② サンケイ新聞社著『蒋介石秘録』(下)，東京，サンケイ出版 1985 年 10 月 31 日改訂特装版，第205 页。

日军在华北迅速扩大战事已如前述,平津等地在 7 月末相继沦陷,大山勇夫等"被杀"之前,日本早已准备在上海等地开辟战场。在 7 月 29 日日军最高层制定的作战计划中,"上海附近"已被列入"依情况"而开战的地区之一。[①] 8 月 4 日第三舰队司令官长谷川清中将向军令部建议:"鉴于情势逼迫,应将特别陆战队逐渐隐秘地派往上海。"8 月 8 日第三舰队"基于中央指示,为完成适应事态扩大的一切准备,进行新的兵力部署。"[②]也就是说,大山勇夫不过是个导火索,没有大山,也会有小山,或其他什么替代物。

与此同时,日本政府确实也在"寻求和平",在大山勇夫等"被杀"稍前,日本政府确实拟订了"和平方案",但这个方案只是和日军同步的双管齐下中的一管,与《再审"南京大屠杀"》所谓的"大幅度让步"毫不相干:

(8 月 6 日夕)

一、政治方面

(一)支那在委婉之间保证今后不将"满洲国"作为问题[③]

(二)日中间缔结防共协定(非武装地带内之防共当然必须实现,在同地带须特别严加取缔)

(三)由停战条件而消解冀东冀察之外,日本就内蒙及绥远方面与南京交涉,南京须容许我方的正当要求,从同方面排除南京的势力

(四)支那须在全国严厉取缔抗日、排日,彻底实行邦交敦睦令[④]

此案另有"军事方面""经济方面",态度与"政治方面"无异,不俱引。国民政府放弃东北,一味剿共,久已为士议——国人情绪的一个指标——不容,[⑤]

---

① 「中央統帥部ノ対支作戦計画」,臼井勝美等解説『現代史資料』9「日中戦争」2,東京,みすず書房 1964 年 9 月 30 日第 1 版,第 25 页。"统帅部"指参谋本部。
② 軍令部編『大東亜戦争海軍戦史』,转引自防衛庁防衛研修所戦史室編『支那事変陸軍作戦』1,東京, 朝雲新聞社 1975 年 7 月 25 日第 1 版,第 257、258 页。
③ 有些著作引此条时多出"承认满洲国或……"几字,如秦郁彦著『日中戦争史』,東京,河出書房新社 1977 年 9 月 30 日増補改訂第 3 版,第 227 页。
④ 「日支國交全般の調整案要綱」,外務省編纂『日本外交年表竝主要文書 1840—1945』(下),東京,原書房 1978 年 2 月 10 日第 6 次印刷版,第 367 页。
⑤ 可参拙文「中國大陸的日本觀」,『歷史月刊』,台北,歷史智庫出版公司,2001 年 6 月号。

在前一年又刚刚激起兵变，蒋介石得以释还，也是因为向天下人做了抗日容共的保证。尤其是"七·七"以后事态的演进，使蒋介石更不可能放弃自己的政治承诺。日本要求承认"满洲国"——不论是明确的还是"委婉的"，要求防共，要求厉禁抗日，要求从内蒙绥远"排除南京的势力"，也就是说要求把中国全土都变成大大小小的"满洲国"，不要说这些要求的全部，即使其中任何一条，对中国政府和蒋本人而言，都已完全超过了能接受的底线。^① 如果这也算"大幅度让步"，那天下何有不让步之事？

大概是前年，日本女作家上坂冬子出了一本新书，题目口气很大，叫《我は苦難の道を行く》。抽出一看，封面在正题之外还有一行小字："汪兆銘の真实"。当时脑中就冒出了"原来如此"四个字。这种书不在我的罗致范围之内，可只售半价，而书品很好，几乎是全新的，所以还是买下了。书前除了汪本人的照片、书影，还有不少在美国、香港、印尼的汪氏后代的照片。读后才知道书名本有来历，是意译汪离重庆时留给蒋介石的八个字"君为安易，我任艰难"的后四个字。书中对汪氏充满了哀婉同情，对他一生的总评为"革命家"和"爱国者"。（因觉得此书用处不大，回沪时没有携回，故请恕无法按规范注明页码。）上坂女士和一些气味相投的日本人这样看不奇怪，可惜在中国汪氏跨出的那一步触犯的是绝对的禁忌——从这点上说"艰难"两字并不过分，国人，不论是受过爱国主义教育的今人，还是大宋之民，明遗民，民国民，绝无"设身处地"的"体谅"可能。所以，上了这条"苦难之路"，纵

---

① 当年 12 月日军攻击南京前夕，德国驻华大使陶德曼曾在中日之间作调人，他向蒋介石转述的日方的条件，包括"承认满洲国"等，与 8 月份日本的拟案大致一样，宋希濂从蒋的侍从秘书肖自诚那里听说："陶德曼这次来京见委员长，是想由德国调停中日战争，他转达了日本所提停战条件六项：（ ）承认伪满、内蒙独立，(二) 扩大'何梅协定'，规定华北为不驻兵区域；(三) 扩大'淞沪协定'非武装区，(四) 中、日经济合作，(五) 中、日共同防共，(六) 根绝反日运动。委员长征询白崇禧、唐生智、顾祝同、徐永昌等人的意见，他们均表示可以接受。电商阎锡山，也表示赞同。委员长向陶德曼表示，可以将以上条件做谈判基础，但对日本不敢信任，日本说话可以不算数；德国是好朋友，要求德国须始终担任调人到底。"又说："日本对中国的政策亦不希望进行长期战争，他是采取逐次吞并的策略；因而和平谈判的可能性颇大。如果谈判，总需要一些时间，日军在这期间大约不会进攻南京。这样，我们可利用这个机会把部队整顿充实一下。"宋希濂称："这虽是肖自诚的话，实际上就是蒋介石的意思。"（宋希濂著《南京守城战役亲历记》，中国人民政治协商会议全国委员会文史资料研究委员会编《文史资料选辑》第十二辑，北京，中国文史出版社 1986 年 12 月第 1 版，第 22－23 页。）白、唐、顾、徐、阎等都表示日方条件"可以接受"时，当时上海守军崩溃的危急局面，与夏秋之际的情况完全不同，而且蒋想谈，也是想"利用机会""充实"部队，可以说也是缓兵之计。所以此一时彼一时，不可同日而语。

然有"革命家"的资本，得到的也只能是身败名裂。汪精卫如此，秦桧、吴三桂莫不如此。忽然离题万里地说这些，意思是：《再审"南京大屠杀"》以为的"大幅度让步"，汪精卫们会接受，尧都舜壤的赤子绝不会接受。

全无诚意的"和平开城"

《再审"南京大屠杀"》说:

> 12月1日日本军决定攻略南京,9日以飞机向城内散发基于和国际法学者协商完成的"攻略要领"制作的"和平开城劝告文"。向中国方面通告:按照国际法,如果宣布是"不设防都市"即"不加防守的都市"而开城的话,就不加以攻击。
>
> 但到第二天下午1点的回答期限,任何回答都没有,日军才开始总攻击。①

这一论调最早出自东京审判,如松井石根的"私人"、上海派遣军嘱托冈田尚(松井之于冈田既是父执,又是恩主)在"宣誓口供书"中说:"12月9日降服劝告文作成,以飞机空投往南京城内,更于12月9日前后(如是'后'便无意义,故此处当是行文不严密——引者)……发布日军所有部队停止总攻的命令,各部队在南京城周围整顿,等待总攻的命令。"②如上海派遣军参谋副长(副参谋长)武藤彰大佐在法庭作证:12月8日"松井人将发布了如下命令:一、第一线在南京城外三四公里一线停止;二、为劝告南京守兵投

---

① 竹本忠雄、大原康男著,日本会議国際広報委員会編集『再審『南京大虐殺』——世界に訴える日本の冤罪』,第24页。

② 洞富雄編『日中戦争史資料』8『南京事件』Ⅰ,東京,河出書房新社1973年11月25日第1版,第262页。

降，以飞机撒传单；……四、12月10日正午支那军不投降时攻击南京。"①此说以后在日本"虚构派"中十分流行，其潜台词，用渡部升一的话说，是："如果这时中国投降，将什么都不会发生"。渡部并声称："率领国民政府的蒋介石并没有向世界倾诉南京大屠杀，原因就在这里"。② 之所以发生大屠杀，只是因为中国没有接受"和平开城劝告"！日本"虚构派"的思路，总是如此的出人意表，让正常的智力感到困惑。

此篇"投降劝告"（"虚构派"的原话③），"虚构派"看得很重。《真相·南京事件》便以《拉贝日记》未记此事作为日记不实的一个根据。④《真相·南京事件》厚诬《拉贝日记》，我曾专文批驳，⑤但以不记某事作为不实根据，已属无理取闹，我想无须一辨，所以拙文未将此条写入。现在想来，无理取闹虽无须一辨，但9日到10日的期限日军是否"和平"地等待了一天——从中可见中国军队如果撤守日军有否"不加以攻击"的诚意——，则仍值得澄清。

从被侵略者的立场出发，拒不接受劝降要挟，不仅是理所当然的权利，也是责无旁贷的义务。在澄清此事之前表明"政治"态度，我想不是蛇足。

《拉贝日记》未记"和平开城劝告"，就像当时在南京的许多人，如金陵女子文理学院教授魏特琳，在日记中未记此事一样。这也许是不知其事，也许是知而未记。拉贝在9月27日日记中讲到对日本轰炸的抗议时所说："谁都不会相信日本人会理会这种抗议"！⑥ 对日本人的承诺既然早已不再相信，又在那样一种灾难将临的匆迫时刻，对日军的"劝告"不屑理会与无暇理会，都完全可能。

① 转引自冨士信夫著『「南京大虐殺」はこうして作られた——東京裁判の欺瞞』，東京，展転社1998年11月23日第4次印刷版，第224-225页。
② 小室直樹、渡部昇一著『封印の昭和史——「戦後五〇年」自虐の終焉』，東京，徳間書店1995年10月15日第4次印刷版，第69页。
③ 大井満著『仕組まれた「南京大虐殺」——攻略作戦の全貌とマスコミ報道の怖さ』，東京，展転社1998年6月6日第3次印刷版，第32页。
④ 畝本正己著『真相·南京事件——ラーベ日記を検証して』，東京，文京出版1999年2月1日第2次印刷版，第39页。畝本正己依日本细分，为"中间派"，此处将其归入虚构派，是就其称大屠杀为"虚构"言。
⑤ 拙文《〈拉贝日记〉是"无根的编造"么？》，北京，《近代史研究》2002年第2期，第150-183页。
⑥ 约翰·拉贝著、同书翻译组译《拉贝日记》，江苏人民出版社、江苏教育出版社1997年8月第1版，第23页。

那么，日军真有"不加以攻击"的诚意么？我们不妨看看他们在"劝告"发出后干了些什么？

《拉贝日记》12月9日一开始就这样记：

> 空袭从一大清早就持续不断。中国的飞机已经不再来这里，但是高射炮还在射击。城南落下了大量的炸弹，可以看见那儿升起了巨大的烟柱，一场大火正在南面蔓延。[1]

日军轰炸后来也并未停顿。拉贝在第二天有续记：

> 昨天夜里非常不安宁。隆隆的炮火声、步枪声和机枪声从昨天晚上8时一直响到今天凌晨4时。……今天城市全天遭到了轰炸，玻璃窗被震得直响。[2]

当日日记还记载了前一夜（9日晚）日军差一点占领光华门及推进到长江边自来水厂的情况。日本"虚构派"以为拉贝缺乏公正，以至日记"真伪交织"，[3]我在前述拙文（注49）中已有辩驳。不过，《拉贝日记》的确是经回国后整理而成，所以我们对所述是否分毫未差可以暂时不下结论。

《魏特琳日记》12月9日记：

> 今晚，当我们参加记者招待会的时候，一颗巨大的炮弹落在了新街口，爆炸声使我们都从座位上站了起来，一些人的脸色都吓得苍白了。这是我们第一次遭到大炮的轰击。

---

[1] 约翰·拉贝著、同书翻译组译《拉贝日记》，第194页。
[2] 约翰·拉贝著、同书翻译组译《拉贝日记》，第158、163页。
[3] 畝本正己著『真相·南京事件——ラーベ日記を検証して』前言，東京，文京出版1999年2月1日第2次印刷版，第1页；总括，第220页。其他虚构派也多持同调，如東中野修道以为："从结论说，拉贝的《南京的真实》有下列四个特点：(1) 依事实的记述；(2) 对事实过度润色的记述；(3) 削除关键事实的记述；(4) 将支那人的流言蜚语信以为事实的记述。"(『「南京虐殺」の徹底検証』付章"改めて'ラーベ日記「を読む"，東京，展転社2000年7月8日第4次印刷版，第385页。)

12 月 10 日这样记：

> 吃早饭的时候，别人都说夜里枪炮声不断，一直持续到凌晨 4 时。显然我过于疲劳，没有听见。①

费奇(George A. Fitch)"南京的毁灭""从 12 月 10 日开始谈起"，其中 10 日记："重炮轰击着南京南部城门，炸弹在城内开花。"②此条记载虽未注明具体时间，难以判断是否在"劝告"的期限 1 点之前，但与上引互参，可以作为一个证据。

12 月 9 日日本的"劝告"发出后，日本并未停止进攻，在国人的记载中也可以看到。蒋公毅在《陷京三月记》中记：

> (9 日)听说敌人已攻到麒麟门一带，逼近城垣了。枪炮声较昨日更来得密集而清晰。城南八府塘，已遭到敌人的炮弹。……夜间十二时后，炮声转烈，都向着城中射击；窗外不时掠过一道道的白光。
>
> (10 日)九时许，祁明镜(一二三医院院长)来，正要随着处长一同下楼到中央路去，忽然得鼓楼医院电话，谓："新街口以北，受敌弹射击，沿路民众与士兵死伤者很多，应即分别措施。"正在接谈中，听的一弹，就在很近的所在爆炸，我和祁急向窗外探视，就在屋后，尚冒着一团烟雾。接着敌弹竟继续不断的集中在福昌这方面，前门已落的三四弹，屋顶的水箱已被击中。我们都认为不能不脱离此危险的境地了，乃一同下楼。跑出门，就瞥见我们的汽车在焚烧中，急折向北，进华侨路，处长忽然走散了。就立在门口等，大约等了四五分钟，处长始到。这时敌人依旧向这方面瞄准射击，沿途民众，如潮涌般都朝北奔走。我们既没有一定的目的地，也就随走随仆的跟着他们跑。③

---

① 明妮·魏特琳著、南京师范大学南京大屠杀研究中心译《魏特琳日记》，江苏人民出版社，2000 年 10 月第 1 版，第 184、185 页。

② 费奇著《我在中国八十年》，中央档案馆等编《南京大屠杀》，第 1022、1025 页。

③ 蒋公毅著《陷京三月记》，中央档案馆等编《南京大屠杀》，第 191、192 - 193 页。

敌至麒麟门的"听说",有日军记录可证。[①] 而且从整体上看,此条记载之亲切,完全值得信赖。从这些互不相关的中外人士的纪闻,我们可以看到日军所说和所行全非一事,所谓的"劝告"发出后,南京不仅没能免遭轰炸,反而因日军的到来,在空投的炸弹之外增加了大炮的直接轰炸。

日军寡信如此,知耻者藏之唯恐不及,"虚构派"何颜复加援引?或许"虚构派"以为日军高层意在"和平",轰炸只是上命未能下达。那么,就让我们再来检查一下日军自己的记录,看看是不是有什么"误会"。日军第九师团在9日下午4点,也就是"和平开城劝告"发出之后,发布了如下的命令:

> ……
>
> 二、师团利用本夜之黑暗占领城墙
>
> 三、命两翼部队利用本夜之黑暗占领城墙,命左翼队长将轻装甲车两小队归右翼队长指挥
>
> 四、命炮兵部队根据所需协助两翼部队作战
>
> 五、命工兵部队主要协助右翼部队战斗
>
> 六、命其余各部队继续完成之前任务[②]

等待"和平开城"反应的背后,原来是"利用本夜之黑暗占领城墙"[③]！如此则何有半点诚意可言?但这样的行动是否仅限于第九师团,只是个"偶然"?让我们继续来检查日军的有关材料。据第六师团"战时旬报"记:

> 9日夜半,第一线部队决行。为了立即利用夜袭成果,师团长上午六时至东善桥,命令预备队并炮兵队向铁心桥前进。[④]

---

① "第十六师团(9日)傍晚到达麒麟门附近",见南京战史编集委员会编『南京战史资料集』,第546页。
② 《九师作命甲第百二十五号》,南京战史编集委员会编『南京战史资料集』,第546页。
③ 左翼部队(步兵第十八旅团)所属第三十六联队负责进攻光华门,9日拂晓抵达后即扑城始攻,但因外壕、门前道的障碍、城壁的火力而无大进展,当晚,工兵利用夜幕开始用大剂量炸药爆破。可参南京战史编集委员会编纂『南京战史』,非卖品,東京,偕行社1989年11月3日第1版,第175页。
④ 第六師団『戦時旬報』第十三、十四号,南京战史编集委员会编『南京战史资料集』,第689页。

第六师团也是"夜袭"。第一百十四师团的"作战经过"记：

> 9日夜，秋山旅团突破将军山附近敌人阵地，急追敌人。10日晨，占领雨花台附近阵地，达到敌前，并立即开始进攻。①

秋山旅团即第一百十四师团属下的步兵第一百二十七旅团。在师团的"战斗详报"和"战时旬报"中对9日晚到10日正午的不间断攻击有详细记载。② 不仅是师团一级的文献，基层也不乏有关的记载。如属于第十六师团的步兵第三十三联队，在"战斗详报"中记：

> 联队12月9日夜按照师团"命步兵第三十三联队（缺第一大队及第五、第八中队）作为右翼队从本道（含本道）北侧地区攻击前进，和右侧支队的战斗地域五旗蒋王庙、玄武湖东方五百米南京城东北角连成一线（线含右方）"之命令，光荣地沐浴着接受攻击紫金山一带高地的重大任务的将士，斗志愈益昂扬。③

从上可见，日军在"和平开城劝告"发出后，借着夜幕发动攻势并未稍息，源自东京审判的所谓中方逾期未作回答，"日军才开始总攻击"云云，完全是妄说。④

① 「第百十四师团作战经过ノ概要」，南京战史编集委员会编『南京战史资料集』，第653页。
② 第百十四师团「战斗详报」、「战时旬报」，南京战史编集委员会编『南京战史资料集』，第654、664页。
③ 步兵第三十三联队「南京附近战斗详报」，南京战史编集委员会编『南京战史资料集』，第596页。
④ 不仅事实如此，日军其实根本就没有想过中方弃守他们将给予什么相应的待遇，在"劝告文"之前制订的"南京城攻略要领"中，明确说：在中方接受劝告投降之际，"各师团各自选拔一个步兵大队为基干部队，先期入城，在城内分区扫荡。"「南京城攻略要领」，南京战史编集委员会编『南京战史资料集』，第539页。

掩埋三题

（一）是否"只有红卍字会从事了埋葬"？

日军占领南京后，许多慈善团体参加了掩埋尸体，但除了红卍字会，概不为日本"虚构派"承认。《"南京屠杀"的彻底检证》认为："只有红卍字会从事了埋葬。"①但它赖以持说的根据却有问题。这倒不是根据本身不可靠，而是从它的根据得不出它的结论。比如所引日本特务组织成员丸山进的话说：

> 崇善堂和其他弱小团体向自治委员会提出了作业申请，自治委员会因为已将埋葬事务统一委托给了红卍字会，所以没有接受这些申请。他们即使作为下包方从事了埋葬，其埋葬的作业量也是被包括在红卍字会的作业量之中的。②

丸山之语即使为真，也只是说"作业量"不能在红卍字会之外另计，而得不出所谓"只有红卍字会从事了埋葬。"

此论另有一条主要根据是贝茨（M. S. Bates）在"南京的救济状况"中所说的下面一段话：

---

① 東中野修道著『「南京虐殺」の徹底検証』，東京，展転社 2000 年 7 月 8 日第 4 次印刷版，第 308 页。
② 東中野修道著『「南京虐殺」の徹底検証』，第 307 页。

　　我们的所有救济事业，都是在组织于安全区内的国际委员会之下进行的。……从一开始，就与中国红十字会的地方组织，在大规模免费食堂的运营方面进行了出色的合作。而且和红卍字会在两个大规模免费食堂与尸体埋葬活动方面，进行了合作。（重点号为原文所有）

《"南京屠杀"的彻底检证》因此说："贝茨例举了国际委员会的所有救助活动。由此而言，从事遗体埋葬活动的只是红卍字会。"①这个结论不免让人纳罕：贝茨所说只是"我们"，只是"我们"的"合作"，既没有"我们"以外的排他性记载，也没说"我们"和"所有的救助活动"都"进行了合作"；对"我们的所有救助事业"固然可以下判断，但何能舍去"我们"对"所有救助事业"下判断？

（二）红卍字会的掩埋工作始于何时？

　　红卍字会是日本"虚构派"承认的唯一从事掩埋工作的团体，但因掩埋工作始于何时与死亡人数直接有关，所以对何时开始久有争论。《南京的真实》（《拉贝日记》的日文版名）出版后，"虚构派"从中找到了一个"新根据"：

　　12月的每一天（尤其是圣诞节前后）我们简直是跨越尸体前行。因为到2月1日为止，埋葬被禁止。在家门不远处，有被枪杀的手脚被绑着的中国兵。被绑于竹担架放在马路上。从12月13日到1月末为止，多次提出埋葬遗体或移往何处的申请，但都遭到拒绝。到2月1日才得到同意。②

（此为拉贝回国后致希特勒报告中所说。报告中一些说法与时下国内看法

---

①　東中野修道著『「南京虐殺」の徹底検証』，第310页。
②　ジョン・ラーベ著，エルヴィン・ヴィッケルト編，平野卿子訳『南京の真実』，東京，講談社1997年11月21日第3次印刷版，第317页。

歧义较大,不知中译本《拉贝日记》是否因此不收?①)《"南京屠杀"的彻底检证》以为上记与丸山进的"2月初开始"之说,可证"红卍字会的埋葬始于2月1日"。② 对此,日本"大屠杀派"的井上久士以南京特务机关38年2月和3月报告中的以下两证加以驳斥:

> 红卍字会尸体埋葬队,1月上旬以来在特务机关的指导下,连日在城内外埋葬尸体,到2月末现在,埋葬了约达五千具尸体,是为显著成绩。(2月报告)
>
> (红卍字会)的尸体收容工作开始以来已经三个月。(3月报告)

井上认为"这个报告是绝密的内部报告,没有必要有意说谎"。③

"1月上旬"是指日本特务机关资助的开始,实际的"尸体收容工作"应该更早。红卍字会4月4日致南京自治委员会的拨款请求信中说掩埋工作"自去秋"已经开始。④ 日军自8月15日起对南京轰炸,死者不断,红卍字会随收随埋,直至南京沦陷。这点没有疑问。但日军进城后红卍字会的掩埋工作始于何时,尚可讨论。因为红卍字会在东京审判时提出的掩埋统计始于37年12月22日,因此一般将此日作为开始之日。井上之文也如此认为。

其实,12月22日并非开始之日。这是读《拉贝日记》方始注意的。12月17日由拉贝签署的国际委员会致日本使馆的信中说:"从星期二早上起,我们领导下的红卍字会开始派车在安全区收敛尸体。"⑤国际委员会此信为多种资料集收载,以前未能留意,是因为国内的资料集所收都未将"星期二"

掩埋三题

---

① 中文版《拉贝日记》所附"报告全文",实仅是报告前之一信,而非"报告全文"。约翰·拉贝著、同书翻译组译《拉贝日记》,第704页。
② 東中野修道著「「南京虐殺」の徹底検証」,第302-304页。
③ 井上久士著「屍体埋葬記録は偽造史料ではない」,南京事件調査研究会編「南京大虐殺否定論13のウソ」,東京,柏書房2001年3月30日第4次印刷版,第129页。
④ 中国第二历史档案馆、南京市档案馆合编《侵华日军南京大屠杀档案》,江苏古籍出版社1997年12月第3次印刷版,第460页。
⑤ 约翰·拉贝著、同书翻译组译《拉贝日记》,第193页。《拉贝日记》日文版《南京的真实》未收此信。

译出,仅有"受敌处指挥的红卍字会"云云。① 所以虽以为开始之日应在 22 日之前,但因系日不确而未加追究。日前复按日本资料集所收同信,发现其中也有"星期二早上"之语,但整句含义与中文版《拉贝日记》所载略有不同。其谓:"星期二早上,红卍字会(依本委员会指示工作的团体)出车收容遗体"。② 此句虽有"星期二",但没有《拉贝日记》"从星期二早上起"的含义。因为日文版出自田伯烈的《战争是什么》(即《外人目睹中之日军暴行》),多了一道转手,理当以《拉贝日记》为准。但此种细小差别译手稍不经意便会生出,所以手头有德文原版的人不妨再作一核对。但不论怎么说,红卍字会至少"星期二"开始"收敛尸体",已可以证明。"星期二"为 14 日,可知红卍字会收埋工作至少在日军进城的第二日即已开始。③

(三) 崇善堂没有参加掩埋工作么?

崇善堂在战后审判时提供的材料,称其堂掩埋尸体十一万余具,这个数字超过了红卍字会、红十字会等其他团体的掩埋总和。但因迄今公布的有关材料多出战后④(如掩埋表),从严格意义上说不能算"第一手",所以崇善堂的掩埋活动向为日本"虚构派"否定。但崇善堂也有事发当时的过硬材料,如堂长周一渔的请求补助呈文。虽然这一材料并没有反映掩埋规模,但"虚构派"的否定之说由此却不再能成立。

然而,虚构派仍有话说。《再审"南京大屠杀"》谓:

---

① 如中国第二历史档案馆、南京市档案馆合编《侵华日军南京大屠杀档案》,第 598 页;中央档案馆、中国第二档案馆、吉林省社会科学院合编《日本帝国主义侵华档案资料选编·南京大屠杀》,第 81 页。

② 洞富雄编『日中戦争史資料』9「南京事件」Ⅱ,第 126 页。

③ 此文刊出后,再读东中野修道的《"南京屠杀"的彻底检证》,见对此事有一简单辩驳,称:"据九号文书,12 月 14 日似乎已经开始了埋葬,但这是不可能的。最重要的是因为当时城门关闭,人们无法到城外进行埋葬。"(東中野修道著『「南京虐殺」の徹底検証』,第 296 页)。但"九号文书",也就是拉贝所说,明是在"安全区收敛尸体",与"无法到城外"何干? 莫非东中野指的是尸体需运至城外掩埋(文中并无此意),即使如此,也要把话说明,更要拿出证据。

④ 近见南京大屠杀"最新研究成果交流会论文集",卷首文称:"南京大屠杀事件过去六十多年了,无数遇难者的名字至今仍尘封在档案馆的故纸堆里,受害者们仍然沉默,日本右翼势力至今仍在否定和抹杀历史事实。这是我们无法容忍的,我们要奋起反击,讨回历史的公道,声张人类的正义。"(朱成山主编《侵华日军南京大屠杀史最新研究成果交流会论文集》,南京大学出版社 2001 年 4 月第 1 版,第 2 页。)鄙人对"否定和抹杀历史事实"也"无法容忍"。但"尘封在档案馆的故纸堆里",却是我们自己的责任,和"日本右翼势力"毫无关系。

本来崇善堂的活动内容是"施料（给予衣服）、救恤（救济寡妇）、哺育（保育）"，不含"埋葬"。而且，据市来义道编《南京》（1941年，南京日本商工会议所发行），崇善堂从南京陷落的1937年12月到翌年8月停止了活动。崇善堂当时从事埋葬作业的证据是不存在的。[1]

　　（"救恤"，依字面意，含鳏寡孤儿，崇善堂之"救恤"，以嫠、婴为主，也非仅"寡妇"，引文之括注不甚妥，不俱论。）《南京》所称"停止活动"之说如果成立，是一个大问题。[2] 因为周堂长的呈文落款是1938年12月6日，不在上述范围之内。但对《南京》的记载怎么看，能不能尽信，不是只凭这一孤悬的一家言就能下结论的。因为市来氏所编并非已无疑问。比如它在"事变后"慈善团体一览中，有崇善堂，有红十字会，却"遗漏"了红卍字会。[3] 红卍字会会长陶锡山，为南京失陷后第一任"政府"——"南京自治委员会"的"委员长"，在当时算是一尊，红卍字会在掩埋等工作中的确也多有苦劳，没有不载的任何理由。所以鄙见以为《南京》所述，一、未必牢靠，二、有个如何理解的问题。

　　日前我将《维新政府之现况》所载《南京市慈善团体概况表》[4]与《南京》所载慈善团体一览对勘，发现两者颇有异同。《南京》所收共二十六家，《现况》所收共二十七家。《南京》有而《现况》无者，为"南京慈善堂""中国红十字会南京分会办事处""南京德育崇善会"；《现况》有而《南京》无者，为"红卍字会南京分会""慈善会董事会""中华理教总会""私立义仓"。另外，《南京》中的"南京佛教慈幼院""南京培善堂"，在《现况》中被省称为"佛教慈幼院""培善堂"，而"广利慈善堂"在《现况》中被称为"广利慈善会"。《现况》之《概

---

① 竹本忠雄、大原康男著，日本会议国际广报委员会编集『再审「南京大虐殺」——世界に訴える日本の冤罪』，第46页。
② 此一问题最早由阿罗健一"发现"（「崇善堂の埋葬活動はなかった」，『サンケイ新聞』1985年8月10日社会版），以后虚构派时常提及，如田中正明著『南京事件の総括』第六章「虐殺否定十五の論拠」之七「崇善堂の十一万埋葬のウソ」，東京，謙光社1987年3月7日第1版，第190-199页。如退休警官吉本榮著『南京大虐殺の虚構を砕け』第五章「虐殺数の問題」二「崇善堂の嘘」，東京，新風書房1990年6月1日第1版，第92-94页。
③ 市来義道编『南京』，南京日本商工會議所1941年9月1日第1版，第236页。
④ 行政院宣伝局编纂『維新政府之現況——成立一周年紀念』，行政院宣伝局1939年8月1日第1版，第584页。

况表》注明是"民国 28 年 1 月末现在",与《南京》所载时间大体一致,但因《现况》由"行政院宣传局"编纂,编纂出版的时间与所述时间也更为接近(1939 年 3 月 28 日"上梓"),所以《现况》当比时隔较久出自个人之手的《南京》更准确。但我举此例主要不是为了辨别《南京》之正误,而是想说明日本"虚构派""以论带史"的危险性,说明日本"虚构派"的实用态度带来的只能是与事实的背离。①

现在我们回过头来简单讨论一下周一渔的呈文和如何看《南京》所谓的"停止活动"。呈文谓:

> 为请求补助解除困难,以便继续办理慈善事业,仰副钧会赈济宗旨事:窃敝堂办理恤嫠、保婴、施诊、施药、赊材、给米及补助贫嫠子女读书等慈善事业,自前清迄今百有余年从无间断。即此次事变,敝堂亦在难民区内成立诊疗所,组织掩埋队,及办理其他救济事宜。迨难民区解散,无衣无食之灾黎弥望皆是,城区应办慈善事业倍蓰于前,而敝堂所感之困难亦今倍于昔。……②

"自前清以来"崇善堂不事掩埋,"此次事变"才"组织掩埋队",呈文说得明明白白。为什么"此次"要破例?"同胞遍地惨死"③也。此件所呈之衙门是"江苏省振务委员会",又是眼门前的事,虚报是断无可能的。

其实即使没有周氏呈文,以"本来"的"活动内容"否认以后的"埋葬作

---

① 不仅日本虚构派对材料寻章摘句但求符合己意,不少老兵对事实的陈述至今仍严把关口,决不为"皇军"丢脸。日本秋田大学教授山田正行,近年多次采访已届高龄的一位侵滇老兵(当时为中尉),该老兵对"慰安妇"绝口否认,说从来听说有此事事,但在某次谈及其他话题时,这位老中尉不经意地说了这样一段话:"部队发给避孕套,但连武器弹药和食物都无法补充时,避孕套自然也无法分发了,士兵们只能把用过的避孕套洗净晾干,为了再次使用。"山田在此句之后不无揶揄地说:"这就是不知道'从军慰安妇',但给官兵们'分发避孕套'的意味。"(山田正行著『アイデンティティと戦争——戦中期中国雲南省滇西地区の心理歴史研究』,鹿沼市[栃木],グリーンピース出版会 2002 年 5 月 20 日第 1 版,第 103 - 104 页。)

② 中国第二历史档案馆、南京市档案馆合编《侵华日军南京大屠杀档案》,第 449 页。日本南京事件调查会译的《南京事件资料集·中国关系资料编》(青木书店)278 页收有周一渔 1938 年 2 月 6 日一信,注明出自南京市档案馆,因中文资料集均未收,不免疑虑,故姑不论。

③ 战后崇善堂掩埋工作表附件中语,中国第二历史档案馆、南京市档案馆合编《侵华日军南京大屠杀档案》,第 448 页。

业","虚构派"也没有什么便宜可赚,因为《南京》中记载的"事变后"继续活动的"省心继善堂""下关乐善堂"等等团体,"本来"都是从事"埋葬作业"的!如果崇善堂的活动可以以"本来"否定,继善、乐善等堂不也可以以"本来"肯定么?"虚构派"恐怕不愿承认吧。(承认则等于空忙一场。)

善堂行善,在中国有深厚的民间基础,如同今天日本的义工,所本的是奉献,但因符合中国社会的主流价值,官方也常予襄赞。但官方补助受财政条件的限制,有个有没有余力的问题。"南京自治委员会"成立后,财政相当困难,占领南京的日军最高长官松井石根大将曾为此感慨:

> ……唯自治委员神色愈显贫弱,因无财源,应有设施亦无,是其一因。[1]

松井此语出自 2 月 7 日日记,距"自治委员会"成立已一月余。以后直至为"维新政府"取代,"自治委员会"自顾不暇,始终没有摆脱财政上的困顿,遑说腾出手来补助民间的慈善活动了。3 月 28 日"维新政府"成立,转机出现,但因南京破坏太大,用"维新政府""财政部长"陈锦涛的话说是"不问公私,悉遭覆灭"[2](他当然不敢迳指日军,只以"军事匆匆之后"含混其词),情况没有也不可能立马好转。《南京》中收录了南京市 1935 年与 1938年的收支比较,其中 35 年岁收为 8 360 563 元,38 年为 1 167 613 元,后者尚不及前者的七分之一。[3] 但"维新政府"的不足,还是聊胜于"自治委员会"的没有。从当年 5 月起,"行政院"开始向"南京市政公署振务委员会"拨款,从众志复善堂开始,一些慈善团体陆续得到了补助。《南京》谓一些慈善团体"接受振务委员会补助,渐次复旧",[4]接受补助是事实,"渐次复旧"则有表功之嫌。《南京》将接受补助等同于实际活动,不能说是符合实际的表述。

① 「松井石根大将戦陣日記」,南京戦史編集委員会編『南京戦史資料集』,第 40 页。
② 『財政部概要・周年回顧』,行政院宣伝局編纂『維新政府之現況——成立一周年紀念』,行政院宣伝局 1939 年 8 月 1 日第 1 版,第 298 页。
③ 市来義道編『南京』,第 138 页。
④ 市来義道編『南京』,第 236 页。

松井石根有可诉之冤么？

——冈田尚辩词析

上海派遣军嘱托冈田尚因父亲与松井石根亲交而随军，在东京审判时出庭为松井石根辩护，言辞"恳切"，极力为之开脱，对法庭最终判决产生了影响。[1] 冈田尚说松井石根对中国实抱至爱，如称 12 月 17 日晚"战胜祝贺会"的次日晨，他去松井石根处拜访，松井石根全无喜色，称：

> 自己三十余年来一贯的愿望就是实现中日两国的和平，然而，这次给这个南京带来的却是自己连做梦也没有想到的最悲惨的结果。想到我的许多住在南京的中国友人以怎么样的心情离开南京，在无限遗憾的同时，也因胸中所有都是中日两国的前途，难有陶醉于战胜国喜悦的心情，实在是寂寞的。

冈田尚说：

> 听着这沉痛的每一语，对将军的内心感受不胜同情。……我常常

---

[1]　东京审判虽然最终判处松井石根以最高量刑——绞刑的处罚，但所罚只是消极的"不作为责任"，否认了公诉人提出的被告的"非法命令、授权、许可"。所谓"本法庭判定：被告松井关于诉因第五十五项有罪，诉因第一、第二十七、第二十九、第三十一、第三十二、第三十五、第三十六以及第五十四项无罪。"（洞富雄编『日中戦争史資料』8「南京事件」Ⅰ，第 399 页。）东京审判公诉人提出的起诉中，诉因第四十五项是南京大屠杀，法庭以"说法暧昧"、从"妥当性"上说"没有必要"等理由，将其——"如果违反战争法规的场合"——归入诉因第五十四和第五十五项。第五十四项指"非法授权、命令、许可"，第五十五项指"不作为责任"。

想,松井大将是始终如一从青年时代起便仅因与中国关系而晋升到大将的异例人物,像大将这样有那么多中国友人的军人,诚属稀有。

1938 年迎接战胜的元旦时,大将作了以下一诗,从中显露了大将的心情。

北马南船几十秋,兴亚宿念顾多羞。

更年军旅人还历,壮志无成死不休。

此诗是元旦我去大将官邸时大将垂示的,其意义教之如下:

"中国之旅的几十年来,不断祈求的唯是亚细亚的和平和发展。回顾以往,深为自己的无力而羞愧。今天意外地在军旅中迎来六十一岁,年轻时立下的志愿已难伸张,然而,即使肉体消灭也不忘达到此志愿的彼岸。"

12 月 19 日松井司令官为视察战线,由幕僚陪同,登上了南京的清凉山和天文台,边听幕僚说明,边向城内外瞭望。其时先眺望中山陵,对其平安表示祝福。更对蒋委员长的统一努力遭到凄惨的挫折表示惋惜,以为蒋委员长再隐忍两、三年,不惹起战争,日本也会觉悟到以武力解决中国问题的不利,也不会出现兄弟阋墙这样今日不幸的结果,诚为可惜。向神情异常的幕僚们说这些话的时候,我在旁边听。

归途中军司令官突然说要视察附近难民的情况,在幕僚们的意外中视察了难民区。此际将军向难民们询问了交战中的危险等许许多多的情况,并和蔼地安慰,更说明日本军下达了决不危害善良民众的严厉命令,虽因言语不通等原因造成了各种各样的麻烦,但不久的将来安居乐业的时代必定会到来。军司令官的话,一句一句,都是我直接翻译的。[1]

---

[1] 洞富雄编『日中戦争史資料』8「南京事件」Ⅰ,第 263－264 页。

详引冈田尚证言,是因为东京审判松井石根被处绞刑,日本虚构派固自叫屈,局外人中也不乏深抱同情者,而其重要的根据就是冈田尚的证言,所以很有一议的必要。的确,如果不是退役后复出致晚节不保,历史对松井石根也许是完全不同的另一种评价。从个人的角度讲,松井石根早年在北京和上海任驻华武官时即与中国结缘,他曾支持孙中山的革命活动,"喜欢"中国传统文化,汉诗、书法都有根底,晚年虽热中于"大亚洲主义",颇与中国权贵交游,但自奉甚俭,行止本无大亏。就其一生与中国关系之密切言,确如冈田尚所说,是"诚属稀有"。然而,就像政治人物的私德在评价政治人物时并不具有举足轻重的重要性一样,松井石根的"喜欢"等态度与对日军暴行应负责任的无关,也是易明之理。我在此想特别指出的是,冈田尚所述松井石根的表现,虽然从未受到质疑,但实在是可疑多于可信,不可轻易称是。这里举一显然之例为证,上引松井石根之语两次提到所谓"中日",此为大可怪事。因为"日中"颠倒为"中日",虽仅是一字易的极小变化,却与中国人不称"日中"一样,殊不合日本的习惯,松井石根不会如此说,但凡日本人都不会如此说,私下不会如此说,正式场合尤其不会如此说。不会如此说,而冈田尚却如此说,此中便大有文章。初读东京审判有关南京暴行的被告人证词时,感到冈田尚与他人有明显的不同,但不同在那里,当时未遑细思,今天才想到不同在于冈田尚的苦心。其他证人,如上海派遣军第九师团第三十六联队联队长胁坂次郎、上海派遣军第十六师团参谋长中泽三夫等人,态度决然,不留余地,如反称中国军队暴行,中日连称必曰"日支"等等。冈田尚的不同是"动之以情",在"宣誓口供书"(辩护方文书 2670 号,法庭庭证 3409号)、庭证中处处低调,强调的只是松井致力的实是日中友好,日中间的悲剧使他痛心疾首云云,以至有反客为主的"中日"之称。冈田尚之如此,实是救人心切。因要救人,所以开口、落笔便但求"化敌为友",这和那种看似坚决,实只关心自己"气节"而不顾被告生死由人处境的证人自是大不同。冈田尚之如此,实因松井之于冈田,既是父执,又是恩主,情义之相连非那些上下级可比。所以那些蛮横的证人等所说故不可信,冈田尚这样低调回翔同样的不可信,这里所谓的"中日"即是个大破绽。

冈田尚之转述松井石根之语,在东京审判提出时未受到检察方的质疑,以后又成了田中正明等思路的主要来源,[1]以下所述也是重要一例。冈田尚说,松井石根12月21日坐驱逐舰[2]离宁,途中在乌龙山和镇江逗留,23日回沪,途中松井向他说了以下一段话:

> 中日两国不幸的战祸,不应再扩大了。中国自满洲事变以来,实施抗日教育的结果,便是军部和青年学生的抗日思想的强化,日本的权益和侨民的财产生命受到威胁,因此为了期待安全而出兵,在已成之势下彼我两国的战祸激烈之至,我军不得不向中国的首都南京进兵。然而,这样诉诸武力不是彼我两国问题的根本的解决之道,只不过是一时的手段。我深信,无论如何,今后如不以和平手段即外交手段求得在根本上对两国的误解作永远的解决,将来对两国来说都会造成非常的不幸。自己作为军司令官被派往中国的使命,不是迄今为止的作战,今后的和平工作才是重点,今后将为实现这一使命一心专意的努力。如果是作战为重点的话,不必让已是预备役的自己复出,优秀的现役将领并不乏人。关于此,因今日两国间交战的原因,双方的军方难于交涉,此际我想由财界或文化人出面,可能的话最好是财界人士出面,由这些财界人士进行完全是另途的交涉,在正确的理论之上开出和平之途,各自向本国政府进言,以此自然地酿成和平的氛围,在不损两国政府面子的情况下消除战争状态,我认为这是最适切的方法。[3]

冈田尚称,他们当时选定的对象是宋子文,他和作为说客的李择一于1938年1月10日抵达香港,与宋子文进行了会谈,据说"宋氏完全表示同感,认

---

[1] 如田中正明所说,松井石根一生都在为"日中亲善""亚洲团结"尽努力:如1936年访问西南,"说服以胡汉民为中心的西南军阀",是为了"遵循孙文日中和平的大义,修复已隐伏危机的两国关系。"如在中国广泛游说,"提倡亚洲的团结、自强,提倡亚洲的文化复兴,提倡亚洲应为亚洲人的亚洲,为的是实现孙义的遗志。"(田中正明著『「南京虐殺」の虚構——松井大将の日記をめぐって』,東京,日本教文社1984年6月25日第1版,第99、91页。)
[2] 据松井日记应是水雷艇("鸿"号)。
[3] 洞富雄编『日中戦争史資料』8「南京事件」Ⅰ,第265页。

为中日两国的不祥事件,不仅是两国的不幸,而且是全世界人类的悲剧。"①
此事卒因近卫文麿发表"以不蒋介石为对手"的声明和松井石根被解职而未
果。冈田尚提出此事时当事人俱在,作伪的可能不大。但松井石根与李择
一所谈是否如上引,李择一与宋子文所谈是否如上引,宋子文表示同感的内
容是否如上引,都不是没有疑问。冈田尚称此事因松井解任等而未果时用
了"万事休矣"之语,②似乎若非如此以后中日之间便大有峰回路转、化干戈
为玉帛的可能。这就看怎么看,如果从中国全土言,松井之志确未实现,但
从日占区言,前有梁鸿志、温宗尧、陈群、陈锦涛、任援道、胡礽泰、王子惠、江
洪杰、顾澄、廉隅等人,后有汪精卫、陈公博、周佛海等更大一批"各界人士"
接踵以"最适切的方法"与日军合作,"消除战争状态","酿成和平的氛围",
松井之志可谓已伸。我说松井之志本在亡我,非受任何情绪支配,所据只是
松井自己亲口所说,亲笔所写。我在《何来"不扩大"之有》中曾据饭沼守日
记,说到松井在受命之初便反对日军中央将战争限于上海一地,主张"应在
短期内占领南京"。③ 这也是日军最高层决定攻击南京前松井的一贯诉求。
11 月 15 日参谋本部谋略课长影佐祯昭大佐和陆军省军务课长柴山兼四郎
大佐出差至上海派遣军,松井力陈"攻占南京的必要性"。11 月 22 日中支
那方面军在"关于今后作战的意见具申书"再次表示:"应乘现在敌人的颓势
攻克南京"。(松井在当日日记中明记方面军的这一意见是"予之意见"。)11
月 25 日多田骏参谋次长来电,表示中支军行动可扩大至无锡、湖州一带,但
不应再往西,松井在日记中斥为"因循姑息,诚不可思议"。④

东京审判时辩护方曾举 1937 年 10 月 8 日"松井将军的声明",其取意
在于声明中"不以一般民众为敌"等语,但此声明开头首先是如下论调:

> 本职拜领大命,负阃(应为"阃"——引者)外征厉之重责,于江南之

① 洞富雄编『日中战争史资料』8「南京事件」Ⅰ,第 266 页。
② 洞富雄编『日中战争史资料』8「南京事件」Ⅰ,第 266 页。
③ 见《南京大屠杀札记之一》三。
④ 「松井石根大将战阵日记」,南京战史编集委员会编『南京战史资料集』,第 7、8、9 页。

地登陆以来，军势充实，降魔之利剑今已出鞘，神威大张。军之使命，乃基于日本政府声明之旨趣，保我权益，护我侨民，膺惩南京政府及暴戾支那，一扫赤色势力及与其苟合之抗日排外政策，以确立明朗的东亚和平之基础。①

"南京政府""赤色势力"以及"暴戾支那"——当指梁鸿志之流以外的所有人，都在"膺惩""一扫"之列，松井的目的只是要"支那"向日本臣服可谓昭然若揭。所以，上引冈田尚所说松井对中日战争那种"遗憾"之情，完全经不起事实的检验。这里我再举一条更重要的证据，来证明松井的真面目。参谋本部进攻南京的决定 11 月 28 日到达中支那方面军，松井在同日日记中记下了接报后的感觉："予热烈具申的意见得以奏功，感到无上的欣慰。"②此语对认识松井，实有一句顶一万句的价值。也许有人以为攻占南京后松井的心境以至认识发生了变化，但无论如何入城式后松井不可能已有"寂寞"的感觉有不移的事实可以作证。这个证据同样也有松井的自供。12 月 21日松井回到上海，他在当日的日记中记下了这样一句话："上海出发以来恰好两周，完成了南京入城的壮举，归来的心情格外舒畅。"③不仅冈田所描绘的松井的无可奈何之情已可不攻自破，松井对进攻南京的迫不及待的"热烈"愿望，也由此一语而暴露无遗。④

冈田尚所言仅及于松井石根，对南京暴行未置可否，是否此亦有深虑未

① 洞富雄编『日中戦争史資料』8「南京事件」Ⅰ，第 269 页。
② 「松井石根大将戦陣日記」，南京戦史編集委員会編『南京戦史資料集』，第 10 页。在 11 月 22 日接到天皇所谓"勇奋激斗，果敢力行，寡兵力克大军，宣扬皇威于中外，朕深嘉其忠烈"的敕语后，松井在"奉答文"中表示要"克服万难，以显扬皇军威武"(同上引『南京戦史資料集』，第 196 - 197 页)，松井的积极表现是一贯的。
③ 「松井石根大将戦陣日記」，南京戦史編集委員会編『南京戦史資料集』，第 23 页。
④ 综观松井的整个表现，可以看到松井并不是一个单纯的军人。所以不仅在是否进一步扩大战争，是否进攻南京的主张上，松井始终比日军中更积极，他指挥的军队在行动上也不断突破中央规定的"制令线"，而且，与技术型的军人不同，松井在政治上也有自己的"成熟"主张。"大亚洲主义"等这里姑不论，就对时局的主张而言，他也远比当时的日本政府更激进。日本政府否定国民政府的标志是近卫文麿"不以蒋介石为对手"的声明，这一声明发表于 1938 年 1 月 16 日，之前中日两方一直在就和谈事由德国驻华日大使牵线秘密接触。但松井很早即有排除国民政府的通盘考虑。1937 年 12月 2 日他已表示："今后谋略的目标，首先是驱逐国民政府，在江苏、浙江，可能的话再包括安徽，树立独立的政权，万不得已之时，则以我留在南京附近的国民政府要员改造国民政府，以建立与汉口政府分离的国民政府。"(「松井石根大将戦陣日記」，南京戦史編集委員会編『南京戦史資料集』，第13 页。)

易轻言,但为松井石根撇清虽难,而为南京暴行洗刷更难,是故此策出于相权之下亦不必意外。然而,松井之于南京暴行,实有脱不了的大干系。松井因南京暴行而定罪,两者荣损相连,岂有冤枉可言?

费奇所说是"错误"的么

《"南京屠杀"的彻底检证》对费奇（George Fitch）给田伯烈的信提出质疑：

> 在上海的田伯烈编的《战争是什么》（即《外人目睹中之日军暴行》——引者），是根据南京的费奇和贝茨的来信，不加任何检证，原封不动的紧急出版的。在第一章中，执笔者费奇这样写道：
>
> > 13日上午11时，第一次听说在安全地带发现了日本军。我和国际委员会的两位委员一起坐车赶去和他们会面。在安全区的南端入口处，正好遇上了人数不多的分遣队。其时日本军并没有表现出任何敌意，但一会就枪杀了因日本军的出现而惊恐逃避的难民二十人。（重点号为原文所有——引者）
>
> 日本军枪杀难民是12月13日正午左右、在安全地带的南端、费奇的眼前发生的。但除了费奇所说，日、美、德等国都没有这样的记录。（重点号为引者所加，以下由引者所加者不再注名。）
>
> 这也是理所当然的。13日正午左右，日本军还没有到达现场（安全地带）。日本军为了扫荡进入安全地带是第二天14日。

……费奇记述的错误是完全清楚的。①

---

① 東中野修道著『「南京虐殺」の徹底検証』，第201、202页。

《"南京屠杀"的彻底检证》所引田著,遣词中有过于夸张之处,如"第一次听说在安全地带发现了日本军",日文资料集中本作"初次听说日本军侵入了安全区",①没有不自然的"发现"二字,1938 年与英文版同时出版的中文版、费奇的回忆录也都如日文资料集所译。《"南京屠杀"的彻底检证》在这种无关紧要的地方有意另译,制造疙瘩,无非是想让不利于日军的资料多留些疑问。这种伎俩为虚构派所常用,如田中正明所编松井石根战阵日志,改窜之处多达九百余条。② 此处因为没有关键的出入,不一一细论。

上引所说"13 日正午左右日军还没有到现场"是一个问题,但这一问题未必误在费奇,因为此事之为人所知总有先后,费奇说是"第一次听说",完全有可能早于其他西方人士的听说;日本记录未见也不奇怪,因为日军如果只是小股部队,未必将一点一滴都详细记录——如是有违成命,更是不会留下记录。这是从道理上说。就事实而言,所谓"日、美、德等国都没有这样的记录"是一个武断的结论,因为在美国人费奇之外,日、德的记录之有无,并非如东中野修道所说。比如《拉贝日记》13 日的记录与此便大有干系,所以虽然较长,还是转抄如下:

　　一大清早,当我再次被空袭惊醒时,心里感到很失望。炸弹又一次冰雹般地落下。日本人在昨天晚上只攻占了几座城门,他们还没有推进到城内。

　　到达委员会总部后,我们在 10 分钟内便建立了一个国际红十字会,我成为该组织的理事会成员。约翰·马吉担任红十字会主席,数周以来他一直计划成立一个红十字会。委员会的三个成员乘车前往设立在外交部的、军政部和铁道部的几所军医院。通过他们的巡视,我们确

---

① 洞富雄编『日中戦争史資料』9「南京事件」Ⅱ,第 29 页。
② 「『南京虐殺』史料に改ざん/900 所原文とズレ」、「『南京虐殺』ひたすら隠す/田中氏の松井大将の日誌改ざん」,東京,『朝日新聞』,1985 年 11 月 24、25 日。有关田中正明篡改之详,还可参洞富雄著《南京大虐殺の証明》,東京,朝日新聞社 1986 年 3 月 5 日第 1 版,第 210－222 页,田中正明的反驳可参所著「南京事件の総括」,東京,謙光社 1987 年 7 月 10 日第 2 版,第 340－341 页,洞富雄的再批驳可参所著「松井大将陣中日誌改竄あときき」,洞富雄、藤原彰、本多勝一編『南京事件を考える』,東京,大月書店 1987 年 8 月 20 日第 1 次印刷版,第 55－68 页。

信了这几所医院的悲惨状况,医院的医护人员在猛烈交火的时候撇下无人照看的病人逃走了。于是我们迅速弄来了一面红十字旗挂在外交部的上空,并召回了相当数量的人员,他们在看见外交部上空飘扬的红十字会旗后才敢回到军医院。外交部的进出口道路上横七竖八地躺着伤亡人员。院内和中山路一样满地抛撒着丢弃的武器装备。大门口停放的一辆手推车上摆放着一堆不成形的东西,仿佛是具尸体,露出的双脚表明他还没有断气。我们小心翼翼地沿着大街往前开,时时刻刻都有碾过散落在地的手榴弹而被炸飞上天的危险。我们转弯开进上海路,街道上到处躺着死亡的平民,再往前开迎面碰上了向前推进的日本兵。这支分队通过一名会讲德语的医生告诉我们,日本军队的指挥官要过两天才能到达。见日本人是经新街口向北挺进,所以我们的车就绕过日本人的部队,快速地开了过去。①

此段日记未注明具体时间,但拉贝到"委员会总部"应是早上不久,选举了红十字会后外出,"委员会的三个成员"巡视外交部等处的军医院,应是由北沿"上海路"向南,在"新街口"不远处——大致是汉中路附近——与日军相遇,从整个情况判断,此时完全可能就是费奇相遇的时间。我想在此作一个其实算不上"大胆假设"的猜测:拉贝一行正是费奇一行。理由一是费奇一行是三名国际委员会成员(费奇未列名国际委员会初始名单,但确是重要成员),拉贝一行也是国际委员会三名成员;二是费奇一行与日军相遇于"安全区南端入口处",拉贝一行也是相遇于安全区南端;三是费奇、拉贝回到国际委员会总部后的情况完全一致。费奇回忆录记归后情况为:

> 我们在办公室忙于解除那些无法再逃,而来"安全区"寻求庇护的中国士兵们的武器。我们保证他们如果放下武器,生命可以被日本人

---

① 约翰·拉贝著、本书翻译组译《拉贝日记》,南京,江苏人民出版社、江苏教育出版社1997年8月1日第1版,第171页。

赦免。①

《拉贝日记》记归后情况为:

> 回到总部后,我发现大门口非常拥挤,这里也涌来了一大批无法渡江的中国士兵。他们都接受了我们缴械的要求,然后被安置到了安全区的各个地方。②

两个当事人记载的同一件事大体一致,应该说费奇告诉田伯烈的情况就是事实的实录。即便拉贝所述与费奇所说不是一事,在大致同一的时间,同一的地点,同样的遇到了日本军,所谓"除了费奇……没有这样的记录",也已失去了根据。东中野先生是有华盛顿大学等西方学校教授经历的学者,应该懂得历史学"说有容易,说无难"的行业特点。也许,东中野遍读了日本载籍,只是因为日本"没有这样的记载",而不留心地把德国也"扩大化"了进来。如此,则虽不够谨慎,仍不妨原谅,因为偶尔失误人所难免。可惜事实远非如此:所谓日本也"没有",完全不合实情。

日军 13 日黎明前后攻占南京各处城门后,上午即蜂拥进入了城内。依当时进入城内的日军的行进路线看,和费奇、拉贝等相遇的应是第六师团所辖的步兵第二十三联队、第四十七联队和第十三联队。据日军第六师团的"战时旬报"记:

> 13 日 8 时 30 分,步兵第二十三联队之第三大队占领水西门,一部进入城内开始扫荡。
>
> 步兵第四十七联队又于 10 时正左右,以一个大队进入城内,开始

---

① 乔治·费奇《我在中国八十年》,中国第二历史档案馆、南京市档案馆编《侵华日军南京大屠杀档案》,南京,江苏古籍出版社 1997 年 12 月第 3 次印刷版,第 651 页。
② 约翰·拉贝著、本书翻译组译《拉贝日记》,第 173 页。

扫荡。①

步兵第二十三联队第二大队炮小队小队长折田护步兵少尉,在日记中记下了当日的情况:

10 时 30 分左右,小队入城全部完毕。因为担负的马匹无法通过(为了防备日军进攻,当时城门被中国守军堵死——引者),只能留下四匹马和三名士兵,把清水上等兵的遗骨放在这里。大队 11 点为了扫荡市内、攻击清凉山而前进。想着像上海那样的巷战,结果却至极的平稳,只是从东门的方向听到了少量的似是追击射击时发出的枪声。

进入繁华的市区后,稍稍的休息、午饭,然后继续前进。其中仅看到了二、三个败残兵。然而,途中遇到了 13i(i 指步兵;13i 指 13 步兵联队——引者)、47i 等部队也往同一方向前进,听说都是往清凉山到狮子山方向前进,边对 D(D 指师团——引者)的指示的不统一不满,边前进。

15 时左右逐次到达清凉山。R 长(R 指联队,R 长指联队长——引者)也来到该地,决定停止攻击,就地宿营。②

费奇等听说的部队,也许是先于折田等入城的第三大队,也许就是 10 时半进城的折田小队。不论是哪一支部队,《"南京屠杀"的彻底检证》所说日本"没有这样的记录",可以说已不再成立。而所谓"13 日正午左右日本军还没有到达现场(安全地带)",也已基本可以否定。加"基本"的限制是因为,一方面当时第六帅团进入城内的部队均由中华门和水西门通过,不论往清凉山或狮子山,安全区都是捷径,各级命令中也都没有禁止通过安全区的规定,日军的执行部队没有避开安全区、远绕它途的理由;另一方面,如果一定

① 「第六師団戦時旬報」第十三、十四号,南京戦史編集委員会編『南京戦史資料集』,第 691 页。
② 「折田護日記」,南京戦史編集委員会編『南京戦史資料集』,第 447 页。

以安全区的区域为界,仅凭上引材料还不能百分之百证明日军已进入了安全区,因为"南端入口""新街口"附近在线内还是线外——如此"锱铢必较"实在已近无聊——,还不能完全断言。[①]

如果说"13 日正午"日军有没有进入安全区还有继续追踪的余地,可以暂不定论,《"南京屠杀"的彻底检证》所断言的"第二天 14 日",则是一个明显的谬说。"13 日日军没有进入安全区"是日本虚构派的一致结论,我在对《真相·南京事件》"检证"时,已举出蒋公穀、魏特琳等具体可感的记载予以驳斥,[②]在此我可以再举二条日军自己留下的绝无可疑的证据来证明这一驳斥。步兵第七联队第二中队井家又一上等兵在 12 月 13 日记中专列了"下午 6 时"一目,其中记:

> 下午从 6 时开始靠近 8 时(原文如此——引者)终于去了国际避难区扫荡残敌。途中经过了中山路和上海路这样气派的大路,边上有国民大会堂那样的宏伟建筑。晚上 2 时回来。疲乏之极。[③]

日军攻占南京后,城内的扫荡任务主要由上海派遣军所属的第九师团和第十六师团担任,九师和十六师的辖区以中山路为界,分别为城内的西南地区和东北地区,而井家所在的第七联队正是负责扫荡安全区的部队。我们可以肯定井家所记日军进入的是安全区,不仅是因为"国际避难区"即是安全区,更是因为"上海路"恰在安全区之内。但虚构派也许还会就井家日记是否误记时间提出疑问,因为深夜 2 时方归,且"疲乏之极",此条记载多半为

---

① 近年活跃的森英生,当时是第二十联队第三中队的中队长,他声称在安全区边上看到有大量丢弃的军服。他说此日是"14",并特别强调"一步也没有跨入"。(森英生著『ラーベの日記「南京の真実」を読んで』,载本正己著『真相·南京事件——ラーべ日記を検証して』序章之三,东京,文京出版 1999 年 2 月 1 日第 2 版,第 8 页。)森氏之如此说,是因为他不久前还策划了将东史郎送上法庭,"现实政治"的意识特强,所说完全由是否有利于时下需要决定。其实他所见也许就是 13 日事,因为二十联队在 13 日已入城扫荡,"中队午后 1 时 40 分由中山门入城依西作命第一六八号在城内实施扫荡。"(步兵第二十聯队第四中队『陣中日誌』第五号,南京戦史编集委员会编『南京戦史资料集』,第 610 页。)虽上记是第四中队的日记,但与第三中队应是在同一联队的命令下的行动,与在森同一中队的吉田正明的日记中所载 13 日入城扫荡事说明了这一点。
② 拙文《对〈真相·南京事件——检证拉贝日记〉的检证》。
③ 「井家又一日记」,南京戦史编集委员会编『南京戦史资料集』,第 475 页。

后日所补，误书时间似还不能说完全没有可能。我之所以敢下断语，称此条记载为"绝无可疑"，是因为另有坐实此条记载的铁证。

日军的记录因为战败时的焚毁，早已残缺不全，颇可称幸的是，第七联队的记录还在。不仅第七联队的记录还在，联队的上级步兵第六旅团、旅团的上级第九师团的有关记录也都还在。今天我们仍可以看到从师团到联队的首尾一贯的记录。第九师团于 13 日正午下达了扫荡令（九师作命甲第一三一号），第六旅团接命后于 13 日下午 4 时 30 分下达了扫荡令（六旅作命甲第一三八号），第七联队 5 时接命，立即部署所部贯彻执行。第七联队的"战斗详报"记此事如下：

> 12 月 13 日，晴
>
> 一、午后 5 时左右，接到关于城内扫荡的六旅作命第一三八号（另纸）。立即下达步七作命甲第一〇五号。联队（第三大队复归，[①]工兵一中队［缺一小队］，战车一中队［缺一小队］）立即将部队集结于飞机场西侧地区，开始扫荡。14 日午前 3 时前后各部队陆续结束归还。[②]

第七联队的此条记录本已确实无疑，加上井家又一"下午 6 时"记载的不约而同，此事之牢靠已颠扑不破。日本虚构派所一贯坚持的所谓 13 日日军没有进入安全区，可谓已被彻底推翻。

---

① 第三大队在进攻南京时曾作为旅团的预备队，未随第七联队一起行动。
② 「步兵第七聯隊戦闘詳報」，南京战史编集委员会编『南京战史资料集』，第 619 页。

对拉贝质疑的质疑

《"南京屠杀"的彻底检证》另有专节批评前引拉贝 12 月 13 日记所记,称:

> 拉贝们在距外交部约二百米的地方处拐进了上海路。从上海路的前方来了日本军。
>
> 众所周知,上海路属安全地带。如前章已述,这一地区是步兵第七联队的扫荡区域。
>
> 步兵第七联队进入安全地带是翌日 14 日的事。疑问的 13 日,第七联队只到了进入中山门后约两公里的城内机场的西侧。
>
> 而且,军医不在野战医院,而在战斗的最前线,有这样的军队么?军医在战斗最激烈的时候或之后,总是在后方的野战医院的。此时日军的野战医院在紫金山麓,所以军医应该在那里。没有在上海路的道理。
>
> 如是日本军军医的话,也许学过德语。如果是会德语的军医的话,也许拉贝能与之对话——这是为了读者而设想的"会德语的军医"吧。
>
> 然而,即使假定上海路有军医的话,也是奇怪的。因为司令官入城等事,军医是没有理由知道的。"饭沼守日记"12 月 14 日记,"方面军参谋长来电,希望为 17 日入城式进行扫荡"。正如这一记录所记,司令官入城在哪一日,13 日尚未决定。这是知道了入城式后基于事后聪明

的记述吧。①

此节颇可一议：一、《"南京屠杀"的彻底检证》所谓日期之说经不起事实检验，已如前述，以此错误的前提来判定真伪，自然难以得出符合实际的结论，其理显然；二、医院当然是军医的岗位，但军医随军并不奇怪，尤其在"战斗最激烈的时候"；三、日军前线各部队本来都有专属军医，如此处提到的第七联队，专属军医是桥郁雄军医中尉，如对日军军史稍有常识，不应该说这样的外行话，不知还要横加指责，只能落下一个话柄，如果知仍如此说，那就成了道德问题；四、亩本正己等都曾就会德语提出质疑，②同样的没有道理。日本明治以后，义务教育普及，日军官兵均出自学校之门，而德语也是英语以外的最重要语种，日军在进入南京时，考虑到"外国的权益"，也特选懂外语官兵参加"扫荡"，第七联队在扫荡命令中就有"选拔语学堪能者"的要求，③会说德语不值得惊讶。而日本近代医学主要师从德国，军医会德语更是平常的事。五、《拉贝日记》中说的日军指挥官（《"南京屠杀"的彻底检证》所谓的"司令官"）并没有注明是最高司令官，可以是各级的长官。而13 日师团、旅团一级的机构固然没有进城，如最早到达安全区——至少是边缘吧——的部队第六师团，所辖第十一旅团司令部驻扎于南门外中央三岔路，所辖第三十六旅团司令部驻扎于水西门外，师团司令部则在更远的安德门之外，联队一级的主官也没有随第一批基层部队进城。所以，日军基层官兵说指挥官"两天后"才能到达，所指完全可以是联队的指挥官，也可以是旅团、师团一级的长官，没有非是松井石根不可的道理。④ 而即便指的是最高长官，日军官兵也没有向外人讲

① 東中野修道著『「南京虐殺」の徹底検証』，第 204 – 205 页。
② 亩本正己断言"没有会德语的军医同行"，并将其作为拉贝日记不实的一个根据。（亩本正己著『真相・南京事件——ラーベ日記を検証して』第 2 部，第 67 页。）
③ 步兵第七聯隊「捕虜、外国権益に対する注意」，南京戦史編集委員会編纂『南京戦史』，非売品，東京，偕行社 1989 年 11 月 3 日版，第 193 页。
④ 12 月 16 日拉贝签署的致日本使馆的信中说"日军最高司令官于昨天抵达南京"（约翰・拉贝著，本书翻译组译《拉贝日记》，第 186 页）。致日本使馆的信断无有意假造的可能，此条确凿无疑的材料可以证明，拉贝当时确不知情。（松井石根 17 日抵宁。）

知或不知真话的义务，在战争环境里，随口敷衍，有意作假，都很正常。《"南京屠杀"的彻底检证》以为拉贝一无是处，其实没有提供一条有说服力的证据和理由。①

---

① 《检证》在译文上指出日文版一处的所谓"改窜"，即"大量的市民的尸体"（中译本为"到处躺着死亡的平民"，见前引）应译为"若干的市民的尸体"（verschiedene tote Zivilisten）。（東中野修道著『「南京虐殺」の徹底検証』，第204页。）不过此事与拉贝无关。

马吉说明的矛盾是怎么来的？

日军在安全区的暴行，主要的记载是国际委员会致日方的文书，而得以传播，主要是通过田伯烈所编《外人目睹中之日军暴行》和徐淑希所编《南京安全区档案》。日本虚构派因此将两书作为特别的攻击目标。

《"南京屠杀"的彻底检证》否定两书的最重要理由是"九层以上都是传闻"。[1] 为此，《"南京屠杀"的彻底检证》举出国际委员会文书之"事例219"和"关于事例219的马吉的另一个说明"，以两者的不同，证明马吉（John Magee）所述的不实。它所指的不实，除了从常识上看所谓"不可思议"等无须一辩的理由外，关键是"事例219"所记是13人中有11人被杀，而马吉的"另一个说明"是14人中有12人被杀。《"南京屠杀"的彻底检证》想通过此例举一反三，扳倒两书，当然做不到。个别的出入若可否定全编，则没有一部资料集可以在否定中幸免于难，因为没有哪一部资料集没有这样的细小差失。在当时那样的危难情况下，国际委员会的大量暴行记录，有个别疑问实在是正常的事。但这不等于说"事例219"真已被《"南京屠杀"的彻底检证》抓到了把柄，因为究竟有几人不能仅据《"南京屠杀"的彻底检证》的断言，要下结论还须检查原文。

马吉的"说明"，因为涉及两个家庭，又是处于匆促之间，虽然人物关系明确，误点人数仍不是没有可能，所以以相差一人决定真伪，未免牵强。而国际委员会日军暴行录219例中说是13人中被杀11人，德国使馆秘书罗

---

[1]　東中野修道著『「南京虐殺」の徹底検証』，第239页。

森(Georg Rosen)在 38 年 2 月 1 日给外交部的报告(文号 2722/1011/38)中说及此事也说"十三口之家几乎全被杀死,幸存的二名儿童被邻居收养"。① 如果不是照搬一人说法,分别点错人数的可能极小。所以解决这一疑问,还是要看看《"南京屠杀"的彻底检证》所清点的"马吉的另一个说明"的人数究竟多在哪里:

12 月 13 日,约三十名士兵来到南京东南部的新路口五(应为五号——引者)的支那人家,要求进入。

这一家姓马(1)的伊斯兰教徒的主人在玄关打开门,当场被他们用手枪击毙,一个叫夏(2)的跪在马的尸体旁,恳求不要再杀人了,也被杀了。马的妻子(3)问为什么要杀她丈夫,也被杀了。

夏的妻子(4)将一岁的婴儿(5)藏在客厅的桌子下,被发现后拖了出来。她被许多男的剥光衣服,强奸,然后被刺刀刺入胸膛而杀死。阴部还被插入了瓶子,婴儿也被刺死。

接着,几个士兵又去了隔壁的房间。夏的妻子的七十六岁(6)的和七十四岁(7)的双亲在那里,还有十六岁(8)和十四岁(9)的女儿。他们要强奸女儿时,祖母为了保护女儿而遭枪杀。祖父抓住妻子的身体,祖父也被杀。

接下来,二名少女被剥光,大的少女被两、三人强奸,小的少女被三人强奸。大的被刺杀后阴部又被插入了茎干,小的少女被刺刀刺杀后没有受到母亲和姐姐那样令人心悸的对待。

士兵们又用枪刺刺杀了在这间屋子里的一个七、八岁的妹妹(10)。

这家人最后被杀的是四岁(11)和二岁(12)的马的两个孩子(性别不明 children)。大的一个被枪刺刺死,小的一个被刀拦腰劈成两半。

那个八岁的少女(13)负伤后,爬到有他母亲尸体的那间房间,和无伤逃脱的四岁的妹妹(14)一起,在这里待了十四天。这两个孩子靠吃

---

① 中央档案馆、中国第二档案馆、吉林省社会科学院合编《日本帝国主义侵华档案资料选编·南京大屠杀》,北京,中华书局 1995 年 7 月第 1 版,第 151 页。

蒸米饭为生。①

依《"南京屠杀"的彻底检证》所标出的数字,十四人俱在,似无疑义。但细辨文意,"那个八岁的少女(13)负伤后"应有前语。那么,会不会是前面已提到的某位呢? 如是前述的某位,又是哪一位呢? 如果依年龄排列,(10)"七、八岁的妹妹"无疑最相近,但一、(13)明确是"八岁",⑽却是不确定的"七、八岁";二、前述的十二人悉遭杀戮,(13)却只是"负伤"。所以,有这一障碍在,此事虽可存疑,却还不宜匆下断语。近日重读《拉贝日记》所引马吉同一"解说词"(即东中野所谓"说明"),忽然注意到《"南京屠杀"的彻底检证》所引有失实的嫌疑:

> 后来,士兵们又用刺刀刺伤了也躲在房间里的另一个夏太太的另一个七、八岁的女儿。……那个七、八岁的女孩受伤后爬进隔壁房间,那里躺着她母亲的尸体。②

原来如此! 如果这一版本无误,③则"刺伤","七、八岁",写得明明白白,所谓年龄的疑问,是否被杀死的疑问,本来并不存在,完全是《"南京屠杀"的彻底检证》自己造出来的!

---

① 東中野修道著「「南京虐殺」の徹底檢証」,第241-242頁。
② 约翰·拉贝著、本书翻译组译《拉贝日记》,第629页。
③ 称"嫌疑""如果"是表示此事之定谳应待查明原始文献之后,但按常理判断,中译本没有有意改动的"问题意识",而且东中野所引突兀的"那个八岁的少女"也有了着落,故应不误。

安全区人口"增加"了么

人口问题是虚构派每加纠缠的问题，因为他们以为越能证明人口有限，便越能否定大屠杀，所以他们"主题先行"，完全不顾已有材料，声称安全区外已经无人，而安全区外既已无人，则只要证明安全区的人数有限，便可以达到否定屠杀的目的。所谓"一立升瓶的酒，不论怎么装，不论多少满，一立升酒还是一立升。只有二十万的人，不能杀三十万人。"①《"南京屠杀"的彻底检证》因此找出种种理由，以证明安全区只能包容少量的人，如谓安全区不过相当于日本皇居外苑的四倍，既然其地如此有限，其中人数也只能很有限。

安全区的确不大，但还不存在是不是能容纳几十万人的问题。地方够不够用，要看在什么情况下，在生命堪忧的非常时期，拥挤并不会成为阻碍难民争相前往的理由。说一句极端的话，一个远小于安全区的广场可以举行百万人的大集会，大得多的安全区庇护少得多的人，没有可能不可能的问题。即使以正常时期的人口分布看，各区因开发程度、是否适合人居等等的原因，人口比例本来便十分悬殊。比如据 1935 年 6 月南京市政府的调查，在南京所有区中面积最小的第四区，人口数却是各区之冠，其人口密度约当乡区（燕子矶、上新河、孝陵卫）的一百九十六倍，②大大超出日本虚构派所谓的"常识"。所以日本虚构派以人口密度作文章，完全没有

---

① 田中正明著『南京事件の総括——虐殺否定十五の論拠』，第 159 页。
② 第四区面积为 2.172 6 平方公里，人口为 153 422 人，密度为每平方公里 70 617 人，乡区面积为 411.902 0 平方公里，人口为 148 557 人，密度为每平方公里 361 人。见市来义道编『南京』，上海，南京日本商工会议所 1941 年 9 月 1 日第 1 版，第 23 页。

意义。

同样,安全区的人口数虽与屠杀数相关,但只是相关,而不是等同,虚构派无一例外地故意混淆了这一点的区别。因为大屠杀派所说的屠杀数指的是包括城内、下关、郊外的浦口、孝卫陵、燕子矶、上新河、陵园等的南京行政辖区和江宁、句容、溧阳、江浦、六合、高淳等周边六县的被杀人数,既非安全区的被杀人数,也非南京城的被杀人数,日本学者早已进行过有分寸的探讨。① 因此,抓住实际是安全区人口数的南京人口数,对认识屠杀数也没有意义。

《"南京屠杀"的彻底检证》又有一节"安全地带人口的增加",其谓:

安全地带的人口逐渐地膨胀。而且据《南京救济国际委员会报告》和《拉贝日记》等所记,残留在南京的市民,是"居民中最贫穷的人"。因此粮食问题就紧急的成了大问题。国际委员会对人口的把握十分敏感,屡屡言及。

最初言及的是国际委员会九号文书(12 月 17 日),诉说因粮食不足,以至二十万市民中的相当的多数面临"饿死"的危险。

这二十万的数字是缘何而来的呢? 这在长时间是不明的。据《拉贝日记》才得以判明。警察厅长王固磐"在南京还住着二十万人"的谈话,成了国际委员会的根据。

这位长官谈话在昭和 12 年 11 月 28 日。经 12 月 13 日南京陷落,到 17 日仍与二十天前的人口数相同。国际委员会在南京陷落后也认识到市民数没有变化。

18 日,十号文书说到"我们二十二名欧美人无法向支那二十万市民提供食物。"所以,要求日本军协助。

---

① 如洞富雄说:"1965 年我随中国归还者联络会代表团访问南京之际,同地的对外文化协会的汪良氏说,城外流入的难民达十余万,这些人因为各家都紧闭门户而无处藏身,街道卜充斥了人群,都成了日本军扫荡的牺牲品。我想汪良氏所说多半有夸张。" 洞富雄著《南京大虐杀の证明》,東京,朝日新聞社 1986 年 3 月 5 日第 1 版,第 173 页。洞氏是"大屠杀派"的开山鼻祖,对虚构观点批判最力,却能保持清醒的意识,可见洞氏之平允。

21日，在二十号文书中，又为无法实现向二十万市民供给粮食和燃料而发出"现在情况下深刻的粮食不足迅速严重"的悲鸣。

从这三个文书中我们可以看到，自11月下旬到12月21日，南京的人口数没有变化。因为没有屠杀，所以人口没有减少。①

安全区究竟有多少人，留在南京的人是否都是"居民中最贫穷的人"？不是《"南京屠杀"的彻底检证》想怎么说就会是怎么样的。比如魏特琳14日去水西门查看长老会的房子，途中看到"许多贫穷和富有的住家门口都挂起了日本国旗，人们事先制作了日本国旗，悬挂起来，以期获得较好的对待。"②此处的"富有"住家固然不能排除鸠占鹊巢的可能，而要肯定不是原住户，却必须有证据。我觉得当时离开南京的主要是富有者虽然不错，但富有者中应该主要是与官方有密切联系的政、军界人士和他们的家属。南京城中富有者还是应该大有人在。因为日军进城后的表现，是任谁都始料未及的。路透社记者史密斯在有关报告中说：

> 随着日本人的出现，中国的老百姓也出现一种松了一口气的感觉。"如果日本人举止文明的话，他们走出来准备欢迎他们"。③

"欢迎"云云，与传统的"气节"和近世所谓"民族大义"颇为不合，但史密斯的推断并不是对中国民情的隔膜，因为对大多数民众来说，求生的本能虽然未必高于消极的操守，比如为了求生而卖友求荣，但肯定先于为国捐躯之类堂皇的高义。时至今日，指责民众未为国家守节，实在已大可不必。中国的民众，常常是"国家"的牺牲品，每临紧急关头尤其如此。蒋介石、唐生智力排众议，提出死守南京，无可指责，但问题是他们提出的只是"首都是国父陵寝

---

① 東中野修道著『「南京虐殺」の徹底検証』，第232-233页。
② 明妮·魏特琳著、南京师范大学南京大屠杀研究中心译《魏特琳日记》，南京，江苏人民出版社，2000年10月第1版，第193页。
③ 德国驻华大使陶德曼致德国外交部报告所附，中国第二历史档案馆、南京市档案馆编《侵华日军南京大屠杀档案》，第619页。

所在"之类的理由，①数十万民众的生命财产根本不在他们的视野之内。"中国的老百姓"在战火中既然不能受到本国政府的有效保护，既然日军以后的表现并不在预料之内，"日本人的出现"反而使他们"松了一口气"，就是再自然不过的事。所以，大量与政权无关的民众便不会轻易离开，以使自己的生活基础毁于一旦，当时南京留下的也不应只是"居民中最贫穷的人"。如果这一判断不误，则国际委员会每每说及待救的二十万饥民，不应是安全区中的全部人数，甚至不应是安全区中本来的"土著"。淞沪战役后南京因遭空袭也进入了非常时期，及至日军兵临城下，各家各户为防万一，早已都做了储粮准备，所以这些原来居民似不应是国际委员会所说须"供给粮食和燃料"的二十万人中的部分；更不应该是 12 月 17 日就已面临"饿死"的部分。

《"南京屠杀"的彻底检证》以三次人口数来证明"南京的人口数没有变化"，有很大问题，因为在当时那样的混乱局面下，根本无法进行任何有效的调查，不论拉贝听王固磐所说"二十万人"（日记 1937 年 11 月 28 日），1938 年 2 月日特组织南京班报告所说"二十五万人"（指日军"入城当时"），1938 年 3 月《敌军暴行记》所载《在黑地狱中的民众》中所说"四十万人"，1937 年 11 月 23 日南京市政府给国民政府军事委员会信中所说"约五十万人"，1937 年 10 月 27 日日本驻沪总领事致函外务大臣所说"五十三万人"等等，所有今存的这些说法都只是推断。为符己见而采一说，难

---

① 李宗仁说：他和白崇禧、德国顾问主张弃守，何应钦和徐永昌"一切以委员长的意旨为意旨"，"蒋先生说，在他看来，南京为国府和国父陵寝所在地，断不能不战而退，他个人是主张死守的。……最后，委员长问到唐生智，唐忽然起立，大声疾呼道，'现在敌人已迫近首都，首都是国父陵寝所在地。值此大故当前，在南京如不牺牲一二员大将，我们不特对不起总理在天之灵，更对不起我们的最高统帅。本人主张死守南京，和敌人拼到底！'唐氏说时，声色俱厉，大义凛然，大有张睢阳嚼齿流血之概。"（《李宗仁回忆录》下册，南宁，政协广西壮族自治区委员会文史资料委员会 1980 年 6 月第 1 版，第 699 ～ 700 页。）守卫南京的精锐部队教导总队的副总队长周振强说法不同，说唐生智并没有如此激昂，是蒋介石亲自登门"劝说"，唐才答应出任守将云云。（《蒋介石的铁卫队——教导总队》，中国人民政治协商会议全国委员会文史资料研究委员会编《文史资料选辑》第十二辑，北京，中国文史出版社 1086 年 12 月第 1 版，第 40 页。）但周未与会，只是听人转述，所以此说还不足为凭。当时参加会议的大本营作战组组长刘斐的回忆与李宗仁一致，其他虽未莅会但参与南京保卫战的宋希濂、王耀武等所记也与李一致，当以李说为是。12 月 4 日蒋召集师以上干部会议，谈了守宁的六条，也没有一条谈到南京的民众。

免牵强。^①《"南京屠杀"的彻底检证》坚执于"二十万"之说,而对其他诸说视而不见,不作任何解释,怎能得出符合实际的结论?

"二十万"既有疑问,以之作为前提的推论,当然也没有可靠二字可言。《"南京屠杀"的彻底检证》说:

> 据翌年 1 月 14 日(第四十一号文书)记,总人口为二十五万(指安全区——引者)。增加了约五万人。这也表示了没有大屠杀。^②

"增加了约五万人",出自哪里?南京失陷后,日军严把城门,许多记述都说到门关有如鬼门关。^③ 2 月 21 日《大公报》一文谓:"表面上敌当局布告安民,通知京沪于 1 月 13 日通车,实际上中外人士前往乘车者均未获达目的,则所谓通车,仅为敌兵之侵略工具耳。"^④南京沦陷时某机关职员李克痕,直至 6 月 3 日方得以逃离,仍受到严格检查,他说:

> 京沪通车,这消息振荡了每个人的心,但敌人不准我同胞乘车,后经国际救济委员会交涉,方允每次车只买六十票。
>
> 要离南京的人,首先须持"安居证"去领"迁移证"。许多同胞都愿意脱离这人间地狱,但所有的钱财都被抢劫了,哪有钱坐火车呢?我费了好大精神,所有的钱没有被抢,这真是我的幸运,6 月 3 日我离开南京。

---

① 日本虚构派如此,持它论者往往也如此。如"五十三万"之说,本是有据的说法(信中明确说是"据警察局的调查"),有些著述为了强化这一说法的可靠,反而弄巧成拙。如《拉贝日记》中文版注文称:"该公函是日驻沪总领事派谍报人员赴南京所作的调查结果。"(约翰·拉贝著、本书翻译组译《拉贝日记》,第 115 页)谍报人员刺探机密容或可以得手,但何能作此类非兴师动众不能为功、无法守密的"调查"?尤其在当时的局面之下。

② 東中野修道著「「南京虐殺」の徹底検証」,第 235 页。

③ 如郭岐《陷都血泪录》所记,虽有戏剧化成分(如一和尚过中华门时生殖器被割去等),但从中还是可见过门之难。

④ 《沦陷后南京惨象》,中央档案馆、中国第二历史档案馆、吉林省社会科学院合编《日本帝国主义侵华档案资料选编·南京大屠杀》,第 173 页。

在下关车站上车的时候，须经过严密检查，就是外人亦不能例外……①

离开南京难，进入南京亦难，"愿意脱离这人间地狱"者极多，愿意自投罗网者极少，当时的情况无外乎此。所以，南京城断无"增加"五万人的可能。② 那么，国际委员会的记录为什么较前为多呢？我以为不外是四种可能：一、以前的估计不正确，现在有所修正；二、国际委员会此信谈及人数主要是寻求粮食供应，③安全区原来无须依靠救助的居民，时隔一月也加入了饥民的行列；三、南京城内、安全区外的情况太糟，原来心存侥幸，没有离家的人不得不来到安全区寻求托庇；四、安全区供应有赖日方认可，而日方的表现不能取信于人，国际委员会有意多报。其中前三种可能应该较大。

《"南京屠杀"的彻底检证》所谓"二十五万"云云，不是四十一号文书的原数。四十一号文书的原数为"二十五万到三十万人"。按理说"三十万""增加"的更多，更能表明"没有大屠杀"，《"南京屠杀"的彻底检证》不取上限，而取"二十五万"的低数，实有良苦用心。因为《"南京屠杀"的彻底检证》的目的在于证明城内人数只多不少，关键是多，所以虽是越多越好，但太多易生出不自然的疑问，所以宁要稳当，宁取低数。而不肯以原数表示，则是"二十五万到三十万人"间的五万之差太大，容易落下数字只是粗估的印象，不利于"没有大屠杀"的结论。

综上可见，《"南京屠杀"的彻底检证》试图以人数未减甚至增加来否定大屠杀，完全是站不住脚的。

① 李克痕著《沦京五月记》，侵华日军南京大屠杀史料编委会、南京图书馆《侵华日军南京大屠杀史料》，江苏古籍出版社1998年2月第1版第5次印刷版，第115页。此记对日本特务组织"南京班"第二次报告中所谓"2月25日以后允许自由进出"是一有力否定。
② 东中野修道自己也说："南京为巨大的城墙所围，由于城门有检查，所以城外进入城内或城内走出城外，事实上都不可能。"（東中野修道著『「南京虐殺」の徹底検証』，第291页。）东中野此说是为了证明南京城内人口登录、发放良民证时"潜伏于安全地带的支那兵无法逃往城外"的困境，此时需要维护日军，就忘了彼时的另语——"增加"说，这是东中野事实迁就观点的又一例。
③ H.J.ティンパーリー编『戦争とはなにか・第十九号文書』（即徐淑希编《南京安全区档案・第四十一号文书》），洞富雄编『日中戦争史資料』9『南京事件』Ⅱ，第142－144页。

安全区外"理当没有"市民

　　《"南京屠杀"的彻底检证》引随军画家住谷盘根的证言和第三舰队军医长泰山弘道大佐的日记,说明安全区以外阒无人迹(所谓"森闲"),寂静到有如"死街"。但正如佐佐木到一(第十六师团第三十旅团旅团长,少将)在12月14日日记中记城内扫荡说到"潜伏"的残兵时所说:"对抵抗者、失去顺从态度者,不容宽赦的立即杀戮,终日各处都听到枪声。"[1]因为佐佐木所辖的第三十旅团是城内扫荡的主力部队之一,他的记载有充分的可靠性,所以虽然当时类似的记载不在少数,有佐佐木的日记在,此处不必再另举其他证据。住谷的证言是时隔数十年的回忆,不具有否定事发时的可靠记载的效力。泰山的日记,综合地看可靠性很高,但他16日下午抵达南京,19日上午离宁,这段时间正是日军"入城式"(17日)、"慰灵祭"(18日)举行的时间,松井石根为首的大批日军要人都在南京,南京的情况相对"安静"并不奇怪,再说泰山抵宁后,除了参与日军仪式,还参观了中山陵、明孝陵等城外多处名胜,在市区只是驱车中山路等走了极有限的地方,而且,《"南京屠杀"的彻底检证》所引他19日所说"完全是死城",原是在江上眺望时的感觉。[2]再则,也是更重要的,日军为了17日的入城式,特别是为了皇族朝香宫鸠彦中将的"安全",从13日入城后连续进行了拉网式的极其酷烈的扫荡——"终日各处都听到枪声"即是由此而发,到泰山弘道来时南京即便已成"死城"也

---

[1] 「佐佐木到一少将私記」,南京戦史編集委員会編『南京戦史資料集』,第379页。

[2] "上午9时起锚,下江。南京从江上眺望,已完全成了死城了。"泰山弘道著「上海戦従軍日誌」,南京戦史編集委員会編『南京戦史資料集』,第532页。

并不奇怪。

《"南京屠杀"的彻底检证》又引国际委员会 12 月 17 日致日本使馆的文书："当贵国军队于 13 日开入南京时,所有平民几乎完全麇集于难民区内"后,退一步说:

> 而且,安全地带之"外",在 12 月 8 日已经禁止一切外出了。当然,在陷落之后的危险时期,从安全地带到可能成为战场的安全地带以"外"的市民,理当是没有的。陷落时没有看到市民的日本兵的证言,是完全可靠的。
>
> 因此,如果谁在安全地带以"外",那他不会是市民,而是士兵。再者,安全地带之"外"如有尸体,那不是市民,而是士兵的尸体。[①]

安全区以外有没有市民,从时下易见的几种资料集中所收被害人自述和他人转述的大量安全区以外的被害事例已可以证明。在此姑举新近的一条当事人的证言为证。第十六师团步兵第三十八联队当时负责南京市内东北地区(安全区东北、玄武湖以西的三角地带)的扫荡,三十八联队第三机关枪中队的安村纯一说:

> 南京陷落的次日也在城内进行了扫荡。行动以小部队进行,第三机关枪中队的全体都参加了。第二天仍有敌人,敌人仍拿着武器。主要是步枪吧。拿着枪的人躲着,出来的话就逮捕,交给俘房部队收容。俘房部队哪里都有,俘房都被集中起来。有十人就用绳子绑着,带到那里去。都送到后方部队去,实际怎么样没有听说。因为我们没有处理俘房。
>
> 扫荡每天都进行。(士兵还是平民)不知道。只要看到,不论男女都带走。女的也进行抵抗,很有抵抗力的。

① 東中野修道著『「南京虐殺」の徹底検証』,第 191-192 页。

安全区外『理当没有』市民

处理（俘虏）的部队是另外的，我没看到过。带到城外去。之后由俘虏部队处理，①怎么样处理，我们无法想象。死还是活，大概不会是好结果吧。这些部队因为与我全然无关，所以死或者生……

我在战斗中只管击敌，没有听说过俘虏被大量处决。战后也没有听说过。南京大屠杀，那都是胡说。这是我认为的。三十万的人死了，岂有此理。

自己没有那样射杀过，用机关枪射，击毙的大约十人、二十人。不是普通的杀法。大概是把中国人集在一起，一下子开火。这样的事我没做过。这十人二十人聚在一起，在南京城内扫荡时射杀，这是有的。参谋本部发表的死者数是八万四千人，大概是搞错了吧。报告中有联队本部报告的重复的部分。报告说的死者数，我没有像要人相信的那样相信。（因由军发表）我当然也不否定。②

从安村的口述中我们可以看到，安村们见人就抓，虽说以"不知道"是士兵还是平民为托词——其实当然知道，因为那些女子③自然不是军人——，但毕竟不敢说安全区外没有平民。当事人安村都只能说到"不知道"的程度，东中野凭什么屡屡说"理当没有"？安村所述的可信，在于他对南京大屠杀的否定态度，既然强调是"胡说"，自然不会无端地让日军平添嫌疑。第三十八联队第一、第三大队参加了这一区域的扫荡，每个大队共有四个步兵中队和一个机枪中队，一个炮小队，每个中队共有三个小队，每个小队又有六个分

① 日军对中国俘虏的屠戮，有关事实，请参拙文《南京大屠杀是东京审判的编造么?》之五，北京，《近代史研究》2002 年第 6 期；有关屠杀出自上而下的命令，请参拙文《日军屠杀令研究》，北京，《历史研究》2002 年第 6 期；有关屠杀的象征性个案，请参拙文《再论"百人斩"》，南京，《江苏社会科学》2002 年第 6 期。
② 安村纯一口述「兵士と思ったら、男も女も若いのはみんな引っ張った」，松岡環著『南京戦——閉ざされた記憶を尋ねて』，東京，社会評論社 2002 年 8 月 15 日第 1 次印刷版，第 186 - 187 页。此书中译本即将由上海辞书出版社出版。日本学者津田道夫最近撰文，除了肯定此书的"宝贵的价值"，同时指出因为书中"看不到本质的反省""让中国读者读到这样的书，作为一个日本人，我不能不感到战栗。"（津田道夫著「歴史の真実——松岡環著『南京戦——閉ざされた記憶を尋ねて』読む」，東京，『図書新聞』2002 年 10 月 12 日第 2 版。）
③ 同为第三十八联队第三机关枪中队的山田忠义也说："在城内到处都有尸体，女人的尸体也有很多。"「捕虜に食わす物がないので処分せざるをえず」，松岡環編著『南京戦——閉ざされた記憶を尋ねて』，第 190 页。

队，安村说的"小部队"当是小于中队的小队甚至更小规模的分队，也就是说当时在安全区东北、玄武湖以西的不大的三角地带，有几十上百个"小部队"活动，安村所遇到的情况，如是一般情况，每个小部队都将大批的俘获者送交"俘虏部队"，小批"十人、二十人"的俘获者或者移交，或者当场处决，单这一地区就有多少屈死的平民呢？

至于尸体之不能以安全区之外之内分，当然更无须一辩，因为即使安全区外无人，从安全区带出的被害者不断，本来也是有国际委员会等大量中外公私记载可以为证的。

当事人不告否认不了日军性暴行

日军攻占南京后,曾发生了大规模的强奸。后随军迁台,任台湾大学军事教官等职的郭岐,日军进攻南京时是守卫南京部队的营长,身陷笼城三月,逃离后写了著名的《陷都血泪录》,发表于当年的《西京平报》,其中说:

> 我中国自古男女有别,笃重伦理,女子之贞操,高于一切,是世界上最重礼义的国家。而兽兵所到之处,一切都摧坏完了,我不晓得他们的国家是人的世界还是兽的世界!
>
> ……就此奸淫一项,比任何烧杀抢夺,都令老百姓痛恨。日本人这次在中国上了一次唤醒民众的课程,实在说非如此中国还不会彻底觉悟![①]

由于强奸对女性身心两方面的特别伤害,由于国人的意识对"贞操""伦理"的特别敏感,所以"就此奸淫一项"最令国人"痛恨"。

东京审判根据有关证据,认定日军在南京的性犯罪达两万件之多。对此,在东京审判时日本就有人表示不满,以为是对日军的栽赃。比如参加进攻南京的第九师团第三十六联队的联队长胁坂次郎大佐,在东京审判出庭作证时,声称日军对南京秋毫无犯;第十六师团参谋长中泽三夫大佐在出庭作证时说:

---

① 转引自同书编委会、南京图书馆编《侵华日军南京大屠杀史料》,江苏古籍出版社 1998 年 2 月第 5 次印刷版,第 8、14 页。

在南京,由日本军进行的有计划的强奸完全不是事实。少数散发的风纪犯有过,但所有这些事都受到了法律的制裁。①

近年"虚构派"对日军强奸的否定继承了这一口径,但又有发展。徐淑希所编《南京安全区档案》在第 192 件中说到日军来金陵大学强要妇女,1月 16 日"无一人肯前往",第二天日军复来,带走了七名妇女,贝茨在现场目击了这一幕,"了解了是完全基于自由意志的行动,其中一位年轻女性是主动的去的。"②日本"虚构派"以此推导,说日军没有强奸,如《再审"南京大屠杀"》说:

当事人不告否认不了日军性暴行

427

> 果然是强奸么?
>
> 毋宁说这一情景应该看作是日本方面了解的中国人,在设立于安全区的金陵女子文理学院中的避难所募集卖春妇,女性们"高兴的"应募。贝茨们将这一达成合意的募集卖春妇,误当成了组织强奸。③

《再审"南京大屠杀"》所引注明是洞富雄所编《资料集》,而《资料集》所载明明是"一位年轻女性是主动的去的",它却强化为"一位年轻女性是高兴的去的"。"主动"和"高兴"从积极的角度说,有一致的方面,但"主动"可以是自我牺牲,而"高兴"则只是乐于其行,两者完全不同。从《再审》的整个倾向看,此处所致原意走样,不是偶然的误书。

《〈南京暴行〉的研究》则以为,强奸是潜伏在安全区内的中国军队高官"反日搅乱工作"的一个环节,并说:

---

① 洞富雄编『日中戦争史資料』8「南京事件」Ⅰ,第 245 页。
② 洞富雄编《日中戦争南京大残虐事件资料集》第二卷"英文资料编",東京,青木書店 1986 年 10 月 15 日第 2 次印刷版,第 182 页。《日本帝国主义侵华档案资料选编·南京大屠杀》(中央档案馆、中国第二档案馆、吉林省社会科学院合编,第 122 页)、《侵华日军南京大屠杀史料》(侵华日军南京大屠杀史料编委会、南京图书馆编,江苏古籍出版社 1008 年 2 月第 1 版第 6 次印刷版,第 373 页)所载同皆未录此句。
③ 日本会議国際広報委員会编『再審「南京大虐殺」——世界に訴える日本の冤罪』,東京,明成社 2000 年 11 月 25 日第 2 次印刷版,第 86 页。

将这些资料摆在一起看,事情的真相大体可以看清。目击者、记录者都不明的中国人控告的"强奸"的实态,其实是由中国人扮演的"日本兵"的骗局,可能性可以说无限大。① （原文如此——引者）

这种"自愿"说,"骗局"说,《"南京屠杀"的彻底检证》先已提出,②在"虚构派"中已成"共识"。而近年虚构派更强调说如有大规模强奸,也应有大量混血儿,而南京没有这样的混血儿,所以可证强奸之为无有,如《对"南京屠杀"的大疑问》说:

> 最不可思议的是,被认为有二万件的强奸事件,经过了一年,即使到现在,也没有生下混血儿的报告。私信和其他的文书等有关的传闻都没有。
>
> ……
>
> 依大屠杀派的主张,这时南京的男人不是被杀死也是被日本军役使,1938 年 10 月左右在南京出生的理当都是和日本兵的混血儿。但日本军在南方(指东南亚——引者)遗留的混血儿成了问题,而在南京以及由日本军长时间占领的大陆各地,没有听说有这样的小孩出生。
>
> 今天,主张日本军对女性暴行的人们,包括日本人自身,对这一奇妙的现象都没有注意。而且,即使妊娠的女性全部堕胎,地下医生也会大繁盛,但这样的事也没有听说过。③

这样的论调,用时下日本"大屠杀派"的中坚笠原十九司的话说,"是对

---

① 藤冈信胜、東中野修道著『ザ・レイプ・オブ・南京の研究——中国における「情報戦」の手口と戦略』,東京,祥傳社 1999 年 9 月 10 日第 1 版,第 169 页。

② 東中野修道著『「南京虐殺」の徹底検証』第十二章「南京安全地帶の記録」,東京,展転社 2000 年 7 月 8 日第 4 次印刷版,第 257－282 页。

③ 松村俊夫著『「南京虐殺」への大疑問』,東京,展転社 1998 年 12 月 13 日第 1 版,第 185－186 页。南京特务机关"调制"的《南京市政概况》中记录,1939 年掩埋尸体 723 具,其中南尸 152 具,女尸 45 具,孩尸 526 具。(转引自曹必宏《南京市伪政权掩埋遇难同胞尸体数目考》,朱成山主编《侵华日军南京大屠杀史最新研究成果交流会论文集》,南京大学出版社 2001 年 4 月第 1 版,第 84 页。)孩尸比例如此之高,值得注意。我觉得这和日军大规模强奸应该有关。中国的节烈观、贞操观都不会允许敌人强暴的后果存世,是故这些孩尸应该是弃婴。

被害的中国女性的二重、三重的伤害，是对中国人名誉的深刻伤害"。① 这种伤害有如渎神，最能激起愤怒和积累仇恨。日本虚构派之所以敢于在这种最敏感的地方挑战，对受害者的感情丝毫没有顾忌，当然是基于他们的立场，但他们的理由则是所谓所有事件都是"传闻的积累"。② 所以，虽然与虚构派平心探讨的基础已不存在，对日本的一般读者作一回答，我觉得并非全无必要。

对日军暴行的复原，以性暴行难度最大。中国人自来重"义"，在大关节上只能舍生取义，即使"青皮红心"忍辱负重也免不了会被戴上汉奸、国贼的沉重帽子。这与日本完全不同，日本即使在战时，也没有"日奸"一说，"卖国贼"（売国奴）虽有其词，但既非常用，语气也远不如中文强烈。"义"化为女子的义务，便是郭岐所说的"高于一切"的更沉重的"贞操"。这与日本也完全不同，日本战时相当多的女性随军"慰安"出自自愿，平时从事性职业也远没有中国那么大的压力。所以，在中国，一个女子受到了侮辱，尤其是"兽兵"的侮辱，就等于被毁了一生，即使不走一死的路，也只能饮泣吞声，而很难抛头露面地去控诉。正是由于此，向日本占领军告发固是与虎谋皮，战后也很少有人以真名实姓出来申冤。③ 这也是当时在南京的西方人士向日本使馆提出强奸案时没有具名的"一个"原因。

另一方面，由于"强奸"是特别的"破廉耻"事，在名义上也为日军的军风纪所不容。如上海派遣军参谋长饭沼守少将在日记中屡屡对强奸等事表示"愤慨之极"，④上海派遣军参谋副长（副参谋长）上村利道大佐对第三十三

① 笠原十九司著『妄想が産み出した「反日攪乱工作隊」説』，南京事件調查研究会編『南京大虐殺否定論13のウソ』，第217页。
② 田中正明著『「南京虐殺」の虚構——松井大将の日記をめぐって』『伝聞の集積』，东京，日本教文社1984年6月25日第1版，第28—30页。
③ 战后国民政府调查，绝大多数被害人、邻里等目击证人所指认者都已死或失踪，极少数自陈之被害者，则往往家人均已被害或男口均已被害，处境极其艰难。如住南京大百花巷之徐洪氏被奸后跳井未死，除七旬老母和同样跳井之女儿，全家被杀，"忍辱含耻偷生迄今，生活窘迫异常"，才敢于出来要求洗雪"国耻家仇"。中国第二历史档案馆、南京市档案馆合编《侵华日军南京大屠杀档案》，第354页。
④ 如1月14日在记述宪兵逮捕违法的军官后所说，「飯沼守日記」，南京戦史編集委員会編『南京戦史資料集』，第237页。

联队的天野中尉率兵强奸"遗憾万千",①"中支那方面军"司令松井石根大将的继任者畑俊六大将在日记中称南京发生的强奸是"非常可恶的行为"。② 即使在基层,表面上也如此,如步兵第七联队第一中队水谷庄一等兵在12月19日日记中记录了"小村小队长"的训戒:"特别对放火、强奸等破廉耻事希望能严慎"。③ 在所有罪行中,强奸最难启齿。杀人,常常可以成为"自满话"(日语,意近中文);抢劫,自"征发"被默认后,④不仅军风纪中的有关规定名存实亡,实际已成堂而皇之之事;因此,在日军官兵的记载中,强奸最少留下痕迹。

由于这两方面的原因,要通过已有材料完全重现日军的性暴行固然已不可能,要大致描绘也已极难。

① 「上村利道日記」,南京戦史編集委員会編『南京戦史資料集』,第292页。
② 「陸軍大将畑俊六日誌」,南京戦史編輯委員会編『南京戦史資料集』,第52页。
③ 水谷荘著「戦塵」,南京戦史編集委員会編『南京戦史資料集』,第503页。
④ 上海战役结束,日军向南京进发,由于"进展神速",补给完全跟不上,松井石根在日记中每有记载,如11月8日日记,能供第十军的给养只有"数日",陷于"苦境"。所以,日军基本靠现地"征发",11月18日日记中记,因占领太仓等地,"粮秣不必担心"。「松井石根大将戦陣日記」,南京戦史編集委員会編『南京戦史資料集』,第5、8页。

真实才有力量

日前接到南京师范大学南京大屠杀研究中心主任张连红来电，说起电影《南京》，称赞有加，以为在同类题材影片中，此片成绩相当突出。正好前些日子一位关注南京大屠杀的朋友，谈起同样是美国人拍的《南京梦魇》，说错处甚多，并附带提到网上赞否两方剑拔弩张的争论。肯定方认为此片"立场"正确，有此大节，余者可以不论；否定方认为如果史实不确，只会贻人——比如日本右翼——口实。两片如何，因未寓目，不能置一言。但由此想到，对待和我们的情感、价值、"信仰"不能割断的特别史事时"正确"和"真实"孰重的话题虽是老生常谈，却仍可以一议。

参与东京审判的倪征燠晚年著有《淡泊从容莅海牙》，其中说到因对证据要求严格而使中国检察方一度难以适从时举过这样一例："当时国民党政府军政部次长秦德纯到法庭作证时说日军'到处杀人放火，无所不为'，被斥为空言无据，几乎被轰下台。"秦德纯在谴责日军时的一腔热血是可以想见的，但正如倪征燠所说"空言无据"，即使不说有害无益，至少可说于事无补。如果说秦氏出庭时当乱世，证据难征事有其不得已，今天单凭"义愤填膺"恐怕只能偾事。

多年来我在细读日本右翼（姑指一切否定日军暴行者，日本并不这样泛用）的相关论著时有一个突出体会，即，我们的大量批判之所以未能收澄清之效，未能"唤醒"日本民众的多数，当然有传布面有限等众多原因，但其中一个原因在于我们的批判多从"观念"出发，对证据重视不够。——不是不讲证据，而是对证据本身，比如有些文献的确切含义，能证明什么？能证明到什么程度？通篇的意义如何？摘出的某段与全篇精神是否吻合？材料本身是否可靠？特别是有些口传记录的真实性，比如访谈的环境是否有持疑的可能？采访者对被访者是否有导向或暗示？被访者所谈是否合于实际？如以历史学的尺度来衡量，不能说都已得到了严格的检查。所以即使你的批判道义感昂扬，局外人（比如有些西方学者）仍不免认为两造所言可以见仁见智。

  日本右翼近年对有关南京大屠杀的影像资料大做文章，前年出版的一本一再重印的专书《检证南京事件"证据照片"》更号称今传143张相关照片无一为真。此书出版后，曾在某次会议上听人驳斥，给人的感觉是其理甚正，其心可嘉。不过从另一角度说，此案用"说理"侦办，终是针锋不接，难奏"驳倒"之功。近日收到日本一中学教师渡边久志写的长文《照相机目击的日中战争》（连载于《中归连》季刊）。该文对《检证》逐一"检证"，检证的办法十分朴素，就是追寻母本的史源，参以相关文字影像资料，以求复原其本来面目。谨举一例。《检证》称某照为伪，理由是照片中日军军装没有肩章，因此断言为中国"伪造"。渡边搜寻事发时照片，发现大阪每日新闻社1937年10月21日出版的《支那事变画报》中"举杯祝贺占领无线电台的田中部队长"为题的一张同样没有肩章。有此一照，《检证》所说已可不攻自破。但渡边并未止步于此。他又在文献中查到陆军省次官梅津美治郎曾在同年8月29日下达通知，通知明言：各部队为了"防谍"可以摘除肩章。有了梅津此件，此案定谳再无疑义。渡边文既无高亢的声势，也无花哨的说辞，但一气读完后不由感到的就是踏实的力量。正如俗语所说"事实胜于雄辩"，我觉得对日本右翼挑战的最有力的回应就是用可靠的证据说话。

（原载《新民晚报》2007年9月2日）

附　录

无惧地解剖日本人的精神世界

——读《南京大屠杀与日本人的精神构造》①

即使以最严格的"言论自由"的尺度来衡量，日本仍被认为是"完全的言论自由"的国家。然而，因为对战争罪行从未进行过全民性反省，因为明治以后深植于日本民众的天皇崇拜（Mikado-Worship）随着战败后天皇制的保留而得免遭清算，致使谈论天皇战争罪责至今在日本仍有"违碍"（タブー）。津田道夫的《南京大屠杀与日本人的精神构造》对天皇持议极严，他在后记中说：

> 天皇确实没有对大虐杀直接下手，也没有直接下令杀害俘虏，但他是大日本帝国的唯一元首，正是他是帝国陆海军的"大元帅"。满洲事变以后，日本军队的通称由"国军"变成了"皇军"。对中国的侵略战争是在天皇的名义下作为"圣战"进行的。这个"圣战"的方针，和藐视中国的意识相辅翼，消解罪恶感，将所有的残虐行为合理化。所以，天皇至少必须承担南京大残虐事件（アトロシティーズ）道德上的最高责任是毋庸置疑的。

在一个大众思想日益"法西斯化"（作者语）的国度里，面对滚滚浊流，作者所做的抵抗努力，尤其是作者的斩截态度，我以为都是应该特致敬意的。这也

① 程兆奇、刘燕译《南京大屠杀与日本人的精神构造》，香港商务印书馆，2000年6月第1版。

是我将此书译介给国人并作此文的一个主要理由。

此书对天皇未稍宽假，一再强调他的不可推诿的战争责任，不过此书的主旨不在于批判天皇，也不在于批判战时的统治者，如题所示，它也并不满足于简单的批判——若以日本人为一体，也可以说自我批判——，也不满足于一般的"历史"分析，而是"由表及里"从日本大众的"精神构造"下手探讨残虐行为的人性根源。正如作者所说："我的问题意识是，为什么在日常生活中的'善良的劳动者''平凡家庭的父亲''礼仪端正的人'之类日本庶民，到了中国战场会变得那么残暴。我觉得这仅仅以战场的'异常心理'，通州事件讨仇，或者为了战死的战友报仇等解释是不够的。我认为这是和'日本大众特殊的精神构造'有关的。"

书中对日本大众的特殊"精神构造"有详细的论述和分析，此处只能略及其大概。

庶民的算计和虚无主义

"南京大屠杀"，日本通称为"南京大虐杀"。洞富雄、藤原彰等别称"南京大残虐事件"，或迳用音译アトロシティーズ，以之与 Nanking Atrocities 对应。《精神构造》一书亦多采"大残虐事件"或アトロシティーズ。因为在南京发生的不只是屠杀，还包括强奸、掠夺等残虐行为，所以"残虐"较之"屠杀"确实更具概括力。解释这一"残虐"制造者的意识，迄今日本学界多取"战场心理"或所谓战场的"异常心理"的视角。对此，作者并不否认，但认为"南京大残虐事件"的诸相单用"战场心理""异常心理"来解释还不能尽其底蕴。作者认为日本大众"即自"（an sich）的思想中已有残虐的胚胎，因而才会在侵略战争第一线的绝望体验中有那样的残虐表现，也才会在回到后方过上正常生活重新成了"善良的劳动者""平凡的家庭的父亲""礼仪端正的常人"时以自得（"手柄话"）的态度对残虐行为津津乐道。

战时流亡中国，在国民政府政治设计委员会工作的鹿地亘，早在 1938 年为田伯烈编著的日文版《战争？日本军暴行录》序中，记录了他在东京警察署的一个同监，此人"对道德的麻木到了令人吃惊的程度"，但同时又是"战功卓著的'勇士'"。鹿地感慨地说："我不能不想所谓'勇士'是什么。这个男人平时言行的无羞耻，与战场上屠杀行为的丧失人性的大胆之间，我看不出任何道德的差别。东京的良民也好，大陆的住民也罢，在他眼里都是残忍的快举的对象。只是后者比起一般人来说更是支那人，在战场上更可以享有没有法律限制的自由处置的乐趣。"

鹿地亘是 1935 年 10 月保释出狱的。作者以为在日本全面侵华战争爆发前，鹿地已从一个"地痞""平时言行的无羞耻"所表现的精神状态中找到了"战场上屠杀行为的丧失人性的大胆的根据"。作者更进而指出：在南京大残虐事件中，不仅是这样的"地痞"，"东京的良民"以至日本整体的男性大众都是作为残虐的加害主体登场的。

战前右翼领袖之一的橘孝三郎曾在列车中听到"一伙纯朴的乡巴老"的对话："'不管怎么说，日美战争快些打起来好。''那样的话，大概就会景气了。但能胜么？美国大着呢！''不知道。但日本军队是世界上最强的。''这当然，世界第一。但士兵世界最强，军队资金跟不上。''嗯……''饿着肚子可不能打仗。''这当然。不过管它败不败的，打了再说。胜了当然是我方的，想抢多少钱就抢多少。败了，像美国这样的对手也没什么大不了。成了美国的附属国，说不定日子反倒更好了。'"

橘孝三郎"听了这伙纯朴的乡村老人的话，茫然若失"。记载此事的《日本爱国革新本义》，是"地下"非法出版物，出版日期是昭和 7 年，即"满洲事变"和第一次上海事变稍后不久。时值"昭和恐慌"，都市中充斥着失业者，农村的困顿可以"娘身壳り"（卖女儿）和饥饿儿童为象征。在这样的状况下，自暴自弃就弥漫于找不到出路的人们中。上引正是在那样的背景下出现的。所以它虽只是一个孤例，但却是当时普遍心境的写照。

"纯朴的乡村老人的话"所示固非自觉思想，但大众思想的实态本以非自觉为常态。这些村夫的对话充分表现了当时日本大众在迷茫中的沉沦、无奈、实惠、势利、狡黠。作者将这种思想状况概括为"庶民的算计和虚无主义(ニヒリズム)"。① 他认为"在昭和恐慌下,虚无主义成了情绪发泄的出口,其最尖端就是利用'军队'和'战争'的寄生浪人意识的产生"。

作者引用了不少战时日记("阵中日记"),其中不乏"缴获"战利品的内容。如果说"纯朴的乡村老人"从美国"想抢多少钱就抢多少"的想法多少还只是为了精神宣泄的打趣的大话,"阵中日记"中的"缴获"则是实实在在的掠夺和掠夺计划了。作者认为"所谓'惩罚暴支'的'圣战'方针,在此便和一个个庶民的算计——'缴获'亦即掠夺计划——结合在一起"。"我不认为'圣战'的方针可以和真正的庶民自我(エゴ)分开,也就是说,'惩罚暴支'的口号,只是日本大众的庶民利己主义(エゴイズム)在政治层面的形态化。而且,在这个庶民的算计的背后紧随着的是大众虚无主义的阴影。"

大众虚无主义和知识人的虚无主义

日本军在南京以至于在整个中国表现得极为"残虐",更特别的是这种"残虐"常常十分"无谓"。众多的"阵中日记"对此有大量的记载。比如去年(1999年)出版的中文版《东史郎日记》②就记录了不少仅仅为了解闷的纵火和无意义的杀人。1937年12月4日这样记:"放火,近来对我们来说,实在已算不上什么事,比小孩玩火还有趣。'喂,今天冷啊''那就烧幢房子暖暖吧。'"1938年3月23日记:"苦力中有一个老人。他的长相冷漠而让人讨厌。荒山上等兵说:'你的脸让人讨厌。你要是死了,就不会在老子面前晃来晃去了。'说完就是一刀。可能刺中了肺,口吐鲜血,挣扎了一会,死了。"这种对中国非战斗人员的毫无意义的杀害,作者称之为"不负责任的大众虚无主义"。

与庶民的非理性虚无主义不同,知识人的虚无主义表现出了充分的自

① 虚无主义(ニヒリズム)是作者在书中解释日本大众思想状况的关键词汇之一,其含义与中文此词略异,主要指在身不由己的环境里的自暴自弃的精神状况。

② 此为东史郎"阵中日记"的首次出版。以此日记为素材编写的《わが南京プラトーン》1987年由青木书店出版后,受到日本右翼的围攻,近年著名的"东史郎审判"即为围绕此书的折冲。就此而言,日记尚难在日本本土出版。

觉。作者举了杉山平助的例子。杉山是有"社会良心"之誉的文艺评论家，1937年10月至次年1月曾有华北华中之旅。在南京陷落的年暮，他和朝日新闻南京支局的记者有过一次长谈。当时的情况，杉山记录在《支那和支那人与日本人》中。其中有这样的话："我认为，战争一旦开始，为了胜利，为了确保战果，采取什么手段都是无碍的。在这样的情况下，道德不仅无力，而且无能。今后的战争，区别战斗人员和非战斗人员，从严密的意义上说已不可能。迅速的歼灭也是一种慈悲。只是在这里还留有技术问题。残忍作为一种力量是不能不利用的。"

作者认为"杉山表明的是让人吃惊的能动的虚无主义。杉山作为知识人，彻头彻尾贯穿了自觉，其'虚无主义'达到了令人恐怖的程度"。

杉山在同文中叙说了和抱着儿子的死骸痛哭的"支那"老妇的遭遇，并感慨地说："人的烦恼，居然就这么空虚么？这个世界上即使所有的东西都是空虚的，仅是感叹和烦恼似乎是有什么实质性的，我们很容易想到这一点。为了人子的烦恼和感叹，天会无动于衷么？然而，天就是无动于衷的！地也是无动于衷的！人的感叹，什么都不是。几亿人的苦恼、呻吟，对自然来说，比一瞬的风更空洞。我们人类也许过于自大了！对自己的苦恼说得太多了，未免有点无聊了。所以我对这个眼泪满眶的支那人的苦恼，只是报以冷笑。奴隶的生命本不值一提，我们的生命也不值一提。当前，对我们来说，唯有努力，唯有豁出性命保卫日本。"

杉山平助没有丝毫人道的道德观，相反，有的只是由战争对弱者的抹杀。这就成了"大残虐"的理由。作者曾援彦坂谛《人是怎么样成为兵的》所说的"大量杀戮（ジェノサイド）的更大的罪过在于对每个人的价值（人的重み）的抹杀"，质疑"'惨祸'的悲惨程度是由数字多少决定的，'大屠杀'是以死伤者的量为基准决定的，没有明记这一量的文献便只能被认定是不存在的"。在引及杉山上语时，作者说："大量杀戮的真正的犯罪性格是对人的价值、个人的'烦恼和感叹'、个人的悲惨的完全的抹煞。上述杉山所说，不外是为人量杀戮找一虚玄的理由。""这正是自觉的知识人的虚无主义的最后的语言。"

《支那和支那人与日本人》初刊于综合性杂志《改造》。而《改造》向有"进步"之美名,杉山又是所谓"社会的良心",于此足可见战时日本全民性的精神堕落到了什么程度。

庶民的利己主义

作者以为在"南京大残虐事件"中所显现的庶民的算计和虚无主义"不外是日本大众的庶民利己主义（エゴイズム）的表现",是"庶民利己主义"的一体之两面。但庶民利己主义以"算计"为表现较易理解,而以虚无主义（鹿地亘称其特性为"狡猾的强盗性""不劳而获意识""趁火打劫性""地痞的破坏性"）为表现则略有曲折。因为不仅由生活逼迫而自暴自弃的大众情绪找不到宣泄出口,自然发生的虚无主义得以泛滥更是因为这一情绪和"暴支应惩"①的方针正相吻合。

作者称他所指的"庶民利己主义"不同于"近代作为政治解放（市民革命）原动力的市民社会的'私的'利己主义"。

以农民为主体的大众中的利己主义,是随着明治维新日本进入"近代"才得以释放的。作者认为这一利己主义"没有升华到人权的高度,仅表现了狭隘的庶民的算计＝物欲。明治初期一度为人瞩目的民权论,很快就被国权论所吸收。而且,此一大众物欲主义'原封不动'地转化成了侵略主义的能动力。西欧近代的民族主义以人权思想为媒介将市民'私的'利己主义扬弃到了国家意识的层面,但日本的国体民族主义＝天皇制民族主义却是在否定、压抑人权思想下形成的。因此,日本大众的普遍的庶民利己主义的诸形态和近代古典的将自身净化到人权思想的利己主义不同。这样,在大众意识的层面上的自我选择的契机,就不能不是欠缺的"。

同时作者又认为庶民利己主义"并不仅以露骨的物欲主义的自我主张存在。其实存形态,我认为是受家族主义的部落共同体秩序规制的部落意

① "暴支应惩",日本战时口号,"支"指中国。

识＝乡党意识"。这里所说的"部落"或"村"（"ムラ"，作者特以之与汉字"村"相区别）和明治以后的行政村不尽相同，作者说的"村"指的是"幕藩体制下由封建贡租负担者'本百姓'构成的'村'＝自然村"。这样的"村"受到共同体的规制，其水的共同利用和"村"的共有地是各家族生活的重要经济基础。然而，"随着资本主义的发达、商品经济的渗透，自然村的实体渐渐瓦解，小家族间的贫富悬殊开始出现（寄生地主制形成），作为幻想体系的'村'的意识·乡党意识，接受各种各样的变型，顽强的再生，这反而使温存共同体秩序的意识形态机制得以起作用。我以为这样的作为幻想体系的'村'意识·乡党意识的再生，一方面和正在逐渐解体但仍残存的经济基础一起，另一方面又可看作是开放了的庶民利己主义（从实体的基础说是农民的利己主义）的自我防卫的共同直觉"。

作者继续分析："即使向着'村'内部表现了共同体意识，一旦向外，仍会转化成极端的排外、敌对意识。而且，向外的敌对意识终究会转向内部，使小家族间反目成仇，这作为一个否定因素就必然会对基于幻想体系的共同体秩序发生作用。对于这一否定的要素，维护'村'秩序的意识形态机制是家族主义。这样的家族主义，依神岛二郎的看法，由于由'一系型家族'的家长统治权为中心形成的同族结合原理而来，所以在近代是将虚拟的部落内的各小家族扩张到'村'的全体秩序，将'村'内地主佃农的对立虚拟为本家和分家的关系。所以《阵战训》中即以这种庶民利己主义的实存形态为依据，呼吁'常思乡党家门面目，愈加奋励以答期待'。"

这样的"家族主义"，也被带入了军队内部。前线屡屡发生的集团性抢功、争夺战利品以及陷入绝望状态时更为激烈的对抗，更不用说集团性的对"敌方"包括无辜的非军事人员施以的暴虐，都与这一"家族主义"伦理有关。如此，在经过酷烈战斗军纪废弛时军队的基层就转而成了"地痞（ごろつき）一家"。

作为这"一家"的成员，摆脱家族主义伦理的束缚，拒绝参加强奸、掠夺是很困难的，因为那等于自外于"家"，而自外于"家"的后果则意味着自陷孤立，成为为"家"中其他成员侧目的异类。而且，个体的罪恶感，极易被这样的集团行动培养起来的无声规范所吸收。像这样的"集团行动依存症候群"的精神状况,在战后 50 年的今天,在部分日本大众中仍然存在。正如作者所说:"曾经有的'ヤルパック'(音'呀噜吧窟')——这样的语言的存在,我直到最近才从在某私立大学听拙讲的某学生处听到——等的俗称买春旅行等表现的行动方式,现在在海外旅行时的集团行动的依存主义等,可以说就是其表现。不同的仅仅是武器换成了金钱,支持这两者的傲慢的大国意识之点是共同的。我十分讨厌的名言'红灯,大家闯的话,就不怕',就是上述精神状态的象征。"

天皇崇拜和蔑视中国的思想

以上触及了表现"大残虐事件"的大众意识层面的根据。但作者认为仅仅这点还不足以说明日本军队在中国犯下的令人战栗的事态的根据的全部,"其中存在着由特殊历史造成的精神的原动力。唯有在这点上,天皇崇拜和基于此的'圣战'思想与蔑视中国乃至中国人的思想结合在一起,加上庶民利己主义,'大残虐'在士兵个人的精神上便被日常化了"。

作者认为:明治的绝对主义君主制,其形成的特殊性,与西欧的"古典的绝对主义"大不相同。西欧的古典绝对主义是经过罗马主教、教会和封建诸侯的激烈斗争的洗礼,通过自己的手确立政治权威的。与此不同,日本的绝对主义君主制是在维新变革的权力斗争中,由一方的政治势力将相对"自由"的传统权威天皇推为全国统一权力的首领而形成的。具体地说,也就是"'对天皇尚有清醒意识'(鹿野政直《明治的思想》)的明治藩阀政府的指导者们,以古代、中世纪以来在日本大众中培养起来的对天皇和天皇家族的巫术崇拜(シャーマニズム的崇拜)和亲近的感情为契机,制造天皇的权威,由此造成了意识形态的天皇制"。

即便如此,"为正统性自我辩解的体系的意识形态(君权神授说)"发育得并不充分。因此而有以"天壤无穷"的"神敕"开始的天皇宗神话和传说。而且,日本的天皇制以这一神话为中轴,创造了自我辩解的"家族国家"观的特殊的意识形态。它将父家长主义的"家"的原理直接扩大至"国家",以天皇家为"臣民"的宗家,以天皇为"大御亲",另外,将"臣民"虚构为所谓"赤子"、将国家比照为一个大家族。"这样的意识形态,无疑是从基于'家'的原理的'村'意识·乡党意识以'天壤无穷'神话和儒教思想为媒介提升而来的。"

部落意识提升至国家意识,助长了对近邻弱小民族的侵略。如前所述,"村"意识在天皇制支配下是防止"庶民利己主义"化为反体制浪潮的防波堤,作者同时认为它也是"作为庶民利己主义的实存形态保持、形成的"。然而,自然村的实体的解体倾向,必然会诱发基于"幻想体系"的"村"意识维系的旧有秩序的内部紧张,由内部紧张向外部紧张转化,由此反而和对旧秩序的温存倾向一起,成了再造国家统治的社会基础。所以作者说:"可以说,以对外侵略为契机,'村'意识不断提向了国家意识的层面。于是,在日本,爱国心经常变形为排外主义的所谓'忠君爱国'。"

"忠君爱国"的"圣战"意识的另一极是对中国乃至中国人的蔑视。蔑称中国人的所谓"ちやん"(呛)"ちやんちやん"(呛呛)"ちやんころ"(呛括咯)等语言,是甲午战争日本获胜后在日本流行的。但早在甲午之前,昔时那种对中国的崇仰已不复再见。鸦片战争后中国屡蒙西人之辱,日本人在震撼之余已萌轻视中国之心。①

甲午后对中国的蔑视感已"全民化",甚至连夏目漱石的作品中也频频出现"ちやんちやん"的表现。像《坊ちやん》中主人公坊ちやん吵架时就有这样的科白,"如是日清战争的话,你就是'ちやんちやん'了"。由此足可见国民感情的一般。作者引用了父亲的大量日记,日记中除了闻见观感外还附有不少剪报和书信,其中鄙中情绪随处可见。比如时在华北前线的作者的表哥从太原附近发出的一信(1937年12月17日到,发信日期未载)有这样一段话:"在残破的墙壁上大书着'抗日救国,山西的民众都起来参军',道路两侧延续着深两米的战壕,驴慢吞吞地走着。到昨天为止还在高喊抗日

① 依日本通常说法,19世纪中叶赴美的日本人,看到在西部筑路的华工——"猪崽"——苟且于艰辛和屈辱,先是大感惊讶,续而便大加鄙夷。

的ちやんころ举着写有欢迎大日本的旗帜稀稀拉拉的走来。"作者说:"这里对'ちやんころ'所表现的软弱、狡猾的蔑视感,我想并不只是我才会感到。父亲也接受着这一感情,为在前线作战的外甥感到自豪。"

作者总结道:"这样的对中国侮辱的思想、感情,除了极少数的先觉,已遍及国家的规模。而且'圣战'的方针——'暴支应惩'——和这一蔑视感相结合,以庶民利己主义发泄的'大残虐事件'几乎使所有的官兵都没有抗拒感便接受了。我们是背负着这样的思想史的现实,被定位于这一历史中的。"作者将引起"南京大残虐事件"的"日本大众思想的若干要素"简括成下图:

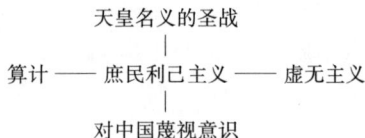

天皇名义的圣战
|
算计 —— 庶民利己主义 —— 虚无主义
|
对中国蔑视意识

有关南京大屠杀的著述,日本不少于中国,20 世纪 80 年代以来专书便不下 60 种,但专从"精神构造"着眼仍是个别致的角度。作者的解释或非尽周,但大致有效则不容置疑。南京大屠杀这样的昭彰事实至今仍受到公然的抹杀(虚构派)和伴奉实违的淡化("客观"派),对作者所剖析的日本"国民性"恰可为以今证昔的一例。

此书日文版共分两部分,第一部分除了上述外,对"日本帝国主义的战争政策"和"日本军部的政略军略"吸收"庶民利己主义",因此而特具的"野蛮性、掠夺性、投机性",对战时日本大众在精神上与日军暴行的同调(比如以通州日本侨民被杀而将"惩罚""合理化"等都有细致的分析。此书第二部分是对今天日本国民性的批判,作者认为正是因为日本在战后从未对侵略战争进行过全民性的反省,以至在战后 50 年(日文版出版时)的今天对战争仍没有稍悔——不仅无悔而且为战争鸣冤叫屈的种种怪异之论,才得以甚嚣尘上。此书中文版增加了数篇,主要是补述 1995 年以来日本大众的思想状况。单从其中一篇文题"现代日本的反动思想状况批判——第 145 届国会和草根阶层的法西斯运动"即可见作者与时流不两立的凛然态度。

作者生于 1929 年,是对战争有切身体验的一代。战后不久他就投身于日本的民主运动。长期以来,作者对独断、压迫、不公、歧视以及美化侵略、诋毁亚洲人民的批判可谓一以贯之,对本民族的自省亦从未稍懈。作者现为月刊《教育与人权》的主编。作者的主要著作有:《现代托洛茨基主义》(青木书店,1960 年),《现代马克思主义》(青木书店,1963 年),《黑格尔和马克思》(季节社,1970 年),《(增补)日本民族主义论》(福村出版,1978 年),《(增补)国家论的复权》(福村出版,1978 年),《国家与革命的理论》(论创社,1979 年),《认识和教育》(三一书房,1979 年),《残疾人教育运动》(三一书房,1981 年),《昭和思想史上的神山茂夫》(社会评论社,1983 年),《向着实践的认识论之路》(论创社 1984 年),《国分一太郎》(三一书房,1986 年),《印象和意志》(社会评论社,1989 年),《革命的俄国的崩溃》(社会评论社,1992 年),《南京大屠杀和日本人的精神构造》(社会评论社,1995 年),《辩证法的复权》(社会评论社,2000 年),《侵略战争和性暴行》(社会评论社 2002 年)。

(原载《抗日战争研究》2000 年第 4 期;日译载日本社会评论社《人权与教育》总第 335 期)

津田道夫先生追忆

年前收到新一期《人权和教育》，见封面的要目中没有津田先生的名字，就有一种不祥的预感。立即翻到编后记，果然第一句话就是："在本集的编辑过程中，本刊津田道夫主编、山田英造发行人因病去世……"。《人权与教育》是日本的一个小众左翼刊物。虽然刊物的主旨是维护残疾人教育权，但对日本的内政外交和各种社会问题也时有批判性的检讨。该刊创立于20世纪70年代初，除了每月一期简易的同名通讯，正刊半年一期。作为一个同仁刊物，坚持数十年，很可见津田先生和他的同道的坚忍毅力。

我和津田先生相识较晚。20世纪九十年代中，中国社科院的吴广义先生邀我一同去埼玉县久喜市拜访津田先生。当天津田先生在酒酣耳热之际，放声高唱《义勇军进行曲》和《国际歌》。一个静谧的小镇，又已到了午夜，我想未免打搅了四邻，便说是不是小些声？津田先生毫不理会地说"不管他"，边说还边呼起了"打倒日

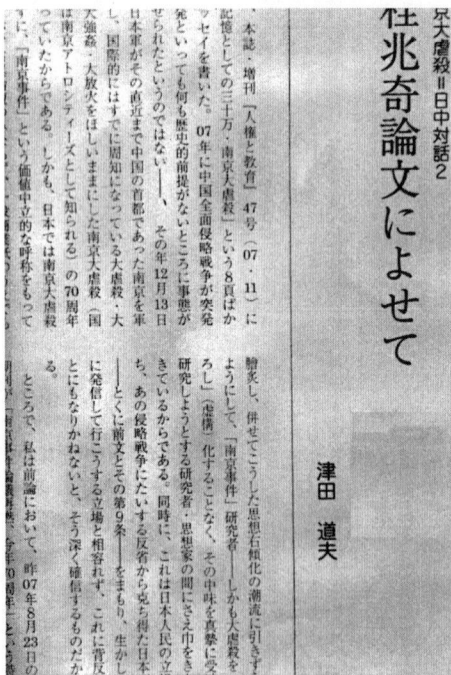

南京大虐殺＝日中対話２

住兆奇論文によせて

津田　道夫

本誌・増刊「人権と教育」47号（07・11）に、記憶としての三十万・南京大虐殺という8頁ばかりのエッセイを書いた。07年に中国全面侵略戦争が突発といっても何も歴史的前提がないところに事態が発せられたというのではない――、その年12月13日、あの侵略戦争にたいする反省から見た戦後日本――とくに前文とその第9条――をまもり、生かし研究しようとする研究者――その中味も真摯に受けとめようとする立場と、相容れず、生かし国際的にはすでに周知になっている南京大虐殺（国大強姦・大放火をほしいままにした南京アトロシティーズとして知られる）の70周年ことにもなりかねないと、そう深く確信するものだがところで、私は前論において、昨07年8月23日ついていたからである。しかも、日本では南京大虐殺「南京事件」という価値中立的な呼称をもって

本帝国主义"的口号。以后和津田先生交往渐多,对于他的特立独行,对于他与拘谨、内向的普通日本人的大不同有了更多的了解。有一次和津田先生散步,当穿过离家不远的墓地时,津田先生在一块书有"浅见真吉"的墓碑前一脚踢开了放着的一束花,看着我惊讶的神态,津田先生说这里面睡着的是他的"老爹",并特别强调"是一个军国主义者"。津田先生批判"军国主义"一以贯之,在政治立场上和他父亲站在对立面,在年近八十时还编了一本以他父亲日记为批判对象的叫做《一个军国教师日记》的十分特别的书。我问津田先生花是谁送的?他说是他的"笨蛋"弟弟。他弟弟毕业于东京大学,当时是千叶大学的教授。津田先生曾被日共开除党籍,和他是日共党员的弟弟素无交往,也站在对立面。所以津田先生虽是"左派",和主流左派也格格不入。

津田先生从年轻时参加学运到晚年还是"残疾人教育权实现会"的中坚,一辈子都没有离开"运动"。同时他也是一个一辈子没有离开过书斋的学者。多年来收到过津田先生寄赠的大部头小册子不下二十余种,如七十七岁时出版的《国家和意志——从意志论读〈资本论〉和〈法哲学〉》,八十岁以后修订的《国分一太郎——作为抵抗的生活连接的运动》《回想中野重治》,为昭和时期有影响的马克思主义学者三浦务编辑的《三浦务的意志论集——二十世纪马克思主义的欠缺之处》。这些书因为大多在我的关注点之外,收到后都成了束之高阁的"藏书"。

我和津田先生研究的交集是南京大屠杀。九十年代末,多次陪同东史郎先生来华忏悔的刘燕子女士来电,希望一同翻译津田先生的《南京大屠杀和日本人的精神构造》,当时我对日本所谓的"南京事件"的争论还是留意的,但仅仅是"旁观",并没有深究的打算。回过头来看,不知不觉踏入检讨的行列,翻译津田先生此书是一个触因。

《南京大屠杀和日本人的精神构造》在日本相关书籍中是相当特殊的一种。日本屠杀、虚构、中间三派有关南京大屠杀之争,无论所争是"多少",还是"有无",都和事实有关。津田先生认为南京大屠杀为实有不言而喻,所以他认为这种争论"没有意义"。津田先生此书讨论的是"日本大众"的责任。

津田先生不同意南京暴行——扩而大之整个战争——的责任只应由"一小撮军国主义者"承担而"日本大众"也是"受害者"的流行说法，他在本书中详细论述了日本大众的精于算计的"利己主义""虚无主义"以及混杂着"天皇崇拜""鄙中情绪"的特殊的"精神构造"，强调战时日本大众与其说是"受害者"，还不如说是战争的推波助澜者，所以也有不可推卸的责任。

津田先生不仅对日本大众，对天皇更是持议极严，认为日本侵华是在"圣战"的名义下进行的，所以"天皇至少要负道德上的责任是毋庸置疑的"。津田先生的严厉态度难为"日本大众"接受可以想见，较难理解的是在大方向上看似一致的日本主流左翼何以对津田先生此书也视而不见。笠原十九司先生是全世界最早研究南京大屠杀的洞富雄先生之后对南京大屠杀研究贡献最多的屠杀派学者，他的《南京事件论争史》近三百页，却只字不提津田先生此书。如果不从"门户"的角度看，"考据"和"义理"的不同，或者说不仅是"说什么"同时也关乎"怎么说"的原因当然是有的。但津田先生认为他和屠杀派中的学院派之间不仅是视角和方法的不同，确实还是有原则性的分歧。津田先生不止一次对我说"笠原他们以'南京事件'代替'南京大屠杀'是不行的，这是'大是大非'，不是单纯的名词问题，这点上他们比洞先生是后退了"。

津田先生所说不单是"名词"的问题，我也有过一次被"棒喝"的经历。2007 年 8 月 23 日《朝日新闻》以《南京事件议论再燃》为题，做了一个包括中日两方有关情况的"70 周年"特别报道，中方部分主要是介绍我在一篇文章中提到的证明南京审判结论的困难。当天中午，津田道夫先生来电，口气严峻，第一句话就是"我打这个电话不是为了批判你"。津田先生在电话中说："南京大屠杀这样的事不是'学术'可以解决的。我也不相信南京审判的结论都符合实际，但应看到日本军队在中国做了太多坏事，除了直接的死难者，更多的是无数中国家庭的生活基盘被摧毁，这种无数的悲剧是无法量化的。就像如果美国对广岛、长崎死亡者数字提出疑问一定会引起日本民众的愤怒一样。所以在这件事上中国人民说什么就是什么！"这其实是津田先生早已向我表示过的一贯态度。我当时回答的大意是：我做的是史学的工作，与先生所说不是同一层面的事。当晚，津田先生又来电，语气已平缓，说他不否认实证研究的价值，只是实证研究不能替代感情记忆。后来他在《作为感情记忆的三十万·南京大屠杀》(《人权与教育》2007年11月10日总第407号)一文中谈到此事，还特别说："作为感情记忆的三十万和作为实证研究的工作在他的思想内面是统一的。"我想津田先生这样说与其说是好意，不如说是让我不要走得太远的"希望"。

虽然，我一直以为在七十余年后的今天，史学工作者应该有权把南京大屠杀等等的暴行作为"历史事件"来研究，但津田先生对于战争反省之彻底还是令人由衷感佩。我想单就"反省"而言，不能让中韩民众满意的日本主流社会终究没有太坏，多多少少和津田先生们的努力不能分开。值此津田先生离世之际，我觉得对于这样一位一辈子都在和日本右翼斗争的友人，我们应该致以特别的敬意。

原载《文汇报》2015年4月16日，第7版

《日本现存南京大屠杀史料研究》后记

　　"卷入"南京大屠杀研究,是来历史所之前没有想到的,可以说是个"意外"。2000 年春到历史所报到,适值当年国家社科基金申报,所方希望大家都能参与,说资助是一方面,"国家项目"本身是一种评价。本来我完全没有申请项目的打算。因为虽然兴趣很杂,多年来也写过一些应景文章,但要胜任专攻一门的研究还有许多课要补;而且,我想"评价"应以结果衡量。当时对"项目"的形式也抱有偏见,以为真要有质量的完成一个学术课题,不能像生产物质产品那样限时限量。但所方语气恳切,不能不让人觉得力争获取是应尽的责任。开始拟报的题目是两宋之交的宋金折冲,这倒不是在这方面有什么特别的心得,而是在我的有限阅读中,对这一时段的留意相对较多。最后怎么会选报南京大屠杀,今天已不复记忆,似乎是哪位同事说填表是件麻烦事,为免劳而无功,还是应选可能性大的题目。今天回想起来,在"前期成果"空白的情况下居然敢于申报真是有点胆大妄为。

　　当时对南京大屠杀其实连最浮泛的了解都谈不上,但多年来我在翻览《诸君!》《正论》等日本右翼刊物有关南京大屠杀的议论时,除了"难以服人"的感受之外,确实也留下了"尚有待发之覆"的印象。如果说以后选择这一课题也不完全是出于偶然,这一双重印象是一个重要原因。因为如果仅仅觉得是"一派胡言"或"了无疑义",便不大可能再有检讨这一课题的动力。

　　项目批下后,我的第一步工作是把从铃木明《"南京大屠杀"之谜》、田中正明《"南京屠杀"的虚构》到今天东中野修道《对"南京屠杀"的大疑问》等虚构派的著作和与虚构派观点接近的板仓由明《真相是这样的南京事件》、亩本正己《真相・南京事件》等中间派的著作 20 余种细读一遍,再循他们援以为据的材料做一番清理,看一看这些材料是否可靠,能否证明他们的结论,能证明到什么程度。我申报的项目原题为"日本南京大屠杀论著研究",对虚构派的检讨是其中的重点,但不是全部。着手后发现需要探讨的问题大大超出了原来的预想,因此不得不收缩战线,将范围仅限于对虚构派著述的检讨。这一工作后来结集成书时题名就叫《南京大屠杀研究——日本虚构派批判》。不过因为相约出版正逢南京大屠杀 65 周年之前,出版社希望能赶在周年纪念日上市,所以此书虽已超过五百余页,对虚构派的检讨仍没有完成。由此之故,我在结项后继续向国家社科基金申请了"日本现存南京大屠杀史料研究"的新项目。这本薄薄的小册子即为这一项目的结项报告。本来,史料研究是较费篇幅的工作,之所以"草草收兵",没有详细铺陈,主要是对南京大屠杀研究所应着力的方向有了与以往不同的想法。这点容稍后再谈。

有关日本的战争罪行,在日本唯有南京大屠杀久争不息。走进日本的书店更可以看到,没有一个与中国有关的历史事件有"南京事件"那么多的著述,足见这一争论不再限于狭窄的专业范围,已成了社会关注度相当高的话题。为什么在日本唯独南京大屠杀会有那么多的争论? 我们最容易想到的一是南京大屠杀在日军所有暴行中规模最大,二是南京大屠杀被认为是两国间"历史纠葛"的"象征",三是南京大屠杀由战后审判定谳(当时试验、使用生化武器等尚未曝光,未成为被控罪名),四是日本一直有人号称南京大屠杀是为符"对人道之罪"的"编造"。这些原因都和与学术无关的"立场"有关。的确,如果没有立场的因素,南京大屠杀不可能引起那么大的争论。同时,如果仅仅是立场的不同,也难以形成持久的争论。我觉得南京大屠杀之所以成为持续的"热点",确实也和事发时记录的不充分以及第一手文献的"遗失"有关。事发时记录的不充分,是指事发时没有也不可能有对日军暴行的全面调查和记录;第一手文献的"遗失"是指上海派遣军法务部日志等日方文献的不传。说"遗失"而非已毁,是因为该等文献也许尚存于天壤间,正如第十军法务部日志实际未毁而曾长时间不为人所知一样。由于有人坚持认为南京大屠杀的问题南京审判已经解决，再无疑问，所以对这一点还有必要特别说明：一，有关南京大屠杀的资料——包括文字、实物、影像、口传——今天并不在少数，比如前年和日前出版和续出的《南京大屠杀史料集》已达五十五卷，我所说的不充分限于"第一时间"的记录和历史学意义上的"第一手"文献；二，"不充分"决不是说日军在南京的暴行的证据还不够充分，而是说作为东京审判特别是南京审判结论的根据还有待进一步充实。作为历史事件的南京大屠杀之所以还有研究的价值这应该是一个重要理由。反之也可以说，如果南京大屠杀的问题已由南京审判解决，不仅今天发掘新史料的努力变得没有意义，对南京大屠杀的研究也变得没有必要。从这个意义上说，有没有日本右翼的挑战和今天是不是需要研究并不是一回事。

　　2003 年，南京师范大学南京大屠杀研究中心组织南京大学、南京师范大学、江苏社科院、江苏省委党校等南京地区的相关学者举办了南京大屠杀研究沙龙，中心主任张连红先生邀我作第一讲。我主要谈了日本争论的由来和现状，附带提及了我们所面临的问题。所谓"我们"的问题，其实是我和国内学者的分歧所在，其中不乏我的偏见。但南京学者包容大度，给予了最善意的理解。那天孙宅巍先生特地从郊区赶来，孙先生是国内南京大屠杀研究的代表性学者，在我讲毕后却特致谢意。当晚南师大的经盛鸿先生来我下榻的酒店，谈起自己的相关研究，说依我所说的"材料的脉络"，他以前的论文确有结论先行的问题。直到今年第二届南京大屠杀史料讨论会期间，南京大学的张生先生还和我说，当时我谈到的照片问题，改变了他对这一问题的看法。南京学者的坦诚，给我留下了很深的印象。以后随着和南京学者交往的增多，进一步感到南京学者的实际想法比起已刊文字实有较大突破，比如江苏社科院的王卫星先生和江苏行政学院的杨夏鸣先生的许多看法已基本摆脱了学术以外的束缚。今年初我和张连红先生应东京财团之邀访问日本东京、京都等地，得以有机会从容交谈，虽然有些看法仍不尽相同，但在作为历史事件的南京大屠杀也应接受史料检验这一点上则完全没有分歧。

南京学者的通达态度，使近年国内南京大屠杀研究发生了静悄悄的变化，这一变化从张宪文先生主持的《南京大屠杀史料集》和二次南京大屠杀史料讨论会上最可以看出。《南京大屠杀史料集》的价值已有不少文章谈及，我这里只举不为人注意的一点。史料集的第十二卷收有"自治委员会文书"，若在以往，这些文书不可能原封不动的收入，原因一是自治委员会向被打上"伪"的印记，而文书所收内容多为有关民生的活动，与一般公共政权的职司并无区别，二是有关日军暴行的内容非常稀释，甚至有相反的内容，如要求日本宪兵"保护"的呈文（即使要求保护可以解读为防范日军暴行，就至今宪兵被作为暴行的同谋而言仍是很大不同）。这些文书从狭隘的意义上说并不能为揭露日军暴行加分，但确实有助于全面认识当时南京的实情。第一次史料讨论的情况我在本书引言注 2 中已略有提及，这里谨以第二次讨论会一头一尾的两次发言为例，看一下国内南京大屠杀研究的新动向。会议第一场的报告人是孙宅巍先生，他的报告题目是《论南京大屠杀新史料的双向效应——以埋尸资料为中心》。我前面已说到，孙先生是国内南京大屠杀研究的代表性学者，也是日本中间派、虚构派质疑的主要对象，但孙先生并不固执己说，他承认"我们"以前对埋尸有重复统计的问题，并特别申明"任何有价值的学术成果，都不需要人为的加以'维护'和'捍卫'"。会议最后由张宪文先生致闭幕词。与通常的小结加致谢的闭幕词不同，张先生致辞的主旨是强调南京大屠杀研究应保持不受学术以外因素干扰的独立性。不知怎，那天的气氛让人有一种很独特的感动。如果从未涉足南京大屠杀研究，也许会以为这些话卑之无甚高论，但若身在局中，一定会体会到对待这一和民族情感纠缠最深的事件能有这样的反省所需要的担当。

我在前面揭到对南京大屠杀研究所应着力方向与以往有不同的想法，触发的原因很大程度上就是上述的变化。从国内已有的南京大屠杀"研究"成果看，如果不计对昔日"日本军国主义"和今天日本右翼的大批判文章，迄今的研究主要集中在两个方面，一是发掘日军暴行对中国人造成的物质精神损伤方面，二是对"原因""性质"的探讨；前者几乎是在一个方向上的增量工作，后者因对事实的认定以现有结论为前提，严格说并不是一种史学的工作。所以，虽然有关的著述数量相当可观，历史学意义上的全面重建南京大屠杀史实的工作其实尚未展开。我觉得重建南京大屠杀的史实，最基础的工作是通过研究以文献为中心的史料——而不是"寻找"为我所需的根据——来建立证据，并在此基础上检验东京特别是南京审判的结论。唯其如此，南京大屠杀的史实才能颠扑不破。这一工作以前未能进行有史料积累、研究程度等学科内的原因，也有朝野承受力等学科外的原因，但最重要的原因还是研究者的"意识"本身。时到如今，由于有了前述近年的变化，我以为用学术手段正面解决南京大屠杀问题的时机已经成熟。所以，检讨日方材料和虚构派观点虽曾十分必要，今天则未免显得过于迂回，缓不济急。

写到这里，想起今年夏天一位前辈学者的一席话。今年 8 月 23 日《朝日新闻》以《南京事件议论再燃》为题，做了一个包括中日两方有关情况的"70 周年"特别报道，中方部分主要是介绍我在一篇文章中提到的证明南京审判结论的困难。当天中午，著有《南京大屠杀和日本人的精神构造》等书的津田道夫先生来电，口气严峻，第一句话就是"我打这个电话不是为了批判你"。津田先生在电话中说："南京大屠杀这样的事不是'学术'可以解决的。我也不相信南京审判的结论都符合实际，但应看到日本军队在中国做了太多坏事，除了直接的死难者，更多的是无数中国家庭的生活基盘被摧毁，这种无数的悲剧是无法量化的。就像如果美国对广岛、长崎死亡者数字提出疑问一定会引起日本民众的愤怒一样。所以在这件事上中国人民说什么就是什么！"这其实是津田先生早已向我表示过的一贯态度。我当时回答的大意是：我做的是史学的工作，与先生所说不是同一层面的事。当晚，津田先生又来电，语气已平缓，说他不否认实证研究的价值，只是实证研究不能替代感情记忆。后来他在《作为感情记忆的三十万·南京大屠杀》一文中谈到此事，还特别说："作为感情记忆的三十万和作为实证研究的工作在他的思想内面是统一的。"（《人权与教育》2007 年 11 月 10 日总第 407 号，第 113 页）我想津田先生这样说与其说是好意，不如说是让我不要走得太远的"希望"。津田先生是日本反省战争最彻底的极少数中的一员，也为我素所尊敬，不过，我想在 70 年后的今天，史学工作者应该有权把南京大屠杀作为一个"历史事件"。

　　这篇后记写的较长,除了交代自己从事南京大屠杀研究的经纬,也是想对正文的匆促在"态度"上作一弥补。在结束本篇后记之前还有一事觉得有必要一提。立命馆大学的澳大利亚裔学者 David Askew 先生曾在一篇文章谈及我的著述时提到了"尸体数字的极大化",而我的所有文字从未提到具体数字,加上此文刊于日本右翼刊物《诸君!》(2005 年 12 月号),题目又叫"南京大屠杀的亡灵",所以我在说到此事时用了"可笑"二字(见本书注220)。今年初在东京财团演讲时,Askew 先生特地远道从大分赶来听讲,后又出席东京和京都的两次讨论会。在东京讨论会休息的间隙,我对他说"你们虚构派……",我的话还没说完,他便打断说:"我不是虚构派,除了日本人,其他国家不会有虚构派!"隔日在京都讨论会上提及此事,Askew 先生自嘲说:"我主要是对大屠杀派的结论先行不满,既然造成了这样的误解,我以后就开始写批判虚构派的文章吧。"(当天的主持人是虚构派中唯一的中国近代史专门家北村稔先生;东京讨论会的主持人是中间派的重镇秦郁彦先生。)后来 Askew 先生在写到我的演讲对日本相关研究提出的批评时,特地表示"没有异议"(《诸君!》2007 年 4 月号,第 174 页)。Askew 先生这篇文章的原稿名为"中国学界关于南京暴行解释的变化",我的演讲部分的原题为"程兆奇的演讲",刊出时虽然内容未作改动,但文题和节题都被断章取义地做了倾向性很强的处理,可见《诸君!》的意识形态立场。由此想到让我第一眼就把 Askew 先生归为虚构派的"亡灵"两字,当也是《诸君!》的改笔。但不愿和"虚构派"沾边的 Askew 先生为什么要把自己的文章送给虚构派的大本营《诸君!》发表,仍让人不解……

　　最后,对在本书中提及的各位先生,特别是熊月之先生、张连红先生、杜承骏先生、许仲毅先生表示感谢!

2007 年 12 月 13 日晚

　　(程兆奇著《日本现存南京大屠杀史料研究》,上海人民出版社 2008 年出版)

日本虚构派、中间派、大屠杀派三派问卷调查

前记：此调查刊于日本《诸君！》月刊 2001 年 2 月号第 164 - 203 页，虽然并没有包罗日本所有的重要人物，如中间派的秦郁彦、虚构派的东中野修道，但各派阵容仍相当整齐；虽然由于《诸君！》的右翼意识形态背景而使提问带有明显的倾向，但时下日本各派对所谓"南京事件"的基本立场仍得到了反映，故特译出，作为附录，以俾国内读者参考。对体例上的不统一，如"南京事件"，时加引号，时又不加，如参考书籍，或注作者，或又从略；对文气的不同，如松村俊夫的长句子，等等，均依原貌，不作改动。

渡部升一（上智大学教授）、铃木明（非虚构作家）、阿罗健一（媒体工作者）、小林よしのり（漫画家）、富士信夫（东京审判研究家）、高池胜彦（律师）、田中正明（"守卫兴亚观音［松井大将所建］之会"会长）、大井满（战史研究家）、松村俊夫（南京事件研究家）、藤冈信胜（东京大学教授）、原刚（原防卫研究所战史部主任研究官）、中村粲（独协大学教授）、亩本正己（战史研究家）、冈崎久彦（博报堂冈崎研究所所长）、樱井よしこ（媒体工作者）、田边敏雄（昭和史研究家）、藤原彰（一桥大学名誉教授）、江口圭一（爱知大学教授）、井上久士（骏台河大学教授）、姬田光义（中央大学教授）、笠原十九司（都留文科大学教授）、高崎隆治（评论家）、吉田裕（一桥大学教授）

对于对南京问题深抱关心的研究者，以以下项目进行问卷调查。

1. 在南京事件中被日本军屠杀（非法杀害）的中国人的人数认为有多少人是妥当的？

（1）三十万人以上。

（2）约三十万人。

（3）二十万—三十万人。

（4）二十万人。

（5）十数万人。

（6）约十万人。

（7）七万—九万人。

（8）五万人前后。

（9）二万—三万人。

（10）一万人前后。

（11）数千人。

（12）无限的接近于零。

（13）其他（　人左右）。

2. 关于其被屠杀者的范围。

（1）因为旧日本军侵略中国，所以南京事件中国方面的死者都是被屠杀者。

（2）也许曾经是侵略战争，但中国方面的被屠杀者数不应包括由于通常的战斗行为而造成的战死者。

（3）在中国军战死者中不少是脱下军服逃入安全区而被日本军发现处决的，这些人不应该算被屠杀。

（4）其他。

3. 所谓"南京事件"在时间上应该指从什么时候到什么时候发生的事？

（1）日本军控制上海、开始追击向南京败退的中国军的昭和 12 年 11 月中旬起到扫荡南京残敌基本结束的昭和 13 年 1 月末（两个多月）。

（2）从南京陷落的昭和 12 年 12 月 13 日前后到南京扫荡残敌结束的昭和 13 年 1 月末（约六个星期）。

（3）从南京陷落的昭和 12 年 12 月 13 日前后到松井石根大将等进行入城式的同月 17 日（数日间）。

（4）其他。

4. 南京事件在地理上应该指从哪里到哪里的范围?

（1）包括日本军控制上海战役，开始追击向南京败退的中国军的苏州、无锡附近。

（2）包括日本军攻陷南京前发生激战的紫金山等南京郊区。

（3）仅限于南京市内。

（4）仅限于难民涌入的南京安全区。

（5）其他。

5. 在"南京事件"中的所谓"屠杀"指的是什么? 其定义请赐教。

6. 逃入安全区潜伏的中国兵换了便衣，您认为这样的中国兵是便衣兵? 还是正规兵? 或者，还是市民?

（1）是便衣兵。

（2）是正规兵。

（3）是市民。

（4）其他。

7. 续前问，向回答便衣兵的先生请教。

依据战时国际法（信夫淳平氏《上海战役和国际法》丸善，昭和 7 年刊行，第一百十三页）记：便衣兵是"穿着和一般市民难以识别的服装，潜入有许多本邦人居住的处所，隐藏在民居中，突然开枪，狙击对手的人。"陷落后南京的中国士兵您认为同样么?

8. 将日本军的处刑明记为违反国际法的确凿的史料，如果有的话，请提示。

只限于第一级史料（事件发生当时，在事件发生现场，有关人员所作的记录）、第二级史料（距事件发生时间上虽较迟，但在事件发生现场作成的记录）。以第一、第二级史料做成的第三级及以下的史料如有十分的证据请提示。

9. 关于南京事件中日本方面松井石根大将的责任，您是如何考虑的?

10. 关于同一事件中中国方面的唐生智的情况，您是如何考虑的?

11. 所谓"南京大屠杀"在日本您认为始于何时?

（1）昭和 12 年南京战役之后。

（2）东京审判以后。

（3）朝日新闻以"中国之旅"为题有关"南京大屠杀"等的连载的昭和 40 年代的后半期开始。

（4）因教科书的记述被变更为"侵略→进出"的报道而动荡的昭和 57 年以后。

（5）其他。

12. 作为南京事件的象征为世所知的向井、野田两位少尉的"百人斩"是事实么？

13. 如何评价张纯如（Iris Chang）的《南京暴行》（《南京暴行：第二次世界大战被遗忘的大屠杀》,*The Rape of Nanking: The Forgotten Holocaust of War* II）？

14. 如何评价"南京事件"当时的安全区委员长约翰·拉贝的日记《南京的真实》（日文版书名——译者）？

15. 关于"南京事件"日本历史分野的教科书应该如何记述？

16. "南京事件"是和法西斯大屠杀（holocaust）相类的犯罪么？还是通常的战争行为？作为战争行为是相当过分？还是有点过分？您如何考虑？

17. 最后请问迄今回答的项目、所谓"南京事件"，您的评价以前和现在有变化么？

如有变化,在哪一点上（例如死亡人数）请赐教。其变化是由于怎么样的理由（书籍、新的事实的发现等）也请赐教。另外,请指出对南京事件有参考价值的重要著作（限五册）。

以下刊载有关同答。

渡部升一

1. 选择（13）。一般市民四—五十人。

2. 选择（4）。限于一般市民。

3. 选择（1）。

4. 选择(3)。

5. 市民被错当成游击队(便衣队)者和其他被卷入的一般市民,可以认为是屠杀。

6. 选择(1)。

7. 不知道。有这样的人,也有希望得救,并不想抵抗,想冒充市民的人。

8. 这样的东西存在么? 不知道。

9. 从战前的标准考虑,松井对日军士兵的行为感到羞耻是确实的吧。因为从战前日本军人的伦理,将军的伦理观出发,有强奸的士兵是可耻的事。然而,这样的行为不是要受国际制裁的性质的行为。没有要受死刑这样的处罚的责任。

10. 唐生智的责任最大。日本方面对中国做了投降劝告。因为不希望发生巷战。因此,他理应将南京开放。那样的话,就不会有市内的激战,不会有那样的混乱。守不住的时候,应该有条不紊地举着白旗投降。如果屠杀这样的投降的俘虏,就是大问题,但南京并不是这样。为了成为正式的俘虏,应有首领,但没有这样的首领,对支那兵应该同情。事实上开放的北京和汉口,没有一般市民被屠杀的报道。

11. 选择(2)。

12. 当然不是事实。山本七平和本多胜一的论争已将其驳得体无完肤。日本刀并不能那样杀人。

13. Iris Chang 的书,当然是欺骗。为了动摇日本的支那人,向日本勒索金钱,出版这样的书的动机就是支那裔的美国人对此的反应。另外,作为美国人,有广岛、长崎投掷原子弹这样比起希特勒屠杀犹太人毫不逊色的大屠杀的心理负担。所以,从发现屠杀日本人理由的潜在的意识出发,而喜欢《南京暴行》,因而成了畅销书。对这样的书,日本政府没有认真的对应是拙劣的。

14. 拉贝是西门子的代理人,所以在生意上有憎恨日本人的理由。另外,其视野也有局限。既然是安全区委员长,却对安全区的意义不明白。中国士兵带着武器进入区内,对此日本军进行武器搜索,对这样的正当行为也予以批判,令人奇怪。这个日记之外,他的行为中唯一可以肯定的是日本军进城时表示的谢意。

15. 教科书应该写日本军的主张。已要求了开放,支那方面也不响应,特别是唐将军的逃亡,以致发生巷战,造成无辜市民一定程度的被害。

16. 和 holocaust 比较,完全是荒唐的。南京是通常的战斗行为。和华沙暴动那样悲惨的巷战比,作为以街道为战场的战斗,一般市民的受害是少的。

17. 关于评价,过去现在没有变化。

推荐的书籍为:

(1) 田中正明《南京事件的总括——否定屠杀的十五个论据》(谦光社)

(2) 东中野修道《"南京屠杀"的彻底检证》(展转社)

(3) 南京战史编集委员会编《南京战史》(偕行社)

(4) 雄松堂出版的《国际远东军事审判速记录》中马吉的证言

(5) 阿罗健一《纪闻·南京事件》(图书出版社)

铃木明

1. 选择(13)。因史料不足,完全无法想象。

2. 约当(2)与(3)之中间。日本侵略战争的要素也许有,但对照近百年史,不是"单方面的侵略战争"。吵架时双方都有吵架的理由。

3. 选择(4)。昭和 12 年 11 月中旬起,到昭和 13 年元旦止。因为南京维新政府的前身,由中国人组成的自治委员会在元旦成立,所以认为是在此之前的事。

4. 中国方面主张(3),但我选择(1)。南京战役是由于上海战役的结果而衍生的。

5. 战斗中的死不能称为屠杀,但战斗几乎已结束时进行的枪杀和刺杀则是屠杀。

6. 选择(4)。在南京的中国兵,许多是从近郊的农民等中抓来的新兵,训练也不充分。所以既有正规兵,也有单纯的市民。(从文脉看,此处"市民"当包括前述之"农民"——译者。)

7. 在"南京"的场合,给便衣兵定义是不可能的。

8. 在事件的全貌不明确的情况下,无法回答。

9. 松井在某种意义上说是保守的理想主义者。认为应该进行干净的战争,但发现了强奸等蛮行,想必很遗憾。然而,作为最高负责人,对部下的不祥之事是负有责任的。如从现在的标准说,公司董事长对发生的不祥之事引咎辞职也是当然的,就松井的情况而言,首先应该研究他与本国的参谋本部有过什么样的联络。

10. 唐的措置,在表面上、军事法上可以说是正确的。对部下逃离的方法也给予了指示,作为责任并没有那么重。最高责任者是蒋介石。

11. 作为一般的认识,选择(3)。但昭和 12 年末到 13 年、14 年"南京发生了屠杀",在欧美已有流传。田伯烈《外人目睹中之日军暴行》1938 年 7 月已由英国高兰慈有限书店出版。此书的中文译本同时期也在汉口出版。

12. 在写《"南京大屠杀"的虚幻》时,曾表现为无限接近于白的灰(白指清白,灰指不明确——译者),无罪是没有问题的。

13. 张的书没有读过,以后也没有读的兴趣。

14. 拉贝日记,就在日本出版的部分而言,有可以参考的地方。但在东京审判中作为宣誓书发表的东西,更应作为同时代的证言而受到重视。详细的情况在此恕不言及。

15. 不是青少年能理解的问题。应在大学生的日本史课程中教授。中学、高中的程度只须说"在日中战争中昭和 12 年 12 月日本军占领南京",这以上的表现我以为不必要。

16. 完全是异质的。holocaust 含有对特定民族无限制屠杀的意味,日本对中国并没有这样的考虑是明白的。只是作为战争行为,确实有若干的过头是事实。

17. 我对这一主题写了《"南京大屠杀"的虚幻》和《新"南京大屠杀"的虚幻》两本书,因为时隔近三十年,第一次(1972 年)和第二次(1999 年)有很大不同。第一次的书因在邦交恢复之前,不可能访问中国,所以几乎都是采访仍在世的日本当事人,第二次主要是依据中国的出版物。特别大的要点是中国社会科学院出版的人名词典中明示田伯烈"卢沟桥事变后,国民党政府派他往英美做宣传工作,嗣任国民党中央宣传部顾问"。英国报纸的死亡记事也有几乎相同的记载。当然,这些记载在局部仍有相异之处,这些史料源有什么根据,情报未能公开(如中国方面死亡日期未记,而英国有明确记载)。中国到了有情报公开自由的时代,真正重要的有参考价值的书才会出现。我认为埃德加·斯诺的《亚细亚的战争》、田伯烈的《外人目睹中之日军暴行》是重要的资料,但希望对其内容能批判地阅读。在中国方面出版的南京关系的资料中,没有在真正意义上值得参考的书。

阿罗健一

1. 选择(12)。

2. 选择(3)。

3. 选择(2)。

4. 选择(3)。

5. 东京审判开始说,东京审判指屠杀。对市民和败残兵的杀戮。

6. 选择(1)。

7. 陷落后南京的中国士兵和便衣兵同样。

8. 没有第一手史料。

9. 南京事件是编造的,所以松井大将没有责任。在围绕第三国的权益发生问题之点上,我想不能不说是个遗憾。

10. 观照中国历史,作为司令官是常见的表现,不认为须负特别的责任。

11. 选择(2)。

12. 是由报纸虚构的事。

13. 读バーガミニ《天皇的阴谋》时的吃惊,在读 Iris Chang 的书时也是同样的感受。即伸说有记述,发表的自由,但对这样的书的评价媒体负有重大责任。

14. 了解安全区的实态有价值。另外,拉贝对安全区的混乱负有责任也是清楚的。

15. 教科书作为历史事实的记述是错误的。

16. "南京事件"是通常的战争行为。

17. 没有变化。

推荐的书籍为:

(1) 铃木明《"南京大屠杀"的虚幻》(文春文库)

(2) 铃木明《新"南京大屠杀"的虚幻》(飞鸟新社)

(3)《南京战史》(偕行社)

小林善纪

1. 选择(13)。所谓有过屠杀的第一手资料不存在,因此这个问题无法回答。

2. 选择(4)。这也同样没有第一手资料而无法回答。

3. 如果要回答,则是(3)。

4. 选择(5)。所谓南京事件连本来是什么都不清楚,从哪里到哪里的范围实在是不可思议的话,不必回答。

5. 这也同样不必回答。

6. 换上了便服的话,当然只能是便衣兵,所以说,只能是(1)便衣兵。

7. 如果成了便衣兵,当然只能带来危险,放火和破坏工作的可能性,不是单纯的老百姓。

8. 如果有的话,希望能立即拿出来。以便马上进行真假的鉴定。

9. 这是"南京事件存在"的附加物,是拙劣的问题。不予回答。

10. 南京事件云云,从造成南京混乱的角度说,这家伙(唐生智)的责任最大。对部下的统御完全失控,真想对他说"你究竟想干什么?"

11. 东京审判开始这样说,朝日新闻的"中国之旅"开始普及。

12. 这样的东西,完全是胡说。

13. Chang 的书,一开始就知道胡说八道的东西。

14. 对拉贝日记全部做了分析,所谓杀害中国人所有都是传闻。他自己亲眼目睹的日本军杀人,一件都没有。传闻资料也许会有一点价值,但只是了解拉贝经过怎么样的风闻而被妖魔化的资料。拉贝写的书的最大的资料价值,是洞富雄的资料集所收的致南京日本总领事馆请求粮食支援的信。这里,记录了南京陷落后安全区的人口是二十万,一个月后增加到二十五万。这是第一手资料。

15. 东京审判举出此事,说了许多被当作事实的记录,但关于此事有什么根据还没有确定,中国方面提出的三十万的数据是完全没有根据的数字,争议中的事,教科书没有必要记载。

16. 认为是相类的人,是还不了解战争是什么的人。大体上,今天的教科书,在第二次世界大战的项目中,首先介绍安娜·福兰克的日记等,犹太人的悲剧,holocaust,这些都是与战争毫无关系的话。这样的写法,让人将大屠杀误解为就是战争。作为民族净化的大屠杀和战争是不同的存在,日本对中国完全没有干过那样的事。连通常的战争行为的过分都不能认为。

17. 大体上,日本人中的大多数对这一问题只是意象的感觉。我以前也是这样。在意象上多少会相信不认可南京大屠杀便是右翼。直到最近都是如此。藤冈信胜先生屡屡在讲演中说南京屠杀是谎言,我还担心因此被错当成右翼。然而,一经仔细阅读资料,屠杀论就崩溃了。屠杀云云不能不让人感到不再是事实。也许有了新的第一手资料看法会有所改变。慰安妇问题也是如此,有国家和政府强制的资料一条都没有。南京云云在今天和慰安妇问题也是同样。

推荐的书籍为:

(1) 田中正明《南京事件的总括——否定屠杀的十五个论据》(谦光社)

(2) 东中野修道《"南京屠杀"的彻底检证》(展转社)

富士信夫

1. 选择(13)。我认为没有被屠杀(不法杀害)者。

2. 选择(4)。我不认为日本军侵略了中国。我认为在卢沟桥演习的日本军受到了不知从哪儿来的枪击是日中两军交战的原因。因此,其交战的死亡者是战死者,而不是由日本军造成的被屠杀者。中国兵脱去军衣,换上便衣(成为便衣兵),发现了被处刑,不能算被屠杀。

3. 选择(2)。

4. 选择(3)。

5. 因为我认为在南京日本军没有进行屠杀,所以对"屠杀"无法定义。

6. 选择(1)。

7. 南京陷落后,一部分中国兵夺取了中国普通民众的衣服,装成普通人进入安全区,后经日本军的检查,暴露出不是老百姓而被处刑,这样被处置的中国兵应认为是便衣兵。

8. 不知道有这样的史料。

9. 松井大将对南京事件没有直接责任,但部下的士兵有若干发生不祥之事者(从宪兵等得到报告),作为攻击南京的最高指挥官,不得不说负有间接的责任。

10. 唐生智将军在南京陷落前逃离南京城(不接受日本军的投降劝告),其责任可以认为极重。

11. 选择(2)。我是在东京审判公判审理开始前通过报道知道此事的。

12. 我认为完全是捏造的故事。

13. 我认为是完全不值得评价的作品。Iris Chang 是基于周围的在美反日分子(主要是在美国的华侨)灌输的资料写成的。这样的书在美国能成为畅销书让人吃惊。

14. 拉贝日记,我认为是几乎不值得评价的日记。

15. 日本现行教科书中的"南京事件",是教科书的执笔者,以东京审判时检方提出的基于捏造的证据和总结而产生的判决为正确的结果而作成的,只能教导学生错误的历史。要对此进行改正,"南京事件"的执笔者应该更多地学习"南京事件"的有关著作,努力了解"南京事件"的真相是十分重要的。

16. "南京事件"是东京审判开始时检方捏造的事件(我认为),所以,和法西斯 holocaust 无法比拟。日中双方交战的结果造成了南京市内大量战死的中国兵,"南京事件"是检察方面捏造的,所以,作为战争行为是否过分,这样的质疑无法回答。

17. "南京事件"是东京审判时检察方面捏造的事件,我的这一看法从当初到现在一以贯之。

考察"南京事件"的参考书为:

（1）铃木明《新"南京大屠杀"的虚幻》（飞鸟新社）

（2）东中野修道《"南京屠杀"的彻底检证》（展转社）

（3）大井满《编造出来的"南京大屠杀"——攻击作战的全貌和媒体报道的可怕》（展转社）

（4）田中正明《南京事件的总括——否定屠杀的十五个论据》（谦光社）

（5）富士信夫《"南京大屠杀"是这样编造出来的——东京审判的欺瞒》（展转社）

高池胜彦

1. 选择（12）。我并不认为在南京日本军士兵的违法行为一件都没有。但这是和所谓南京事件没有任何关系的另外的事件。这里被称做南京事件的是南京大屠杀。

2. 选择（2）（3）。但不是侵略战争。

3. 选择（2）。因为我主张没有南京事件,所以对何时开始何时结束的问题本来是无法回答的,但称做南京事件的东西不是指（2）么?（不是我说,而是主张南京事件的人的主张。）

4. 选择（5）。包含南京城内及若干周边地区。这里也同样,因为我认为没有南京事件,所以从哪里到哪里的提问无法回答,但肯定论者的当初主张不是南京城内及若干周围地区么?"南京市内"是数倍于城内的广阔范围。

5. 肯定论者的最初主张,是指集体用铁丝绑着手脚,活着推入江中,大量地用残虐的方法杀死的意味。现在对俘虏如何处刑的考虑已有部分的议论,这是应该依照当时国际法作纯学术研究的问题,我认为和屠杀没有关系。研究的结果是违法也有可能。

6. 作为一般的看法是便衣兵。

7. 对前问回答"作为一般的看法"与本问有关。实际上,从难民区收缴了大量武器,进行了由军官指挥的嫁祸于日本兵的违法行为。从这个意义上说,将隐藏在难民区的中国兵作为便衣兵从一般看法上说是适宜的,但有必要对个别的士兵逐个的考察,为此,日本军进行了甄别。

8. 不知道。没有看到过。

9. 因为不认可南京事件,所以也不认为有南京事件的责任。从另一角度说,松井大将流着泪的训示,可以认为对若干的不祥之事负有责任,但正如大将的训示所见,可以认为大将已负了责任。所以,没有责任。

10. 这点与上一点同样,因为没有南京事件,而没有有关南京事件的责任。但对中国兵死亡的责任重大。因为作为司令官,负有正确地发布战斗和退却的命令的责任。这点,唐将军完全没有负起责任。

11. 选择(4)。当然,(1)(2)(3)也同样正确,但教科书也写了,作为中国方面广为宣传的用具利用的是(4)。

12. "百人斩"完全不是事实。

13. Iris Chang 的书,作为历史书,完全没有价值。然而在美国卖了那么多,美国的任何地方的书店,世界的任何地方机场的书店都排列着,其组织力让人吃惊。不能不让人感到其背后的力量。

14. 我认为拉贝日记是偏颇的书,但和其他资料对照,正确的部分可以给予评价。

15. 教科书完全没有必要记载。

16. 我认为是通常的战争行为。这点,如经济学家所说,应考虑昭和 10 年到 12 年日本经济实现了完全雇佣(指没有失业——译者),日本国内达到了战前最高的经济状态。也就是说,普通士兵知道回到日本有好工作等着。这样的士兵会自暴自弃是难以想象的。

17. 没有特别的变化。

推荐的书籍为:

（1）南京战史编集委员会编《南京战史》（偕行社）

（2）田中正明《南京事件的总括——否定屠杀的十五个论据》（谦光社）

（3）东中野修道《"南京屠杀"的彻底检证》（展转社）

（4）板仓由明《真相是这样的南京事件》（日本图书刊行会）

（5）阿罗健一《纪闻·南京事件》（图书出版社）

田中正明

1. 选择无限地接近于零。南京屠杀事件的证据哪里都没有。例如，常驻于安全区可以在南京市内外自由视察的美、英、德、丹麦的十五位委员，谁都没有看到大屠杀，也没有记录大屠杀。而且，有过屠杀连说也没有说过。对手国的蒋政权和共产党在事件当时也没有说过有屠杀。

2. 选择（3）。脱下军服逃入安全区的士兵称作便衣队或便衣兵，他们是战时国际法的违犯者，对他们的处决不能算屠杀。

3. （2）的解释正确，原朝日新闻记者本多胜一氏等多数屠杀派的论者中，有称"南京三十万的屠杀，时间上包括从上海战到南京战结束，地域上包括南京周围的县等"，将时间和场所扩大，这是错误的。

4. 选择（2）。但也包括南京周边的紫金山、雨花台、新河镇、下关等郊外激战地区。

5. 所谓"屠杀"，是由命令对非战斗人员的杀害。在日本"南京大屠杀事件"或"南京事件"的喧腾是东京审判以后的事。东京审判为了对日本以"对人道之罪"断罪，必须使南京发生过大屠杀。于是麦元帅向南京派遣密使，委托搜集证据。南京政府聚集医师会、律师会、商工会等十四个团体的干部揭发日本军的屠杀事件。最初，噤若寒蝉，谁也不发言，但经各种各样的反复诱导，一个男人终于发言说："我看到了二十七万九千五百八十六人的尸体。"报告给东京法庭的三十四万人的屠杀数，就是集这样的胡说得出的。其计算也是错误的。其结果是东京审判将这一过于荒唐的数字加以收缩，下达了日本军屠杀二十万人以上（对松井大将十万人以上）的二重判决。

6. 是（1）便衣兵。

7. 12 月 9 日，散发了松井大将呼吁敌将唐生智"南京和平开城"的宣传传单，但唐不响应，于是到了第二天中午的期限开始总攻击。南京陷落是 13 日。唐司令官在此前夜逃离南京。失去了军司令官的中国兵，脱下军服、军帽，夺取居民的衣服，侵入安全区。隐藏着手枪、步枪、手榴弹等武器，等待着时机袭击日本兵。这是违反战时国际法的。对此处决理所当然。这一点，和信夫淳平先生的意见一致。

8. 对便衣兵的处决完全不违反国际法。最初以为"违反国际法"，发表了日本军在安全区屠杀了四万人的南京大学教授 M. S. 贝茨（安全区委员），之后认识到并不违反国际法，取消了这一数字。他也是一个例子。

9. 松井石根大将以陆大第一名毕业，自愿地作为驻中国武官在中国工作了十六年。而且，他支持孙文的二次革命，以毕生经历致力于"大亚细亚主义"，是陆军中的头号中国通。1937 年 8 月 13 日，第二次上海事变爆发，参谋本部命松井大将由预备役转为现役，组成由大将为司令官的上海派遣军。对三万五千的日本军，中国军的战力几达四十万，渐呈败色，柳川兵团在杭州湾登陆，大势为之一变。12 月 1 日，多田参谋次长由日本飞来，命令攻占南京，任命大将为中支那方面军司令官，统辖上海派遣军和第十军（柳川兵团），向南京前进。大将劝告敌将唐生智"和平开城"，但是遭到拒绝，在 12 月 10 日开始总攻击之际，下达了"皇军进入外国首都，乃有史以来前所未有之盛事，为世界所瞩目，应军纪严明，堂堂正正，以为将来之模范"的训令，并发给士兵南京略图，将中山陵、明孝陵、诸外国使领馆、安全区一一标明，配置哨兵，禁止入内。大将更严命"对掠夺及虽非故意而致失火者，处以严罚"。正如大将在东京审判时所称："自己的任务在于统辖派遣军和第十军，各军队的军纪、风纪的监督、揭发、处罚的直接责任在掌握宪兵队和法务部的师团。"然而，大屠杀等不存在一如前项所述。松井大将昭和 15 年在热海建造了兴亚观音，超越恩仇，将日本的英灵和中国的英灵合祀。大将的想法是："日支两军的尊贵牺牲，是为了将来亚细亚的复兴的牺牲。"

10. 李宗仁、白崇禧等军阀，认为守卫南京要付出太大的牺牲，因此主张弃守，但唐生智一人主张南京战，被蒋介石采纳而成为司令官。松井大将敦促和平开城,但他仍拒绝。在南京陷落的前夜(12 月 12 日)抛下官兵和参谋,一人趁夜幕逃往浦口。作为司令官,这是最大的耻辱,最大的不名誉。

11. 和前记(2)一样,东京审判以后。与南京陷落同时进入南京的记者、摄影师约一百二十人(包括外国记者五人),在南京城内采访,都没有看到屠杀现场,也没有看到尸体山,血河。城内的大小约当东京世田谷区的三分之二,以都市比较,相当于镰仓市。在此有一百二十位新闻记者在采访,稍后大宅壮一、西条八十、林芙美子等文人和评论家十五人也进了城,谁都没有看到屠杀的场面。评论家阿罗健一氏直接采访过进入南京的三十六名官兵、新闻记者、评论家等,写了《纪闻·南京事件》,谁也没有说及屠杀的现场和尸体山的话。外国的媒体也没有报道过。南京大屠杀连提也没提到过。

12. 这个向井、野田少尉的"百人斩",是当时东京日日新闻(现在的每日新闻)记者浅海记者为了提高日本国民的战争热情而虚构的记事,向井是野炮的指挥官,野田是大队的副官,二人在职务上就决定了无法进行"百人斩"。又,日本刀斩百人之首在物理上不可能。

13. 关于此,正如藤冈信胜教授和东中野修道教授共著的《〈南京暴行〉的研究》所说,Chang 的书,平成 9 年 12 月出版,很快就超过五十万册,成了大畅销书,在美国博得了很大声誉。但其内容满是错误。此书刊载的三十四张照片,都是捏造和经过修整的"伪造照片",能证明南京屠杀的一张都没有。此书的副题是"第二次大战被遗忘的大屠杀(holocaust)"。Chang 所谓的南京事件,是和德国法西斯进行的杀绝犹太人作战同类的日本对中国的大屠杀。这是中国人特有的反日宣传的书,可以看作是战时宣传(propaganda)的"国际情报战"在六十年后的再现。美国加利福尼亚州议会,受此书的触发,通过决议,要求日本谢罪和赔偿。这本书对日本来说是会让日本陷入"暗黑传说"的危险之物。

14. 称作约翰·拉贝日记的日译《南京的真实》出版了,这不是他在"安全区委员长"时代写的日记,而是他回德国以后的创作。正如东京审判时印度的法官帕尔( )博士所说,"日记"和经过多少年的"创作"在信凭性上是不能同日而语的。我也读了《南京的真实》,12 月 9 日到 10 日正午松井大将的休战,对唐生智的"和平开城",拉贝自己"对日本军未炮击安全区表示感谢",1月3日"南京自治委员会"成立继承安全区委员会的业务,都没有记述。放火和强奸的话胡乱地说,是无法信用的反日的书。

15. 产经新闻平成12年10月6日在第一版头条的显著位置报道了"中国对教科书检定的压力",副标题是"南京事件和慰安妇"的"记述不要减少",报道了对文部省和执政党议员的严厉要求。据记事说,配合平成14年起新学习指导要领的实施,国民间历史教育的自虐偏向成为问题,"新历史教科书编撰会"也成立,所以中国又再一次进行干涉。"日本是世界上最坏的国家""请不要把我和野兽一样的日本兵看成一样"这是日本公立中学学生学了日本史后写的感想。把不存在的南京事件写成屠杀了三十万以上,其杀人的方法又很残酷,这是日本教科书告发的。有那一个国家对本国的青少年将不存在的本国的违法和暴虐写入教科书进行教育?我想说中国的干涉可以休止了!

16. 法西斯的犹太人holocaust和南京战争是没有相似之处的完全不同的东西。谁看都会知道南京进攻战是通常的战争行为。而且,这个战争行为日本军并没有过分之处。但与通常战争不同之点是,从一开始就像日本军担心的那样,(1)三点八平方公里(宫城前广场的四倍)大小的安全区,既没有河川等自然障碍,也没有铁丝网,能使大量的便衣兵进入;(2)中国独特的便衣兵,把军服换成平常服装,藏了武器,蜂拥而进入了安全区;(3)对这些便衣兵的揭发处刑(这点不违反战时国际法),这三点都是通常的战争所看不到的。同样设立安全区的上海战的"迦奇诺神夫安全区"并没有这样的纠葛。

17. 对于南京事件的考虑始终如一,没有变化。我在昭和8年从"兴亚学塾"毕业,由恩师下中弥三郎先生介绍,得以拜识松井石根大将,在大将任会长的"大亚细亚协会"工作。我曾陪伴大将去大阪、名古屋、金泽、仙台等地的陆军医院看望负伤的旧部下。而且,大将对我说:"担心今后南京的治安情况,你能去视察么?"当时因为我担任协会的机关刊物《大亚细亚主义》的编辑,从陆军省得到了"随军记者"的许可,昭和13年6月末,去了南京

（南京陷落的约半年后）。在南京，经松井大将的介绍，安全区不必说，访问了雨花台、下关、新河镇、草鞋峡、紫金山等旧战场和俘虏收容所等地。人口已近四十万，女性一人出外已无危险，治安也不用任何担心。昭和10年，陆军省发生永田军务局长被相泽中尉刺杀的事件，松井大将作为军的长老感到责任，自动退役，编入预备役。是同期（指陆军士官学校同期——译者）五位大将中第一位退役的。果然，翌年发生了"2·26"事件，余下的四人也都被编入了预备役。当时蒋介石的排日侮日运动激烈展开，如此，将酿成日中战争的堪忧局面。大将为了说服西南军阀和蒋介石，去中国游说，我作为秘书随行，时在昭和11年1月。西南的军阀胡汉民、李宗仁、白崇禧都是国父孙文的弟子。大将向他们三人分别说了日中和平之道。国父孙文不是说："没有中国，就没有日本，没有日本，也没有中国，日中关系是唇齿相依的关系"么？然而，蒋得到美国、苏联的援助，采取排日侮日的政策，你们加入了蒋的中央政权，希望能改变政策。大将更前往南京去说服蒋介石。在南京，何应钦将军、张群外长都对将军热烈欢迎。蒋和张在日本留学中住宿也受到过大将的照顾。大将谈了历访西南时说的话，又谈了希望终止排日侮日的政策，和苏联交往的危险性等。召开了两次的欢迎招待会，蒋接受了大将的建议。大将向广田首相报告了和蒋会谈的经过，进言希望对中国实行和平政策。当松井大将的日中和平工作成功时，这年12月为了督战赴西安的蒋介石成了张学良的俘虏。斯大林发来了要蒋"活着"的电报，在周恩来提出的"国共合作""停止内战，一致对外"等六项誓约上蒋签了字，才得以回南京。次年7月，卢沟桥事变爆发，通州二百余名日本人遭到屠杀，战火飞向了上海，日中战争扩大。如前所述，带有讽刺意味的，松井大将又恢复了现役，受命为上海派遣军司令官，后又成了中支那方面军的总司令官，完成了攻占南京。战后在东京审判上，松井大将为了并不存在的南京大屠杀受了绞首刑。我为了洗去这一冤罪而进行南京事件的研究，其研究的结果是《南京屠杀的虚构》（日本教文社昭和59年）、《松井大将的阵中日记》（芙蓉书房昭和60年）、《南京事件的总括——否定屠杀的十五个论据》（谦光社昭和62年）三册书相继出版。现在美国的 Iris Chang 写的《南京暴行》，这本书有九十条以上的错误,插入的三十四张照片也是伪造照片,此书号称日本军残酷杀害了三十万以上的中国人,可以和法西斯的 holocaust 相匹敌。倏忽之间,人气上升,不仅发行部数超过了五十万,加利福尼亚州议会甚至作出决议,要求日本谢罪、赔偿。遗憾的是,政府和民间都没有以英文进行恰当的反击。前述《南京事件的总括》是我研究南京(原文如此——译者)的精华。我计划将此精华译成英文,分送给美国约三千名有影响力的政治家、学者、记者。幸而有了担当翻译的同志,预定平成 12 年末完成。现在正在寻求对这一计划的支持者。首先,最重要的,是要让美国人了解绝对没有 Chang 所说的南京的 holocaust、三十万人以上的屠杀、八万人以上的强奸。其次,为了日本的将来,此书的出版也十分必要。如蒙赞同,将深感幸甚。

大井满

1. 选择(12)。

2. 选择(3)。

3. 选择(3)。

4. 选择(3)。

5. 一般市民的杀害。

6. 选择(1)。

7. 白纸。

8. 没有。

9. 强奸以及任何地方的军队都不能免的行为是指挥官的责任。

10. 没有责任。

11. 选择(3)。

12. 从常识的考虑是讲故事。铃木明氏的《"南京大屠杀"的虚幻》(文春文库)证明是编造,所以,不提这样的问题,毋宁对贵社大感谢。

13. Chang 的书,没有一论的价值。

14. 拉贝日记是感情的产物,不可信用。

15. 不要,假的东西难道有书写的必要么?

16. 也许处决稍微过头。但充满杀气的战场与和平时期不同。战争就是互相杀的。

17. 没有变化。

松村俊夫

1. 选择(13)。以"屠杀"作为不法杀害来把握,则日本军和包括在日本的美国占领军及其他国家的军队一样,不能说完全没有违法者,如后所述,也有误被当作便衣兵而处刑者。其总数不明,但被弄错者应在百的单位以内。所谓三十万的数字是田伯烈藉迦奇神甫之名最初提出的。战死者或逃亡后作为战斗行为被逮捕处决的安全区内的兵,不能作为屠杀。

2. 选择(4)。因为死者包含战死者和处刑者,所以不采用总称二者的"被屠杀者"。

3. 选择(4)。从 12 月 13 日前后起,到《南京安全区记录》(即《南京安全区档案》——译者)、田伯烈《战争是什么? 外人目睹中之日军暴行》记录的二月中旬为止。为什么呢? 以"南京国际委员会"及一部分美国人为消息源的"南京事件",这一传闻情报,是通过这两本书概括起来的,除此以外,当时没有"南京事件"(原文如此,似指无人提及——译者)。德丁等的记事也是根据国际委员会贝茨的传闻,中国报纸的记事也来自同样的消息源。德丁、斯特尔等的记事都不是自己的亲眼目睹。(除了 12 月 15 日在南京码头的"处刑"。)

4. 选择(4)。外国人的情报几乎都是在安全区内发生的事。据斯迈思调查的农村地区的死者,加害者并不能特定为日本军。其范围的扩大,是国民政府为了南京军事审判而制作证据;更有上海战云云,则是因为考虑到在狭小的范围内屠杀了多少万殊不合理,这是日本所谓的"大屠杀派"的说法。

5. 如前记之 2,将南京事件的死者作为"屠杀"是错误的。如果这是屠杀,那么古今中外由战争而死者都可称为"被屠杀者"。

6. 参照以下 7。

7. 这时的官兵分为三种类型:(a) 经过训练,从一开始就计划潜入安全区的便衣兵,(b) 作为正规军作战,南京陷落后换上便服以图再起者,(c) 只是因为惜命而从难民手中强夺便服逃入安全区者。这些都不能说已投降,不能说是市民。

8. 参照前记 7 的回答。

9. 松井将军,如在 1 中已述,是下达了决不允许一件违法犯罪的严命的。仅仅由于外国人的宣传而有的"南京事件"的责任当然是没有的。

10. 从战术论来说,唐生智无谋地标榜死守南京,虽说是蒋介石的命令,但如达丁所报,没有准备能渡江撤退的船,精锐部队很快已撤退,仅以上海战以来的疲惫之旅,和从南部农村地带强征的壮丁和少年兵等急就的部队,来对抗日本军。因此,他们中的大多数一旦崩溃就不可收拾,特别是引起挹江门和下关的大混乱,造成了大量死亡;没有有组织的向日本军投降,只想逃亡。因此,如果考虑到对在南京陷落后将他们逮捕、处刑的日本军抱有偏见的外国人的传言与"南京事件"的关联,对日本来说,他的责任是重大的。

11. 选择(5)。"南京大屠杀",当时是作为外国人的情报进入外务省的(给广田外相的电报),这仅仅是传闻(发信者是传达国民政府工作员田伯烈动静的上海领事馆)东京审判沿用南京审判制作的南京大屠杀的证据资料进行审理,这无论对日本还是对世界都是最初听到,所以判决后就消失了。昭和 40 年代,由朝日新闻主导开始的宣传,在中国从南京市民中募集幸存者,纪念馆在部分日本人的援助下完成。

12. 此事如所周知由昭和 12 年 11 月 30 日、12 月 4 日、6 日、13 日东京日日新闻的浅海记者的虚构记事发端,Japan advertiser、China weekly 等加以转载,为田伯烈所注目,收入了前引《战争是什么? 外人目睹中之日军暴行》,给两位少尉带来了厄运。南京军事法庭对此加以利用,作为残虐行为的象征对两位少尉处刑,东京审判时检察方面准备以此为证据之一,但终未向法庭提出。在《中国之旅》中重新向日本人介绍此事的本多胜一现在又将两位少尉的"百人斩"作为"屠杀失去抵抗的俘虏和难民",作了完全不负责任的方向转变。这是为了支吾两位少尉并没有白刃战的可能,并没有到达南京城,日本刀在乱斗中并没有杀数十人的可能性的反论而想出的对应。

13. Iris Chang 对于历史的无知不用说,称为资料的东西,全都是为两个军事审判所利用的包括在南京的外国人的风言与传闻的记录以及中国人的证言的检察方面的证据,加上 1980 年代以后新出的中国人的证言。而且,很清楚和这些原来的资料比较更增加了数倍的篇幅,所以,指出他的改窜是很容易的。可以说,这完全是一部伪书。

14. 拉贝的《南京的真实》,作为了解当时南京流传着怎么样谣言的资料是贵重的。我不认为他是在说谎。但对听到的,看到的,是否反映真实,缺乏洞察力。一方面是被美国人传教士利用的老好人,一方面又是把所有害怕暴露"正身"而逃走的犯人全都误认作是被"希特勒、纳粹党旗、德意志"的威光吓退的日本兵的单纯的人。但是对拉贝日记精读的话,会感到这是否定所谓的"南京大屠杀"的资料。

15. 历史认识是各人对历史事实理解的东西,只要记述作为事实的"南京陷落"即可。所谓"南京事件",不过是担负后方搅乱政策的国民政府的工作员对由日本军对包括前记逃亡兵的便衣兵散布的谣言为光源,再由外国人的凹镜映出的虚像。

16. 如前所述,"南京事件"是依敌人的敌人是朋友的利害一致的关系结成的在南京的以传教士为主的外国人,和蒋介石的工作员田伯烈,合作宣传,为战后两个军事审判所利用而来到世间的。因此,这个以有过"南京事件"为前提的设问,无法回答。东京审判马特斯辩护人在昭和 23 年 4 月 9 日最终辩论中说的已很完全。"从来中国善于宣传,其方法极其巧妙。反日宣传最初是由美英在华的学校、教会、医院等的职员指导,在南京的不幸事也经过了对日本军不辨真伪,夸张的恶意宣传而很快地传开了。"

17. "以前"的意味不明,但我直至对南京事件几乎是不了解的 1995 年为止不必说,以后 1998 年 12 月《对"南京屠杀"的大疑问》(展转社)出版到现在,主要是精审当时的外国人和战后的中国人而得到的想法,如前记一样,有加强而无变化。

有助于了解南京事件真实的参考书籍:

(1) 铃木明《新"南京大屠杀"的虚幻》(飞鸟新社)

（2）藤冈信胜、东中野修道《〈南京暴行〉的研究》（祥传社）

（3）板仓由明《真相是这样的南京事件》（日本图书刊行会）

（4）《南京事件的日日夜夜——明妮·魏特琳日记》（大月书店）

（5）松村俊夫《对"南京屠杀"的大疑问》（展转社）

注：魏特琳日记不是大屠杀的证据，如果眼光能力透纸背，可以看到当时南京风传的真实。12月13、14日市内岂止是大屠杀，完全是安静的，魏特琳即使到安全区外也没有看到日本军的残虐行为和尸体，仅这点就是有用的。但是读者对此仍不能理解，这种情况下则推荐读田中正明的《南京事件的总括》（谦光社）。

藤冈信胜

1. 选择（12）。

2. 选择（3）。

3. 选择（2）。

4. 选择（4）。

5. 所谓"屠杀"，（1）指对非战斗人员的一般市民的没有理由的杀害。及（2）违反战时国际法的对俘虏的不法杀害。

6. 选择（2）。

7. 白纸。

8. 白纸。

9. 对在南京的日本军发生了大规模的不祥之事这一别有用心的情报，松井大将有误中圈套之嫌。从这点上说，他对后世负有责任。

10. 如中国教科书曾记载的，"南京事件"由唐生智的逃亡而引起，因此他有最大的责任。

11. 选择（3）。

12. 不可能是事实。

13. Iris Chang 的书只是反日宣传（propaganda）的伪书。

14. 拉贝日记和其意图相反，反而成了认识"南京事件"全貌的资料。

15. 如果教科书记载的话，作为 propaganda 的一环，东京审判等作出相关的处置才是适当的。

16. 几乎没有过分的行为。

17. 接到东中野修道氏的《"南京屠杀"的彻底检证》对事件全貌的描绘，评价发生了大变化。事件是作为全体 propaganda 研究的素材，希望参照东中野和藤冈共著的《〈南京暴行〉的研究》。

原刚

1. 选择(9)。俘虏、便衣兵的不法杀害约近二万，一般市民数千人。

2. 选择(4)。第一线部队随意处决俘虏、便衣兵以及士兵散发的(一个个小集团)在战斗行为以外的杀害一般市民。

3. 选择(2)。

4. 选择(2)。

5. 违反战争法规的不法杀害。第一线部队未经军法会议、军律会议的手续而将俘虏、便衣兵随意的杀害为不法杀害。如果不把便衣兵作为俘虏的话，应经军律会议审问、处罚。

6. 选择(2)。

7. 白纸。

8. "战时重罪人，应由军事裁判所或交战国任意指定的其他裁判所审问。然而，必须认识到，完全不经审判而处罚，为现时国际习惯法规所禁止。"(立作太郎《战时国际法论》，日本评论社，昭和 13 年，第 49 页)我认为，看到处决俘虏的外国人，因为以为是经过审判的合法处决(不知道是不法处决)，所以没有明记是违反国际法。我认为，因为大量处决是夜间在扬子江岸进行的，所以几乎没有目击者。

9. 对俘虏问题缺乏关心，没有明确的处理俘虏的方针，这一点有重大责任。即使是事变，战斗的话有投降者是当然的，没有表明对投降者的处理方针，陆军首脑、军司令官都是大失策，也都是个不负责任。

10. 没有保护市民的处置，逃离南京，完全是不负责任。如果留在南京领导投降的话,事情就不会发生了。

11. 选择(2)。

12. 杀了多少人吧,但百人斩是虚饰。两位少尉希望有名的愿望,浅海记者等记载勇武的愿望,以及陆军希望提高战斗意志的愿望的一致,造成了这样的离开事实的夸大宣传。

13. Iris Chang 的书,是南京大屠杀的宣传(campaign)品。而且,没有任何实证性可言。

14. 拉贝日记对当时的状况做了比较客观的记录。对研究者来说,是宝贵的文献。

15. 我认为有过屠杀,但教科书应该明确记载不是二十万、三十万那样的屠杀。

16. 从通常的战争行为说是过分了,日中两国首脑、军的指挥官都显示出了对国际法的淡视。

17. 随着研究,即会了解日本军首脑对俘虏关心的淡漠和日本人对中国深刻的蔑视感。中国方面的大屠杀说和部分日本人的虚构说,都是缺乏实证性的空疏的议论。

参考书:

(1) 洞富雄《日中战争史资料·日中战争》Ⅰ、Ⅱ(河出书房新社)

(2) 南京战史编辑委员会编《南京战史》、同《资料集》Ⅰ、Ⅱ(偕行社)

(3) 南京事件调查研究会编译《南京事件资料集》1、2(青木书店)

(4) 约翰·拉贝(平野卿子译)《南京的真实》(讲谈社)

中村粲

1. 选择(10)。数千人到一万人前后。但作为原则,一般市民除外。

2. 选择(2)和(4)。但不认为是所谓"侵略战争"。被屠杀者大部分是成为俘虏的士兵。

3. 选择(2)。但可以认为特别集中于(3)。

4. 选择(2)。但正确的应包括日军陷落南京前夕发生激战的紫金山等与城市接邻的南京郊外(重点号为原文所有——译者)。

5.〈定义一〉以残酷的方法杀害。不问合法不合法。※所谓残酷的方法,指伴随不必要的痛苦的方法。〈定义二〉大量的不法杀害。不问杀害的方法是否残酷。※所谓不法,没有正当防卫或紧急避难上的理由。

6. 选择(1)和(2)。能够确实从属于组织(便衣队)的才是便衣兵。单是为了逃亡而换上便衣的是正规兵。这两种情况都有。

7. 理当不是"潜入有多数本邦人居住之处",所以,此点与上海战时的便衣兵不能同日而语。有属于便衣队的确实的便衣兵,也有并没有阻击企图仅仅是为了达到逃亡目而换上便衣的便衣兵。这与战时国际法所说穿着便服的阻击者的"便衣兵"必须加以区别。另外,不能忘记的是,能立即处决的便衣兵仅限于"现行犯"。

8. 白纸。

9. 松井司令官在入城之际十分注意,大概做梦也想不到皇军对大量俘虏的处决。如果说松井司令官必须回去的因由,也许是因为固执地要在 12 月 17 日(重点号为原文所加——译者)举行入城式。因为可以看到各部队为了及时举行入城式而过急地处理俘虏的情况。并且,这一因果关系无疑不是松井大将所预期的。

10. 唐生智和蒋介石都是事件的第一责任者。他一面主张"死守"南京,一面却扔下部队和居民,自己跑了。既然无视日本军的投降劝告,或者彻底抗战,要么宣布南京为 open city(无防备都市),和部队一起退去。

11. 选择(2)。但是特别被提及是(3)的时期。

12. "百人斩"是事实,难以想象。

13. Chang 的书,是以反日为政治目的而写就的荒唐无稽的书,连认真批判的价值也不具备。作者对历史的无知让人吃惊。仅仅是反日煽动的书,不值得一读。

14. 真实的记述和荒唐无稽的传闻照单全收两方面都有。但拉贝既然已记了日记,尽可能努力公正的姿态可以肯定。

15. 由皇军大量处决俘虏的事件应记述,有计划、有组织的杀害三十万以上市民的中国方面的主张应予明确地否定。

16. 不能不承认作为战争行为相当过分。

17. 我从以前开始一直持"有过就是有过"的立场，这一点没有变化。只是以前称呼"南京事件"而力图避免"屠杀""屠杀事件"这样含有"屠杀"的称呼，而现在认为有过对俘虏的"屠杀"。这是以前述屠杀的〈定义一〉〈定义二〉虚心地检讨我军的战斗、行动记录和各种各样的证言之上得出的结论。

应该参考的书：

(1) 南京战史编辑委员会编《南京战史》(偕行社)

(2) 南京事件调查研究会编译《南京事件资料集》(青木书店)

(3) 是屠杀派编辑的书，但论敌的东西也应认真地读，事实就率直地接受，胡说可以作为胡说祛除。

亩本正己

1. 选择(13)。不是对投降的俘虏和善良的市民的有组织、有计划的杀害，而是个别的、偶发的杀害。包括幕府山俘虏在解放途中被杀害者，在难民区扫荡之际被误拉走处决的一般市民。

2. 选择(2)(3)。

3. 选择(4)。从南京陷落(12 月 13 日)到 12 月 20 日的期间。事件的主体是(3)期间，即占领南京(入城扫荡残敌、扫荡难民区)到入城(似指入城式——译者)为止的南京战略战(军事作战)附生的事件(行动)。到(4)的12 月 20 日实行警备、维持治安的体制，作为发生的事件(广义的)发生于入城后的件数少。

4. 选择(5)。从南京城外到安全区的范围。

5. (1) 被日本军收容的投降者作为正式的俘虏遭到非法杀害。(2) 对善良的市民没有理由的杀害。(3) 在难民区扫荡中被错误卷入的善良的市民。

6. 选择(1)。

7. 不限于开枪阻击，隐匿、携带武器、弹药，一直有成为危险分子的状态。刚刚占领时没有统制。

8. 确证的资料(史料)不知道。

9. 松井大将是指导通常的军事作战,作为军的司令官没有责任。如果有的话只是道义责任。

10. 唐生智将军的责任重大。(1)南京守城作战的指导。(2)撤退作战的拙劣。(3)放弃守地,脱离战场。(4)拒绝松井大将的和平提议和拉贝的提议等,因而给军民带来了莫大的牺牲。

11. (2)是发端。(4)以后开始喧嚣(因为中国的干涉)。

12. "百人斩"不是事实。也许向井、野田意气用事,夸称"百人斩",但军刀是无法斩百人的。

13. Iris Chang 的书完全是诳言和偏见,信用度零,但为美国人所读,有必要研究对策。应该予以批判、否定、正确的宣传。

14. 关于难民救济,拉贝日记的记述大概是正确的,但关于日本军的记述,特别是关于暴虐行为,几乎都是根据传闻记述的,不能相信。因此,不是"南京的真实"。有必要和其他的史料比较检证。但即使在《拉贝日记》中,集团的、有计划的杀害的事例也没有发现。

15. 在攻击首都南京中,守城司令官唐生智将市民卷入"固守",给军民带来莫大的损害。但在这一攻击战中应该承认一部分日本军有过分的行为。

16. "南京事件"和法西斯 holocaust 完全不同。对首都南京的攻防战,是将退路依托大河的背水之战,也是日本军领导的包围歼灭战(环抱市民二十万人)。因此,在攻击、占领首都的过程中,限于中国方面没有正式投降,而进行彻底地攻击,对军民造成了许多伤害。像这样的作战,不得不认为多少是过分的。拉贝把日本军的行动比拟为成吉思汗的欧洲远征,是荒谬绝伦的看法。日本军进行的是堂堂正正的作战,看了当时入城式的照片就可以明白。

17. 关于南京事件的评价,过去和现在没有大变化。日本军队不是瞎胡闹的没有军纪的军队。不是在攻击南京前后屠杀了二十万、三十万,强奸了二万件……的军队。制造"南京大屠杀"事件是"东京审判"的谋略和战后中国的宣传、造谣。战争当时，不论蒋介石、国民政府，不论毛泽东、中共，什么记录都没有，也没有向国联申诉。何应钦的军事报告中也没有。只被看作是战斗被害。我期待拉贝的"南京的真实"，但精读后知道是胡说，作为史料是没有信用的。连日本军当时的"战斗详报""阵中日志"（信用性最高）都有夸张和吹牛。有必要打相当的折扣。我认为将各种史料依常识批判的话，是好的办法。有人说战争将人狂人化，但大多数人是常人。狂人化的话，怎么能完成大兵团的有组织的军事行动？南京战给予了敌人以大的损害。以之作为非法屠杀只是转嫁，真正的非法屠杀、非法行为是极其有限的……这是我的实感。

冈崎久彦

1. 作为处刑对象的便衣队的确切数字不知道，所以选择三百人到三万人之中的（10）一万人前后。

2. （2）是常识。

3. 哪一点都可以。只是我脑子中是（3）。

4. 和 3 的回答相同。但脑子里主要是（3）。

5. 对一般市民的杀害和暴行，对俘虏的杀害，对便衣队没有充分根据的杀害。每一点今天在数字的确定上都有困难。

6. （1）和（3），具体问题具体对待（case by case）。

7. 相当的定义应该存在吧。

8. 因为是没有宣战的战争，所以并不认为是适用于本来的战时国际法的情况。作为国际法适用以外的事态来考虑，抑或作为完全违反国际法来考虑，由看法决定。

9. 没有法的责任。但作为领导者，有政治的伦理的责任。

10. 对占领之前由中国兵自己进行的暴行，有政治的伦理的责任。

11. 消息灵通人士是（1）的时期，一般日本人是（2）的时期。

12. 不知道。

13. Chang 的书是猎奇的、三流的历史故事。

14. 拉贝日记,不详知。好像是有价值的资料。

15. 是战争附生的事件,按世界中小学教科书的通则,本来是不必记述的。但问题是宣传已到了这样的程度,给予一定程度低调的、否定的解释还是必要的。

16. 和法西斯 holocaust 完全异质。如果分类的话,作为战斗中一般市民的被害问题,应和东京、德累斯顿、广岛、长崎以及在满洲的苏联兵的蛮行应属于相同范畴。确实是过分的。松井大将所说"干了什么?"石射猪太郎所说"呜呼,如此皇军!"堀场一雄所说"招来了十年仇恨,伤害了日本军威信。"帕尔所说"即使斟酌出宣传和夸张,但残虐行为……的证据还是压倒的。"像这些所表现的,确实是"相当过分"。

17. 如下三点从来没有变化。

(1) 发生了什么。

(2) 数字不能特定。

(3) 二十万是违反常识的。

资料:

(1) 东京审判记录,特别是《帕尔判决书》(讲谈社学术文库)

(2)《东京审判未提出辩护方资料》(国书刊行会)第三卷内之四(一)南京事件

(3) 藤冈信胜、东中野修道《〈南京暴行〉的研究》(祥传社)

樱井よしこ

1. 选择(10)。

2. 选择(2)和(3)。

3. 选择(3)。

4. 选择(4)。

5. 搜查混入难民中的便衣兵的阶段进行的对一般非军人的杀伤行为。

6. 选择(2)。

7. 白纸。

8. 白纸。

9. 松井大将被东京审判判处死刑,这是错误的判决。在《帕尔博士的日本无罪论》中,写有松井大将进攻南京时指示避免将一般民众卷入,在入城时了解有违反军规的情况后,对违反部队调防,处罚违反者,等等。追究松井大将的责任,和把职员的责任归咎于上司是同样的逻辑。松井大将自身是对南京事件严格警戒的人物。

10. 白纸。

11. 选择(3)。

12. "百人斩"我想不是事实。

13. Chang 的书,对事实的认定错误很多,不能看作是公平撰写的东西,但对以美国为首的国际社会影响力非常大。

14. 拉贝日记的五—六万的数字的根据在哪里,不知道,所以有必要与当时纽约时报记者 T·达丁报道的记事的内容对照来考虑。

15. 历史教科书以那一方的意见作为确定的事实加以记述是不恰当的。记述的情况,中国方面的三十万人说作为事实的证据资料、证言,或当时的记载都不存在。日本方面的主张和中国方面的主张有很大的差距。因此,是真实还没有探明的事件。日本军进攻南京是事实,中国国民被杀害是事实,这件事本身无法否定,但将事件作为批判日本的材料的非常政治化的对待则应冷静地记述。这是从头就应以修正事实的冷静地注视的问题。

16. 和法西斯 holocaust 完全是不同性质的东西,摆在一起论述是不合理的。是通常的战斗行为,但可以认为过分了。

17. 参考书:

(1) 铃木明《"南京大屠杀"的虚幻》(文春文库)

(2) 铃木明《新"南京大屠杀"的虚幻》(飞鸟新社)

(3) 田中正明《帕尔博士的日本无罪论》(慧文社)

(4)《帕尔判决书》(东京审判刊行会)

田边敏雄

1. 选择(10)。

2. 选择(2)。(但对是不是侵略战争持保留态度。)

3. 选择(2)。

4. 选择(2)。

5. 以"海牙陆战法规"的"交战者资格"为基准,杀害"无抵抗之非交战者"(俘虏和一般市民等)。如果与定义不吻合,则只能以常识判断。(以欧美的近代化的军队的水准来衡量,中国的军队是前近代的,日本的军队也不能不认为有这样的倾向。所以认为是"亚细亚的战争"。)

6. 选择(1)。

7. 我认为显然不同。虽然不能清楚地说明,但可以认为接近于"逃亡兵"。只关心能否活命,不发生意外就不反抗,但感到生命危险的话,会拿起武器战斗,可以说是"没有战意的兵"吧。

8. 白纸。

9. 本来就有中支那方面军是摆饰的看法,在组织图上姑且不论,实际上有多大程度的指挥权并不明确。第十军的独断追击,与其说是松井司令官的默认,不如说是柳川军司令官不服从指挥吧。可以认为谁也止不住。这样,责任论就是含糊不清的,到头来上级不能不负责任。以上可以得出三点结论:

(1)以攻占南京就可以结束战争的错误判断,向持不扩大方针的中央提出积极进攻的建议。

(2)对俘虏处理的方法没有明确指示。(上海战有过经验?)

(3)排除治安不稳定的反对意见,急于举行入城式。这是苛、酷扫荡的一个原因。

10. 完全没有保护居民的意识等,正如拉贝日记也指出的,当时的中国军队就是这样。没有的东西无法强求,但以下二点可作为愿望:

(1)守卫南京既然是绝望的,守卫的话会引起怎么样的事态应有预想,所以,应该接受日本方面的投降劝告(12月9日)。

（2）战斗到最后的意志大概是没有的，所以撤退时期的决断过迟（12日）。

11. 选择（2）。

12. 一次都没有觉得是事实。野田少尉是大队副官，向井少尉是步兵炮小队长的事实已很充分，由两位少尉向南京法庭提交的"申辩书"、向井少尉的"狱中日记"，我认为此事已没有争论的余地。

13. Iris Chang 的书是获得大成功的宣传品和伪书。作为历史书则没有价值。只是因为根据了日中两国的资料，日中两国许多人是证言，德国等第三国的资料，许多人以为是基于事实的历史书，所以才接受了。知道此书在美国受到了好意的报道和评论。担忧此书将来会成为对日本人迫害的根据，让人遗憾，但我想也是当然之报。长时期以来对日本军的恶行不加检证地广为报道，即使已被证明是错误也佯装不知的是日本媒体，另一方面则是当事者的沉默而不作反驳。Chang 不过是对日本的这些报道的利用。伪证被证明的证明者陆续登场，看到证明强奸模样的"Tadokoro Kozo"（田所耕造）的名字让人吃惊。在"朝日文艺"作证的是一〇二联队的士兵，连这样的人物作者也知道。

14. 从拉贝被认为是有良知的人和持当事国以外的国籍之点说，是一级资料。所谓屠杀三十万人的南京问题是政治问题，我不认为研究者和当事国争论的鸿沟可以填埋。另外，从转向美国的中国方面的宣传的进展状况看，日本是处在被逼迫的不利立场。我胡乱地想，将日本和中国两个当事国的资料束之高阁，仅用第三国人留下的资料和证言等来澄清南京问题，也许是一个可行的方法。大概，关于"屠杀"数显示的大致水准，对美国等外国人较易理解。所谓"五万到六万人"的数字，崇善堂的名字没有出现，"即使第一暴行事件，不只是听了中国人一方的话么"（德国大使馆官员的信），提供了这样宝贵线索的拉贝日记如果不利用，我想就没有机会了。

15. 教科书标题不应用"南京大屠杀"，而应用"南京事件"。有过屠杀可以记述。关于人数，只以"有各种各样看法"表现，还是写明从"三十万"到"零"的各说并记，哪一种更合适？

16. 和法西斯完全不同。法西斯对犹太人的迫害，是与战争没有直接关系的有计划的民族净化问题。南京方面则不是有计划的，而是在攻击过程中发生的预想之外的事。如果没有那么大量的投降者的出现，情况会完全不同。日本军困惑的样子至今在眼前仍会浮现。尽管如此，不能不承认是相当过分。因为可以看到部分将"三光作战"比拟为 holocaust 的主张，所以再附加数言。中国对日本军的扫荡战等称之为"三光作战"，以非难其残虐，但本来这样的名义的作战，在日本军中并不存在。作为战犯被扣留在中国的日本人的"证言"，对支撑中国主张起了决定性的作用，"三光作战"成了大多数历史教科书刊载的异常事态。希望参照在对这些证言检证的基础上写就的《要求将"三光作战"从教科书中删除》(《正论》1996 年 12 月号)。现在，随着调查的深入，已掌握了足以证明中国的主张和这些"证言"的可疑的充分的事实。

17. 此次又过目了十余册主要的书。也读了剪报和杂志。关于事实，过去以来没有变化。但有以下的感想。在学问的意义上追求事实是有意义的，但对带有宣传战的现状，不能不对从来的论争的意义表示疑问。以日语在国内的论争，除非有特别的新的事实，不过是杯中的波澜。舞台应该移往英语圈。建立能以英语向世界发出信息的体制是目前的急务。

重要的著作，读了入门书后，应读南京战史编集委员会编的《南京战史》(包括资料，偕行社)等载有许多第一、第二手资料的书。铃木明的《新"南京大屠杀"的虚幻》(飞鸟新社)也值得一读。

藤原彰

1. 选择(4)。事件研究的开拓者、已故洞富雄氏一贯主张"南京城内外死亡的中国军民不下二十万"(《决定版·南京大屠杀》)，对此，我也支持。这也包含战死者，但比战死者更多的是非法杀害的牺牲者。死者之数，精确地计算极其困难，今后在这方面的努力仍是必要的。

2. 选择(4)。除了因战斗而死者(战死者)，士兵和市民是牺牲者。也就是说，俘虏、降兵、被抓出的败残兵等的大部分都是非法被杀害者，市民的牺牲者当然更是屠杀的被害者。

3. 选择（2）。几乎就是这一期间，起点宜从攻击南京开始的 12 月上旬算起。和下一项的问题有关联。

4. 选择（5）。包括南京城和近郊六县的行政区域的南京市。

5. 和 2 的回答一样。

6. 选择（4）。丧失战意、扔去武器的原士兵。

7. 白纸。

8. 问题是当时的日本，特别是军方缺乏违反国际法的认识。下级干部和士兵没有国际法的知识，高级干部有知识但没有遵守的意愿。因此，违反国际法的责任在高级干部。关于这一点，从陆士、陆大（指陆军士官学校、陆军大学——译者）的教育内容及其变化和陆军对海牙公约、日内瓦公约的态度看的话，可以有助益。而且，下记的最近的研究成果可以作为参考。伊香俊哉《〈战争违法化和日本〉研究序说》（日中历史研究中心 1999 年度报告）。

9. 当然有责任。松井对英美权利的侵害是有顾虑和关照，但对俘虏和市民的杀害则几乎不在意。

10. 唐作为指挥官中途放弃指挥逃跑，极其不负责任。

11. 选择（1）。军队的上层和外务省以及政界的上层、记者当时即已获知。有许多证据证明。

12. 作为战斗中的勇武传制作出来的故事。但可以认为斩过不抵抗的俘虏。

13. Iris Chang 的书，对史实的认识错误很多，对日本的研究状况也无知，所用照片问题也不少。因此成了屠杀否定派的绝好的攻击材料。但即便有这样的缺点，这本书对于将南京大屠杀的活生生事实在英语圈中广为人知，仍具有意义。此书的另一个目的是告发在日本企图隐蔽、抹杀事实的来自右翼的攻击，在这一点上正面的介绍和批判是必要的。

14. 拉贝日记，见闻的范围狭窄，但作为第一手材料，能予评价。当时在南京的德国大使馆的罗森书记官留下的报告仍存于旧东德的国立文献馆。已预定近期将刊行，和拉贝日记比照，将是更令人有兴趣的东西。

15. 2002 年的中学历史教科书记述的退步令人遗憾。这是从历来的倒退。这是因为各出版社畏惧自由主义史观研究会一派吧。历来都记述的二十万、三十万的被害者数被删除，是不恰当的。

16. 和 holocaust 不同。所谓 holocaust 是一开始从国策上就对特定民族的抹杀。日本军随意地杀戮中国一般民众，强奸女性，起因是指挥官的怠慢和士兵的任性。

17. 几乎没有变化。1984 年参与南京事件调查研究会的创立，1985 年刊行《南京大屠杀》（岩波袖珍），基本上从那时以来见解没有变化。在对中国的侵略战争中，这是最具象征意义的、规模最大的战争犯罪。

推荐的书：

（1）笠原十九司氏解说，冈田良之助氏、伊原阳子氏译《南京事件的日日夜夜——明妮·魏特琳日记》（大月书店）

（2）笠原十九司氏《南京事件》（岩波新书）

（3）笠原十九司氏《南京事件和三光作战》

江口圭一

1. 选择（5）—（6）。

2. 选择（2）。

3. 选择（1）。

4. 还是（1）。

5. 除去由通常的战斗行为造成的战死者，对于投降而没有给予审判机会的败残兵（不携带武器，已丧失战意）、投降兵、俘虏、原士兵（不携带武器）的处刑、杀害，以及对一般市民的杀害。

6. 选择（4）。不携带武器、丧失战意的败残兵。

7. 白纸。

8. 白纸。

9. 事件由松井军司令官，摆脱中央的制止，强行向南京进行无理地攻击，这可以认为是最大的原因，其责任极其重大。

10. "清野作战"、指挥混乱等,作战极其拙劣,对事件不免负有一定的责任。

11. 选择(1)。但只是流言的层面。正式是(2)。

12. 这个报道是制作的,但接近"百人斩"的事实可以认为是很多的。

13. Chang 的书,充满了简单的失误和误认,不能说是学术研究书。

14. 拉贝日记因是当时的现场记录,可以给予高度评价。

15. 教科书应该记述。但不应对中国的说法全部照搬。附带一说,我执笔的高中教科书《日本史 B》(实教出版)这样记:"日本投入大军,12 月占领国民政府的首都南京。那时,日本军杀害了以降投兵和俘虏为首的许多中国人,进行了掠夺、放火、暴行(此句不合中文习惯,仍依原文——译者),作为南京大屠杀而饱受国际的非难。死者人数,包括战斗人员在内,在占领前后的数周间,推定至少达到十几万人。"

16. 不是像 holocaust 那样依据事前的计划进行的事件,是伴随着占领南京发生的事件,但作为战争行为是明显的脱离的。

17. 中国的三十万人说过大,但有许多证言、资料,惨剧的真相直至相当的细部已得到了解明。

参考书:

(1)《南京事件的日日夜夜——明妮·魏特琳日记》(大月书店 1999 年)

(2) 约翰·拉贝日记《南京的真实》(讲谈社 1997 年)

(3) 小野贤二、本多胜一编《记录南京大屠杀的皇军士兵们——第十三师团山田支队士兵的阵中日记》(大月书店 1996 年)

井上久士

1. 选择(1)。至少十几万。(重点号为原文所有——译者)

2. 选择(2)。但不是"也许是侵略战争",而应认识到"这就是侵略战争"。

3. 选择(4)。12 月上旬起至翌年 3 月止。

4. 选择(5)。当时南京市政府的管辖区域(南京城内、下关及郊外的浦口、孝卫陵、燕子矶、上新河、陵园)和近郊六县(江宁、句容、溧水、江浦、六合、高淳)。

5. 对俘虏的杀害和对包括女性的一般市民、农民的杀害。

6. 选择(4)。便衣兵或者正规兵的区别没有意义。因为是丧失战意、扔掉武器逃入,无论哪一种情况都应作为俘虏对待,决不是不经军事审判就可以杀害的。

7. 作为占领后南京的实态,便衣兵的武装抵抗几乎是不存在的。

8. 在南京的德国外交官罗森 1938 年 1 月 20 日在给德国外交部的报告中在关于日军从安全区搜索出中国士兵加以杀害时说了下述的话:"进行军事审判或类似手续的痕迹完全没有。本来这样的手续是所有战时国际法的惯例和人类的礼节,这和对此进行嘲笑的日本军的做法是不相称的。"不经过军事审判而杀害俘虏连日本的同盟国德国的外交官都视做问题。

9. 白纸。

10. 下达撤退命令过迟。南京城死守事实上不可能的 12 月 11 日,或 12 日,应就撤退、在最后阶段允许日本军不流血入城进行交涉。

11. 一般是(2)。东京的外务省等当时即知道。

12. 白纸。

13. 作为中国裔美国人知道南京大屠杀后受到冲击而一气写了的作者 Chang 的心情不是不能理解,但事实错误太多,选用的照片也有问题,作为历史著作,不能给予正面评价。

14. 作为重要历史资料给以评价,但拉贝对于当时南京的整体情况并未能把握,所以与其他史料对照的工作是不可缺的。

15. 教科书应该更详细地记述。要减少或取消"南京事件"的记述是决不允许的。

16. 与 holocaust 不能等量齐观。有过大屠杀是事实,但应该理解日本军不是为了屠杀而占领南京的,屠杀是作为结果发生的。

17. 参加"南京事件"的调查,比起屠杀的规模等,更让人感到对牺牲的受害者的深深的同情。

参考文献：

（1）南京事件调查研究会编《南京大屠杀否定论的 13 个谎言》（柏书房）

（2）孙宅巍编《南京大屠杀》（北京出版社）

（3）李恩涵《日本军战争暴行之研究》（台湾商务印书馆）

（4）井上久士编《华中宣抚工作资料》（十五年战争极密资料集 13,不二出版）

（5）井上久士《历史学中的照片资料——南京事件的场合》（《历史评论》2000 年 10 月号）

姬田光义

1. 选择（5）。

2. 选择（1）。

3. 选择（2）。

4. 选择（2）。

5.（1）非战斗人员（妇女、老人）及在田间劳动的农民。（2）被解除武装的俘虏。（3）已无战斗意欲和抵抗感的败残兵（包括官员等）。

6. 选择（4）。实际抵抗的"便衣兵"是少数,几乎都是为了逃跑才换上"便衣"的败残兵。

7. 白纸。

8. 以洞富雄、藤原彰、吉田裕三氏的著作为依据。没有专门的研究。

9. 以现代而言,有监督责任。但这样说的话,更上级（包括天皇）也难以免责。

10. 放弃有组织的抵抗和撤退,要负大责任。但这样说,最高责任是蒋介石,应该追究暧昧的命令（死守和撤退之间）的责任。

11. 选择（2）。田伯烈的书（郭沫若的序）在国际和中国国内都是最早的,但是报道个别的残虐行为,不是作为"南京大屠杀"事件。

12. 是"象征的",而非"数字"的问题。公开处刑是为了儆戒。

13. Iris Chang 的原书没有读，仅限于从笠原十九司氏的著作中知道，无助于科学的客观的论争，只是在海外"狂热的"（fanatic）氛围（中国人的极端民族主义）中酿成，徒增日本"否定派"之势而已。

14. 拉贝日记，就最广地、直接地从当时的"难民"中闻见而言，是值得信赖的。

15. 作为侵略战争中发生的事件（具有象征意义的事件）应该记述。

16. 作为战争行为是过分了，但可以比称 holocaust 的，是以后的"三光作战"。

17. 基本没有变化，但对"数字"的议论已感到厌烦。没有结果的议论。依据东京审判的话，我以为应考虑十万左右。大概更深刻的是如何考虑中国方面提出的日中战争中时期"三千五百万人"的被害者问题。我知道有说中国举出的数字是胡闹的主张，但中国至今仍在县的层面进行被害调查，这是应该铭记的。在加害者抹杀、隐瞒记录和回忆的情况下，不能不重视中国方面被害者的证言。无论如何，作为情义深长厌恶暴力的我们日本人，应该尽早承认过去的事实，对之谢罪，以建立新的日中关系。

笠原十九司

1. 从现有的研究和资料能推测的是十几万人到二十万人前后，随着今后资料的发掘、公开和研究的进展，被屠杀者数有可能增加。

2. 选择（2）。只是侵略战争是日本政府也正式承认的，所以设问应该是"是侵略战争"。

3. 选择（4）。中支那方面军突入南京战区的 1937 年 12 月 4 日前后，到中华民国维新政府在南京成立的 1938 年 3 月 28 日的期间。

4. 选择（5）。合南京城区和近郊六县作为行政区的南京特别市全域。这是南京攻击战的战区，也是南京陷落后日本军的占领地区。

5. 对按照战时国际法"关于陆战法规惯例的条约"禁止杀害的负伤、俘房、投降（扔掉武器、没有战意者）的中国兵的集体或个别的杀害。在日本军包围歼灭战、残敌扫荡战中被杀害的平民、在捕获败残兵被当作原士兵杀害的成年男子,尤其是被日本兵心血来潮射杀、刺杀的平民,对这些非战斗人员的平民的杀害。在南京事件中,由日本兵造成的强奸事件大量发生,因为强奸罪是亲自控告罪,而因为没有让告诉日本宪兵,而使证据湮灭,特别在农村,许多女性在遭强奸、轮奸后又遭杀害。这样的强奸、轮奸杀害当然也是屠杀行为。

6. 选择(4)。便衣兵是具有战意、公然携带武器的士兵。逃入安全区的中国兵,已经放弃了战斗,因为害怕被看作士兵而遭杀害(日本军对俘虏、投降兵也杀害),扔掉武器,脱下军服,换上平民服装,是想活下去的败残兵,和便衣兵明显的不同。安全区国际委员会也将原中国士兵解除武装,作为难民收容入安全区。

7. 白纸。

8. 南京事件的"关系者",中支那方面军的关系者当时在现地作成的"日本军对中国兵俘虏处刑违反国际法"这样明确记载的第一手资料有么? 这是这一提问的旨趣,是为了否定的别有用心的设问。从中支那方面军、上海派遣军司令部下达的"俘虏全部杀死""俘虏全部处决"的口头命令,如果批判"违反国际法"而反对的话,将当陆军刑法中的"抗命之罪",如果没有表示但记录的话,将当"侮辱之罪"。所以,从常识上说不可能有。本来的设问应该是,能够证明日本军违反当时的战时国际法"关于陆战法规惯例的条约"(日本 1912 年 2 月签署)规定的禁止杀害俘虏、禁止"害敌手段"的第一手史料有的话,请提示。这样的话,提示第一手资料将不胜枚举。这里提示两件虽不是南京事件的"关系者",但是当时滞留南京目击事件的外国人的史料。是明确记载日本军对"便衣兵"的处刑违反国际法规定的必须有军事审判的手续的史料。

(1) 德国大使馆南京分馆罗森书记官给德国外交部的报告(1938 年 1 月 20 日,德国联邦文献馆藏,石田勇治提供)。(对强行带走、杀害扔掉武器、脱下军服逃入安全区的败残兵)"进行军事审判或类似手续的痕迹完全没有。本来这样的手续是所有战时国际法的惯例和人类的礼节,这和对此进行嘲笑的日本军的做法是不相称的。"

（2）A. T. 斯梯尔《说在南京的美国人的勇敢》《《芝加哥太阳报》1937 年 12 月 18 日，南京事件调查研究会编译《南京事件资料集 1 美国关系资料编》青木书店）："日本军将许多人作为便衣嫌疑犯逮捕。其中得以回来的只是少数人，据说被抓去的他们的同伴连简单审判都不经过，就被屠杀了。"奥宫正武《我看到的南京事件》（PHP 研究所）明记自己目击的日本军对中国人的处刑违反国际法。

9. 如拙著《南京事件》（岩波新书）所记，参谋本部解除松井石根大将中支那方面军司令官，召还，是因为知道了松井大将不作为而导致南京事件的发生，而以内部处理的形式做了更迭。东京德国大使馆在给德国外交部的政治报告（落款为 1938 年 3 月 3 日）中有"松井的召还是否被看作是南京屠杀的替罪羊（scapegoat）尚不清楚"，说明作为南京事件的替罪羊的见解当时就是存在的。（德国联邦文献馆藏，石田勇治氏提供）作为中支那方面军司令官的松井大将的不作为责任无法免除，但确有仅仅是松井大将的被当作替罪羊的一面。本来，对包括作为上海派遣军司令官的朝香宫中将在内的与南京事件有关的多数指挥官进行询问调查，以解开事件的全貌，认定所有责任者的审判是必要的。

10. 正如拙稿《南京防卫军和中国军》（洞富雄等编《南京大屠杀的研究》，晚声社）所述，作为南京保卫战的司令长官，缺乏经验和力量，对中国军的撤退指挥上也失败，缺乏对庞大的投降兵、俘虏、败残兵以及市民、难民生命安全保护的对策，所以有被害者多的责任，但南京事件的主要责任者是进攻南京、不法屠杀的日本军，这是认识的大前提。

11. 选择（5）。日本开始用"南京大屠杀"的说法是东京审判以后，但不能因此说"南京大屠杀"是东京审判的捏造。正如吉田裕"真是谁也不知道南京大屠杀么？"（南京事件调查研究会编《南京大屠杀否定论的 13 个谎言》，柏书房）介绍的事例，南京发生了相当规模的屠杀，从日中战争当时陆军中央指导部和了解外国报道的外交官是知道的。在 1938 年 7 月的阶段，冈村宁次中将已经确认："攻略南京时，有过对数万市民掠夺强奸等的人暴行。""东京大空袭"也是战后才有的称呼，谁也没有因为它出现于战后而说它捏造。事件的历史真实在前,称呼是后加的,而且有可能变更。

12. 如本多胜一"斩据物(把人作为活靶子)和屠杀俘虏是家常便饭"(前引《南京大屠杀否定论的 13 个谎言》)详述的,日本军军官为了向部下夸示自己的腕力,让没有抵抗力的中国人和被捕的中国兵坐着,用日本刀砍头,在许多部队是家常便饭。可以认为二位少尉的"百人斩"就是基于这样的事实而来的话。像铃木明《"南京大屠杀"的虚幻》(文艺春秋)所说,读了"百人斩"的新闻记事的女性,憧憬"南京的勇士"而寄慰问袋,以此为机缘而结婚,可以让我们看到当时视"百人斩"为英雄的女性意识。

13. 如拙稿"南京大屠杀和历史研究"(拙著《亚细亚中的日本军》[大月书店]所收)所整理的,从 1970 年代前半期到 1980 年代后半期展开的"南京大屠杀论争",在学术的层面已经决定了否定论的破绽百出和失败。但1997 年 Iris Chang, *The Rape of Nanking: The Forgotten Holocaust of War II* 在美国出版,尽管在日本译本尚未出版,一般国民没有读的机会,否定派仍扑向此书,对此书的缺陷大肆批判,有意以"大屠杀派的书"造成日本国内的"南京大屠杀派"也是同样的印象,以达到在日本国内重新复活已经败退、坠落的否定派的影响力的企图。一方面,在日本否定派对她大肆批判、攻击时,在美国却反过来,"与日本右翼斗争"的 Iris Chang 的印象得以提高,受到了评价和影响力提高的效果。

14. 是南京安全区国际委员会委员长这样当时人物的记录,限定于南京难民区为中心的地域考虑的话,是有关南京事件珍贵的第一手资料。南京事件的当时,留在南京城内,直接、间接目睹事件的南京安全区国际委员会的其他成员也留下了许多日记、信件、文书,这些已收录在洞富雄编《日中战争南京大残虐事件资料集·第二卷英文资料编》(青木书店)、前引《南京事件资料集 1 美国关系资料编》《南京事件的日日夜夜——明妮·魏特琳日记》(大月书店)、更有汇集事件的后半程驻南京的德国外交官发给本国的公文书《资料·南京事件的德国外交文献》(暂名,预定近期由大月书店出版)。和这些在南京的外国人的记录对照所得到的结果,可以证明拉贝日记所记内容的可靠。只是《南京的真实》(讲谈社)是埃尔温·维克特编辑本的翻译。以严密的记录资料言,希望能将包括插入拉贝日记原本的文书、照片的原始的日记原封不动地完全翻译出版。

15. 日本历史分野的教科书因为总页数的限制,所以从古代到现代的通史只是像稍稍详细的年表。本来历史教科书的记述,如许多外国教科书的记述,为了尽可能让学生对历史事件能有印象而必须具体的叙述。即使关于南京事件,不是像现行的历史教科书那样寥寥数行,而是应对南京事件发生的原因、经过、内容以及事件对中国和世界所给予的影响进行具体记述。而且,不只是本文,作为章末的学习课题、讨论问题,关于南京事件的记忆和认识,应就被害方中国国民和加害方日本国民的不同进行比较讨论,我认为这对学生将来可以与中国的年轻人对话是必要的。

16. 如拙著《南京事件和三光作战》(大月书店)所记,与 holocaust 可以比较的日本军的"三光作战"才是适当的。南京事件则像拙著所明确的,是因为没有作战准备而强行进攻南京,上海战蜂拥的作战而造成士兵的疲惫和军规废弛,现地军司令部的独断专行和作战指挥的失误等偶发的因素重叠而发生的。对此,"三光作战"是基于日本军正式的作战,企图消灭解放区、游击区的军民而以扫荡作战进行的杀戮。作为战争行为的过头,正是因为当时的参谋本部也认可,所以才有中支那方面军司令官松井石根大将的更迭,1938 年 6 月被任命为第二军司令官的冈村宁次中将确认:"攻略南京时,有过对数万市民掠夺强奸等的大暴行。"同年 10 月占领武汉之际,中支那派遣军参谋长彻底地指示:"期待各种不法行为,尤其是掠夺、放火、强奸决不发生。"努力防止"武汉大屠杀事件"发生。(吉田裕《天皇的军队和南京事件》青木书店)

17. 反映国际化,美国和中国通过国际会议讨论南京事件,欧美的历史学家、社会科学家们讨论南京事件的机会更多了起来,比以前增加,这表明"作为世界史中的南京事件"的评价得到了强化。迎接二十一世纪,作为将世界整体地把握的人类史的世界史的观点,在普遍化之中,美国、德国、英国等欧美的学术界和新闻界将南京事件作为二十世纪世界史上发生的大规模的屠杀事件的一件,和土耳其的亚美尼亚人的屠杀、法西斯德国的犹太人屠杀、柬埔寨的屠杀直至最近卢旺达和旧南联盟的屠杀等世界史上的屠杀事件比较,出现了这样的比较残虐史研究的倾向。其中,也出现了对奥斯威辛否定论、南京事件否定论、亚美尼亚人屠杀否定论等所谓"记忆的抹杀者们"的比较检讨这样的屠杀事件否定论的比较研究。日本的南京事件否定派的理论和运动,对之支持的媒体的作用和责任,接受否定论的国民的心理和战争认识等,都已成了外国研究者的研究对象。

对南京事件有重要参考价值的参考著作:

（1）藤原彰《南京的日本军——南京大屠杀和其背景》（大月书店）

（2）本多胜一《本多胜一集 23 南京大屠杀》（朝日新闻社）

（3）吉田裕《天皇的军队和南京事件》（青木书店）

（4）笠原十九司《南京难民区的百日——看到屠杀的外国人》（岩波书店）

（5）南京事件调查研究会编《南京大屠杀否定论的 13 个谎言》（柏书房）

高崎隆治

1. 选择（4）。

2. 选择（4）。2 的设问是"也许是侵略战争",但我的观点是"就是侵略战争"。但我认为"通常的战斗行为"造成的战死者不应包括在被屠杀者数中。

3. 选择（1）。

4. 选择（1）。

5. 对没有抵抗力的一般市民的杀害和对已投降的俘虏的杀害的行为。

6. 选择（2）。

7. 白纸。

8. 白纸。

9. 是作为最高责任者的责任,但我认为不论是不是松井大将,不论是谁,的不能不考虑日本军的本质。

10. 唐作为司令官至少对南京市（行政区上的）的一般市民应该发出避难命令。

11. 选择（2）。

12. 不认为所传都是事实，但可以推定类似的行为有过是事实。

13. Chang 的书中有让人感到夸张的部分。但从文学的真实(重点号为原文所有——译者)的立场看可以肯定。

14. 根据传闻的部分相当多，但基本可以肯定。拉贝说南京城内的屠杀数约五万，如果限于城内，可以认为这是接近实际的数字。

15. 以屠杀者数不确定为理由，连概略也不记述是错误的，同时记入也有否定屠杀之论，说明尚未解决，我想是妥当的。

16. 不认为与法西斯的 holocaust 相匹敌，但作为可以以之为参照的事件，是决不能允许的犯罪。

17. 多少有一点变化。当初判断屠杀数为十五万，但参考其他研究者的研究成果，以为近二十万是妥当的。

参考资料方面，《野战邮政旗》（佐佐木元胜著，现代史资料中心出版会）作为当时的记录是最重要的一种。其他，昭和 13 年 8 月陆军省发给士兵的题为《从军士兵的心得》的小册子作为表示了事件的东西也是重要的。

吉田裕

1. 选择（13）。现在的阶段至少可以推断为十几万。原因特别是南京近郊的农村部的屠杀实态几乎尚不明了。

2. 选择（4）。是明确的侵略战争，但既然是战争，由通常的战斗行为造成的战死者不应包括在屠杀之内。

3. 选择（4）。从大本营命令攻击南京的 1937 年 12 月 1 日到治安大致恢复的 1938 年 3 月。

4. 选择（5）。在 3 回答范围内中支那方面军控制的地域。因此（1）不能包括，但不能限于南京市内，应包含南京特别市（南京地区加近郊农村）的全域。

5.（1）对俘虏、投降兵的杀害。（2）对已舍弃军服和武器潜入安全区的中国军败残兵的处刑（俘虏应是收容的对象。即使有过敌对行为，处刑经过军事法庭的手续也是必要的）。（3）对失去战意的败残兵的杀害（至少应努力作为俘虏收容）。（4）对一般市民的杀害。

6. 选择（4）。失去战意的正规军的败残兵。因为未经军事法庭的手续而处刑，所以被误认为士兵的一般市民也遭到了处刑。

7. 白纸。

8. 有关当时的国际法的解释，拙著《现代历史学和战争责任》（青木书店1997年）及共著的《南京大屠杀否定论的13个谎言》（柏书房1999年）中有详述。另外，中支那方面军法务部也至少在1938年1月以后对进行敌对行为的中国人以军事法庭予以处刑（小川关治郎《一个军法务官的日记》みすず书店2000年）。可以说这表明处刑通过军事法庭的手续本来是必要的。说一句题外话，这个设问本来是有偏向的。如果是中立的立场，应同时问明记日本军处刑在国际法上是合法的确实的史料有的话，请提示。

9.（1）没有兵站的支援强行攻击南京而使掠夺常态化的责任。（2）没有采取保护俘虏、投降兵、败残兵措施的责任。（3）没有采取阻止无统制的部队进城措施的责任。（4）没有充分采取和安全区国际委员会协力保护难民措施的责任。（5）抱着日俄战争型的战争观过早实行入城式致使扫荡战过于酷烈的责任。（6）深入傀儡政权建立等政治工作，而对军司令官本来的职务不专念的责任。

10.（1）对有大量难民的南京市采取绝对死守的方针而导致大量平民卷入的责任。（2）途中逃亡放弃司令官职务的责任。由此而倍加混乱。

11. 选择（5）。"南京大屠杀"的称呼是战后才有的，但事件当时即已知道。

12. 数字有扩大的一面，但砍俘虏和败残兵等是有的。

13. Chang 的书，就其对日本方面的研究状况全然无知，将事件从日本人的民族性、国民性上说明，对日本国内的反省的动向、教科书记述等的事实全然无视之三点而言，是问题相当多的书。

14. 拉贝日记，我认为是珍贵的史料。只是有必要对德国外交文书等分析，以使事实更明朗。

15. 在明确日本政府和日本人的加害责任是意义上，详细记载是有必要的。

16. 不是像"三光作战"那样以在特定区域歼灭作为自己目的的军事行动，而是伴随着攻击首都作战发生的战争犯罪，所以称为 holocaust 老实说是让人踌躇的。这一点，希望能多少能再学习。

17. 了解了当初不了解的由南京傀儡政府进行的违反国际法的鸦片买卖（军特务机关参与），由日本海军进行的战争犯罪等事实，使对事件的理解进一步深入。就此而言，此次问卷仅仅将问题集中在"屠杀"是让人感到的一大疑问。至少对于强奸和掠夺应该提问。

重要的参考文献，有以下五种：

（1）秦郁彦《南京事件》（中公新书）

（2）南京战史编辑委员会编《南京战史资料集》（偕行社）

（3）藤原彰《南京的日本军》（大月书店）

（4）笠原十九司《南京事件》（岩波新书）

（5）南京事件调查研究会编《南京大屠杀否定论的 13 个谎言》（柏书房）

参考文献

前记：本目所收，一、除了有关南京大屠杀的专书，相关著述只收专门史料，一般史料则不在收录范围，如收《熊本兵团战史》，而不收《日本外交年表并主要文书》；二、所收仅限于日文资料；三、所收书籍之出版时间，均为第一版时间，与本书之论文部分按实际使用版本不同，如秦郁彦著《南京事件》，本目所收为 1986 年初版，而本书之论文部分使用者为 1999 年第 20 版；四、日本汉字也有由繁到简的变化，如《读卖新闻》之"读卖"，战时作"讀賣"，与中文繁体一样，现在则作"読売"，本目均依原书；五、排列秩序除第三部分依部队序列，其余悉依出版前后排列。

一、史料汇编

1. 『現代史資料』9「日中戦争」2，白井勝美等解説，みすず書房，1964 年

2. 『現代史資料』12「日中戦争」4，小林龍夫等解説，みすず書房，1965 年

3. 洞富雄編『日中戦争史資料』8 南京事件Ⅰ，洞富雄編，河出書房新社，1973 年

4. 洞富雄編『日中戦争史資料』9 南京事件Ⅱ，洞富雄編，河出書房新社，1973 年

5. 『支那事変に関する造言飛語に就いて　支那事変下に於ける不穏言動と其の対策に就いて』，社会問題資料研究会編，東洋文化社，1978 年

6. 『資料日本現代史』1「軍隊内の反戦運動」，藤原彰編、解説，大月書店，1980 年

7. 高橋正衛編集、解説『続・現代史資料』6「軍事警察」，高橋正衛編集、解説，みすず書房，1982 年

8. 『資料日本現代史』10、11「日中戦争期の国民動員」，吉見義明等編，大月書店，1984 年

9. 『日中戦争南京大残虐事件資料集』1「極東国際軍事裁判南京事件関係記録」，洞富雄編，青木書店，1985 年

10. 『日中戦争南京大残虐事件資料集』2「英文資料編」，洞富雄編，青木書店，1985 年

11. 『南京戦史資料集』，南京戦史編集委員会編，偕行社，非売品，1989 年

12. 『華中宣撫工作　十五年戦争極秘資料集　第 13 集』，石井久士編，不二出版，1989 年

13. 『南京事件　京都師団関係資料集』，井口和起、木坂順一郎、下里正樹編，青木書店，1989 年

14. 『南京事件資料集』「アメリカ関係資料編」，南京事件調査研究会編譯，青木書店，1992 年

15. 『南京事件資料集』「中国関係資料編」，南京事件調査研究会編譯，青木書店，1992 年

16. 『南京戦史資料集』Ⅱ，南京戦史編集委員会編，偕行社，1993 年

17. 『国際検察局　尋問調書』，粟屋憲太朗、吉田裕編，日本図書センター，1993 年

18. 『東京裁判却下　未提出弁護側資料』，東京裁判資料刊行会編，図書刊行会，

1995 年

19.『南京大虐殺を記録した皇軍兵士たち——第十三師団山田支隊兵士の陣中日記』,小野賢二、藤原彰、本多勝一編,大月書店,1996 年

20.『南京　戦記映画復刻シリーズ21』,国書刊行会,1997 年

二、文献、日记、回忆

21.『十三年版最新支那要覧』,磯部榮一編,東亜研究会,1938 年

22.『新支那現勢要覧』,東亜同文会編,東亜同文会,1938 年

23.『支那事変　戰蹟ノ栞』,陸軍畫報社編,陸軍恤兵部,1938 年

24.『南京城總攻擊』,高木義賢編,大日本雄辯会講談社,1938 年

25.『支那事変皇國之精華』,全國各縣代表新聞五十社協力執筆,上海毎日新聞社,1939 年

26.『維新政府之現況——成立一周年紀念』,行政院宣傳局編纂,行政院宣傳局,1939 年

27.『民國廿八年、昭和十四年　中國年鑑』,上海日報社、野田經濟研究所編,上海日報社調査編纂部,1939 年

28.『華中現勢　昭和十四年』,上海毎日新聞社編,上海毎日新聞社,1939 年

29.『南京日本居留民誌』,莊司得二編,南京居留民団,1940 年

30.『南京』,市来義道編,南京日本商工会議所,1941 年

31.『支那事変實記』,讀賣新聞社編集局編,讀賣新聞社,1941 年

32.『朝日東亜年報　昭和十三——十六年版』,朝日新聞社中央調査会編,朝日新聞社,1941 年

33.『南京市政概況』,南京特務機関調製,1942 年

34.『日本に與へる書』,蒋介石著,中國文化社(京都),1946 年

35.『失はれし政治』,近衛文麿,朝日新聞社,1946 年

36.『裁かれる歴史』,田中隆吉著,新風社,1948 年

37.『平和の発見』,花山信勝著,朝日新聞社,1949 年

38.『外交官の一生』,石射猪太郎著,読売新聞社,1950 年

39.『生きてゐる兵隊』,石川達三著,河出書房,1951 年

40.『昭和の動乱』上卷,重光葵著,中央公論社,1952 年

41.『新軍備と戦いの思い出』,渡辺卯七著,私家版,1952 年

42.『憲兵三十一年』,上砂勝七著,ライフ社,1955 年

43.『時間』,堀田善衞著,新潮社,1955 年

44.『みんなが知っている』,藤原審爾編,春陽堂,1957 年

45.『市ヶ谷台から市ヶ谷台へ』,河辺虎四郎著,時事通信社,1962 年

46.『第九師団経理部将校の回想』,渡辺卯七著,私家版,1963 年

47.『生きている兵隊』,石川達三著,集英社,1965 年

48.『南京作戦の真相』,下野一霍著,東京情報社,1966 年

49.『破滅への道——私の昭和史』,上村伸一著,鹿島研究所出版会,1966 年

50.『支那事変従軍記——われら華中戦線を征く』,佐佐木稔著,私家版,1966 年

51.『ある軍人の自傳』,佐佐木到一著,勁草書房,1967 年

52.『江南の春遠く』(歩四十五聯隊),赤星昂編,三田書房,1968 年

53.『榊谷仙次郎日記』,私家版,1969 年

54.『聖戦の思い出』,手塚清著,私家版,1969 年

55.『岡村寧次大将資料』(上),稲葉正夫編,原書房,1970 年

56.『どろんこの兵』,浜崎富藏編,私家版,1970 年

57.『外国人の見た日本軍の暴行』,ティンパーリー編,龍渓書舎,1972 年

58.『想い出の進軍——南京、徐州、武漢三鎮』(山砲九聯隊),山本勇編,山九戦友会事務所,1973 年

59.『最後の殿様』,徳川義親著,講談社,1973 年

60.『野戦郵便旗』,佐佐木元勝著,現代史出版会,1973 年

61.『落日燃ゆ』,城山三郎著,新潮社,1973 年

62.『日中戦争裏方記』,岡田西次著,東洋経済新聞社,1974 年

63.『日中十五年戦争と私』,遠藤三郎著,日中書林,1974 年

64.『男六十五年を歩く』,菊本輝雄著,私家版,1975 年

65.『花と詩——思い出の泉』,土井申二著,私家版,1976 年

66.『上海時代』,松本重治著,中央公論社,1977 年

67.『陸軍省人事局長の回想』,額田坦著,芙蓉書房,1977 年

68.『田尻愛義回想録』,田尻愛義著,原書房,1977 年

69.『ある作戦参謀の回想手記』,池谷半二郎編,私家版,1978 年

70.『大陸を戦う——観測小隊長の日記』(野重十四聯隊),尾村止著,私家版,1979 年

71.『河辺虎四郎回想録』,毎日新聞社,1979 年

72.『揚子江が哭いている——熊本第六師団大陸出兵の記録』,創價学会青年部反戦出版委員会編,第三文明社,1979 年

73.『戦地憲兵』,井上源吉著,図書出版社,1980 年

74.『黄河、揚子江、珠江——中国勤務の思い出』,宇都宮直賢著,私家版,1980 年

75.『軍務局長武藤章回想録』,上法快男編,芙蓉書房,1981 年

76.『命脈 陣中日誌』,平本渥著,私家版,1981 年

77.『私の朝日新聞社史』,森恭三著,出畑書店,1981 年

78.『出版警察報』,内務省警保局編,不二出版,1982 年

79.『日本兵士の反戦運動』,鹿地亘著,同成社,1982 年

80.『侵掠』,小俣行男著,徳間書店,1982年

81.『永遠への道』,花山信勝著,日本工業新聞社,1982年

82.『戦争の流れの中に』,前田雄二著,善本社,1982年

83.『支那事変　大東亜戦争写真集』,鵜飼敏定編,歩兵第四十五聯隊史編纂委員会,1983年

84.『記録と記憶　私の眼で見た支那事変』,金丸吉生著,私家版,1983年

85.『風雲南京城』,宮部一三著,蕀文社,1983年

86.『史上最大の人事』,額田坦著,芙蓉書房,1983年

87.『戦争を知らない世代へ(Ⅱ-8)鮮血染まる中国大陸』,創価学会青年部反戦出版委員会編,第三文明社,1983年

88.『日中戦争日記』第一巻,村田和志郎著,鵬和出版,1984年

89.『私記南京虐殺——戦史にのらない戦争の話』,曽根一夫著,彩流社1984年

90.『続私記南京虐殺——戦史にのらない戦争の話』,曽根一夫著,彩流社1984年

91.『侵略の告発——暴虐の上海戦線日記』,玉井清美著,教育出版センター,1984年

92.『ある技術屋のロマン』,加賀山学,私家版,1984年

93.『松井石根大将戦陣日誌』,田中正明編,芙蓉書房,1985年

94.『一兵士の従軍記録』,山本武著,安田書店,1985年

95.『南京事件現地調査報告書』,南京事件調査研究会,一橋大学社会学部吉田研究室,1985年

96.『聞き書　南京事件』,阿羅健一編,図書出版社,1987年

97.『わが南京プラトーン』,東史郎著,青木書店,1987年

98.『荼毘の烟　殉国の士を悼みて』,赤尾純藏著,私家版,1987年

99.『南京虐殺と戦争』,曽根一夫著,泰流社,1988年

100.『続・重光葵手記』,伊藤隆、渡辺行太郎編,中央公論社,1988年

101.『彷徨二千五百里　兵上の機微』,斎藤忠三郎著,私家版,1988年

102.『日中戦争従軍日記——一輜重兵の戦場体験』,愛知大学国学叢書1,江口圭一、芝原拓自編,法律文化出版社,1989年

103.『昭和天皇独白録』,寺崎英成、マリコ・テラサキ・ミラ編,文藝春秋,1991年

104.『南京大虐殺——日本人への告発』,南京大虐殺の真相を明らかにする全国連絡会編,東方出版,1992年

105.『石射猪太郎日記』,伊藤隆、劉傑編,中央公論社,1993年

106.『長江の水　天をうち　上海東亜同文書院大学第34期生通訊従軍記』,通訊従軍記編集委員会編,滬友会第34期生会,1993年

107.『支那事変従軍写真帖』,寺本重樹編,私家版,1994年

108.『南京大虐殺記録した皇軍兵士たち』,小野賢二、藤原彰、本多勝一編,大月書店,1996年

109.『レーニン判事の東京裁判』,小菅信子訳,粟原憲太郎解説,新潮社,1996 年

110.『南京の真実』,ジョン・ラーベ著,平野卿子訳,講談社,1997 年

111.『侍従長の遺言』,徳川義寛著,朝日出版社,1997 年

112.『南京の真実』,ジョン・ラーベ著,平野卿子訳,講談社,1997 年

113.『南京事件の日々――ミニー・ヴォートリンの日記』,岡田良之助、伊原陽子訳,笠原十九司解説,大月書店,1999 年

114.『ある軍法務官の日記』,小川関治郎,みすず書房,2000 年

115.『東史郎日記』,熊本出版文化会館,2001 年

116.『資料　ドイツ外交官の見た南京事件』,石田勇治著,大月書店,2001 年

117.『「南京事件」日本人 48 人の証言』,阿羅健一編,小学館,2002 年

118.『南京戦・閉ざされた記憶を尋ねて』,松岡環編,社会評論社,2002 年

119.『南京戦・切りされた受難者の魂　被害者 120 人の証言』,松岡環編,社会評論社,2003 年

三、日军战史、部队史

120.『南京戦史』,南京戦史編集委員会著,偕行社,1989 年

121.『戦史叢書大本営陸軍部＜1＞昭和 15 年 5 月まで』,防衛庁防衛研修所戦史室編,朝雲新聞社,1967 年

122.『戦史叢書中国方面海軍作戦＜1＞昭和 13 年 3 月まで』,防衛庁防衛研修所戦史室編,朝雲新聞社,1974 年

123.『戦史叢書支那事変陸軍部＜1＞昭和 13 年 1 月まで』,防衛庁防衛研修所戦史室編,朝雲新聞社,1975 年

124.『大本営陸軍部』1,防衛庁防衛研修所戦史室編,朝雲新聞社,1967 年

125.『支那事変陸軍作戦』1,防衛庁防衛研修所戦史室編,朝雲新聞社,1975 年

126.『第三師団戦史』,陸上自衛隊第十師団

127.『広島師団史』(第五師団),陸上自衛隊第十三師団,1969 年

128.『熊本兵団戦史』支那事変編(第六師団),熊本日日新聞社,1965 年

129.『南京作戦の真相――熊本第六師団戦記』,五島広作編,東京情報社,1966 年

130.『第九師団史』,陸上自衛隊第十師団,1965 年

131.『騎兵第三聯隊史』,騎兵第三聯隊史編纂委員会編,騎兵第三聯隊史編纂委員会,1978 年

132.『歩兵第七聯隊史』,伊佐一男他編,歩七戦友会,1967 年

133.『金城聯隊史』(歩兵第七聯隊),歩七戦友会,1969 年

134.『山砲第九聯隊史』,荒谷金子編,第九師団砲兵会,1974 年

135.『追憶金沢輜重兵聯隊』(輜重兵第九聯隊),追憶金沢輜重兵聯隊編集委員会

編,金沢輜重兵会,1976 年

136.『我が戦塵の懐古録』(山砲第九聯隊),九砲の集い,私家版,1979 年

137.『大陸踏破三万里——野戦重砲兵第十四聯隊史』,野戦重砲兵第十四聯隊史編纂委員会編,野戦重砲兵第十四聯隊史編纂委員会,1981 年

138.『われらの野重八』(独立野戦重砲兵第十五聯隊),野重八会編,野重八会,1976 年

139.『歩兵第十八聯隊史』,歩兵第十八聯隊史刊行会,1964 年

140.『敦賀聯隊史』(歩兵第十九聯隊),安川定義編,敦賀聯隊史蹟保存会,1964 年

141.『福知山聯隊史』(歩兵第二十聯隊),伊藤良一編,福知山聯隊史刊行会,1975 年

142.『福知山歩兵第二十聯隊第三中隊史』,大小田正雄著,福知山聯隊史刊行会,1982 年

143.『隠された聯隊史』(第二十聯隊),下里正樹,青木書店,1987 年

144.『続・隠された聯隊史』(第二十聯隊),下里正樹,青木書店,1988 年

145.『都城歩兵第二十三聯隊戦記』,歩兵第二十三聯隊戦記編纂委員会編,歩兵第二十三聯隊戦記編纂委員会,1978 年

146.『歩兵第三十三聯隊史』,島田勝己著,歩兵第三十三聯隊史刊行会,1972 年

147.『魁——郷土人物戦記』(歩兵第三十三聯隊),小林正雄編,伊勢新聞社,1984 年

148.『歩兵第三十四聯隊史』,歩兵第三十四聯隊史編纂委員会,1979 年

149.『富山聯隊史』(補第三十五聯隊),富山聯隊史刊行会編,富山聯隊史刊行会,1986 年

150.『鯖江歩兵第三十六聯隊史』,鯖江歩兵第三十六聯隊史編纂委員会編,鯖江歩兵第三十六聯隊史蹟保存会,1976 年

151.『歩兵第三十六聯隊中支方面ニ於ケル行動概要』,坂武徳,私家版,1983 年

152.『奈良聯隊戦記』(歩兵第三十八聯隊),野口俊夫著,大和タイムス社,1963 年

153.『歩兵第四十五聯隊史』,鵜飼敏定著,歩兵第四十五聯隊史編纂委員会,1981 年

154.『郷土部隊奮戦記』1—3(歩兵第四十七聯隊など),平松鷹史著,大分合同新聞社,1983 年

155.『郷土部隊戦記 1——歩兵第六十五聯隊』,福島民友新聞社編,福島民友新聞社,1964 年

156.『ふくしま戦争と人間』1 白虎編,福島民友新聞社編,福島民友新聞社,1982 年

157.『戦友の絆』(歩兵第六十五聯隊),白虎六光奉友会編,白虎六光奉友会,1980 年

158.『若松聯隊回想録』(歩兵第六十五聯隊)

159.『歩兵第六十八聯隊第一大隊戦史』,歩兵第六十八聯隊第一大隊戦史編纂委員会編,歩兵第六十八聯隊第一大隊戦史編纂委員会,1976 年

160.『歩兵第五十聯隊史併記第百五十聯隊史』,堀越好雄著,私家版,1974 年

四、论著

161. 堀場一雄著『支那事変戦争指導史』,時事通信社,1962 年

162. 洞富雄著『近代戦史の謎』,人物往来社,1967 年

163. 田中正明著『パール博士の日本無罪論』,慧文社,1963 年

164. 新島淳良著『南京大虐殺』,日中友好協会「正統」永福支部,1971 年

165. 洞富雄著『南京事件』,新人物往来社,1972 年

166. 本多勝一著『中国の旅』,朝日新聞社,1972 年

167. 本多勝一著『中国の日本軍』,創樹社,1972 年

168. 本多勝一著『殺す側の論理』,すずさわ書店,1972 年

169. 鈴木明著『「南京大虐殺」のまぼろし』,文藝春秋社,1973 年

170. 山本七平著『私の中の日本軍』上、下,文藝春秋社,1975 年

171. 洞富雄著『南京大虐殺──「まぼろし化」工作批判』,現代史出版会,1975 年

172. 森山康平著『証言記録　三光作戦　南京虐殺から満州崩壊』,新人物往来社,1975 年

173. 松浦総三著『「文藝春秋」の研究』,晩聲社,1977 年

174. 本多勝一編『ペンの陰謀』,潮出版社,1977 年

175. 加登川幸太郎著『中国と日本陸軍』,圭文社,1978 年

176. 井本熊男著『作戦日誌で綴る支那事変』,芙蓉書房,1978 年

177. 江藤淳著『忘れたことと忘れさせられたこと』,文藝春秋社,1979 年

178. 洞富雄著『決定版・南京大虐殺』,徳間書店,1982 年

179. 浅見定雄著『にせユダヤ人と日本人』,朝日新聞社,1983 年

180. 田中正明著『「南京虐殺」の虚構──松井大将の日記をめぐって』,日本教文社,1984 年

181. 谷口巖著『南京大虐殺の研究』,Office PANO,1984 年

182. 藤原彰著『南京大虐殺』,岩波ブックレット,1985 年

183. 吉田裕著『天皇の軍隊と南京事件』,青木書店,1985 年

184. 秦郁彦著『南京事件──虐殺の構造』,中央公論新社,1986 年

185. 洞富雄著『南京大虐殺の証明』,朝日新聞社,1986 年

186. 本多勝一著『南京への道』,朝日新聞社,1987 年

187. 田中正明著『南京事件の総括──虐殺否定の十五の論拠』,謙光社,1987 年

188. 阿羅健一著『聞き書　南京事件』,図書出版社,1987 年

189. 洞富雄、藤原彰、本多勝一編『南京事件を考える』,大月書店,1987 年

190. 木村久邇典著『個性派将軍　中島今朝吾』,光人社,1987 年

191. 洞富雄、藤原彰、本多勝一編『南京大虐殺の現場へ』,朝日新聞社,1988 年

192. 文藝春秋著『「文藝春秋」にみる昭和史』第一巻，文藝春秋社，1988 年

193. 本多勝一著『裁かれた南京大虐殺』，晩聲社，1989 年

194. 時野谷滋著『家永教科書裁判と南京事件』，日本教文社，1989 年

195. 阿部輝郎著『南京の氷雨—虐殺の構造を追って』，教育書籍，1989 年

196. 冨士信夫著『私の見た東京裁判』，講談社学術文庫，1989 年

197. 板倉由明著『徹底検証　南京事件の真実』，日本政策研究センタ事業部，1991 年

198. 教科書検定訴訟を支援する全国連絡会編『家永・教科書裁判第三次訴訟地裁編第 4 巻　南京大虐殺・七三一部隊』，ロング出版，1991 年

199. 洞富雄、藤原彰、本多勝一編『南京大虐殺の研究』晩聲社，1992 年

200. 畝本正己著『史実の歪曲』，閣文社，1992 年

201. 南京大虐殺の真相を明らかにする全国聯絡会編『南京大虐殺——日本人への告発』，東方出版，1992 年

202. 上羽修、中原道子著『昭和の消せない真実』，岩波書店，1992 年

203. 滝谷二郎著『目撃者の南京事件、発見されたマギー牧師の日記』，三交社，1992 年

204. 前川三郎著『真説・南京攻防戦』，日本図書刊行会，1993 年

205. 笠原十九司著『南京难民区的百日』，岩波書店，1995 年

206. 冨士信夫著『「南京大虐殺」はこうして作られた——東京裁判の欺瞞』，展転社，1995 年

207. 津田道夫著『南京大虐殺と日本人の精神構造』，社会評論社，1995 年

208. 小室直樹、渡部昇一著『封印の昭和史——「戦後五〇年」自虐の終焉』，徳間書店，1995 年

209. 戦争犠牲者を心に刻む会編『南京大虐殺と原爆』，東方出版，1995 年

210. 大井満著『仕組まれた「南京大虐殺」——攻略作戦の全貌とマスコミ報道の怖さ』，展転社，1995 年

211. 小野賢二、藤原彰、本多勝一編『南京大虐殺記録した皇軍兵士たち』，大月書店，1996 年

212. 藤岡信勝、自由主義史観研究会編『教科書が教えない歴史』2，産経新聞社，1996 年

213. 教科書検定訴訟を支援する全国連絡会編『家永・教科書裁判第三次訴訟地裁編第 2 巻　南京大虐殺・朝鮮人民の抵抗・七三一部隊』，民衆社，1997 年

214. 渡辺寛著『南京虐殺と日本軍——幕府山の中国人捕虜殺害事件の真相』，明石書店，1997 年

215. 奥宮正武著『私の見た南京事件』，PHP 研究所，1997 年

216. 藤原彰著『南京の日本軍　南京大虐殺とその背景』，大月書店，1997 年

217. 笠原十九司著『南京事件』，岩波書店，1997 年

南京大屠杀研究——日本虚构派批判

218. 本多勝一著『本多勝一集』第 23 巻『南京大虐殺』,朝日新聞社,1997 年

219. 渡辺寛著『南京虐殺と日本軍』,明石書店,1997 年

220. 笠原十九司、松村高夫ほか著『歴史の事実をどう認定しどう教えるか——検証 731 部隊・南京虐殺事件・「従軍慰安婦」』,教育資料出版会,1997 年

221. 藤原彰編『南京事件をどうみるか——日、中、米研究者による検証』,青木書店,1998 年

222. 東中野修道著『「南京虐殺」の徹底検証』,展転社,1998 年

223. 松村俊夫著『「南京大虐殺」への大疑問——大虐殺外國資料を徹底分析する』,展転社,1998 年

224. 畝本正己著『真相・南京事件——ラーベ日記を検証して』,文京出版,1998 年

225. 吉本榮著『南京大虐殺の虚構を砕け』新風書房,1998 年

226. クリストファ・バーナード著、加地永都子訳『南京虐殺は「おこった」のか一高校歴史教科書への言語学的批判』,筑摩書房,1998 年

227. 鈴木明著『新「南京大虐殺」のまぼろし』,飛鳥新社,1999 年

228. 秦郁彦著『現代史の光と影―南京事件から嫌煙権論争まで』,グラフ社,1999 年

229. 笠原十九司著『南京事件と三光作戦——未来に生かす戦争の記憶』,大月書店,1999 年

230. 西尾幹二著『国民の歴史』,産経新聞社,1999 年

231. 東中野修道、藤岡信胜著『〈ザ・レィプ・ォブ・南京〉の研究——中国における「情報战」の手口と战略』,祥傳社,1999 年

232. 南京事件調査研究会編『南京大虐殺否定論 13のウソ』,柏書房,1999 年

233. 板倉由明著『本当はこうだった南京事件』,日本図書刊行会,1999 年

234. 西岡香織著『報道戦線から見た日中戦争——陸軍報道部長馬淵逸雄の足跡』,芙蓉書房,1999 年

235. 早瀬利之著『将軍之真実——松井石根人物傳』,光人社,1999 年

236. 前田雄二著『南京大虐殺はなかった―「戦争の流れの中に」からの抜粋』,善本社,1999 年

237. 小林よしのり著『「個と公」論』,幻冬舎,2000 年

238. 早乙女勝元著『ふたたび南京へ』,草の根出版会,2000 年

239. ジョシュア・A・フォーゲル編、岡田良之助訳『歴史学のなかの南京大虐殺』,柏書房,2000 年

240. 五十嵐善之亟著『決定版 南京事件の真実』,文芸社,2000 年

241. 竹本忠雄、大原康男著,日本会議国際広報委員会編集『再審"南京大虐殺"——世界に訴える日本の冤罪』,明成社,2000 年

242. 吉本栄著『南京大虐殺の大嘘―何故いつまで罷り通るか』,東京図書出版会,2001 年

243. 田中正明著『南京事件の総括—虐殺否定の論拠』(復刊本)，展転社，2001 年

244. 田中正明著『パール判事の日本無罪論』(復刊本)，小学館，2001 年

245. 北村稔著『南京事件の探究——その実像をもとめて』，文藝春秋社，2001 年

246. 津田道夫著『侵略戦争と性暴力——軍隊は民衆をまもらない』，社会評論社，2002 年

247. 松岡環編『南京戦——元兵士 102 人の証言』，社会評論社，2002 年

248. 笠原十九司著『南京事件と日本人—戦争の記憶をめぐるナショナリズムとグローバリズム』，柏書房，2002 年

249. 五十嵐善之亟著『南京事件の反省と平和の構築について』，文芸社，2002 年

250. 津田道夫著『侵略戦争と性暴力——軍隊は民衆をまもらない』，社会評論社，2002 年

251. 東中野修道編『南京「虐殺」研究の最前線＜平成 14 年版＞——日本「南京」学会年報』，展転社，2002 年

252. 東中野修道編『南京「虐殺」研究の最前線＜平成 15 年版＞——日本「南京」学会年報』，展転社，2003 年

253. 室谷守一著『南京翡翠の数珠』，文芸社，2003 年

254. 田中正明著『朝日が明かす中国の嘘』，高木書房，2003 年

255. 本多勝一著『南京大虐殺　歴史改竄派の敗北——李秀英　名誉　損裁判から未来へ』，教育史料出版会，2003 年

256. 富沢繁信著『南京事件の核心——データベースによる事件の解明』，展転社，2003 年

257. 東中野修道編『1937 南京攻略戦の真実—新資料発掘』，小学館，2003 年

258. 村尾一郎著『プロハカノダ戦「南京事件」——秘録写真で見る「南京大虐殺」の真実』，光人社，2004 年

259. 川田忠明著『それぞれの「戦争論」——そこにいた人たち——1937・南京—2004・イラク』，唯学書房，2004 年

260. 富沢繁信著『南京安全地帯の記録　完訳と研究』，展転社，2004 年

261. 畠奈津子著『「百人斬り」報道を斬る—敵はシナ中共政府と我が国の偏向マスコミだ』，日新報道，2004 年

262. 東中野修道編『南京「虐殺」研究の最前線＜平成 16 年版＞——日本「南京」学会年報』，展転社，2005 年

263. 東中野修道、小林進、福永慎次郎著『南京事件「証拠写真」を検証する』，草思社，2005 年

264. 三好誠著『戦争プロパガンダの嘘を暴く——「南京事件」からバターン「死の進行」まで』，展転社，2005 年

265. 東中野修道編『南京「事件」研究の最前線＜平成 17・18 年合併版＞——日本「南京」学会年報』，展転社，2005 年

南京大屠杀研究——日本虚构派批判

266. 笠原十九司著『体験者 27 人が語る南京事件』,高文研,2006 年

267. 笠原十九司、吉田裕編『現代歴史学と南京事件』,柏書房,2006 年

268. 東中野修道著『南京事件——国民党極秘文書から読み解く』,草思社,2006 年

269. 稲垣大紀著『25 歳が読む「南京事件」——事件の究明と論争史』,東京財団,2006 年

270. 鈴木明著『「南京大虐殺」のまぼろし』(改訂版),ワック,2006 年

271. 富沢繁信著『「南京事件」発展史』,展転社,2007 年

272. 東中野修道著『南京「百人斬り競争」の真実』,ワック,2007 年

273. 東中野修道編『南京「事件」研究の最前線＜平成 19 年版＞——日本「南京」学会年報』,展転社,2007 年

274. 津田道夫著『ある軍団教師の日記——民衆が戦争を支えた』,高文研,2007 年

275. 稲田朋美著『百人斬り裁判から南京へ』,文藝春秋,2007 年

276. 西村幸祐編『情報戦「慰安婦・南京」の真実＜完全保存版＞中国、朝鮮半島、反日メディアの連携を絶て!』,オークラ出版,2007 年

277. 秦郁彦著『南京事件——「虐殺」の構造』(増補版),中央公論新社,2007 年

278. 東中野修道著『再現——南京戦』,草思社,2007 年

279. 阿羅健一著『再検証南京で本当は何が起こったのか』,徳間書店,2007 年

280. 笠原十九司著『南京事件論争史——日本人は史実をどう認識してきたか』,平凡社,2007 年

五、影像

281.『私の従軍中国戦線：一兵士が写した戦場の記録村瀬守保写真集』村瀬守保編,日本機関誌出版センター,1987 年

282.『支那事変従軍写真帖』寺本重樹編,私家版,1994 年

283.『写真集・南京大虐殺』,「写真集・南京大虐殺」を刊行するキリスト者の会編,1995 年

284.『南京　戦記映画復刻シリーズ21』,日本映画新社,1997 年

285.『不許可写真集 1』,毎日新聞社,1998 年

286.『不許可写真集 2』,毎日新聞社,1999 年

287.『南京　戦線後方記録映画』,東宝映画文化映画部製作、1938 年(2004 年発売)

人名索引

南京大屠杀研究——日本虚构派批判

南京大屠杀研究——日本虚构派批判

　　今夏上海书展时,一位年轻读者拿了一册《南京大屠杀研究——日本虚构派批判》的精装本来索签名。这本书是2002年南京大屠杀65周年之际匆匆赶编出来的急就章。当时印了两个版本,精装本很少,两个版本都断销已久。这些年有过几次再版的来约,初版时的责编之一余岚还曾代传日本某出版社购买版权的愿望。考虑到原编仅是计划的部分,总想有朝一日从容完工,所以一直没有重版的打算。书展那天也在现场的崔霞编辑说,今年是南京大屠杀80周年,干脆再出一个新版吧。我想也好。稍稍商量,当场便确定了候着80周年纪念日的出版日程。特地交代经过,是要表明本编也只是"临时起意",不是瓜熟蒂落的成熟成果。

　　南京大屠杀论争在日本的消长,拙文《南京大屠杀研究的几个问题》已详,在跋中详谈也不合时宜,所以此处不赘。但有一点还是想略作说明。前不久参加某场讨论会,当谈到日本"虚构派"时,日本某学者说:"日本主流学界没有否定南京大屠杀","日本主流历史学刊物也没有发过否定南京大屠杀的论文",言下之意是我们的批评无的放矢。这样的话在讨论会的公开场合已不是第一次听到,所以当场不假辞色,说了让说者与听者都不免尴尬的本来不必说的话。大意是:第一,我们批判的是日本的虚构派而非"日本主流学界";第二,自20世纪90年代起虚构派中发声最多的是包括"东京大学教授"在内的大学教授,并非"主流学界"之外的民间写手;第三,除了已故前辈学者洞富雄(原早稻田大学教授)、藤原彰(原一桥大学教授)及年辈较后的笠原十九司(原都留文科大学教授)等少数人,自称没有否定南京大屠杀的日本"主流学者"，并没有对虚构派的主张做过任何批评，也没有对虚构派提出的所谓证据做过哪怕是枝节的辨析；第四，不错，日本"主流历史学刊物"没有发表否定南京大屠杀的论文，但这些刊物同样没有发表批驳虚构派的论文，更没有发表南京大屠杀为实有的论文。本来，一个学人，不论在不在"主流学界"，做什么和不做什么，完全是个人的自由；我们也不必理会"日本主流学界"的无动于衷对虚构派主张在日本的泛滥成灾有什么关联，但听闻批评虚构派即祭出"日本主流学界没有否定"，终是"日本主流学界"内心抵抗、不愿面对日军在南京暴行史实的明白流露。正是由于这一点，今天袭用十五年前的旧名再次出版的本书，仍有未被覆盖的价值——虽然只是很有限的价值。（国内南京大屠杀研究，无论广度和深度，近年都有显著进步，但没有对虚构派针锋相对的批判。）

新编对旧编作了较大增删。删除了原编中篇幅最大的《日本虚构派论著平议》（130余页）、"短文与杂记"中的《〈南京暴行〉引来的异议和给人的省思》及附录中作为背景的"大事记""进攻南京日军编成表"等文，新增了《〈日本南京学会年报〉辨析》《侵华日军军风纪研究——以第十军为中心》《松井石根战争责任的再检讨》《小川关治郎证词的再检讨》《小川关治郎和〈一个军法务官的日记〉》《南京大屠杀研究的几个问题》《日本现存南京大屠杀史料概论》《〈日本现存南京大屠杀史料研究〉后记》及短文《真实才有力量》《张艺谋心中的历史——〈金陵十三钗〉观后》。从新增内容近七成来说，勉强可以算是一本新书。

请人写序等于请人吹捧，最是难堪事。崔霞问可否请两位代表性的同行写序？不得已而打搅中国学者中研究南京大屠杀为时最久的孙宅巍先生和主持南京大屠杀纪念馆与研究院因而最为忙碌的张建军馆长，在抱歉的同时诚表感谢！责编崔霞与冯媛硬着头皮读完这部枯燥的稿子，想着就让人头痛；陈丽娜编制索引也多有苦劳，不能不道一声辛苦。此次新编，找出了原著，注意到当时的后记仅仅交代了成书的经纬，没有一语提及编辑的辛劳——还不仅是辛劳，如果不是责编许仲毅先生、余岚先生的拳拳之意，当不会有今天的新编；又不由想到，收入本编的主要文章多刊于《近代史研究》，主要审稿人杜承骏（继东）先生、主编徐秀丽先生也曾提出宝贵建议，至今思及，仍让人感念。

程兆奇

2017 年秋

又及。发稿前夕，崔霞再次表示，本书讨论的问题来自海外，希望能请两位日本和西方学者作一刊于封底的简评。编辑为推销拙著不遗余力，即使汗颜也不能再有异议。……西方学者中，在美国组织第一次南京大屠杀讨论的杨大庆先生，长年关注中、日、美相关研究，最有发言权；在世的日本学者中，著有印次最多的《南京事件》的中日战争史研究大家、前辈学者秦郁彦先生与"专治一经"的南京大屠杀学者笠原十九司先生，本来最有评论的资格，但与两位先生相识虽久，也多次承赠他们的大著，但平素没有往来，只能借用著有《南京大屠杀与日本人精神构造》的已故学者津田道夫先生在他的《程兆奇论文书后》中的评语。① 在此也一并感谢！

南京大屠杀研究——日本虚构派批判

532

---

① 津田先生对"日本主流学界"步虚构派后尘，用"南京事件"之名取代"南京大屠杀"，曾痛加批判。笠原十九司先生久在第一线作战——现在几乎是孤军奋战，他的弃用或有他故；余者则本来就没有坚守，面对弥漫的虚构主张，更不愿撄其锋芒。